Hans Altmann

Die Pfarre St. Foillan in der Aachener Stadt- und Kirchengeschichte

Band 1: Von der Römerzeit bis 1814

Shaker Verlag
Aachen

Die Deutsche Bibliothek - CIP-Einheitsaufnahme

Altmann, Hans:
Die Pfarre St. Foillan in der Aachener Stadt- und Kirchengeschichte /
Hans Altmann. - Aachen : Shaker
Bd. 1. Von der Römerzeit bis 1814. - Als Ms. gedr. - 1997
ISBN 3-8265-2391-1

Zur Veröffentlichung dieses Buches haben beigetragen:

Bistum Aachen
Pfarrgemeinde St. Foillan Aachen
Landschaftsverband Rheinland

Copyright Shaker Verlag
Alle Rechte, auch das des auszugsweisen Nachdruckes, der auszugsweisen
oder vollständigen Wiedergabe, der Speicherung in Datenverarbeitungs-
anlagen und der Übersetzung, vorbehalten.

Als Manuskript gedruckt. Printed in Germany.

ISBN 3-8265-2391-1

Shaker Verlag GmbH • Postfach 1290 • 52013 Aachen
Telefon: 02407 / 95 96 - 0 • Telefax: 02407 / 95 96 - 9
Internet: www.shaker.de • eMail: info@shaker.de

DIE ZEITEN ÄNDERN SICH, ES ÄNDERT SICH ABER NICHT UNSER ZIEL: DASS ES GUT STEHE UM DEN ACKER GOTTES (Chrysostomus).

Zuerst muß an dieser Stelle Herrn Dr. Hans Altmann gedankt werden. Er hat in mehreren Jahren und mit großem Eifer ein Werk über die Pfarrgemeinde St. Foillan geschaffen, daß wirklich erst- und einmalig ist.

Eine Pfarrgemeinde im Herzen der Stadt, ihre wechselvolle Geschichte und das Leben der Menschen in all den Jahrhunderten bis in die Gegenwart hinein zu verfolgen, macht nachdenklich, dankbar gegenüber Gott und den Christen und ihren Seelsorgern, die das Leben dieser Gemeinde mitgestaltet haben. So verleiht die Betrachtung der Geschichte der Pfarrgemeinde St. Foillan Zuversicht und Hoffnung für die Zukunft dieser Gemeinde.

Was Bernardin Schellenberger von der Gesamtkirche und von ihrem Auftrag für das Heil der Menschen und für ein sinnvolles Leben schreibt, gilt auch für St. Foillan. Dies haben die Christen dieser Gemeinde in allen Jahrhunderten bis heute erleben dürfen:

Es gibt die sichtbare Prozession der Kirche durch die Wüste und das Dickicht der Geschichte. An ihr kann man die Marschrichtung ablesen, und das ist unentbehrlich.

Dahinter und daneben und voraus, und vielleicht ein Stück abseits davon, aber doch in die gleiche Richtung pilgern, wandern, eilen, humpeln, krabbeln sehr viele andere, gelegentlich abenteuerliche und faszinierende, ein bißchen rauhe Gestalten: Welcher Reichtum!

Gebe der Herr der Kirche, Jesus Christus, der Pfarrgemeinde St. Foillan, daß dieser Reichtum erhalten bleibe und vermehrt werde, durch die Verkündigung des Wortes Gottes, durch die Feier der Eucharistie und durch die barmherzige und tatkräftige Liebe zu den Menschen.

Dann wird St. Foillan - Kirche und Gemeinde - für viele Menschen immer ein *zu Hause* in der Innenstadt Aachens.

Klaus Clasen
Pfarrer an St. Foillan
1974 - 1997

INHALTSVERZEICHNIS

Seite

Vorspruch

I **Vorwort** 7

II **Das Römische Reich des 4. Jahrhunderts** 11

III **Von der fränkischen Eroberung bis zur Errichtung der romanischen Kirche St. Foillan** 21
Die Frage nach der Kontinuität (21) - Seelsorge (24) - Öffentliche Ausübung der Religion (32) - Welt und Kirche (42)

IV **Hoch- und Spätmittelalter** 45
1. *Seelsorge*
Priester (45) - Themen und Formen (50) - Liturgie (60) - Andachten (69) - Predigt (65) - St. Foillan und das Münsterstift (66) - Der Schiedsspruch von 1376 (67) Die Errichtung der Chorhalle (69) - Konkubinat (70) - Die Taufkapelle (71) - Beerdigungen (73) - Benediktiner (74) - Franziskaner (75) - Augustiner (81) - Beginen und Begarden (83) - Andere Orden (86) - Bruderschaften (87) - Einzelne Bürger (92) - Kirchenvorstand (94)
2. *Öffentliche Ausübung der Religion* 95
Die Kirchen (95) - Glockenklang (100) - Prozessionen (101) - Heiligtumsfahrt (103) - Tänzer (104) - Geißler (106)
3. *Welt und Kirche* 108
Das Geistliche Gericht (108) - Weltliche Gerichte (115) - Das Stadtregiment (116) - Karitas (118) - Adel (126) - Zünfte (128) - Kaisertum und Herzogtum Jülich (133)

   Seite

V   Reformation und Katholische Reform   141
     1. Seelsorge
        Wiedertäufer (141) - Kalviner und Lutheraner (143) - Devotio moderna (145) - Jesuiten (151) - Andere Orden (159) - St Foillan (163) - Bruderschaften (168)
     2. Öffentliche Ausübung der Religion   171
     3. Kirche und Welt   178
        Jesuiten (178) - Geistliches Gericht (179) - Städtische Politik 1544 bis 1648 (182)

VI   Absolutismus   223
     1. Öffentliche Ausübung der Religion
        Zerstörung der Kirchen im Stadtbrand von 1656 und ihr Wiederaufbau (224) - Beerdigung und Glockenklang (228) - Prozessionen (233) - Bruderschaften (238) - Theater (244)
     2. Seelsorge   247
        Predigt (247) - Volksmission (250) - Andachten (252) - Heiligenverehrung (254) - Stiftungsmessen (259) - Liturgie und Sakrament (261) - Pressefehde Von der Trenck - P. Schott OFM (263) - Aufklärung in Aachen (279) - Der Erzpriester und das Münsterstift (282) - Der Erzpriester im Rechtsstreit mit seinem Vikar an St. Foillan (290) - Der Erzpriester im Rechtsstreit mit den Pastören (298) - Der Erzpriester und die Jesuiten (301)
     3. Welt und Kirche   304
        Das Geistliche Gericht (304) - Das Stadtregiment und die Neugläubigen (313) - Das Stadtregiment und die Freimaurer (316) - Schulen (319) - Karitas (325) - Überwachung des öffentlichen Lebens (329) - Summepiskopat (333) - Mäkelei (345)

			Seite

VII Das revolutionäre Frankreich 353
1. *Seelsorge* 353
1.1 *Fehler der Kirchenfeinde und Vorzüge der kirchlichen Situation* 353
1.2 *Belastungen* 363
Ausfall des Oberhirten (363) - Besitzverlust (365) - Behinderungen in Klosterkirchen (366) - Zivilstandsregister (369) - Aachener Kirchenfeinde (369) - Positive und repressive Toleranz (377)
2. *Öffentliche Ausübung der Religion* 381
Religiöse Zeichen (381) - Prozessionen (385) - Beerdigungen (386) - Dekaden (390) - Staatskult (392)
3. *Welt und Kirche* 400
Kaiser und Reich (400) - Das Ende des Geistlichen Gerichts (403) - Schulen (406) - Theater (409) - Karitas (410)

VIII Das napoleonische Kaisertum und das erste Bistum Aachen 414
1. *Welt und Kirche* 414
Die geschichte Prägung Bischof Berdolets (414) - Napoleonische Verfassung und Gesetzgebung (419) - Der Einsatz der Kirche für den Krieg (426) - Napoleonskult (432)
2. *Öffentliche Ausübung der Religion* 442
Karitas (442) - Die protestantische Anna-Kirche (447) - Prozessionen (450) - Feiertage (454) - Beerdigungen (455)

	Seite
3. *Seelsorge*	457

Belastung und Wandlung durch die Säkularisierung der Klöster (457) - Der Kirchenvorstand (469) - Die Neuumschreibung der Pfarren (472) -Der Pfarrer von St. Foillan (473) - Moral und Gehorsam (477) - Bischof und Pfarrer (483) - Pfarrer und Sukkursale (486) - Stadtseelsorge (488) - Der Bischof als Seelsorger (492)

Namensindex	495
Ortsindex	499
Sachindex	502
Quellen- und Literaturverzeichnis	I

In den Fußnoten werden die Fundstellen der Belege und der zu vergleichenden Texte angegeben. Die jeweils erste Angabe bezieht sich auf eine der drei Teile des Quellen- und Literaturverzeichnisses, und zwar Großbuchstaben auf Archivalien, arabische Ziffern auf gedruckte Quellen, römische Ziffern auf Darstellungen und andere Texte. Die den Großbuchstaben und den römischen Ziffern folgende Zahl nennt die Nummer des Verzeichnisses, und nach dem Querstrich folgt ggf. die Band- und die Seitenangabe oder eine andere Kennzeichnung der Fundstelle. Je ein Beispiel für die drei Teile des Quellen- und Literaturverzeichnisses zeigt das Verfahren:

A, 1 / IV Archivalien, Nr. 1: Stadtarchiv Aachen, Depositum St. Foillan / Mappe IV

46 / II, 104 Gedruckte Quellen, Nr. 46: Regesten der Reichsstadt Aachen / Bd. II, S, 104

IV, 52 /201 Darstellungen zu Kapitel IV: Hoch- und Spätmittelalter, Nr.52: Hermann Klauser, Der Erzpriester von Aachen / S. 201.

Übernommene Übersetzungen werden mit den Namen der Übersetzer gekennzeichnet. Für Ergänzungen und Beziehungen sei auf das Personen-, Orts- und Sachregister hingewiesen.

Vorspruch

Es war mir unbegreiflich, wie man auf den Gedanken verfallen konnte, daß die Demokratie sich in mancher Hinsicht im Gegensatz zur Tradition verhielt. Es ist doch klar, daß Tradition nichts anderes ist als eine sich über die Zeit hinstreckende Demokratie. Sie ist das Vorziehen einer Stimmenmehrheit vor der einzelnen und willkürlichen Stimme.

Chesterton, Orthodoxie

I. Vorwort

Im Jahre 1892 hat Carl Rhoen eine *Geschichte der St. Foillanskirche zu Aachen* geschrieben und darin als Architekt insbesondere die Baugeschichte herausgestellt. In der vorliegenden Darstellung soll die Pfarre als Einheit von Priestern und Laien der eigentliche Gegenstand sein, das pfarrliche Leben in seinen Beziehungen zu dem geschichtlichen Wandel der Stadt, der zwar die allgemeine Geschichte der Kirche widerspiegelt, aber auch Sonderwege erkennen läßt. Dieser Absicht entspricht eine Gliederung, die dem Ablauf der Profangeschichte folgt und die Darstellung ihrer einzelnen Epochen in die Kapitel Seelsorge, Öffentliche Ausübung der Religion, Welt und Kirche einteilt. Das erste Kapitel spricht in einer Pfarrgeschichte für sich. Öffentliche Ausübung der Relgion ist ein entscheidender Streitpunkt in den politischen und kirchlichen Auseinandersetzungen der Reformationszeit, erweist sich aber als ein aspektreicher Gesichtspunkt für die Darstellung einer jeden Epoche. Die Überschrift des dritten Kapitels, Kirche und Welt, entspricht zwar am deutlichsten der genannten Absicht, doch auch die beiden vorangehenden Kapitel bleiben nicht ohne Bezug zum geschichtlichen Wandel insgesamt.

Der Text beschränkt sich nicht auf Geschehnisse, die hinreichend aus Quellen zu erschließen sind, sondern versucht, den Ablauf der Geschichte insgesamt darzustellen. So bleibt es für einzelne Phasen bei Thesen und Vermutungen, ohne die St. Foillan betreffenden Fragen sicher zu beantworten. Trotzdem hoffe ich, den Wünschen und Erwartungen der Pfarre gerecht zu werden, und danke dem Pfarrer, Herrn Klaus Clasen, für den Auftrag und die Anregung zu dieser Arbeit.

Viele Buch- und Aufsatztitel sind vom 17. Jahrhundert an Dokumente der Liebe und Verehrung, mit der sich Aachener Bürger um die Darstellung der Geschichte ihrer Heimatstadt bemüht haben und dabei an dem kirchlichen Leben nicht vorbeigehen konnten. Dazu kommen Arbeiten Aachener und Nicht-Aachener Historiker und Quellen. Darstellungen und Quellen zu erschließen, boten sich gute Arbeitsbedingungen im Diözesanarchiv, in der Diözesanbibliothek, im Stadtarchiv, in der Öffentlichen Bibliothek der Stadt und im Hauptstaatsarchiv in Düsseldorf. An allen Stellen wurde ich gut beraten und freundlich bedient und bin deshalb zu großem Dank verpflichtet.

Pfarrgeschichte belegt wie jede Lokalgeschichte den allgemeinen historischen Ablauf und deckt zugleich unzulässige Verallgemeinerungen auf. Als Kirchengeschichte führt sie wie die Profangeschichte Dialog mit den Toten und stellt verschiedene Modelle der Glaubensabwicklung vor Augen.[1] Dabei läßt sie erkennen, daß *Gemeinden das Durchschnitts-Menschentum, das Mittelmäßige, die göttliche Wahrheit und Gnade durch die Welt tragen*[2], zeigt *die Macht der Sünde und des Versagens* und in diesem Rahmen *den Reichtum der Möglichkeiten christlicher Existenz*[3]. Sie lehrt die Reformer von heute wie die Hüter der Überlieferung den prüfenden Vergleich und in der Konsequenz Selbstbescheidung und Geduld, was eigene Vorgaben und Ziele im Dialog mit Andersdenkenden angeht. Sie sollte versuchen, dem gerecht zu werden, was der verstorbene Bischof Klaus Hemmerle dem Geschichtsverein für das Bistum Aachen zu bedenken gegeben hat:

Communio heißt eines der Hauptworte der Theologie, die aus den Erkenntnissen und Impulsen des Zweiten Vatikanischen Konzils lebt. Es geht dabei nicht allein um ein freundliches Miteinander im Geist der christlichen Nächstenliebe - dies ist gewiß eine unausweichliche Konsequenz von Communio -, sondern auch und zumal um die gemeinsame Teilhabe an jenem Gut des Heils, das uns in der Menschwerdung Jesu Christi und in seinem Sterben und Auferstehen geschenkt ist und durch Wort und Sakramente vermittelt wird. Aus solcher gemeinsamen Teilhabe an Jesus Christus aber wächst Gemeinschaft miteinander. Die Gläubigen werden "ein Herz und eine Seele", geben einander und geben miteinander der Welt Zeugnis von der Auferstehung und tauschen sich die geistlichen wie materiellen Güter aus[4]. *Wir verdanken alle Gnade allein Gott - er legt sie uns füreinander in die Hände, so daß wir sie auch einander zu verdanken haben.*

In diesem - verkürzt wiedergegebenen - Grundmuster von Communio ist aber nicht nur eine gleichzeitige Gemeinschaft, eine Gemeinschaft im Hier und Jetzt gemeint, sondern auch die Gemeinschaft über die Zeitalter der Geschichte hinweg. Communio ist also nicht nur ein "synchroner", sondern auch ein "diachroner" Begriff. Wer in die

---

[1] I, 6 / 510
[2] I, 6 / 510
[3] I, 20 / 217
[4] vgl. Apg 4, 32 ff.

Communio der Kirche tritt, der tritt in eine Überlieferungsgeschichte und übernimmt zugleich eine Sendung an eine kommende Generation. Die Zeitalter beschenken, begründen und vollenden sich gegenseitig - Treue und Einheit und in dieser Treue und Einheit zugleich die stete Erneuerung gehören unlöslich zusammen. Aus der Einheit in dem einen Bekenntnis, in der einen Heilswirklichkeit Jesu Christi und dessen, was er uns schenkt, in der einen Sendung, die in der geschichtlichen Tradition des Amtes sich verfaßt, gehören wir mit den Glaubenden der früheren und der künftigen Generation zusammen, wir bilden die eine Gemeinschaft der Heiligen, die ihre volle und erfahrbare Gleichzeitigkeit einmal im ewigen Jetzt der Anschauung und des Lobes Gottes erfahren soll. Dann aber ist Erforschung der Geschichte nicht eine ins Belieben des einzelnen gestellte "Neugier auf das Alte" oder ein folgenloser Ausflug ins Gewesene, sondern Dienst am Lebensvollzug von Communio, Dienst daran, daß wir unsere Wurzeln erkennen, um aus ihnen Leben zu schöpfen und weiterzugeben. Oder anders gewendet: Geschichte ist Bleiben im Rebstock, um gerade so neue Früchte zu bringen. Sie ist Verdanken des Guten, Unterscheidung des Vorgegebenen, Verantwortung aus dem Gewesenen für die Zukunft.

II. Das Römische Reich des 4. Jahrhunderts

Eine Voraussetzung für die Existenz einer christlichen Gemeinde in der Zeit der Zugehörigkeit der linken Rheinseite zum Römischen Reich, die konstante Besiedlung seit Anfang des 1. Jahrhunderts nach Christi Geburt, ist durch kein schriftliches Zeugnis, aber durch Bodenfunde bezeugt. Für eine keltische Besiedlung spricht ein in Burtscheid gefundenes Apollo-Kultbild, die für die Zeit typische Latinisierung - interpretatio Romana - einer gallischen Gottheit, des Quell- und Fruchtbarkeitsgottes Granus. Dieser ist für andere keltische Orte bezeugt, während für Aachen nur der erst später belegte Name Aquisgranum auf eine Kultstätte dieses Gottes hinweist.

Entscheidend für die Lebensart der hier wohnenden Menschen und für den Rang, den dieser Ort zwischen Rhein und Maas eingenommen hat, sind die warmen Quellen am südlichen Abhang des Markthügels und die beiden daraus gespeisten Thermen, die eine unter dem heutigen Dom, die andere unter dem Kaiserbad am Büchel. Fest steht, daß diese Thermen von der römischen Militärverwaltung errichtet wurden und der Heilung und Erholung der Grenztruppen dienten. Die seßhaften *Aachener* dürften im Badedienst tätig gewesen sein. Töpfer und Glasmacher sind durch Bodenfunde bezeugt, sie arbeiteten wegen der Feuergefahr am Rande der Siedlung. Wohl wegen der Thermen hatte man Aachen durch eine im Bogen geführte Nebenstraße an die nördlich von Siersdorf vorbeigehende Hauptstraße Bavais - Jülich angeschlossen und mit einem Straßen- und Wachtposten ausgestattet[1].

Nicht überbaute Thermenreste an anderen Orten lassen ein Gestaltungsprinzip erkennen, nach welchem zwischen zwei Thermen ein Heiligtum lag. Ein solches wäre in Aachen zwischen Dom- und Bücheltherme zu suchen, also am Hof oder unter St. Foillan[2]. Am Hof gefundene Grundmauern mit kunstvoll bearbeiteten Decksteinen können auf ein solches Nymphäum genanntes Heiligtum schließen lassen[3], während eine Grabung unter St. Foillan noch aussteht[4].

---

[1] II, 30 / 72 f.
[2] II, 21a; II, 14; II, 26
[3] II, 20
[4] II, 28 / 15

Am Hof- Rekonstruktion des gallorömsichen Tempels[1]

Ist es in Aachen zu einer Umwandlung des keltisch-römischen Nymphäums in ein christliches Heiligtum gekommen? So wenig wie für Religion und Leben überhaupt schriftliche Zeugnisse vorhanden, sind, so wenig gibt es solche für das Christentum. Wenn es eine christliche Kirche in Aachen gegeben hat, dann wurde sie wahrscheinlich unter Nutzung von Ruinen der Dom-Therme gebaut, die Ende des 4. Jahrhunderts im Unterschied zur Bücheltherme bereits verfallen war[2].Dort gefundene Inschriften und ein Grabstein lassen sich als christlich deuten[3], doch da ihre ursprüngliche Lage nicht auszumachen ist, beweisen sie keine Kontinuität[4]. Mauerreste lassen vermuten, ein Kaltwasserbecken der Dom-Therme sei in ein Tauf-

---

[1] II, 20 / Tafel 55
[2] II, 8 / 17, II, 3
[3] II, 15 / 23
[4] III, 27 / 237

becken umgewandelt worden[1]. Eine besondere Art archäologischen Zeugnisses für die Existenz einer christlichen Gemeinde liefert die Entweihung keltisch-römischer Kultgegenstände: An dem in Burtscheid gefundenen Merkur-Susurrio-Stein sind die ersten drei Buchstaben der Inschrift getilgt, an dem Apollo-Granus-Stein wurde der Kopf abgeschlagen, dem in der Vorhalle des Doms aufgestellten *Wolf* wurde ein Loch in die Brust geschlagen und das linke Vorderbein abgesägt. Diese Entweihungen können als Konsequenz der dem Alten Testament verpflichteten Gleichsetzung von heidnischen Göttern mit Dämonen angesehen werden, die sich nach Konstantin durchsetzt[2]. Sie entspricht dem Verbot heidnischen Kults vom Jahre 341, der Schließung der heidnischen Tempel im Jahre 346 und dem Verbot jeglicher Verehrung von Götterbildern im Jahre 356.

So gering und so zweifelhaft auch die wenigen Anhaltspunkte sind, so sicher hat es in Aachen in der zweiten Hälfte des 4. Jahrhunderts eine christliche Gemeinde gegeben. Schon um 170 spricht Irenäus, Bischof von Lyon, von den christlichen Kirchen auf der linken Rheinseite in seiner Schrift *Gegen die Häretiker*[3], ohne irgendeinen Ort zu nennen. Xanten geht es mit der Legende von der Thebäischen Legion nicht besser, ebensowenig Köln mit der hl. Ursula. Mit dem Mangel an Zeugnissen für die Zeit der Christenverfolgung stehen die rheinischen Lande nicht alleine da; Aachens Partnerstadt Toledo z. B. beruft sich auf rein legendäre Überlieferung, wenn dort die hl. Leokadia als Märtyrerin verehrt wird.

Weitaus gewichtiger ist dagegen das Zeugnis der Kirchengeschichte des Eusebius; nach dieser *stifteten die Apostel in allen Städten und Flecken Kirchen ... Nach der domitianischen Verfolgung ... dehnte die Kirche ihre Arme nach dem Morgen- und Abendland aus, so daß es keinen Winkel gab, ... wo nicht die christliche Religion eindrang*[4]. Als spätester Zeitpunkt für die Bildung einer christlichen Gemeinde ist in Aachen wie anderswo die Schließung aller heidnischen Tempel im Jahre 352 anzusetzen, der Zeitpunkt, von dem an die christliche Kirche allein den religiösen Bedürfnissen genügen mußte. Fortan gab es öffentliche Religionsausübung heidnisch-traditioneller Art nur

---

[1] II, 3
[2] II, 27 / 175
[3] I, 20 / 4
[4] II, 13 / 1. Buch, 6

noch in gewisser Entfernung von dem Auge des Gesetzes, abseits der Straßen in kleinen Tempeln, fana genannt, von fanatici "unterhalten", oder sogar wie in Pesch wiederaufgebaut und noch vergrößert[1].

Apollo-Granus-Stein, Votivaltar - Anfang des 2. Jahrhunderts nach Christus[2]

In Aachen dürfte auf römischem Staatsboden eine Taufkirche bestanden haben, wie sie mehrfach im Rheinland bezeugt sind. Die Taufe machte in Orten ohne Bischof ein Gebäude und einen ortsgebundenen Priester erforderlich, während die anderen priesterlichen Handlungen

---

[1] II, 28 / 173 f.
[2] II, 26 b / 11 / 46

erst nach und nach vom Bischof auf den Priester als Helfer am Ort übertragen wurden.
Wann beginnt das Leben der Aachener Pfarre, also einer Gruppe von Menschen, die sich im Zusammenleben von drei und mehr Generationen kontinuierlich ihrer Herkunft und ihres Schicksals bewußt werden konnte? Die erste Nennung eines Pfarrers - parochianus - 1189[1] sagt wenig angesichts des Befundes, daß dieser Pfarrer der verantwortliche Seelsorger für ganz Aachen war und eine Pfarre bestanden haben muß, seitdem Aachen christlich war. So gehen wir zurück in die Zeit der Karolinger, weiter in die der Merowinger und folgen der These von einer Kontinuität des Lebens der romanisierten Bevölkerung nach Abzug der römischen Beamten und Soldaten um 400. Das ist der Weg zurück im Überblick, der Weg nach vorn wird zeigen, was für eine Kontinuität seit der Römerzeit spricht.
Ohne Namen und Zahlen von Christen des römischen Aachen zu kennen, sollen die Gesichtszüge der Seelsorge dieser Zeit genannt werden, die in der späteren Pfarrgeschichte hervortreten. Seelsorge umfaßt seit diesem 4. Jahrhundert Gesinnung, Haltung und Handlung von Priestern in der Verantwortung für das ewige Heil aller Menschen im Pfarrgebiet. Sie prägt mit das Erscheinungsbild der einzelnen Epochen. Charakteristisch für die Zeit nach Konstantin war es, daß die meisten Menschen sozusagen von heute auf morgen von heidnischen Kulten zum christlichen Gottesdienst geführt werden mußten. Eine erste Bedingung für ein Gelingen dieser Seelsorge war die Erhaltung der Elemente, die eine religiöse Gemeinschaft zu allen Zeiten und in allen Religionen auszeichnet:
1. die sichtbare, sinnlich wie gedanklich präsente Anerkennung des Göttlichen,
2. der Kult als Ausdruck der Abhängigkeit und der Beziehung zum Göttlichen,
3. Gebote und Vorschriften für die Auswirkung der im Kult bezeugten Haltung und Gesinnung auf das tägliche Leben,
4. Organisation und Rangordnung von Priestern und Laien.

Indem die Pfarre eine religiöse Grundbefindlichkeit erfahren ließ, schuf sie bzw. erhielt sie den Raum dafür, *daß die ganzen religiösen*

---

[1] IV, 52 / 179

Anlagen des Menschen sich im Christentum aufgehoben fühlen konnten[1].

Die Pfarre war die alle Lebensvollzüge prägende Kultgemeinschaft, wenn auch die Kirche damals wie heute betonte, daß sie im Unterschied zum Amt des Bischofs nicht göttlichen Rechts sei, sondern der Pfarrer nur im Auftrag als sein Helfer handele. Daß die Nähe des Pfarrers als des täglich erlebten Seelsorgers mit einem kaum zu überschätzenden Gewicht an öffentlicher Geltung im Unterschied zu dem entfernten, im wesentlichen Weisung erteilenden Bischof zu Spannungen führen konnte, ist für das 4. Jahrhundert nur anzunehmen, für folgende Epochen wird es zu zeigen sein[2].

Die Menschen, denen die Seelsorge des 4. Jahrhunderts galt, brachten aus ihrem vorchristlichen Leben einen Vorzug mit: die religiöse Grundhaltung, bei vielen geprägt durch Mysterienkulte, die Frömmigkeit - pietas als die rechte Haltung den überirdischen Göttern, den irdischen Menschen und den unterirdischen Toten gegenüber. Das galt für Gebildete und Ungebildete. Intellektuelle Frivolität, wie sie etwa Lukian als Modeschriftsteller der Intellektuellen vorgestellt hatte, zählte nicht mehr[3]. So ist es verständlich, daß die Taufe einen hohen Rang einnahm, kam sie doch manchen Mysterien der Vergangenheit sehr nahe[4].

Die alte Kirche *hat das Ergriffen-Werden durch die Wirklichkeit Christi bei der Taufe als ein Mitsterben und Mitauferstehen mit ihm zusammen* beschrieben: Christen stehen mit Christus jenseits des Grabens, der Tod und Leben trennt[5]. So konnte auch der Übergang zur Kindertaufe keine Schwierigkeiten bereiten; ging es hier doch um das Heilshandeln Gottes, im Kindesalter wirksam als Geschenk der elterlichen Erziehung und Einführung in christliche Gewohnheiten, lange Jahre ohne eigene Entscheidung und Leistung. Die besondere Gestaltung der Taufkapelle gab diesem Glaubensvollzug den Ausdruck. In Aachen wurde eine solche nicht gefunden, doch die im 13. Jahrhundert errichtete Taufkapelle ließ alle Aachener den hohen Rang dieses Sakramentes sechs Jahrhunderte lang erleben.

---

[1] II, 46 / 209
[2] I, 20 / 344
[3] II, 27 / 5 f.
[4] II, 47 / 10
[5] II, 47 / 10

Die Pfarre St. Foillan hat guten Grund, dem bisher wie selbstverständlich gebrauchten Wort Pfarre bzw. Pfarrer nachzuspüren, ging doch der Titel Pfarrer in die Aachener Mundart ein. *Proffion* hieß bis zum Ende des alten Reiches ausschließlich der Pfarrer von St. Foillan, also der Stadtpfarrer im Unterschied zu den *Pastören* der später errichteten Kirchen, und selbst die Sprache der Urkunden machte mit diesem Wort kurz und knapp die Sonderstellung von St. Foillan deutlich[1].

Als gesichert darf die Herleitung parochianus - Prachion - Proffion gelten[2], und so gilt es, den parochianus zu beleuchten. Er ist der Leiter der parochia, der Pfarre. Parochia ist eine Latinisierung des griechischen Wortes paroikia, das mit *Wohnung in der Fremde, zeitweilige Wohnung* zu übersetzen ist und einen Wohnplatz am Rande der Stadt für Menschen ohne Bürgerrecht bezeichnet. Als paroikos wird das Volk Israel im Alten Testament bezeichnet, solange es in Ägypten ohne Bürger- und Heimatrecht lebte. Im Neuen Testament kennzeichnet paroikia die Situation der Christengemeinde, weil sie ihr eigentliches Heimat- und Bürgerrecht im Himmel hat: paroikia ist die *Zeit des Aufenthalts in der Fremde*, wie es im 1. Petrusbrief heißt[3].

Während bei der Latinisierung von paroikia zu parochia der Wechsel von oi zu o normal ist, bleibt der Wechsel von k zu ch zu erklären, anders als der umgekehrte und normale Wechsel von griechisch ch zu lateinisch c gesprochen k, im Mittellatein z, wie sich archiepiskopos zu arciepiscupus und Erzbischof wandelt. Nicht sprachliche Gesetzmäßigkeiten, sondern eine inhaltliche Beziehung könnte bereits im Griechischen paroikia zu paroichia, im Lateinischen zu parochia verwandelt haben. Als Zwischenglied könnte man den Titel eines römischen Beamten ansehen, des parochus, der an den Pferdewechselstationen im Straßensystem den durchreisenden Staatsdienern das zum Leben Notwendige bereitzustellen hatte, Speise und Trank und im Winter Brennholz. Anders als in dem statischen Bild der paroikia wird dann die Besonderheit des Christen deutlich: Er kann sich auf dem Wege in seine Heimat, in das Reich Gottes, nicht selbst beschaffen, was seine eigentliche Nahrung ist. Der parochus -Pfarrer- muß ihm die *heilige Seelenspeise auf dieser Pilgerreise* spenden.

---

[1] IV, 111 / 9
[2] IV, 120 / 67
[3] I, 13 / 64

Der von parochia abgeleitete Titel parochianus bleibt erhalten, bis ihn im Spanien des 15. Jahrhunderts parochus verdrängt und im Konzil von Trient zur amtlichen Bezeichnung des leitenden Priesters der Pfarre wird. Man darf vermuten, daß ein wachsendes Interesse für die klassische lateinische Literatur zu diesem Wechsel beigetragen hat. Horaz schildert - Satiren I, 5, 46 - in autobiographisch-lebendiger Weise seine negativen Erfahrungen mit einem parochus auf seiner Reise von Rom nach Brindisi.

In einem Wörterbuch von 1773 heißt es, die parochi trügen diesen Namen, weil sie dem Volke alles Notwendige zur Nahrung seiner Seelen reichen[1]. Warum in Aachen der Titel parochus den Titel parochianus - Proffion - nicht verdrängen konnte, ist nicht bekannt. Nur an St. Adalbert hieß im 17. Jahrhundert der vom Stift gestellte Seelsorger parochus, und der Proffion an St. Foillan hob sich deutlich von ihm ab, wenn er ihn z. B. in einer feierlichen Zeremonie einführte.

Was die Seelsorge angeht, bezeugten parochianus und parochus in verschiedenen Bildern die gleiche Grundhaltung, in der sich die Christen verankert sahen. Wohl mußte der Anker verschiedentlich neu befestigt werden, seit dem 18. Jahrhundert mit wachsender Sorge und Mühe, da von *Verweltlichung* immer wieder gelockert. Die Konzilsväter des 2. Vaticanums mahnten: *Die Christen müssen auf der Pilgerschaft zur himmlischen Vaterstadt suchen und sinnen, was oben ist.* Und bei der Darlegung der Gaben des Hl. Geistes betonen sie: *... die einen, beruft er dazu, daß sie das Verlangen nach der Heimat bei Gott deutlich bezeugen und es in der Menschheitsfamilie lebendig erhalten*[2].

Doch mehr und mehr glichen die Christen nicht mehr den Menschen in der paroikia, den Flüchtlingen und Asylanten in Lagern und Wohnheimen, sondern denen mit *festem Wohnsitz* in dieser Welt, nicht mehr den Reisenden auf den Römerstraßen, die sich nach den Gaben des parochus an der nächsten Station sehnten. Wie ein parochus der Antike hielt ihnen Pfarrer Clasen im Dezember-Pfarrbrief 1990 in St. Foillan vor: *Die Mitfeier der Sonntagsmesse ist für uns Christen eine Existenzfrage. Ein Christ, der sie für längere Zeit regelmäßig versäumt, wird dadurch kein "schlechter Mensch", aber er droht zu "verhungern" und zu "verdursten", er droht auf dem Wege*

---

[1] II, 38 / 193 f. / 428 f. / 448
[2] I, 43, Bd. 14, 461 und 393

zugrunde zu gehen. Ihm fehlt die Nahrung durch das Wort Gottes und die Nahrung des Lebensbrotes. Sagt doch Jesus: *Mein Fleisch ist das Brot für das Leben der Welt*[1].

Vom 4. Jahrhundert an ist es in Aachen wie anderswo selbstverständlich, daß eine öffentliche, z. T. festliche Ausübung der Religion zum Leben gehört und wesentlich zu Bildung und Erhaltung menschlicher Gemeinsamkeit beiträgt. Nach einer kurzen Zeit der Toleranz von heidnischer und christlicher Öffentlichkeit kam es unter Konstantins Söhnen zu einem staatlichen Verbot jeglicher heidnischer Religionsausübung. Nur die christliche Gemeinde trat öffentlich auf, an bestimmten Feiertagen zog eine Prozession durch die Hauptstraßen der Stadt, mit Gesang und Gebet. Daß eine Kirche als dauernde Betonung des Charakters der Öffentlichkeit in Aachen das Bild der kleinen Stadt dominierte, ist kaum anzunehmen. Die wenigen Jahrzehnte der angenommenen Existenz einer christlichen Gemeinde vor dem Beginn der fränkischen Herrschaft um 400 nach mehrmaligen Einfällen und Zerstörungen haben kaum die Errichtung einer Kirche möglich gemacht, die mit der noch erhaltenen Thermenarchitektur am Hof und am Büchel hätte konkurrieren können.

Prozessionen waren vom christlichen Kaisertum Konstantins an eine den weltlichen Amtspersonen willkommene Gelegenheit, das Einvernehmen mit der Kirche durch persönliche Teilnahme zu bekunden. Das politische Interesse an der Erhaltung von Sitte und Moral machte die Kirche nach der Unterdrückung anderer Kultgemeinschaften zur notwendigen Partnerin, ja die Bußdisziplin wurde seit Konstantin zusätzlich betont. Bischöfen gegenüber erklärte er nach Eusebius: *Ihr seid für die inneren Angelegenheiten der Kirche da; ich aber dürfte von Gott wohl als Bischof der äußeren Angelegenheiten bestimmt sein*[2], was wohl besagen sollte, daß er mit Hilfe der Kirche durchsetzen wollte, was die äußere und sichtbare Ordnung und damit die Gesundheit von Staat und Gesellschaft anging. Bei anfänglicher Duldung der alten Religionen verbot er den unzüchtigen Baalskult, den Kampf der Gladiatoren gegeneinander und gegen wilde Tiere, er schaffte die Kreuzigung ab, erschwerte die Ehescheidung, unterstützte mittellose Eltern und bestrafte Tötung bzw. Aussetzung von Neu-

---

[1] C, 1
[2] II, 48 / 72

geborenen und setzte durch, was schon drei Jahrhunderte lang christlicher Lehre entsprach[1].

Es ist kein Urteil darüber möglich, wieweit die einzelnen Gläubigen, die Kirche insgesamt oder der genannte politische Wille dazu beigetragen haben, daß das spätantike Römerreich in späteren Jahrhunderten als ein Idealzustand angesehen wurde und seit Karl dem Großen der Wunsch wachblieb, es zu erneuern und fortzusetzen[2]. Noch 300 Jahre später erklärte Otto von Freising in seiner Weltgeschichte für die Zeit Konstantins und seiner Nachfolger: *(Es) waren die Gerechten vom Druck erlöst, die Wolke verscheucht, und lachender Sonnenschein begann überall in der Welt dem Staate Gottes zu strahlen*[3]. Für die Kirche war es aber entscheidend, daß trotz aller Versuche weltlicher Gewalt, weltliche Absichten mit Hilfe der Kirche durchzusetzen, Staat und Religion erstmalig und endgültig auseinandertraten: Nicht mehr der Staat bindet die Gewissen, sondern die Kirche, und der Staat kann nur dann mit bleibendem Erfolg agieren, wenn er im Einklang mit dem Gewissen seiner gläubigen Glieder handelt[4].

---

[1] I, 20 / Bd.II / 1, 6 ff.; 81 ff.; II, 54 / 249
[2] II, 49 / 323 f.
[3] IV, 166 / XLVIII; IV, 168
[4] II, 50 / 169 f.; II, 51; II, 55 / 39

III. Von der fränkischen Eroberung bis zur Errichtung der romanischen Kirche St. Foillan

III.1 Die Frage nach der Kontinuität

In dieser zweiten Epoche geht es so wenig wie in der ersten um Namen und Daten einer Pfarrgeschichte im engeren Sinne, weil davon nur wenig vorliegt; und doch rückt die Pfarre in der Zeit der Karolinger in ein helleres Licht.

Die jüngsten in Aachen gefundenen römischen Münzen tragen das Bild des Kaisers Gratian (375 - 383) , und es gilt als sicher, daß die Römerzeit um das Jahr 400 mit dem Abzug der Beamten und Soldaten zu Ende ging und fränkische Eroberer an ihre Stelle traten. Ob diese wie vielerorts die vorgefundenen Steinbauten genutzt haben, ist unbekannt[1]. Viel Auswahl gab es nicht, neben der Bücheltherme die Ruinen der Domtherme und darin vielleicht eine kleine Kirche[2].

Unsere westlichen Nachbarn lernen in der Schule, von der *Invasion der Barbaren* zu sprechen, während wir den harmlosen Begriff *Völkerwanderung* gebrauchen; sie haben recht, wenn sich der Blick auf das Ausmaß und die langdauernde Wirkung dieser Katastrophe richtet, der keine der folgenden bis zum Zweiten Weltkrieg gleichkommt. Dennoch gibt es Anhaltspunkte für eine dauernde Besiedlung in Aachen. Zwar haben Grabungen ergeben, daß im Thermenbereich niemand mehr gewohnt hat, daß nach dem Zerfall der für die Thermalquellen gebauten Leitungen das Gelände versumpft und erst im 10. Jahrhundert trockengelegt und bebaut worden ist, aber noch lange wurden mit Steinen und Mauerstücken der Ruinen in der nächsten Umgebung Häuser gebaut[3]. Ferner haben Grabungen an der Kurhausstraße 1992 frühmittelalterliche Hausreste freigelegt, die in die römische Siedlungsschicht eingetieft waren[4].

Das Gräberfeld am Königshügel, das 1969 beim Bau der Straße hinter dem Langen Turm gefunden wurde, könnte der Friedhof der merowingischen Siedlung gewesen sein, der wie zur Römerzeit üblich außerhalb des bewohnten Geländes gelegen war[5]. Für ein Dop-

---

[1] IV, 141 / 17, 20
[2] II, 1 / 186; II, 8 / 14 / 37
[3] II, 7
[4] III, 95
[5] III, 96

pelgrab dagegen wurde der Estrich der Domtherme bzw. der dort errichteten Kirche aufgerissen, wohl ein Beispiel für die neue, die römische Gesundheitsvorsorge mißachtende Sitte, hochgestellten Personen einen Ehrenplatz zu geben. Dasselbe gilt für die in geringer Entfernung gefundene Grabstätte[1]. Drei beim Hausbau verwendete Grabsteine können als christlich angesehen und dem 5. Jahrhundert zugeordnet werden; auch sie sprechen von Bestattungen in der Nähe der Kirche. Wenn eine in den Ruinen der Domtherme gebaute Kirche auf die Römerzeit zurückgeht, so wurden für die Merowingerzeit keine öffentlichen Bauten nachgewiesen, nicht anders als in den bedeutenden Orten des Frankenreiches mit gesicherter Kontinuität. Aber wie dort dürften die neuen Herren in Aachen römische Einrichtungen genutzt und, gestützt auf Staatseinnahmen und Staatsbesitz, Herrschaft ausgeübt haben[2].

Aachen zählte, wie gesagt, nicht zu den bedeutenderen Orten, aber sicher zu dem nicht zu übersehenden Staatseigentum, nicht wegen der Thermen-Ruinen, sondern wegen des weiterhin mit einer Mannschaft zu schützenden Straßenknotenpunkts sozusagen zweiter Ordnung, mit der nördlich vorbeigehenden Straße erster Ordnung von Osten nach Westen mit Köln als Endpunkt. Es handelt sich um folgende, sich in der Pfarre St. Foillan kreuzende Straßen:

1. Maastricht - Aachen - Düren. Heute: von der Trichtergasse (Tricht ist der ursprüngliche Name für Maastricht) zur Peterstraße
2. Heerlen - Aachen - St. Vith. Heute: Eilfschornsteinstraße - Kockerellstraße - Kleinmarschierstraße - Franzstraße
3. Roermond - Aachen - Eupen. Heute: Roermonderstraße - Pontstraße - Kleinmarschierstraße - Franzstraße
4. Lüttich - Aachen - St. Vith. Heute: Jakobstraße - Großkölnstraße - Alexanderstraße - Grüner Weg[3].

Geht man davon aus, daß eine solche Straßenkreuzung für die königliche Machtausübung Bedeutung hatte und daß rundherum römisches Staatsland in königlichen Besitz kam, so sind wie überall im Frankenreich die an Ort und Stelle gebliebenen Galloromer in ihre Dienstbarkeit gekommen. Im fränkischen Gesetz - lex ripuaria - des 7. Jahrhunderts ist der Romanus, nämlich der lateinisch sprechende Gallo-

---

[1] II, 8 / 47 / 14 / 32
[2] III, 46 a / 110
[3] II, 20 / 172 f.

römer, unfrei, im Dienst des Königs[1]. Und dieser Romanus der Unterschicht gab den fränkischen Herren die Techniken in Handwerk und Landwirtschaft weiter, die sie bewunderten[2].

Daß dieser Romanus auch in Aachen und mit ihm eine christliche Gemeinde unter den fränkischen Herren weitergelebt hat, machen Reste des Lateinischen in der Aachener Mundart wahrscheinlich. Hier einige Beispiele: ink (Tinte) von encaustum, Kandel (Dachrinne) von canalis; Poll (junges Huhn) von pullus/pulla; Posche (Ostern) von pascha[3]. Mehr noch sprechen Ortsbezeichnungen lateinischer Herkunft für eine Kontinuität der Besiedlung. Wie in dem Namen Kamp/campus und Seffent/Septem fontes ist auch in dem Namen Burtscheid/Porcetum eine nicht geklärte Lagebezeichnung anzunehmen, erst recht in dem Namen Aachen[4]. Wenn dieser auch auf althochdeutsch ahha/Wasser zurückgeht, so dürfte es sich doch nur um eine Übersetzung des überlieferten Namens Aquae handeln, wenn er 972 zum ersten Mal in Schriftstücken auftritt[5]. Wenn sich unter Karl dem Großen Aquisgrani durchsetzt, so handelt es sich dabei wohl um den älteren, von der Kirche festgehaltenen Namen, der in der Römerzeit diesen Badeort von anderen mit dem gleichen Namen Aquae (AI) unterscheiden sollte[6].

Der keltische Gott Granus galt im 3. Jahrhundert als ein Gott des Lichtes und der Sonne und wurde mit Apollo gleichgesetzt. Er wandelte sich zu einem an Quellen verehrten Helfer der Kranken; sein Kult verband sich dort mit dem der Göttin Sirona, die mit Fortuna gleichgesetzt wurde. Ein Weihestein der *heilbringenden Fortuna und Schützerin des Ortes* wurde 1882 an der Buchkremerstraße gefunden. Vielleicht ist auf diese Göttin Marienverehrung und -patrozinium zurückzuführen[7]. Aber im Unterschied zur Verehrung der hl. Winifred in Holywell/Wales und der hl. Verena in Solothurn hat es in Aachen keinen mit Marienverehrung verbundenen Kult der Wasserheilung gegeben. Worauf es zurückgeht, daß man im 17. Jahrhundert auf den

---

[1] III, 16 a
[2] III, 29 a
[3] III, 56 / 161
[4] IV 23 / 30; III, 16 a / 90
[5] III, 63 / 12; III, 16 a / 89 f.
[6] III, 69 / 9
[7] IV, 144; II, 29 / 401 und 407

Quellwasserbrunnen am Comphausbad eine Marienfigur setzte, ist nicht bekannt[1].

Die Frage nach den Problemen, denen die christliche Kirche angesichts der in Fühlen und Denken festverwurzelten Kulte der heidnischen Vergangenheit gegenüberstand, lenkt den Blick auf diese selbst bzw. auf ihre Priester und deren Rolle bei und nach der Invasion der Germanen. Sie sind es, die im Unterschied zu der politischen und militärischen Führung bei dem nunmehr in Abhängigkeit von fränkischen Herren geratenen gallo-romanischen Volke geblieben sind[2], was dazu beigetragen hat, daß nach Fortfall der zivilen Ordnung ein notwendiges Maß an kultureller Selbstbehauptung gegeben war. Wenn Gelehrte und Gebildete geflüchtet oder wie alle anderen zu niederem Dienste gezwungen waren und es ihnen und erst recht ihren Nachkommen unmöglich gemacht wurde, eine geistige Tätigkeit fortzusetzen, so erhielten sich doch die Kulturtechniken des Bauens mit Steinen, des Wein- und Ackerbaus. Und was für das Land zwischen Maas und Rhein allgemein gilt, dürfte auch für Aachen gelten: Es hat nicht nur eine *Kontinuität der Ruinen*, sondern auch eine christliche Gemeinde gegeben, mag sie auch sehr klein gewesen sein.

III.2 Seelsorge

Für die Seelsorge in den ersten Jahrhunderten nach dem für Aachen um 400 anzusetzenden Beginn der fränkischen Herrschaft gibt es nur Anhaltspunkte der allgemeinen Kirchengeschichte. Weil es sich, wie ausgeführt, um die Unterschicht handelte, die ihren christlichen Glauben gegenüber den germanischen Herren bewahrte, konnte ein Predigtthema bereitwillige Ohren finden, nämlich das von der Eigenständigkeit und Unvergänglichkeit der Kirche und der Herrschaft Gottes gegenüber dem Untergang des Römischen Reiches. Der vor 400 in der Umgebung von Trier geborene Bußprediger Salvian prangert in Marseille den sittlichen Verfall der römischen Oberschicht an, und in Aachen dürfte nicht unbekannt geblieben sein, was er von Köln berichtet: *Dazu kam es durch die Trinksucht (valida vini aviditate), daß die Honoratioren der Stadt sich nicht einmal dann von*

---

[1] III, 64 / 32
[2] III, 3 / 9

ihren Gelagen erhoben, als der Feind schon in die Stadt eindrang ... Das habe ich von den bedeutendsten Städten gesagt. Was sollte anderes gelten für die übrigen Orte in den einzelnen Teilen Gallens? ... Denn so sehr lastete ihr sündhaftes Leben auf ihnen, daß sie die Gefahr, in der sie schwebten, nicht fürchteten: Unterwerfung stand ihnen vor Augen, ließ sie aber nicht aus ihrer Ruhe aufschrecken.[1]

Die Vorstellung von irdischer Strafe für Sünde und Schuld blieb noch lange lebendig und stärkte den Glauben an eine Herrschaft Gottes, die alle irdische Herrschaft weit überragt. Wichtiger aber für die elende Existenz der von Barbaren beherrschten Menschen mußte die *Frohe Botschaft* von der schon in dieser Welt beginnenden und von irdischem Elend unabhängigen ewigen Seligkeit sein[2]. Ein lebendiges, den germanischen Herren deutlich vor Augen gestelltes christliches Leben mag dazu beigetragen haben, daß die nach der Taufe König Chlodwigs im 6. Jh. einsetzende Missionierung der fränkischen Herren und des inzwischen angesiedelten fränkischen Volkes auf der linken Rheinseite größeren Erfolg hatte als auf der rechten. Vielleicht ist so zu verstehen, daß Papst Gregor II. den hl. Bonifatius ausdrücklich auf die rechte Rheinseite schickte[3]. Maßgebend für das religiöse Leben der folgenden Jahrhunderte ist aber die Eigenart der Germanenmission: Sie galt Menschen, auf die das Pauluswort bezogen wurden: *Ihr bedürft der Milch, nicht fester Nahrung*[4]. Auf einige Schwerpunkte der Germanenmission sei hingewiesen. Die Allmacht Gottes und seine Überlegenheit über alle heidnischen und irdischen Gewalten als Missions- und Predigtthema hat Alfred Rethel den Besuchern des Krönungssaals im Aachener Rathaus vor Augen gestellt, wenn er den Sturz der Irminsul in die Schlüsselszenen des Lebens Karls des Großen einreihte. Magische Praktiken der heidnischen Vergangenheit wurden verboten, aber ihre Wirksamkeit nicht bestritten[5], so daß seelsorgliche Maßnahmen gegen Zauberei, Strafandrohungen und der im Neuen Testament grundgelegte Exorzismus auf volles Verständnis stießen[6]. Die Angst vor bösen, schadenbringenden Mächten gab dem Segen des Priesters ei-

---

[1] 47 / 77 und 30 / 80
[2] III, 65
[3] 5, 1, 30
[4] Hebräer 5, 12
[5] III, 66 / 404
[6] Matthäus 10, 8; Markus 16, 17; Apostelgeschichte 8, 7

nen hohen Rang nicht nur im Gottesdienst, sondern auch bei der Segnung von Haus und Gerät, Tieren und Pflanzen[1]. Die Andacht bei der Weihe von Kirche und Altar war Germanen wie Griechen und Römern nichts Neues, da heilige, dem Alltagsleben entzogene Orte auch in ihrer Religion wesentlich waren. Der Altar war als Opfertisch vertraut und ein Ansatzpunkt für die Einführung in die vom heidnischen Schlachtopfer weit entfernte Lehre vom Opfer Christi auf dem Altar. Diesem Opfer entsprach die Ehrung des Altars durch Kniefall und Kuß und durch die 789 vorgeschriebene Überdachung mit einer Art Baldachin[2]. Die Kirche war nach Osten ausgerichtet, und an der Ostwand stand der Altar. Mit dem Volk nach Osten schauend, brachte der Priester das Opfer dar.

Für die Art der Mitfeier der Gläubigen entscheidend wurde die vom Priester ausgesprochene und von dem einzelnen Gläubigen an Gott gerichtete Intention, die Bitte um das eigene Seelenheil und das jenige von Mitmenschen, lebenden und toten[3]. Irische Missionare führten eine Bußpraxis ein, in der neben Fasten, Almosengeben und Wallfahren die Teilnahme am Meßopfer und Meßstiftungen als Sühneleistungen angesehen wurden: Der Christ wurde auf sein Lebensziel ausgerichtet, wenn er es aus den Augen verloren hatte[4].

Während der Grundzug des Opfers und der Opferbereitschaft zur Religiosität schlechthin gehört, ist ein anderer dem spezifisch germanischen Gefolgschaftswesen zugehörig: Der Christ hat sich zwischen Christus und dem Teufel zu entscheiden, zwischen beseligendem, erhebendem Dienst und schimpflicher Sklaverei. Die Folge ist ein unbedingtes Ja zu Disziplin und Ordnung im eigenen Leben und das Bekenntnis der eigenen Schuld nach Übertretungen, ferner, mit dem Blick auf heilige Vorbilder, die Hochschätzung einer asketischen Grundhaltung bei sich und beim Priester und Seelsorger.

Dieser entsprach oft genug nicht dieser Vorstellung, wie die Schriftzeugnisse aus der Zeit Karls des Großen erkennen lassen. Die Gläubigen wurden überwiegend in *Eigenkirchen* von *Eigenpriestern* betreut. Damit wird von Historikern der für die Kirche insgesamt schädliche Sachverhalt gekennzeichnet.

---

[1] III, 66 / 286
[2] III, 67 / 22
[3] III, 68 / 50 f.
[4] IV, 130 / 413

Nach der Taufe Chlodwigs 496 nahmen die den größten Teil des Landes besitzenden fränkischen Herren den christlichen Glauben an und waren bereit, für den Aufbau eines christlichen Lebens auf ihrem Grund und Boden Sorge zu tragen[1]. Sie bauten eine Kirche, bestimmten aus den Reihen der unfreien, von den römischen Vorbesitzern übernommenen Bediensteten einen Priester selbst gegen dessen Willen[2], also einen *Eigenpriester*, ließen ihn vom Bischof über seine Aufgaben belehren und weihen. Dann wachten sie darüber, daß er seinen Pflichten nachkam, wenn nötig mit der Prügelstrafe oder mit Absetzung und Rückführung in den ländlichen Knechtdienst, dem er gern entronnen war. Beschwerden und Mahnungen der Bischöfe gingen vielfach ins Leere, weil die Grundherren am längeren Hebel saßen und die Bischöfe es ihnen weitgehend verdankten, daß überhaupt kirchliches Leben vorhanden war.
Die Kirche blieb dem Grundherrn eigen, einschließlich der Einnahmen aus dem später eingeführten Zehntrecht, das jede Pfarrkirche erhielt. Sie war also eine *Eigenkirche*. Noch 845 mußte das Konzil von Meaux Strafen für die Verwendung des Zehnten zur Verpflegung von Hunden und zur Versorgung von Dirnen[3] festsetzen.
Im 6. Jahrhundert bemühten sich die Bischöfe, Willkür und Mißbrauch der Grundherren einzudämmen, und erreichten immerhin die wirtschaftliche Sonderstellung der Pfarrkirchen, wenn sie schon auf andere, Oratorien und Kapellen genannte Kirchen auf dem Boden eines Grundherrn keinen Einfluß nehmen konnten[4].
Erst Karl der Große hat sich kirchliche Sorgen zu eigen gemacht. Zwar ließ er es dabei, daß der Grundherr für die von ihm unterhaltene Kirche einen Priester aus den Reihen seiner Leute bestimmte, doch einer entwürdigenden Behandlung trat die Aufforderung entgegen, auch Freie zu Priestern zu bestellen und an Stiftsschulen Adlige, also z. B. die eigenen Söhne, ausbilden zu lassen[5]. Einen Schritt weiter ging Ludwig der Fromme: Die Aachener Synode von 816 verpflichtete die Bischöfe, keinen Unfreien zu weihen, bzw. den Grundherren, den von ihnen gewünschten Kandidaten aus der Unfreiheit zu entlas-

---

[1] IV, 130 / 413
[2] III, 66 / 168
[3] I, 54 / Bd.9, 401
[4] III, 62 / 272
[5] 35 / 83

sen[1], ja sie nahm ihnen bei Strafe der Verbannung die Möglichkeit, sich an den pfarrlichen Mitteln zur Gestaltung des Gottesdienstes zu vergreifen[2].

Karl der Große und Ludwig der Fromme haben an den Mißständen nur wenig ändern können, blieben sie doch bei ihrer Machtausübung von eben den adligen Herren abhängig, denen sie ins Gewissen redeten bzw. Strafen androhten. Auf die andauernden Klagen antworteten sie mit Ermahnungen, die den bleibenden Tiefstand der Seelsorge erkennen lassen. Beklagt wird das Laster der Habsucht. So schmal und wegen der Willkür ihrer Herren unsicher auch der Lebensunterhalt eines Seelsorgers war, so begehrt muß doch sein Amt für Menschen im Knechtsdienst gewesen sein, wenn die Bischöfe vor den *sectantes avaritiam* gewarnt wurden, vor Weihekandidaten, denen es um wirtschaftliche und soziale Besserstellung ging[3]. Viele mögen mit der rechten Absicht Priester geworden sein, standen aber bald vor ihrer wirtschaftlichen Misere, gingen dann *schimpflichem Gewinn* nach und widmeten sich Zinsgeschäften zum Schaden für die Zeit der Seelsorge[4]. Vergeblich wurden die Bischöfe auf ihre Aufsichtspflicht verwiesen und an den Priester Eli[5] erinnert: Wer zu schwach ist, zu strafen statt nur zu ermahnen, wird von Gott bestraft; er fällt vom Sessel und bricht den Hals[6].

Ohne rechte Vorbereitung auf das Priestertum konnten Menschen, die eben noch gelebt hatten wie alle anderen, der Forderung nach castitas, nach der zuchtvollen und damit vorbildlichen Lebensführung, nicht gerecht werden. Das Aachener Konzil von 836 klagt über Priester, *qui bene docent et male vivunt*, die also Wasser predigen und Wein trinken, wie noch Heinrich Heine im 19. Jahrhundert klagen sollte. Sie suchen taberne - Kneipen - auf, verkehren in ehrloser Weise in gewissen Häusern und sind auf Freß- und Saufgelagen zu finden[7]. Was an Priesterausbildung gefehlt hat, soll er jetzt von höchster Stelle erfahren: *Habebit .., castitatis eminentiam, ita ut mens Christi corpus confectura ab omni inquinamento carnis sit munda et libera* -

---

[1] I, 66 / 232
[2] IV, 27; III, 62 / 48
[3] 29, Bd. 14, 680
[4] 29, Bd.14, 682; IV, 120 / 176
[5] 1 Samuel 4, 1 - 8
[6] 38 / 836
[7] 29, Bd. 14, 680

der Priester muß solche Leuchtkraft der Reinheit an sich haben, daß seine Seele, wenn sie Christi Leib genießt, von allem Schmutz des Fleisches rein und frei ist[1].

Wie der Priester soll auch das Gotteshaus ein Bild der Reinheit sein. Es muß daran gemangelt haben, denn man liest: *Jeder Priester soll .., darauf achten, daß die Kirche Gottes ihr Ansehen behalte, .., die Altäre ihrer Würde gemäß verehrt werden, Kirchen und Altäre nicht den Hunden offen stehen, gottesdienstliche Gefäße mit der größten Sorgfalt beschafft werden, weltliche Geschäfte und leeres Geschwätz in der Kirche unterbleiben, die Gläubigen ihre Herzen auf Gott einstimmen, wenn sie zur Meßfeier kommen und nicht vor dem Schlußsegen hinausgehen*[2].

Was für die unteren Dienstränge im Militärdienst der Neuzeit gilt, hat auch für das damalige Priesteramt gegolten. Die Aachener Synode von 816 erklärt den Priestern, denen der Aufstieg vom Knechtsdasein zu Leitung und Befehlsgewalt nicht bekommen ist: *Homo animalibus inrationalibus, non autem caeteris hominibus praelatus est. Idcirco ei dicitur, ut ab animalibus et non ab homine timeatur, quia contra naturam ... est, ab aequali velle timeri. - Der Mensch hat den nicht mit Vernunft begabten Tieren, nicht aber seinen Mitmenschen gegenüber einen Vorrang. Deshalb muß ihm gesagt werden, daß er von Tieren, nicht aber von einem Menschen gefürchtet werden darf, weil es gegen die Natur ist, zu wollen, daß man von seinesgleichen gefürchtet wird*[3].

Wie hat Karl der Große als Eigenkirchenherr gehandelt? Gilt alles Negative, was auf Synoden in Aachen erörtert werden mußte, nicht in der nächsten Umgebung der Synodenväter? Wir erfahren, welche weltlichen Bediensteten verschiedenen Ranges hier wohnten, nichts aber von der Qualität ihrer seelsorglichen Betreuung[4]. Hat der Herrscher in Aachen gesehen und gehört, worüber er sich bei Ghaerbald (Garibaldus), dem zuständigen Bischof von Lüttich, beschwert? Er fordert: der Priester solle *iuxta modum capacitatis suae - jeder nach seinem Vermögen - praedicare et docere ... - predigen und lehren, wie man durch den rechten Glauben, das Gebet und das gute Werk*

---

[1] 38 / 325
[2] 38 / 59
[3] 38 / 337
[4] 34

zum Himmel gelangt. Jeder soll das Vaterunser und das Glaubensbekenntnis auswendig sprechen können, weil es ohne Glaube unmöglich ist, Gott zu gefallen[1]. Die Priester sollen die Meßgebete gut beherrschen, die Psalmen würdig singen und dabei die Verseinteilung beachten, das Gebet des Herrn selbst sprechen können und allen einprägen, *damit ein jeder wisse, was er von Gott erbitten soll.* Der Priester soll mit den Engeln und dem Volke das Sanctus singen. Zu der sehr begrenzten Beteiligung der Gläubigen soll das Mitsingen des Gloria patri am Ende eines jeden Psalmes *omni honore - mit ganzer Ehrerbietung treten*[2].

Der Wille Karls des Großen, durch die eine Kirche und die eine Liturgie die Einheit des Reiches zu sichern, äußert sich in dem genannten Brief an den Bischof von Lüttich: *Wir glauben gut daran zu tun, Eure Heiligkeit daran zu erinnern, daß jeder einzelne von euch (Priestern) sich in Lehre und Predigt nach den kanonischen Schriften zu richten hat, zuallererst, wenn es um den katholischen Glauben geht*[3]. Entsprechend heißt es in der *Allgemeinen Mahnschrift: Pseudographiae et dubiae narrationes ... - Lügenschriften und Erzählungen zweifelhafter Art bzw. alles, was gegen den katholischen Glauben gerichtet ist, soll weder ernst genommen noch gelesen, sondern verbrannt werden, damit das Volk nicht in Irrtum gerät*[4]. Für Hrabanus Maurus ist das gehorsame Sich-Einstimmen auf die geheiligte Tradition der rechte Schutz gegen die Sünde der Überheblichkeit, der Herausstellung des eigenen Wissen und Könnens; er bedauert, daß viele Priester *unter die Wahrheiten der christlichen Religion gewisse falsche Thesen mischen*[5].

Die Auswirkung der Karolingischen Renaissance auf die Seelsorgspraxis ist wohl nicht hoch anzusetzen. Vielleicht bezieht sich die Aachener Synode von 816 auf ihre unerwünschten Auswirkungen, auf den Versuch, mit seiner Sprachkunst dem Volk zu gefallen: *Solche (Priester) sollen zum (Messe)- Lesen und Psalmen-Singen in der Kirche eingesetzt werden, denen es mehr darum geht, ... dem Volke Erbauung zu schenken, als darum, dem Volke in nichts ande-*

---

[1] 38 / 802
[2] 38 / 59; 32 / 70
[3] 38 / 804
[4] 58 / 60
[5] zit. III, 36 a

rem als sinnentleerter Schmeichelei entgegenzukommen[1]. Karl der Große wandte sich *gegen die, die Bilder heilig und geweiht nennen und sie an Wegen und Straßen, die meist schmutzig sind, aufstellen lassen*[2]. Er förderte stattdessen die Reliquienverehrung: *Da (die Griechen) all ihr Vertrauen auf Bilder setzen, bleibt uns die Erinnerung durch den Leib und die Kleider*[3]. Entsprechend werden die Pfarrer verpflichtet, Reliquien der Heiligen mit der größten Sorgfalt zu bewahren[4].

Heiligenverehrung fügte sich leicht in religiöse Gewohnheiten gallo-römischer wie germanischer Herkunft ein und kam dem geringen Bildungsstand der meisten Seelsorger entgegen. Ordens- und Stiftsgeistlichen mit durchweg höherem Bildungsstand haben manche der Andachtsformen kritisiert und damit einen Teil der *Leutepriester*. Diese werden von höchster Stelle gegen eine Minderung ihrer Autorität in Schutz genommen: *Monachi non debent parvi pendere pastores ... in parochia consistentes - Mönche dürfen Seelsorger, die in ihrer Pfarre angestellt sind, nicht öffentlich herabsetzen*[5]. Aber auch das Volk muß erfahren, daß es allen Priestern die dem Amt gemäße und schuldige Ehre zu erweisen habe[6].

Das ist den Menschen jener Zeit nicht schwer gefallen: Unabhängig von seinem persönlichen Charisma hat der Priester kraft seines Amtes und seiner Weihe, kraft des Auftrags, den er persönlich von Christus selbst erhalten hat, eine Würde, die nicht mit der unpersönlichen Amtsautorität des modernen Beamten zu vergleichen ist[7]. Was Ida Friederike Görres über den Heidenmissionar Bruno von Querfurt sagt, gilt für den Priester des frühen Mittelalters schlechthin: *Was einem bei all den frühen Missionaren den Atem versetzt, ist ihre unwahrscheinliche Kühnheit, nicht zu sagen Frechheit, in der sie sich überhaupt kaum um irdische, praktische, pädagogische und psychologische Hilfsmittel kümmern, sondern sozusagen erwarten, das Wort Gottes müsse für sich selbst einstehen ... viel weniger eigentlich vom "Seelenheil" getrieben als von der Ehre Gottes ... sie waren Boten,*

---

[1] 38 / 409
[2] 38 / suppl. IV, 26
[3] zit. II, 29 c
[4] 38 / 105
[5] 29 / Bd. 14, 680
[6] ebd.
[7] IV, 132 / 20

sie hatten Tatsachen zu verkünden, sie hatten den Inhalt ihrer Botschaft nicht gemacht und waren gewissermaßen nicht verantwortlich dafür, daß er so und nicht anders war - deshalb konnten sie aber auch nichts daran mildern und stützen und ausklammern, sie konnten nichts billiger geben, um dem Publikum entgegenzukommen - das Wort Gottes mußte für sich selber wirken[1].

III.3 Öffentliche Ausübung der Religion

Seit der Zeit Konstantins und über die fränkische Eroberung hinaus blieb es ein bestimmender Zug der christlichen Religion, daß sie sich öffentlich ereignete, in Statuen, Bildern und Symbolen an Straßen und Plätzen und auf Friedhöfen, bei Wallfahrten und Prozessionen und vor allem im Kirchenbau. Erst im 20. Jh. sind Tendenzen erkennbar, eine Kirche so zu formen, daß sie sich nicht mehr von der profanen Welt abhebt und damit auf Öffentlichkeit verzichtet. Wo stand im frühen Mittelalter die Kirche, in welcher die Seelsorge in der beschriebenen Weise ausgeübt wurde? Archäologisch konnte bisher eine solche nicht nachgewiesen werden. Selbst eine Holzkirche könnte unter bestimmten Bedingungen hinreichende Spuren hinterlassen, wie es sich bei Frankfurt am Main 1987 ergab. Dort wurde eine Holzpfostenkirche aus dem 9. Jahrhundert gefunden und als Taufkirche identifiziert[2]. Sicher haben Merowinger und Karolinger auf ihrem Aachener Königsgut nach Eigenkirchenrecht und -pflicht vorbildlich für Errichtung und Unterhaltung einer Pfarrkirche gesorgt; ob aber die Kirche, die Pippin auf einer 1,20 m hohen Trümmerschicht über den Dom-Thermen hat bauen lassen[3], diese Pfarrkirche gewesen ist, bleibt fraglich. Wenn Pippin dort 765 Weihnachten und 766 Ostern feierte[4], dürfte es eine Pfalzkapelle gewesen sein, die den höheren Anforderungen des königlichen Hofes entsprach, und nichts spricht dagegen, daß es für das einfache Volk an einem anderen Ort eine Holzkirche gab.

---

[1] III, 29 c / 262 ff.
[2] III, 45 a
[3] III, 35a / 537
[4] I, 38 / 21

Karl der Große ließ seine Kirche so bauen, daß der Hauptaltar gerade über dem Altar der abgebrochenen Kirche seines Vaters zu stehen kam[1]. Wenn Pippins Kirche zugleich Pfalz- und Pfarrkirche gewesen sein sollte, hätte auch Karl seine Kirche sowohl für den Hof als auch für die Pfarre einrichten müssen[2]. Das Wort capella, das neben basilica und ecclesia Karls Bauwerk bezeichnet, könnte darauf hinweisen. Als Verkleinerungsform von capa - Mantel - ist capella das als Reliquie verehrte Mantelstück des hl. Martin, des Patrons des merowingischen Frankenreiches. Der Name ging auf die Kirche über, in der die Reliquie in Tours aufbewahrt wurde, später auf alle Pfalzkirchen, weil die Könige in ihnen für die Dauer ihres Aufenthalts den mitgeführten Reliquienschatz aufbewahrten, nachdem das Mantelstück des hl. Martin längst verlorengegangen war[3]. Schließlich wurde jede Kirche in Königs- oder Adelsbesitz, also jede Eigenkirche, als capella bezeichnet, und so könnte auch das Aachener Münster als eine dem Pfarrgottesdienst dienende Eigenkirche capella genannt worden sein[4]. Nach der genannten Bedeutungsentwicklung bezeichnet aber capella ebensogut eine Pfalzkirche ohne Pfarrfunktion.

Das Zehntrecht, unter Karl dem Großen zur personellen und sachlichen Sicherung der Seelsorge eingeführt, wurde schon im 9. Jahrhundert zu einem Besitz in der Hand der Großen, von deren Willkür er es eigentlich befreien sollte[5]. Auch das Zehntrecht des Münsterstifts diente wahrscheinlich dem eigenen Unterhalt[6] und wurde ihm als Teil der Ausstattung übertragen wie andere Schenkungen, mit denen das Stift von Karl dem Großen an bedacht worden ist,[7] und die es zum reichsten auf der linken Rheinseite gemacht haben[8]. Daß es auf eine ursprüngliche Pfarrfunktion zurückgeht, kann vermutet, nicht bewiesen werden[9].

Mit dem Diplom Heinrichs II. vom 6.7.1005 geht das Zehntrecht dem Stift auf dem Gebiet der neu zu errichtenden Stifte auf dem Adalbertsfelsen und in Burtscheid zu einem Teil verloren. Auf Ehrenrech-

---

[1] III, 43 / 16; IV, 52 / 176; III, 25 / 68; IV, 37 / 849
[2] IV, 70 / 1 ff.; IV, 26 / 68
[3] IV, 122 / 4
[4] III, 25 / 72 und 99; III, 26 / 23; IV, 27 / 68
[5] I, 47, Bd. 12 1887; IV, 24 / 29
[6] III, 25 / 71 f.
[7] III, 25; III, 42 / 24; III, 62 / 304 / 380; IV, 122 / 3
[8] IV, 67
[9] IV, 24 /42 ff.

te, einen Vorrang vor allen Kirchen Aachens verweisen Titel wie *ecclesia matrix* - *Mutterkirche* und *Aquensis maior ecclesia* - beide erinnern an den Titel der Lateranbasilika in Rom -[1], während die seltenere Bezeichnung *parrochialis ecclesia*[2] den Inhaber des Zehntrechts bezeichnen könnte und über das Taufrecht hinaus keine Pfarrfunktionen meinen muß. Ehrenrechte sind es, die 1005 gegenüber St. Adalbert und Burtscheid erhalten bleiben sollen:

Hec tamen non hac ratione disponimus, ut maiestas monasterii sancte dei genitricis cum decima depereat, sed ut actenus in eodem loco principatum obtinuit ... - *Das (die beiden Neugründungen) haben wir nicht in der Absicht vorgenommen, daß mit dem Zehnten (auch) Ehre und Ansehen (maiestas) des Münsters der hl. Gottesmutter verlorengehe, sondern daß sie ihren bisherigen Vorrang behalte*[3]. Zu diesem Vorrang gehört die Verpflichtung der neuen Stifte, an Hochfesten zum Gottesdienst ins Münster zu kommen, an dessen Prozessionen teilzunehmen, zu den eigenen Patronatsfesten - St. Adalbert und St. Nikolaus - das Münsterstiftskapitel einzuladen und zu beköstigen[4]. Ehrenrechte können, aber müssen nicht auf eine ursprüngliche oder sogar derzeitige Pfarrfunktion hinweisen; sie lassen sich durch eine frühe Auszeichnung der Grabeskirche Karls des Großen erklären, auch wenn diese ebensowenig vorliegt wie der Beleg für eine Pfarrfunktion.

Wo sollte der Pfarrgottesdienst stattgefunden haben, wenn die Pfalzkirche zugleich Pfarrkirche gewesen sein sollte? Im *Dehio* von 1919 wird fälschlich das Untergeschoß den Dienstmannen zugewiesen[5], doch im Unterschied auch zu anderen Thesen[6] ist davon auszugehen, daß im Oktogon und der sich östlich anschließenden Apsis der Hofgottesdienst stattfand und auch der Raum des Sechzehnecks nicht dem Volke bzw., der Pfarrgemeinde zugewiesen war. Seine Bauform spricht für zum Oktogon hin offene Einteilung in Kapellen mit Nebenaltären[7]. Der in dem Bericht Widukinds von Corvey über die Krönung Ottos I. 936 genannte populus - Volk - meint nicht etwa

---

[1] IV, 52 / 207; IV, 70 /57 f.; IV, 81 / 242 / 245
[2] I, 12 /Bd. 1,213; IV, 112 / 126
[3] zit. nach III, 27 / 265
[4] IV, 42 / 249
[5] III, 63 a / 104
[6] 1, 39 a / 43; III, 66 / 62 f.
[7] III, 63a / 139 f.

Bürger oder Bauern, sondern niederen Adel im Unterschied zum Hochadel, der im Hochmünster mit dem König seinen Platz hatte[1].

Ohne zu behaupten, es sei von Anfang an so gewesen, konstatiert Petrus a Beeck 1620, der Pfarrgottesdienst habe im Hochmünster stattgefunden und sei wegen der wachsenden Zahl der Pfarrangehörigen in die um 1190 fertiggestellte St.-Foillans-Kirche verlegt worden[2]. Dagegen spricht, daß die *Stellfläche* in St. Foillan nicht größer war als im Hochmünster[3].

Es wurde gefolgert, daß die Pfarrmesse am Salvator-Altar zelebriert worden sei[4], aber alles, was von diesem Altar bekannt ist oder erschlossen werden kann, besagt, daß er in der Apsis des Hochmünsters gestanden hat; er war nach Thegans Bericht der Ort der Krönung Ludwigs des Frommen[5]. Vielleicht ist er zur Betonung der im Jahre 800 erlangten Kaiserwürde aufgestellt worden; war doch die *Haupt- und Mutterkirche der Christenheit*, die Lateran-Basilika in Rom, dem Salvator geweiht und trug damit den höchsten Titel unter den Kirchen der Christenheit[6]. Die Aufstellung gerade gegenüber der Kaiserloge spricht für die besondere Beziehung zum Kaisertum[7].

Gegen eine räumliche Verbindung von Hof- und Pfarrgottesdienst spricht Walafrid Strabos Streitschrift von 829, wenn er den gegen Ludwig den Frommen aufgehetzten *Bäderpöbel - thermarum vulgus* auf der Straße von den *Christicolae greges - den Gottesdienst feiernden Gläubigen* in der Pfalzkirche, den Ludwig ergebenen capellani und adligen Herren, unterscheidet. *Humiles saevi - wild gewordenes Volk der Unterschicht* steht der Hofgesellschaft gegenüber, von der Karolingischen Renaissance an deutlicher noch als vorher durch den Gegensatz von Bildung und Unbildung[8].

Für die Frage nach dem Ort des Pfarrgottesdienstes in der Zeit der Karolinger ist die Pfalzkirche selbst mit ihren in der Architektur erkennbaren Intentionen aufschlußreich. Nicht nur der Thron im Obergeschoß, sondern die gesamte Komposition läßt es kaum zu, diese Kirche in die lange Reihe von Eigenkirchen einzuordnen, die der

---

[1] III, 63a / 131 f.
[2] I, 4 / 223
[3] IV, 13 / 317
[4] III, 66 b
[5] 1 / 156; 26 / I, 132; III, 26 / 38; III, 27 / 279; 42 / 225
[6] III, 7 / 458
[7] III, 6 a / 83
[8] 22, 178 f.; III, 17 / 7; III, 32 a / 62 f.; III, 34 / 327; III, 54 / 56 f.; 48 ff.

Seelsorge im Bereich der königlichen Besitzungen zu dienen hatten[1]. Anders verhält es sich mit dem Vorgängerbau, der Pfalzkirche Pippins, die nach den vorliegenden archäologischen Befunden *in nichts als Herrscherkirche zu erkennen ist*[2], sondern dem Typ der längsgerichteten Saalkirche zugehört und nur zeitweilig für den Hofgottesdienst hergerichtet werden mußte. Sie könnte zugleich Pfarrkirche gewesen sein. Daraus aber abzuleiten, Karl der Große sei gezwungen gewesen, nach Abbruch der alten und Errichtung seiner neuen Kirche diese dem Pfarrgottesdienst zur Verfügung zu stellen, ist abwegig[3]. Nach anderen und neueren historischen Befunden haben Pfalzkirchen im allgemeinen die Funktion von Pfarrkirchen nicht gehabt[4], erst recht nicht die Kirche Karls des Großen in Aachen, die über alle Pfalzkirchen des Frankenreichs hoch herausgehoben war. Sie diente nicht nur zeitweilig, sondern beständig dem Hofgottesdienst, *nimmt die Kaiserkrönung vorweg und wird zum Symbol seiner Herrschaft, die ihm der oberste Herrscher übertragen hat ...*[5].

San Vitale in Ravenna, ein mögliches Vorbild unter anderen für die Aachener Pfalzkirche, ist als Hauptpfarrkirche der Stadt gebaut worden. Offensichtlich hat aber Karl der Große in ihr wegen der Darstellung des Kaisertums in den Wandmosaiken eine Palast- und Herrscherkirche gesehen[6] und sich bemüht, diesen Charakter durch die Strenge der Arkaden des Oktogons in Aachen an der Stelle der Apsiden in Ravenna noch zu verstärken und damit den Raum für einen Gottesdienst zu schaffen, der Dauer und Festigkeit seines Reiches sichern sollte. Denn seit der Königsweihe, der sakramentalen Salbung Pippins, des Vaters Karls des Großen, bleibt es für die Karolinger gegenüber den abgesetzten Merowingern ein Akt der Selbsterhaltung, die Rechtfertigung ihrer Herrschaft nicht wie diese aus dem *Blute, sondern* aus der Verbindung mit Christus und seiner Kirche aller Welt sichtbar zu machen.

Der dem Selbstverständnis des Kaisers gemäße Gottesdienst war wie noch heute in Stifts- und Klosterkirchen geordnet. Das können wir Einhards Aussage über den Kirchenbesuch des Kaisers entnehmen:

---

[1] III, 7 / 389; III, 10
[2] III, 7 / 429 f.
[3] IV, 70 / 3
[4] IV, 24 / 42 f.
[5] III, 50 a, 43
[6] III, 41 a / 326; III, 7 / 440

Die Kirche suchte er morgens und abends, auch bei den nächtlichen Horen zur Zeit der Messe auf[1]. Vieles spricht dafür, daß nicht oder nicht nur die überwiegend mit Führungs- und Verwaltungsaufgaben betrauten Mitarbeiter des Kaisers, capellani genannt, diesen Gottesdienst verrichteten, zumal sie zum großen Teil nur zu Diakonen geweiht waren, sondern daß von Anfang an eigens für diesen Gottesdienst bestellte Priester, in der Form eines Stifts organisiert, dazu bestimmt waren[2].

Alles in allem, die Gesellschaft der Karolingerzeit, die Architektur als *Bedeutungsträger*[3] und die gottesdienstliche Funktion sprechen gegen eine Verwendung der Pfalzkirche Karls des Großen als Pfarrkirche. Für die Christen von Aachen hat sie eine andere Bedeutung gehabt und bis heute behalten: Wie keine andere Kirche Aachens machte sie Religion und Religionsausübung zu einem öffentlichen Ereignis und war als Höhepunkt des Stadtbildes zu keiner Zeit zu übersehen.

Wo hat aber dann die Pfarrkirche gestanden, der Ort der eigentlichen Seelsorge und Ziel des Kirchgangs als des öffentlichen Bekenntnisses zu Glauben und Kirche? Ein Vorgriff ins 13. Jahrhundert ist erforderlich, wenn urkundliche Belege weiterhelfen sollen. Inzwischen ist das Stift als maßgebliche Institution Aachens an die Stelle der Pfalz getreten. Im Jahre 1215 wird die Foillanskirche in seinem Totenbuch genannt[4], dann im Jahre 1239: Ein Goldschmied namens Wibert, der in den Jahren 1165 bis 1184 den Barbarossaleuchter anfertigte, schenkte dem Stift zwei Häuser, *quae adhaerent ecclesie sancti Foillani - die an die Kirche des hl. Foillan angebaut sind*[5]. Eine Schenkungsurkunde des Jahres 1286 spricht von einer Lage *inter apothecas - zwischen Krämerläden*[6] und bestätigt damit das Bild einer dichten Bebauung der für das Jahr 1279 belegten Krämerstraße - Inter institutores -[7], wie sie dem heutigen Zustand entspricht.

Eine andere Kennzeichnung des Ortes gibt uns der Generalvikar der Erzdiözese Köln, zu der Aachen gerade gekommen war, in einer

---

[1] Kap. 26
[2] III, 25 a; III, 68 / 388
[3] III, 7 a
[4] IV ,115 / 89
[5] IV, 110; IV, 139 / 70
[6] 25, 139 / 70
[7] III, 43 a / 34

Stellungnahme zu einem Streit zwischen Stift und Pfarre vom 6.7.1831[1]: Als Vorgängerin der Foillanskirche habe eine Kapelle an demselben Orte gestanden, und dieser sei mit *In pasculo*, in der Volkssprache *Im Päsch* bezeichnet worden. So wenig wie Noppius, der schon 1645 von einer Kapelle als Vorgängerin von St. Foillan Kenntnis hat, gibt der Generalvikar die Quelle seines Wissens an. Pascuum - pasculum ist als Schreibfehler anzusehen - kann in seiner sprachlichen Entwicklung bis zu Päsch/Pesch - heute häufiger Familienname - verfolgt werden. Wie pastor - Hirt von pasci - weiden abgeleitet, tritt es noch vor dem Jahre 1200 in der ursprünglichen lateinischen Bedeutung *Weide, Wiese am Haus* auf[2] und kann damit als Beispiel für die Kontinuität römischer Kultur auf der linken Rheinseite angesehen werden. Als Ortsbezeichnung entspricht dieses Wort dem archäologischen Befund, nach dem die Bebauung und damit die Unterhaltung der Kanalisation der Quellzuflüsse im Gebiet des heutigen *Hofes* mit der Römerzeit endete und das Gelände versumpfte[3]. Die Bezeichnung pascuum - Weide deutet auf eine allmähliche Trockenlegung bis zur Nutzung als Weidefläche hin und hatte nach der Vorlage des Generalvikars als Ortsbezeichnung bestanden, als Krämerviertel und Kirche dort errichtet wurden.

Das sind die Anhaltspunkte für eine Kirche mit pfarrlichen Funktionen an der Stelle der heutigen Foillanskirche seit Beginn des 10. Jahrhunderts. Für die Zeit der Karolinger bleibt es bei der Vermutung, daß es eine solche Kirche in der gewerblich-bäuerlichen Ansiedlung im Westen des Pfalzbezirks links und rechts von der heutigen Annastraße gegeben hat. Das Desinteresse an einer Darstellung der spezifisch pfarrlichen Verpflichtungen in der Karolingischen Pfalz kann nur konstatiert, aber angesichts der umfangreichen Anweisungen für die Seelsorge im Frankenreich insgesamt nicht erklärt werden.

Der durch Pfalz- und Pfarrkirche ständig vor aller Augen stehenden Öffentlichkeit der Religion entsprach ihre öffentliche Ausübung beim Gang zur Meßfeier an Sonn- und Feiertagen, bei Beerdigungen und beim Gang zur Taufe. Nicht allein wegen des für viele Pfarrangehörige weiten Weges wurden die Messen am späten Vormittag ange-

---

[1] A, 1 / Dom 31
[2] III, 59 /147
[3] II, 20 / 138; II, 33 / 84 ff.; III,41 /14

setzt, wenn eine Mahnung des Bischofs Theodulf von Orleans einem allgemeinen Übel gegolten hat: Frühmessen verführen zu Trunkenheit den ganzen Tag über. Weiter setzt sich der Bischof für die öffentliche und alle Pfarrangehörigen vereinigende Meßfeier ein, wenn er Priester kritisiert, die sich - wohl durch entsprechende Entlohnung - verleiten lassen, in Wohnungen Privatmessen zu lesen[1].
Wurde die Pfarrkirche durch den Gottesdienst nur an den Hochfesten gegenüber den ihr zugehörigen Kapellen der Umgebung hervorgehoben, so Tag für Tag durch das nur ihnen zustehende Recht der Beerdigung[2]. Seit den Tagen Ludwigs des Frommen muß der Pfarrfriedhof auf dem Salvatorberg gewesen sein, denn in einer Urkunde von 871 heißt es, Ludwig der Fromme habe dort eine Kapelle bauen lassen, *ut ibi cymeterium esset mortuorum - damit dort ein Friedhof angelegt werden könne*[3], denn kein Friedhof ohne Gotteshaus. Es galt demnach noch die aus der Römerzeit stammende Vorschrift, die Toten außerhalb der Stadt zu beerdigen, die durch Synodenbeschlüsse seit dem 5. Jahrhundert eingeschärft wurde. Auch der im 9. Jahrhundert als Vorbild bezeugte St. Galler Klosterplan zeigt eine entsprechende Anlage des Friedhofs. Für Eigenkirchenherren gab es Ausnahmen, die für Aachen bedeutendste ist die Beisetzung Karls des Großen in seiner Kirche. Doch ob der Weg zum Grab lang oder kurz war, oft genug war ein beträchtlicher Teil der Pfarrangehörigen vor aller Augen vereint bei der Feier in der Kirche, beim Leichenzug und bei der Beerdigung.
Unter den Zeugnissen für eine öffentliche Ausübung der Religion in Aachen verdient nicht zuletzt der Gang zur Taufe Beachtung. Alle Täuflinge, die in der Pfalz bzw. der späteren Stadt und den zu ihr gehörenden Landgebieten, dem späteren *Aachener Reich*, geboren wurden, mußten in der Kirche Karls des Großen getauft werden, vom 13. Jahrhundert an in der zu diesem Zweck gebauten Kapelle am Eingang des Domhofs. Was für spätere Zeit bezeugt ist, dürfte von Anfang an gegolten haben[4]: Die Taufe war und blieb bis ins 19. Jahrhundert hinein ein Sonderrecht der Stiftsherren. Vielleicht gelangte es von

---

[1] III, 62 / 36 ff
[2] IV, 120 / 19
[3] II, 38 / 27 f.
[4] III, 25 / 72

der Pfalzkirche Pippins an das von Karl dem Großen an seiner Kirche eingerichtete Stift.

Paten und Angehörige des Täuflings legten einen weiten Weg zurück, wenn sie etwa vom Rand des Aachener Waldes den Täufling in die Stadtmitte tragen mußten. Vielleicht wurde ihnen gerade dadurch die hohe Wertschätzung dieses Sakraments bewußt, die sich auch darin aussprach, daß das Taufgelöbnis zu den wenigen liturgischen Texten gehörte, die in die Volkssprache übersetzt, deshalb verstanden und - was die Antworten angeht - in der feierlichen Handlung auch gesprochen wurden. Dazu kam die Überzeugung, daß die Taufe zur Erlangung des ewigen Heils erforderlich sei. Den Priestern wurde deshalb auf der Aachener Synode von 816 eingeschärft, *von der Geburt an dafür Sorge zu tragen, daß nicht ein Kind ohne die Wiedergeburt der hl. Taufe stirbt*[1]. Die Nottaufe, seit dem zweiten Jahrhundert in der römischen Kirche bekannt, scheint im Frankenreich nicht praktiziert worden zu sein. Jedenfalls beklagt Bonifatius gerade im Hinblick auf Kinder, die ohne Taufe sterben, den Priestermangel[2].

Die öffentliche Ausübung der Religion, deutlich geworden im Gang zur Meßfeier, zur Beerdigung und zur Taufe fand innerhalb eines Personenkreises statt, der sich kannte, wenn nicht mit Namen, dann von Ansehen. Nach einer Anweisung des Konzils von Nantes sollte der Pfarrer vor der Messe an Sonn- und Feiertagen fragen, ob ein Fremder anwesend sei, *qui proprio contempto presbytero ibi missam audire velit - der seinen eigenen Pfarrer mißachtet und deshalb hier die Messe hören wolle*[3]. Der Pfarrer sollte Mittel und Wege finden, den *Pfarrfremden* zu entfernen und ihn in seine Pfarrkirche zu schicken. Natürlich brauchte ein solcher sich gar nicht erst zu melden, mußte er doch den Pfarrangehörigen sofort auffallen; und es läßt sich denken, daß es nach Bekanntwerden dieses Gebots keiner mehr wagte, *pfarrfremd* an einer Meßfeier teilzunehmen.

Ein solches Vorgehen setzt voraus, daß der Personenkreis der Pfarre fest umrissen war. Tatsächlich galt der Grundsatz: *Quisquis est in parochia, est etiam de parochia - wer in den Grenzen der Pfarre wohnt, gehört zur Pfarre*[4]. Gab es für den Pfalzort bzw. die spätere Stadt

---

[1] 38 / 681
[2] 55 / 5 / I, 207 f.
[3] III, 62 / 38
[4] III,51

Aachen in dieser Hinsicht keine Probleme, so doch für die ländlichen Gebiete ringsum, die zur Pfarre gehörten. Im allgemeinen kann die Einführung des Zehnten, der Abgabe des zehnten Teils der geernteten Feldfrüchte zur materiellen Sicherung des Gottesdienstes, als Anlaß zur festen Umgrenzung der Pfarre angesehen werden; denn mit der Benennung der zur Zahlung verpflichteten Personen mußten die Grenzen des von ihnen bearbeiteten Bodens zur Pfarrgrenze werden[1].
In Aachen waren die Grenzen des dem König gehörenden Gebietes, villa genannt, auch die Pfarrgrenzen. Hier sorgte nach der in Herstal im Jahre 779 ausgesprochenen Weisung ein Dienstmann des Königs für die Einbringung des Zehnten und seine Abgabe an die Eigenkirche[2].
Aus vielen Einzelnachrichten ergeben sich folgende Grenzen für die villa Aachen: im Osten die Wurm, im Norden der Nordabhang des Lousbergs, im Nordwesten waren Laurensberg aus- und Vaalserquartier eingeschlossen; der Kreis schloß sich mit den Grenzen gegenüber Gemmenich, Walhorn und Kornelimünster[3]. Darüber hinaus läßt sich eine frühere Grenzziehung erschließen, die Orsbach, Seffent, Laurensberg, Richterich, Würselen, Haaren, Weiden und wahrscheinlich auch Vaals umfaßt; es ist die Grenze des fiscus genannten Verwaltungsbezirks des Frankenreichs. Daß sie Pfarrgrenze gewesen ist, ergibt sich daraus, daß die geistlichen Gerichte der dort in späterer Zeit bezeugten Pfarren das geistliche Gericht in Aachen als Berufungsinstanz anerkannten und deshalb einmal *ausgepfarrt* worden sein müssen[4].
Innerhalb dieser Grenzen spielte sich das durch Öffentlichkeit gekennzeichnete Gemeindeleben ab. Diese Öffentlichkeit tritt weder im Neuen noch im Alten Testament als eigentlicher Gegenstand von Offenbarung und Weisung hervor, sondern wird als selbstverständliche Situation des Menschen vorausgesetzt. Sie ermöglicht die spielende Eingewöhnung in gute Gewohnheiten von früher Jugend an, wie es noch die Pfarrer von St. Foillan im 20. Jahrhundert betonen werden: auf dem Wege von Vorbild und Nachahmung. Dazu gehört das Hineinwachsen in das kultische Spiel des Gottesdienstes[5] und insgesamt

---

[1] III, 68 b / 221
[2] III, 42 / 309
[3] IV, 22 / 159
[4] III, 27 / 88 / 90
[5] III, 29 c

in ein Gemeindeleben, das vor aller Augen sichtbar macht, was den einzelnen Christen innerlich bewegt.

III.4 Welt und Kirche

Wenn das *Spiel* des Gottesdienstes innerhalb wie außerhalb des Gotteshauses gelang, war das nicht zuletzt den weltlichen Gewalten zu verdanken. Zur Rechtfertigung ihres Königtums zeigten sich die Karolinger als Garanten des kirchlichen Lebens und folgten damit zugleich ihren eigenen Interessen. In der Nachfolge Konstantins sahen sie sich nach dem Untergang aller anderen Kultgemeinschaften gezwungen, sich der Kirche zu bedienen, um die eigenen Aufgaben zu lösen. Sie bestanden wie in allen politischen Ordnungen der Geschichte in der Sicherung ihrer Macht durch Einsatz und Leistung von Menschen in abgestufter Verantwortung. Bestimmte Tugenden waren die notwendigen Voraussetzungen für ein Gelingen.

Diese Tugenden wurden nicht einfach als eine gnadenhafte Wirkung des kirchlich-sakramentalen Lebens erwartet, sondern mußten durch eine öffentliche Sittlichkeit herbeigeführt werden, deren Eigenart und Grenzen keinem Zweifel unterlagen. Zu ihr hin führten Erzieher und Wächter nicht nur durch ihr Vorbild, sondern auch durch Aufsicht und Bestrafung. Mit der in Aachen am 23.3.789 verkündeten Admonitio generalis - Allgemeinen Ermahnung - wurden alle Priester verpflichtet, gegen Unzucht jeder Art mit harten Strafen vorzugehen und auf jede Art zu versuchen, sie zu unterbinden[1]. Auf dem Aachener Konzil von 816[2] heißt es: *Sacerdotes pro populorum iniquitate damnantur, si eos aut ignorantes non erudiant aut peccantes non arguant. - Priester werden für die Verfehlungen ihrer Gemeinde verurteilt, wenn sie diese aus Unwissenheit nicht maßregeln oder wegen ihrer eigenen Verfehlungen nicht anklagen sollte.* Wiederverheiratung Geschiedener zu Lebzeiten des Ehemanns oder der Ehefrau wird verboten[3], ebenso der Verkehr mit Exkommunizierten[4]. Die Einhaltung der Sonntagsruhe wird eingeschärft: Den Frauen wird die Her-

---

[1] 32, Nr. 49
[2] 32 a, 351
[3] ebd. Nr. 43
[4] ebd. Nr. 22

stellung von Kleidung verboten[1], für die Männer werden die im Kirchengebot genannten opera servilia - knechtliche Arbeiten - aufgezählt: Ackerbau, Weinbau, Bäume fällen, Häuser bauen, Gartenarbeit und Jagd. Es wird ihnen verboten, ad placita convenire - Volksbelustigungen aufzusuchen[2].
Die Synode von 850 in Pavia nennt den Geistlichen, der in einer Stadt oder einem ländlichen Bezirk im Auftrag des Bischofs die Lebensführung der Priester beaufsichtigen und darüber berichten soll, archipresbyter - Erzpriester; das ist der Titel, der später neben *Proffion* den Pfarrer von St. Foillan auszeichnen sollte. Er hat u. a. darüber zu wachen, daß öffentliche Sünder öffentlich Buße tun, unter Berufung auf 1 Tim. 5, 20[3].
Priester waren also den weltlichen Gewalten willkommene Helfer, wenn sie Zucht und Ordnung als Voraussetzung ihrer Herrschaft erhalten wollten. Augenscheinlich genügten dazu die weltlichen Organe nicht. An diese richtet sich um 820 das Capitulare de disciplina palatii Aquisgranensis - Gesetz, das die Zucht in der Pfalz regelt. In Aachen wird jeder Hofbeamte verpflichtet, jeden anzuzeigen, der eine streunende Hure aufnimmt. Wer, gleich welchen Standes, dabei ertappt wird, muß sie zum Markt tragen, damit sie dort geprügelt wird. Wenn der Ertappte sich weigert, wird er mit der Hure gewaltsam dorthin geführt und ebenfalls geprügelt. Dasselbe gilt für die Aufnahme von flüchtigen Dieben, Mördern, Ehebrechern und anderen Übeltätern, die in der Pfalz *untertauchen* wollen. Wer sie aufnimmt, muß für den Schaden aufkommen, den sie anrichten. Ein actor betitelter Beamter hat wöchentlich die Pfalz nach solchen ungebetenen Gästen zu durchsuchen. *Wer auf Leute stößt, die im Streit sich schlagen, Frieden stiften könnte, aber es nicht will, soll wissen, daß er für den entstehenden Schaden anteilig haftet.* Das gilt auch, wenn er nicht Frieden stiften kann und die Anzeige unterläßt[4].
Wieweit diese Methoden Erfolg gehabt haben, ist nicht bekannt. Es sollten Lücken geschlossen werden, die in der ordentlichen Gerichtsbarkeit fühlbar wurden. Insgesamt scheint das weltliche Strafrecht im 9. Jahrhundert die notwendige Wirkung verloren zu haben, und die

---

[1] ebd. Nr. 81
[2] ebd. Nr. 61
[3] III, 31 / 226
[4] 34

Kirche sah sich gezwungen, in die Bresche zu springen, nicht nur durch geistliche Ermahnung und geistliche Strafen, sondern auch durch einen Richtspruch nach weltlichem Vorbild[1]. Sie weitete die mit der Firmung verbundene Visitation aus, die auf den kirchlichen Bereich beschränkt war. Der Bischof ahndete heidnische Gebräuche, Reste von Dämonenkult und abergläubische Vorstellungen wie die vom Hexenritt, Vater- und Brudermord, Inzest und Ehebruch[2]. Germanischem wie römischem Rechtsdenken fremd waren der Eingriff in die Sphäre des Hausvaters beim Verbot der Kindestötung vor oder nach der Geburt, das Verbot der Blutrache und ihre Gleichsetzung mit einem Mord aus Habgier[3]. Der im weltlichen Gericht dem Adel vorbehaltene Zweikampf als Mittel der Wahrheitsfindung wurde zunächst nicht abgeschafft, unterlag aber eingehender geistlicher Kritik. Andere magische Wahrheitsproben wurden verboten.

Bedeutsam und für die Weltgestaltung bis heute maßgeblich war die Einführung der christlichen Barmherzigkeit in die Maßstäbe der gesellschaftlichen Anerkennung[4]. Wenn caritas - mildtätige Zuwendung an alle Bedürftigen - in den Kapitularien der Karolinger gefordert wird, zeigt sich das Bemühen, sich durch diesen spezifisch kirchlichen Einsatz der Königsweihe und damit der Herrschaft würdig zu erweisen. Karl der Große sah seinen Ruhm darin, *der erste Pfleger der Armen zu sein,* und macht es im Jahre 789 Pfalzen, Klöstern und Stiftern zur Pflicht, Fremde zu beherbergen[5]. In der Aachener Pfalz werden Beamte für ihre Beherbergung und Verpflegung eingesetzt[6]. 836 verpflichtet Ludwig der Fromme jede Stadt und jedes Kloster, ein hospitium - ein Haus für wandernde Fremde und Kranke - einzurichten[7].

---

[1] IV, 31, 1 ff.
[2] III, 19 a / 111; IV, 37 / Bd. 1, 14
[3] 36, S. 59; III, 48 / 49
[4] IV, 89 / 78, 43 f.
[5] IV, 133 / 19 und 36
[6] III 13 / 265 ff. / 288 ff.
[7] IV, 110 a / 65; I, 40 /35

IV. Hoch- und Spätmittelalter

IV.1 Seelsorge

IV.1.1 Priester

Mit der ersten Namensnennung beginnt der Teil der Pfarrgeschichte, der sich im Unterschied zu der bisherigen Darstellung an Personen und Ereignissen orientieren kann. Im Totenbuch des Münsterstifts heißt es unter dem 28.6.1189: *Obiit Stephanus parrochianus - Es starb Stephanus, Pfarrer*, und wir können ergänzen: *...von Aachen*, denn um keinen anderen kann es sich handeln[1]. Caesarius von Heisterbach spricht in einer seiner Wundergeschichten von einem *plebanus regiae civitatis - dem Pleban der königlichen Stadt* namens Johannes und nennt damit einen zweiten Titel für das gleiche Amt. Plebanus ist mit *Leutepriester* zu übersetzen, abzuleiten von plebes - Volk; Leute, das sind Menschen in Abhängigkeit von einem Grundherrn. Die Kirche, die der Grundherr für seine Leute hat bauen lassen, wurde plebes genannt: Der Weg führt so zum plebanus, Leutepriester[2].

Eine Rangerhöhung erfuhr der Stadtpfarrer im 14. Jahrhundert mit dem Titel archipresbyter - Erzpriester -, der in Aachen neben Proffion bis 1803 Bestand haben sollte[3]. Diese Rangerhöhung entsprach nicht einem vermehrten seelsorglichen Eifer. Vom 13. Jahrhundert an mehren sich die Klagen über mangelnden Einsatz. Das Geistliche Gericht, dessen Vorsitzender er selber ist, aber für dessen Sitzungen er sich oft vertreten läßt, klagte 1269 und 1270 seine Residenzpflicht ein und legte seine Rechte und Pflichten genau fest[4]. Wer die entsprechenden Beziehungen besaß, kam zu mehreren Ämtern und Pfründen und ließ sich durch willkürlich bezahlte Priester, Vikare, vertreten, wenn er sich mal hier, mal dort aufhielt[5]. Darüber vergaßen die Erzpriester nicht, daß ihr Ansehen in Aachen neben ihrem Amt im Geistlichen Gericht auf dem Rang des Stadtpfarrers an St. Foillan beruhte. Wenn Proffion Johannes von Luchem 1336 die vom Stadt-

---

[1] IV, 150, 179
[2] I, 43 / Bd. 6, 993
[3] 46 / II, 455
[4] I, 22 / Bd.1, 187; IV, 25 / 45 / 28 / 33
[5] 48, VI / Nr. 1056; 46, II, 692 / 694

regiment gewünschte Zusammenlegung des Heilig-Geist-Spitals mit dem Spital am Radermarkt urkundlich genehmigt, nennt er die Initiatoren, nämlich *honesti viri ..., judices, scabini ..., consulatus et civium magistratus* - Patrizier ..., Richter, Schöffen..., Rat und Verwaltung selbstbewußt *parochiani nostri* - unsere Pfarrangehörigen[1].
Mißstände rufen nach der Aufsicht des Vorgesetzten, des Bischofs von Lüttich[2]. Aber es gibt bis zur Gründung des Bistums Aachen 1802 nur wenig engeren und seelsorglich wirksamen Kontakt zwischen Lüttich und Aachen. Schon Karl der Große dürfte trotz seines Mahnschreibens an Bischof Ghaerbald kaum gewünscht haben, daß dieser in Aachen nach dem Rechten sah; hier, auf königlichem Grund und Boden, überwachte er selbst seinen Leutepriester. In der Folge dürfte die Sonderstellung der königlichen Pfalz dazu beigetragen haben, daß der spätere Erzpriester geradezu bischöfliche Rechte ausübte.
In Aachen und Lüttich wirkte es sich aus, daß die Bischöfe unter Otto I. zur eigentlichen und dauerhaften Stütze der Reichsgewalt aufrückten und damit politische Aufgaben die seelsorglichen zurückdrängten. Diese mußten delegiert und gebietsmäßig aufgeteilt werden. Der Archidiakon von Hasbanien, d. i. der größere Teil des Bistums rechts der Maas einschließlich Aachens bis zur Wurm, wurde bis zum Ende des alten Reiches der kirchliche Vorgesetzte. Nicht mit der Amtsautorität des Bischofs ausgestattet, hatte er gegenüber Erzpriester und Münsterstift keinen leichten Stand[3]. Nicht einmal zur Amtseinführung des Erzpriesters erschien er persönlich, verzichtete auf eine an sich beliebte Gelegenheit, sein Amt und seine Befugnis dem Volk von Aachen zu präsentieren; er ließ sich von dem Dechanten des Münsterstifts vertreten, der damit fälschlich den Eindruck erweckte, er sei dem Erzpriester übergeordnet.[4].
Man kann auf ein beträchtliches Anwachsen von Stadt und Pfarre Aachen schließen, wenn in einem Schiedsspruch 1311 von *capellani* des Stadtpfarrers die Rede ist[5], mit denen Kapläne im heutigen Sinne als Gehilfen an St. Foillan gemeint sein müssen. *Capellanus* ist also vom Titel des Mitglieds der capella, des geistlichen und weltlichen

---

[1] 46, II, Nr. 593
[2] II, 25 / 337 ff.; III, 4 / 4
[3] IV, 51 / 198
[4] IV, 51 /193
[5] 46 / II, 104; E, 1, Nr. 160

Leitungsteams der Karolinger, Ottonen und Salier[1], herabgesunken zum Titel des untersten priesterlichen Dienstrangs. Die capella als Kirche der Könige ist ebenfalls herabgesunken und bezeichnet nunmehr eine Kirche, die keine Pfarrechte hat. So werden die Kirchen St. Peter und St. Jakob Kapellen genannt und die in ihnen wirkenden Priester Kapläne. Diese sind jedoch im Unterschied zu den Helfern des Stadtpfarrers an St. Foillan selbständig, haben eine eigene Gemeinde und stehen diesem nur in rechtlicher, von den Gläubigen kaum bemerkter Weise nach.

Mit St. Adalbert, wo der Seelsorger trotz des Titels parochianus - Pfarrer - nicht mehr Rechte hat, traten St. Jakob und St. Peter ins Blickfeld, als sich nach der Errichtung der Barbarossamauer die Stadt von dem dünn besiedelten Umfeld deutlich abhob. Das hatte eine seelsorgliche Folge: Nach Schließung der Stadttore war es nicht mehr möglich, in Notfällen den Stadtpfarrer bzw. seinen Vikar an St. Foillan zur Letzten Ölung zu rufen; denn die Aufbewahrung des Chrisams in St. Foillan war einer der Unterschiede zwischen dem Pfarrer innerhalb der Mauer und den Kaplänen draußen. Es ging um die seit Karl dem Großen bestehenden Vorschriften über die Aufbewahrung des Chrisams durch den dazu allein berechtigten Pfarrer. Abergläubischer Mißbrauch als Heil- und Zaubermittel sollte beendet werden[2]. Die Spendung des Sterbesakraments wurde dadurch nicht behindert, höchstens erschwert durch einen weiten Weg.

Anders in der durch die Errichtung der Barbarossamauer entstandenen Notlage. Der Anstoß, sie zu beheben, kam nicht von dem eigentlich verantwortlichen Stadtpfarrer an St. Foillan, auch nicht von den betroffenen Priestern an St. Jakob, St. Peter und St. Adalbert, sondern von den weltlichen Oberen der Stadt. *Vogt, Schöffen, Bürgermeister* ... bitten im Jahre 1260 Papst Alexander VI., den Priestern in den Kirchen vor der Mauer zu gestatten, die Taufe und das Sterbesakrament zu spenden, wenn die Stadttore geschlossen sind[3]. Diese Initiative der weltlich Verantwortlichen mochte durch die Erfahrungen bei der Belagerung Aachens durch Wilhelm von Holland im Jahre 1248 ausgelöst worden sein, als man vom Umland aus monatelang nicht nach St. Foillan gelangen konnte, um einen Priester zu holen.

---

[1] III, 35
[2] III, 1 / 216
[3] IV, 51 / 180 ff.

Sie erreichte ihr Ziel, als der Papst den Archidiakon von Hasbanien beauftragte, in seelsorglicher Verantwortung zu entscheiden und die notwendigen Änderungen vorzunehmen[1]. Dabei plante und baute die Stadt schon seit drei Jahren an dem äußeren Mauerring, der die drei Kirchen und ihre Gemeinden in absehbarer Zeit einbeziehen sollte[2]; als die neue Mauer stand, dachte niemand daran, ihnen die unter anderen Bedingungen gegebene Rangerhöhung zu nehmen. An St. Jakob und St. Peter wirkte sich die faktische Gleichstellung mit St. Foillan in der Titulatur aus: Ab 1331 erschienen dort amtlich rectores, und ihre Gläubigen nannten sie *Pastöre*[3].

Wichtiger als alle Titel- und Rangfragen ist die Tatsache, daß der zahlenmäßige Anstieg der Gläubigen zugunsten der Seelsorge zu einer Aufteilung führte. Dieses Verfahren scheiterte in anderen Städten daran, daß der ursprünglich allein agierende Pfarrer sein Recht verteidigte und sich seine Einkünfte nicht schmälern ließ. Ohne die der Leistung entsprechenden Pfründe, mit weniger Rechten und einem Titel, der ihrer Verantwortung nicht gerecht wurde, sorgten die Priester an St. Jakob und an St. Peter für das Seelenheil des ihnen anvertrauten Teils der Aachener Bürger!

In die Reihe der rectores genannten Seelsorger gehört der Priester, der ursprünglich im Münster, vom 13. Jahrhundert an in der Taufkapelle alle Aachener Kinder zu taufen hatte. Er wurde vom Stadtpfarrer vorgeschlagen und vom Stiftskapitel ernannt[4]. Auch diesen Priester nannten die Aachener Pastor und würdigten damit einen Seelsorger, der mit den meisten Familien infolge der hohen Zahl der Geburten Kontakt bekam, das Taufregister führte und Taufpflicht bzw. Anzeigepflicht der Hebammen zu überwachen hatte[5].

Ein Pastor anderer Art war der Seelsorger in der Stadtpfarrkirche St. Foillan selbst, vom Volke so genannt, weil er, anders als sein Titel vicarius - Stellvertreter - erwarten läßt, tatsächlich die Seelsorge ausübte, nicht nur dem Namen nach wie der Erzpriester und Stadtpfarrer. Der war nur zur Wahrung seiner Würde in St. Foillan zu sehen, wenn er an hohen Feiertagen zelebrierte. Nach wie vor war St. Foillan die größte Pfarre und umfaßte innerhalb der Barbarossamauer den be-

---

[1] IV, 70 / 57; 46 / 1, 153; IV, 117 / 123; III, 4 / 127 f.
[2] I, 38 / 41
[3] I, 37, Bd. 1, 84; IV, 51 / 186
[4] I, 37, Bd. 1, 17; IV, 51 / 183; III, 4 / 135
[5] IV, 51 / 246

deutsamsten Teil der Stadt. Ihr Pastor behielt im Bewußtsein der Aachener den höchsten Rang innerhalb seiner Amtskollegen, zumal er zugleich das Amt des Rektors an der Taufkapelle ausübte.
Die allgemeine Steigerung der Rechte und Pflichten der Pastöre lenkt den Blick auf den Stadtpfarrer zurück. Es ist zu vermuten, daß der 1336 erstmalig genannte Titel archipresbyter - Erzpriester - ihn von den Pastören abheben sollte[1]. Über die Jahrhunderte hin üben die Erzpriester eine der bischöflichen ähnliche Aufsicht über die Priester in der Stadt aus und entscheiden in Rechtsfragen. So untersteht ihnen auch die Gruppe der Altaristen. Diese hatten als einzige und damit ihren Unterhalt sichernde Aufgabe, gestiftete Messen an zu diesem Zweck gestifteten Altären zu lesen. Der Glaube an die Wirkkraft der Meßfeier für das zeitliche wie für das ewige Heil machte sie zu einem unentbehrlichen Teil des Klerus, weil die Seelsorger in Amt und Würden den Wünschen der Gläubigen nach *Seelenmessen* nicht nachkommen konnten. Der Erzpriester führte sie in Gegenwart des Stifters in sein Amt ein, wie es erstmalig für den 12.12.1327 urkundlich für den Altar im Heilig-Geist-Spital gegenüber von St. Foillan bezeugt ist[2]. Höher als ein Altarist, weil mit beschränktem Recht der Sakramentenspendung ausgestattet, steht der Priester, der am 5.12.1336 an dem Altar der Kapelle des *Gasthauses*, des Krankenhauses am heutigen Münsterplatz, vom Erzpriester eingeführt wird. Dieser nutzt die Gelegenheit, seinen Vorrang zu demonstrieren: Im Falle seines Todes in der Zeit eines über St. Foillan verhängten Interdikts sollen die Exequien in der Spitalskapelle gehalten werden[3].
Abschließend ist festzuhalten, daß der Erzpriester in aller Entschiedenheit seinen temporalis honor - seine zeitliche, nämlich an die vergängliche und sichtbare Welt gebundene Würde wie die weltlichen Amtsträger betont und dabei im Einklang mit einer allgemeinen Überzeugung steht. Die Vorstellung des Otto von Freising von der Kirche als einer permixta civitas - einer (hinsichtlich zeitlicher und überzeitlicher Zuordnung) gemischten Gesellschaft - verlangt von ihren Amtsträgern ein Auftreten, das ihrer Bindung an diese zeitliche Welt entspricht. Sie wird in ihrer von Gott so gewollten Eigenart der

---

[1] IV, 51 / 180
[2] IV ,51 / 218
[3] I, 12 / Bd. 1, 248; 46 / II, 593

Über- und Unterordnung anerkannt und zugleich im Hinblick auf das Endziel relativiert.

IV.1.2 Themen und Formen

Bedeutsamer als Amt und Selbstverständnis der Priester waren ihre seelsorglichen Themen und Intentionen. Nach wie vor wirkten heidnische Vorstellungen im religiösen Bewußtsein ihrer Gläubigen weiter, und die Aufgabe des Priesters bestand darin, auf dem religiösen Urgrund das neue Leben der biblischen Botschaft wachsen zu lassen. Vielfach dachten und handelten Bischöfe und Mönche anders, wenn sie, nicht unmittelbar mit vorchristlichem Fühlen konfrontiert, vor einer Toleranz gegenüber heidnischem Brauchtum warnten wie Caesarius von Heisterbach. Sind seine Darstellungen auch nicht historisch gesichert, so geben sie doch seelsorglich bedeutsame Probleme seiner Zeit deutlich wieder. Allein neun seiner *Wundergeschichten* spielen sich in Aachen und Umgebung ab[1], und in einer von ihnen steht als Vorbild für die in allen Geschichten vertretene Tendenz die Person des Pfarrers von Aachen. Es heißt dort, aus dem Lateinischen übersetzt: *Als ... in Aachen ein Kranz aufgerichtet war und Johannes, der Pfarrer der königlichen Stadt, einen (dort von Bürgern aufgestellten) Baum(stamm) umgelegt und an anderen Stellen Kränze beseitigt hatte, dabei auf Widerstand stieß und verwundet wurde, ließ Wilhelm, der Aachener Vogt, über dieses Vorgehen aufgebracht, kurz danach einen noch höheren Baum(stamm) aufrichten, um den Priester lächerlich zu machen. Wie von vielen vorhergesagt wurde, bestrafte Gott die ihm wie seinem Priester zugefügte Beleidigung und auch früher begangene Sünden des Volkes. Wenige Tage später ließ er fast die ganze Stadt in Schrecken erregender Weise in Flammen aufgehen, so daß viele sagten: "Die Hand des Herrn ist über uns"*[2].
Pfarrer Johannes, Vogt Wilhelm und ein Stadtbrand am 1.8.1225 sind belegt. Es handelt sich um eine lebendig gebliebene heidnische Frühlingszeremonie, heute noch bekannt bzw. wiederbelebt in der Errich-

---

[1] IV, 110, 2 und 6 ff.
[2] IV, 54 / 190

tung eines bekränzten Maibaums. Wahrscheinlich ist dieser Text das älteste Zeugnis für diesen Brauch[1].
Die Ereignisse von 1225 hatten möglicherweise ein literarisches Nachspiel in Goethes *Reineke Fuchs*, VI, 13. Nach Reinekes Lüge, er wolle nach Rom und weiter nach Jerusalem pilgern, heißt es:
Und so hatte denn Reineke die Liebe des Königs
Völlig gewonnen und ging mit großen Ehren vom Hofe,
Schien mit Ränzel und Stab nach dem heiligen Grabe zu wallen,
Hatt' er dort gleich so wenig zu tun als ein Maibaum in Aachen.
Das ist eine wörtliche Übersetzung aus Goethes Vorlage, dem *Reynke de vos* von 1498: *Dar hadde hê werf alse meibôm tô aken.*
Hat das göttliche Strafgericht bewirkt, daß die Aachener keinen Maibaum mehr aufstellten? Hat sich dieser Vorgang in einem Sprichwort niedergeschlagen, dessen sich der unbekannte Verfasser noch 200 Jahre später bediente in der auch von Goethe so übernommenen Bedeutung: Reineke hat in Rom wie in Jerusalem nichts zu suchen; er paßt dort nicht hin?[2]
Denselben Sinn hat das Sprichwort auch wegen einer zwar entgegengesetzten, aber der Aachener Seelsorgspraxis wahrscheinlich entsprechenden Herleitung. Erst für spätere Zeit belegt, aber durch uralte Gewohnheit erklärt, ist Aachen dafür bekannt, daß seine Bürger bei vielen festlichen Gelegenheiten Bäume mit frischem Grün postierten. Mal sahen sich Rat und Verwaltung genötigt, gegen ein Übermaß einzuschreiten, mal verlangten sie bei Androhung von Gefängnis, vor den Häusern *Mayen* zu setzen, so am 1. Mai, dem Fest der Apostel Philippus und Jakobus, den Patronen der Rathauskapelle, vor den Häusern am Markt, und Fronleichnam in den Straßen der Prozession[3].
Das Sprichwort hieße dann soviel wie *Eulen nach Athen tragen* und würde festhalten, daß sich nicht der Mönch Caesarius und Pfarrer Johannes mit ihrem seelsorglichen Rigorismus durchsetzten, sondern Priester in der Tradition und Übung der Heidenmission. Sie achteten die im Volke lebendige Religiosität, verbanden sie mit christlichen Festgeheimnissen und weckten so eine aus dem Herzen kommende Festesfreude.

---

[1] IV, 177 / Bd.1, 170
[2] IV, 71, 124 ff.
[3] IV, 71 / 122; I, 13 / Bd.2, 405

Von Rigoristen kritisiert, zeugt die damals geübte Heiligenverehrung von der Weiterführung einer allgemein menschlichen Religiosität. Die seelische Basis griff sozusagen in die theologische Entwicklung ein und weckte das Verlangen nach größerer Nähe, nach einer menschlichen Heiligkeit, als die Betonung der Göttlichkeit Christi auf den großen Konzilien des 4. und 5. Jahrhunderts in eine andere Richtung wies[1]. Die Märtyrer kamen diesem Verlangen entgegen, blieben sie doch in den überlieferten Lebensbeschreibungen menschlich nah und zugleich vorbildlich-heilig. Ihre Reliquien, Partikel aus den über die Jahrhunderte hin bewahrten Gedächtnisstätten, waren die kostbare Gabe Roms an neue Kirchen auf der wieder christlich werdenden linken Rheinseite, sie wurden die Patrone, ja, geistlich gesehen, die Besitzer dieser Kirchen. Die Einsenkung der Reliquien in das *Reliquiengrab* unter dem Altar war der Höhepunkt der feierlichen Weihe jeder Kirche und stellte den Gläubigen vor Augen, daß die Märtyrer Christus in den Tod gefolgt sind.

Im Frankenreich blieb es nicht bei der Überführung römischer Märtyrer-Reliquien; es wurden Heilige zu Patronen gewählt, die durch Abtötung, d. h. durch Verzicht und Bußübungen, in den Ruf der Heiligkeit kamen oder in einer bestimmten Beziehung zur Familie des Eigenkirchenherrn standen.

Beides gilt für den hl. Foillan; hinzu kommt, daß seine Ermordung im Jahre 655 einem Märtyrertod gleichgesetzt wurde, obgleich die Mörder unbekannt blieben und niemand sagen konnte, ob er wegen seiner Predigten oder wegen mitgeführter Geldmittel erschlagen worden war. Im Park von Schloß Le Roeulx, 4 km südlich von Nivelles, zeigt man den Ort der Bluttat und in einem Teich die Insel, auf der die Mörder der Legende nach seine Leiche und die seiner beiden Gefährten vergraben wollten. Als der abgeschlagene Kopf des Heiligen zu Boden fiel, gegen einen Eichenstumpf rollte und dort eine Quelle emporschoß, flüchteten sie und ließen die Leichen liegen. Mit Hilfe eines wunderbaren Lichtzeichens fand sie Gertrud von Nivelles und überführte sie nach Fosses[2].

---

[1] III, 1 / 179 ff.
[2] IV, 163 / 23 ff; IV, 164 / 472 ff.

Statue des hl. Foillan in der Kirche in Fosses-la-Ville
Werkstatt des Jean Del Cour, Ende des 17. Jahrhunderts (ACL Bruxelles - Charleroi)

Auf Gertrud geht die Beziehung des Heiligen zu den Karolingern zurück. Sie war die Tochter Pippins von Landen und die Äbtissin des von ihm gegründeten Klosters. Foillan kam mit seinen Gefährten in die Ardennen und auch nach Nivelles. Ihn zog es in die Gebiete des Frankenreiches, die sowohl von den Resten städtischen Lebens der Römerzeit als auch von den höfischen Zentren der neuen Machthaber entfernt waren. Doch wollte er dort nicht bleiben, sondern wie seine irischen Gesinnungsgenossen unaufhörlich wandern. Ortswechsel galt ihnen als die beste Methode, Christus nachzufolgen und sich der Gefahr zu entziehen, in dieser Welt seßhaft zu werden und das Ziel im Jenseits aus dem Auge zu verlieren. Gertrud muß es gelungen sein, ihn mit seinem Bruder Ultan und anderen Gefährten davon zu überzeugen, daß mit Leib und Leben an einem Ort nicht auch der Geist seßhaft werden müsse. Er solle die weitgehend wieder heidnisch gewordenen Menschen in den Ardennen für den christlichen Glauben gewinnen. Dabei handelte sie im Interesse ihrer Familie: Für große Teile des karolingischen Besitzes, unerschlossene und damit wirtschaftlich und machtpolitisch wertlose Gebiete, waren Mönche die besten Entwicklungshelfer.

Für die Merowinger waren es die Benediktiner; mehr erwarteten die Karolinger von der Staunen erregenden und faszinierenden Selbstlosigkeit der irischen Wandermönche. Grimoald, Gertruds Bruder und Hausmeier in Austrasien, war sich mit seiner Schwester einig und überließ Foillan ein Landgut auf dem Boden der heutigen Stadt Fosses unweit von Namur zur Errichtung eines Klosters[1].

St. Foillan in Fosses-la-Ville, Südseite

Foillan wirkte anscheinend wie erwartet, wurde aber schon nach fünf Jahren erschlagen. Sein Leichnam wurde nach Fosses überführt, und

---

[1] IV, 177 / 37 f.

Foillan wurde der bis heute gefeierte Patron des Klosters und als Helfer in vielen Nöten das Ziel von Wallfahrten, und seine Wunder waren in aller Munde[1]. Die Karolinger blieben die weltlichen Patrone des Klosters und damit Helfer in allen Notlagen, nach der Reichsteilung zuletzt der unglückliche Lothar II. Eines seiner nicht als ehelich anerkannten Kinder, Gisela, auch sie Äbtissin von Nivelles, machte im Jahre 898 den entscheidenden Schritt für den Fortbestand von Fosses: 250 Jahre nach der Gründung durch ihre Vorgängerin Gertrud baute sie das bei einem Raubzug der Normannen zerstörte Kloster wieder auf und schenkte es dem Bischof von Lüttich. Damit stiftete sie eine bis zum Ende des Klosters in der Franzosenzeit dauernde, mehrfach seinen Fortbestand sichernde Verbindung.

Ob sich die Verehrung des hl. Foillan in diesen 250 Jahren ausgebreitet hatte, ist nicht bekannt. Nach der engen Verbindung mit Lüttich wird erst zu Beginn des 12.Jahrhunderts eine Foillanskirche in der Lütticher Vorstadt auf der rechten Maasseite genannt - St. Pholien in Outremeuse, heute eine Kirche aus dem 19. Jahrhundert. Die in Fosses gefeierten Foillans-Tage erschienen im Lütticher Festkalender: 16.1., Auffindung des Leichnams; 3.9., Überführung der Reliquien 1086 (nach vorübergehender Aufbewahrung in Mons); 24.10., Geburt, mit Oktav am 31.10.

Die erste Nachricht von einer Würdigung des Heiligen stammt aus Aachen: Am 3.9.1076 weiht der Bischof von Lüttich den Dreifaltigkeitsaltar im Münster. In der Liste der darin deponierten Reliquien wird der hl. Foillan als jüngster und letzter nach 10 römischen Märtyrern genannt. Daß die Vorgängerin der um 1180 errichteten Foillanskirche dem Heiligen geweiht war, kann nur vermutet werden.

Mehr als Foillan stand seine Gönnerin, die Hl. Gertrud, im Bewußtsein der Aachener. Ihr Fest am 17.3. galt als Frühlingsanfang: *Op Zent Gertrudes komme de Buure met Müs ajjen Stecke noh Oche*[2]. Sie wird angerufen als Beschützerin der Reisenden, als Friedensstifterin und als Helferin zu einem guten Tod. So wird sie mit einem Stab dargestellt, an dem Mäuse hängen; denn die Seele nimmt nach dem Tod die Gestalt einer Maus an[3]. Eine fromme Sitte will es, sie vor dem Auszug zu einer lebensgefährlichen Unternehmung in einer

---

[1] 33 / XV, II, 934 ff.
[2] I, 56 / 242
[3] IV, 154 / 164

besonderen Weise anzurufen: Die etwa 200 Mann, die 1385 von der Stadt laut Vertrag zur Sicherung des Landfriedens ausgeschickt werden, um die Burg Reifferscheid zu belagern, werden auf dem Markt feierlich verabschiedet. Mit den Worten: *Der heiligen Gertrud Minne trinke ich dir zu auf dein Wohl* wird ihnen ein Trunk gereicht[1].
St. Foillan war bis zur Franzosenzeit bekannt durch die große Zahl der gestifteten Altäre mit den Figuren der Heiligen, denen sie geweiht waren, doch ein Gertrudisaltar ist wohl nicht unter ihnen gewesen. Gertrud erscheint aber 1888 auf dem neuen Hochaltar und im Tympanon über dem Hauptportal. Dort kniet sie mit Katharina auf der einen und Foillan und Karl dem Großen auf der anderen Seite vor der in der Mitte thronenden Gottesmutter. Die Inschrift lautet: *Maria, Foillane ceterique sancti patroni huic aedi subvenite restitutae - Maria, Foillan und ihr übrigen heiligen Patrone, kommt diesem Haus nach seiner Erneuerung zu Hilfe*. Ob Pfarrer, Kirchenvorstand und Architekt eine Überlieferung kannten, die neben dem hl. Foillan von drei weiteren Patronen spricht, ist nicht bekannt. Jedenfalls griffen sie die Vorstellung wieder auf, nach der die Heiligen kaum als biographisch bekannte Vorbilder erscheinen, sondern als wirksame Fürsprecher für die Anliegen der Beter vor Gott. Was von Foillans Leben in legendärer Ausgestaltung bekannt ist, stärkt die Gewißheit, einen guten Fürsprecher zu haben[2]. Wenn Maria in der Mitte thront, sollte ihr - nach der Verkündung des Dogmas von der Unbefleckten Empfängnis durchaus im Einklang mit mittelalterlichen Vorstellungen - ein besonderer Rang gegeben werden: die vier Patrone und Fürsprecher erreichen über sie Gottes Ohr.
Das Tympanon ist nur durch eine Handzeichnung des Architekten August Peters bekannt; es wurde offensichtlich mutwillig, vielleicht durch Gewehrschüsse, Ende des Krieges zerstört; denn die Fassade ist in diesem Bereich von den Bomben kaum beschädigt worden.

---

[1] IV, 152 / 162
[2] IV, 152 / 131

Das Tympanon des Bildhauers Johannes Müller über dem Hauptportal von St. Foillan in der Entwurf-Zeichnung des Architekten Peter Peters[1]

Wenn Karl der Große im Tympanon gleichrangig mit Foillan erscheint, entspricht das einer nachweislichen Verehrung in der Stadtpfarrkirche. In einem päpstlichen Genehmigungsschreiben wird er 1411 nach Maria, Katharina, Barbara und dem Evangelisten Johannes in der Reihe der Heiligen genannt, zu deren Ehren der Schöffe Johann zu Hochkirchen einen Altar gestiftet hat[2]. Welcher Art war die Verehrung Karls des Großen als eines Heiligen?

In dreieinhalb Jahrhunderten zwischen dem Tode und der Heiligsprechung wurde in Aachen für das Seelenheil des Kaisers gebetet wie für jeden anderen Verstorbenen. Seine Enkel Lothar I. und Karl der Kahle erklären urkundlich, es sei sein Wille gewesen, daß in der von ihm gebauten Kirche zu seinem Seelenheil Gottesdienst gefeiert werde[3]. Eine erste Wendung von dem Gebet für den sündigen Verstorbenen hin zu seiner Verehrung als Patron und Heiligen könnte Otto III. durch die Öffnung seines Grabes bewirkt haben, dem Höhepunkt einer Art Wallfahrt nach Aachen im Jahre 1000, nachdem er noch drei

---

[1] C, 5
[2] 48 / 347
[3] III, 25 / 48 ff.; 113 ff.

Jahre vorher für das Seelenheil seines verehrten Vorgängers dem Stiftskapitel eine große Schenkung gemacht hatte[1]. Einen Schritt weiter ging die Kreuzzugsbegeisterung, wenn auch kritisiert von nüchtern gebliebenen Theologen wie Ekkehard: *Fabulosum illud confictum est de Carolo Magno quasi de mortuis in idipsum resuscitato ...* - *Man hat Fabeleien erdichtet, nach denen Karl der Große leibhaftig von den Toten auferstanden sei, um an der Spitze der Kreuzritter zu kämpfen.* In den Kreuzzugsepen, so im Rolandslied, wird von Wundertaten Karls des Großen berichtet, ohne Wirkung auf Gebet und Liturgie in Aachen.

Das ändert sich mit der Heiligsprechung 1165: An die Stelle des Gebets für das Seelenheil tritt seine Anrufung als Patron und Heiliger, an seinem Todestag wird das Requiem ersetzt durch die Messe *An Festtagen eines heiligen Bekenners, der nicht Bischof war*, erweitert durch die Sequenz *Urbs Aquensis* und die Kaiserlaudes. Die Einreihung unter die Bekenner begründet Friedrich I. in seinem Freiheitsbrief für Aachen vom 8.1.1166: *Nunc electum et sanctissimum confessorem eum fatemur ..., quem in sancta conversatione vixisse et pura confessione et vera penitentia ad deum migrasse et inter sanctos confessores sanctum confessorem credimus* - *Jetzt sehen wir ihn als erwählten und hochheiligen Bekenner ..., denn wir glauben, daß er heiligmäßig gelebt, sich ohne Einschränkung zu Gott bekannt und in echter Bußgesinnung den Weg zu Gott gegangen ist, und sehen ihn unter den heiligen Bekennern als heiligen und wirklichen Bekenner*[2].

Friedrich I. geht über diesen kirchlich genehmigten und liturgisch gewürdigten Titel noch hinaus, wenn er die Titel Apostel und Märtyrer anschließt und zu begründen versucht[3]. Als Märtyrer bezeichnete ihn Pseudo-Turpin bereits im Rolandslied. Friedrich I. hat vielleicht die Kreuzzugsbegeisterung genutzt, um das Ansehen des Kaisertums zu erhöhen. Anders als bei Otto III. ist nicht von einem neuen Konstantin die Rede, nicht von einer Herrschaftsform, die weltliche und geistliche Macht hätte vereinigen sollen.

Man hielt sich strikt an die kirchlichen Vorschriften über Heiligsprechung bzw. Erhebung der Gebeine, so daß trotz des Makels der Zustimmung nur durch den Gegenpapst nach Beendigung des Schismas

---

[1] IV, 157 / 51
[2] 22 / 196
[3] I / 117

auch Rom die Heiligsprechung anerkannte: Am 22.6.1226 weiht ein Kardinallegat, der deswegen von Rom nach Aachen gekommen war, einen 1223 gestifteten Altar zu Ehren der heiligen Simon, Judas und Karls des Großen[1].

Soviel an Argumenten, die bedacht werden mußten, wenn der hl. Karl in St. Foillan und anderswo in Aachen verehrt werden sollte. Sicher hat sich die behutsame Vermeidung von Cäsaropapismus in Gebeten des Karlsfestes günstig ausgewirkt. Die Beziehung zu dem hl. Karl im Himmel entsprach in etwa der zu den lebenden Kaisern auf Erden: Trotz ihrer priesterähnlichen Funktion bei der Krönung blieben sie Laien. Von ihnen wie von dem hl. Karl erwartete man fast nach germanischer Vorstellung das *Königsheil*, doch nicht aufgrund übermenschlicher oder magischer Kräfte. So gilt das gute Wetter des Jahres 1492 als Folge der Krönung Friedrichs III. Seine das Heil bringende Kraft ist wie bei Karl dem Großen eine Folge von Frömmigkeit und Gottesfurcht[2].

Auch der von Friedrich I. wieder aufgegriffene Titel Augustus setzte dem durch die Heiligsprechung gestärkten Kaisertum keine Akzente, die romtreues wie bürgerliches Denken in Aachen hätten stören können. Er sollte nicht, wie von Oktavian gewollt, nach hellenistischem Vorbild *anbetungswürdig* bedeuten und an die zugleich geistliche und weltliche Königswürde des Alten Testaments erinnern, sondern er wurde, zwar fälschlich, aber bescheiden von augere - vermehren - abgeleitet und bis zum Ende des Reiches mit *allezeit Mehrer des Reiches* übersetzt, ohne damit imperialistische Vorstellungen zu verbinden.

Neben Foillan und Karl dem Großen erblickten die Besucher der Stadtpfarrkirche eine Vielzahl von Heiligen auf Altären; noch Ende des 18. Jahrhunderts 14 an der Zahl[3]. Sie wurden zum Teil als Nothelfer angerufen und traten besonders dann in das Bewußtsein der Gläubigen, wenn sie an ihrem Festtage mit einer Meßfeier gewürdigt wurden.

---

[1] IV, 12
[2] IV, 145 / 182
[3] III, 28 / 333 ff.

IV.1.3 Liturgie

Die Zahl der in St. Foillan verehrten Heiligen stieg mit dem Bedarf an täglich zu feiernden Messen. Für diese wurden Altäre gestiftet, die einem oder mehreren Heiligen geweiht waren. Die persönliche Beziehung zu einem Heiligen konnte sich so mit dem Wunsch verbinden, eine Messe für ein eigenes Anliegen *lesen* zu lassen. Das zu jeder Meßfeier gehörende Opfer der Gläubigen wurde zu einer privaten Stiftung vor der Messe, zu einem Honorar des Zelebranten[1]. Die Stifter eines Altares schrieben urkundlich die Zahl der Messen in einem bestimmten Zeitraum vor[2]. Um 1480 reichte anscheinend der Platz in der Kirche nicht, um allen Wünschen nach Altarstiftungen nachzukommen.

Die Stiftung von Kapellen und Altären verlangte ein Zusammenwirken des Stifters, des Erzpriesters, der den Vertrag zu genehmigen hatte, des Priesters, der die gestifteten Messen zelebrieren sollte, und des Kirchenvorstands. Für einen auf Sicherheit bedachten Stifter war es deshalb nicht zu hoch gegriffen, den Papst oder ein Konzil zur Bestätigung und Sicherung anzurufen. So wurde am 18.5.1411 der Stiftungsvertrag für den Altar zu Ehren der Heiligen Maria, Katharina, Barbara, des Evangelisten Johannes und Karls des Großen in Rom bestätigt[3]; das Konzil zu Basel mußte sich 1441 mit St. Foillan beschäftigen. Es sicherte den Stiftungsvertrag für den Altar Johannes des Täufers. Als es seinetwegen 1456 trotzdem einen Rechtsstreit gab, entschied Papst Pius II.[4] Derselbe Altar wurde dann nur noch Täschen-Altar genannt, weil Unterhaltung und Zelebration von Zinsen bestritten wurden, die das Haus zum Täsch, am Kolrum, der heutigen Buchkremerstraße gelegen, erbrachte[5].

Wie für St. Foillan bezeugt, kann sich der Stifter das Recht sichern, den Priester zu ernennen, der die gestifteten Messen zelebrieren soll, bzw. die Personen, die dieses Recht nach seinem Tode haben sollen[6], z. B. seine Erben in direkter männlicher Linie. Wie dieses Verfahren

---

[1] IV, 77
[2] B / 1, 8, 4; III, 4 166 ff.
[3] 48, VII, Nr. 864
[4] I, 39 / 22
[5] IV, 114 / 89
[6] 48 / VII, Nr. 84

an das Eigenkirchenrecht erinnert, so auch die Auflage, den Stifter in der Kirche zu bestatten.
Wie die Altäre stammten auch die liturgischen Geräte zum größten Teil aus Stiftungen: Hier sprechen Verträge von den Sorgen der in die Zukunft blickenden Stifter. Johannn Payt läßt sich 1365 vom Erzpriester urkundlich zusichern, daß sein Geschenk an St. Foillan, ein Gefäß zur Aufbewahrung von Salböl, nur bei der Krankensalbung innerhalb der Pfarre benutzt werden dürfe[1].
Bestätigung des Vertrags im fernen Rom ist die eine Art der Sicherung, die andere und wichtigere ist diejenige am Ort bei der Verwaltung des Stiftungskapitals und seines jeweiligen Einsatzes, i. a. nur der Zinsen. Dazu werden Treuhänder bestellt, von denen man Sicherheit über Generationen hin erwartet, nämlich Bruderschaften und der Magistrat der Stadt. Dieser ist z. B. 1498 in frühkapitalistischem Denken darauf aus, das ihm anvertraute Kapital des Kreuzaltars in St. Nikolaus zu erhöhen: er verleiht 300 Gulden bei 12 Gulden Jahreszins[2].
Als eine neue Sakristei gebaut wurde, errichtete man auch darin Altäre[3], ohne daß die Gläubigen Zutritt erhalten hätten. Nichts zeigt deutlicher den Charakter der gestifteten, von der Mitfeier der Gläubigen unabhängigen Messe. Diese Entwicklung folgte Änderungen in der Liturgie. Sollten die Gläubigen in der Karolingerzeit die Meßfeier mitvollziehen, so wurde später der Priester mit den Ministranten am Altar der eigentlich das Opfer Feiernde. Die Gläubigen gingen zu einer betrachtenden und hörenden Teilnahme über, die an Werktagen sogar als Buße angesehen werden konnte[4]. Und da es in der Hauptsache auf den Priester ankam, wenn in der Kirche etwas Gott Wohlgefälliges geschehen sollte, war die eigene Anwesenheit nicht eigentlich erforderlich: Man *bestellte* eine Messe für ein bestimmtes Anliegen[5].
Allen irdischen Sorgen und Wünschen voran stand der Gedanke an das Leben nach dem Tode. Ende des 12. Jahrhunderts werden Testamente für Totenmessen mit genauer Angabe von Ausstattung und Finanzierung errichtet. Eines der ersten Testamente dieser Art sichert

---

[1] I, 12 / Bd. 1, 298
[2] I, 39 / 33
[3] I, 37 / 83 f.
[4] III, 1 / 184 f.
[5] IV, 77

dem Pfarrer Johannes im Jahre 1257 ein Jahrgedächtnis, gestiftet von seinem Neffen, dem Kantor des Münsterstifts[1]. Das berühmteste Beispiel ist Karl der Große selbst; denn es gilt als gesichert, daß er eine Priesterschaft gründete, die den Auftrag hatte, in der Pfalzkirche für sein Seelenheil zu beten und Messen zu zelebrieren[2].

Allen guten Werken voran stand das Meßopfer für die Verstorbenen, weil es ein Sakrament war und als einziges Sakrament übertragen werden konnte. Opfer an Geld und Gut für die Ausstattung, Einsatz von Meßdienern und Sängern, von Diakon und Subdiakon neben dem Zelebranten sollten die Gläubigen zum Mitbeten anregen und damit dem Toten zugute kommen.[3].

Während dem Priester für die Sonntagsmesse als einzige Intention die Bitte um das Seelenheil seiner Gemeinde vorgeschrieben war, gab es für den Werktag keine Begrenzung. Jeder Priester durfte so viele Meßverpflichtungen übernehmen, wie es seine Zeit erlaubte und ein Altar zur Verfügung stand - in St. Foillan gab es deren genug! Das Reformpapsttum - zuerst Alexander II. (1061-1073) - versuchte gegen Mißbräuche vorzugehen und gestattete nur eine Zelebration am Tag. Innozenz III. ließ für Weihnachten und für Allerseelen drei Messen zu, eine bis zur letzten Liturgiereform geltende Regelung; sie gab beiden Tagen ihr eigenes Gesicht.

Zurück zur Teilnahme der Gläubigen! Während die hörende auf das Hochamt beschränkt blieb, wurde die betrachtende Teilnahme das eigentliche Kennzeichen des Gläubigen bei der Meßfeier. Ihr Höhepunkt war die Anbetung der vom Priester bei der Wandlung hochgehobenen Gestalten Christi, Brot und Wein. Dazu kam der allgemeine Mitvollzug der Liturgie durch Zeichen und Gebärden: das Knie beugen, knien, stehen, sitzen, das Kreuzzeichen machen.

Der Kirchenschatz von St. Foillan erinnert daran, wie sehr die kunstvolle Gestaltung der am Altar benötigten Geräte die betrachtende Teilnahme der Gläubigen förderte. Aus der Werkstatt des Hans von Reutlingen (1497-1522) sind zwei in Silber getriebene und vergoldete Meßkännchen erhalten, ferner ein ebenso gefertigtes Paxtäfelchen. Dieses führte Priester und Laien - vom Kommuniongang abgesehen - zu der einzigen gemeinsamen Handlung des Meßritus zusammen:

---

[1] 46, Nr. 83
[2] III, 23
[3] IV, 62 / 334

Statt des gegenseitigen Kusses reichte der Priester den Gläubigen das Täfelchen zum Kuß hin, ein Ritus, der in Aachen wahrscheinlich im 17. Jahrhundert außer Gebrauch kam[1]. Auf den Paxtäfelchen sind zwei Engel mit Reliquien des hl. Timotheus und das Christuskind mit Kreuz zu sehen.

Die Reliquiare zeigen, daß die aus ihrem *Grab* unter dem Altar im 15. Jahrhundert gehobenen, jetzt zum Anschauen bestimmten Reliquien nach einem ihnen gemäßen Gewand verlangten. An den Festen der in den Partikeln anwesenden Heiligen während der Meßfeier ausgestellt, dienten sie der betrachtenden Verehrung.

Nach dem Vorbild des Reliquiars wurde die Monstranz gestaltet als das würdige Gewand des in der Brotgestalt anwesenden Christus. Aufbewahrungsort im gotischen Chorraum war das an der Wand errichtete turmartige Sakramentshäuschen. Nach 1400 wurde es jedoch durch das Tabernakel auf dem Hauptaltar ersetzt, was als weitere Steigerung der eucharistischen Frömmigkeit anzusehen ist: Es wurde und blieb bis zur letzten Liturgiereform die Herzmitte der Kirche. Das Ewige Licht forderte vor ihm zur Kniebeuge auf.

Betrachtung und Gebet vor den Altären bzw. vor den Figuren der Heiligen, denen diese geweiht sind, und die vorwiegend betrachtende Teilnahme an der Liturgie ließ die Gläubigen anders als die Priester den Kirchenraum nutzen. Doch gehörte zur Seelsorgspraxis, daß die Priester ihnen eine der Zeit angemessene Mitfeier des Gottesdienstes nahebrachten. Später sollten gedruckte Meßandachten auf diesem Wege weiterhelfen, wie sie bis zu der letzten Liturgiereform in den Diözesangebetbüchern zu finden waren. Außerdem gab es in St. Foillan wie im Münster eine noch für das 18. Jahrhundert bezeugte Zeremonie, die sich nicht auf Zeichen und symbolische Handlungen beschränkte, sondern das Festgeheimnis als Vorgang nachspielte. Am Pfingstsonntag ließ man beim Singen der Hymne *Veni Creator Spiritus* drei Tauben vom Gewölbe herunterfliegen, und *Zungen wie von Feuer* schwebten herab, nämlich brennende Werg- oder Flachsbündel, die etwa in Mannshöhe erloschen.

Die Prediger legten es darauf an, in der Ostermesse die Gläubigen zum risus paschalis, zum Osterlachen zu bewegen und sie damit zu

---

[1] I, 43 / Bd. 6, 667; I, 47 / Bd. 4, 2021

Mitspielern zu machen: Sie spielten die Freude der Jünger bei der Nachricht von der Auferstehung des Herrn[1].

Wann man damit begann, Gebete in der Volkssprache und volkstümliche Lieder in den Gottesdienst einzubeziehen, ist nicht sicher zu sagen. Auf der Frankfurter Synode stritt man sich darüber und verurteilte die Behauptung, Gott dürfe nur in *heiligen Sprachen*, Hebräisch, Griechisch und Latein, angebetet werden[2]. Für das Kirchenlied in Aachen gibt es ein Zeugnis aus dem 15. Jahrhundert, das auf ein weitaus höheres, aber unbestimmtes Alter verweist. Eine Chordienstordnung des Münsterstifts enthält den Ritus einer Vorfeier der Weihnachtsmesse und bestimmt, daß nach einer Prozession der älteste Stiftsherr auf der Heinrichskanzel das Evangelium vom Stammbaum Christi lesen und dann die anwesenden Schöffen singen sollen: *Nu seit unß willekome hero kerst ...*, ein heute noch gesungenes Weihnachtslied. *Nun sei uns willkommen, Herre Christ ...* wird im *Gotteslob*[3] dem 11./12. Jahrhundert zugeordnet. Dafür spricht, daß der mit Noten versehene Text und eine mit der genannten übereinstimmende rituelle Anweisung in jenes Evangeliar eingetragen wurde, das Otto II. dem Stiftskapitel geschenkt hat[4].

IV.1.4 Andachten

In der Meßfeier trat zu Gebet, Betrachtung und Körpersprache der Gesang, wie er außerhalb der Kirche zum Feiern, Spielen und Arbeiten gehörte. Der Schritt zur Andacht war dann nicht mehr groß, zu der Form des Gottesdienstes, die ganz auf die Laien zugeschnitten war. Der Priester trat nur als Vorbeter auf und stimmte in Ermangelung eines Kantors die Lieder an. Johannes von Luchem, Erzpriester von 1336 an, stiftete eine monatliche Sakramentsandacht im Münster und eine Marienandacht in St. Adalbert[5], und es ist davon auszugehen, daß auch in seiner Kirche, in St. Foillan, Andachten wohl bekannt waren.

---

[1] D, 1 , BIV, 1665 f., 1679; IV, 151, 190 ff.; V, 8 / 276
[2] III, 1 / 345
[3] IV, 172 / Nr. 842
[4] A 9 / 8; I, 12; II, 405; IV, 128 / 310; IV, 146 / 838
[5] IV, 150 / 1

IV.1.5 Predigt

Mehr als in Messe und Andacht war der Priester in der Predigt genötigt, auf die Mentalität der Gläubigen einzugehen. Jahrhundertelang sollte er Analphabeten in die Welt der Offenbarung und Tradition einführen, und sein stundenlanger Einsatz am Nachmittag der Sonn- und Feiertage war unersetzlich. Die Bildsprache der gotischen Kirchenfenster, die *biblia pauperum - die Bibel der (leseunkundigen) Armen*", wäre ohne Predigt unverstanden geblieben. Sie prägte das dort Gebotene im wiederholten Anblick dauerhaft ein und machte es zum festen Bestandteil des Lebens.

Anknüpfungspunkte für die Predigt waren Schicksalsschläge, die alle gemeinsam betrafen: Mißernten, Seuchen, Kriege und Erdbeben. Innere Erregung ließ die Zuhörer der anschaulichen, Herz und Gemüt ergreifenden Einführung in die heiligen Schriften folgen. Bernhard von Clairvaux dürfte Maßstäbe gesetzt haben, wenn er über die Erniedrigung des Gottessohnes in Geburt und Passion sprach, ein brüderliches Mitgefühl und die Bereitschaft zur Nachfolge weckte, zum geduldigen Erleiden der eigenen Not. Ob er dagegen mit seiner Aachener Kreuzzugspredigt vom 15.1.1147[1] die für andere Orte bekannte Begeisterung ausgelöst hat, ist fraglich. Auch dem Deutschen Orden ging es darum, für seine unaufhörlichen militärischen Aktionen zur Sicherung des Ordensstaates eine Kreuzzugsbegeisterung wachzuhalten und damit Opferbereitschaft zu wecken. Noch 1503, also 20 Jahre vor seinem Ende, bewilligt ihm der Papst einen Ablaß. Am 9.12.1507 und am 3.1.1508 hielt in St. Foillan der wenig später durch seinen Kritiker Martin Luther weltbekannt gewordene Johannes Tetzel die Ablaßpredigt, mit einem im Vergleich zu anderen Orten guten finanziellen Erfolg[2].

---

[1] I, 38 / 35
[2] IV, 60

IV.1.6   St. Foillan und das Münsterstift

IV.1.6.1   Der Schiedspruch von 1311

Haben das Münsterstift, vom 13. Jahrhundert an die Franziskaner an St. Nikolaus und andere Orden St. Foillan bei der Stadtseelsorge unterstützt? Ein Schiedsspruch vom 3.6.1311[1] dokumentiert erstmals Seelsorge im Münster. Doch geht es hier weniger um die Aachener Gläubigen als um die Pilger, die zur Verehrung der Heiligtümer und Karls des Großen zunehmend nach Aachen kommen. Sie wollen im Münster beichten, eine Messe hören und an dem Tagzeitengebet des Stiftskapitels teilnehmen.

Der Streit geht nicht um die gleichmäßige Verteilung der zusätzlichen Aufgaben und Belastungen auf zuständige Seelsorger, sondern um den Anteil an den damit verbundenen Einnahmen. Die streitenden Parteien sind auf der einen Seite der Vizepropst, auf der anderen Seite der Ortspfarrer, Johannes von Luchem.

Es ging darum, ob und wieviele Priester in der Zeit des großen Andrangs zum Beichte-Hören hinzugezogen werden durften. Das war für den Stadtpfarrer ein wichtiger Punkt, weil er selbst kaum einmal im Münster zu dieser zusätzlichen Verrichtung erschien und doch am Gewinn beteiligt sein wollte: Stellvertreter behielten nur einen Bruchteil dessen, was ihnen nach der Beichte überreicht wurde; den größeren Teil erhielt der Priester, der ihnen die ihm selbst erteilte Beicht-Jurisdiktion übertragen hatte - das war bis zum Konzil von Trient möglich[2]. Der Spruch fällt gegen den Stadtpfarrer aus: Während der Vizepropst vier Priester hinzuziehen durfte, sollte er *mit seinen Kaplänen zufrieden* sein. Nur in der Advents- und Fastenzeit, wenn die normale Pfarrseelsorge die Höchstzahl an Beichten zeitigt, darf der Stadtpfarrer zusätzlich Priester berufen.

Im Schiedsspruch heißt es abschließend, man habe eine unsichere Rechtslage und Streitigkeiten - wohl auch im Münster vor den Augen der Pilger - beenden wollen. Von einer seelsorglichen Begründung, etwa von einer gegenseitigen Störung des Gottesdienstes ist keine Rede, auch wenn nunmehr die nicht zum Stiftskapitel gehörigen

---

[1] E, 1
[2] III, 4, 136

Priester während der Laudes am frühen Morgen ihre Messe nur vorbereiten durften: das Altartuch auflegen und die liturgischen Gewänder anziehen. Demnach hatten sie bisher gleich nach der Öffnung des Münsters mit der Meßfeier begonnen, und manche Pilger kamen zu ihnen statt in die Laudes des Stiftschores.

Dafür, daß es nicht um gegenseitige akustische Störungen geht, spricht das Zugeständnis an den Ortspfarrer, an Sonntagen und an hohen Feiertagen schon während der Laudes mit der Meßfeier zu beginnen, nachmittags auch selbst eine Vesper zu singen. Doch während sonst betont wird, daß jedem Priester an seinem Altar alle Einnahmen zustehen, soll die Vesper-Kollekte für den Lehrer der Pfarrschule bestimmt sein.

Der Text des Schiedsspruchs läßt in manchen Aussagen Fragen offen, in anderen gibt er zu Vermutungen Anlaß. So könnte der einmal gebrauchte Ausdruck *altare parochiale* darauf schließen lassen, das Hochmünster sei als Pfarrkirche genutzt worden. Das würde dazu zwingen, für die Errichtung der Foillanskirche 120 Jahre vorher einen Grund zu suchen. Daß das Geistliche Gericht dort tagte[1], dürfte wohl die großen Opfer für ein Bauwerk nicht erklären, das kaum kleiner war als die heutige Kirche. Oder sollten etwa hier, wie man im 17. Jahrhundert von der kleineren Vorgängerkirche annahm, nur *einige pastoral Sachen mit verrichtet* worden sein[2]? Mit *altare parochiale* kann, neben den vielen Altären, von denen die Rede ist, derjenige gemeint sein, der dem Stadtpfarrer zur Beteiligung an der Seelsorge für die nach Aachen strömenden Pilger zugewiesen wurde.

IV.1.6.2. Der Schiedsspruch von 1376

Wie in dem Schiedsspruch von 1311 handelt es sich in dem von 1376 um das Recht der Seelsorge in einer zwischen beiden Parteien umstrittenen Personengruppe[3]. Statt um ortsfremde Pilger geht es hier um die eingesessenen Aachener insgesamt in bestimmten seelsorglichen Situationen, die alle mit Opfergaben oder Kollekten verbunden sind.

---

[1] IV, 54 / 222
[2] I, 37 / Bd. 1, 81; I, 39 / 7
[3] I, 52 / 292 ff.

Wenn die Schiedsrichter sich in allen Punkten dem Stiftskapitel anschließen, nennen sie nur die eine Begründung: Es sei seit Menschengedenken nicht anders gewesen. Zunächst geht es um die Erhaltung oder Wiederherstellung der Rechte des Stiftes auf seinem Gebiet rings um das Münster, die Immunität, die mit einer Mauer nicht zuletzt auch gegen Ansprüche des Stadtregiments abgeschirmt war. Tagsüber standen die Tore offen zum Besuch des Gottesdienstes im Münster, des Friedhofs auf dem größeren Teil des heutigen Münsterplatzes und des Atriums, des sog. Paradieses (Parvisch) mit Kapellen an beiden Seiten, wo vornehme Bürger sich bestatten ließen. Von den wenigen Bewohnern des Stiftsgebiets abgesehen, wurden diese Orte von Pfarrangehörigen aufgesucht, die der Pfarrer und Erzpriester Martin Colin nicht aus seiner Verantwortung entlassen wollte, nicht nur wegen der Stolgebühren. Aber das einzige, was ihm der Schiedsspruch innerhalb der Immunität zugesteht, ist die Beerdigung auf dem Kirchhof, sozusagen vor der Tür von St. Foillan, nur durch die Immunitätsmauer abgetrennt.

Bis daß die Reformation die Haltung auch der Katholiken änderte, war der Kirchhof ein Ort der Begegnung, ja des bunten Treibens verschiedener Art, und da nicht erwähnt, gab es keinen Zweifel über die Zuständigkeit des Immunitätsherrn bei den zu erwartenden Entgleisungen. Wenn dagegen dieser Ort der Begegnung zu einem religiösen Zweck genutzt wurde, zu anscheinend beliebten Predigten im Freien, war der Stadtpfarrer zur Stelle. Wie der Propst als Immunitätsherr, glaubte er als verantwortlicher Seelsorger den Prediger benennen zu müssen. Vielleicht hat er hier versucht, sich *mit Gewalt* durchzusetzen, was der Schiedsspruch erwähnt, ohne die Situation zu benennen. Dieser entscheidet gegen ihn. Daß es dabei um Gaben für den Prediger, anteilig für ihn geht, ist zu vermuten; aber einen weitaus größeren Verlust mutet ihm der Schiedsspruch dadurch zu, daß er von den teuren Bestattungen in den Kapellen am Parvisch gänzlich ausgeschlossen wird. In einem anderen Punkt kommt der Schiedsspruch ihm entgegen, notwendigerweise: Nur er kann Jahr für Jahr den Empfang der Osterkommunion kontrollieren und eine Bestätigung aushändigen, normalerweise mit einer geldlichen Gegengabe. Darum muß es sich handeln, wenn es den Aachenern gestattet wird, die Osterkommunion im Münster zu empfangen, aber *jure ... plebani salvo - ohne das Recht des Pfarrers zu tangieren.* Der Schiedsspruch schweigt sich jedoch darüber aus, wie das gehen soll. Anscheinend

mußte sich der Pfarrer in St. Foillan mit der mündlichen Erklärung zufrieden geben, man komme gerade von der Osterkommunion im Münster.
Dazu kommen Entscheidungen, die Ehre und Ansehen des Stadtpfarrers minderten und unter den gesellschaftlichen Bedingungen der Zeit gravierend waren. Nur der Stiftsdechant oder sein Stellvertreter trug die Monstranz in der Fronleichnamsprozession, und der Stadtpfarrer wurde verpflichtet, mit dem ganzen Aachener Klerus teilzunehmen. So schien für die Öffentlichkeit nicht er, sondern der Stiftsdechant den obersten Rang einzunehmen.

IV.1.6.3 Die Errichtung der Chorhalle

Zum Zeitpunkt des Rechtsstreites von 1376 wurde bereits an der gotischen Chorhalle gebaut, nachdem sich das Stiftskapitel für dieses größte Bauvorhaben des mittelalterlichen Aachen entschieden hatte[1]. Sicher erwartete man von den Pilgern einen erheblichen Beitrag zur Bestreitung der Kosten, und wie es die beiden Schiedssprüche erkennen lassen, sicherte man sich jede mögliche Einnahme gegenüber den Konkurrenten in St. Foillan. Dort dürfte man von der Umgestaltung der nächsten Nachbarschaft nicht begeistert und wie jede mittelalterliche Institution darauf bedacht gewesen sein, den eigenen Rang in der städtebaulichen Konzeption zu behalten, den der geräumige Kirchplatz seit etwa 350 Jahren sicherte. Wir wissen nicht, wessen Widerstand das Stiftskapitel überwinden mußte, als es die Chorhalle weit über die westliche Fluchtlinie der Krämerstraße vorzog und von einem Kirchplatz kaum noch etwas erkennen ließ.
Da von Streitigkeiten über diesen Punkt nichts bekannt ist, kann man vermuten, daß die Bewohner der nächsten Umgebung von dem Gedanken fasziniert waren, dem Schrein mit den Heiligtümern und dem Karlsschrein einen würdigen Raum zu geben.

---

[1] III, 28 / 161 - 14.5.1355

IV. 1.6.4 Konkubinat

Es bleibt die Frage, wie sich die Querelen der geistlichen Herren in der Seelsorge auswirkten. Der Mangel an Nachrichten läßt auf gelungene Geheimhaltung schließen. Bei sittlichen Vergehen war es schwieriger, einen Skandal zu vermeiden. Dafür zwei Beispiele. Ein Begleiter Bernhards von Clairvaux berichtet über seinen Aufenthalt in Aachen am 15.11.1147:

Ipsa die venimus Aquisgrani. Est autem Aquisgrani regum Sedes, celeberrimus et amenissimus locus voluptati corporum accomodatior quam animarum saluti. Siquidem "prosperitas stultorum occidit illos" (Prov. 1, 32) et vae domui indisciplinatae! Non ad detractionem loquor. Sed utinam legat qui corrigat! Utinam et ipsorum aliquis recogitet et convertatur et vivat! Quae enim aecclesia tam manifeste canonicas habet?! Negocium perambulans in tenebris (PS. 90, 6) ibi nec tenebras quaerit, ut aiunt. Sileamus tamen; haec satis enim nota sunt sine nostra relatione. -

Am selben Tage kamen wir nach Aachen. Aachen ist ein Königssitz, ein hochberühmter und gar anmutiger Ort, mehr der Sinnenlust dienlich als dem Seelenheil. Fürwahr: "Glück bringt die Toren um", und: Wehe dem Hause ohne Zucht! Ich spreche nicht, um Böses anzuhängen. Möge dies lesen, dem die Besserung obliegt! Möge auch einer von jenen selbst nachdenken, sich bekehren und leben! Welche Kirche hat denn so offenkundig Kanonissen?! Was sonst im Dunkeln getrieben wird, das sucht hier nicht einmal, wie es heißt, das Dunkel auf. Doch schweigen wir! Diese Dinge sind ja hinlänglich bekannt, auch ohne daß wir darüber berichten.[1]

Der Zisterzienser trifft mit seiner Kritik Mißstände im Münsterstift. Dort gibt es *Canonici*, die mit *canonicae*, ironisch so genannten Konkubinen, zusammenwohnen, und das nicht insgeheim. Die öffentliche und andauernde Sünde fordert die schärfste Kritik heraus. *Ir sult iuch niht verschemen* - Ihr dürft eure Scham nicht verlieren - zur Rettung der eigenen Seele wie die der Mitmenschen, wie ein zeitgenössisches Lehrgedicht betont. Es ist anzunehmen, daß der Schreiber den Bischof auf die Mißstände aufmerksam machen will, wenn er erklärt:

---

[1] 33, e; zit. und übersetzt bei IV, 30 /29

... utinam legat, qui corrigat - (ich schreibe das) damit (der) es liest, der es zu korrigieren hat[1].
200 Jahre später, am 4.10.1451, geht Nikolaus von Cues als päpstlicher Legat bei seiner Visitation in Aachen gegen Konkubinarier vor *ad animorum salutem, morum reformacionem et extirpationem viciorum - zum Heil der Seelen, zur Reform der Sitten und zur Ausrottung der Laster*. Konkubinarier sollen *sub pena suspensionis ab ingressu ecclesie et perceptione fructuum beneficiorum suorum - unter Strafe des Verbots, eine Kirche zu betreten und ihre Einkünfte entgegenzunehmen* innerhalb von drei Tagen ihre Konkubinen fortjagen.
Hier sind nicht nur Stiftskanoniker gemeint, sondern auch Welt- und Ordenspriester. Der Dechant des Münsterstifts hat das Mandat des Legaten zu vollstrecken und dafür zu sorgen, daß dieses einmal im Jahr bekanntgemacht wird. Münster- und Adalbertstift werden bei Strafe des Interdikts verpflichtet, Pfründenzahlungen an Konkubinarier einzustellen. Alle Welt- und Ordensgeistlichen sollen Konkubinarier anzeigen[2].
Der Tenor des päpstlichen Legaten läßt vermuten, daß es sich in Aachen um eine fast zur Gewohnheit gewordene Umgehung des Zölibats handelt, zum Schaden für die Seelsorge wie für die öffentliche Sitte. Von dem Erfolg der Aktion ist ebensowenig bekannt wie von dem des Zisterziensers 200 Jahre vorher.

IV.1.6.5. Die Taufkapelle

Der Schiedsspruch von 1376 gibt dem Münsterstift das Recht der Taufwasserweihe, ohne von einem unumstrittenen Taufrecht zu sprechen. 1987 ergab eine Grabung, daß der Vorgängerbau der heutigen Taufkapelle in der Zeit von 1160 bis 1200 erbaut worden und an Maskenfragmenten eines um 1170 verfertigten Taufsteins als Taufkirche zu erkennen ist[3]. Man hat vermutet, daß die Stiftsherren nach der Heiligsprechung Karls des Großen wegen der nach Form und Zahl gesteigerten Gottesdienste die vielen Taufen einer ganzen Stadt

---

[1] IV, 30 / 30
[2] 22 / 284 ff.; IV, 79 / 21; IV, 81 / 445 ff.
[3] IV, 52 / 137 f.; IV, 155 / 260

als störend ansahen und deshalb verlegten[1]. Dagegen spricht, was für spätere Zeit belegt ist: Von Ostern bis Pfingsten wurde nicht in der Taufkapelle getauft, sondern im Hochmünster an einem Taufbecken hinter dem Königsstuhl, d. h. zu einer Zeit, in der nicht weniger, sondern mehr gottesdienstliche Verpflichtungen durch die Taufen gestört wurden.

Die Errichtung der Taufkapelle war also keine Notlösung, sondern eher ein Zeichen der Hochschätzung dieses Sakraments gemäß frühkirchlicher Überlieferung, auch wenn sie mit den Baptisterien in Ravenna oder Poitiers nicht zu vergleichen ist. 100 Jahre vorher wurde in Essen ebenfalls in baulicher Einheit mit dem Atrium ein *oratorium* gebaut, das Johannes dem Täufer geweiht war und deshalb als Taufkapelle anzusehen ist[2]. Die Bedeutung des Tauforts wurde in Aachen wie in Essen durch Prozessionen zwischen Kirche und Taufkapelle hervorgehoben[3]. Dazu kam ein Anklang an frühchristliche Symbolik: Die Taufe sollte an der Westseite der Kirche stattfinden, weil vom Westen her die Mächte der Finsternis drohten, denen der Täufling abschwören soll.

In Essen wie in Aachen verband ein Portikus mit einem Brunnen Taufkapelle und Kirche, sinnvollerweise als der nach der Taufe betretene Ort Paradies genannt, in Aachen in der Bezeichnung *kirche sent Johannes vor dat parvisch* bezeugt[4].

In einer Zeit zunehmender Distanz von Stift und Stadt fiel deren Grenze hier deutlicher als heute ins Auge, weil man zum Parvisch bzw. zur Taufkapelle einige Stufen hinaufgehen mußte, wie die erste Erwähnung des hier amtierenden Priesters erkennen läßt: capellanus s. Johannis ad gradus. Die gradus - Stufen, Staffeln - kehren im 14. Jahrhundert in der Ortsbezeichnung *Zu den Staffeln* wieder[5].

Unumstritten ist, daß der Stadtpfarrer als den an der Taufkapelle anzustellenden Priester seinen Vikar an St. Foillan dem Stiftskapitel vorschlägt und dieses ihn ernennt. Die feierliche Einführung ist wiederum Sache des Stadtpfarrers. Die Taufkapelle wurde so im Bewußtsein der Pfarrangehörigen zu einem Bestandteil von St. Foillan,

---

[1] IV, 146, 27 u. a.
[2] IV, 146 f. / 280, III, 93 / 474
[3] IV, 155 / 271
[4] III, 93 / 474
[5] IV, 155 / 260

und die Rolle des Münsterstifts, auf die nicht öffentliche Ernennung beschränkt, verblaßte.

IV.1.6.6. Beerdigungen

Alle Aachener wurden am Anfang ihres Lebens zur Taufkapelle am Westrand des Stiftsbezirks getragen, und die meisten am Ende zur Annakapelle an der Südseite des Münsters, um nach der Seelenmesse auf dem Münsterkirchhof, dem größeren Teil des heutigen Platzes auf der Dom-Südseite, begraben zu werden. Ein zweiter kleinerer Münsterkirchhof nahm den Platz am heutigen Spitzgäßchen ein. Die privilegierten Stände erreichten ihre Beisetzung in der Kirche. Als das Geistliche Gericht in St. Foillan 1269 dem Stift das Beerdigungsrecht bestätigte, gab es Grabstätten geistlicher Würdenträger im Münster, für weltliche Honoratioren in der Eingangshalle des Westwerks und in den Kapellen am Parvisch und für das übrige Volk auf dem genannten Münsterkirchhof[1].

Der Kirchhof war ein Treffpunkt für viele Zwecke, 1269 glaubte das Geistliche Gericht, Handel auf dem Friedhof ausschließen zu müssen - anscheinend ohne dauernden Erfolg, und 1507 mußte der Kirchhof erneut geweiht werden, denn *sy hadden dich darop geschlagen*[2].

Der 1302 zuerst genannte Vorgängerbau der heutigen, 1449 errichteten Anna-Kapelle ist wahrscheinlich als Kirchhofskapelle gebaut worden, zweigeschossig wie die heutige. Damit entsprach er dem Oktogon, an das er angebaut wurde, und auch den meisten damaligen Kirchhofskapellen: Im Obergeschoß war die Kapelle für das Seelenamt, im offenen Untergeschoß der Platz für die Aufbahrung des Leichnams und für die absolutio ad tumbam, die Freigabe zur Bestattung in geweihter Erde[3]. Auch die heutige gotische Kapelle war ursprünglich im Untergeschoß offen, wurde aber nach der Beseitigung des Friedhofs 1772 stilwidrig vermauert, 1857 in der heute sichtbaren stilgerechten Form. An die ursprüngliche Funktion erinnert der sechseckige Grundriß, die symbolische Aussage des Totengedenkens:

---

[1] I, 12 / Bd. 1, 264; IV, 155 / 297
[2] IV, 155 / 126 f.; IV, 25 / 42
[3] IV, 155 / 126 f.

Am sechsten Tag wurde der Mensch erschaffen, am sechsten Tag zur sechsten Stunde durch den Kreuzestod Christi erlöst.
Anders als die Taufe wurde die Bestattung nicht Vorrecht des Stifts. 1315 wird ein Kirchhof urkundlich genannt, um Häuser an der Krämerstraße örtlich zu kennzeichnen: *ex opposito cimiteri S. Foillani* - gegenüber dem Kirchhof von St. Foillan[1]. Dabei muß es sich um die später und bis heute bebauten Grundstücke zwischen St. Foillan und dem Hof gehandelt haben.
Kirchhöfe geringer Größen hatten alle Aachener Pfarr- und Ordenskirchen, der Straßenname Peterskirchhof erinnert daran. Man konnte also den Ort der Bestattung je nach persönlichen Beziehungen wählen. Wohl mußte man vom 17. Jahrhundert an seinem Pfarrer wegen der Führung des Sterberegisters bestimmte Gebühren entrichten, wenn man dem Pfarrfriedhof einen anderen vorzog.

IV.1.7 Benediktiner

So nahe bei St. Foillan wie das Münster lagen 400 Jahre lang Kapelle und Kloster, Ökonomie und Garten der Benediktiner in der Abgrenzung von Ursuliner-, Hartmannstraße und Elisenbrunnen. Ludwig der Fromme schenkte dieses Gelände dem Abt von Stablo-Malmedy. Er mag dabei den Wunsch gehabt haben, dieses damals sumpfige und wohl in keiner Weise genutzte Grundstück von den in dieser Kunst versierten Mönchen urbar machen zu lassen; der Abt seinerseits wollte wohl in der noch das Zentrum des Reiches bildenden Pfalz präsent sein.
Unter Abt Harduin wird bis etwa 844 das Gelände erschlossen und teilweise bebaut und an der Ecke Hartmann-/Ursulinerstraße eine Kapelle errichtet. Patronin ist die hl. Aldegundis, eine von den Merowingern, dann von den Karolingern verehrte fränkische Heilige des 7. Jahrhunderts[2]. 1137 wird der Kapelle ihre Unabhängigkeit vom Stadtpfarrer und damit ihre Freisetzung von seelsorglichen Verpflichtungen urkundlich zugesichert[3], und doch haben die Söhne des hl. Benedikt in der Geschichte der Seelsorge in Aachen ihren Platz. Es

---

[1] 46 / II, Nr. 199
[2] IV, 69 / 85 ff.; IV, 113 / 788 ff., 795
[3] IV, 106 a / 6

ging in ihrer Regel um die Methode, ein christliches Leben zu führen, um die richtige Lebensform *zwischen zahlreichen Extremen verfehlten Lebens*[1]. Auch wenn nur wenige Mönche eine Art Quartier für Besuch aus Stablo-Malmedy betreuten, werden Meßfeier und Chorgebet wie auch Garten- und Landarbeit ihren Einfluß gehabt haben. Während die Hartmannstraße - als platea Harduini 1279 bezeugt[2] - noch heute an den Abt Harduin und die Benediktiner erinnert, ist die hl. Aldegundis durch die Ursulinen verdrängt worden, die im 17. Jahrhundert einen Teil des Geländes erwarben. In einem Diplom Lothars III. wird die Ursulinerstraße mit *via ante prefatam capellam sancte Aldegundis* als erste Straße in Aachen örtlich gekennzeichnet[3]. Die Geschichte der Benediktiner in Aachen ging im wesentlichen damit zu Ende, daß ihr Besitz um 1248 einem Parteienkampf zum Opfer fiel. Weil der Orden bei der Belagerung durch Wilhelm von Holland staufisch gesinnt blieb, wurde er nach der Kapitulation enteignet, und die führenden Familien teilten das Terrain unter sich auf[4]. Nur die Aldegundis-Kapelle blieb dem Abt von Stablo-Malmedy erhalten; er setzte dort Priester ein und unterstützte damit weiterhin die pfarrliche Seelsorge von St. Foillan in dieser Epoche.

IV.1.8 Franziskaner

1234, kurz vor dem Ende der Benediktiner an der Hartmannstraße, werden die Franziskaner an der Großkölnstraße zum ersten Mal genannt, und zwar in einer Urkunde Innozenz' IV., in der er ihnen mit einem Ablaß Einnahmen für den Bau ihres Klosters und ihren Unterhalt zukommen läßt[5].

---

[1] IV, 10 / 16
[2] IV, 109 / 173
[3] IV, 113 / 783 f.
[4] IV, 113 / 806
[5] I, 38 / 39

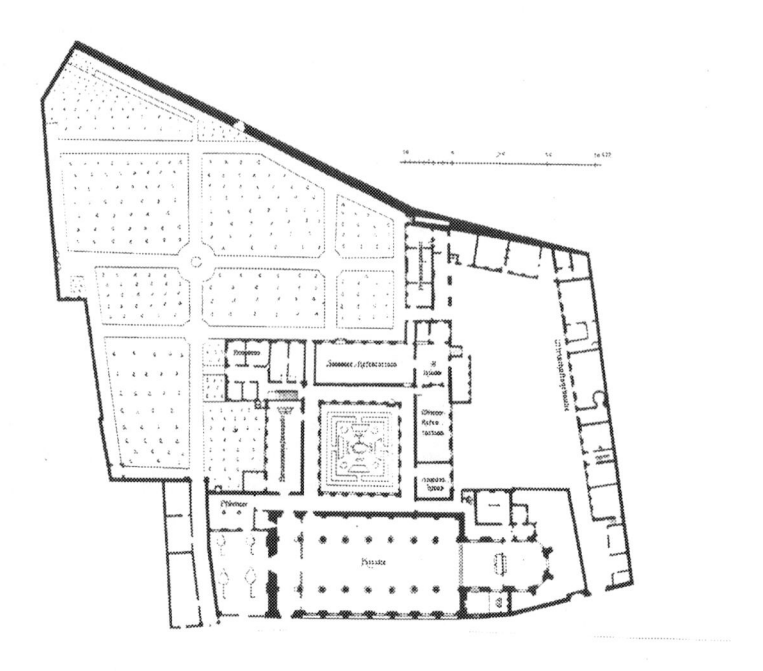

Grundriß des Franziskanerklosters aus dem Jahre 1737[1]

Die Franziskaner ließen sich bevorzugt in den Quartieren der Armen nieder; doch ihre Entscheidung für die Großkölnstraße, die damals wie heute sehr belebt war und zum Revier der Kaufleute gehörte, widersprach nicht ihren Prinzipien. Sie wollten im Unterschied zu den Benediktinern die von ihnen gewählte Lebensform nicht nur selbst bewahren und vorleben, sondern durch beständigen seelsorglichen Kontakt mit allen Schichten der Stadtbürger für diese werben. Sie waren es, die das Mittelalter zum *Zeitalter verwirklichter und wirksamer Lebensformen* gemacht haben[2]. Man hat sogar behauptet, daß das Christentum erst im 13. Jahrhundert durch das Wirken der Bettelorden zur Volksreligion geworden sei[3].
Der franziskanischen Seelsorge diente die bis heute erhaltene, im Jahre 1327 geweihte Kirche[4], in zeitgemäßer Gotik als Hallenkirche

---

[1] II, 29 / 155
[2] IV, 10 / 20
[3] IV, 14 / 250
[4] A, 3

errichtet, ganz auf die Versammlung der Gläubigen zu Gottesdienst und Predigt ausgerichtet. Die Erweiterung des Chores mit drei Altären, geweiht am 9.5.1390, spricht nicht für eine Angleichung an weltliche, auf Repräsentation zielende Gesinnung, sondern für die stetige Vergrößerung des Konvents[1].

St. Nikolaus - Photographie um 1980[2]

---

[1] IV, 137 / 39
[2] C 5 / Nr. 2

Als Patron läßt der hl. Nikolaus darauf schließen, daß die Franziskaner eine Nikolaus-Kapelle übernommen haben, eine typische Erscheinung an einer Handels- und Durchgangsstraße, wie sie die Großkölnstraße seit der Römerzeit war. Der hl. Nikolaus wurde von den Kaufleuten als ihr Patron verehrt, als Beschützer des Besitzes ebenso wie als Warner vor dem Mißbrauch des Reichtums, wie die Legenden berichten. So kamen die Franziskaner mit diesem Heiligen der Lebens- und Denkungsart des Bürgertums entgegen. Am Nikolaustag feierten sie Kirchweih.

Die Franziskaner sind als *Mennebröer* in den Aachener Sprachschatz eingegangen[1], und noch nach Enteignung und Auflösung des Konvents, nach Verwendung des Klosters als Gefängnis blieb es wie die Kirche Ort der Mennebröer; Ordo fratrum minorum - Orden der *minderen* Brüder - nannten sich die Franziskaner, seitdem sie nach der 1223 revidierten *regula minor* des hl. Franziskus lebten. Der Aachener Konvent scheint ihr in mehrfachen Auseinandersetzungen treu geblieben zu sein und bekannte sich bei der päpstlich genehmigten Teilung 1506 zu der strengeren Richtung, der *Observanz*[2].

Es handelte sich dabei um das Gelübde der Armut, das der hl. Franziskus anders verstand als die bestehenden Orden. Nicht nur der einzelne Mönch sollte auf persönlichen Besitz verzichten, sondern der Konvent insgesamt. Im Mönchtum des 13. Jahrhunderts war wegen des Reichtums der Klöster von der Formkraft der Armut kaum noch etwas zu spüren. Wenn der neue Orden gerade die Armen ansprechen wollte, ging es darum, eine freiwillig übernommene Armut mit auferlegter Armut übereinstimmen zu lassen[3]. So konnte der Prediger das Bewußtsein wecken, in der Armut, ob freiwillig oder erzwungen, in der Nachfolge Christi zu leben. Nicht weniger waren so die Reichen anzusprechen: Die freiwillig Armen, die mit ihrem Bettelsack bei ihnen anklopfen und damit die allgemeine Verachtung der Armen Lügen strafen, führen sie dazu, in allen Armen Christus zu sehen, *zu besitzen, als besäßen sie nicht* und in einem bisher nicht bekannten Grad die Liebe zu Not und Krankheit, zur Begrenztheit des Lebens überhaupt hochzuschätzen.

---

[1] I, 56 / 378, 385
[2] IV, 137 / 40
[3] IV, 95 / 89i; IV, 87 / 207

Viele Laien traten in den Dritten Orden ein, in dem sie ihr bürgerliches Leben mit dem Ordensleben verbanden. Von der Wirkung des Beispiels spricht, daß sich 1285 ein reicher Mann namens Postagnus im franziskanischen Ordensgewand im Chor von St. Nikolaus bestatten ließ[1].

Mehr noch als die vorgelebte Armut sprach viele Bürger die vorgelebte Hochschätzung der Arbeit an, die Grundlage bürgerlichen Selbstbewußtseins gegenüber einem immer noch bestehenden Vorrang der bellatores - Ritter - und der oratores - Priester - gegenüber den laboratores - Arbeitern -, das sind alle, ob Arm oder Reich, die von ihrer Hände Arbeit leben. Auch der Umgangsstil, nämlich die geringere Betonung der Autorität durch den Pater Guardian, wurde als adelsfern und bürgernah erlebt und zugleich als eigentlich christlich[2].

Zur franziskanischen Seelsorge gehörte neben einer weitgehend muttersprachlichen Meßfeier die Einführung von Andachten, in denen Verstand und Gefühl auf sinnlich eingängige Seiten des Neuen Testaments gelenkt wurden: die Kindheit Jesu, verbunden mit Aufstellung einer Krippe, die Leidensgeschichte mit Einführung von Kreuzwegstationen, die Verehrung des Namens Jesu und der Gottesmutter[3]. Die Erkenntnis der eigenen Schuld ließ die Größe von Gnade und Erlösung aufleuchten: Das Dies irae, wahrscheinlich von dem Ordensbruder Thomas von Celano gedichtet, wurde nach 1250 im Seelenamt gesungen[4].

Andere wiederkehrende Themen waren Verzicht auf das Tragen von Waffen und Luxus in der Kleidung, also Widerstand gegen die Versuchung reich gewordener Bürger, sich dem Adel anzugleichen. Ebenso entsprachen Pünktlichkeit bei Schuldrückzahlung und rechtzeitige Abfassung von Testamenten bürgerlichen Wertvorstellungen[5].

Für die Kirche insgesamt war es von großer Bedeutung, daß die für die allgemeine Seelsorge verantwortlichen Priester dem Vorbild der Franziskaner folgten und Lebensführung und seelsorgliches Wirken

---

[1] IV, 137 / 40
[2] IV, 10 / 537
[3] III, 77 / 42
[4] IV, 96 / 58
[5] III, 77 / 48 f.

ihnen anglichen; oberhirtliche Weisungen machten franziskanische Seelsorgspraxis mehr und mehr verpflichtend[1].

Für den hl. Franziskus war das Verhältnis zum Weltpriester kein Problem, wenn er sagte: *Zu ihrer Unterstützung sind wir gesandt, um das zu ersetzen, was sie nicht leisten können*[2]. Doch es gab Irritationen, wenn die Pfarrangehörigen, von dem neuen Stil angesprochen, lieber in St. Nikolaus beichteten als in St. Foillan und wenn sie deswegen dort um Erlaubnis bitten mußten[3]. Die verpflichtende Sonntagsmesse wurde zur Wahlentscheidung. Es ärgerte manchen Pfarrer, daß seine Einnahmen sanken, zumal auch Krankensalbung und Beerdigung den Franziskanern gestattet wurden. In Streitfällen entschied Rom im allgemeinen zugunsten des Ordens und erklärte ausdrücklich, die Kirche könne nicht wegen einer Rechtsvorschrift, dem Pfarrbann, Seelen zugrunde gehen lassen. Den Pfarrern wurde lediglich bei Beerdigungen außerhalb der Pfarre zugestanden, den *kanonischen Anteil* einzuziehen[4]. Die Größe der Pfarre St. Foillan hat dazu beigetragen, daß die Seelsorge an St. Nikolaus als notwendige Hilfe, nicht als Konkurrenz angesehen wurde.

Nicht nur ein großer Teil der Aachener Bürger, sondern bis zum Ende des alten Reiches auch die Stadt selbst, repräsentiert in den Bürgermeistern, den Schöffen und dem Rat, hielt zu den Franziskanern. Dabei hätte der Streit zwischen Friedrich II. und dem Papst gleich zu Beginn ihres Wirkens zu einem Mißverhältnis führen können. Das Stadtregiment war 1248 staufisch gesinnt, verweigerte Wilhelm von Holland Einzug und Krönung und riskierte damit eine verlustreiche Belagerung. Die Minderbrüder dagegen sahen in dem Kaiser, der die seit dem Investiturstreit weitgehend gesicherte Scheidung von geistlicher und weltlicher Gewalt wieder rückgängig und sich den Papst gefügig machen wollte, den Antichrist[5]. Doch nach Einzug und Krönung des Gegenkönigs, erst recht nach dem Tod Friedrichs II. im Jahre 1250, wird ein dauerhafter Kontakt zwischen dem Rathaus und St. Nikolaus gesichert. Es blieb auch deshalb bei einem guten Einvernehmen, weil das aufstrebende Bürgertum trotz gleichbleibend kaiserlicher Gesinnung keineswegs einen zentralistisch regierten Staat

---

[1] IV, 10 / 537
[2] III, 77 / 42 f.
[3] IV, 102 / 11 f.
[4] IV, 102 / 45 / 47 / 7 / 10
[5] IV, 40 / 212; IV, 167 / 315

wollte; und die Minderbrüder waren nicht unbesehen papsttreu. So kritisierten sie Bonifaz VIII., als er seinerseits die weltliche Gewalt sich unterwerfen wollte.

Das gute Einvernehmen zeigt sich mehrfach: So steht im 14. Jahrhundert St. Nikolaus an der Spitze der Kirchen, die aus der Stadtkasse eine Beihilfe zum Unterhalt bekommen[1]. 1385 begleiten Minderbrüder die städtische Mannschaft zur Belagerung der Burg Reifferscheid und übernehmen im Feldlager Gottesdienst und Seelsorge. Handelte es sich doch um die Wiederherstellung des Landfriedens, zu der sich Aachen verpflichtet hatte. Geistige Vorkämpfer dieses Landfriedens als eines neuen Instruments der Rechts- und Friedenssicherung waren eben die Franziskaner; mit ihnen sollten Fürsten und Städte gemeinsam dem Adel entgegentreten, wenn dieser an seinem Fehderecht festhielt und zum Raubrittertum überging[2].

Von 1414 an zelebrierte ein Minderbruder vor jeder Ratssitzung im Rathaus eine Messe, und zum Patronatsfest der Ratskapelle, dem Fest der Apostel Philippus und Jakobus am 1. Mai, erschien der Pater Guardian persönlich[3].

Der Sorge um den äußeren Frieden entsprach der um den inneren. In Streitigkeiten über eine Reform der Stadtverfassung mahnten die Franziskaner zum Frieden. Wohl nicht nur wegen der baulichen Eignung der Hallenkirche verhandelten die streitenden Parteien 1477 in St. Nikolaus[4].

V.1.9 Augustiner

Mit Nachwirkungen bis ins 19. Jahrhundert hinein blieb ein andere Ordensgemeinschaft für die Seelsorge auf dem Boden der Pfarre St. Foillan bedeutsam, die Augustiner-Eremiten in der Pontstraße mit der Kirche St. Katharina. Ihre Fassade ist noch heute der Höhepunkt der Häuser, innen aber wurde sie nach den Zerstörungen des 2. Weltkriegs als Aula des Kaiser-Karls-Gymnasiums und zu profaner Nutzung eingerichtet.

---

[1] IV, 61 / 30
[2] IV, 40 / 669; IV, 61 / 59 ff.; IV, 124 / 488
[3] IV, 51 / 208
[4] IV, 134 / 39

Das Augustinerkloster mit der Kirche St. Katharina. Kupferstich von Johann M. Steidlin (verkleinert), um 1740. Der Text lautet: *Conventus Aquensis Ord. Erem. S. Augustini Provinciae Coloniensis.* Aus dem Sammelwerk: *Monasteria Fr. Fr. Erem. S. Augustini per provincias utriusque Germaniae et Hungariae* (Museum Burg Frankenberg)

Die Augustiner richteten sich als Einsiedler ursprünglich gegen den Reichtum des Welt- und Ordensklerus. Doch die Päpste gewannen sie wie die Franziskaner als Herolde in ihren Auseinandersetzungen mit den Kaisern und erreichten es, daß sie sich in Konventen organisierten und in den Städten Fuß faßten[1]. Nach einer etwa 50jährigen Anwesenheit 1329 zum ersten Mal genannt, bewohnten sie anfangs ein ihnen wohl von der Stadt geschenktes Haus an der Großkölnstraße, das sie aber *continuis pertranseuntium clamoribus ac operariorum strepitu*[2] - *wegen des unaufhörlichen Lärms der Passanten wie der (benachbarten Werkstätten der) Handwerker* für ihren Gottesdienst und ihr Stundengebet als nicht geeignet ansahen und gegen den

---

[1] IV, 59 / I, 11 / 27
[2] D, 2

ruhigeren Platz an der Pontstraße eintauschten. Zugang zum Kloster erhielten sie von der anderen Seite über den für sie angelegten und heute noch an sie erinnernden Augustinerweg.

Ihres Ursprungs eingedenk, begnügten sie sich mit engen und ärmlichen Räumen. Sie widmeten sich bald der Seelsorge und der Wissenschaft. Im Jahre 1512 zählten sie unter 40 Patres 7 doctores philosophiae. Über deren Fachwissen hinaus galt ihr Konvent als klug und erfahren, so daß das Stadtregiment hier Rat suchte[1]. Für seelsorglichen Kontakt spricht die Bruderschaft vom Hl. Erlöser, die in St. Katharina ihren Altar hatte und 1482 mit einem Ablaßbrief die päpstliche Anerkennung erhielt. Zu einem eher agitatorischen Auftritt kam es, als einer ihrer Wortführer, Magister Heinrich von Friemar, auf der Heimreise vom Generalkapitel in Paris in der Pontstraße Station machte und, von Stadtklerus und Magistrat gebeten, auf dem Markt das Volk über den Streit zwischen Ludwig dem Bayern und Johannes dem XXII. informierte und für den Papst eintrat. Nach der Verlesung eines päpstlichen Schreibens sprach er im Münster und betete mit den Anwesenden für den Papst. Damit stand er im Gegensatz zu den Franziskanern. In St. Nikolaus kritisierten sie auf der Kanzel Johannes XXII. wegen seines weltlich-prunkhaften Auftretens in Avignon und traten für den Gegenpapst in Rom ein, den Franziskaner Nikolaus IV.[2].

V.1.10 Beginen und Begarden

Bis zum Abbruch der 1673 erbauten Kirche im Jahre 1875 blieb der Stephanshof in der Hartmannstraße in beständigem Kontakt mit St. Foillan. 1279 als Beginenkonvikt erwähnt[3], war er mit 20 Häuschen um einen Rasenplatz herum und mit einer gotischen Kirche den Beginenhöfen gleich, die man heute in flandrischen Städten besuchen kann[4]. Da im 17. Jahrhundert unter den aufbewahrten Reliquien ein Schulterblatt des hl. Stephanus war[5] und der Dechant des Münsterstifts im Streit mit dem Erzpriester an St. Foillan als dem Pfarrer der

---

[1] IV, 59 / 53 / 58 f.
[2] IV, 59 / 51 ff.
[3] 46 / I, 351
[4] IV, 126 / 53 f.
[5] I, 37 / Bd. 1, 101

Innenstadt sich auf ein uraltes Recht zur Einsetzung eines Rektors am Stephanshof berief[1], kann man davon ausgehen, daß eine Vorgängerkirche vom Stiftskapitel gebaut worden ist, die bis zur Übergabe an die Beginen eine nicht mehr zu bestimmende Funktion gehabt hat.

Der Stephanshof in der Hartmannstraße. Zeichnung von W. Kahlen, kopiert von H. Reckerum 1880 (Ausschnitt). Museum Burg Frankenberg

Ehe die Beginen Hof und Kirche an der Hartmannstraße bezogen, hatten sie sich im Matthiashof niedergelassen[2], an den heute noch der Straßenname erinnert. Hier wie dort lebten sie im Sinne der Frauenbewegung des 13. Jahrhunderts, die den Neugründungen des 20. Jahrhunderts in Jülich und Essen als Vorbild diente[3]. Damals wie heute ging es darum, eine der weiblichen Eigenart gemäße Selbständigkeit in wirtschaftlicher, sozialer und religiöser Hinsicht zu erzie-

---

[1] IV, 51 /232; IV, 119 / 53; IV, 117 / 126; III, 4 / 138
[2] 46 / I, 168; III, 95 / 49 ff.
[3] IV, 55; III, 66 a; III, 66 b

len und damit eine Antwort auf die Herausforderung des Frauenüberschusses zu geben, damals einer Folge der Kreuzzüge[1]. Ehelos, doch ohne Gelübde auf Lebenszeit, gaben sie sich in der Gemeinschaft des *Hofes* gegenseitig Rat, Hilfe und Fürsorge[2]. Im Stephanshof konnten sie ihre wirtschaftliche Selbständigkeit mit Spinnen und Weben, die Eigenart ihres geistigen Lebens durch Gottesdienst und Stundengebet in ihrer Kirche sichern. Wie Ordensgemeinschaften lösten sie durch ihre Eigenart mal Bewunderung, mal Befremden aus und waren ein Gesprächsthema, als die Franziskaner 1311 wegen vermeintlich dort vertretener Irrlehren mit einem inquisitorischen Verfahren gegen sie betraut wurden[3].

Begarden waren die männliche Entsprechung zu den Beginen. Ihre Niederlassung auf dem heutigen Theaterplatz wurde am 11.8.1315 vom Bischof in Lüttich genehmigt, befand sich also jenseits von Stadtmauer und -graben, aber *intra limites parrochiae Aquensis*[4] - *innerhalb der Grenze der Aachener Pfarre*. Für ihren Lebensunterhalt sorgten sie wie die Beginen durch Herstellung und Verkauf von Webwaren. 1591 übernahm von den letzten drei Begharden Haus, Kapelle und Gartenland zwischen Kapuzinergraben und Reihstraße erst der Deutsche Orden, 1614 die Kapuziner. Deren Gebetsleben wird seit ihrer Auflösung im Jahre 1802 mit einer Übung in St. Foillan fortgeführt, der O-Andacht.

Von den Web-Begharden unterschied man in Aachen die Brot-Begharden, die ihr tägliches Brot erbettelten, um sich ganz den *elendsten Kranken aller Art* widmen zu können. Dies bescheinigte ihnen Erzpriester Reiner von Schönrode und entließ sie am 10.4.1481 als eine nach der Augustiner-Regel lebende Ordensgemeinschaft aus der Pfarraufsicht von St. Foillan. Fortan wurden sie nach ihrem Patron Alexianer genannt. Daß zu den *elendsten Kranken* Geistesgestörte zählten, geht bereits aus einem Mandat Bonifaz' II. hervor. Ihrer Aufgabe sind sie bis heute am Alexianergraben treu geblieben; in ihrer Kapelle erfuhren die Pfarren St. Foillan bzw. St. Michael seelsorgliche Hilfe[5].

---

[1] IV, 136 / 44 / 140
[2] I, 43 / 115
[3] I, 34 / 340; IV, 42 / 200 ff.
[4] 46 / II, 203
[5] I, 8 / 192 ff.; IV, 42 / 210 ff.; IV,153 a; III, 100 / 192

V.1.11 Andere Orden

Eine Reihe anderer Ordensgemeinschaften war im Pfarrgebiet von St. Foillan in Meßfeier, Andacht und Predigt für alle Aachener erlebbar:
Die Weißen Frauen an der Jakobstraße, Ecke Klappergasse, der Überlieferung nach ursprünglich als *Magdalenen*, d. h. Büßerinnen lebende *gefallene* Mädchen, vor 1245 gegründet[1];

die Kommende des Deutschen Ordens an der Pontstraße, innerhalb der Barbarossamauer, ab 1321;

die Beginen, später Christenserinnen genannt, am Kapuzinergraben, Ecke Theaterplatz, ab 1362;

die Kreuzherren an der Pontstraße - an der Stelle von Kirche und Pfarrhaus Heilig-Kreuz -, ab 1321;

die Regulierherren an der Sandkaulstraße, Ecke Alexanderstraße, ab 1421;

die Dominikaner mit der Kirche St. Paul, ab 1294[2]. Als Preädchere sind sie den Aachenern vertraut und im Hinblick auf die Zahl der mit ihnen über Generationen hin verbundenen Familien den Mennebröern gleich. Ein dramatisches Ereignis läßt diese Verbundenheit erkennen:
Am 8.5.1346 kamen im Auftrag des Provinzials zwei Dominikaner aus Köln, um ein Mitglied des Aachener Konvents namens Henricus de Trysa festzunehmen und ihn in Fesseln auf einem Wagen zu einem ordensgerichtlichen Verfahren nach Köln zu bringen. Aber *rectores et nonnulli ex incolis* erschienen, es kam zu Gewalt gegen Gewalt, und der Gefangene wurde befreit.

Das Stadtregiment stellte sich hinter diese Bürgerinitiative, sah sein Hoheitsrecht und Gewaltmonopol verletzt und ächtete die Dominikaner an St. Paul. Der Wellenschlag erreichte Rom. Klemens VI. stellte sich hinter den Orden und drohte der Stadt mit dem Bann. Beide Seiten lenkten ein, und die Zuneigung vieler Aachener zu den Preädchere stellte sich wieder ein[3].

---

[1] IV, 137 / 53
[2] I, 38
[3] 46 / II, Nr. 786 und 791; IV, 86 / 258 ff.; IV, 155 / 76

V.1.12 Bruderschaften

Die Freiheit der Wahl zwischen Kirchen mit verschiedenem Profil führte nicht zu innerer Ungebundenheit und Verlangen nach Abwechslung, sondern zu dauerhafter Bindung ganzer Familien über Generationen hinweg an bestimmte Kirchen. So behielt auch die Pfarrkirche St. Foillan einen Kreis bestimmter Familien, doch hier wie dort vermißten Aachener Bürger einen persönlichen Zusammenhalt, auch wenn sie in dem Verlangen nach einem bestimmten seelsorglichen Profil in die gleiche Richtung gingen. Das mag ein Grund dafür gewesen sein, daß sich ein Teil der Bürger in Gemeinschaften einfügte, in denen Brüderlichkeit gelebt wurde und die deshalb Bruderschaften genannt wurden. Vorbild war die Familie, doch während man zu dieser wie auch zur Pfarre ohne sein Zutun gehörte, ging es hier um Wahl und Entscheidung bei Eintretenden und Aufnehmenden[1]. Die naturgegebenen und erwünschten Bande der Familie wurden durch eine den inneren Frieden sichernde Gerichtsbarkeit ersetzt, durch Grußformen, rituell übertragene und ausgeübte Funktionen, vor allem durch gemeinsame Gestaltung von Festen und Feiern. Dazu gehörte der gemeinsame, als Prozession gestaltete Gang zur Kirche mit dem von der Bruderschaft gestifteten Altar, ein Gottesdienst mit eigenen Gebeten in der Muttersprache, in dem die Vorsitzenden, Greven genannt, vorbeteten[2], und ein zeremonielles Mahl in dem der Bruderschaft eigenen Versammlungsraum.

Am Festtag des Heiligen, den sie zu ihrem Patron gewählt hatten und dessen Namen sie führten, hielten sie ihre Jahresversammlung, Stuhltag genannt. Zur Tagesordnung gehörte die Wahl des Greven, der Rechenschafts- und Kassenbericht und die rituelle, unter Eid als Verbrüderung zu vollziehende Aufnahme neuer Mitglieder nach ihrem *Einstieg*, d. h. ihrer Geldspende. Die Mitgliederzahl war beschränkt - von 12 in der Anna-Bruderschaft bis zu 30 in der Sakramentsbruderschaft - und sicherte damit den familiären Charakter. In die Anna-Bruderschaft wurden auch Frauen aufgenommen, in den übrigen Bruderschaften erhielten sie durch Heirat mit einem Mitglied den Rang einer *Teilnehmerin*, d. h. sie hatten kein Wahlrecht, nahmen aber an fast allen geistlichen und weltlichen Übungen teil.

---

[1] IV, 95 / 37
[2] V, 8 / 262

In manchen Punkten entsprachen die Bruderschaften den Zünften. Doch während diese wirtschaftliche und soziale Hilfe als ersten Zweck hatten und damit weltlich orientiert waren, hatten die Bruderschaften in allen ihren Veranstaltungen ein geistliches Ziel[1]. Den Orden vergleichbar, sollte eine bestimmte Methode zur *conversatio morum* hinführen, der von Benedikt so genannten Lebensführung nach dem Willen Gottes. Im Unterschied zum Ordensleben gehörte zu dieser Methode die Heiligung des privaten Lebens in Ehe und Familie wie in dem gewählten Beruf.

Neben der gegenseitigen Anregung zu Gebet und Andacht stand diejenige zu guten Werken, besonders zur Nächstenliebe. Kern und Mitte der übernommenen Pflichten war der gemeinsame Gottesdienst. Ihn z. B. durch Spenden von Wachskerzen zu verschönern, war vordringliches Gebot. Dabei trat eine Aufgabe in den Vordergrund, die maßgeblich den Fortbestand durch die Jahrhunderte sicherte: Gebet und Meßopfer für die verstorbenen Mitglieder[2]. Das Totengedenken stand im Rahmen einer das ganze Leben umfassenden Ordnung der Brüderlichkeit. Der krönende Abschluß war die Vorbereitung des Sterbens beim Besuch des Erkrankten, die Bereitstellung einer der Bruderschaft eigenen Ausstattung der Zeremonien, z. B. eines Bahrtuches für den Leichnam, der Totenmäntel für die ihm folgenden Brüder, Bestellung und Organisation von Seelenamt und Beerdigung, des Jahrgedächtnisses und anderer Messen. Letztere sollten an einem Montag sein, dem Tag, an dem nach allgemeiner Vorstellung das Fegefeuer nach der Sonntagsruhe wieder einsetzte[3].

Die in der Pfarrkirche oder in einer Klosterkirche von Kindheit an genährte Frömmigkeit ist neben dem Vorbild einzelner Mitglieder und ihrem gemeinsamen Auftreten entscheidend für den Wunsch nach Aufnahme in eine Bruderschaft. In ihrem Gemeinschaftsleben spielen Priester so gut wie keine Rolle, von den Altaristen abgesehen, die sie zum Lesen von Messen an ihrem Altar anstellen. Es handelt sich um einen Vertrag zwischen drei Partnern, wie eine Urkunde vom 16.3.1517 erkennen läßt: Der Erzpriester Wilhelm von Hall gestattet der Barbara-Bruderschaft an St. Foillan die Anstellung eines Priesters zur *Persolvierung* ihrer Messen an ihrem Altar, nach dem die Bru-

---

[1] V, 8 / 254
[2] III, 77 / 178
[3] V, 8 / 259 f.

derschaft von ihrem Recht, einen Priester vorzuschlagen, Gebrauch gemacht hat[1]. Die Rolle des Priesters als eines Angestellten macht deutlich, daß die Bruderschaften als eine erste Laienbewegung in der Kirche hervortraten. Das wird besonders deutlich in der Satzung einer Bruderschaft, die *in sent Anthonis capella tzu Aach in deme Parvisch* ihren Altar hat. Dort wird bestimmt, daß weder Geld noch Zins noch Kerzen in geistliche Hände gelangen sollen und die Leitung allein Sache der jährlich gewählten Laien sei[2].

Wegen der großen Zahl der Bruderschaften gab es in allen Kirchen Aachens Bruderschaftsaltäre, selbst in den kleinsten wie der Aldegundis-Kapelle. Die meisten Altäre hatte aber St. Foillan, weil, wie man im 17. Jahrhundert annahm, der Aachener an dieser Kirche seit ihrem Bestehen *ein sonderliches Wohlgefallen* gehabt habe[3]. Man könnte darüber hinaus als Grund nennen, daß die Bruderschaftsbewegung um 1200 entstand, zu einer Zeit, als St. Foillan noch die einzige Pfarrkirche war und deshalb eine Tradition der Bruderschaftskirche begründet wurde. Jedenfalls hatte die älteste Bruderschaft ihren Altar in St. Foillan, die Drei-Königs- oder Kruchtbruderschaft. Beide Namen weisen auf die Zeit um 1200 hin. Die Verehrung der Hl. Drei Könige begann in Deutschland damit, daß Rainald von Dassel, Erzbischof von Köln, nach der Eroberung Mailands im Jahre 1162 die dort verehrten Reliquien nach Köln überführte. Mit der Aufstellung des Drei-Königs-Schreins im Kölner Dom begannen Wallfahrten, nicht zuletzt in Verbindung mit der Aachener Heiligtumsfahrt, und es folgte die allgemeine Verehrung.

Der Name Kruchtbruderschaft weist in dieselbe Zeit. Krucht, hochdeutsch Gruft, kann nichts anderes meinen als die Krypta der vor 1200 fertiggestellten romanischen Kirche, den Ort, wo ihr Altar stand. Der Name blieb, als bei der Errichtung der gotischen Kirche die Krypta zugeschüttet wurde, als man die Heiligen aus der Tiefe ihrer Gräber hervorholte und sie in Reliquiaren oben in der Kirche verehren wollte. Die Krypta hatte von Anfang an das geboten, was sich die Bruderschaften auch oben in der Kirche wünschten, einen

---

[1] D, 4
[2] IV, 39 / 190
[3] I, 37 / 80

eigenen, von der Gemeindekirche abgetrennten Raum vor ihrem Altar[1].

Die Kruchtbruderschaft erneuerte sich nur aus den vornehmsten Familien und behielt ihr hohes Ansehen bei öffentlichen Auftritten, so beim Gang nach St. Foillan von ihrem Hause *Zum Hirschen*, Büchel 19, aus, und wenn die Mitglieder in ihren vornehmen Trauergewändern einen Bruder beerdigten. Neben ihrer karitativen Tätigkeit waren sie mit St. Foillan besonders verbunden durch die große Beteiligung an den Kosten der neuen, der gotischen Kirche. Wenn sie testamentarisch Stiftungen entgegennahmen, erreichten sie, daß die Hälfte des Vermächtnisses in die Kirchenkasse kam[2].

Eine Besonderheit sind die Schützenbruderschaften, die Karls- und die Hirschschützen, letztere 1440 in St. Foillan bezeugt. Ursprünglich Wehrverbände der nach dem Mauerbau zur Selbstverteidigung verpflichteten Stadt, verloren sie diese Aufgabe an Berufssoldaten, behielten aber nach Verlust der militärischen Bedeutung ihre Waffe, die Armbrust, und vor allem ihren brüderlichen und geistlichen Zusammenhalt, indem sie eine Bruderschaft bildeten. Ganz ohne Funktion blieben sie nicht: die Karlsschützen sorgten im Auftrag der Stadt für Schutz und Ordnung bei der Fronleichnams-Prozession, die Hirschschützen bei Prozessionen in St. Foillan. Der Hirschgraben hält heute ihr Andenken fest, ihr damals unbewohntes Übungsgelände, das die Stadt ihnen überließ[3].

Eine besondere Note hat auch die *Bruderschaft vom heiligen Sakrament* an St. Foillan. Den Anstoß zu ihrer Gründung gab ein Priester des Münsterstifts namens Lambert Munthen, der 1521 in St. Foillan eine Messe an jedem Donnerstag um 7:00 Uhr stiftete, die zu einer größeren Verehrung des Altarsakraments anregen sollte. Ein dreimaliges Glockengeläut vor der Messe, Orgelspiel in der Messe, Zelebration mit Diakon und Subdiakon und Aussetzung des Allerheiligsten sollte die Meßfeier zu einer festlichen Audienz bei Christus in der Brotsgestalt machen[4].

Zur größeren Sicherung seines Vorhabens gründete der Stifter im Jahr darauf, 1522, die genannte Bruderschaft[5]. War schon ein Priester

---

[1] I, 32 / 70
[2] C, 4 / 19.11.1470
[3] V, 8 / 271 ff.
[4] V, 8 / 86 f.
[5] I, 37 / Bd. 1, 81

als Gründer eine Besonderheit, so auch der Name; er verweist nicht auf einen heiligen Patron, sondern auf eine Aufgabe: Ehrfurcht vor dem Tabernakel und dem in der Monstranz anwesenden Christus zu wecken und für anbetende Betrachtung und Verehrung des Sakraments des Altares in Messen und Andachten zu sorgen. Die genannten Aufgaben und Pflichten aller Bruderschaften wurden daneben nicht vernachlässigt; in karitativem Einsatz stand die Sakramentsbruderschaft vorne an.

Der Stifter stimmte mit Priestern z. B. in Mailand überein, die eine mangelnde Beziehung der Gläubigen zum Meßopfer und zum Sakrament des Altares feststellten und nach Abhilfe suchten. 1527 wurde dort erstmalig ein 40stündiges Gebet vor dem Allerheiligsten in der Monstranz gehalten und die *Ewige Anbetung* von der Karfreitagsliturgie bis zur Osternachtsfeier eingeführt[1].

In einer Jesuitenchronik des 16. Jahrhunderts wird die Gründung der Sakramentsbruderschaft als providentiell bezeichnet, weil sie zeitlich mit dem Bekanntwerden von Luthers Lehransätzen übereinstimmte. Das führte zu der Meinung, Kanonikus Munthen habe mit seiner Gründung auf Luthers Kritik an der Messe und an dem bisherigen Sakramentsverständnis antworten wollen. Doch Luther hatte 1521 in Aachen weder Anhänger noch Gegner, er war hier unbekannt.

Mittelpunkt des gemeinsamen religiösen Tuns blieb die vom Gründer gestiftete feierliche Messe am Donnerstag in St. Foillan. Schwierigkeiten bei der Anstellung der erforderlichen drei Altaristen dürften dazu geführt haben, daß die Brüder 1559 die Zelebration den Johannes-Herren übertrugen, einer Bruderschaft, die als einzige in Aachen nur aus Priestern bestand und sich 1262 konstituiert hatte; ihr Patron war der Evangelist Johannes. Nicht ein jährlich zu wählender Greve wie bei den anderen Bruderschaften, sondern ein auf Lebenszeit gewählter Präses war ihr Vorsitzender. Der Dechant des Münsterstifts überließ ihnen die Nikolauskapelle für den Bruderschafts-Gottesdienst.

Nach den Statuten verpflichteten sie sich zu karitativem Tun und zu Gebeten und Messen für ihre verstorbenen Mitglieder. Es waren Vikare des Münsterstifts, die z. T. den Dienst der Kanoniker gegen Bezahlung verrichteten[2], und andere Priester ohne ein Amt in der Seel-

---

[1] III, 77 / 62
[2] III, 4 / 12, 84

sorge[1], Altaristen, die wie die Laienbruderschaften sich bemühten, ihren Beruf zu heiligen und der Gefahr der Routine entgegenzuwirken; jedenfalls wurden sie bald als Zelebranten für gestiftete Messen bevorzugt. Diese Aufgabe und ihre Organisation in personeller, vertragsrechtlicher und finanzieller Hinsicht trat in den Vordergrund. In St. Foillan wurde ihnen der 1430 gestiftete Salvator-Altar in der Kapelle unter dem Turm zur täglichen Zelebration über dem Grabe der Stifter und der 1447 gestiftete sog. Täschenaltar anvertraut[2].

V.1.13 Einzelne Bürger

Neben den Bruderschaften treten einzelne begüterte Bürger durch die Bezeugung ihrer kirchlichen Gesinnung in das Licht der Aachener Geschichte. Das Verlangen, sich durch ein Bauwerk zu verewigen, mag mitgespielt haben, vor allem aber der Wunsch, die Zahl der hl. Messen zu erhöhen, wenn die Herren von Pont um 1300 die Ägidius-Kapelle an der Barbarossamauer errichteten. Wo sich heute Pontstraße und Templergraben kreuzen, erinnert eine Gedenktafel daran, daß diese Kapelle der Kern der Kommende des Deutschen Ordens wurde, der hier 500 fahre lang wirkte. Bis heute kündet die Heilig-Kreuz-Kirche davon, daß sie auf eine Kapelle zurückgeht, die Gerhard von Bongard 1363 errichten ließ und die seine Frau nach seinem Tode den Kreuzherren übergab.
Ein Laie hat wie kein anderer materielle Voraussetzungen für die Seelsorge gegeben. Die Ritter-Chorus-Straße hält die Erinnerung an Bürgermeister Gerhard Chorus wach, der als Anwohner der Scherp-, heute Annastraße, wohl der bedeutendste Foillaner des 14. Jahrhunderts gewesen ist[3]. Als städtischer Provisor des Heilig-Geist-Hauses erscheint er in einer Urkunde vom 17.3.1341[4]. Ohne ihn als Bürgermeister konnte der Kirchenvorstand von St. Foillan keine Entscheidung fällen.
Sein Grabmal stand in der Vorhalle des Münsters bis zum Umbau von 1789 und trug eine Inschrift, die ihn als einen führenden Laien

---

[1] IV, 114 / 175
[2] IV, 26 / 3, 6; IV, 114 / 102 f. / 98 ff. / 103 / 175 ff.
[3] IV, 120
[4] IV, 97 / 63

charakterisierte: *Gerardus Chorus miles virtute sonorus / Magnanimus multum scelus hic non liquit inultum / In populo magnus, in clero mitis ut agnus / Urbem dilexit et gentem splendide rexit / Quem Deus a poena liberet barathrique gehenna - Ritter Gerhard Chorus, der sich durch seine Tatkraft einen Namen gemacht hat / ein Mann von hochherziger Gesinnung, oft als Richter tätig, ließ keinen Übeltäter unbestraft davongehen / Vor dem einfachen Volke Ehrfurcht gebietend, vor dem Klerus sanft wie ein Lamm, / Er liebte die Stadt und regierte sie vorbildlich / Möge ihn Gott freisprechen von Strafen und vor dem Abgrund der Hölle bewahren.*

Nach dem Abbruch blieb die Inschrift, von den ersten Aachener Geschichtsschreibern a Beeck und Noppius festgehalten, bekannt und wurde 1914 auf einer Bronzetafel in der Vorhalle angebracht. Bei seinen Domführungen war sie für Prälat Erich Stephany ein Gegenstand des Scherzes: *In clero mitis ut agnus* - so wünsche sich noch heute jeder Kleriker alle Vertreter weltlicher Behörden, meinte er. Dieser Halbvers verschweigt aber, daß Chorus mit dem Klerus nicht immer übereinstimmte. Er hielt dem gebannten Kaiser Ludwig dem Bayern die Treue - zusammen mit den Franziskanern von St. Nikolaus -, während der Klerus sich überwiegend auf die Seite des Papstes stellte.

Das Gebet um seine ewige Seligkeit nach soviel Lob kam für Menschen des 14. Jahrhunderts nicht überraschend. Klerus und Volk waren sich in der Sorge um das ewige Heil einig und opferten gern von ihrem Besitz, um sich das Gebet der Nachwelt zu sichern. Bis heute künden davon die nur zum kleinen Teil erhaltenen Altäre und die Kirchenbauten.

Seinen Namen erhielt Chorus nicht vom Chor des Domes, wie man im 19. Jahrhundert annahm[1]. Er hat sich zwar rund 20 Jahre lang, bis zu seinem Tod um 1369, für das gewagte Bauwerk eingesetzt, es aber nicht initiiert oder gar entworfen. Wenn er die Stadt vorbildlich leitete, ist nicht zuletzt an seinen Einsatz für den Landfriedensbund von 1351 zu denken[2] und an langwierige Verhandlungen mit dem Kaiser und dem Grafen von Jülich, die Aachen den Frieden sichern sollten. Einer alten und vornehmen, aber durchaus bürgerlichen Familie ent-

---

[1] IV, 120
[2] IV, 120 / 46

stammend, wurde er 1338 von Ludwig dem Bayern zum Ritter geschlagen.

V.1.14 Kirchenvorstand

Zahlungs- und Rechnungsvorgänge verlangten nach Schriftführung und Buchhaltung. Diese waren Sache von Laien, die bei ihrer Arbeit sahen, daß kaum ein seelsorgliches Tun ohne ihren Einsatz möglich war. So bei der Errichtung der romanischen Kirche St. Foillan im 12. Jahrhundert, bei dem gotischen Neubau des 15. Jahrhunderts und erst recht bei der Planung der Nebenkirche, die eine Kosten-Nutzen-Rechnung von Fachleuten erkennen läßt, die sich augenscheinlich gegen künstlerische Ansprüche durchsetzen konnten.

Schon von der römischen Zeit her sah man in der Pfarre einen materiellen, von der Seelsorge getrennten Bereich. Vorgeschrieben wird die Aufteilung aller Einkünfte an den Bischof, den Pfarrklerus, an die Armen und an die fabrica - Fabrik, wie die materielle, in Zahlen und Geldwert gemessene und sichtbare Kirche genannt wurde und wie heute noch im französisch sprechenden Nachbarland der Kirchenvorstand bezeichnet wird: fabrique. Die Pfarrkirche war eine fabrica als Empfängerin von Opfergaben und Schenkungen zur Sicherung der Seelsorge. Sie brauchte Pfleger, die unter verschiedenen Namen über sie zu wachen hatten.

Andere Bedingungen hatten im fränkischen Eigenkirchenrecht bestanden, weil der Eigenkirchenherr selbst für alles verantwortlich war bzw. hätte sein sollen. Auch für die Pfarre in Aachen auf karolingischem bzw. königlichem Boden galt das Eigenkirchenrecht. Doch als St. Foillan im 12. Jahrhundert ins Licht trat, hatte sich die römische Kirche im Investiturstreit so weit durchgesetzt, daß dem Eigenkirchenherrn nur noch das Patronatsrecht verblieb, d. h. das Recht, den Priester zu benennen, dem der Bischof die Einsetzung nur aus kirchenrechtlichen Gründen verweigern konnte. Die jetzt auftretenden magistri fabricae lassen erkennen, daß die fabrica Rechtssubjekt geworden war und Laien aus dem Kreis der Pfarrangehörigen für sie geradestanden[1].

---

[1] IV, 145 a / 70 ff.

Für Aachen fehlen Nachrichten über ihre Ernennung, über aktives und passives Wahlrecht, doch werden sie, ähnlich wie in den Kölner Pfarren, die Schreinsführung genannte Verwaltung in der Hand gehabt und dazu beigetragen haben, daß mit der kirchlichen auch eine politische Gemeinde entstand[1]. Als diese sich im 12. Jahrhundert bildete, wurde sie der geeignete Treuhänder, später auch Aufsichtsorgan und setzte die provisores fabricae, die Kirchenpfleger ein, wie es für andere Städte belegt ist[2].

Mißbrauch und Übergriffe lassen die Bischöfe 1287 auf dem Konzil zu Würzburg feststellen, daß kein Kirchenpfleger ohne Zustimmung des kirchlichen Vorgesetzten ernannt werden und nicht länger als zwei Jahre im Amt bleiben darf. Alle Entscheidungen binden sie an die Zustimmung des Pfarrers und machen diesen damit für den Schutz der fabrica verantwortlich[3]. Daß solche gegenseitige Kontrolle zu Ärger und Mißhelligkeiten führen konnte, illustriert eine im 15. Jahrhundert weit verbreitete Epistola de miseria curatorum seu plebanorum - Darstellung des Elends der Pfarrverwalter bzw. Pfarrer.- Sie nennt die Kirchenpfleger eine der sieben Plagen des Pfarrers[4].

IV.2. Öffentliche Ausübung der Religion

IV.2.1 Die Kirchen

Nicht anders als in der Römerzeit und im frühen Mittelalter gehörte die öffentliche Ausübung der Religion auch in den nachfolgenden Jahrhunderten zum Leben des Christen und wurde im 16. Jahrhundert zu einem der entscheidenden Streitpunkte der Konfessionen. Alles Sichtbare war auf Weg und Ziel des Glaubens ausgerichtet, belebte und unbelebte Natur, auch die von Christen erbaute Stadt, weil die Kirchen ihr die Akzente gaben und Religion öffentlich werden ließen. Die Pfalzkirche Karls des Großen ist das Ergebnis eines Gestaltungswillens, der einer engen Bezogenheit von geistlicher und weltli-

---

[1] IV, 135 / 111 f.
[2] IV, 145 a / 92; IV, 145 b / 129 f.
[3] I, 145 a / 154 f.
[4] IV, 145 a / 64

cher Autorität Ausdruck gibt. Das Stiftskapitel sorgte für die Erhaltung des Bauwerks und erweiterte es durch Kapellen und zuletzt durch die Chorhalle.

Die Aachener Bürger sind für Friedrich I. 1166 erstmals neben dem Münsterstift Adressaten in einem Privileg für die *heilige und freie Stadt*. Wenn auch auf mündlicher Überlieferung beruhend, kann als gesichert angesehen werden, was eine Chronik so festhält: *Circa annum 1193 templum sancti Foilani conditum aut innovatum potius atque ex angustiore sacello ad maiorem amplitudinem deductum creditur*[1] *- Um das Jahr 1193 wurde, so nimmt man an, die Kirche des hl. Foillan erbaut oder besser gesagt erneuert; aus einer kleinräumigen Kapelle wurde eine bedeutend geräumigere Kirche.* Erster urkundlicher Beleg ist eine Schenkung im Jahre 1215, in der neben anderen Kirchen und Kapellen auch St. Foillan aus den Einnahmen bedacht wird, die ein Haus in der heutigen Buchkremerstraße erbringt[2]. Es ist kein Anhaltspunkt dafür zu finden, daß die Initiative zum Kirchenbau vom Münsterstift ausgegangen wäre[3]. Die Vermutung einer städtischen Initiative kann sich darauf stützen, daß sich in den 100 Jahren vorher städtisches Leben immer deutlicher abzeichnete[4] und das Privileg von 1166 bereits vorhandene Zustände anerkennt[5]. Daß die Bürger sich eine eigene Kirche errichten, gehört zur städtischen Emanzipation von geistlichen und weltlichen Herren in dieser Zeit[6].

Im 14. Jahrhundert ist die Stadt für Eigentumsfragen der Kirche verantwortlich. Laut Schöffenbrief vom 10.8.1355 verkaufen die Bürgermeister Gerhard Chorus, Peter Colyn und Kirchmeister Jacob Solin einvernehmlich ein St. Foillan gehörendes Grundstück, um die einem Brand zum Opfer gefallenen Glocken zu ersetzen[7]. 1391 verpachten dieselben drei Verantwortlichen einen Garten an der Krämerstraße[8]. In der Folgezeit prüft die Stadt Geld- und Vermögensangelegenheiten, ernennt Küster und Kirchmeister und läßt sich eine

---

[1] 44
[2] 1 / 476, Nr. 207
[3] I, 4 / 228
[4] IV, 83 / 44
[5] III, 24 / 953; IV, 24 / 353
[6] I, 9 / 35 f.; IV, 16 / 480; IV, 145 / 42 f.; IV, 145 b / 110; IV, 149 / 168
[7] IV, 116 / 68; I, 37 / 81
[8] I, 39 / 20

Jahresabrechnung vorlegen[1]; der Erzpriester genannte Pfarrer erhält von der Stadt eine Zulage zu seinen Einkünften[2].
Die Topographie zeigt die Kirche im Zusammenhang mit der bürgerlichen Initiative, die im 12. Jahrhundert zur Anlage der Krämerstaße im ehemaligen Pfalzgelände und außerhalb der Stiftsimmunität geführt hat[3]. Sie war in beiden Richtungen länger als heute, eine Magistrale für die neue bürgerliche Ansiedlung, mit der das nichtpfälzische und nichtstiftische Leben seinen Schwerpunkt von dem Gelände rechts und links der Annastraße hierher verlegte. Die Krämerstraße begann als Verlängerung der Pontstraße, wahrscheinlich zum Markt hin offen, und setzte sich dort fort, wo sich im 14. Jahrhundert die Chorhalle weit über ihre Fluchtlinie hinaus vorschob. Eine Eintragung im Totenbuch des Münsterstifts nennt ein Haus *ante ecclesiam sancti Foillani*[4] - *gegenüber der Kirche des hl. Foillan*. Wie noch heute stand St. Foillan bürgerlich-sparsam in der Straßenflucht; ein gewisser Rikerus stiftete 1239 *duas domus que adhaerent ecclesie sancti Foillani*[5] - *zwei Häuser, die sich an die Kirche des hl. Foillan anschließen*, - an der Südseite, weil das kleine Gelände auf der anderen Seite bis zum Hof hin vom Pfarrfriedhof ausgefüllt wurde[6].
Daß die Westfassade hinter die Fluchtlinie der Krämerstraße zurückgenommen wurde, könnte schon für die Vorgängerkirche gegolten haben. Vielleicht wurde aber erst in der Zeit des Privilegs Friedrichs I. bei der Planung der neuen Kirche der Wunsch laut, durch einen Vorplatz die Bedeutung von St. Foillan als Stadtpfarrkirche zu unterstreichen. Die erhebliche Abweichung von der genauen West-Ost-Richtung des Münsters, 21° auf der Katasterkarte, ergibt sich daraus, daß die Kirche im rechten Winkel an die Ostseite der Krämerstraße angesetzt wurde, die hier von der Nord-Süd-Richtung abweicht und auf die Hartmannstraße zuläuft.
Der gotische Turm steht auf den Grundmauern des romanischen am Ostende des südlichen Seitenschiffs, eine für die Baumeister des 12. wie die des 15. Jahrhunderts befremdliche Plazierung, im Hinblick auf die Nähe der Chorhalle des Domes im heutigen Stadtbild ein

---

[1] I, 39 / 23
[2] IV, 51 / 216
[3] I, 39 b / 14
[4] IV, 150 / 70
[5] IV, 139 / 70
[6] IV, 6 / 80 / 45 / II, 99

Vorzug. Doch im 12. Jahrhundert war das Münster mit seiner kleinen Ostapsis noch weit genug entfernt und durch die Häuser der Krämerstraße abgeschirmt. Vermutlich begannen die Bürger mit dem Bau im Westen, vielleicht mit dem Wunsch, möglichst schnell das Bild ihrer Hauptstraße fertigzustellen, wegen beschränkter Mittel ohne Einplanung eines Turms. Erst der allgemeine Aufschwung der Stadt machte ihnen Mut, an der Ostseite einen Turm zu bauen. Anders verhält es sich mit der gotischen Kirche 200 Jahre später. Die ältesten Abbildungen zeigen einen niedrigen, den Dachfirst nur wenig überragenden Turm, der auf die inzwischen errichtete Chorhalle des Münsters Rücksicht genommen haben könnte. Es ist allerdings nicht ausgeschlossen, daß eine Helmspitze dem Brand von 1353 zum Opfer gefallen ist[1].

Nur kurze Zeit nach Fertigstellung der gotischen Kirche entschloß man sich, sie in die einzig mögliche Richtung, nach Norden, zu erweitern. Man verzichtete auf den Pfarrfriedhof und kaufte die anschließenden, zum Blasius-Spital hin liegenden Grundstücke, um einen Raum in der gewünschten Größe bauen zu können[2]. Am 3.11.1482 wurde die Nebenkirche geweiht[3]. Gründe für ihre Errichtung sind kaum zu erschließen. Daß die Zahl der regelmäßigen Besucher bzw. die Einwohnerzahl insgesamt während der Bauzeit der gotischen Kirche erheblich angestiegen wäre, läßt sich nicht belegen. Eher könnte der Wunsch nach weiteren Altarstiftungen wegen der zu erwartenden Mehreinnahmen eine Rolle gespielt haben. Möglicherweise haben sich Rechner im Kirchenvorstand gegenüber ästhetischen Bedenken des Vikars und des Erzpriesters durchgesetzt, denn dieses Bauwerk muß die Geschlossenheit der gotischen Konstruktion erheblich gestört haben.

---

[1] I, 39 / 19 f., 23 ff., 28; I, 37 / 81
[2] D, 4 / A 26; IV, 82 / 111 f.; I, 39 / 29
[3] C 4 / Nr. 32; D, 1 / A 32

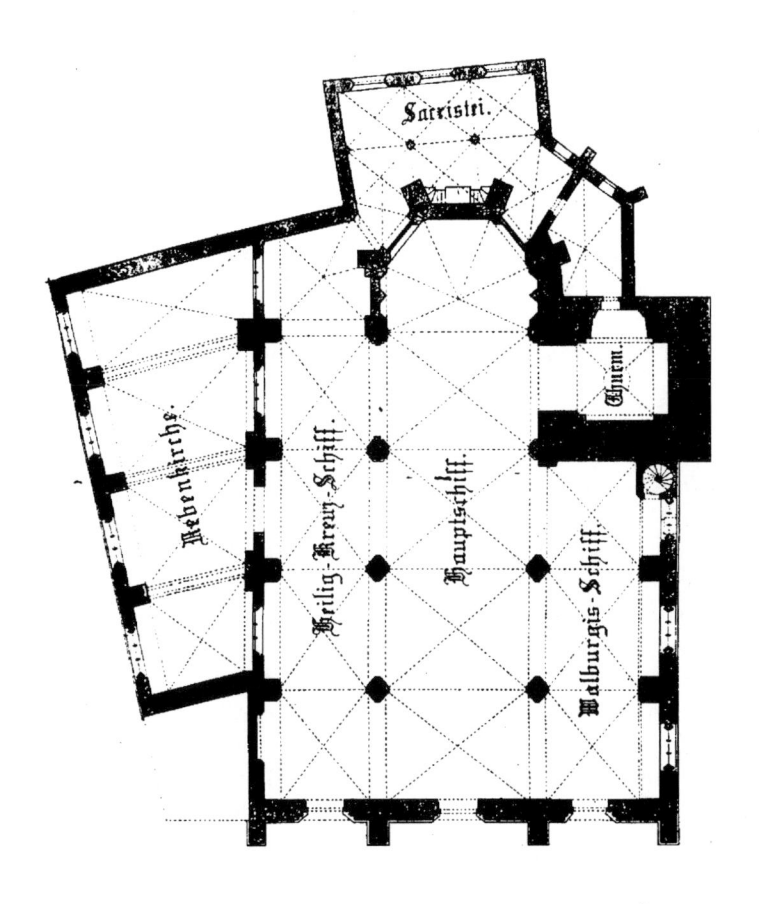

St. Foillan Grundriß 1300 - 1654 (Stadtbrand)[1]

Es ergab sich ein Grundriß, der allen Regeln widersprach. Nur im Westen, an der kürzesten von drei ungleichen Seiten, konnte die vorhandene Fluchtlinie bis zum Hof verlängert werden. Statt daran senkrecht die Nordseite anzuschließen, entschloß man sich offensichtlich, den vorhandenen Raum zu nutzen und die Nordwand schräg in der Fluchtlinie des Hofes anzusetzen, während man für die Ostseite die Mauer des Blasius-Spitals einbezog und deshalb senkrecht zum Hof, nicht senkrecht zur Ost-West-Achse der Kirche den Anschluß an die-

---

[1] I, 39 - Verkleinerung

se fand[1]. So ergab sich eine Länge von 11,80 m für die Ostwand, die damit fast doppelt so lang wurde wie die 6,50 m lange Westwand.
Die Franziskaner hatten mit der 1327 geweihten Kirche St. Nikolaus[2] den gotischen Stil in Aachen eingeführt, fast gleichzeitig mit der Weihe des Chores des Kölner Domes 1322. Es folgten noch im 14. Jahrhundert die Dominikaner mit St. Paul und die Augustiner mit St. Katharina. Mehr als diese drei isolierten und turmlosen Ordenskirchen rechtfertigten dann im 15. Jahrhundert die Chorhalle des Münsters und der Turm von St. Foillan dem Reisenden, der sich Aachen näherte, den Namen einer *heiligen Stadt* im Privileg Friedrichs I. von 1166.

IV.2.2 Glockenklang

Mehr noch als in früheren Epochen entsprach der unübersehbaren, als Haus Gottes in die irdische Welt gesetzten Kirche eine hörbare Bezeugung des christlichen Glaubens in der Öffentlichkeit. Wo in den engen Straßen von einer Kirche nichts zu sehen war, blieb sie präsent durch den Klang ihrer Glocken und bestimmte damit Takt und Inhalt des Lebens. Sie riefen zum Kirchgang in der Gemeinschaft der Familie und der Bruderschaften.
Glockenguß und Glockenweihe waren Höhepunkte kirchlichen Lebens. Eine Chronik berichtet: *1485 wurden die 2 newe klocken zo s. flein gegossen, und der pastor sacht op den stoil, daß man von eine lichen solde geven IIII bescheidene buschen zo luiden und des zweyden dags dat id gebotten was, starff h. lybermes moder Camenich van unser liever vrawen, und wart erst darmit geluyt*[3]. - Es wurde die zweite neue Glocke zu St. Foillan gegossen, und der Pastor sagte auf der Kanzel, daß man zum Läuten bei einer Beerdigung vier bescheidene Buschen - die kleinste Münze Aachener Währung[4] - geben solle, und zwei Tage nach dieser Vermeldung starb Frau Camenich, die Mutter des Herrn de Libermie, Kanonikus des Münsterstifts[5], und ihr wurde zuerst damit geläutet.

---

[1] IV, 82 / 112
[2] 46 / II, Nr. 137
[3] IV, 49 / 93
[4] I, 25 a / 34
[5] IV, 48 / 96

Eine große Bedeutung hatte der Glockenklang beim Ableben der Gläubigen. Bei einer Todesnachricht läutete man die kleinste Glocke, das Sterbeglöcklein. Nach einer Nachtwache wurden die Toten auf einer Bahre in Prozession zur Kirche getragen, blieben dort drei bis vier Tage aufgebahrt und wurden nach dem Seelenamt in Prozession zu Grabe getragen. Auf dem Weg zur Kirche und dem zum Grabe läuteten wieder die Glocken[1].
So führte der irdische Abschuß des Lebens zur häufigsten Form einer öffentlichen Ausübung der Religion und befestigte über Auge und Ohr, was Sebastian Brant 1494, also wenige Jahre nach der genannten Glockenweihe, in seinem *Narrenschiff* deutlich gemacht hat: *Ein Narr, wer nicht rechtzeitig für den Tod sorgt*[2].

IV.2.3 Prozessionen

Hatten die genannten Prozessionen ein Ziel, erst die Kirche, dann die Grabstätte, so gilt für andere, daß sie in sich selbst ihren Sinn hatten und in einem Kreis zum Ausgangspunkt zurückführten. An den drei Bittagen vor Christi Himmelfahrt und am Festtage selbst zogen Prozessionen von der Taufkapelle aus auf drei verschiedenen Wegen zu den Kirchen der Stadt als den Orten des Stationsgebetes und wieder zurück; der Höhepunkt war am Feste selbst eine Feier auf dem Markt, bei der zwei Priester super curiam - auf der Estrade des Rathauses - Psalmen zu singen hatten[3].
Die weitaus bedeutsamste Form öffentlicher Religionsausübung wurde im 14. Jahrhundert die Fronleichnamsprozession. Juliana von Lüttich hatte aufgrund von Visionen dazu aufgerufen, das Sakrament des Altares durch ein besonderes Fest zu feiern. In Rom fand dieser Wunsch offene Ohren, weil die Häresie der Katharer den Glauben an die Wesensverwandlung von Brot und Wein ablehnte. Die schon in der Antike ausgesprochene Überzeugung, eine reine und geistige Welt stehe in einem unüberbrückbaren Gegensatz zu der sichtbaren

---

[1] IV, 96 / 583
[2] IV, 96 / 573
[3] IV, 146 / 844 f., 850

unreinen und materiellen Welt ließ einen Glauben an die Heiligung irdischer Dinge wie im Sakrament des Altares nicht zu[1].

Obgleich das Fronleichnamsfest für das Bistum Lüttich angeordnet und 1264 für die ganze Kirche vorgeschrieben wurde, erscheint es in liturgischen Anweisungen des Münsterstifts erst im Jahre 1314. 1319 wird eine erste Feier in foro - auf dem Markt - genannt. Vielleicht haben Stift und Erzpriester, auf ihre Sonderrechte pochend, sich den Lütticher Anweisungen 50 Jahre lang nicht gefügt, wie es Beispiele in anderen Punkten nahelegen[2].

Die Fronleichnamsprozession war von Anfang an Sache der ganzen Stadt, der geistlichen und weltlichen Institutionen. Wie bei anderen Prozessionen wurde in der Person des Einladenden und in dem vorgeschriebenen Weg deutlich, wer der ranghöchste Priester und welche die ranghöchste Kirche war. Letztere war bis auf wenige Streitfälle das Münster als Ausgangs- und Endpunkt der Prozession; als Kostenträger und damit als Veranstalter und Einladender tritt schon in den Anfängen das Stadtregiment auf. 1344 läßt es das Pflaster der Prozessionsstraßen instandsetzen, bestellt Musiker - veydeler - und Weinschenken, zahlt Priestern Präsenzgelder und übernimmt die Kosten *de corona illuminanda - für das Entzünden des Barbarossa-Leuchters - und de pulsatione - das Beiern der Glocken*[3]. 1482 kann die Stadt den Herzog von Jülich davon überzeugen, daß die in ihrer Verantwortung liegenden Vorbereitungen zur Fronleichnamsprozession einen Aufschub von Verhandlungen für mehrere Tage erforderlich machen[4].

Städtische Federführung wurde auch in der straff organisierten und unter Androhung von Strafgeldern verpflichtenden Teilnahme der Zünfte deutlich. Standbilder der Patrone, einer jeden Zunft vorangetragen, Fahnen und Festgewänder und eine im Vergleich zu Priestern und Ordensleuten hohe Zahl der schreitenden Zunftgenossen präsentierte die Stadt in ihren Gewerben auf ihrem Zug durch Straßen, zu deren Schmuck die Anwohner unter Strafe verpflichtet waren.

Kleriker wie Laien hatten Fronleichnam wie bei allen öffentlichen Auftritten ein sehr weltliches Anliegen, nämlich ihre Rangordnung

---

[1] I, 36 / Bd. 6, 58 f.; I, 47 / Bd. 4, 2062
[2] I, 36 / Bd. 4, 406; IV, 49 / 91, 99
[3] IV, 61 / 14 f.
[4] IV, 121 / 346 ff.

sichtbar zu machen. Der höchste Rang blieb dem Propst oder einem ihn vertretenden Stiftskanoniker als dem Träger der Monstranz unbestritten, der Erzpriester hatte Vorrang vor dem Welt- und Ordensklerus. Nicht anders wurde den Gläubigen rechts und links die abgestufte Prominenz des Stadtregiments vorgestellt, und selbst die Zünfte gestanden sich eine Reihenfolge von der vornehmsten bis zur geringsten zu, unterschieden sich in ihrem Auftreten und lenkten besonders die Blicke der Frauen auf sich. Für diese wäre es undenkbar gewesen, selbst mitzuziehen.

Vorbild waren die von jeher bekannten Bittprozessionen. Wie bei diesen wurde in die vier Himmelsrichtungen der Segen erteilt, aber hier nicht nur für das Gedeihen der Feldfrüchte, sondern für alle privaten und gemeinsamen Anliegen der gesegneten Gläubigen, der in großer Zahl erscheinenden Bürger wie ihrer verantwortlichen Repräsentanten.

Wie die Anwesenheit des Herrn in der Gestalt des Brotes eine Kirche recht eigentlich heilig und damit zum Asyl machte, so auch die Fronleichnamsprozession: Gelang es einem Gefangenen, aus dem Graßhaus genannten Stadtgefängnis in die vorbeiziehende Prozession zu flüchten und dann ein Kreuz oder eine Fahne zu berühren, so war er frei[1].

V.2.4 Heiligtumsfahrt

Gleichzeitig mit der Fronleichnamsprozession blühte die Verehrung der Aachener Heiligtümer auf. Diese Tuchreliquien wurden durch den menschlichen Bezug zu Jesus, Maria und Johannes dem Täufer zu Gegenständen der Verehrung. Möglicherweise gab die Öffnung einer karolingischen Reliquienlade und die Überführung der Reliquien in den 1239 fertiggestellten Marienschrein dazu den Anlaß, in einer Zeit, in der die Menschen das Heilige sehen und fühlen wollten[2].

Von 1349 an, wahrscheinlich als Antwort auf eine in Aachen vier Jahre lang wütende Pest, wird noch heute der nur in Notzeiten unterbrochene Sieben-Jahres-Rhythmus eingehalten[3], wie es Stadtrech-

---

[1] IV, 70 / 11 f.
[2] IV, 157 / 64 f.
[3] IV, 157 / 64

nungen belegen. Rat und Verwaltung treten nicht als Veranstalter auf wie bei der Fronleichnamsprozession, aber als mitverantwortlich, so beim *Begleitprogramm*, bei der Organisation von Mysterienspielen auf dem Markt und bei der für 1344 belegten Turmmusik[1].
An einem Tage wurden an den Toren der etwa 10000 Einwohner zählenden Stadt 140000 Pilger gezählt; deshalb gab es Probleme für die Seelsorge an den 14 Tagen der Heiligtumsfahrt. Hoher Gewinn für verschiedene Gewerbe, nicht zuletzt durch Herstellung und Verkauf von Pilgerzeichen, weckten Gewinn- und Verschwendungssucht zugleich. Verführerisch wirkte die vielfach ungebundene Lebensart der aus ihrer gewohnten Umgebung gelösten Fremden. Zwar faszinierte die allgemeine Ergriffenheit und Begeisterung bei der Zeigung der Heiligtümer vom Turm herab, doch was war von *Ersatzpilgern* zu halten, die gegen Bezahlung eine Pilgerreise angetreten hatten, welche anderen als Buße auferlegt war? Frauen, auch Mütter mit Töchtern, weckten das Mißtrauen der Verantwortlichen, wenn sie allein pilgerten, weil ihren Männern vom Stadtregiment wegen der Gefahr eines bewaffneten Angriffs die Teilnahme verboten worden war[2].
Das hohe Spendenaufkommen[3] kam nicht nur der Chorhalle zugute, sondern allen Kirchen, und so sind Kritik und Klagen nicht sehr laut geworden, auch nicht beim Stadtregiment, das sonst alle Fremden argwöhnisch überwachte; die Stadtkasse partizipierte an den Einnahmen der Gewerbe.

V.2.5 Tänzer

Anders antworten die Verantwortlichen in Stadt und Kirche beim Auftritt kleiner Gruppen von Fremden, bei denen sich ein Brauchtum vorchristlicher Herkunft mit krankhaften Erscheinungen verband. In seiner Darstellung der Geschichte des Bistums Lüttich schreibt Radulfus de Rivo, Stiftsdechant in Tongern, als Zeitgenosse: *Am 17. Juli (1374) kam eine sonderbare Sekte von Leuten aus dem oberen Deutschland nach Aachen ... Halbnackt, mit Kränzen um den Kopf führten diese Besessenen beiderlei Geschlechts auf den Straßen,*

---

[1] IV, 153 / 130 / 126
[2] IV, 156
[3] III, 280

selbst in den Kirchen und in den Häusern ohne alle Scham ihre Tänze auf, wobei sie sangen und unerhörte Teufelsnamen ausriefen ... Viele (Aachener), die bis dahin an Leib und Seele gesund waren, (wurden) plötzlich von den Dämonen ergriffen, reichten den Tänzern die Hand und tanzten mit[1]. Eine andere Chronik bestätigt und ergänzt: *(Die Tänzer) liefen von einer Stadt zur anderen und von einer Kirche zur anderen und huben Geld auf, wo es ihnen mocht werden ..., und es geschah umb Geldes Willen, daß ihr ein Teil Frauw und Mann in Unkeuschheit mochten kommen und die vollbringen.* Der Verdacht auf Unzucht, der den Fahrenden überhaupt anhaftete, richtete sich also erst recht gegen die Tänzer[2]. Auf der Suche nach der Ursache stieß der genannte Herr in Tongern auf den Seelsorge-Klerus: *Kluge Männer wußten keine andere Ursache dieser teuflischen Sektiererei anzugeben als die herrschende Unwissenheit in Glaubenssachen ... Manche aus dem Volk warfen die Schuld auf den konkubinarischen Klerus ... doch mußten sie verstummen, als gerade Weltgeistliche solche Besessenen durch die Mittel der Kirche heilten, nachdem Klostergeistliche dies vergeblich versucht hatten ... Zu Aachen tauchte der Priester Simon ein Mädchen, dessen Dämon bisher keiner Beschwörung hatte weichen wollen, bis an den Mund in Weihwasser. Der Dämon wohnte nach seinen eigenen Aussagen zwei Jahre in dem Mädchen, er wurde aber gezwungen, auszufahren ... Derselbe Priester vertrieb einen anderen Dämon durch Gebet und Fasten ... Der Klerus (des Bistums) Lüttich kam zu jener Zeit in einen guten Ruf*[3].

Weiter berichtet Radulfus von krankhaften Zuständen, die von den Tänzern selbst als Teufelswerk angesehen wurden: *Nach vollendetem Tanze quälten die Teufel sie mit den heftigsten Brustschmerzen, so daß sie mit schrecklicher Stimme schrien, sie stürben, wenn man sie nicht mit Binden stark um den Leib zusammenschnüre ...* Die heutige Medizin will die Wirkung solcher Praktiken auf die kranke Psyche nicht von der Hand weisen[4].

Es bleibt die Frage nach den Ursachen solcher Erscheinungen. Einen Anhaltspunkt bietet die Nachricht von einem Tanz in Aachen am

---

[1] I, 47 / Bd. 10, 1161 f.; dort die Übersetzung aus dem Lateinischen
[2] IV, 8 / 64 ff.
[3] I, 47 / X, 1161 ff.
[4] IV, 142; IV, 67 / 158 ff.

17.7.1376, dem Weihetag des Münsters, bei dem bis zur Höhe des Altares gesprungen worden sei[1]. Der Name Johannistänzer lenkt den Blick auf den Johannistag drei Wochen vorher, den 24. Juni., zu dessen Brauchtum es gehörte, daß ein brennender Holzstoß übersprungen wurde. Vielleicht kam es dadurch zu einem Rausch, einer Tanzwut. Eine Legende des 13. Jahrhunderts könnte sich auf dergleichen beziehen. Da verwünscht ein Pfarrer lärmende, den Gottesdienst störende Tänzer mit den Worten: *Ei, so wollt' ich, ihr tanztet ein ganzes Jahr!* Und es geschah so[2].

V.2.6 Geißler

Die Tänzer bekundeten öffentlich ihre religiöse Überzeugung; wegen der genannten Defekte psychischer oder anderer Art zogen sie Neugierige und Schaulustige an und blieben ohne religiöse Wirkung, abgesehen von der Angst vor Teufeln und Dämonen. Anders war es beim Auftreten der Geißler in Aachen 1349 und 1400, wenn es auch Parallelen gibt. So wendete sich das Stadtregiment entschieden gegen sie, wie auch gegen sittenlose Tänze auf Kirchhöfen wie in der Öffentlichkeit überhaupt einschritt, zumal ein Tänzer im Königsbad ertrunken war.

Auch die Geißler führten einen Tanz auf, doch im Gegensatz zu dem wilden Gebaren und den unverständlichen Gesängen der Tänzer faszinierten sie durch ein gleichmäßiges und langsames Schreiten, die Männer auf öffentlichen Plätzen, die Frauen in Kirchen. Auf dem Höhepunkt ihres Auftritts entblößten sie ihren Rücken und geißelten sich. Dabei sangen sie eindringliche Klage- und Bußlieder, in denen sie deutlich machten, daß sie mit ihrem Tun am Leiden Christi teilnehmen wollten[3].

Die Geißelung, eine nur in Klöstern übliche Form der Strafe, wandelte sich gemäß 1 Kor 9, 27 zu einer allen Mönchen empfohlenen Bußübung und wurde nach Krieg, Pest und Erdbeben im 13. und 14. Jahrhundert auch von Laien übernommen. Das genannte rituelle Auftreten entsprach der straffen, den Bruderschaften ähnlichen Or-

---

[1] IV, 67 / 9
[2] IV, 8 / 64 ff.
[3] I47 / Bd. 4, 1534; IV, 29 / 50 f.

ganisation. Aufgenommen wurde man nach einer Generalbeichte, nach Zustimmung des Beichtvaters und der zuständigen Angehörigen und nach Zahlung des Lebensunterhalts für die auf 33 Tage begrenzte Geißlerreise, die an die Lebensjahre des Herrn erinnern sollte[1]. Männer und Frauen jedes Standes und Alters brachen mit ihrer Vergangenheit, legten alle den gleichen Kapuzenmantel an und befestigten daran ein rotes Kreuz[2]. Wo sie auftraten, weckten sie den Willen zur Buße und zur Bitte um Aufnahme. Für die Zeit ihres Aufenthalts in einer Stadt verschwanden luxuriöse Kleidung, Spiel und Tanz und alle Ausgelassenheit[3].

Wenn auch mancherorts Priester und sogar Bischöfe Geißlerfahrten mitmachten[4], handelte es sich um Laieninitiativen, die entsprechend argwöhnisch vom Klerus, mehr noch vom Stadtregiment beobachtet wurden, das einem massierten Auftreten von Fremden - die Geißlergruppen zählten 50 bis 100 Personen - schon immer entgegengetreten war. Den kirchlichen Oberen gegenüber erweckten sie den Eindruck, einer Häresie nahe zu sein: Die Überzeugung, mit ihren Bußübungen besser als in der gewohnten Seelsorgspraxis den Willen Gottes zu tun, ließ sie die Sakramente und die Sonntagsmesse mißachten. Clemens VII. gab den Bischöfen am 20.10.1349 den Auftrag, die Geißler zurechtzuweisen und sie dahin zu lenken, daß sie von ihren wahnhaften Vorstellungen ließen und in die kirchliche Gemeinschaft zurückkehrten[5]. Als nach dieser päpstlichen Anweisung Geißler in Aachen auftraten, hatte sich der Bischof von Lüttich seiner Pflicht bereits damit entledigt, daß er das Stadtregiment brieflich ermahnte, den Geißlern einen Auftritt zu verwehren. Und weil das ganz im Sinne der bürgerlichen Ordnungshüter war, drohten sie allen Bürgern für die Teilnahme an einer öffentlichen Geißelung ein Jahr Verbannung an; nicht ortsansässige Geißler sollten dem Richter zugeführt werden[6].

Wie die Aachener 1349 reagiert haben, ist nicht bekannt. Zwei fremde Dominikaner sollen vor der Stadtmauer auf Geißler gestoßen sein und über *ihr geckes Betragen* gelacht haben; *sie wären von denselben*

---

[1] I, 47 / Bd. 4, 1536
[2] I, 47 / Bd. 4, 610
[3] I, 47 / Bd. 4, 1538
[4] I, 43 / Bd. 4, 611
[5] 48 / III, Nr. 798
[6] IV, 80 / 440

ums Leben gebracht worden, wenn sie sich nicht zum Glück mit der größten Vorsicht aus dem Staube gemacht hätten[1].

Als um 1400 Geißler in Burtscheid auftraten - vielleicht weil man sie nach Aachen nicht hatte einziehen lassen -, standen viele Burtscheider auf ihrer Seite. Zu Gewalttaten kam es zwischen den Ordnungshütern selbst. Der Aachener Meier setzte nämlich mit Zustimmung der Burtscheider Äbtissin die Geißler in einem Hause in Burtscheid fest und ließ sie von seinen Leuten bewachen; der Burtscheider Vogt auf Burg Frankenberg kam mit Bewaffneten, um die Geißler zu befreien. Ein Teil von ihnen konnte fliehen, die anderen wurden später freigelassen.

Der Anlaß für die Verhaftung der Geißler war nicht ihr öffentlicher Auftritt; in der Klageschrift der Bürgermeister, der Schöffen und des Rates heißt es, sie hätten einem Dominikaner Gewalt angetan, der ihnen vorgeworfen habe, daß sie weder got *weder die heilige kirche weder den heiligen kyrsten gelouben daden*[2].

Wie die übrigen Welt- und Ordensgeistlichen dachten, ist nicht bekannt; jedenfalls waren die Ereignisse in aller Munde und damit Gegenstand der Seelsorge aller Pfarrer und Kapläne. Sicher konnten sie ein Geißlerlied für ihre Predigt verwenden: *Ir slaget euch sere in Cristes ere! durch got so lat die sünde mere.* - Ihr schlagt euch sehr zur Ehre Christi! So laßt mit Gottes Hilfe von der Sünde ab[3].

IV.3 Welt und Kirche

IV.3.1 Das Geistliche Gericht

Nicht die Bürger, nicht die Seelsorger traten gegenüber Tänzern und Geißlern entschieden auf, sondern das Stadtregiment. Es brauchte und durfte nicht nach guten oder bösen Motiven fragen, es ging ihm um die überlieferte Ordnung, um ein Tun und Handeln, das ganz bestimmte Grenzen einzuhalten hatte. Dabei konnten sich die Stadtväter in der Regel darauf stützen, daß die Seelsorge das zeitliche Leben im Hinblick auf die Ewigkeit erleben ließ, indem sie Geburt, Ehe-

---

[1] I, 34 / 322
[2] IV, 80 / 444
[3] I, 47 / Bd. 4, 1534

schließung und Tod Form gab, Empfinden und Denken maßgeblich anregte und auch für das weltliche Leben günstige Verhaltensweisen zur Gewohnheit werden ließ[1]. Dahin wirkte seit dem frühen Mittelalter auch das Geistliche Gericht, das in Aachen im 13. Jahrhundert urkundlich vor Augen tritt[2]. An St. Foillan, den Ort der Verhandlungen, an den Erzpriester und Pfarrer, den geborenen Vorsitzenden gebunden, blieb es für ein halbes Jahrtausend ein Instrument der Sittenzucht[3]. Stadt und Kirche waren an ihm gleicherweise interessiert, nicht zuletzt um sich gegen auswärtige Gerichte, bischöfliche und päpstliche, abzuschirmen und dadurch der Stadt die Freiheit zu sichern. Das Privilegium de non evocando et de non appellando - das Privileg (des Bürgers) , nicht (vor das Gericht des Bischofs oder des Papstes) zitiert zu werden und (des Geistlichen Gerichts) endgültige, durch keine Appellation zu revidierende Urteile zu verkünden - setzt den Markstein dieser Entwicklung[4]. Beispielsweise scheiterte an diesem Privileg der Versuch eines Raubritters und Landfriedensbrechers, seine Sache vor ein anderes Geistliches Gericht zu bringen. Er hatte Pilger auf dem Wege nach Aachen zur Zeigung der Heiligtümer überfallen, um Lösegeld zu erpressen[5].

Das Geistliche Gericht wurde in dieser Zeit Sendgericht oder einfach Send genannt. Dieser Name weist auf den frühmittelalterlichen Ursprung hin. Ahd. senod wie mhd. sened geht auf synodus zurück, was statt *Zusammenkunft*, der Bedeutung im Griechischen, als Fremdwort im Latein des frühen Mittelalters die Visitation des Bischofs in den Pfarren bezeichnete, die eine Überprüfung der Amtsführung mit der Untersuchung von Vergehen und Verbrechen verband[6]. Nach einer Anweisung Karls des Großen sollte der Bischof nicht Strafrichter sein, sondern warnend auf das Jüngste Gericht verweisen[7]. Mit dem Autoritätsschwund des weltlichen Gerichts im 9. Jahrhundert gingen aber Urteil und Strafe auf den Send über[8]. Ferner war im 13. Jahrhundert eine Entwicklung abgeschlossen, in der das Sendgericht vom Bischof auf den Archidiakon überging, dem für Aachen zustän-

---

[1] IV, 16 / 70
[2] IV, 65 / 198; 1 / 358; D / 5
[3] IV, 25 / 155; IV, 84 / 316
[4] III, 4 / 57 ff.; IV, 65 / 376; IV, 25 / 11 f., 1 / 146 f.
[5] IV, 127 / 249 ff.
[6] IV, 54 / 34, 86 ff.
[7] IV, 35 / 11
[8] I, 37 a / Bd.1, 375 ff.

digen Oberen im Haspengau, dem westlichen Teil des Bistums Lüttich, schließlich auf den Pfarrer, in Aachen auf den Erzpriester an St. Foillan[1].

Der Pfarrer war an die Stelle des Bischofs getreten, doch nicht als der allein Urteilende, sondern als der Gerichtsvorsitzende. Die Zeugen waren zu scabini - Schöffen, Urteilsfinder - geworden, die mit gleichem Stimmrecht zu entscheiden hatten. An die Stelle der verantwortungsbewußten Laien gleich welchen Standes traten geborene Mitglieder: der Bürgermeister, seine beiden Vorgänger, zwei Schöffen des städtischen Schöffenstuhls und zwei andere, im allgemeinen aus dem Patriziat benannte Bürger. Zu diesen sieben weltlichen Schöffen traten vier geistliche, die Pastöre von St. Jakob, St. Peter, St. Adalbert und der Taufkapelle. Diese elf Schöffen behielten die Aufgabe der Zeugen der früheren Jahrhunderte: Sie wurden eidlich verpflichtet, das Leben in der Gemeinde zu beobachten und alles anzuzeigen, *was gegen göttliches und christliches Gesetz begangen worden war, und nichts zu verschweigen, sei es aus Wohlwollen oder aus Haß*[2]. Bei der Einsetzung auf Lebenszeit versprachen sie unter Eid, Rechte und Freiheiten des Sends zu wahren, nichts zu tun, was seinem Ansehen schaden könnte, und ohne Ansehen der Person zu urteilen[3]. In entsprechender Form wurden zwei Quästoren für die Buchführung und der Sendbote verpflichtet, der insbesondere die Angeklagten zu laden hatte[4].

Der Erzpriester beruft den Send ein, leitet die Verhandlungen, verkündet nach geheimer Abstimmung das Urteil und sorgt für seine Vollstreckung. Damit nimmt er im Bewußtsein der Aachener für Jahrhunderte einen Rang ein, dem der Propst des Münsterstifts kaum gleichkommt. Der nächsthöhere Würdenträger, der ihm Weisungen erteilen könnte, der Archidiakon von Haspanien, läßt sich nicht sehen und ist für die Aachener kein Begriff. Während der Erzpriester bei der Amtseinführung eines Geistlichen jedermann seinen Rang vor Augen stellt, läßt sich der Archidiakon bei der ihm zustehenden Einführung des Erzpriesters vertreten, und zwar durch den Dechanten des Münsterstifts. Deshalb beginnen die für die schaulustigen Aache-

---

[1] I, 54 / Bd. 1, 1; I, 45 / II, 199; I, 47 b, 58 f.
[2] IV, 25 / 131; IV, 53 / 202 f.; IV, 54 / 34
[3] IV, 25 / 22 ff.
[4] IV, 25 / 22 ff.

ner bedeutsamen Zeremonien im Münster[1]. In St. Foillan wird dann die Doppelfunktion des Send-Vorsitzenden und des Pfarrers vor Augen geführt: Inbesitznahme der Kirche in den noch heute beachteten Riten, Vereidigung des Send-Vorsitzenden vor den Send-Schöffen, Übergabe des Schlüssels zum Send-Archiv in der Sendstube, wieder in der Kirche Gesang des Tedeum mit den Pfarrangehörigen, Gang zum Pfarrhaus und dessen Inbesitznahme[2].

Als Zeremonien, welche Autorität und Ansehen sichern sollen, sind auch die einzelnen Schritte in der Verfahrensordnung anzusehen. 1331 nennt sie ein Weistum und betont, daß alles Genannte *seit unvordenklichen Zeiten* gegolten hat[3]. Niemand weiß, ob es wirklich so war, doch jetzt wird es mit nachweislich dauerhafter Wirkung kodifiziert[4].

Wie in heutigen Gerichtsverfahren konnten nicht zu übergehende Formalien für den Angeklagten vorteilhaft sein: Am 8.1.1489 wurde ein Urteil nicht verkündigt, weil der Kläger nicht erschienen war. Vorgeschrieben waren jährlich zwei *Echte Dinge* genannte Hauptsitzungen, zu denen aus jedem Hause eine Person zu erscheinen und anschließend die Beschlüsse den Mitbewohnern zu verkündigen hatte. Hauptpersonen waren die Angeklagten und alle, die etwas *Sendbares* wußten, d. h. alle Bürger waren in diesen beiden Sitzungen Sendzeugen und zur Aussage verpflichtet (IV, 25 / 37).

Dreimaliges Läuten lud zu den Verhandlungen ein, beim letzten Glockenschlag sollte die Gerichtsgemeinde versammelt sein. Sie sah den Chorraum für die Verhandlung hergerichtet: Auf einem Tisch lagen ein Evangeliar, eine Rute und eine Schere. Während das Evangeliar den geistlichen Ursprung des Gerichts anzeigte, stand die Rute für das vom weltlichen Gericht übernommene Recht zu strafen. Die Schere soll auf die Ehrenstrafe des Haarabschneidens hingewiesen haben; später wurde sie als Zeichen des Zusammenwirkens von geistlicher und weltlicher Gewalt gedeutet[5].

Zur Urteilsfindung führte die Darlegung des Klägers wie des Angeklagten. Konnte der letztere seine Unschuld plausibel machen und seine Aussage durch seinen Eid oder durch einen mit Eideshelfern

---

[1] IV, 51 / 195
[2] IV, 25 / 19
[3] A / 2; 45 / II, Nr. 510; IV, 117 / 128 f.
[4] IV, 65 / 374
[5] IV, 25 / 64

gemeinsam gesprochenen Eid bekräftigen, wurde er freigesprochen. Bis zum Verbot im Laterankonzil von 1215 gab es die - in Aachen anscheinend nicht wahrgenommene - Möglichkeit eines Gottesbeweises[1].

Den kirchlichen Ursprung des Gerichts zeigen die Verhandlungen über Verstöße gegen die Kirchengebote: Heiligung der Sonn- und Feiertage durch Befreiung von knechtlichen Arbeiten und Kirchgang, Einhaltung der Fast- und Abstinenztage, jährliche Beichte und Osterkommunion[2].

Zu einer zweiten, die Kirche unmittelbar betreffenden Kategorie gehörten betrügerisches Zurückhalten von Einnahmen, die der Kirche aus dem Zehntrecht, aus Testamenten und anderem zustanden, Mißachtung des Ausschlusses von den Sakramenten bzw. Kontakt mit Exkommunizierten.

Diese Fälle waren als *delicta spiritualia* oder *ecclesiastica* eindeutig Sache des Sends und in Verhandlungen mit den weltlichen Gerichten abgetrennt von *delicta mixti fori* - Verfehlungen gemischten Charakters in der Öffentlichkeit - d. h. solchen, die einerseits die Mißachtung religiöser Gebote, andererseits die Störung der öffentlichen Ordnung und Sicherheit betrafen. Nachdem vom 9. Jahrhundert an die weltlichen Gerichte an Autorität verloren und die geistlichen Gerichte diesen gemischten Bereich weitgehend übernommen hatten, kam es im 13. Jahrhundert mit dem Erstarken der Stadt zu einer Umkehrung. Die Sendordnung von 1331 läßt nur noch eine Zuständigkeit erkennen[3], wenn ein spezifisch seelsorgliches Interesse vorlag, so bei Ehebruch, Schamlosigkeit, Blasphemie, Aberglaube, Zauberei und Beleidigungen. Die Zuordnung von Ordnung und Sicherheit gefährdenden Untaten waren umstritten: Wucher, Fälschung, Meineid, Diebstahl, Raub, Brandstiftung und andere Beschädigungen und Verbrechen gegen Leib und Leben.

In einem Punkte sah es nach einer kaum begründeten Abgrenzung um des lieben Friedens willen aus: Bei öffentlichen Streitigkeiten und Beschimpfungen unter Männern war das städtische Gericht zuständig, das Sendgericht bei solchen unter Frauen und zwischen Männern und

---

[1] IV, 23 / 75; IV, 57 / 36
[2] I, 43 / Bd. 4, 557 f.
[3] IV, 25 / 45

Frauen, wenn eine Frau den Streit begonnen hatte bzw. angeklagt worden war[1].

Testamente dagegen blieben eindeutig Sache des Sends, wohl wegen der Anrufung Gottes oder anderer religiöser Beteuerungen, so von Innozenz VIII. am 12.3.1488 bestätigt[2]. Bei testamentarischen Zuwendungen an kirchliche Einrichtungen - allzuoft gegen Wunsch und Willen der Hinterbliebenen - war die Rechtsgültigkeit von größter Bedeutung[3]. So konnte die Barbara-Bruderschaft an St. Foillan sich darüber freuen, daß der Stiftungsbrief vom 16.9.1517 zu ihren Gunsten vom Send für rechtsgültig erklärt wurde[4]. Demgegenüber konnte der Pastor an St. Foillan sich nicht freuen, wenn der Send testamentarische Verfügungen rechtsgültig machte, die in das kirchliche Ämterrecht eingriffen: Bei Altarstiftungen wurde festgelegt, wer den anzustellenden Priester zu präsentieren hatte, und zur Sicherung dieses *letzten Willens* wie der finanziellen Bestimmungen wurde vom 13. Jahrhundert an gern der Stadtrat als Testamentsvollstrecker, Treuhand oder *Seelwärter* für das *Seelgerät* testamentlich eingesetzt[5].

1269, in der ersten nachweisbaren Sitzung, werden Mißstände bei der Besetzung von Seelsorgestellen behoben. Ohne Priesterweihe hatten Laien solche erhalten, die Einnahmen kassiert und zur Verrichtung der seelsorglichen Dienste Vikare mit einer von ihnen festgelegten Bezahlung angestellt. Stolgebühren, das sind Gebühren für die Spendung von Sakramenten, bei denen die Stola getragen werden mußte, werden festgelegt - wohl nach Beschwerden von Gläubigen über willkürliche und ungleiche Forderungen bei Taufe, Trauung und Beerdigung[6].

Art und Maß der Strafen und ihre Vollstreckung behalten den Charakter der Kirchenbuße alter Zeit und lassen die Verzahnung unsichtbaren Seelenlebens mit sichtbarer Lebenswelt erkennen. Wer durch sein sündiges Verhalten die öffentliche Anerkennung der den Christen verpflichtenden Ordnung schädigt, muß bezeugen, daß er sich wieder zu dieser Ordnung bekennt, indem er vor aller Augen die ihm auferlegte Strafe annimmt und eine Bußhandlung vollzieht. Neben das

---

[1] IV, 25 / 38 / 45
[2] IV, 65
[3] IV, 96 / 574
[4] C, 5
[5] IV, 145 / 114 f, 126 f.
[6] IV, 25 / 42; IV, 117 / 125

sichtbare Beispiel des vorbildlich lebenden Christen tritt hier die sichtbar bekundete Bereitschaft des Sünders, sein Leben zu ändern.
Eine in dieser Absicht verhängte Strafe ist der *Andächtige Spaziergang*. Er beginnt am Graßhaus, dem im 14. Jahrhundert in ein Gefängnis umgewandelten Rathaus in der Schmiedstraße, heute Stadtarchiv. Die Delinquenten werden von städtischen Bediensteten begleitet - wegen der gewünschten Zuschauerzahl möglichst an Markttagen. Ein Herold schreitet voran und ruft das bestrafte Verbrechen aus, und der Delinquent folgt über Fischmarkt, Klappergasse, Markt, Großköln- und Kleinkölnstraße, Büchel, Körbergasse, Rommelsgasse, Krämerstraße nach St. Foillan. Bei Ehebruch werden dem Büßer hier auf den Stufen zwei Steine um den Hals gehängt. Glockengeläut hat während des *Spaziergangs* zur Meßfeier eingeladen, und so geht der Weg weiter durch die voll besetzte Kirche zur Kommunionbank. Die Steine werden abgenommen, und der Büßer bleibt während der Messe hier stehen und ist dann frei[1].
Wenn es zunehmend Frauen waren, die in dieser Weise bestraft wurden, lag das daran, daß Ehrenstrafen mehr und mehr durch Geldstrafen abgelöst wurden und Geld vorzüglich in der Hand des Mannes war. Dieser zahlte für sich selbst, nicht für die Sünden seiner Frau[2].
Nach der Errichtung der Chorhalle des Münsters wurde man beim Verlassen von St. Foillan an öffentliche Buße und Strafe anderer Art erinnert. Der Blick fiel auf *probri instrumenta* - Schandwerkzeug, nämlich Leitern, Haken und eiserne Klammern, die an der Ostwand der Chorhalle befestigt waren[3]. Der nach dem Spruch des Sends Verurteilte wurde an eine Leiter gebunden und *ausgestellt*. Die Leiter wurde im 15. Jahrhundert durch den Pranger auf dem Katschhof ersetzt[4].
Die weltliche Gewalt beteiligte sich nicht nur an dem *Andächtigen Spaziergang*, sondern suchte in Gestalt von Stadtsoldaten den Angeklagten auf, der nicht zur Verhandlung erschienen war oder die Exekution eines Strafurteils verweigerte. Wirkte das nicht, sprach der Send die Exkommunikation aus[5]. Die Gewissensbelastung durch Ausschluß von den Sakramenten und der Entzug der Lebensgrundla-

---

[1] IV, 25 / 36
[2] IV, 25 / 88
[3] I, 4 / 4; IV, 49 / 23; IV, 18 / 19 f.
[4] IV, 25 / 84
[5] IV, 25 /100

ge in einer mittelalterlichen Stadt durch den Ausschluß aus der Gemeinde sollte zur Umkehr bewegen oder zwingen.
Ohne Appellationsinstanz über sich war das Aachener Sendgericht selbst *Appellhof* in einem weiten Gebiet um die Stadt herum, wo Pfarrer als Sendrichter fungierten, so in Laurensberg und auch in den zum Erzbistum Köln gehörenden Pfarren Würselen und Haaren[1].

IV.3.2 Weltliche Gerichte

Das mehrmals genannte Graßhaus lenkt den Blick auf die weltliche Gerichtsbarkeit. Vieles spricht dafür, daß *Graß-* und nicht *Gras-* die richtige Schreibweise ist, von mhd. "graz" mit der Bedeutung *zornig, wütend* herzuleiten, so mit Bedeutungsverschiebung im nhd. *gräßlich* erhalten[2]. Weil Gefangenschaft zornig und wütend machen kann, hat das Gefängnis einen sinnvollen Namen. Doch im Gegensatz zu Verliesen in Burgtürmen außerhalb von Recht und Rechtsprechung ist hier an mildere Bedingungen zu denken.
Mittelalterliche Rechtsprechung kannte keine Gefängnisstrafen mit einer der Strafe entsprechenden Zeit, sondern nur eine Haft bis zum Beginn des Prozesses bzw. bis zur Exekution der Strafe und eine Art Beugehaft, die den Verurteilten bewegen sollte, eine Ehrenstrafe auf sich zu nehmen oder eine Geldstrafe zu zahlen[3]. Die Gefangenen wurden nicht mit allzugroßem Aufwand bewacht; mit Bestechung war zu rechnen. So erklärt sich auch die genannte Art von Selbstbefreiung, wenn die Fronleichnamsprozession vorüberzog.
Das Sendgericht konnte zu einer auf ein Jahr befristeten Buße verurteilen; wurde diese Frist nicht eingehalten, griffen die geistlichen und weltlichen Richter gemeinsam zu: Der Send sprach die Exkommunikation aus, der Schöffenstuhl pfändete Hab und Gut oder ordnete Haft im Graßhaus an, um die Bußleistung zu erzwingen[4].
Neben Zusammenarbeit dieser Art trat zunehmend Kompetenzstreit bei den *gemischten* Delikten, der nicht zuletzt durch das Verhalten der Bürger zugunsten der weltlichen Gerichte entschieden wurde: Sie

---

[1] III, 4 / 53 ff.; IV, 25 / 15 / 51 f.; IV, 51 / 198
[2] III, 59 / 16
[3] IV, 25 / 81 f.
[4] IV, 25 / 100

lehnten die öffentliche Buße ab[1]. Als daraufhin das Sendgericht zu Geldstrafen überging, protestierte der Stadtrat gegen dieses spezifisch weltliche Verfahren vergeblich, und 1331 wurden Geldstrafen laut Satzung auch Sache des Sendgerichts[2]. Es gewann dadurch nicht an Ansehen. Innere Umkehr und Bußgesinnung rechtfertigten allein ein Geistliches Gericht, und diese konnten durch Geldstrafen niemals erreicht werden.

V.3.3 Das Stadtregiment

Ist die Erhaltung und Sicherung der sichtbaren Ordnung in der Seelsorge im allgemeinen und im Sendgericht im besonderen zwangsläufige, nicht beabsichtigte Folge, so ist diese bei der weltlichen Obrigkeit das eigentliche Ziel. Jedoch ist sie genötigt, sich gemäß religiöser Zielsetzung zu verhalten, wenn sie sich nicht selbst das Wasser abgraben will: Der mittelalterliche wie der neuzeitliche Politiker kann nicht wie sein antiker Vorgänger selbst Grund und Ziel für sein Tun nennen und vorschreiben; er steht einem neuen, von der christlichen Offenbarung geprägten Gewissen der ihm anvertrauten Menschen gegenüber, in einem Dualismus, der im Nebeneinander von Kaiser und Papst seine institutionelle Ausprägung erhalten hat.
Weltliche Gewalt ist für die Pfarrangehörigen von St. Foillan das Stadtregiment: Rat, Verwaltung und Gerichtsorgane der Stadt, nicht etwa der Kaiser in weiter Ferne, auch nicht der Graf bzw. Herzog von Jülich in der Nachbarschaft, dem der Kaiser wesentliche Rechte verpachtete. Beide Herren kamen mit den Aachenern nur über ihre städtischen Oberen in Kontakt.
Das Stadtregiment macht immer wieder deutlich, daß es mit der religiösen Überzeugung seiner Bürger im Einklang steht, so bei der Verehrung Karls des Großen als des Heiligen und des Stadtpatrons[3], so bei eigentlich irdischen Dingen: Am 7.1.1350 beschließt das Stadtregiment, ein Jahrgedächtnis für die Bürger zu stiften, die der Stadt

---

[1] IV, 155 a / 76
[2] IV, 25 / 4 / 97
[3] I, 12 / 29

für sich und ihre Erben bestimmte Zahlungsverpflichtungen erlassen[1]. Erzpriester Johannes von Luchem nennt 1336 Richter, Schöffen und Bürgermeister von Aachen *seine geliebten Pfarreingesessenen*[2], zwar mit deutlicher Betonung seines geistlichen Vorrangs, aber in Anerkennung eines Zusammenwirkens von weltlicher Initiative und karitativer Gesinnung bei der Gründung des Spitals am Radermarkt, Gasthaus genannt, auf dem Boden des heutigen Sparkassengebäudes gegenüber der Dom-Südseite. Ein anscheinend kontinuierliches Einvernehmen ging voraus, in dem eine weltlich-zweckrationale Rechenhaftigkeit einer geistlichen Orientierung in die Hände arbeitete. Wie die Fiskalisierung des kirchlichen Dispens- und Stiftungswesens die Gläubigen der Kirche nicht entfremdete, solange kein moralisches Versagen damit verbunden war, folgten sie als Bürger der wachsenden Rationalisierung und Verschriftlichung von Recht und Verwaltung. Dabei zeigten sich Unterschiede, nicht Gegensätze. Galt ein Bettler an der Kirche dem Gläubigen als Anlaß zur Nächstenliebe, so erließen die Herren im Rathaus dagegen ein Bettelverbot, um angesichts von Bevölkerungsschwund Arbeitskräfte zu gewinnen. Folglich mußte der soziale Status der Armen überprüft, notfalls für ihren Unterhalt, möglichst für ihren Arbeitseinsatz gesorgt werden. So sehr die freiwillige, durchaus mit Arbeit verbundene Armut der Minderbrüder Achtung und Anerkennung fand, so sehr galt die Armut der Bettler auf der Straße als Weg zur Kriminalität und sollte beseitigt werden[3].

Von Streitigkeiten über die Mitverantwortung für die Aufbewahrung der Heiligtümer abgesehen[4], führte das Verlangen des Stadtrats, die eigene christliche Überzeugung zu bekunden, zu einer 50 Jahre währenden Spannung mit Erzpriester und Stiftskapitel. Es ging 1353 um einen Altar, an dem der Rat vor seinen Sitzungen im Rathaus eine Messe zelebrieren lassen wollte. Gerade an dem Ort seines Wirkens wollte er Gott um seinen Segen bitten. Und diese Überzeugung sollte öffentlich bekannt werden, wenn z. B. am 1. Mai, dem Fest der Apo-

---

[1] 46 / II, 864
[2] 46 / 272, Nr. 593
[3] IV, 94 / 84 f.
[4] I, 12 / Bd. 2, 29; V, 8 / 297

stel Philippus und Jakobus als den Patronen des Rathaus-Altares, die Bürger zum Gottesdienst eingeladen wurden.
Sache des Erzpriesters war es, die Errichtung von Altären und die damit verbundene Dienstverpflichtung von Priestern zu genehmigen. Augenscheinlich hatte er den Antrag des Stadtrats abgelehnt, als dieser sich 1353 an den Bischof von Lüttich wandte, und so noch zweimal 1376[1]: Es ging in Aachen wie in Lüttich darum, wer das Recht haben dürfe, einen Altar außerhalb einer Kirche aufzustellen, ein Vorrecht, das in Aachen bisher nur die Kanoniker für ihre Privathäuser erhalten hatten. Der Bischof erfüllte den Wunsch für besondere Gelegenheiten, so 1354 und 1376[2]. Erst ein Bittbrief nach Rom führte zu der Anordnung Bonifatius' IX. vom 30.1.1402, durch die eine Meßfeier vor jeder Ratssitzung gestattet wurde. Wohl aufgrund seiner Beschwerde über den Erzpriester wurde dem Rat erlaubt, einen Priester seiner Wahl anzustellen, *archipresbyteri ..., et alterius cuiuscumque licentia super hoc minime requisita - ohne die Erlaubnis des Erzpriesters ... oder irgendeines anderen (kirchlichen Vorgesetzten) einzuholen*[3]. Daraufhin wurde in der Nische an der Ostwand des Krönungssaales ein Altar aufgestellt und im Jahre 1414 geweiht[4].

V.3.4 Karitas

Rom hat sich in dem letztgenannten Streit für die Laien im Rathaus und gegen den Erzpriester an St. Foillan entschieden, weil ein klares religiöses Verlangen lediglich formalrechtlichen Barrieren gegenüberstand. Im übrigen hat dieser Streit das Zusammenwirken von Kirche und Welt nicht gestört. In dem bereits genannten, 1336 aus städtischen Mitteln errichteten Gasthaus auf dem Radermarkt werden kranke und altersschwache Bürger aufgenommen, die nicht selbst zahlen können; dazu kommen wohlhabende und zahlende Bürger, die Hilfe und Pflege brauchen[5]. In verschiedener Weise helfen die unmittelbaren Nachbarn, die Schmiede und Radmacher auf dem Rader-

---

[1] IV, 61 / 230 / 246 / 251
[2] IV, 64 / 44 f.
[3] zit. IV, 51 / 207
[4] IV, 108 / 136
[5] I, 401/ 43 ff; I, 13 / Bd. 248; IV, 5 / 78

markt; sie stiften z. B. die Standbilder Mariens und Katharinas auf der Fassade des Gasthauses[1].
Zu den Unterzeichnern der Gründungsurkunde gehören im Dienst der Stadt stehende Ärzte, die mittellose Kranke in der ganzen Stadt zu behandeln haben. So gehört die Gründung des Gasthauses in eine bereits breit angelegte Sozialfürsorge: Sie ist das Ergebnis von Überlegungen, bei denen es um Verbesserung der Krankenpflege durch Konzentration auf ein Haus ging. Einige kleinere Spitäler, die ihre Entstehung Bruderschaften, Orden oder einzelnen Bürgern verdanken, wurden nun nicht mehr genannt. Ihr Vermögen dürfte auf das Gasthaus am Radermarkt übertragen worden sein. Es blieb bis ins 19. Jahrhundert die zentrale Pflege und Heilungsstätte für Aachen[2].

Das Elisabethhospital, vormals *Gasthaus am Radermarkt*, am Münsterplatz, um 1900[3]

---

[1] IV, 37 / 91
[2] IV, 5 / 221; I, 40 / 38
[3] I, 64 / 24

Die zum Gasthaus gehörende Kapelle wird mit ihrem Altar insofern einer Stiftung gleichgesetzt, als die Stadt das Recht erhält, den dort anzustellenden Priester zu benennen. Wie an sonstigen gestifteten Altären verbleibt dem Erzpriester die Prüfung der kirchenrechtlichen Voraussetzungen und die Einführung. Außerdem kann er sich eine Beteiligung an den Einkünften sichern: Der Spitalpriester spendet nur den nicht selbst zahlenden Insassen die Sakramente, die *Selbstzahler* müssen sich an St. Foillan wenden[1].

Auf dem Weg zu diesem umfassenden Engagement des Stadtregiments in der Armenpflege zeigten sich drei Etappen. Karl der Große wies zuerst den Pfarren diese Aufgabe zu. Doch die Verpflichtung zu Spenden statt freiwilliger und unbekannt bleibender Hilfe mag dazu beigetragen haben, daß die erwartete Fürsorge mehr und mehr ausblieb[2]. Dazu sollten Stifte und Klöster für Bittsteller offenstehen, ortsansässige wie durchreisende, die auch ärztlich betreut wurden. Denn die von den Kanonikern verlangte akademische Ausbildung konnte auch ein Medizinstudium sein, damals eine Verbindung magisch-intuitiver Elemente mit rational-empirischem Verfahren der römischen bzw. hellenistischen Wissenschaft. Strukturwandel und Reformen führten im 13. Jahrhundert zu weitgehender Loslösung von weltlichen Aufgaben, so auch von karitativen und medizinischen zwecks Konzentration auf eigentlich priesterlichen Einsatz. Ausdrücklich verbietet das Laterankonzil von 1215 medizinische Tätigkeit und greift dabei auf einen frühchristlichen Grundsatz zurück, der eigentlich nur auf chirurgische Eingriffe abzielte: Wer den Tod eines Menschen verschuldet, wird für das Priesteramt untauglich. Anträge auf Dispens gibt es noch im 14. Jahrhundert, so den des Kanonikers Franco in Aachen; aber das Stift ist nicht mehr für Pflege und Heilung zuständig. Auf den Plan treten einzelne Laien, Bruderschaften und Ritterorden; doch wie die genannte Entwicklung im Münster- und Adalbertstift nur erschlossen werden kann, so ist von den Johannitern in Aachen nichts bekannt, und die 1321 gegründete Kommende des Deutschen Orden gehört in eine Zeit, in der dieser sich von der Krankenpflege abwendet und sich auf die militärische Sicherung seines Staates im fernen Preußen konzentriert. Privatleute und

---

[1] I, 13 / Bd. 1, 248
[2] IV, 5 / 76

Bruderschaften kommen allein nicht gegen die ständig wachsende Not an, die Stadt springt in die Bresche[1].
Warum nehmen Not und Armut beständig zu? Der Aufstieg der Stadt im 12. und 13. Jahrhundert zog viele Menschen an. Nicht Wohlstand für alle, sondern wachsender Abstand zwischen Arm und Reich war die Folge. In Aachen mußten um 1300 50% der Einwohner als arm eingestuft werden, waren bei Arbeitsunfähigkeit auf Hilfe angewiesen, Tagelöhner, Lehrlinge, Gesellen, Knechte und Mägde[2]. In Frankreich kam es schon nach 1180 zu Gewaltaktionen in den Städten, vielleicht gab es sie wegen der karitativen Aktionen in Aachen nicht. 1346 wird ein von der Stadt besoldeter Arzt genannt, der unentgeltlich mittellose Patienten unter den *Hausarmen* zu behandeln hat[3]. Eine konfliktlose Zusammenarbeit mit dem Sendgericht an St. Foillan zeigt sich bei Prüfung, Anstellung und Überwachung der Hebammen, die ebenso im Auftrag der Stadt und in ihrem Sold arbeiten. Neben der Geburtshilfe und der Abwendung von Gefahren für Mutter und Kind geht es Kirche und Welt darum, daß die Hebammen Geburten melden, für die Taufe sorgen und die Vaterschaft bezeugen[4].
Psychische Defekte wurden nicht als Krankheit erkannt und behandelt. Bei der Gefahr der Gefährdung von Menschen und Sachen wurden Tobsüchtige im Marschiertor eingesperrt und auf Kosten der Stadt verpflegt[5]. Bei der genannten Tanzwut griffen Ordnungshüter ein, um die Tänzer einem Pfarrer zum Exorzismus zu überstellen, anscheinend mit Erfolg[6].
Auf private Initiative sind zwei Hilfsmaßnahmen zurückzuführen, die Zuschüsse aus der Stadtkasse erhielten, *Herrn Schrafs Konvent* in der Bendelstraße, im Zusammenhang mit der Heiligtumsfahrt 1391 erwähnt, eine Anlaufstelle für Hungrige, und Haus Hoyer, in dem bei Teuerung und Hungersnot für Hilfsbedürftige gesorgt wurde[7].
Vielleicht schon gleichzeitig mit der Errichtung der romanischen Kirche St. Foillan wurde ihr gegenüber das 1304 erstmals erwähnte Heilig-Geist-Haus - domus Spiritus sancti - gebaut[8], so weit rechts

---

[1] I, 40 / 24 / 78
[2] IV, 94 / 88
[3] I, 40 / 26
[4] I, 40 / 58 ff.
[5] IV, 64 / 236
[6] I, 40 / 67
[7] IV, 107, 52; IV,61 / 9
[8] 46 / II, Nr. 49

von der 200 Jahre später gebauten Chorhalle des Münsters, daß es dieser nicht weichen mußte. Es fiel erst dem Stadtbrand von 1656 zum Opfer. Die Nachbarschaft des Münsters läßt vermuten, daß hier bereits nach den Weisungen Karls des Großen ein vom Stift getragenes Spital gestanden hatte. Bürgerliche Initiative dürfte zur Errichtung des Hauses geführt haben, besonders die der Bruderschaft vom Hl. Geist, die 1215 in einem Testament bedacht wurde[1]. Der Name weist auf viele vergleichbare Gründungen in europäischen Städten hin, von denen in Deutschland die älteste und bis heute erhaltene in Lübeck steht. Der Hl. Geist war der geliebte Patron der Mildtätigen, wenn es in der Pfingstsequenz heißt: *Veni pater pauperum - Komm, Vater der Armen... Consolator optime, Tröster wie kein anderer, Dulcis hospes animae liebenswürdiger Herbergsvater des Menschen, Dulce refrigerium - der wohltuende Ruhe schenkt ...*

Der Hl. Geist entfacht in den so Betenden die Liebesflamme der Barmherzigkeit nicht anders als die *Trösterin der Betrübten* und das *Heil der Kranken*, die Gottesmutter in der Lauretanischen Litanei. Deshalb lautet die Weiheformel der Bruderschaft: *Ich ... weihe und schenke mich Gott, der seligsten Jungfrau, dem Hl. Geist wie meinen Herren, den Kranken, um alle Tage meines Lebens ihr Diener zu sein*[2]. Jesus fehlt also nicht neben Gottvater und dem Hl. Geist, sondern erscheint nach Mt 25, 35-40 in den Kranken. *Krank war ich, und ihr habt mich besucht.* Das ist der Vers, der die Situation trifft; denn das Heilig-Geist-Haus war kein Hospital, sondern es bot Raum, um Besuch und Pflege von Kranken in ihren Wohnungen zu planen, Spenden zu sammeln und Bittsteller zu beschenken[3]. Ferner mußte das Vermögen verwaltet werden, ein Haus in der Krämerstraße und ein Viertel der Einnahmen eines anderen ebendort[4].

Ob die Bruderschaft nach rund hundert Jahren erlahmte oder den genannten steigenden Anforderungen nicht mehr gewachsen war? Nach 1300 ist das Heilig-Geist-Haus in städtischer Regie, nach 1400 werden Provisoren für die Ein- und Ausgaben genannt, und aus städtischer Buchführung erfahren wir, daß 1475-78 jeden Sonntag 23 Brote verteilt wurden. Städtische Bedienstete prüften die Notlage der

---

[1] IV, 137 / 24
[2] IV, 5 / 77
[3] I, 40 / 39
[4] IV, 107 / 242

Hausarmen und gaben ihnen ein Abzeichen, das sie berechtigte, regelmäßig im Heilig-Geist-Haus eine Gabe zu empfangen[1].
Entscheidend für Erfolg und Wirksamkeit der städtischen Regie war, daß sie nicht eine anonyme Sozialfürsorge an die Stelle karitativen Denkens und Handelns setzte. Christlicher Mildtätigkeit blieb sie verpflichtet und griff nur bei besonderen Notlagen in die Stadtkasse, bei Teuerung und Mißernten, gab dann Brot aus, in der Fastenzeit auch Heringe *pro deo, ut pauperes orarent pro civitate - um Gottes willen, damit die Armen für die Stadt beten,* so 1334[2].
Unverändert blieb der Kontakt zur Kirche, zum Papst in der Ferne wie zu St. Foillan gleich gegenüber. 1328 bewilligte der Papst einen Ablaß für die Wohltäter des Hauses und seiner Kapelle[3], und am 12.12.1327 erkennt die Stadt die geistliche Aufsicht des Erzpriesters Johannes von Luchem an. Dieser kommt der Stadt entgegen, wenn er dem Stifter des Altares der Hauskapelle, Arnold von Breitenbend, zugesteht, dafür den Priester zu benennen, und dieses Recht nach dessen Tode auf den Magistrat übergehen läßt[4].
Wie das Heilig-Geist-Haus nordwestlich, so stand das Blasius-Hospital östlich ganz nahe bei St. Foillan, noch im Kataster von 1820 eingezeichnet[5]. Die 1962-64 bei Grabungen entdeckten Grundmauern weisen in die zweite Hälfte des 12. Jahrhunderts, in die Zeit des Aufstiegs der bürgerlichen Stadt, der mit der langwierigen Entsumpfung dieses Geländes seinen Anfang nahm[6].
Wenn das Blasius-Spital schon vor der Errichtung der romanischen Foillanskirche gestanden hat, war es die Ursache für deren ungewöhnlichen, gleichsam von Ost nach West zusammengedrückten Grundriß. Seine Nordwand war ursprünglich durch ein Gelände vom Hof getrennt, das Teil des Pfarrkirchhofs war, doch durch ein Portal und über einen Gang gelangte man unmittelbar hinein.

---

[1] IV, 84 a
[2] IV 61 / 8
[3] 46 / I, 543
[4] 46 / I, 420; IV, 51 / 218 f.
[5] III, 29 / 305
[6] I, 40 / 41; II, 33 / 89; IV, 83 / 44; IV, 82 / 112; IV, 140 / 87 f.

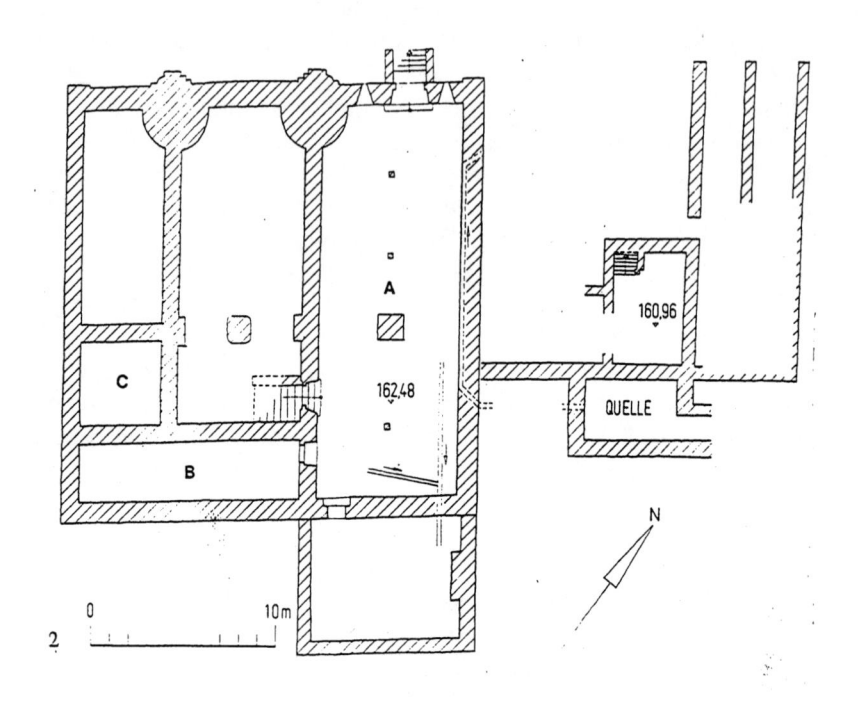

Grundriß des Blasiushospitals, Untersgeschoß Maßstab 1 : 400[1]

Das seit 1295 hinreichend dokumentierte Haus[2] könnte seine Entstehung der 1304 zuerst genannten fraternitas hospitalis supra curiam - der Krankenpflege-Bruderschaft am Hof - verdankt haben[3]. Schriftlich und archäologisch gesichert ist, daß hier erkrankte Reisende aufgenommen und stationär behandelt wurden. Eine von Leo Hugot entdeckte hölzerne Rinne führte das Wasser der weiter östlich gelegenen

---

[1] II, 20 / Tafel 55
[2] IV, 37 / 39
[3] IV, 61 / 202

Quirinus-Quelle in das Haus und speiste das Becken eines Thermal-Baderaums im Untergeschoß. Im Obergeschoß war der Krankensaal[1].
Wie im Heilig-Geist-Hospital übernimmt das Stadtregiment auch im Blasius-Hospital nach 1400 die Verantwortung und setzt Provisore ein, auch Momberen genannt[2], ohne daß sich Aufgaben und Finanzierung durch Spenden ändern, von gelegentlichen Zuschüssen abgesehen[3]. Wohl wegen des anschwellenden Pilgerstroms wird 1417 eine Erweiterung des Hauses notwendig, 1471 ein Neubau[4].
Der Übergang des Hospitalwesens in städtische Regie ist nicht auf einen Niedergang der Bruderschaften zurückzuführen. Während diese weiterhin unter städtischer Aufsicht im Heilig-Geist-Haus wie im Blasius-Hospital arbeiten, gibt es nach 1400 eine Neugründung. Eine Jakobsbruderschaft macht es sich zur Aufgabe, neben anderen Reisenden vor allem Jakobspilgern eine Raststätte zu bieten und sich, wenn nötig, um die Heilung ihrer Krankheiten zu bemühen oder sie bis zu ihrem Tode zu pflegen und christlich zu beerdigen. An der Kleinmarschierstraße, heute zwischen dem *Klösterchen* der Franziskanerinnen und dem Kapuzinergraben, gerade vor dem Burtscheider Mitteltor, kaufte die Bruderschaft mit von Bürgern gestifteten Geldern drei Häuser, baute eine Kapelle mit einem kleinen Glockenturm und legte auf der Rückseite einen Friedhof an[5]. 1435 führte Erzpriester Thomas von Jülich dort einen Priester ein, der an Sonn- und Feiertagen und an drei Wochentagen zu zelebrieren hatte.
Zur Unterscheidung von der Jakobskirche an der Jakobsstraße nannte man dieses Anwesen in Aachen *Klein - St. Jakob*. Es wurden nur männliche Pilger aufgenommen; vermutlich wurde die seit 1441 bezeugte Einrichtung für Pilgerinnen im Matthiashof, ebenfalls bruderschaftlich geführt, in Abstimmung beider Bruderschaften geplant[6].
Warum nicht schon früher wie an anderen Orten am Jakobsweg eine Jakobsbruderschaft gegründet worden ist, kann nur vermutet werden, wenn Jakobstraße und Jakobskirche schon seit dem 13. Jahrhundert den durch Aachen führenden Weg nach Santiago bezeugen. Vielleicht genügten die dort vorhandenen Einrichtungen, bis die Wallfahrt im

---

[1] IV, 141 /83 ff., 86
[2] IV, 140 / 80
[3] IV, 61 / 202
[4] IV, 5 / 71
[5] IV, 5 / 78
[6] IV, 85 / 220

15. Jahrhundert noch einmal einen großen Aufschwung nahm. 1478 wurde sie von Papst Sixtus IV. einer Wallfahrt nach Rom oder Jerusalem gleichgestellt[1].

IV.3.5 Adel

Die stetige Zunahme der Wirksamkeit des Stadtregiments gehört in eine Zeit, in der sich bürgerliches Denken einem vom Adel geprägten Bewußtsein entgegenstellt, der Vorstellung, daß derjenige, der von seiner Hände Arbeit lebt, Priestern und Waffenträgern zu gehorchen habe[2]. In Aachen hatten Adel und Geistlichkeit das Heft noch in der Hand, als sich in dem Freiheitsbrief Friedrichs I. vom 8.1.1166 [3]eine Wendung abzeichnete. Darin entspricht der den Kaufleuten zugesicherten Freiheit des Handels keine bürgerliche Verfassung; sie sind sozusagen Privilegierte in abgeleiteter Form, nämlich dem Münsterstift als dem eigentlich Privilegierten zugehörig[4]. Der Stiftspropst spricht für Aachen insgesamt, führt das Siegel mit dem Bilde Karls des Großen als Stifts- und Stadtsiegel zugleich[5]. Die entscheidenden weltlichen Ämter sind von Adligen besetzt, und ihre Beziehungen mögen dazu beigetragen haben, daß der Kaiser den genannten Freiheitsbrief ausstellt. Dabei war der Kaiser als Friedenswahrer genötigt, gegen adlige Selbstjustiz vorzugehen. Noch drei Jahre vorher, 1163, ließ er die Häuser zweier Ritter in Aachen abtragen, die Sühne dafür, daß sie zwei Kanoniker des Münsterstifts tätlich angegriffen und verwundet hatten[6]. Bürger hatten erst recht mit solchen Gewalttaten zu rechnen, wenn die adligen Herren vor Kanonikern nicht zurückschreckten. Was durften sie von der ordentlichen Rechtspflege des Schöffenstuhls erwarten, wenn dieser vom Adel besetzt war[7]?
Doch anders als in Köln, wo sich die Bürger gegen den Erzbischof als Herrn der Stadt durchsetzten - zu einem Gewaltakt kam es dort schon 1074 -, entfaltete sich in Aachen bürgerliche Selbstverwaltung.

---

[1] I, 47 / Bd.3, 776
[2] IV, 62 / 159; IV, 147 /20
[3] 22 / 196 ff.
[4] IV, 81 a / 64 ff.
[5] IV, 65
[6] 3
[7] IV, 31

1250 wunderte sich Wilhelm von Holland darüber, daß die Stadt keine Statuten hatte, und sie kam seinem Wunsch nach[1]. Eine Umkehrung des Verhältnisses von Stift und Stadt wurde aber schon deutlich, als Otto IV. glaubte, dem Stift damit gegen die Stadt helfen zu müssen, daß er es von städtischen Steuern befreite[2]. Es führte fortan auf dem engen Raum hinter der Mauer der Immunität ein Eigenleben ohne weitere rechtliche oder wirtschaftliche Entfaltung. Aachen wird ein spezifisch bürgerlicher Lebensraum, wie alle freien Städte ein Fremdkörper in dem weiterhin feudalen Aufbau des Reiches[3].

Bürgerliches Denken trifft sich mit den Interessen der Fürsten wie des Kaisers in der Landfriedenspolitik. Aachen schließt sich dem 1254-56 bestehenden Rheinischen Städtebund für *fride und reht* an und folgt möglicherweise entsprechenden Verpflichtungen im Jahre 1279, wenn die in diesem Jahr gebaute Aachener Schanze gegenüber den Ruinen der Burg Rheinberg über dem Wispertal bei Lorch auf eine Hilfeleistung für den Erzbischof von Mainz gegen einen vermeintlichen oder wirklichen Raubritter hinweist[4]. Der Höhepunkt dieser Entwicklung ist der *Ewige Landfrieden* von 1495[5]. Noch hat die Selbstjustiz des Adels nicht ausgespielt, doch staatliches, bürgerliches und zugleich christliches Rechtsdenken ist Institution geworden.

Das Sendgericht stand zu seiner Aufgabe, jede Form der Selbstjustiz zu ahnden. Für die eigentlich Anzusprechenden nicht zuständig, förderte es die Haltung und Gesinnung, die der Bürger in seinem Einsatz gegen die feudale Anarchie benötigte. Von der eigentlich seelsorglichen Hinführung zu einer Lebensordnung ist nur bekannt, daß sich die Franziskaner an St. Nikolaus an dem Einsatz gegen die Friedensbrecher in Reifferscheid beteiligten, indem sie die Seelsorge bei den Belagerern übernahmen. Von ihrer Predigt in St. Nikolaus wie von der Pfarrseelsorge in St. Foillan kann nur vermutet werden, daß Johann von Salisburys Aufruf sie erreichte. Dieser Gesinnungsgenosse des Thomas Becket schrieb in seinem *Policraticus* 1159: *Pedum adminicula robustissimo corpori tolle, suis viribus non procedet, sed aut turpiter inutiliter et moleste manibus repet aut brutorum anima-*

---

[1] IV, 66
[2] 1 / 143
[3] IV, 19 a / 74
[4] IV, 1
[5] IV, 16 / 81 / 91

lium ope movebitur - Nimm dem allerstärksten Körper die Stütze seiner Füße, er wird aus eigener Kraft nicht vorankommen, sondern entweder, das Lachen der Zuschauer herausfordernd, ungeschickt und schwerfällig mit den Händen vorwärts kriechen oder sich von vernunftlosen Tieren bewegen lassen[1]. Predigttöne dieser Art könnten den Stolz des Ritters lächerlich gemacht haben, der sich zu schade war, einen Schritt mehr als nötig zu Fuß zu gehen, und den gewerblich tätigen Bürger hätten sie in dem Bewußtsein gestärkt, in den Rang eines anerkannten Gliedes der Gesellschaft aufgestiegen zu sein[2].

IV.3.6 Zünfte

Die Hochschätzung der Arbeit und ihres Ertrages führt in der Stadt wegen der dort möglichen Spezialisierung zu einer für das europäische Mittelalter typischen Organisation der Selbsthilfe und des Selbstschutzes, den Zünften. Gebunden an ein bestimmtes Handwerk, bilden sie einen überschaubaren Kreis von Familien. Sie nennen sich zwar *freie Einungen*, doch ist die Mitgliedschaft für jeden unumgänglich, der sein Brot mit seinem handwerklichen Können verdienen und, vom 15. Jahrhundert an, auch politisch gleichberechtigt sein will. Diese Bindung, einschließlich der Verpflichtung zu einer bestimmten Leistung und Preisgestaltung und der Beschränkung der Zahl der Betriebe, wird bis in das 18. Jahrhundert hinein nicht als Zwang angesehen, sondern als die zum Leben in der Stadt notwendige Ordnung.

Mehr als in jeder anderen Institution verbanden sich in der Zunft weltliche und kirchliche Orientierung. Den Anfang bildete bei der Aufnahme die Anrufung Gottes in der Vereidigung und feierlichen Verpflichtung, nicht nur gemeinsamen wirtschaftlichen und wirtschaftspolitischen Interessen zu dienen, sondern in christlicher Gesinnung den Zunftbrüdern und ihren Angehörigen Schutz, Rat und Hilfe in allen Lebenslagen zu schenken. Ausdruck der religiösen Verpflichtung waren die gemeinsamen Gottesdienste in einer bestimmten Kirche, in St. Foillan die Zünfte der Krämer, Kupferschlä-

---

[1] zit. IV, 148 / 36 ff.
[2] ebd.

ger, Nadelmacher, Tuchscherer, Wollenweber und Faßbinder, in St. Nikolaus die Mehrzahl der übrigen Zünfte[1]. Kirchliche Höhepunkte waren das Fest des als Patron verehrten Heiligen und die Fronleichnamsprozession. Wenn sich hier auch der Stolz selbstbewußter Bürger zeigte, so gab es doch keinen Grund, an der religiösen Begründung ihres Mittuns zu zweifeln. Am Vorabend des Fronleichnamsfestes stellten die Zünfte eine *Scharwache* vor dem Tabernakel im Münster. Bei eigentlich weltlichen Veranstaltungen, so bei dem jährlichen Zunftmahl, erinnerten rituelle Gesten und Gebete an religiöse Verpflichtungen. Darin waren die Zünfte den Bruderschaften ähnlich, auch darin, daß sie ihre Toten in Prozessionsform zur Kirche und zum Grabe trugen und für die Seelenmesse und für das Jahrgedächtnis sorgten. Die Krämerzunft an St. Foillan kannte darüber hinaus neben ihren Statuten eine Bruderschaftsordnung, in der sich Zunftmitglieder zu bruderschaftlichen Übungen verpflichteten. Ehefrauen waren Mitglieder, wenn auch am *Stuhltag* nur in Vertretung ihrer verhinderten Ehemänner[2].

Gegen Ende des Mittelalters trat die Kupferschlägerzunft hervor, als die Messingindustrie in Dinant 1466 untergegangen war. Philipp von Burgund hatte Dinant belagert und zerstört, weshalb viele *batteurs* nach Aachen flüchteten und hier eine Zunft gründeten bzw. sich von den Schmieden absonderten[3]. 1518 setzen sie sich in einer besonderen Weise für St. Foillan ein. Der Hochaltar war erbrochen und die Monstranz gestohlen worden, und deshalb *haben die Herren Kupfferschläger ... zu fester Bewahrung deß heiligen Sacraments ...den hohen Altar mit schönem gelb gegossenen Kupffernem Werck beschlossen und gezieret ...*[4].

Wie in der ganzen westlichen Christenheit waren die Juden in Aachen nicht *zunftfähig* und damit von handwerklichem Broterwerb ausgeschlossen, lebten aber anscheinend seit Karl dem Großen in friedlichem Einvernehmen mit ihren christlichen Nachbarn. Hier ist weder von größerer Kreuzzugsbegeisterung etwas bekannt noch von einer damit in einigen Städten verbundenen Judenverfolgung, um einen Höhepunkt der in diesen Jahrhunderten an den Juden begangenen

---

[1] IV, 37 / 88 ff.
[2] IV, 37 / 14, 90 f.
[3] V, 3 / 79
[4] 1, 37 / 83 f.

Verbrechen zu nennen[1]. Juden genossen mit den ihnen verbleibenden Gewerben den Schutz des Reiches und zahlten dafür an den Kaiser eine Steuer. Das ist für Aachen mit einer Steuereingangsliste von 1241 belegt. Die Judengasse als eine Art Ghetto - heute nur noch ungefähr an ihrem ursprünglichen Ort - wurde 1306 zum ersten Mal genannt[2].

Das Ja der Zünfte zur Handarbeit, die Ausweitung familiärer, naturgegebener Nächstenliebe auf die Gemeinschaft des gleichen Handwerks, Beten und Handeln für die Lebenden und Toten, das alles konnte leicht in christliche Predigt und seelsorgliche Unterweisung aufgenommen und dort gestärkt werden. Doch was hörten jene Familien in der Kirche, die von dem Arbeitsethos der Zünfte nichts wissen wollten, weil sie selbst von ihren Einnahmen aus dem Besitz von Grund und Boden lebten? Es waren die *alten Familien*, die ihren Besitz i. a. noch vor der Stadtwerdung erworben oder als königlichen Gunsterweis erhalten hatten. Anders als der Adel, der sich bei der Entfaltung des städtischen Lebens im 13. Jahrhundert mehr und mehr auf seine Höfe in der Umgebung zurückzog, waren die *Patrizier*, wie sie genannt wurden, aus eigenem Interesse mit der Stadt verbunden, leiteten sie in dem nur ihnen zugänglichen *Erbrat* und begrüßten den von der Arbeit der Zünfte ausgehenden Aufschwung der Stadt. Sicher fanden auch sie Seelsorger, die ihr Selbstverständnis rechtfertigen. Neben der von Johann von Salisbury vertretenen neuen Auffassung vom Eigenwert der Arbeit gab es genug Neuauflagen einer *klassischen* Ständelehre. Bonifaz von Sutri, als Anhänger Gregors VII. durchaus fortschrittlich auf anderen Gebieten, glaubte sich auf Augustinus' *De civitate Dei* 19, 13 und dessen Auslegung von Genesis 9, 25 ff. stützen zu können, wenn er jeden Stand an seiner Stelle von Gott eingeordnet sah und folgerte, daß der Christ die ihm gesetzte Grenze in der Sozialordnung anerkennen, seine Herren respektieren und ihnen Gehorsam leisten müsse. Sache der *Herren* sei es, Gott zu dienen, die Sache der Knechte aber, ihren Herren zu dienen und damit Gottes Wohlgefallen zu finden[3].

Es gab also zwei entgegengesetzte Sehweisen, beide theologisch begründet, hartnäckig und oft mit sündhaften Mitteln gegeneinander

---

[1] IV, 17 / 14 ff.
[2] IV, 37 / 9
[3] IV, 148 / 7 f.,11

durchgesetzt. Dabei lag das Argument der *Herren* insofern schief, als die gegen sie Aufbegehrenden zwar von Handarbeit lebten, aber alles andere als Knechte waren, nämlich Handwerksmeister, die wie sie selbst Knechte hatten. In dem Selbstbewußtsein, das ihnen das neue Arbeitsethos gegeben hatte, forderten sie Mitwirkung und Mitverantwortung im Stadtregiment und sahen sich wohl mit Recht als besser geeignet an, Wirtschaft und Finanzen der Stadt zu lenken. Sie kritisierten eine Mißwirtschaft, die nur allzuoft mit Unmoral verbunden war[1]. So gab es von 1269 an perniciosae factiones - Verderben bringende Parteikämpfe, bevor die Wirren der Reformationszeit andere Gegensätze in den Vordergrund treten ließen.

Bei den alten Familien verband sich nicht einfach eine überholte Theologie mit einem schlechten Charakter, bei den *Aufsteigern* nicht einfach modernes Denken mit sittlicher Qualität. Der Machtkampf spitzte sich zu, als der Erbrat im Juni 1428 einen vom Kaiser verlangten Beitrag zum Hussitenkrieg nach der Meinung der Zünfte ungerecht auf die Bürger umlegte. Es kam zu Unruhen, die zur Aufnahme von Handwerkern in den Rat führten - ein Entgegenkommen von Machthabern, das oft in der Geschichte ihrem Sturz vorausgeht. Am 10. August, also wenige Wochen später, besetzten die Zünfte den Ratssaal, lösten den Erbrat ab und übernahmen gewaltsam das Stadtregiment[2].

Möglicherweise hatten sie sich kurz vor diesen Ereignissen durch einen Schrecken erregenden Vorfall an den Gedanken gewöhnt, auch innerhalb der städtischen Friedensordnung mit Gewalt etwas ausrichten zu können. Am 3.5.1428 drangen Kriegsknechte des Herren von Heinsberg in das Münster ein und mißhandelten einen Kanoniker. Das Stift erklärte, es müsse den Gottesdienst einstellen, da das Münster durch Menschenblut entweiht sei und deshalb neu geweiht werden müsse. Ausgerechnet mit der Antwort auf diesen Vorfall ist das nur kurze Gewaltregiment der Zünfte in die Stadtgeschichte eingegangen: Unter Drohung für Leib und Leben fordert es die Stiftsherren auf, den Gottesdienst wieder aufzunehmen, sich auf Privilegien berufend, nach denen die Befleckung mit Menschenblut nicht als Entweihung anzusehen sei[3]. Doch die Stiftsherren bleiben hart und wenden

---

[1] IV, 37 / 30
[2] IV, 106 a / 378
[3] IV, 100 / 188 ff.

sich an den Papst mit der Bitte um Entscheidung, anscheinend mit Zustimmung der neuen Herren. Mit diesen geht es dann schnell zu Ende. Nach einem blutigen Kampf an St. Jakob übernimmt der Erbrat wieder die Macht und läßt die Wortführer der Opposition am 3.10.1429 hinrichten. Adlige Herren der näheren und weiteren Umgebung hatten die Gesellschaftsordnung insgesamt durch den Umsturz in Aachen gefährdet gesehen und waren den Patriziern in Aachen zu Hilfe gekommen[1]. Gewalt hatte Gegengewalt hervorgerufen, und beide Seiten hatten sich in einer Politik des Alles oder Nichts versündigt. Undenkbar, daß von der Kanzel ein parteiliches Pro oder Contra zu hören gewesen wäre; den Priestern blieb wie in jedem Krieg nichts anderes übrig, als den von Not und Tod getroffenen Familien, ob unbeteiligt oder parteilich engagiert, christlichen Trost zu spenden.

Der Erbrat mußte erkennen, daß mit Gewalt nicht zu regieren war, kam den Zünften entgegen, und die Kontrahenten schlossen am 24.11.1450 einen Vertrag, den Gaffelbrief. Gaffel nennt der Aachener die Zunft. Der Gaffelbrief besagte im wesentlichen, daß die Zünfte das politisch entscheidende Gewicht erhielten. Sie wählten fortan die Mitglieder des *Großen Rates* wie die des *Kleinen Rates*, der an die Stelle des Erbrates trat. Damit sind die *alten* Familien nicht ausgeschlossen; aber sie müssen im Widerspruch zu ihrem Hochmut gegenüber dieser Organisationsform der Handarbeiter selbst Zünfte bilden, die Sternzunft und die Gesellschaft zum Bock. Letztere hatte ihr Zunfthaus nahe an St. Foillan, am Büchel. Es wirkte mit seinen hohen Mauern wie ein furchterregender Geschlechterturm italienischer Städte dieser Zeit[2].

Da nur solche Zunftbrüder kandidieren können, die über Zeit und Geld für die Ratsarbeit verfügen, ist der Gaffelbrief eine Einigung der wirtschaftlich führenden Kräfte. Nur Personen sind ausgetauscht, die Stadt bleibt in der Hand der wirtschaftlich Mächtigen, die jetzt einsehen, daß sie im Miteinander besser zurechtkommen als in dem Gegeneinander über Generationen hin. Nur das sichere Einkommen gewährt die Aufnahme in eine Zunft und damit das aktive und passive Wahlrecht[3]. Patrizier und Zünfte sind sich einig über eine Art Ab-

---

[1] I, 12 / Bd. 2, 597 ff.
[2] IV, 40 / 101
[3] IV, 67 a

schottungspolitik gegenüber den Armen, etwa einem Drittel der Menschen in Aachen. Ihnen gilt die Mildtätigkeit und Sozialfürsorge, ohne irgendeinen Gedanken daran, sie politisch mitentscheiden zu lassen[1].

IV.3.7 Kaisertum

Die genannten Streitigkeiten wurden mehr oder weniger handgreiflich ausgetragen, mit gegenseitigen moralischen Vorwürfen. Es fehlte jede Vorstellung einer idealen Gesellschaftsordnung, etwa nach marxistischer Lehre vom Klassenkampf, es fehlte das *Klassenziel*. Die bestehende Herrschaft der jeweils Mächtigen galt als gegeben, mit ihren Beschwernissen durch den Sündenfall erklärt. Sie war ein Abbild der Spannung zwischen Zeit und Ewigkeit. Das galt für das Stadtregiment, nicht anders für die höchste irdische Autorität, das Kaisertum, auch wenn die Aachener es bei der Krönungsfeier im Glanz der Ewigkeit sahen. Das Römische Reich wird nach der Prophezeiung Daniels als das letzte der Weltgeschichte angesehen, bleibt aber irdischer Beschränkung und zeitlichem Wechsel unterworfen. Erst der Antichrist wird von sich behaupten, sein Reich sei endgültig, er bringe *Frieden und Sicherheit*, wie im *Spiel vom Antichrist* in der Zeit Kaiser Friedrichs I. dargestellt[2]. Den Auftritt des Antichrists zu verhindern, ihn sozusagen aufzuschieben, erscheint als die heilsgeschichtliche Bedeutung des Kaisertums[3]. Dem politischen Gegner wird vorgeworfen, er sei der Antichrist, wenn er auch nur den Versuch macht, mit Beamten und Offizieren eine dauerhafte, weniger von der Willkür der Mächtigen abhängige Ordnung zu schaffen, so Friedrich II. mit seinem sizilischen Staatswesen. Wenn seine Nachfolger auch nur tastende Versuche machen, das Reich in dieser Weise zu modernisieren, stoßen sie auf hartnäckigen Widerstand, so auch in Aachen. In zwei Fällen ging es um geldliche Unterstützung des Kaisers; auf Verärgerung folgten Gewalttaten, Mord und Totschlag, notwendige Themen der Predigt und Seelsorge.

---

[1] IV, 119 a / 91
[2] 26 a / 238, 250 f., 283
[3] IV, 28 / 156; IV, 166; IV, 167 / 315; IV, 168

Die Hinrichtung des Johannes Hus 1415 in Konstanz ist für seine Anhänger Justizmord, und sie sehen sich deshalb zu Gewalttaten berechtigt. Kaiser Sigismund ruft die Stände des Reiches zu Hilfe, findet aber nur wenig Gehör. Die Nachbarn Böhmens sind geradezu schutzlos den Rache- und Raubzügen der Hussiten preisgegeben. Am 16.11.1427 sieht sich der Reichstag gezwungen, eine Steuer auszuschreiben, um ein Söldnerheer zur Verteidigung gegen die Hussiten aufstellen zu können. Doch die Steuerforderung trifft auf noch größere Unlust als das Aufgebot der bisherigen Wehrverfassung. In Aachen hat man über ein Pro und Kontra zum Hussitenkrieg gar nicht erst gesprochen, sondern nur über die Erhebung der Steuer gestritten. Da selbst nicht betroffen, empört man sich nicht über Raub, Mord und Brandschatzung[1].

Trotz aller Mißerfolge sind sich Kaiser und Reichstag darüber einig, daß gemeinsame Aufgaben gelöst und dafür Geldquellen gefunden werden müssen. Statt der bisherigen Sondersteuern bei bestimmten Notlagen beschließen sie 1495 dauernde Besteuerung aller Einwohner des Reiches, eine Kopf- und Vermögenssteuer, der *Gemeine Pfennig* genannt. Da man keine Reichsbeamten hat, glauben Kaiser und Reichstag, auf die Pfarrer zurückgreifen zu können, tatsächlich die einzigen Autoritäten am Ort, die Erhebungslisten anlegen können, unabhängig von städtischen oder fürstlichen Interessen. Das Ganze scheitert, noch ehe die Steuer auch nur eines Jahres zusammengekommen war. Wie das Projekt in St. Foillan ausgeführt wurde, ist unbekannt[2].

Während die genannten Streitigkeiten ohne Nachhall blieben, endete der über 100 Jahre zurückliegende Steuerstreit vom 16.3.1278 mit einer Bluttat, an der hauptsächlich Einwohner der Innenstadt, also Pfarrangehörige von St. Foillan, beteiligt waren. Die Ereignisse lassen sich hinreichend rekonstruieren[3].

1273 bestätigt Rudolf von Habsburg bei seiner Krönung der Stadt Aachen eine Steuerfreiheit, die wohl seit dem von Friedrich I. verlangten Mauerbau besteht[4]. 1278 bittet er die ihm ergebenen Reichsstände um finanzielle Hilfe für seinen Kriegszug gegen Ottokar von

---

[1] IV, 32 / 431
[2] IV, 16 / 48
[3] IV, 55 / 137 ff.
[4] IV, 55 / 147

Böhmen, auch die Stadt Aachen. Damit widerspricht er sich nicht, denn es ist nicht von einer verpflichtenden Steuer die Rede, für die der Reichstag zuständig gewesen wäre[1].

Im Auftrag des Königs kommt Wilhelm IV., Graf von Jülich, mit zwei Söhnen und einem großen Gefolge zwischen 14.00 und 15.00 Uhr nach Aachen und verhandelt in dem damaligen Rathaus am Fischmarkt - heute Stadtarchiv - mit den Herren des Stadtregiments über die vom König erwartete Finanzhilfe. Von dem Ergebnis ist nichts bekannt, doch ist mit einer grundsätzlich freundlichen Haltung gegenüber dem königlichen Auftraggeber zu rechnen, hatte sich doch Rudolf schon in den ersten Jahren seiner Regierung als städtefreundlich erwiesen und war bekannt und beliebt wegen seiner schlichten Umgangsart mit jedermann. In Aachen dürfte auch in Erinnerung geblieben sein, was bei seiner Krönung im Münster geschah. Als die Fürsten das Zepter berühren und so ihre Treue geloben sollten, fehlte dieses durch ein Versehen. Wissend, daß ein Übergehen dieser Zeremonie lehnsrechtliche Folgen haben würde, griff der König reaktionsschnell nach einem Kruzifix, hielt dieses den Fürsten entgegen und sprach: *Seht das Zeichen, in dem wir und die Welt erlöst werden, dies soll euer Zepter sein*[2]. Schiller hält in der Ballade *Der Graf von Habsburg* die kirchlich-fromme Gesinnung fest, für die der König bekannt war.

Als der Graf das Rathaus verläßt, sieht er sich auf dem Fischmarkt einer Rotte von Handwerkern gegenüber, mit Mordwaffen, wie sie sie gerade in ihrer Werkstatt greifen konnten, augenscheinlich in der Absicht, ihm den Weg zu versperren. Der Graf versucht, mit seinen Begleitern zu entkommen, wird aber mit seinen Söhnen und einer größeren Zahl seiner Begleiter erschlagen.

Als König Rudolf die Nachricht erhält, spricht er von einer interemptio crudelis - einer grausamen Mordtat[3], unternimmt aber nichts. Auch eine Strafexpedition des Reiches bleibt aus[4], die vom Reichstag wegen der Ermordung eines Reichsfürsten beschlossen werden könnte. Jülich muß einlenken, weil es von den Nachbarn in Ost und West, dem Erzbischof von Köln und dem Herzog von Bra-

---

[1] IV, 55 / 145
[2] IV, 125
[3] 45 / I, 341
[4] IV, 44 a / 153

bant, bedroht wird[1]. Am 20.9.1280 sieht sich aber das Stadtregiment gezwungen, auf Schloß Schönau mit den Erben der Erschlagenen einen Sühnevertrag zu schließen, eine Vertragsform, die Frieden an die Stelle von Rache und Fehde setzt, aber ein eindeutiges Schuldbekenntnis voraussetzt. Zur Sühne zahlt die Stadt 15000 Mark englischbrabantischer Denare, errichtet vier Sühnealtäre, kommt für ihre Unterhaltung auf und besoldet die für sie zuständigen Priester[2]. Die Geldzahlung belastet den städtischen Haushalt noch 1291 schwer[3]; ein Jahrgedächtnis wurde noch im 17. Jahrhundert begangen[4]. Ein Altar sollte in Burtscheid am Kloster stehen, zwei andere auf Jülicher Gebiet; der vierte und bedeutendste stand als Mahnmal und Schuldbekenntnis am Ort des Geschehens in der Jakobstraße. Im Freien gebaute Altäre bzw. Zelebrationen in aller Öffentlichkeit waren für die Pfarrangehörigen von St. Foillan nichts Ungewöhnliches. Sie galten als die sinnvolle Form der Sühne für in der Öffentlichkeit begangene Mordtaten.

Den Altar in der Jakobstraße schützte gegen die Unbilden der Witterung ein von vier Pfeilern getragenes Gewölbe. Ganz oben stand ein eisernes Kreuz, je ein kleineres war an jedem Pfeiler angebracht. Unter der Kuppel hing eine Laterne. An einem Pfeiler erinnerte die Gestalt eines Mannes mit dem Schwert in der Hand an den erschlagenen Grafen. 1660 stürzte das Gewölbe ein und wurde erneuert, 1705 noch einmal. Weitere Nachrichten fehlen bis auf die Erwähnung einer Ruine Ende des 18. Jahrhunderts.

Es ist unbekannt, warum der Hergang der Bluttat in einer österreichischen Reimchronik des 14. Jahrhunderts verfälscht worden und wie diese Version nach Aachen gekommen ist[5]. Danach ritt der Graf nicht am hellichten Tage und nicht im Auftrag des Königs in die Stadt ein, sondern heimlich, im Einvernehmen mit Verrätern. Seine Absicht sei es gewesen, Aachen seiner Grafschaft einzuverleiben, d. h. ihr die Reichsfreiheit zu nehmen. Aachener Bürger hätten ihn aber in der Stadtmitte an dem besagten Ort gestellt, ihn mit vielen seiner Leute erschlagen und damit die Stadtfreiheit gerettet. Diese Version widerspricht allen politischen Gegebenheiten des Jahres 1278. Sein gutes

---

[1] ebd.
[2] IV, 55 / 156; 45 / I, Nr. 372
[3] 45 / I, Nr. 483
[4] IV, 55 / 156
[5] IV, 55 / 138

Einvernehmen mit König Rudolf hätte der Graf zunichte gemacht, ebenso sein gutes oder friedliches Verhältnis zu den meisten Reichsfürsten, wenn er die als Krönungsort sozusagen ranghöchste königliche Stadt an sich gerissen hätte[1]. Daß ein Schmied ausersehen wurde, Aachener Stolz und Selbstbewußtsein darzustellen, geht auf Noppius, den Verfasser der Chronik von 1632 zurück; dieser verstand *occidere* in *Aquisgranum* des Peter a Beeck in der Bedeutung *fällen, niederhauen*, sah also einen Schlag von oben nach unten, die für einen Schmied typische Bewegung, und schrieb deshalb, der Graf sei *von einem Schmied erbärmlich umgebracht* worden. Wenn aber eine Zunft maßgeblich beteiligt war, so waren es die Metzger, die ganz in der Nähe des Tatorts ihr Quartier hatten[2].

Im Jahre 1909 hat Aachen seinen *Wehrhaften Schmied* durch die Aufstellung des Denkmals am Tatort zu einer Art Roland erhoben, und noch einmal, als man ihn 1947 nach nicht ganz gelungener Sicherheitsverwahrung reparierte, wieder aufstellte und ihm 1962 einen Sockel gab[3]. Vorausgegangen war die Hitlerzeit, die nur allzu gern auf eine Tat von Mut und Kraft blicken wollte. Das im Jahre 1938 eröffnete Hotel Burghof stellte in 12 Wandbildern mit Versen aus *Jertrudesnaht* von Will Hermann seinen Gästen vor Augen, worauf viele Aachener stolz waren[4]. Wenige trugen indes in demselben Jahre die Verantwortung dafür, daß die von Bert Heller gezeichnete Bilderserie Hitler zum Geburtstag überreicht wurde[5]. Dieser konnte sich mit Genugtuung den Schmied ansehen, der mit aller Kraft seinen Hammer auf den bereits wehrlos am Boden hockenden Grafen niedersausen läßt, hielt er doch den Zeitpunkt für gekommen, *das deutsche Volk psychologisch allmählich umzustellen und ihm langsam klarzumachen, daß es Dinge gibt, ... die mit Mitteln der Gewalt durchgesetzt werden müssen*[6].

---

[1] IV, 55 / 139
[2] IV, 93 / 43
[3] IV, 73 / 51
[4] XI, 1
[5] I, 16 / 24
[6] XI, 27 a / 97 a

Bert Heller, Unter dem Hammer[1]

Ein Motiv für die Bluttat vom 16.3.1278 könnte darin gesehen werden, daß Graf Wilhelm persönlich, nicht als Bote des Kaisers, den Zorn auf sich gerichtet hatte. Er hatte sich an Aachener Kaufleuten auf den Straßen seines Territoriums vergriffen, wohl auch Bauern auf Aachener Gebiet geschädigt. Bürgerlicher Protest gegen die Methoden feudaler Rechtswahrung mochte sich zu Wut und Haß gesteigert haben, weil der Kontrahent, rechtlich gesichert durch einen Waffenstillstand, in Aachen als Bote des Königs auftrat und so die Stadt in den Augen vieler Bürger verhöhnte[2].
Wenn bürgerliches Selbstbewußtsein sich zur Sicherung von Hab und Gut auf der Straße einsetzt, kann es sich auf christliche Offenbarung allgemein und auf kirchliche Aussagen im besonderen stützen, nicht aber bei Mord und Totschlag. Der genannte Sühnevertrag bewirkte kein Umdenken, keinen Verzicht auf Gewalttaten gegen Schwächere oder gar Wehrlose. 1310 plünderten die Aachener, wieder im Streit mit dem Grafen von Jülich, die Abtei Kornelimünster, nur weil der Graf dort das Vogtrecht innehatte; einige Mönche fanden dabei den

---

[1] I, 59 / 24
[2] IV, 55 / 147

Tod. Wieder steht die Stadt Aachen als die Schuldige da, muß sich dem Spruch der von Heinrich VII. eingesetzten Schiedsrichter, des Erzbischofs von Köln und des Herzogs von Brabant, beugen und die schweren Schäden in Kornelimünster mit Zahlungen aus der Stadtkasse beheben[1].

Es blieb bei einem gespannten Verhältnis zwischen Jülich und Aachen bei gleichbleibend guter Beziehung zwischen Jülich und dem Kaiser. 1348 führte diese zu einer der dauerhaftesten Entscheidungen der Aachener Stadt- und Kirchengeschichte und zum Beginn einer andauernden friedlichen Beziehung der Kontrahenten. Karl IV., in beständiger Geldnot, verpfändet das Präsentationsrecht für die drei höchsten geistlichen Ämter in Aachen, das des Erzpriesters an St. Foillan und das der Pröpste des Münster- und des Adalbertstiftes[2]. Bis auf zwei Eingriffe des Papstes bei der Einsetzung des Erzpriesters ist es bei dieser Regelung dreieinhalb Jahrhunderte geblieben, bis das revolutionäre Frankreich dem alten Reich ein Ende setzte[3].

Der Kaiser hat also den Pfandbrief nie eingelöst. In diesem wird betont, daß der Kaiser das Präsentationsrecht nach allgemeiner Kenntnis als ein Reichsrecht besaß - ... *presentationes ad nos nostrosque successores ratione imperii noscuntur*, also keine Urkunde darüber vorlag. Alles spricht dafür, daß es auf das Eigenkirchenrecht der Karolinger in Aachen zurückgeht, wesentlich eingeschränkt, seitdem sich die Päpste im Investiturstreit behaupten konnten. Seit Papst Alexander III. die von Gratian vorgelegte Sammlung des Kirchenrechts für verbindlich erklärt hatte, verfügte der Eigenkirchenherr nicht mehr über das Kirchengut. Sein Recht ist auf die Präsentation des Priesters und den Schutz der Kirche beschränkt, es wird Patronatsrecht. Um ein solches handelt es sich 1348.

Es sollte bedeutsam genug bleiben, daß der Jülicher nach den Worten des Pfandbriefes fortan *liberaliter - nach eigenem Ermessen* die Besetzung der drei Ämter in die Hand bekam[4]. Für ihn war der Erzpriester vor allem in seiner Funktion als Vorsitzender des Sendgerichts interessant, darüber hinaus lief über ihn die Besetzung einer jeden Weltpriesterstelle in Aachen. Zusammen mit dem ihm schon 1292

---

[1] IV, 57 / 54 f.
[2] 26 / III, Nr. 454
[3] 48 / V, Nr. 21; IV, 52 / 202
[4] II, 42 / 831; IV, 19 / 261 f., 397 ff.

verpfändeten Amt des Schultheißen, des Vorsitzenden des Schöffengerichts, hatte der Jülicher in Aachen fortan maßgeblich mitzubestimmen und Interesse an einer gedeihlichen Entwicklung und Zusammenarbeit.

V. Reformation und Katholische Reform

V.1 Seelsorge

V.1.1 Wiedertäufer

Seelsorge, öffentliche Ausübung der Religion und das Miteinander von Kirche und Welt waren seit Konstantin von dem Grundgedanken getragen, daß kirchliche und weltliche Autorität zur Erhaltung des einen Glaubens zusammenwirken und bei unterschiedlicher Zielsetzung sich gegenseitig ihre Autorität sichern müßten. Während im nahen Köln 1163 Andersdenkende auf dem Scheiterhaufen endeten, gab es in Aachen anscheinend keine Kritik und Abweichung von der geistlich und weltlich gesicherten Ordnung[1]. Daß der für alle geltende und nicht bezweifelte Glaube durch eine neue Grundhaltung abgelöst wurde, durch den Willen, selbst zu entscheiden und zwischen Möglichkeiten zu wählen, ist als Kennzeichen einer neuen Epoche anzusehen.
Nachdem Luthers Thesen von 1517 und sein Auftritt auf dem Reichstag zu Worms 1521 in Aachen ohne Wirkung geblieben waren, gab es 1524 eine Art Vorspiel der neuen Zeit. Ein Albert von Münster verkündete neue Lehren und wurde nach dem Urteil des Schöffengerichts hingerichtet, angeblich nicht wegen seiner öffentlichen Predigten, sondern wegen Mordtaten[2]. Weil in den ersten Jahren nach Luthers Auftreten nur Wiedertäufer missionierten, wurde dieser erste Zeuge einer neuen Zeit in Aachen als Widertäufer angesehen, von der geistlichen wie von der weltlichen Obrigkeit gefürchtet. Von Luther inspiriert, glaubten die Wiedertäufer unmittelbar mit Gott in Verbindung zu stehen, von ihm erleuchtet zu sein. Deshalb lehnten sie jede Unterordnung unter eine geistliche Leitung ab und sahen sich - gegen Luther gerichtet - unabhängig von den Worten der Hl. Schrift. Diese inspiriere, gebe aber nicht selbst Maß und Richtung an. Die Taufe nach dem Prozeß der Erkenntnis und Erleuchtung, also im Alter des Erwachsenen, war die Konsequenz aller seelsorglichen Bemühungen. Gerade umgekehrt pochten Luther und Calvin auf die Pflicht der El-

---

[1] 3 / 1163
[2] V, 75 / 78

tern wie der politischen und der kirchlichen Gemeinde, den Glauben im Kinde durch Einwirkung von außen heranzubilden. Folglich erwartete der Wiedertäufer von allen weltlichen und geistlichen Autoritäten Ablehnung, Verfolgung und Märtyrertod[1].
Nachdem der Aachener Stadtrat 1533 einer *Gemeinde christlicher Brüder* Gefangenschaft und Verbannung angedroht und diese ihre geheimen Versammlungen nicht aufgegeben hatten, wurden 1535 mehrere Wiedertäufer hingerichtet[2]. Am 5.9.1537 verurteilte das Schöffengericht einen Wiedertäufer dazu, im Büßerkleid und mit einer brennenden Kerze in der Hand an einer Prozession teilzunehmen[3]. Damit wurde dieser mit allen Neugläubigen aufs tiefste getroffen, waren sie doch einig in der Ablehnung aller religiösen Zeichen und Symbole, alles zeichenhaften Tuns als eines Mittels, das Seelenheil zu gewinnen und zu sichern.
Ihre greifbare Geschichte schließt in Aachen mit der Verhaftung von 11 ihrer Glaubensgenossen am 1.1.1558, der Gerichtsverhandlung am 19.10. und der Vollstreckung des Urteils am 4.11.1559, nachdem nur einer *abgeschworen* und damit sein Leben gerettet hatte. Die Männer wurden an den Pfahl gebunden, erwürgt und dann verbrannt, die Frauen mit Ruten *gestrichen* und vertrieben. Die Monate zwischen Verhaftung und Verhandlung sprechen von der Unsicherheit und Ratlosigkeit der Verantwortlichen angesichts einer Haltung, die sie als eigentlich christlich anerkennen mußten. Wahrscheinlich gefestigt durch ihre Verbindung mit dem Zentrum der Wiedertäufer in Mähren, gingen sie willig auf alle Fragen nach ihrem Glauben ein, sprachen aber der irdischen Autorität das Recht ab, ihnen Weisungen zu geben[4].
Sicher war dieser Prozeß ein ergiebiges Gesprächsthema für Laien und Priester in St. Foillan, doch liegt darüber keine Nachricht vor. Grundsätzliche Ablehnung, wohl auch Zustimmung zum Todesurteil wegen der alle bestehenden Bande gefährdenden Lehren dürfte sich bei ihnen wie bei den Richtern mit Achtung und Anerkennung ihres Mutes und ihrer Überzeugungstreue verbunden haben.

---

[1] V, 32
[2] V, 32 / 324 ff.; V, 44 / 6
[3] V, 52 / 385
[4] V, 28 / 310

V.1.2 Kalviner und Lutheraner

Nicht Mißstände, wie sie auch von frommen Altgläubigen hätten moniert werden müssen, sondern ein anderes Verständnis der christlichen Offenbarung ließ die Wiedertäufer neue und eigene Wege gehen, und nicht anders war es in Aachen bei Kalvinern und Lutheranern. Luthers Stein des Anstoßes, die gängige Ablaßpraxis, wurde noch 1507 und 1508 in St. Foillan akzeptiert. Nicht der Ablaßstreit, überhaupt keines der Streitthemen, durch die Luther in Europa bekannt wurde, fanden in Aachen Interesse. Reformationsgeschichte beginnt in Aachen um 1530 damit, daß Niederländer kommen, Arbeit und Wohnung erhalten, als Nichtkatholiken erkannt werden und Widerstand in der Unter- und Mittelschicht auslösen, während in der Oberschicht von diesen Immigranten ein wirtschaftlicher Aufschwung erwartet wird.[1]

Bei allem Entgegenkommen bleibt das Stadtregiment bei dem strikten Verbot der öffentlichen Religionsausübung, d. h. für die Neugläubigen, daß sie keinen Prediger anstellen und damit keine Gemeinde organisieren dürfen. Das ändert sich mit der Ankunft des Predigers Adrian Cornelius van Haemstede am 10.2.1558, der mit 13 kalvinischen Familien aus Antwerpen geflohen ist[2]. Er verfaßt für seine Gemeinde in Anlehnung an Calvins Hauptwerk *Institutio religionis Christianae* von 1535 ein Glaubensbuch, das wohl mit dazu beiträgt, daß die Neugläubigen an Selbstbewußtsein gewinnen und mehr und mehr zum geistigen Angriff übergehen. Noch haben die *Altgläubigen* ihrer Fähigkeit in Argumentation und Predigt wenig entgegenzusetzen, es sei denn die Kritik an maßloser Agitation. So werden Aachen und Trier *die wegen ihres Aberglaubens berühmtesten Städte* genannt. Kritik an der Lebensführung geistlicher und weltlicher Standespersonen wie des einfachen Volkes der *ungemodelten Betbrüder*[3], intellektuelle Überlegenheit vortäuschende Spottlieder über die alte Kirche und ihre Lehren mögen bei der Jugend des Mittelstandes Anklang gefunden haben[4].

---

[1] V, 66 / 71 f.
[2] V, 45 / 10
[3] I, 34 / 465
[4] I, 3 / 258; I, 13 / 138; I, 37 / 176

1579 rechnet der Provinzial der Jesuiten damit, daß Aachen allmählich der neuen Lehre anheimfalle. Schätzungsweise standen 1581 12000 Katholiken bereits 8000 Protestanten gegenüber[1]. Ein durchaus christliches Beispiel trug zu dieser Entwicklung bei. Die Neugläubigen fühlten sich an ihre Gemeinde weitaus stärker gebunden als die Katholiken, die insbesondere in der Pfarre St. Foillan einen anderen Stil der Seelsorge im Münster und in den Ordenskirchen auswählen konnten und in ganz Aachen eine abgestufte Intensität persönlicher Bindung schätzten, von der Familie über Bruderschaft, Zunft, Pfarre bis zur Stadt[2]. Die Gemeinde der Neugläubigen entsprach in dieser Beziehung der Bruderschaft, nur daß man in sie nicht als Erwachsener nach eigenem Entschluß eintrat, sondern mit der Taufe in sie eingebunden wurde. Mancher Aachener dürfte von dieser Selbstverständlichkeit intensiver Bindung vom Beginn des Lebens an berührt worden sein, der den Weg zu einer Bruderschaft nicht fand, nicht zuletzt aus finanziellen Gründen, und in der Pfarre diese Stütze nicht hatte. Ferner war die geringe Größe dieser neuen Gemeinden ein Vorteil gegenüber der die ganze Innenstadt umfassende Pfarre St. Foillan. 1560 gab es in Aachen neben einer lutherischen Gemeinde drei kalvinische, nämlich eine deutsche, eine flämische und eine wallonische; dazu kam 1569 die geschlossen aus Maastricht geflohene kalvinische Gemeinde[3]. Die kleine Zahl machte es leichter, sich um das geistliche und leibliche Heil aller Glieder zu kümmern, die Teilnahme an einem Gottesdienst zu überwachen, der mit einer stundenlangen Predigt hohe Anforderungen stellte, insgesamt eine Kirchenzucht verriet, die alles in den Schatten stellte, was in der alten Kirche und sicher in St. Foillan Gewohnheit war[4]. Verboten war, Theaterspiele anzusehen, erst recht, dabei mitzuwirken[5]. Mündigkeit und Selbstverantwortung waren nach außen hin gefordert, entsprangen aber einer engen Bindung nach innen. Immer wieder wurden die Gläubigen vor den individualisierenden Praktiken der Wiedertäufer gewarnt[6], erst recht vor jedem Kontakt mit religiösen Praktiken der Katholiken, die alle dem *Aberglauben* zugezählt wurden. Nicht min-

---

[1] V, 66 / 72
[2] Oexle IV, 95 / 28, 36 f.
[3] V, 59 / 210
[4] V, 3 / 80; V, 30 / 60; V, 66 / 100, 163
[5] V, 30 / 191
[6] V, 50 / 331

der warnten sich Lutheraner und Kalviner voreinander. Ein Religionsgespräch im Haus Löwenstein am Markt über die Gottheit Christi und das Abendmahl vom 31.7. bis zum 2.8.1580 endete ohne jede Annäherung, und beinahe wäre es zu Mord und Totschlag gekommen[1].
Hinsichtlich der unbedingten Bindung an Lehre und Verkündigung war die Familie für die Neugläubigen eine Kirche im kleinen. Die entschiedene Verurteilung der Wiedertäufer entsprach dem Willen zur Erziehung des Kindes von der Taufe an. Gebet, Bibellesung und gläubige Deutung der Wechselfälle des Lebens waren Sache der Familie, insbesondere des Vaters, dem die alttestamentliche Würde des Patriarchen zugesprochen wurde[2]. Gegen den Willen der Eltern die Konfession zu wechseln oder eine Ehe einzugehen, stand außerhalb jeder Diskussion[3]. Sollte die Familie versagen, half die Aufsicht der von der Gemeinde gewählten *Ältesten* in ihrem *Quartier*.

V.1.3 Devotio moderna

Wie hat das katholische Aachen auf diese Herausforderungen geantwortet? Zunächst ging es nicht darum, sich wie andernorts zu verteidigen, weil die Neugläubigen sich still verhielten. Die genannten späteren Invektiven spöttischer Art entsprachen kaum der Wirklichkeit; die Prediger aus Flandern stießen nicht auf einen Niedergang, sondern auf eine sich seit Jahrzehnten verstärkende Kirchlichkeit[4]. Sie hatten nicht die Möglichkeit, Mißstände und sittliche Verfehlungen von Priestern auf Lehre und Ordnung der alten Kirche zurückzuführen und damit für die neue Lehre zu werben. Erst nachdem sich diese in Aachen verbreitet hatte, wird von einzelnen abtrünnigen Priestern berichtet. Ein *entsprungener* Karmeliter hielt am Neujahrstag 1578 nach nur wenigen Monaten im Pfarrdienst in St. Peter seine letzte Predigt und wurde dann vom Erzpriester an St. Foillan seines Amtes enthoben, weil er die Kommunion unter beiden Gestalten ausgeteilt hatte - eine Mißachtung bischöflicher Weisung, die mit der

---

[1] I, 34 / 470; I, 37 / 188
[2] V, 44 / 170 f.
[3] V, 66 / 218 ff., 226
[4] V, 19 / 97

Annahme protestantischer Lehre gleichgesetzt wurde[1]. 1534 predigte ein aus dem Aachener Kloster der Frauenbrüder *entsprungener* Mönch in Köln im Sinne der Wiedertäufer und wurde verhaftet. 1559 verwiesen Protestanten - ohne Namen und Ort zu nennen - auf einen Mönch im Pfarrdienst, der *eine gute Zeit* den Willen gehabt habe, aus seinem Orden auszutreten und sich zu Gott zu begeben, und stellten vergeblich den Antrag, in dessen Kirche einen Prediger ihrer Wahl anstellen zu dürfen[2]. Im Konkubinat lebende Priester belasteten anscheinend nicht mehr die Seelsorge. Bonifatius Colyn, Kanoniker am Münsterstift, ließ sich anscheinend von protestantischer Kritik am Zölibat überzeugen, lebte eine Zeitlang mit Konkubinen und wurde dann abtrünnig[3].

Auf Kritik und Spott von Neugläubigen muß es zurückgeführt werden, daß im Laufe des 16. Jahrhunderts die Teilnahme an Prozessionen zurückging[4], während der Gottesdienst unverändert gut besucht wurde. Vom ersten Auftreten der Wiedertäufer ab zeigte sich ein Nachteil der katholischen Seelsorge, das geringe Gewicht der Predigt und des Unterrichts als der Mittel, den Glauben als Gegenstand der Erkenntnis vorzustellen, ihn aus der Schrift zu begründen und von der kirchlichen Lehre abweichende Thesen zu widerlegen. Den redegewandten Predigern der Neugläubigen war auf den katholischen Kanzeln kaum jemand gewachsen[5]. Das änderte sich erst mit dem Auftreten der Jesuiten zu Beginn des 17. Jahrhunderts entscheidend; warum war Aachen bis dahin nicht längst protestantisch geworden? Auch in Aachen wirkte sich eine katholische Reformbewegung aus, die Devotio moderna, die lange vor Luther Forderungen der Reformation verwirklicht und damit den neugläubigen Predigern manche Angriffspunkte genommen hatte. Sie wirkte hauptsächlich durch das seit 1424 weit verbreitete Büchlein von der *Imitatio Christi* des Thomas von Kempen, in der Übersetzung als *Nachfolge Christi* bis heute bekannt und über die katholische Kirche hinaus geschätzt. In dem entscheidenden Jahrhundert der Reformation waren 191 Auflagen, dann bis 1740 744 Auflagen notwendig[6].

---

[1] V, 57; I, 4 / 228
[2] I, 12 / 150; V, 75 / 85
[3] V, 45 / 55
[4] V, 10 / 147
[5] I, 3 / 288; V, 66 / 100 / 165
[6] I, 43 / 762 ff.

Modern war an der *Devotio moderna* die Betonung des inneren Erlebens, der persönlichen Beziehung zum Leben, Leiden und Sterben des Erlösers, Kritik an einer Wallfahrtsfrömmigkeit und Reliquienverehrung, die sich auf eine Wirkung von außen verläßt, von dem verehrten Bild und Gegenstand her. Freiheit galt ihr als Unabhängigkeit von den Versuchungen der Welt und ihrem Urteil, war aber ausgerichtet auf den Dienst an der Welt, auf ihre Umwandlung für das Kommen des Reiches Gottes: *Si rectum cor tuuum esset, tunc omnis creatura speculum vitae et liber sanctae doctrinae esset. Non est creatura tam parva et vilis, quae Dei bonitatem non repraesentet* [1] *- Wenn dein Herz auf dem richtigen Wege wäre, dann wäre jede Kreatur (mit der du zu tun hast) ein Spiegel des (ewigen) Lebens und ein Buch (eine Illustration) der heiligen Lehre. Keine Kreatur ist so klein und gering, daß sie (dir) nicht Gottes Güte vor Augen stellen könnte.*

Devot, nämlich fromm im Sinne der Unterwerfung unter den Willen und die Gebote Gottes, war die Devotio moderna, weil die geforderte Hinwendung zur Welt und deren wissenschaftliche Erschließung durch antike Gelehrsamkeit nicht ein Mittel persönlicher Wertsteigerung war. Keine Wissenschaft, keine Kunst, keine Rhetorik ohne die selbstlose Gesinnung im Dienst des Menschen und seiner Welt.

Spätestens seit der Gründung des Klosters der Windesheimer Chorherren, auch Regular-Kanoniker genannt, am 24.6.1421, zwischen Sandkaul- und Heinzenstraße gelegen[2], kamen viele Aachener Familien mit der Devotio moderna in Berührung und vertrauten ihre nachgeborenen Söhne diesem Hause an, wie die Totenlisten erkennen lassen[3].

Die Regular-Kanoniker entstammen den *Brüdern vom gemeinsamen Leben*, die Geert Groote 1379 in Deventer zusammenführte und damit die Erneuerungsbewegung recht eigentlich begründete. Sie öffneten den Weg zu einer muttersprachlichen Liturgie, zur Kommunion unter beiden Gestalten[4] und insgesamt zu einer Frömmigkeit, in der kirchliche Formen und Vorschriften von geringerer Bedeutung waren als der lebendige Vollzug der *Nachfolge Christi*.

---

[1] Buch 2, Kap. 4
[2] I, 38 / 53
[3] IV, 65
[4] IV, 66

Jüngere Forschungen haben ergeben, daß die Devotio moderna auch am Münsterstift Fuß faßte, und zwar über Erasmus von Rotterdam. Als er in Basel 1521-29 lehrte, waren unter seinen Schülern auch junge Kanoniker aus Aachen, die seine Gesinnung und Haltung weitertrugen. Exponent des Erasmianismus in Aachen war Johannes Vlatten, 1541-62 Propst am Münsterstift[1]. Es war die Zeit im Leben des Erasmus, in der er, von Luthers unfriedlichem Auftreten abgestoßen, zwar weiterhin Kritikbereitschaft und -fähigkeit bejahte, doch im Rahmen des Gesprächs innerhalb der einen Kirche. Mit der Gelassenheit dieses Lehrmeisters widmete man sich im Münsterstift den überlieferten Aufgaben und gab dem Gottesdienst den hohen Rang der Kirche Karls des Großen. Dazu gehörte die Berufung eines Meisters der in der europäischen Musik führenden niederländischen Schule, Johannes Mangon, dessen hier aufgeführte Werke zu den großen Zeugnissen der niederländischen Polyphonie gehören[2].

Insgesamt hat sich der Aachener Klerus nach dem Vorbild des Erasmus nicht durch Gehässigkeiten in Spottliedern und -reden und auch nicht durch bewaffnete Gewalt der einen wie der anderen Seite in Formen der Polemik abdrängen lassen. Ein Beispiel: 1614 läßt der Stiftsdechant den Worten von Frieden und Verständigung Taten folgen; er wagt es, gegen den Willen des protestantischen Stadtregiments dem spanischen General Spinola entgegenzugehen, und erreicht, daß dieser von einem Sturm auf die Stadt absieht und das Stadtregiment sich zur Kapitulation entschließt. Sein Vorgänger, der 1612 verstorbene Stiftsdechant Worms, war auch bei den Protestanten wegen seines freundlichen Entgegenkommens beliebt und sicherte in friedlichen Verhandlungen die innerkirchliche wie die öffentliche Religionsausübung[3].

In einem Punkte kam der Aachener Klerus nicht über Erasmus hinaus, obgleich er sich Tag für Tag vor die Notwendigkeit gestellt sah: in der Predigt, mit der auch dem ungebildeten Volk die Haltung der Kirche gegenüber ihren Angreifern hätte verständlich gemacht werden können. Erasmus lehrte die Achtung vor Wissen und Können im Einsatz für das Heil der Menschen und überließ es seinen Schülern, die rechte Form der Belehrung des Volkes ohne den Weg über die

---

[1] IV, 64 / 38 f.; V, 77
[2] V, 58
[3] V, 12 / 325

Gelehrsamkeit zu finden, abgesehen davon, daß er jede agitatorische Art aufs schärfste verurteilte. Das Stiftskapitel sah die Notlage, suchte nach Abhilfe und verließ sich nicht auf Glücksfälle. Ein solcher war für nur wenige Jahre der Dominikaner Matthias Esche, der als Prediger in St. Paul schnell über Aachen hinaus bekannt wurde und 1559 als Matthias Sittardus - nach seinem Geburtsort benannt - zum Hofprediger und Beichtvater Ferdinands I. und dann Maximilians II. aufstieg, vergeblich vom Aachener Stadtregiment zurückgefordert[1]. Er trat den Neugläubigen versöhnlich entgegen, nannte Forderungen wie die des Laienkelches unwesentlich und verlangte im Umgang mit Andersgläubigen vor allem anderen das Zeugnis christlicher Liebe[2].

Wohl aufgrund einer Bitte des Münsterstifts erlaubte es der Papst 1568, die nächsten frei werdenden Kanonikate nicht wieder zu besetzen und mit den frei werdenden Pfründen Prediger zur Bekehrung der Abgefallenen anzustellen und ein Gymnasium zu errichten[3]. 1578 gelang es, Johannes Haesius von der Universität Löwen zu gewinnen. Er hielt in St. Foillan eine Probepredigt und wurde dann der erste Inhaber des neuen Amtes eines Predigers am Münster. Schon nach einem Jahr erlag er der Pest, doch setzte er einen guten Anfang. Das neue Amt blieb bestehen, und er bekam in einem Stiftskanoniker namens Voß einen Nachfolger[4]. Früh richtete sich der Blick der Stiftsherren auf den neuen Orden der Gesellschaft Jesu, der sich eigens die Aufgabe gestellt hatte, die Neugläubigen zu bekehren. Doch bis daß dieser sich um die Jahrhundertwende in Aachen niederließ, haben nur vorübergehend Jesuiten in Aachen gepredigt[5]. Seit 1578 stand im Münster ein Predigtstuhl, der erst 1912 durch eine von Wilhelm II. gestiftete Marmorkanzel ersetzt wurde, ein sichtbares Zeichen für den neuen Schwerpunkt der Seelsorge.

Der Bischof von Lüttich forderte dazu auf, sich um Jesuiten als Prediger zu bemühen, und eine Synode des Bistums in Anwesenheit des Nuntius Bononi führte dazu, daß er 1585 in Aachen visitierte und die Firmung spendete[6].

---

[1] I, 12 / 137 ff.
[2] I, 47 / Bd. 11, 366 ff.; I, 36 / Bd. 9, 799 f.; V, 33
[3] IV, 70 / 133 ff, mit D / Urk. 400
[4] V, 10 / 115 ff.; V, 64
[5] I, 34 / 447; V, 10 / 136
[6] V, 35 / 58

Führend in den Bemühungen um Reformen war das Kölner Domkapitel, das 1536 über eine Synode der Kölner Kirchenprovinz auf die ersten Erfolge der Reformation zu antworten versuchte[1]. Sie erhielt dadurch einen hohen Rang, daß Karl V., wie das Domkapitel der Devotio moderna zugetan, präsidierte. Es ging nicht um die Verteidigung von überkommenen Macht- und Rechtsstrukturen, sondern um das Bekenntnis der Mitschuld an Mißständen, die Angriffspunkte der Neugläubigen waren. Das Ergebnis sind Synodalstatuten, die den Pfarrern die Residenzpflicht einschärfen, sie zum Unterricht über die hl. Messe verpflichten und insbesondere über das Gebot der Sonntagsheiligung, das von den Neugläubigen sehr streng gefordert und befolgt wurde. Ferner sollten sie die Gläubigen zur häufigen Kommunion anleiten. Wegen der unzureichenden Ausbildung im Predigen solle man sich nach Hilfe in den Predigerorden umsehen[2]. Maßgeblich für die Formulierung und die Drucklegung der Statuten war der Kölner Domherr Johann Gropper, der im Sinne der Devotio moderna Luther in der Lehre von der Rechtfertigung entgegenkam und damit einen ersten Anstoß zu der im Konzil von Trient festgelegten Lehre gab: Gute Werke sind nur verdienstlich durch die Einheit mit Christus in der Gnade Gottes. Sicher bekamen die Priester auch in Aachen 1546 seinen Jugendkatechismus in die Hand, 1549 seine gedruckten Kurzansprachen, die Laien zum Verständnis ihres Tuns bei der Taufe, in der Beichte und bei der Kommunion führen sollten. 1550 folgten Prüfungsfragen für Pfarramtsbewerber[3], 1546 griff er in seiner *Unica ratio reformationis - Der einzig mögliche Weg zur Reform* auf die Synode von 1536 zurück: Häresien seien die Strafe Gottes für das Fehlverhalten der Verantwortlichen; schlafende Priester müßten geweckt und dazu geführt werden, die Wahrheit des Evangeliums, das Wort Wirklichkeit werden zu lassen. Ebenfalls in Köln gedruckt wurden 1567 die Fastenpredigten des Stanislaus Hosius, Kardinal und Bischof von Ermland, der zum Initiator des Konzils von Trient und zu seinem anerkannten Interpreten aufstieg. Er berief sich wie Erasmus auf die unveränderliche Eigenart des Menschen, wenn er insbesondere gegen Calvin betonte, daß Zeichen, Bilder und Zeremonien *die Wohltaten des Herrn allen Menschen einprägen und kundmachen,*

---

[1] III, 77 / 74
[2] III, 77 / 74
[3] I, 47 / Bd. 5, 1289 f.

auf daß, wer es nicht lesen könne, hören, wer es nicht hören könne, sehen, und wer es weder hören noch sehen könne, greifen möchte (d. h. könne)[1]. Dieses und anderes hat den Aachener Priestern in ihrem insgesamt erfolgreichen Bemühen geholfen, den katholischen Glauben in den großen Schwierigkeiten des 16. Jahrhunderts zu erhalten.

V.1.4 Jesuiten

Nur vorübergehend waren 1588 zwei Jesuiten nach Aachen als Prediger gekommen, aber wegen der unsicheren politischen Lage unter einem protestantischen Stadtregiment von der Ordensleitung wieder abgezogen worden[2]. Erst mit der Wiedererrichtung eines katholischen Stadtregiments 1598 gründeten die Jesuiten eine dauerhafte, die ganze Stadt prägende Seelsorge.
In St. Foillan gab ihnen der Erzpriester zuerst die Möglichkeit, mit einer neuen Methode zu wirken, im Katechismusunterricht für Kinder und Jugendliche. Diese Methode verlangte nicht nur eine dem Lebensalter angemessene Analyse des Textes, sondern führte zur Wertschätzung des Auswendiglernens, verstanden als ein Lernen par coeur, mit dem Herzen, wie die französische Sprache es sinnvoll bezeichnet. Kinder und Jugendliche unterzogen sich gern der damit verbundenen Geduld und Mühe, weil ihnen Belohnungen winkten, die einerseits dem kindlichen Verlangen nach sicht- und greifbaren Objekten entsprachen, andererseits die Texte einprägten: Bilder mit Szenen aus der Hl. Schrift und dem Leben der Heiligen, bebilderte Beicht- und Kommunionbüchlein, Rosenkränze, Holzkreuze und wächserne Agnus-Dei-Figuren. Mit 15 Minuten Gesang zu Beginn und Beschränkung auf insgesamt eine Stunde beachteten diese Lehrer neuen Stils weiterhin kindliche Eigenart. Unter den Ausgaben der Kirchenkasse von St. Foillan erscheinen jährliche Zahlungen für Sängerinnen, die bei den Katechesen eingesetzt wurden. Wahrscheinlich waren das stimmlich und musikalisch begabte Mädchen, die beim Einstudieren neuer Lieder helfen sollten. 24 Gulden belegen, daß die

---

[1] I, 47 / Bd. 6, 301; V, 76 / 12 / 15
[2] V, 7; I, 38 / 63

Kirchmeister den Wert der Katechesen hoch einschätzten, nicht zuletzt dadurch, daß der Küster zur Aufsicht verpflichtet wurde[1]. Kontrollen, wie sie für die Pfarrseelsorge typisch waren, Mundpropaganda, ferner öffentliches Auftreten in Prozession vor und nach dem Unterricht ließen die Zahl der Teilnehmer aus ganz Aachen beständig steigen. 1611 wurde eine zweite Katecheten-Gruppe in der vom Orden erbauten Kapelle an der heutigen Jesuitenstraße eingerichtet, und 1624 stellte der Komtur des Deutschen Ordens die Kapelle der Kommende an der Pontstraße für fünf Gruppen zur Verfügung.[2]

Mit dem nächsten Schritt gingen die Jesuiten auf die Erwachsenen zu. Der Jahresbericht des Kollegs von 1603 hinterläßt den Eindruck, als ob die Erwachsenen selbst danach verlangt hätten. Gelegentlich besuchten nämlich die Eltern die Katechesen und waren über die Leistungen ihrer Kinder zu Tränen gerührt. Die ersten Katechesen für Erwachsene fanden sofort guten Zulauf, insbesondere von Frauen aus vornehmen Familien[3]. Daß auch Protestanten schon aus Neugier kamen, trotz strengen Verbots ihrer Prediger, kann man nur vermuten; mit Sicherheit erklären die Jahresberichte, daß Kinder ohne Wissen ihrer protestantischen Eltern teilgenommen und sich gern Heiligenbildchen verdient und zu Hause versteckt hätten.

Trotz aller methodischen und pädagogischen Geschicklichkeit konnte die Katechese nur den Teil der Aachener erreichen, der zu einem aktiven und regelmäßigen Mittun bereit war. Für einen weit größeren Kreis war die Jesuitenpredigt allein schon durch ihre rhetorische Qualität eine Attraktion, anscheinend neidlos anerkannt von ihren priesterlichen Gastgebern im Münster, in Pfarr- und Ordenskirchen, bis sie ihre eigene Kirche St. Michael 1623 in der heutigen Jesuitenstraße beziehen konnten. P. Hilarius Engel hielt in St. Nikolaus eine Predigtreihe, die so großen Anklang fand, daß er sie lateinisch und deutsch drucken ließ. Es handelte sich um sog. Kontrovers-Predigten, in denen Punkt für Punkt die Argumente der Neugläubigen zurückgewiesen wurden[4]. Insgesamt verstanden es die Jesuiten, subtile Gedankengänge auf eine allgemein verständliche und der persönlichen

---

[1] D / B. IV, c
[2] I, 37 / Bd. 1, 101
[3] V, 10 / 158 ff.
[4] V, 10 / 123

Erfahrung nahen Ebene zu bringen, wenn es für die Wahrheitsfindung erforderlich war. So wurde die von Luther kritisierte *Werkheiligkeit* biblisch verteidigt. Die gewohnten *guten und heilsamen Übungen*, der Besuch der hl. Messe über die Sonntagspflicht hinaus, der Englische Gruß, Rosenkranz-Gebet und Kreuzzeichen[1] sollten das Heilsgeschehen so in das Fühlen und Denken einprägen, daß sie dem Menschen stets gegenwärtig seien. In der Betrachtung der Passion und in der Kreuzverehrung treten neue Übungen hinzu. Ebenso wurde der weite Bereich der überlieferten Askese gerechtfertigt, der von der Kirche geforderte Verzicht wie Fasten und Abstinenz im Advent und in den sechs Wochen vor Ostern nicht anders als die aufgrund von Gelübden geleistete *Abtötung*. Buß- und Dankprozessionen erhielten von neuem ihr Gewicht im religiösen Leben[2].

Der Prediger rechnet trotz der für viele plausiblen Kritik an der *Werkheiligkeit* mit einer zutiefst menschlichen Achtung vor freiwilligem Verzicht und zeigt gerade darin ein Mittel, dem Andersdenkenden die Wirkkraft des eigenen Glaubens vor Augen zu stellen. So wird in neuen Tönen der jahrhundertelang in Aachen geübte Einsatz für Kranke und Notleidende als die in der Hl. Schrift geforderte Nächstenliebe gepriesen, zur Nachfolge aufgerufen und ohne Skrupel auf den Lohn im Himmel hingewiesen. Hier konnte der Prediger von dem oft tödlichen Einsatz seiner Ordensbrüder bei der Pflege von Pestkranken sprechen, so von Friedrich von Spee, der sich als Hochschullehrer in Trier nicht zu schade war, u. a. Pestkranke zu pflegen, und sich 1635 den Tod holte. Selbstverständlich ist seit dem Konzil von Trient die deutliche Distanz zu der von Luther kritisierten Fehlhaltung: Jeder Stolz auf die eigene gute Tat wird verworfen, damit alle Werke, die ohne Vertrauen auf die Gnade Gottes zustandegekommen sind[3].

Vermutlich fand die Kritik an der protestantischen These von der direkten Offenbarung beim Bibellesen in Aachen willige Ohren, seit das Religionsgespräch zwischen Kalvinern und Lutheranern beinahe mit Blutvergießen geendet hätte. Angesichts beständiger Todesgefahr und eines insgesamt nur kurzen Lebens suchten die Menschen nach Sicherheit. Was die Protestanten strikt ablehnten, die Sicherung eines

---

[1] V, 76 / 5 f. / 9 / 13
[2] V, 76 / 11
[3] V, 76 / 5 f.

Schatzes im Himmel durch gute Werke und Übungen auf Erden, das wurde von den Jesuiten in aller Entschiedenheit betont, verbunden mit dem Aufruf zum Vertrauen in die Mutter Kirche, die in den Sakramenten die beglückende und Sicherheit gebende Begegnung mit Christus selbst ermöglichte.

Während die Protestanten das ganze Mittelalter als leer und nichtig hinstellten, betonte der katholische Prediger, daß der derzeitige Glaube derselbe sei, der über die Jahrhunderte hin bewahrt wurde. Das mag dazu beigetragen haben, daß Klerus und Volk sich nicht damit abfinden wollten, daß St. Foillan oder eine andere Kirche von ihrer Tradition abgetrennt und den Neugläubigen übergeben werden sollte. Auch die bauliche Erhaltung erhielt durch dieses Denken neue Impulse. Ein Vikar des Münsterstifts ist nur noch dem Namen nach Rektor der Aldegundiskapelle an der Ursulinerstraße, weil eine Seitenwand eingefallen ist und deshalb dort nicht mehr zelebriert wird. Er nimmt die Kapelle in seine persönliche Obhut und läßt sie auf seine Rechnung wiederherstellen.

Predigt und neue religiöse Praxis stärkten die katholisch gebliebenen Aachener in ihrer Haltung und Gesinnung, führten aber nur in sehr geringer Zahl Neugläubige zur alten Kirche zurück. Durchweg wirkte das Verbot des Kontaktes mit Andersgläubigen, von allen Konfessionen mit großem Nachdruck wiederholt. Wer in die katholische Kirche wieder eintreten wollte, unterzog sich einem längeren Unterricht, erkannte seine bisherigen konfessionellen Abweichungen von der alten Kirche als Irrtümer und legte das Glaubensbekenntnis ab. In der Kirchenprovinz Mecheln wurde festgelegt, daß die Taufe nach protestantischer Praxis anerkannt und nur *bedingungsweise* wiederholt wurde, wenn Zweifel an der Gültigkeit bestanden. Bis daß diese Regelung übernommen werden sollte, gab es im Bistum Lüttich, also auch in Aachen, Schwierigkeiten. So wurde im Taufbuch von St. Foillan am 6.4.1604 als Begründung für die Taufe eines Erwachsenen eingetragen: *Abkömmling von Protestanten*. Am 4.3. und am 6.5.1620 wurde notiert, was selbst nach damaligem Kirchenrecht nicht zulässig war, daß die Taufe eines Neugeborenen gegen den Willen der protestantischen Eltern vollzogen wurde. Noch bei den Friedensverhandlungen von 1648 beschweren sich Abgesandte der Aachener Protestanten bei den lutherischen Reichsständen in Osnabrück über den Taufzwang in Aachen[1].

Das 1601 gegründete Jesuiten-Gymnasium, auf dem Terrain des Ordens an der Jesuitenstraße errichtet, zeigte die geistige Verwandtschaft mit dem niederrheinischen Schulhumanismus, wie er der Devotio moderna und den Intentionen des Erasmus entsprach: ein entschiedenes Ja zu Bildung und Wissenschaft, zum Vertrauen auf die Möglichkeiten des Menschen und ihre Entfaltung durch beständig zu verbessernde Methoden in Unterricht und Studium, ein entschiedenes Nein zu allen Formen menschlicher Selbstherrlichkeit und stattdessen die Verpflichtung, sich der Relevanz des eigenen Wissens und Könnens im Vollzug des christlichen Glaubens zu vergewissern[2]. Eine lebendige Beziehung zu St. Foillan war schon dadurch gegeben, daß das Gymnasium im Pfarrbezirk lag und die überwiegend auswärtigen Schüler bei Pfarrangehörigen wohnten. Entscheidend war aber eine das Pfarr- und Ordensleben in Aachen insgesamt prägende neue Form der Seelsorge, wie sie in dieser Schule in der ausschließlichen Verantwortung der Jesuiten ausgeübt wurde, wie keine andere Institution auch wirksam in den Kreisen der Neugläubigen. Das Gymnasium war die erste Antwort auf die hohe Wertschätzung der Schule bei Luther und Calvin, die sich auch in Aachen auswirkte. In der Zeit des protestantischen Stadtregiments, 1581 bis 1598, gab es 17 kleine und zwei große Schulen mit konfessioneller Prägung. Sie weckten ein größeres Verlangen nach Bildung; und weil diese Schulen von dem katholischen Stadtregiment wieder geschlossen wurden, schickten auch neugläubige Eltern ihre Kinder zu den Jesuiten, nicht zuletzt in der Hoffnung auf eine akademische Laufbahn[3].

In Übereinstimmung mit Erasmus wandte sich der Orden gegen erhaltene oder sogar erneuerte Formen von Magie, gegen magische Deutung von Krankheiten und die entsprechende Therapie. Im Jahrbuch des Kollegs von 1607 wird von erfolgreicher Behandlung von Personen berichtet, die an Gespensterfurcht litten; es galt, die Verstandeskräfte zu wecken und diese mit Gebet und sakramentalem Leben in Einklang zu bringen[4]. Wenn die Reformatoren Verirrungen in der

---

[1] I, 12 / Bd. 2, 254; V, 10 / 64 / 132
[2] V, 17 / 24ff.
[3] V, 66 / 185
[4] V, 51 a / 188

katholischen Seelsorgspraxis kritisierten, schlossen sich die Jesuiten an und traten z. B. einer der Magie sich nähernden Erwartung von Wundern bei der Verehrung des Sanctissimum entgegen. Wie Erasmus protestierten sie, ohne Protestanten zu werden[1]. Ferner traten sie gegen Magie im weltlichen Gerichtswesen an. Kurz nach ihrem Einzug übertrug ihnen das Stadtregiment die Seelsorge bei den zum Tode Verurteilten, und sie wurden deshalb mit dem *Gottesgericht* der Wasserprobe konfrontiert: Wer an Händen und Beinen gefesselt auf dem Wasser schwamm, galt als schuldig, weil das *reine* Element des Wassers den *Unreinen* ausgestoßen hatte. Die Väter der Gesellschaft Jesu erreichten die Abschaffung dieses vermeintlichen Beweismittels[2].

Es war die Zeit des größten Hexenwahns, doch wahrscheinlich ist Verlaß auf die Jahresberichte des Ordens, die hinsichtlich der Seelsorge bei den zum Tode Verurteilten nur von zwei Hinrichtungen in den Jahren 1630 und 1649 berichten - die städtischen Protokolle sind dem Stadtbrand von 1656 zum Opfer gefallen. Aachen gehörte mit dem Niederrhein zu den prozeßarmen Gebieten Deutschlands - hinreichende Gründe für die unterschiedliche Stärke des Hexenwahns konnten bisher nicht gefunden werden[3]. Die beiden Berichte lassen nichts von dem Gerichtsverfahren erkennen und beschränken sich auf die Eigenart der seelsorglichen Situation. Für ein 13jähriges Mädchen ist die Begegnung mit dem Ordensmann im Stadtgefängnis die erste Gelegenheit für einen Religionsunterricht; sie ist am Ende davon so ergriffen, daß sie das Henkersmahl zurückweist und nach Galle und Essig verlangt, um es nicht besser zu haben als Jesus am Kreuz.

Die Seelsorge an den zum Tode Verurteilten war für Jesuiten eine besonders anspruchsvolle Sonderform dessen, was sie unter Standesseelsorge verstanden. Es ging darum, die besonderen Lebensbedingungen des Menschen zu beachten, Alter, Geschlecht, Beruf und Stand. Wahrscheinlich auf ihre Anregung hin ließen sich die Augustiner 1624 vom Stadtrat die Seelsorge für die Stadtsoldaten übertra-

---

[1] V, 15 / 271
[2] V, 25 / 43
[3] V, 31 / 359

gen, 1647 übernehmen die Jesuiten selbst die Wachmannschaften im Rathaus und an den Toren[1].

Die wichtigste Konsequenz des Prinzips der Standesseelsorge war die Gründung von Kongregationen. Schon bei ihrem ersten Auftritt 1588 rufen die Jesuiten eine Männerkongregation ins Leben, die jedoch mit ihrem Abgang in der Zeit des protestantischen Stadtregiments wieder verschwindet[2]. Doch mit dem Neuanfang nach 1600 kommt es bald zur Gründung von Kongregationen, getrennt nach Geschlecht und Alter, Stand und Beruf. Während die Bruderschaften überwiegend auf den gehobenen Mittelstand und die Oberschicht ausgerichtet waren, fanden sich in Kongregationen alle Schichten der Aachener Bevölkerung. Wenn jede Kongregation einem bestimmten *Stand* zugeordnet war, sollte damit nicht die soziale Stufung betont oder gerechtfertigt, sondern die Voraussetzung für eine spezifische und damit wirksame Ansprache gegeben werden, wie ja auch Alter, Geschlecht und Beruf als *Stand* bezeichnet wurden[3].

Anders als in den Bruderschaften führte nicht der Wunsch nach größerem sozialem Kontakt zum Eintritt, sondern der in Predigt und Katechese geweckte Wunsch, auch als Laie *in seinem Beruf und Stand* ein Gott geweihtes Leben zu führen. Der Eintretende verpflichtete sich, regelmäßig zu Belehrung, Ermahnung, Andacht und Meßfeier zu kommen, von 1628 an in der neu errichteten Jesuitenkirche St. Michael[4].

Die Frage nach dem Ursprung der Kongregationen lenkt den Blick auf das Gymnasium. 1563 bedrängte P. Johann Leon als Gymnasiallehrer in Rom die Sorge, er würde der Doppelaufgabe nicht genügen, mit der Freude an Wissen und Können in den Gymnasialfächern auch religiöse Liebe und Begeisterung zu wecken. Er führte darum seine Schüler regelmäßig in der Schule vor einen Marienaltar zu Betrachtung, Gebet und Gesang und wies sie auf Sinn und Ziel des Lebens und damit auch alles schulischen Tuns hin[5].

Der Erfolg legte die Übertragung auf die verschiedenen Stände nahe, und die Kongregation war geboren. Im Unterschied zu dem freiwilligen Eintritt draußen in der Welt wurden alle Schüler in eine kongre-

---

[1] V, 10 / 135
[2] V, 18 / 479
[3] V, 10 / 263
[4] V, 35 / 29
[5] V, 25 / 11 ff.

gationsähnliche Form eingebunden, und die Frage nach der willentlichen Zustimmung war für Eltern und Schüler kein Problem. So auch in Aachen. Geschlossen ging man zur Schulmesse, anfänglich zur Karlskapelle im Münster, von 1608 an in eine auf dem Gelände des Kollegs zwischen Jesuiten- und Annastraße errichteten Kapelle, von 1629 an in St. Michael[1]. Die regelmäßige Beichte, als Mittel der Seelenführung von den Jesuiten neu entdeckt, wurde für die Schüler zur Gewohnheit. Wohl ohne Wissen der Eltern beichteten auch protestantische Schüler[2] in dem damals in der heutigen Form eingeführten Beichtstuhl. Zur Überwachung der Lebensführung wurden die Schüler in Gruppen eingeteilt, in denen ein zum Censor publicus ernannter Schüler Vergehen und Versäumnisse zu beobachten und zu melden hatte. Dieses Verfahren entsprach dem der Junggesellenkongregation in der Stadt. Einem Obmann waren die Mitglieder in einem der Quartiere anvertraut, die nach in der Stadt verehrten Heiligen benannt wurden, so auch nach Karl dem Großen und dem hl. Foillan[3].

Wie alle anderen Konfessionen folgten die Jesuiten dem Prinzip der Abschottung, nicht anders als der zuständige Bischof von Lüttich, der den Besuch einer nicht-katholischen Kirche mit einer Bußzahlung von sechs Gulden ahnden ließ[4]. Der fürsorgende Blick richtete sich ferner auf den Buchdruck; verbotene Bücher nicht zu lesen, wurde Gewissensverpflichtung. Als ein Zeichen der inneren Zustimmung ist es zu werten, daß Schüler des Gymnasiums verbotene Bücher vernichteten, wohl auch solche, die sie selbst besessen hatten[5].

In den genannten Praktiken sehen die Jesuiten den Glauben als eine Kraft an, die in den Seelen wirkt, aber beständigen Schutzes und regelmäßiger Förderung bedarf. Die Folge ist eine seelsorgliche Intensität, die von der Pfarrseelsorge weitgehend übernommen wird und damit auf die beispielhafte Disziplin und Seelenführung in lutherischen und kalvinischen Gemeinden antwortet. Anders aber als dort wird menschliche Sinnenfreude bejaht, die Ansprache von Augen und Ohren durch die Künste. Vorbildlich ist die Ausstattung von St. Michael. Der Hochaltar zeigt die Hl. Dreifaltigkeit im Kreise von Heiligen und macht deutlich, daß Gottvater das Meßopfer dargebracht

---

[1] V, 36
[2] V, 25 / 24; V, 67 / 185
[3] V, 10 / 270
[4] I, 47 / Bd. 7, 879
[5] V, 25 / 26

wird. Das Ganze fasziniert mit einer bisher fremden Bewegtheit, die dann in der Kunst des Barock allgemeine Geltung bekommt[1]. Zwei Nebenaltäre kommen hinzu, weniger um der Zahl der *bestellten* Messen zu genügen, als die Kirche zusammen mit Decken- und Wandgemälden zu einem Festsaal zu gestalten, der himmlische Herrlichkeit ahnen lassen soll.

V.1.5 Andere Orden

Der Orden der Gesellschaft Jesu gab den Ton einer neuen Zeit an, ohne daß die alten Orden deshalb geschwiegen hätten. In unmittelbarer Nachbarschaft des Jesuitenkollegs lag seit 1513 das Kloster der Benediktinerinnen mit der dem hl. Joachim und der hl. Anna geweihten Kirche[2]. In der Beschränkung auf das Leben im Kloster, auf Meßfeier und Tagzeitengebet, standen sie im Gegensatz zu den Jesuiten, und doch gab ihnen deren neue Betonung der Meditation eine Bestätigung ihres eigenen Ordenslebens. Für dieses wie für alle Klöster der alten Orden gilt, daß Askese und *heiliger Gehorsam* sowohl Rechtfertigung des eigenen Tuns sich selbst gegenüber als auch positiven Widerhall im gläubigen Volk verschafften[3].
Es kamen sogar noch Niederlassungen der alten Orden hinzu. 1604 übernahmen die Kapuziner das Anwesen der Web-Begharden zwischen Kapuzinergraben und Reihstraße und lebten den Aachenern 200 Jahre lang die radikalste Nachfolge des hl. Franziskus vor[4]. 1617 übernahmen die Clarissen, die sich auf die Schwester des hl. Franziskus als ihrer Gründerin beriefen, das Spital Klein - St. Jakob an der Kleinmarschierstraße, das mit dem Ende der Wallfahrten nach Santiago seine eigentliche Funktion verloren hatte[5]. An einer dritten Stelle weckte der Geist des hl. Franziskus neues Leben, im *Gasthaus* am Radermarkt. Am 13.8.1622 sah das Stadtregiment in Apollonia Radermecher die geeignete *Gasthausmeisterin*, die nach Jahren der Mißwirtschaft die Krankenpflege in diesem für Aachen unentbehr-

---

[1] V, 10 / 80
[2] V, 52 a
[3] V, 76 / 9
[4] 1, 47 / Bd. 7, 128; II, 28 / 318 ff.
[5] III, 28 / 70 ff.

lichen Hause reformieren würde. Als gebürtige Aachenerin hatte sie die Verbindung mit der Heimatstadt nicht verloren, als sie sich in s' Hertogenbosch mit anderen Frauen nach dem Gelübde der Ehelosigkeit der Notleidenden annahm. Sie fand die geeigneten Mitarbeiterinnen und gewann sie nach erfolgreichem Tun dazu, das Gelübde nach der Regel des 3. Ordens des hl. Franziskus abzulegen und eine der Nächstenliebe verpflichtete Lebensführung mit den franziskanischen Methoden der persönlichen Heiligung zu verbinden. Über die Regel des 3. Ordens hinaus empfahl sie ihnen vor ihrem Tode am 31.12.1626, in persönlicher Armut zu leben[1].

Der Erzpriester an St. Foillan erkannte als Stadtpfarrer den hohen Rang der Predigt in den konfessionellen Auseinandersetzungen des 16. Jahrhunderts und fand vor dem Auftreten der Jesuiten fähige Prediger auch bei den Franziskanern und Dominikanern. 1581 bis 1598, unter dem protestantischen Stadtregiment, predigten zwei Franziskaner von St. Nikolaus in Aachener Kirchen, regelmäßig auch in St. Foillan, nahmen sich Thesen und Lehren der Neugläubigen vor und galten als *Schrecken der Häretiker*. Als die Pest 1575 bis 1579 alle Pastöre dahinraffte, übernahmen Franziskaner den ganzen Pfarrdienst. Ein Dominikaner half 1599 aus, als St. Foillan wieder einmal verwaist war[2].

Von protestantischer Kritik nicht geschädigt, stieg die Anziehungskraft von St. Nikolaus, als die Franziskaner Reliquien der hl. Elisabeth erhielten, die als erste deutsche Tertiarin - Mitglied des 3. Ordens - gefeiert wurde; es waren ein Ring und ein von ihr gefertigtes Korporale[3]. Dazu kam, daß sie den Jesuiten folgten und einen Hochaltar moderner, also barocker Art errichteten mit der Darstellung der Himmelfahrt Mariens aus der Hand eines Rubens-Schülers, 1640 mit heute wie damals festlich wirkenden Details umrahmt. Die Spender, Freiherr Werner von Palant und Abraham von Diepenbeck, zeigten, daß nach wie vor die in Armut lebenden Franziskaner auch bei den Reichen Anklang fanden[4]. 1635 richteten sie ein theologisches Studienkolleg ein, das 1773 in der Lage war, die Studenten des aufgelösten Jesuitenkollegs aufzunehmen.

---

[1] V, 10 / 236; V, 71; V, 23
[2] V, 10 / 383 / 386 / 389
[3] V, 10 / 294
[4] III, 28

Die Pracht der barocken Ausstattung hinderte die Söhne des hl. Franziskus nicht daran, in der sich wiederholenden Diskussion des Ordens der strengeren Richtung zu folgen und 1640 die Regel der sog. Rekollekten anzunehmen.

Die Augustiner an der Pontstraße standen 1583 vor der Auflösung[1], vielleicht wegen reformatorischer Tendenzen in den eigenen Reihen; ein Bürgermeister nahm 1563 mit einer Gruppe von Aachenern in ihrer Kirche die Kommunion unter beiden Gestalten[2], damals ein Zeichen für die Abwendung von der kirchlichen Disziplin und damit auch vom mönchischen Leben. Auf die Krise folgte der Wiederaufstieg. Die Augustiner lassen unter dem protestantischen Stadtregiment den ersten Jesuiten in Aachen predigen, und St. Katharina, ihre Kirche, wird der Stützpunkt der ersten Männerkongregation mit 80 Mitgliedern. Einen Höhepunkt erreichen sie, als nach der Errichtung des zweiten protestantischen Stadtregiments und der Vertreibung der Jesuiten 1611-14 ihr Gottesdienst und ihre Predigt die stärkste Stütze des katholischen Glaubens wird[3]. Auch nach der Rückkehr der Jesuiten behalten sie einen so hohen Rang, daß sie mit Hilfe von Bürgern und des nunmehr endgültig katholischen Stadtregiments Kirche und Kloster umfassend instandsetzen können[4]. Die Bauarbeiten sind kaum abgeschlossen, als sie bei der Pflege der Pestkranken des Jahres 1635 in vorderster Linie stehen und beweisen, daß sie es mit dem guten Werk der Nächstenliebe ernst meinen: Dreimal in einem Jahr füllen die Oberen den durch Krankheit und Tod klein gewordenen Konvent wieder auf[5].

Neben dem Münsterstift und dem Kloster der Benediktinerinnen in der Annastraße war der Deutsche Orden eine Domäne des Hochadels und damit Stein des Anstoßes für die reformatorische Kritik. Doch seine Kommende, an der verkehrsreichen Pontstraße unmittelbar an der Barbarossamauer gelegen und deshalb jedermann bekannt, behauptete sich in den Wirren des 16. Jahrhunderts und wurde durch das entschiedene Eintreten für den alten Glauben zu einem seiner Ecksteine in Aachen. Der Vorgesetzte, der Landkomtur von Altenbiesen, erwarb gegen eine Lebensrente von den drei letzten Web-

---

[1] IV, 59 / 590
[2] V, 75 / 97
[3] IV, 59 / 590; V, 10 / 388 f.
[4] V, 10 / 389 f.
[5] V, 10 / 242; V, 76 / 13

Begharden ihr Kloster am Kapuzinergraben bzw. auf dem heutigen Theaterplatz, um den Jesuiten einen ersten Standort in Aachen zu geben. Als diese wegen der darauf lastenden Schulden abwinkten, fand er 1608 in den Kapuzinern eine andere neue Kraftquelle katholischen Lebens in Aachen. Er half mit Geldmitteln des Deutschen Ordens beim Umbau des Klosters, insbesondere bei der Errichtung der Rochuskapelle auf der Insel im Teich des Klostergartens, für die er *Die Anbetung der Hirten* von Rubens stiftete. Von der größten Bedeutung war aber seine trotz des ersten Fehlschlags unermüdliche Werbung um die Jesuiten. 1610 war er mit ihnen einig und schenkte ihnen aus seinem Familienbesitz ein Grundstück zwischen Jesuiten- und Annastraße zum Bau des Kollegs und des Gymnasiums. 1624 überließ er ihnen die Kapelle der Kommende für ihre Kinder- und Jugendkatechesen. Wohl auf seine Anregung hin ermöglichte sein Bruder, Landmarschall des Herzogs von Jülich, den Clarissen den Ankauf von Klein - St. Jakob[1].

Nach wie vor waren die Alexianer an ihrem noch heute gehaltenen Platze wegen ihrer opferbereiten Krankenpflege bekannt und beliebt und verdienten sich die Hochschätzung späterer Generationen dadurch, daß sie ihr *Tollhaus*, die Pflegestätte für die Schwachsinnigen, nicht, wie andernorts üblich, gegen Eintrittsgeld als eine Volksbelustigung besichtigen ließen[2]. Sie kamen aber wegen einer Art Monopol in die Schlagzeilen, das sie schon lange und bisher zur Zufriedenheit der Aachener besaßen. Ihre Sache war es nämlich, im Rahmen des Beerdigungsritus den Leichnam innerhalb einer Prozession aus dem Sterbehaus zur Pfarrkirche zu tragen und nach dem Seelenamt zum Kirchhof. Im Vertrauen auf die Duldung der kirchlichen und der städtischen Amtsträger erhöhten sie willkürlich die übliche Taxe von einem Reichstaler bei Beerdigungen von Protestanten. Wiederholt forderten diese vergeblich, ihre Toten selbst bestatten zu dürfen.

---

[1] III, 28 / 70 ff.
[2] I, 40 / 68 ff.

V.1.6 St. Foillan

Die Erzpriester an St. Foillan mußten mehrmals genannt werden, weil sie den Initiatoren der Katholischen Reform die Hand reichten und ihnen die Kirche zur Verfügung stellten. Doch auch die eigenständige, spezifisch pfarrliche Seelsorge hat zur Erhaltung des alten Glaubens in Aachen beigetragen. Alles spricht dafür, daß die Pfarrseelsorger insgesamt in dem entscheidenden Punkt der Auseinandersetzung mit den Reformatoren dachten und lehrten wie Hosius, der wohl bedeutendste Lehrmeister des deutschen Klerus dieser Zeit, wenn der erklärte: *Wer das Wort der Schrift für sich allein ausspricht und nicht im Zusammenhang mit der Kirche, der verkündet seinen eigenen kleinen Besitz; auch wenn er in dieser Art ein Wort der Schrift gebraucht, lügt er; der Teufel öffnet seinen Mund. Dies ist die fundamentale Selbstsucht, das große Ziel Satans, das Sichhinabstürzen von der Höhe des Tempels*[1].

Dank der kontinuierlichen und in den machtpolitischen Wechselfällen unbeirrbaren Seelsorge blieben die Gläubigen bei ihrer Gewohnheit, auch wenn Votivmessen, Weihen, Segnungen und Wallfahrten Kritik oder auch Spott der Protestanten herausforderten. So hielten Münsterstift und Pfarrklerus an der Heiligtumsfahrt fest, auch im Pestjahr 1580. Dabei erlebten sie, daß die Wallfahrer ihre Aachener Gastgeber im Glauben stärkten, wenn sie von ihrer Reise erzählten. Auf ihrem Weg durch protestantisch gewordene Gebiete erfuhren sie Verachtung und Nachstellung statt Hilfe und Gastfreundschaft früherer Zeit[2]. Für die Streitgespräche mit Protestanten über die Heiligtümer erhielten die Seelsorger eine Stütze in dem Tractatus Orthodoxus de sanctorum reliquiis des Pfarrers Franz Agricola, wohl die erste auf Geschichte und Theologie aufbauende Abhandlung über dieses Thema[3]. Blieben die neuen Praktiken der Jesuiten ein Angebot für Interessierte, so blieb es die Aufgabe der Pfarrseelsorger, alle ihnen anvertrauten Gläubigen zu dem im Konzil von Trient verlangten intensiveren Glaubensleben zu führen. Wie in den neuen Konfessionen wurden sie zu Kontrollen verpflichtet, die weit über das hinausgingen, was mit-

---

[1] zit. V, 43 / II, 193
[2] IV, 135 / 165 ff.
[3] V, 10 / 295 / 299

telalterliche Seelsorge den Gläubigen wie den Priestern abverlangt hatte[1], in Aachen wohl mit Erfolg. Der Nuntius spendete nach seiner Visitation am 10.8.1628 Klerus und Volk von Aachen sein Lob. Im Unterschied zu der Rolle der *Ältesten* in Calvins Gemeindedisziplin blieb die Pfarrei nach dem Willen des Konzils von Trient der Bezirk, in dem der Pfarrer allein für die Seelsorge verantwortlich war[2]. Unmittelbar traf nur ihn die verstärkte Bemühung der Kirche um Effektivität, etwa in der Eignungsprüfung und in der ihm drohenden Absetzung bei Versagen[3].

Zu Beichte und Kommunion in der österlichen Zeit sollte jeder Gläubige in seine Pfarrkirche kommen und sich die Erfüllung seiner Osterpflicht bescheinigen lassen - die heutigen Kommunionbildchen sind noch eine Nachwirkung. Die dadurch gegebene Kontrolle sollte nach dem Rituale Romanum von 1614 durch den Besuch der Familie ergänzt und dessen Ergebnis schriftlich festgehalten werden[4].

Möglichkeiten für persönlichen Kontakt bot die 1563 in Trient geforderte, in St. Foillan - wohl in Aachen zuerst - 1603 begonnene Führung von Kirchenbüchern über Taufe, Eheschließung und Tod[5]. Dabei mußte der Pfarrer seelsorgliches Vertrauen erwerben, wenn er die Väter unehelicher Kinder identifizieren sollte, um spätere Ehehindernisse belegen zu können[6].

Beerdigungsrecht und -pflicht wurden erneut betont. Die Totenmesse bekam durch den von den Franziskanern übernommenen Gesang des *Dies irae* ihre weit gespannte Aussage. Hinsichtlich der Predigt blieb es nicht bei der Anstellung von Ordenspriestern. Alle Seelsorger mußten sich an diesen Vorbildern messen. Ihnen wurde an Sonn- und Feiertagen in der Messe eine kurze Ansprache und am Nachmittag eine Predigt abverlangt, ferner eine *Fastenpredigt* an mindestens drei Tagen in den sechs Wochen vor Ostern und in der Adventszeit[7].

Die von der protestantischen Kritik angegriffenen Votivmessen erfahren in Trient ihre Rechtfertigung und bald neue Beliebtheit. 11 Altäre stehen in St. Foillan für die *bestellten* Messen zur Verfügung. Die

---

[1] III, 77 / 105 ff.
[2] V, 33 / 129
[3] I, 8 / 46; V, 10 / 106
[4] V, 10 / 113
[5] V, 10 / 106 f.
[6] V, 10 / 64 f.
[7] III, 77 / 82 f.

Jesuiten erreichen darüber hinaus, daß Messen für gemeinsame Anliegen in allen Kirchen Aachens gefeiert werden, so 1634 zur Abwendung der Pest[1]. Die im Leben jedes Gläubigen häufigste Votivmesse, die für einen Verstorbenen, Stein des Anstoßes für die Protestanten, erfuhr in Trient durch die Festlegung der Lehre vom Fegefeuer eine Wertsteigerung: *Es gibt einen Reinigungsort, und den dort festgehaltenen Seelen wird durch die Fürbitte der Gläubigen, besonders aber durch das (Gott) wohlgefällige Opfer des Altares geholfen*[2]. Der anwesende Gläubige sieht in jeder Messe ein Lob-, Dank- und Sühnopfer und erlebt die Vorgänge am Altar als erhebend und bedeutsam für sein Seelenheil. Er kann je nach dem Zustand seines Gemütes und dem in der Katechese erworbenen Wissen dem Vorgang und den Gebeten im einzelnen folgen, auch schon mit deutschen Übersetzungen[3], oder sich dem eigenen Beten und Betrachten hin geben; eine liturgische Teilnahme steht außerhalb der Diskussion.
Anders in der Andacht; mit dem Worte *Loff* (Louv - Lob), von laudes herzuleiten, hat der Aachener die Andacht an Sonn- und Feiertagen in seine Sprache und damit in sein Herz aufgenommen[4]. Hier zelebriert er selbst, in seiner Muttersprache betend und singend[5]. Auch Andachten wurden gestiftet, doch gingen sie im Unterschied zu den Votivmessen mit keinem Wort auf das Anliegen des Stifters ein. Wohl gab es gemeinsame Anliegen, so Andachten für die Seelen im Fegefeuer. Eine neue Andacht wurde von den Jesuiten eingeführt, das Vierzigstündige Gebet vor der Monstranz, in dem ursprünglich der Grabesruhe Christi gedacht wurde. Im Jahre 1527 wurde es als Sühne für die Greuel der Verwüstung römischer Kirchen im Sacco di Roma in Mailand eingeführt, in der Folgezeit, in Aachen bis ins 20. Jahrhundert, als Sühne für sittliche Verfehlungen in der Fastnachtszeit angeordnet[6]. Der ursprünglichen Intention dieser Andacht entsprach die Aufstellung eines mit Blumen geschmückten *Heiligen Grabes* am Gründonnerstag und seine dortige Verehrung Tag und Nacht, die Prozession dorthin durch die Kirche mit dem Sanctissi-

---

[1] V, 10 / 72
[2] I, 43 / I, 348
[3] V, 76 / 6 f.
[4] I, 56 / 357; V, 10 / 275
[5] V, 10 / 274 f. / 280
[6] III, 77 / 67; V, 10 / 88

mum nach der Messe[1]. Daneben gab es solche Dauergebete in bestimmten Notlagen; so wurde 1625 im Münster und in den Pfarrkirchen am 3. Fastensonntag ein zehnstündiges Gebet zur Abwendung der Not des Krieges gehalten.

Ein Beschluß des Konzils von Trient wurde in personaler und organisatorischer Hinsicht für die Seelsorge an St. Foillan bedeutsam. Dem Inhaber einer Pfarrpfründe wurde weiterhin gestattet, einen Vertreter für die Seelsorge anzustellen, doch fortan mußte es ein Vicarius perpetuus, also auf Lebenszeit sein, um damit einen die Seelsorge belastenden Wechsel nach der Willkür des Pfründeninhabers auszuschließen. St. Foillan war weder eine Pfründe noch ist aus den Jahrhunderten vorher eine solche Willkürhandlung eines Erzpriesters bekannt, doch wird die Stellung des Pastors als des jetzt nicht absetzbaren Seelsorgers wesentlich gestärkt[2]. Ein notarieller Vertrag vom 1.1.1603 sichert dem Vizekurat von St. Foillan und Rektor der Taufkapelle Peter Hinsenius gegenüber dem Erzpriester Goswin Schrick außer der Lebensstellung in beiden Funktionen die Verfügung über alle Stolgebühren[3]. Seine neue rechtliche Sicherung wird mit dazu beigetragen haben, daß der Pastor zusammen mit den Kirchmeistern und der Stadtverwaltung, aber ohne den Erzpriester über die Verwendung des Kirchenvermögens entscheidet: Er kauft ein Haus in der Aldegundis-, heute Ursulinerstraße, etwa in der Mitte zwischen Münsterplatz und Buchkremerstraße, und richtet es als Pfarrhaus ein. Die Stadt verpflichtet sich, für die bauliche Erhaltung zu sorgen[4].

Wie sein Vorgänger Franz Voß, Vizekurat 1581-88, war auch Peter Hinsenius für seinen seelsorglichen Eifer bekannt. Wie viele Welt- und Ordenspriester entzog er sich bei der Erfüllung seiner Amtspflichten nicht den Pestkranken, steckte sich an und starb 1617[5].

Die genannten zusätzlichen Aufgaben machen nach 1600 die Anstellung von Kaplänen notwendig, und ein Küster mit einem Stellvertreter tritt von 1618 an in ein Dienstverhältnis, das ihn dem Erzpriester und den Kirchmeistern und dem Pastor verpflichtet. Nach Glaubensbekenntnis und Diensteid wird er vor dem Hochaltar ernannt. Außer den heute bekannten Aufgaben sorgt er für Disziplin im Katechis-

---

[1] V, 10 / 287
[2] IV, 51 / 244
[3] IV, 51 / 234 f.
[4] V, 10 / 33
[5] V, 10 / 241

musunterricht der Kinder und hilft aus als Sänger im Hochamt[1]. Ferner stellen Pastor und Kirchmeister einen Totengräber an, der auch den Blasebalg treten muß, und die Meßdiener, Choralen genannt.
Die bewußte Anerkennung der sinnlichen Anteilnahme am religiösen Geschehen führte zu einer neuen Wertschätzung der bildenden Kunst. Ein Ergebnis ist die Stiftung einer Monstranz, an der eine Inschrift festhält: *Christina Breten dono dabat anno 1618*. Ferner wird das Gewicht angegeben, sechs Pfund, 15 Loth, woraus der Materialwert der silber-vergoldeten Monstranz errechnet werden kann, nicht aber, was der Künstler, Dietrich von Rath, dafür erhalten hat[2]. Dieser war ein gebürtiger Foillaner, wohnte in der Pontstraße, heute etwa Nr. 32, wurde am 26.8.1606 getauft und starb am 7.9.1673. So brauchte er sich sein Leben lang von seinem Kunstwerk nicht zu trennen, wenn er an den Sakramentsandachten in seiner Pfarrkirche teilnahm[3].
Andere Familien stifteten ein silbernes Weihrauchfäßchen, einen Weihwasserkessel und mehrere Leuchter[4]. Eine Plastik, Christus als Schmerzensmann, entsprach der in Andachten den Gläubigen nahegebrachten Passionsmystik.[5].
Johannes Noppius, Kirchmeister an St. Foillan, berichtet in seiner *Aacher Chronik* von 1632, daß St. Foillan *newlich* eine Orgel erhalten habe[6]. St. Foillan muß schon vorher eine Orgel gehabt haben; 1521 wurde eine Messe mit Gesang und Orgelspiel gestiftet[7]. Die neue, erst 1898 ersetzte Orgel war ein stadtbekanntes Meisterwerk, eine entscheidende Voraussetzung für die Gestaltung des feierlichen Hochamts und für die Begleitung des Volksgesangs in den Andachten. Bei der Bezahlung des damals weithin bekannten Orgelbauers Schade aus Westfalen zeigte das Stadtregiment, daß es St. Foillan als *seine* Kirche ansah: Von den 2700 RTL der Rechnung kommen 2000 aus der Stadtkasse, 400 von der Sakramentsbruderschaft an St. Foillan, 67 von Weinmeister Peter Braunmeister, je 50 von Elschen Boden und

---

[1] D, 1 / C, 1, 42; V, 10 / 45 f.
[2] I, 39 / 38
[3] V, 26 a
[4] V, 10 / 201; III, 29 / 68 f.
[5] V, 41
[6] I, 37 / 84
[7] I, 32 / 72

Anton Daun, 1400 Aachener Gulden von Conrad Düppengießer[1].

V.1.7 Bruderschaften

Die Bruderschaften büßten im 16. Jahrhundert an Bedeutung ein. Ihrer ganzen Art nach mußten sie Zielpunkt protestantischer ebenso wie reform-katholischer Kritik sein und waren gegenüber den modernen Kongregationen die Zeugen einer vergangenen Zeit. Und doch verschwanden sie bis zu dem Wiederaufstieg katholischen Lebens im 17. Jahrhundert nicht. Dazu trug eine in Aachen verbreitete Haltung bei, die sich nur schwer von nicht eigentlich schlechten Gewohnheiten lösen will, vor allem aber die in der Katholischen Reform selbst angelegte Verbindung von Altem und Neuem[2]. Nach 1600 dürfte es in Aachen kaum weniger Bruderschaften gegeben haben als um 1500, wahrscheinlich kleiner als damals, aber zum Neubeginn gesund genug[3].
Die Richtung, in die sich die Bruderschaften nunmehr bewegen sollten, wurde 1558, mitten in konfessionellen Wirren, vorgezeichnet, als sich eine neue Bruderschaft konstituierte und ihre Aufgabe bestimmte: Gebet als Sühne für den Abfall vom Glauben. Ihr wurde der Kreuzaltar im Hochmünster zugewiesen, und sie wurde deshalb Kreuzbruderschaft genannt. Gegen die Neugläubigen wandte sich auch eine alte Bruderschaft, die der Karlsschützen, aber im Rückgriff auf ihre Tradition in geradezu militärischer Form: Bei dem machtpolitisch erzwungenen Abgang des protestantischen Stadtregiments am 1.9.1598 besetzten sie noch vor dem Einzug der kaiserlichen Truppen das Rathaus, eher eine symbolische Handlung als eine Tat von realer Bedeutung[4]. Jedenfalls traten sie von diesem Tage an zwei Jahrhunderte lang als die Bruderschaft auf, die bereit war, mit ihrem Leben für die Sicherheit einzustehen, wenn die Kirche von Aachen öffentlich auftrat, so besonders bei der Fronleichnamsprozession. Damit unterschieden sie sich von den in Sold stehenden, im Hinblick

---

[1] I, 39 / 39
[2] V, 61 / 101
[3] V, 10 / 244 f.
[4] I, 37 / II, 210; V, 10 / 271

auf ihre Gesinnung undurchsichtigen Stadtsoldaten, erst recht von Landsknechten verschiedener Staaten, die den Frieden in Aachen sichern sollten.

An dritter Stelle betonte die Sakramentsbruderschaft an St. Foillan ihre spezifische Antwort auf die reformatorische Herausforderung. Die Verehrung des Altarssakraments in besonderen Meßfeiern, 1521 noch ohne Kenntnis protestantischer Kritik begonnen, diente wenig später zur Festigung des alten Glaubens und sollte in den festlich gestalteten Hochämtern einer Intention der Katholischen Reform gerecht werden.

In Aachen war es von entscheidender Bedeutung für den Fortbestand aller Bruderschaften, daß im Konzil von Trient die guten Werke geradezu einen Grundton angaben[1]. Die in weit höherer Zahl als in den vergangenen Jahrhunderten erteilten Ablässe lassen in ihren Bedingungen erkennen, daß man in Rom gerade das betonen wollte, was den Bruderschaften von jeher wichtig war. Es sind die von der protestantischen Kritik besonders getroffenen religiösen Übungen: Teilnahme am Gottesdienst, an Prozessionen und Beerdigungen, Begleitung des Allerheiligsten bei Versehgängen und im Falle der Verhinderung das Gebet des Vaterunser und des Ave Maria, ferner die karitativen Verpflichtungen. Dazu kam die Forderung nach Rückführung der Abgefallenen[2]. Nicht wenige Ablässe konnten auch von Nichtmitgliedern bei Teilnahme an einem Bruderschafts-Gottesdienst erworben werden und verhalfen damit zu häufigerem Kirchgang. Ohne von der schon 100 Jahre andauernden Kritik beeindruckt zu sein, ließen Bruderschaften sog. Indulgenzzettel mit Informationen über Bedingungen und Umfang des Ablasses drucken und in der Kirche an die Anwesenden verteilen[3].

An St. Foillan hatte die St. Anna-Bruderschaft seit 1556 kein Protokoll mehr geführt und war bis auf wenige Mitglieder zusammengeschmolzen, und doch konnte sie 1617 neu beginnen. Mit ihrer Messe am Dienstagmorgen in der Frühe wurde sie wie die Sakramentsbruderschaft stadtbekannt. Nach einem Glockenläuten um sechs Uhr

---

[1] V, 76 / 2
[2] D, 4 / BV 5, BV 4; V, 10 / 262
[3] V, 10 / 262

blieb soviel Zeit, daß man von allen Teilen der Innenstadt her St. Foillan erreichen konnte[1].

Die Aufnahme eines neuen Mitglieds erhielt in der Drei-Königs-Bruderschaft an St. Foillan einen betont religiösen Charakter. Vor dem Altar sprach der Kandidat kniend Gelöbnis und Glaubensbekenntnis[2]. In verschiedener Form gab es in den Bruderschaften eine besondere Verpflichtung der Katholischen Kirche gegenüber, wohl in der Sorge, von Protestanten unterwandert zu werden.

Von dem allgemeinen Aufstieg nach 1600 bewegt, bauten die Franziskaner für die an St. Nikolaus gegründeten Bruderschaften eine Kapelle. Hier feierte u. a. die Rochus-Bruderschaft, die für Kranke und Arme zu sorgen sich verpflichtet hatte, jeden Freitag eine Messe zur Abwendung aller Seuchen. Bezahlte Sänger und Instrumentalisten entsprachen an ihrem Patronatsfest der neuen Wertschätzung der Musik.

In der Augustinerkirche St. Katharina in der Pontstraße feierte die erst nach 1600 gegründete Arme-Seelen-Bruderschaft ihren Gottesdienst, mit Titel und Auftrag ganz der tridentinischen Reform verpflichtet und wohl darum mit einem Privileg ausgestattet: An ihrem Altar durfte montags, donnerstags und samstags in jeder Woche ohne Rücksicht auf Vorschriften des Römischen Meßbuches eine Seelenmesse gelesen werden[3]. Im *Bruderschaftsbüchlein Armseelenbruderschaft*[4] wird den Mitgliedern außer der Teilnahme an den Seelenmessen das Gebet zur Gottesmutter und zu dem hl. Nikolaus von Tolentino empfohlen, dem auch der Bruderschaftsaltar in St. Katharina geweiht war. Die Augustiner hatten die Verehrung dieses ihres Ordensbruders mitgebracht. 1305 gestorben und 1446 heilig gesprochen, war er nach der hl. Elisabeth ein der eigenen Zeit naher Heiliger. Durch Askese, Nächstenliebe und Wunder ausgezeichnet, entsprach er als Prediger, Beichtvater und Krankenseelsorger geradezu allen Intentionen moderner Kirchlichkeit. Geweihte, angeblich gegen Krankheiten schützende Nikolaus-Brötchen wurden noch nach dem Untergang des Klosters im 19. Jahrhundert in St. Katharina ausgeteilt[5].

---

[1] I, 37 / 83; III, 28 / 63
[2] I, 37 / 83
[3] V, 10 / 262; I, 43 / I, 375
[4] A, 4 / 3 f.
[5] I, 43 / VII, 999

Die Bemühung der Arme-Seelen-Bruderschaft um eine deutsche Gebetssprache war beispielhaft für alle Bruderschaften in Aachen, die es in Gesang und Gebet über das von alters her gewohnte Maß hinaus dem erfolgreichen Wirken der Protestanten auf diesem Gebiet gleichtun wollten. Für die Totengedenktage erhielten die Brüder in dem genannten Bruderschaftsbüchlein deutsche Gebete im Stil der Zeit für die wie im Kloster einzuhaltenden Tagzeiten[1].

V.2 Öffentliche Ausübung der Religion

Bei aller Beharrung in alten Formen und ihrer Wiederaufnahme im 16. und im Anfang des 17. Jahrhunderts entstand eine neue, eine *Katholische Kirche*, deren Name nicht mehr im Sinne des Glaubensbekenntnisses *allgemein, über die Welt hin verbreitet,* sondern im konfessionellen Sinne, zur Unterscheidung von anderen Konfessionen verstanden wurde, eine Kirche, die sich von den protestantischen Kirchen ebenso deutlich abhob wie von der gemeinsamen mittelalterlichen Vergangenheit[2]. Es verlor sich ein unreflektiertes Vertrauen in die heiligende Kraft der religiösen Formen und Übungen, und bewußte, begründete Entscheidung trat an seine Stelle[3]. Dieses Bewußtwerden verband die Katholische Kirche mit den Neugläubigen. Warum war damit nicht die Basis für ein zwar argumentatives, aber friedliches Nebeneinander gegeben?

Eine Erklärung liegt für Aachen wie für ganz Europa darin, daß alle Konfessionen auf die eigene Gestaltung der sichtbaren Welt vor ihren Kirch- und Haustüren nicht verzichten wollten und damit auf die öffentliche Ausübung der Religion. Bei allem Denken und Begründen galt die auf die Sinne wirkende Lebenswelt als unabdingbare Voraussetzung für Entfaltung und Erhaltung des Glaubens, wenn nötig auch mit Hilfe weltlicher Gewalten.

Der Gegensatz wurde nicht dadurch gemildert, daß die Neugläubigen in einem weiten Bereich den Katholiken nichts entgegensetzten. Kreuze, Heiligenbilder und -figuren, oft mit Blumen und brennenden Kerzen bedacht, Wallfahrten und Prozessionen wurden als abergläu-

---

[1] V, 10 / 275
[2] V, 34; V, 37
[3] V, 76 / 2 f.

bisch oder als Folge einer schlechten Theologie der Werkheiligkeit verurteilt, aber durch nichts ersetzt. Konnte man sich ihnen nicht entziehen, bekundete man deutlich ihre Ablehnung.

Besondere Schwierigkeiten ergaben sich, wenn der Erzpriester an St. Foillan mit dem Stadtregiment im Rücken darauf bestand, daß für Taufe, Ehe und Begräbnis als öffentlichen religiösen Übungen der katholische Priester zuständig blieb, und jede heimliche Exekution unter Strafe stellte[1]. Während Taufe und Eheschließung in St. Foillan das Gewissen des Protestanten zwar belastete, aber als vor Gott gültig angesehen wurde, blieb die Beerdigung eine unlösbare Frage[2]. Wer Calvin oder Luther folgte, wurde durch katholische Gebete und Zeremonien gerade bei der Beerdigung belastet. Beide Reformatoren lehnten die Vorstellung eines Fegefeuers ab, sahen den Menschen im Augenblick seines Todes endgültig von Gott gerichtet[3], lehnten deshalb das Seelenamt als Handlung der Lebenden zugunsten der Toten und die Gebete und Fürbitten am Grabe ab[4]. Wenn ein Protestant an der Beerdigung eines katholischen Verwandten, Freundes oder Nachbarn teilnehmen wollte, sollte er nach der Aussage der in Aachen am 17.10.1584 tagenden rheinischen Synode *mit wirklichen Zeichen zu verstehen gebe(n), daß (er) an den abergläubischen Zeremonien keinen Gefallen habe*[5]. Die Synoden von 1587 und 1591 nahmen aber dieses Zugeständnis wieder zurück und verboten jegliche Teilnahme[6]. Wie die Protestanten ihre Toten angesichts dieser Widerstände bestattet haben, ist im einzelnen nicht bekannt. Jedenfalls legten sie Wert auf einen würdigen Begräbnisplatz. Das konnte in Ermangelung eines eigenen der katholische Kirchhof sein. Mehrfach wird von heimlichen Bestattungen auf Kirchhöfen berichtet. In ihren Eingaben an die protestantischen Reichsstände, die in den Jahren vor 1648 über den Frieden verhandelten, erwarteten sie vergeblich Hilfe für die Durchsetzung des Rechts auf öffentliche Religionsausübung und beklagten dabei, daß sie ihre Toten in den eigenen Gärten begraben müßten[7].

---

[1] I, 34 / 541
[2] I, 38 / 63; I, 34 / 512
[3] IV, 2 / 596
[4] V, 9 / 164 / 170
[5] V, 30 / 110
[6] ebd.
[7] V, 22 / 4 / 23

Eine andere Form öffentlicher Religionsausübung, der Gottesdienst in einer möglichst das Stadtbild bestimmenden Kirche, blieb für die kalvinische Mehrheit innerhalb der Aachener Protestanten nach ihrem Kirchenverständnis weniger bedeutsam. Es wurde der Verdacht geäußert, daß die Forderung nach einer Kirche die protestantischen Wortführer als *Religionsverwandte* der Augsburger Konfession, also als Lutheraner, ausweisen sollte, während man sie wahrscheinlich zu Recht als Kalviner und damit nicht als im Augsburger Religionsfrieden von 1555 gemeint ansah. Namentlich gefordert wurde St. Foillan. Gründe für diese Wahl können nur vermutet werden. Von der zentralen Lage abgesehen, könnte mitgesprochen haben, daß den Foillanern kein längerer Weg zur Kirche zugemutet würde, weil das Münster gleich nebenan als Pfarrkirche dienen könnte - wie später für die französischen Revolutionäre waren für sie Kirchen ohne pfarrliche Funktion ein Unding.

Als *Religionsverwandte* wollen sie nicht mit den von Kaiser und Reich abgelehnten Wiedertäufern, aber auch nicht mit den Kalvinern gleichgesetzt werden, wenn sie sich ausdrücklich von deren *Winkelpredigten* in *Schlupfwinkeln* distanzieren und einen Prediger in einer Kirche anstellen wollen, der Gottes Wort *hell, rein und öffentlich* verkünden soll. Sie berufen sich auf ihre *religiöse Not*, wenn sie hinsichtlich der öffentlichen Religionsausübung ihrem Gewissen folgen und nicht nach Recht und Gesetz handeln. Am 23.4.1578 steht Buchbinder Johann von den Bröll wegen unbefugter Taufe, Eheschließung und *Winkelpredigt* vor dem Sendgericht in St. Foillan und erklärt, daß sein Gewissen ihn einerseits zu diesen religiösen Handlungen in verbotener Form gezwungen, ihm andererseits die damit verbundene Flucht vor der Öffentlichkeit verboten habe. Erst wenn die Protestanten endlich eine Kirche bekämen, wäre er von der Gewissensnot befreit[1].

Im Unterschied zu dieser Gewissensnot ist die öffentliche Religionsausübung auf der katholischen Seite kein Gegenstand religiöser Auseinandersetzung, sondern eine seit Menschengedenken bestehende Notwendigkeit. Über die Vielzahl der Beerdigungen hinaus wurde am

---

[1] I, 3/ 260; I, 34 / 458; vgl. IV, 25 / 122; V, 66 / 215; V, 66 /189; V, 66 / 103

Tage Allerseelen der Münsterkirchhof der Ort spezifisch katholischen Geschehens. Eine Prozession zog vom Münster über den kleinen Kirchhof, den heutigen kleinen Platz südwestlich vom Münster, über den großen Kirchhof, den heutigen Münsterplatz, nach St. Foillan. Höhepunkt war die Feier in dem bis zum 18. Jahrhundert offenen Untergeschoß der Anna-Kapelle mit dem Gesang eines Teils der Beerdigungsliturgie und der Erneuerung der Kirchhofsweihe[1].

Die geweihte und wiederholt gesegnete Erde sollte nach dem Beschluß der Mainzer Synode von 1261 allen Gebannten und Kirchenfremden verschlossen bleiben. Wenn verbotenerweise ein solcher heimlich begraben wurde, hatte der Pfarrer die Leiche auszugraben und anderweitig unter die Erde zu bringen. Anscheinend war diese alte Vorschrift in Aachen bekannt, oder man leitete sie aus der Kirchhofsweihe ab, um den Protestanten die Beerdigung zu verweigern oder sie vor ihrem Tode zur Konversion zu bewegen. Jedenfalls wurden sie abgewiesen, und einmal wurde eine heimlich bestattete Leiche aus der Erde geholt und jenseits der Kirchhofsmauer vergraben[2].

Prozessionen wurden im 16. Jahrhundert wie gewohnt veranstaltet, aber mit schwindender Beteiligung, vielleicht eine Wirkung protestantischer Kritik. Das Signal für einen Neubeginn setzte am 8.10.1598 eine Prozession vom Münster über Klosterstraße, Markt, Krämerstraße zum Münster zurück. *Unter unzählbaren Triumphschüssen* der Kanonen auf den Stadtmauern dankten die Katholiken Aachens Gott für die Wiedererrichtung eines katholischen Stadtregiments[3]. Diese Prozession hatte einen neuen Charakter, der mehr an weltliche Siegesparaden späterer Zeit erinnerte als an die Sakramentsprozessionen der 400 Jahre vorher. In den folgenden 300 Jahren bekundete sich der Wille, durch diese Form uralter, schon vorchristlicher Ausübung der Religion in der Öffentlichkeit ein Bekenntnis zur eigenen Kirche trotz oder gerade wegen der protestantischen Kritik abzulegen. Seelsoger benutzten die pädagogischen Möglichkeiten der Prozessionen. Von ihrem Einsatz im Rahmen der Kinderkatechesen war schon die Rede. Für Erwachsene gilt nicht anders als für Kinder, daß es ihnen Freude macht, vom Alltag abgeho-

---

[1] I, 37 / 17 / 20; V, 10 / 124
[2] I, 25 / 127
[3] I, 34 / 512; V, 10 / 277

bene Rollen zu übernehmen, größere als Fahnen- und kleinere als Kerzenträger. Bedeutsamer ist die Möglichkeit, über Lesung und Predigt hinaus im eigenen Tun das Festgeheimnis in sich aufzunehmen, im Sichtbaren das Unsichtbare zu erfassen[1]: eine Lichterprozession am Feste Mariä Lichtmeß, eine Bußprozession Aschermittwoch, eine Palmprozession am Palmsonntag, die Übertragung des Allerheiligsten nach der Gründonnerstagsmesse vom Münster nach St. Foillan bzw. eine andere Kirche, jährlich wechselnd[2].
Von 1632 an geben die Franziskaner an St. Nikolaus mit ihrer Prozession dem Karfreitag auf den Straßen der Innenstadt ein besonderes Gesicht: Wie heute noch in Italien und Spanien tragen Männer in Bußkleidung bildliche Darstellungen des Passionsgeschehens, für die Menschen am Straßenrand weithin sichtbar. Andere folgen mit einem Holzkreuz auf der Schulter[3]. Christi Himmelfahrt wird in einer Prozession vom Münster aus neben mehreren Reliquiaren der Karlsschrein mitgeführt. Die Jesuiten feiern ihre Ordensheiligen Ignatius und Franz Borgia mit szenischen Aufführungen als Stationen auf einem Prozessionsweg[4].
1625 litt Aachen unter der Pest; Erzpriester Goswin Schrick führte mit seinem Vikar Nikolaus Gutjahr von St. Foillan aus eine Bittprozession zum hl. Sebastian in Würselen, der als Helfer gegen die Pest verehrt wurde. Es schloß sich an der Rektor des Gasthauses, die beiden Bürgermeister, drei Kanoniker des Münsterstifts und das Jesuitenkolleg mit Lehrern und Schülern und viel Volk. Sie alle bekundeten vor den Augen der Protestanten, daß sie büßend und betend Gottes Ohr erreichen wollten, und sahen in den folgenden Heilungen eine Gebetserhörung[5].
Eine Bittprozession sollte 1635 Kriegsgefahr abwenden, eine andere 1640 Erdbeben. Die Jesuiten griffen vielleicht auf die Geißler zurück, wenn sie in Bußprozessionen nicht nur den Willen zur Buße, sondern Taten der Buße öffentlich zeigen wollten: 1616 schritten sie mit Schülergruppen in Bußmänteln durch die Straßen und geißelten sich[6].

---

[1] V, 76 / 11
[2] IV, 157 / 26; V, 10 / 150 f.
[3] V, 10 / 153
[4] V, 25 / 150; V, 10 / 152
[5] I, 12 / II, 241; V, 10 / 303
[6] V, 10 / 154

Stellten die Jesuiten am Gründonnerstag, dem Tag der Einsetzung des Altarssakraments, dieses in den·Rahmen der Passion mit szenischen Darstellungen, so galt es, Fronleichnam als Dankfest zu feiern. Festlich gekleidete Schüler trugen das Lamm Gottes und die Leidenswerkzeuge als Freude und Dank auslösende Zeichen der Erlösung[1].
Die erneuerte Heiligenverehrung lenkte den Blick auf Karl den Großen als den Schutzpatron der Stadt. Der 1620 errichtete Marktbrunnen mit seinem Standbild gibt davon ein Zeugnis, in dieser Zeit selbst aber eher eine Figur von doppeltem Menschenmaß, getragen von Zimmerleuten an seinen Festen, dem Todestag am 28.1. und dem Tage der Erhebung seiner Gebeine, d. h. seiner Heiligsprechung. Mit dieser selbst brachte man die Figur in Verbindung und sah in Friedrich I. ihren Stifter[2]. Bezeugt ist aber eine solche Riesenfigur erst für den Einzug Karls V. zur Krönung im Jahre 1520, und regelmäßig wurde sie in den genannten Prozessionen erst nach 1600 mitgeführt. Damit nicht genug, verehrten auch die Fleischer Karl den Großen als ihren Patron und trugen in der Prozession eine eigene Statue. Ein drittes Mal erschien der Kaiser in der von Karl IV. gestifteten Büste, die das Münsterstift zwei Schöffen anvertraute und von einem dritten Schöffen mit dem Horn und von einem vierten mit dem Schwert des Kaisers begleiten ließ[3].
Über die zum Kirchenjahr gehörenden Prozessionen hinaus inszenierten gerade im Gebiet von St. Foillan einzelne Bruderschaften eigene Prozessionen, so die Gürtel- und die Rochus-Bruderschaft, letztere mit der erklärten Absicht, den Glauben zu bekennen[4]. Bewußt und gewollt sollten diese Prozessionen ein öffentliches Bekenntnis vor neugläubigen Genossen der eigenen Zunft sein. Wenn die Teilnahme an der Fronleichnamsprozession wie in vergangenen Zeiten für alle Zunftgenossen verbindlich blieb, wurde der noch bestehende berufsständische Zusammenhalt der Konfessionen empfindlich gestört und konnte in offene Feindschaft umschlagen[5].
Wenn die Protestanten sich damit abfanden, daß sie nicht mit einer eigenen Kirche öffentlichen Charakter erhielten, wurden sie dadurch

---

[1] V, 10 / 145 / 150 / 411; V, 76 /11
[2] I / Hs. 35, 133
[3] V, 10 / 288 f.
[4] V, 10 / 257 f.
[5] IV, 26 / 10 ff.

herausgefordert, daß zu den vielen katholischen Kirchen noch eine dazukam, die Jesuitenkirche. Sie ersetzte die Kapelle, in der die Jesuiten auf ihrem neuerworbenen Grundstück Gottesdienst feierten. Da sie aber auf ihrem Begräbnisplatz stand, wurde sie dem Erzengel Michael geweiht und damit eine dem protestantischen Denken fremde Tradition bewahrt, für die heute San Michele in Venedig das bekannteste Beispiel ist. Wird doch der Erzengel, der die untreuen Engel vertrieben hat, in der Messe für die Verstorbenen als der *Bannerträger* angerufen, der die Verstorbenen *in das heilige Licht* geleitet[1].

St. Michael wurde auch der Patron der neuen Kirche. Die Grundsteinlegung 1618 war eine Gelegenheit, Lehrer und Schüler des Kollegs in einer Prozession vorzustellen.

Die Not des Aachen zwar verschonenden, aber kostspieligen Krieges behinderte 1641 nicht die Errichtung einer Vorhalle und 1647 der Josephskapelle für St. Michael[2]. Ein anderes Projekt hat aber die Not des Krieges nicht Wirklichkeit werden lassen. St. Foillan einen Glockenturm zu geben, der diesen Namen verdient, bleibt Wunschtraum des Kirchmeisters Johannes Noppius im Jahre 1630. Nach einem Brand, so klagt er, sei St. Foillan nicht wieder zur alten Herrlichkeit gelangt, der Turm sei *gar niedrig und depres*[3].

---

[1] V, 79 / 314
[2] VI, 39 / 6
[3] I, 37 / I, 72

V.3 Kirche und Welt

V.3.1 Jesuiten

Die Beziehungen von Kirche und Welt führten in der Zeit protestantischer Reformation und katholischer Reform nicht nur zu einer bedeutsamen Perspektive neben anderen, sondern sie bestimmten letztlich das kirchliche Geschehen. Weltliche Methoden und weltliche Ziele erklären, daß 1614 und endgültig 1648 St. Foillan eine katholische Kirche blieb und Aachen wieder als katholische Stadt angesehen wurde, ein Ruf, der sich bis ins 20. Jahrhundert hinein erhalten sollte. Doch nicht nur in Madrid, Wien, Paris und Den Haag wurden wegen Aachen die Steine auf dem Spielbrett der Politik gesetzt, sondern auch die in Aachen sich gegenüberstehenden Parteien bedienten sich weltlicher Mittel. Während aber die Protestanten hier zum politischen Kalkül im kleinen nicht anders griffen als die Staaten im Großen, gab es auf der katholischen Seite alte und neue Mischformen weltlich-kirchlicher Art, die Protestanten mit besonderem Widerwillen erfüllen mußten. Mit neuen Methoden traten ihnen die Jesuiten an St. Michael entgegen, mit alten das Sendgericht an St. Foillan.

Den Jesuiten ging es darum, alle gesellschaftlichen Bindungen, vordringlich Familie, Verwandtschaft und Beruf, der Sicherung und Stärkung der Kirche unterzuordnen[1]. So sahen es jedenfalls die Aachener Protestanten, die sich 1611 bei dem katholischen Stadtregiment darüber beschwerten, daß es aufgrund von *gefährlichen Socitäten* (gemeint sind die Kongregationen), mittels derer die Jesuiten vor allem im politischen Leben der Stadt einflußreiche Persönlichkeiten an sich bänden, dem Bürger geschehen könne, *wan man meinet, das man mit seinen freunden und verwandten handele, das man mit seinen feinden zu thuen habe*[2]. Ob das 1611 ganz der Wahrheit entsprach, ist nicht zu belegen. Sicher ist, daß 1627 Kongregationsmitglieder gegen katholische Bürger auftraten, die wegen ihrer Fähigkeiten Chancen hatten, in den Stadtrat gewählt zu werden. Sie galten als kirchenpolitisch unzuverlässig, und man befürchtete, daß sie den Protestanten entgegenkommen wollten. Gegen familiäre Bindungen

---

[1] V, 44 / 275; V, 66 / 219
[2] zit.V, 60 / 220; V, 26 / II, 77; I, 37 / II, 224

gehen Jesuiten an, wenn sie Schüler zur Glaubensentscheidung und junge Erwachsene zur katholischen Eheschließung ohne Wissen der Eltern und gegen ihren Willen aufrufen[1].

Die Protestanten bleiben dagegen bei einer auch den Katholiken vertrauten konservativen Grundhaltung und folgen hinsichtlich des Rechts der Eltern bei der Eheschließung ihrer Kinder einer klaren Aussage Martin Luthers.

V.3.2 Geistliches Gericht

Das Sendgericht war durch seine entwürdigenden Strafen schon im 15. Jahrhundert in Mißkredit gekommen und Thema von Beschwerdeschriften geworden, die der Reichstag nach Rom weiterleitete[2]. An vielen Orten verschwand es noch vor der Reformation. In Aachen aber nimmt es mit dem Auftreten der ersten Protestanten an Bedeutung zu, mit dem Stadtregiment nach Weg und Ziel verbunden. Solange dieses mehrheitlich katholisch war, bediente es sich seiner als Stütze in dem Bemühen, die öffentliche Ausübung einer protestantischen Konfession zu unterbinden.

Der überlieferte und in Aachen kaum in Abrede gestellte hohe Rang des Sendgerichts mag dazu beigetragen haben, daß die Protestanten das Gebot des *Sendbesuchs* achteten und sich als Angeklagte an die Satzung hielten[3], auch wenn sie in Punkten der Klage gerade solche Handlungen sahen, zu denen sie sich im Gewissen verpflichtet sahen. Vielleicht waren sie sich dessen bewußt, daß die niederländischen Kalviner gegen das peccatum plane manifestum - die öffentliche Sünde - ebenso vorgingen und gerade die Ausübung einer nicht erlaubten Religion ahndeten. Nicht anders handelten lutherische Gemeinden, wenn sie Luthers Weisung zum 8. Gebot in seinem Katechismus beachteten: *Wo aber die Sund gantz öffentlich ist, das Richter und yderman wol weis, so kanstu yhn on alle Sund meiden und faren lassen, als der sich selbs zuschanden gemacht hat, dazu auch öffentlich von yhm zeugen. Denn was offenbar am tag ist, da kan kein affterreden noch falsch richten odder zeugen sein. Als das wir itzt den*

---

[1] V, 10 / 262
[2] IV, 53 / I, 37
[3] IV, 25 / 120; V, 10 / 217 f.

Bapst mit seiner lehre straffen, so öffentlich ynn büchern am tag gegeben und ynn aller welt ausgeschryen ist. Denn wo die synd öffentlich ist, sol auch billich öffentliche straffe folgen, das sich yderman dafur wisse zu hüeten.[1]

Zuerst mußten Wiedertäufer in St. Foillan Rede und Antwort stehen, die geradezu die gesellschaftliche Ordnung insgesamt herausforderten und dem weltlichen Gericht auf Leben und Tod ausgeliefert wurden[2]. Nicht um Kopf und Kragen ging es, wenn Protestanten die Taufe in der Taufkapelle verweigerten und ihre Kinder verbotenerweise zu Hause tauften. So hartnäckig sie kirchlichen und städtischen Geboten entgegenhandelten, so entschieden blieb das Sendgericht bei seiner Linie[3]. Die Taufbücher dürften ergeben, daß das Sendgericht wie in anderen Gemeinden, katholischen wie protestantischen, durch den Taufzwang auch eine Vornamenregelung erreichte, im katholischen Aachen also eine Beschränkung auf neutestamentliche und Heiligennamen[4].

Das Sendgericht scheute nicht davor zurück, das überlieferte Vertrauensverhältnis zwischen Hebammen und Familien der Neugeborenen grundsätzlich schon bei der beruflichen Zulassung aufzulösen. Die Hebammen wurden vom Erzpriester eidlich verpflichtet, alle unehelich geborenen Kinder mit dem Namen des Vaters und der Mutter und deren Wohnung, Stand, Beruf und Konfession anzuzeigen und durchzusetzen, daß alle Neugeborenen in der Taufkapelle getauft wurden, notfalls die Nottaufe zu erteilen und diese zu melden. Die Möglichkeit, über die Hebammen Unrecht aufzuspüren, führte dazu, daß dem Erzpriester dieses durchaus weltliche Amt unterstellt wurde. Er hatte darauf zu achten, daß die Hebammen reichen wie armen Frauen *haß- und neidlos* beistanden, selbst unter eigener Lebensgefahr. Von armen Frauen sollten sie keine Bezahlung fordern, von reichen um so mehr[5].

Andere Anklagen nannten Verstöße gegen spezifisch katholische, vom Stadtregiment unter Strafe gestellte Forderungen: Heirat in *geschlossener Zeit*, im wesentlichen in den Fastenzeiten vor Weihnachten und vor Ostern, Mißachtung der Fasten- und Abstinenzpflicht und

---

[1] V, 73 / 60 f.
[2] s. o. ; IV, 25 / 110
[3] V, 10 / 63
[4] IV, 16 / 127
[5] I, 37 / I, 125; IV, 25 / 34; V, 26 / III, 555 ff.; V, 66 / 218 f.

der Feiertage, vor allem aber *Winkelpredigten* genannte Gottesdienste in Privatwohnungen. Dabei wird viele Protestanten die Geldstrafe weniger belastet haben als die erzwungene Annahme des Urteils und die Anerkennung einer von ihnen nicht mitgetragenen öffentlichen Ordnung[1]. Schwerer noch waren sie getroffen durch *geistliche* Strafen, die im Unterschied zu den ehrenrührigen Strafen nach wie vor verhängt wurden: Anhören von Predigten, Teilnahme an Prozessionen und Wallfahrten[2]. *Sepultura asini - Eselsbegräbnis* wurde die Bestattung außerhalb des Kirchhofs genannt, am 17.8.1561 vom Sendgericht als Strafe für alle verkündet, die den Empfang der Sakramente vor ihrem Tode verweigerten. Sie sollten *einem Vieh gleich begraben und wie im Leben, also auch im Tode von der katholischen Gemeinde abgesondert werden*[3]. Es muß immer wieder zu heimlichen Bestattungen auf Kirchhöfen gekommen sein; einmal ordnet das Sendgericht die Exhumierung an, ein anderes Mal verurteilt es eine Witwe zu einer Geldstrafe, erläßt es ihr aber, die Leiche ihres Mannes auszugraben[4].

Das Konzil von Trient wollte dem Bischofsamt gegenüber lokalen Institutionen wieder mehr Befugnisse geben. Folglich hätte der Bischof von Lüttich das Geistliche Gericht übernehmen und von ihm eingesetzte Richter unter seiner Aufsicht arbeiten lassen sollen. Doch in Aachen wie in dem ganzen katholischen Europa ließen in Trient verlangte Reformen auf sich warten, in Deutschland hauptsächlich wegen des Einsatzes aller Kräfte, gerade auch der gewohnten und eingefahrenen, gegen die Protestanten. So fiel auch der Bischof von Lüttich dem Send in Aachen nicht in den Arm[5]. Unter dem protestantischen Stadtregiment von 1581 an praktisch ausgeschaltet, wurde es nach 1598 wieder voll tätig, und statt sich auf Konzilsbeschlüsse zu stützen und Nein zu sagen, schickte der Bischof von Lüttich Weihbischof Andreas Strengnart nach Aachen, um mit Erzpriester Johannes Ellerborn den Neuanfang des Sends in St. Foillan zu feiern[6]. Statt der in Trient vorgesehenen neuen Gremien trat den Aachenern ihr Sendgericht als die Institution entgegen, die im Sinne der Konzilsbe-

---

[1] V, 46 / 52; IV, 25 / 121
[2] V, 10 / 220
[3] I, 4 / I, 267; I, 37 / 184
[4] IV, 25 / 123
[5] V, 49 / 198
[6] I, 37 / 1, 212

schlüsse Taufe, Ehe, Begräbnis, Sonn- und Feiertagsheiligung, Fasten, Abstinenz und Unterricht regelt und überwacht[1].

Für St. Foillan war besonders bedeutsam die Residenzpflicht der Seelsorger; nicht daß der Erzpriester und sein Vizekurat dagegen verstoßen hätten, sondern weil der Erzpriester eine wichtige Folgerung nannte: Wenn laut Konzilsbeschluß vom 15.7.1563 die Residenzpflicht aus göttlichem Gebot herzuleiten ist[2], dann hat der Unterhaltsträger, das ist für St. Foillan die Stadt, besser als bisher für Haus und Garten des *Pastors* zu sorgen, und die genannte Erwerbung eines Pastorats ist wohl zu einem Teil auf die Initiative des Erzpriesters zurückzuführen[3].

Auch unmittelbar politisch handelte Johannes Ellerborn als Send-Vorsitzender, als er 1581 durch einen Schachzug des protestantischen Stadtregiments funktionsunfähig wurde. In Eingaben an den Kaiser stellte er die Bildung eines mehrheitlich protestantischen Stadtrats als nicht verfassungsmäßig hin und forderte damit einen Eingriff zur Wiederherstellung der alten Ordnung. Aber erst 1593 sprach sich die Reichsacht in diesem Sinne aus, und jetzt war es wieder Ellerborn, der auf die Vollstreckung drängte[4].

Einmal wieder fest im Sattel, behielt das Sendgericht Funktion und Autorität, als das katholische Stadtregiment fast 200 Jahre unangefochten bestehen blieb und Prozesse gegen Protestanten immer seltener wurden. Eine neue Aufgabe lenkte auf seinen Ursprung zurück: Im 30jährigen Krieg stieg die Zahl der Sittlichkeitsdelikte, vielleicht durch langjährige spanische Besatzung ausgelöst. Wachsende Streitlust führte zu Verleumdungs- und Beleidigungsklagen, und wie kaum jemals vorher ging es um Schandtaten Jugendlicher[5].

V.3.3 Städtische Politik 1544-1648

Die Jesuiten faßten erst dann in Aachen Fuß, als sie nach 1598 annehmen konnten, daß ein katholisches Stadtregiment endgültig hinter

---

[1] V, 26 / 22; V, 10 / 110 / 218, 316 ff.; IV, 51 / 51; V, 49 / 198 f.
[2] I, 36 / I, 348
[3] I, 25 / 126; V, 45 / 46
[4] I, 25 / 126; V, 45 / 46
[5] V, 74 / 63 f.

ihnen stehen würde; und das Sendgericht wirkte nur solange, wie das Stadtregiment mit ihm denselben Weg ging. Für Aachen wie für alle Gemeinden Europas gilt, daß letztlich nicht die Überzeugungskraft der theologischen Kontrahenten und die persönliche Entscheidung der einzelnen Christen die konfessionelle Aufteilung bestimmt haben, sondern der Wille der Machthaber. Sie müssen zwar Rücksicht nehmen auf Glauben und Überzeugung der Machtlosen oder weniger Mächtigen, doch sie setzen die Steine in dem politischen Spiel, das Aachen von 1544 bis 1648 in Atem hält.

Mehrmals glaubten die jeweils im Rathaus dominierenden Herren, selbst die Steine setzen zu können. Wenn auch 1656 beim Stadtbrand der weitaus größte Teil der städtischen Akten verlorengegangen ist und deshalb die ersten Aachener Geschichtsschreiber und zugleich die letzten, die diese Akten einsehen konnten, auf die Perspektive der Zeit nach 1614, nach der Wiederaufrichtung eines katholischen Stadtregiments, beschränkt sind, so ergibt sich doch ein hinlänglich deutliches Bild der Vorgänge[1].

1544

Im Unterschied zu weiten Teilen Deutschlands und der Aachen benachbarten Niederlande blieb es hier bei einzelnen Maßnahmen gegen Wiedertäufer und neugläubige Prediger, die aus verschiedenen Richtungen nach Aachen kamen, ohne daß es zwischen den Aachenern selbst zu einer konfessionellen Kontroverse gekommen wäre[2]. Stetig nahm aber die Zahl der aus den Niederlanden kommenden Neugläubigen zu, und am 8.10.1544 erhielten 25 bis 30 im Textilgewerbe tätige Niederländer mit ihren Familien die offizielle Genehmigung des Stadtrates für Wohnung und Arbeit in Aachen.

Dieser Tag ist der erste von acht Wendepunkten, die Phasen beenden bzw. beginnen lassen, in denen das Leben die Bahnen einhält, die an diesen Punkten festgelegt werden[3].

Die Exulanten kamen aus dem Artois und aus Westflandern, einer gewerblich hoch entwickelten Region, in der Luthertum und Kalvi-

---

[1] V, 98 / 32
[2] V, 49 / 186
[3] V, 39 / 259

nismus bereits Fuß gefaßt hatten. Karl V. sah sich schon 1521 genötigt, in Edikten neugläubige Religionsausübung zu verbieten. Es ist nicht sicher, ob die 1544 vom Stadtregiment aufgenommenen Neubürger geflüchtet waren, um ihren neuen Glauben ungehindert leben zu können. Der Rat entgegnete seinen Kritikern, die den katholischen Charakter der Stadt bereits gefährdet sahen, alle Immigranten müßten ein Leumundszeugnis der Obrigkeit ihres Heimatortes vorlegen[1]. Bereits in Aachen wohnende und bisher stillschweigend geduldete Nichtkatholiken dürften den Neuankömmlingen den Weg geebnet haben, und der Rat war daran interessiert, Aachen von dem überlegenen wirtschaftlich-technischen Können der Niederländer profitieren zu lassen. Zudem warb er nach dem Tod vieler Aachener bei einer Seuche im Jahre 1542 um Neubürger; so wurde auch Juden das Wohnrecht gegeben[2].

1559

Die zweite Szene spielt im Juli 1559 auf dem Reichstag in Augsburg. Die Aachener Protestanten Goswin von Zevel und Arnold Engelbrecht legen eine Petition mit den Unterschriften von 24 Ratsherren, darunter fünf Verwaltungsbeamten und 63 *alteingesessenen* Bürgern vor[3]. Der Inhalt ist die Klage darüber, daß das Stadtregiment ihrem Verlangen nach dem Recht der öffentlichen Religionsausübung nicht nachgekommen sei, ihnen keine der vielen Aachener Kirchen überlassen und ihnen nicht erlaubt habe, einen Prediger anzustellen. Dabei berufen sie sich auf den Augsburger Religionsfrieden von 1555, der allen Reichsstädten auferlegt habe, lutherischen wie katholischen Bürgern die öffentliche Religionsausübung zu ermöglichen.
Daß dieser spektakuläre Auftritt eine neue Phase beginnen läßt, ist zunächst nicht erkennbar. Die beiden Aachener knüpfen zwar Kontakte mit lutherischen Fürsten, doch im Reichstag erreichen sie nichts. Kaiser Ferdinand I. verbietet der Stadt Aachen, irgendwelche

---

[1] V,68 / 30
[2] V,68 / 28 ff.
[3] V,56 / 73 f.; V,68 / 43 f.

Änderungen in den religiösen Verhältnissen vorzunehmen; eine Kommission werde die Sachlage prüfen[1].

Wie konnte aber in 15 Jahren aus den wenigen bereits ansässigen Nichtkatholiken und den Immigranten von 1544 ein zur politischen Aktion fähiger Teil der Bürgerschaft werden, vertreten in Rat und Verwaltung? Offensichtlich standen die beiden Delegierten vor dem Reichstag in dem Bewußtsein einer Stärke, die sich sogar auf die Meinung eines Teils der Aachener Katholiken stützen konnte. Wie auch andernorts im katholisch gebliebenen Deutschland hielten sie einen Machtwechsel für unabwendbar. So hatte das Münsterstift vorsorglich den Inhalt seiner Schatzkammer in Sicherheit gebracht[2], was wohl kaum geheim geblieben war und deshalb Aachen gespannt in die Zukunft blicken ließ.

Dabei hatte es an Widerstand gegen diese Entwicklung nicht gefehlt. Vier Wochen nach der Aufnahme der *Güsen* - Geusen, deutsch *Bettler* - beschwerte sich Claeß Clermont öffentlich über die Einwanderungspolitik des Rates und wurde deshalb verhaftet. Am 15.11.1544 durfte er vor dem Rat seine Meinung sagen. Er erklärte, die Lutherischen hätten sich bei einer Sakramentsprozession ostentativ vom Markt entfernt. Der Rat widersprach dem nicht, revidierte aber auch nicht seine Entscheidung. Das scharfe Vorgehen gegen seinen Kritiker - Clermont mußte um Gnade bitten, bevor er am 13.11.1544 das Graßhaus verlassen durfte - ließ mehr und mehr Neugläubige aus den Niederlanden hoffen, in Aachen freie Ausübung ihrer Religion zu finden[3].

Nicht der Kaiser, der Herzog von Jülich forderte das Stadtregiment zu einem schärferen Vorgehen auf. Schon vor 1544 hatte ihn der Erzpriester an St. Foillan über die Zunahme der Neugläubigen informiert. Er sann auf Abhilfe, da er selbst gegen Wiedertäufer in seinen Lande rigoros vorging und diese nicht nach Aachen flüchten sollten. Mit ihm einig, sprach das Sendgericht Urteile gegen Nichtkatholiken aus, die statt einer Strafe katholisches Praktizieren erzwangen[4].

In aller Deutlichkeit stellt der Herzog dem Kaiser die heraufziehende Gefahr vor Augen[5], wohl wissend, wie dieser selbst als Landesherr in

---

[1] 1,31 / 258; V, 66 / 96 f.
[2] V, 68 / 52
[3] V, 68 / 32
[4] V, 68 / 36; V, 68 / 97, 7.5.1545
[5] V, 68 / 38

den Niederlanden gegen alle Neugläubigen vorging und daran interessiert sein mußte, daß Flucht und Abwanderung aus flämischen Städten gebremst wurde. Doch Karl V. überläßt seinem bereits für Deutschland zuständigen Bruder Ferdinand die notwendigen Maßnahmen. Der aber ist auf Ausgleich bedacht, läßt eine Kommission die Beschwerden prüfen, und trotz eines Protestes der Regierung in Brüssel kommt es zu einer für die Neugläubigen insgesamt günstigen Lösung: Auswanderer werden nur noch mit Genehmigung der Obrigkeit ihrer Heimatstadt aufgenommen und erhalten erst nach sieben Jahren Bürgerrecht. Damit sind aber die Ankömmlinge von 1544 und früher Neubürger und nehmen an der Ratswahl von 1551 teil. Der neue Rat - mit einer nicht bekannten Zahl neugläubiger Mitglieder - verlegt sich auf eine Balancepolitik. Einerseits kann eine Schlüsselfigur der Neugläubigen, Adam Zevel, Bürgermeister werden, andererseits erklärt der Aachener Gesandte auf dem Augsburger Reichstag von 1555 hinsichtlich der Durchführung des Religionsfriedens, Aachen werde beim katholischen Glauben bleiben, d. h. in der politischen Sprache der Zeit, es werde den Protestanten keine öffentliche Religionsausübung gestattet[1]. Dementsprechend wird am 26.1.1556 ein Antrag auf Zulassung eines Predigers abgelehnt. Wenig später erreicht es aber Bürgermeister Zevel, daß ein Prediger, der Winkelpredigten gehalten hatte, auf einem Kirchhof in der Stadt beerdigt wird[2].
Die an Zahl und Bedeutung in Aachen zunehmenden Neugläubigen flüchteten einerseits ihres Glaubens wegen, erst recht, als Philipp II. 1556 seinem Vater nachgefolgt war und sofort eine schärfere Gangart erkennen ließ, andererseits trauten sie sich zu, geschäftlich und gewerblich neu anzufangen. Wahrscheinlich haben Flucht und Neuanfang ihre unternehmerischen Fähigkeiten noch erhöht[3]. Dabei weckten sie in Aachen kaum Neid, sondern zumindest in den wirtschaftlich verwandten Kreisen der größeren Handwerksbetriebe und der Fernkaufleute Hilfe, Anerkennung und Geschäftsfreundschaft[4].
Ihr gewohntes Gemeindeleben konnten sie in Aachen im wesentlichen fortsetzen, nach innen um die Sicherung der religiösen Praxis bemüht, nach außen um Mission. Geübt im Reden im Rahmen einer

---

[1] I, 12 / II, 144; V, 20 / 240; V, 46 / 24 ff.
[2] IV, 25 / 124
[3] V, 44 / 149
[4] V, 38 / 239; V, 39 / 260; V, 55 / 305; V, 66 / 3

gemeindlichen Demokratie, waren sie katholischen Laien und manchem Priester überlegen und gewannen damit viele Mitbürger für sich[1], politisch hoch bedeutsam bei den Wahlen zum Stadtrat. Mit logischem Denken und einem auf die Praxis ausgerichteten Verstand kamen sie einer bürgerlichen Mentalität entgegen[2].
Dem innenpolitischen Bodengewinn entsprach der außenpolitische. Die Neugläubigen erhielten schon vor ihrem Auftritt in Augsburg 1559 Unterstützung von lutherischen Fürsten, weil diese in den Aachenern *Glaubensverwandte* sahen und nicht Kalviner. Wahrscheinlich haben sie bewußt diesen Eindruck geweckt, wenn sie der Obrigkeit, also Rat und Verwaltung in Aachen, in allen ihren Verlautbarungen Gehorsam und Ehrerbietung erwiesen. Auch die starke Betonung ihres Verlangens nach öffentlicher Religionsausübung, nach einer Kirche, möglichst zentral gelegen wie St. Foillan, entspricht eher einer lutherischen Gesinnung. Von kalvinischer Religionsausübung setzen sie sich deutlich ab, wenn sie Konventikel und Winkelpredigten, *der Puritaner dumpfe Predigtstuben*, wie es bei Schiller, Maria Stuart 1,6 heißt, ablehnen. Aus diesen Gründen senden lutherische Fürsten den Aachenern als ihren *Glaubensverwandten* ein Gutachten, das vier Beisitzer des Reichskammergerichts in Wetzlar erstellt haben; es weist nach, daß ihnen aufgrund des Augsburger Religionsfriedens die öffentliche Religionsausübung zusteht. Mit einem Empfehlungsschreiben sollen sie es dem Stadtrat überreichen. Von dessen mehrheitlichem Nein nicht entmutigt, wenden sie sich erneut an die lutherischen Reichsstände und erreichen, daß diese lic. jur. Wenzel Zuleger zum Herzog von Jülich schicken[3]. Nach der Information, die der Herzog kurz danach dem Stadtrat gibt, schlug Zuleger das Thema an, für das der Herzog zuständig war, St. Foillan. Die Argumentation ist lediglich zu rekonstruieren: Statt die von den Reformpäpsten eng gezogenen Grenzen des Patronatsrechts zu beachten, sprach Zuleger das uralte Eigenkirchenrecht an und erwartete, der Herzog werde den Neugläubigen St. Foillan in eigener Machtvollkommenheit überlassen, wenn er nichts an Macht und Einfluß verliere, wenn er also statt des Erzpriesters künftig einen Prediger als seinen Mann in Aachen betrachten könne.

---

[1] V, 66 / 169 ff.
[2] I, 13 / II, 138; I, 34 / 465; I, 37 / 170; V, 40 / 45; V, 66 / 161 / 163
[3] I, 12 / II, 147 ff.; 25.6.1559

Zuleger wendet sich nach dem entschiedenen Nein der herzoglichen Beamten an den Rat in Aachen und erhält von ihm dieselbe Abfuhr[1].
Die Aachener Neugläubigen lassen sich durch dieses zweimalige Nein nicht entmutigen. Mit den lutherischen Fürsten sind sie der Meinung, daß der *Geist* des Augsburger Religionsfriedens für sie spreche[2]. Aber noch sprach der Buchstabe des Augsburger Religionsfriedens gegen diesen *Geist*, und auch die genannten lutherischen Experten im Reichskammergericht haben das nicht widerlegen können. Nicht von Luthers *Freiheit des (einzelnen) Christenmenschen* ist hier die Rede, sondern von der Freiheit der Reichsstände, für ihre Gebiete die Konfession zu bestimmen. Reichsstädte waren aber ausgeschlossen, gerade weil hier kein Herr über *Untertanen* bestimmen konnte, sondern, wenn überhaupt, der Kaiser der Herr war[3]. Wohl erkannte der Kaiser eine Gleichberechtigung einer lutherischen und einer katholischen Religionsausübung in den Städten an, wo sie bereits bestand, doch die spätere Übernahme dieser Regelung - so von den Aachener Delegierten gefordert - war nicht vorgesehen.

1574

Den dritten Wendepunkt in dem 100jährigen Ringen um das konfessionelle Gesicht Aachens enthält der Ratsbeschluß vom 23.7.1574: *Auf den Herren Bürgermeistern und Rath gethanes sonderbare (d. h. ausdrückliche) Vertrösten und Zusagen: in Religionssachen keine Erneuerung oder Änderung einzuführen oder einführen zu lassen, haben ein ehrbarer Rath und gemeiner Gaffeln Geschickte (Abgeordnete der Zünfte) um verhofften friedlichen Lebens willen vergönnt und zugelassen, daß die zum Rath erwehlte Bürger so sie entweder der alten katholischen Religion oder aber der Augsburgischen Konfession, und also keinen verbottenen Sekten zugethan, für nächste (Zeit) des Rathes Zusammenkunft hierzu belassen werden sollen.*[4]

---

[1] I, 12 / II, 147; I, 34 / 453; V, 26 / 124f.; V, 27 / 25; V, 54 / 33
[2] IV, 16 / 17
[3] V, 68 / 16
[4] I, 34 / 464

Zunächst scheint dieser Text gegenüber der politischen Situation der Neugläubigen nach 1559 nichts Neues zu bieten, denn schon damals hatten sie Sitz und Stimme im Stadtrat. Doch was stillschweigend akzeptierte Konsequenz des ihnen gewährten Bürgerrechts war, wird jetzt ausdrücklich als rechtens anerkannt.

Zweitens scheint nicht viel erreicht zu sein, weil selbst eine Ratsmehrheit durch eine Art Grundrechtsartikel daran gehindert wird, *in Religionssachen eine Neuerung oder Änderung einzuführen*. Tatsächlich zeigten aber die Neugläubigen schon nach 1559 kein Interesse mehr an St. Foillan, wohl wissend, daß öffentliche Religionsausübung alle ihre Gegner gegen sie vereinen würde, Wien, Madrid und Jülich. Sie begnügten sich wieder mit Hausgottesdiensten und nahmen es in Kauf, daß die Gegenseite ihnen *nächtliche Schwärmereien"* und *"Winkelpredigten* vorhielt[1].

Drittens: Nur die *Augsburger Konfessionsverwandten*, also die Lutheraner, sind zugelassen. Bei drei kalvinischen und einer lutherischen Gemeinde[2] waren aber die Kalviner nicht nur in der Mehrzahl, sondern waren als die politisch Engagierten in den Rat gelangt und kamen allem Anschein jetzt auch wieder hinein; denn wie das Bekenntnis geprüft werden sollte, wurde nicht festgelegt.

Spezifisch politische Tugenden hatten zu diesem Erfolg geführt: Durch Rückschläge sich nicht entmutigen lassen, Wünsche und Schwächen des Gegners einkalkulieren, bedrohliche, aber nicht handelnde auswärtige Mächte nicht berücksichtigen in der Hoffnung auf eine Wandlung der Dinge. Im Hinblick auf die unmittelbare Nachbarschaft der spanischen Niederlande bewährte sich 1574 die zuletzt genannte Tugend, erwies sich aber 24 Jahre später als Untugend, wie noch zu zeigen ist.

Der andere Nachbar, der Aachen in den drei anderen Himmelsrichtungen umschließt, der Herzog von Jülich, ist anders als der spanische Nachbar hinter dem Aachener Wald durch nichts behindert, unablässig dem Protestantismus in Aachen entgegenzutreten. Nach wie vor sind seine politischen Interessen für St. Foillan und ganz Aachen ausschlaggebend, und deren Eigenart nicht erkannt zu haben, war der Fehler der lutherischen Fürsten 1559 gewesen. Die ihm verpfändeten königlichen Ämter und Befugnisse in Aachen wären hinfällig, wenn

---

[1] I, 34 / 465
[2] V, 59 / 210

die bestehende, allein der alten Kirche dienende Ordnung aufgelöst würde. Verlieren würde er den Erzpriester als Mann seines Vertrauens, ob dieser im Sendgericht agierte oder die geistliche Aufsicht über die Aachener Priester ausübte. Dasselbe gilt für die Präsentation der Stiftspröpste am Münster und an St. Adalbert und des für Schule und Unterricht verantwortlichen Scholasters. Sicher sah man in Jülich so gut wie in Aachen, daß ein gleiches Recht für alle in der öffentlichen Religionsausübung unter den geltenden Bedingungen höchst ungleich war: Es wäre der sichere Weg gewesen, die Mehrheit der Aachener Bürger für den neuen Glauben zu gewinnen. Insbesondere das Sendgericht würde zu einem Fremdkörper werden und verschwinden[1].

Dabei übte der Herzog in seinen eigenen Landen eine gewisse Toleranz, maßgeblich von seinem Kanzler, dem erasmianisch gebildeten Johannes Vlatten vertreten[2]. Derselbe Vlatten, zugleich Propst des Münsterstifts in Aachen, erwartete aber in den Aachener Kalvinern keineswegs die gleiche Friedfertigkeit und forderte den Kaiser auf, das Münsterstift und seine Privilegien vor den *Sektierern* zu schützen[3].

Auch ging der Herzog energisch vor, wenn es sich um Aachen handelte. Am 14.11.1564 ließ er im Hause des Herrn von Palandt in Nothberg Kalviner verhaften, die von Aachen gekommen waren, um den in diesem Hause regelmäßig gehaltenen kalvinischen Gottesdienst zu besuchen[4]. Beständiger als Wien und Madrid übte er Druck auf das katholische Stadtregiment aus und bewirkte, daß am 7.3.1560 alle Niederländer ausgewiesen wurden, die nicht bereits das Bürgerrecht erlangt hatten[5]. Protestanten wurden von städtischen Ämtern ausgeschlossen, nachdem zwei Amtsinhaber der Verhandlung mit den Lutherischen Reichsständen überführt worden waren[6]. Auch die Stunde des Wortführers der Neugläubigen, Adam von Zevel, hatte geschlagen. Nachdem er gegen die Ausweisung der Niederländer am 7.3.1560 gestimmt hatte, sah er sich genötigt, zurückzutreten. Damit nicht genug, wurde er - der Vater des einen der beiden Delegierten

---

[1] V, 68 / 48
[2] IV, 64
[3] IV, 16 / 116; V, 8 / I, 11; V, 20 / 241; V, 60 / I, 363
[4] V, 4 / 84 ff.
[5] V, 11 / 291; V, 66 / 73
[6] V, 4 / 82

von 1559 - wegen Mitverantwortung für das Vorgehen in Augsburg am 31.5.1560 verbannt.

Diese Rückschläge entmutigten die Neugläubigen nicht, sondern ließen sie um so deutlicher die Möglichkeit eines Wiederaufstiegs erkennen. Einmal erlahmte nach dem Sturz Zevels der Vorstoß der Gegenseite in Aachen, und es war damit zu rechnen, daß das wieder katholisch gewordene Stadtregiment zu seiner toleranten Praxis der Jahre nach 1544 zurückkehren würde. Es war nur allzu deutlich, daß es unter dem wandelbaren Druck von außen handelte. Wenn nicht im Wortlaut der Beschlüsse, so doch in ihrer Ausführung konnten die Neugläubigen erkennen, daß es die Gegenseite mit ihnen auf die Dauer nicht verderben wollte. Wahrscheinlich wurde schon bald auf einen Nachweis der Konfession bei der Übernahme städtischer Ämter verzichtet[1]. Es dürfte ein neugläubiger Bürgermeister gewesen sein, der im April 1563 *mit vielen Bürgern im Chor des Augustinerklosters unter beiden Gestalten die Osterkommunion empfangen hat*, wie es im Jahresbericht der Jesuiten heißt[2].

Das Sendgericht sah sich mehr und mehr alleingelassen. Gegenüber einer vom Stadtregiment geduldeten Praxis ließ es in den Pfarrkirchen verkünden, daß jeder Bürger nach den Geboten der katholischen Kirche zu leben habe. Wenn er ohne den Empfang der Sakramente sterben würde, sollte er *einem Viehe gleich begraben und wie im Leben, also auch im Tode von der katholischen Gemeinde abgesondert werden*[3].

Daß die Luft in Aachen anders wurde, zeigte sich darin, daß der Schöffenstuhl 1567 Erzpriester und Sendgericht vor den Kopf stieß, indem er Testamentssachen an sich zog, für die nach mehrfach verbrieftem Recht das Sendgericht zuständig war, und es auf einen Rechtsstreit ankommen ließ. Gerade in diesem Punkte wollte man den Neugläubigen entgegenkommen: Testamentssachen waren die einzigen geblieben, die sie zwangen, selbst das Sendgericht anzurufen, das sie sonst wie die Pest mieden[4].

Die Katholiken, die nach 1559 dem Vordringen der Protestanten entgegentraten, standen von vornherein auf einem unsicheren Funda-

---

[1] VI, 39 / 11
[2] 16 / 467
[3] I, 34 / 460
[4] IV, 65 / 378

ment, das Karl V. bereits 1556 mit seiner Abdankung verlassen hatte. In dem Augsburger Religionsfrieden von 1555 sah er das Scheitern seines Lebenswerkes, der Wiedererrichtung eines katholisch verstandenen Römischen Reiches. Er machte seinem Bruder Ferdinand den Weg frei zu einem auf *die deutsche Nation* begrenzten Kaisertum, und seinem Sohn Philipp zu einem nationalstaatlich verstandenen Königtum in Spanien. Als Onkel und Neffe verbunden, standen die beiden Nachfolger im Hinblick auf die Überwindung der Glaubensspaltung im größten Gegensatz. Das mußte Nuntius Hosius erfahren, als er im Januar 1561 erst nach vier Tagen zäher Verhandlung mit dem Kaiser aufatmen und Karl Borromaeus nach Mailand schreiben konnte: *Aquisgranenses sunt extra omne periculum ... - Die Aachener sind außer jeder Gefahr; denn in den Städten und Ländern, die vor dem sog. Religionsfrieden katholisch waren, ist nicht verboten, Häretiker aus ihrem Gebiet zu vertreiben*[1]. Doch in Aachen blieb es bei der Ausweisung derer, die noch kein Bürgerrecht erhalten hatten. Daß die Neugläubigen von diesem Kaiser wenig zu befürchten hatten, war offenkundig, auch nicht 1564 von Maximilian II. Man wußte von ihm, daß er als Erzherzog in Ober- und Niederösterreich dem niederen Adel gestattet hatte, die Augsburger Konfession anzunehmen, und in Aachen konvertierten ganze Bürger- und Patrizierfamilien[2]. Dazu trug bei, daß die wohlhabenden Kaufmannsfamilien ihre Söhne von jeher in die großen Handelsstädte geschickt hatten, in denen nunmehr das Luthertum festen Fuß gefaßt hatte[3]. Entsprechend berichtete das Münsterstift 1568 nach Rom, das Studium an Universitäten in lutherisch dominierten Städten verführe zum Ketzertum; wieder in Aachen, verbreiteten die jungen Akademiker die neuen Lehren[4].

Philipp II. begann in den Niederlanden mit einer Politik der schärfsten Intoleranz, die sich mit der Ankunft Herzog Albas 1567 noch steigerte. Viele Flüchtlinge kamen nach Aachen, von Maastricht eine ganze kalvinische Gemeinde[5]. Ihr Prediger übernahm hier die geistliche Leitung der Kalviner insgesamt[6]. 1573 erschien in Aachen eine

---

[1] V, 80 / 191
[2] V, 46 / 49
[3] V, 26 / II, 2. Abtlg. 48
[4] IV, 70 / 79 f.
[5] V, 66 / 69
[6] V, 66 / 98; V, 75 / 92

limburgische, auch für Aachener verständliche Übersetzung des Neuen Testamentes[1]. Noch bedeutsamer war der Unterricht der ersten niederländischen Schulmeister. Das alles wurde offen oder stillschweigend vom Stadtregiment geduldet, den eigenen Beschlüssen entgegen.

Vorübergehende militärische Erfolge der Aufständischen unter Wilhelm von Oranien lenken nicht etwa den Flüchtlingsstrom nach Norden. Ein Vorstoß nach Aachen endet bei Gülpen, wo sich die Stadt für 26000 Taler freikaufen kann; der Oranier hatte 50000 verlangt. Das Münsterstift zahlte davon ein Drittel[2].

1572 soll eine Ratsverordnung gegen die Aufnahme von Asylanten wohl nur die Statthalterschaft in Brüssel beruhigen, die wiederholt protestiert hat[3], aber wegen des Kampfes gegen die Aufständischen zu keiner ernsthaften Aktion fähig ist. Denn in demselben Jahr schließen sich die abgefallenen Provinzen Holland und Seeland zum gemeinsamen Kampf unter Wilhelm von Oranien zusammen. Propaganda führt zur vollen Wiedereingliederung der Neugläubigen. Sie werben mit spezifisch bürgerlichen und damit überkonfessionellen Argumenten: Im Rat ginge es um vernünftige, für die ganze Bürgerschaft vorteilhafte Entscheidungen. Darum müßten im praktischen Leben bewährte und in gutem Rufe stehende Männer in den Rat gewählt werden, ohne den ängstlichen Blick auf ihre Konfession. Nach wie vor sollten *Religionssachen* aus den Beratungen und Entscheidungen ausgeschlossen werden. Zum Wohle der Stadt müsse alles Mißtrauen, alle Spaltung verbannt und jedem Bürger die Gewissensfreiheit gesichert werden, die Gott selbst und die Natur einem jeden Menschen geschenkt habe[4]. Das alles zusammen führt zum Ratsbeschluß vom 23.7.1574.

1581

Der vierte Wendepunkt zeigt sich in der Szene vom 29.5.1581, in der erstmalig Kampfgeschrei und bedrohliche Waffen die Bühne beherr-

---

[1] I, 34 / 95; V, 66 / 98
[2] I, 12; II, 158; IV, 70 / 76
[3] V, 66 / 32 f.
[4] I, 34 / 453 f.

schen, jedoch zum Glück für Aachen nur auf der einen Seite, ohne Gegenwehr auf der anderen. Bewaffnete neugläubige Bürger und Söldner vertreiben wirkliche oder vermeintliche Gegner, Ratsherren und andere Bürger aus der Stadt, besetzen Markt und Rathaus, Tore und Stadtmauern, und es bildet sich ein Stadtregiment aus Neugläubigen und wenigen Altgläubigen, die mit den neuen Herren aus verschiedenen Gründen im Einklang stehen. Damit erweist sich der Beschluß von 1574 nicht als ein friedlicher Ausgleich, sondern als Weichenstellung hin zur Alleinherrschaft der Neugläubigen.
Sechs Wochen vorher hatte sich der Rat nach der Bürgermeisterwahl gespalten, getrennt getagt, sich verfassungsrechtlich gegenseitig blockierend. So verhinderte der katholische Bürgermeister Leonhard von Hoven die Absendung eines Schreibens an die lutherischen Reichsstädte, in denen diese wieder einmal um Unterstützung der Forderung nach Religionsfreiheit gebeten werden sollten. Er verweigerte die Herausgabe des Ratssiegels und ließ sich durch Drohungen nicht einschüchtern. Ein kaiserlicher Kommissar sollte diesen in der Geschichte der Reichsstadt einmaligen Mißstand bereinigen, doch das Ergebnis war die Neuwahl des Rates vom 25.5. mit dem für die Katholiken bisher schlechtesten Ergebnis. Nunmehr standen 80 lutherische und kalvinische Ratsherren 48 katholischen gegenüber[1].
Mit fast zwei Dritteln der Sitze repräsentierten sie rund 8000 Protestanten gegenüber rund 12000 Katholiken. Doch die rechtliche Grundlage für das Wahlsystem, der Gaffelbrief von 1450, rechtfertigte durchaus dieses Ergebnis. Er regelte im Grunde nur die Gleichberechtigung aller Bürger, die durch ihren Besitz die Möglichkeit hatten, Zeit für politische Aufgaben zu opfern, und deshalb in den Gaffeln genannten Zünften als den einzigen Wahlkörpern kandidierten[2].
Wie konnten aber nach nur sieben Jahren des passiven Wahlrechts in vielen Zünften neugläubige Bürger gewählt werden? Schon bei dem Ergebnis der ersten Wahl nach 1574 dachten katholische Herren an Wahlbetrug und baten den Kaiser für die Wahl des Jahres 1580 um Überwachung. Doch die Kommissare kamen zu spät und änderten nichts an dem weiteren Verlust der Katholiken an Sitzen im Rat[3].

---

[1] V, 11 / 297 f.; I, 37 / II, 161 f.; V, 13 / 297
[2] IV, 80 a / 317 ff., 338, 371
[3] V, 66 / 72, 81

Der Grund für den Erfolg der Neugläubigen liegt darin, daß sie unter den rechtlich günstigeren Bedingungen von 1574 nur fortsetzen, was sie 1544 begonnen haben: Ein charakterlich vorbildliches, gerade den Bürger ansprechendes Leben, wirtschaftlicher Erfolg durch Fleiß, Ausdauer, Weitsicht und Entscheidungskraft mit dem Ergebnis der *Standhaftigkeit*, politischer Stärke durch wirtschaftliche Unabhängigkeit. So kommen sie bald in den Kreis der Bürger, die schon im 15. Jahrhundert die Nutznießer des Gaffelbriefs waren, und sperren sich gegen jede Änderung des Wahlmodus[1]. Besonders die kalvinische Konfession mag zu einer Art Gütezeichen geworden sein, wenn Söhne aus begüterten katholischen Familien in der Konversion ein Mittel des politischen Aufstiegs sehen[2].
Vielleicht gewannen die Kalviner auch dadurch Stimmen, daß sie vergleichsweise geringe Zinsen forderten. Die am 9.4.1575 in Aachen tagende Synode der rheinischen Gemeinden setzte eine Kommission zur Überprüfung des Geschäftsgebarens ein und erklärte mahnend zu diesem Punkte, *daß sich ein jeder Christ nach der Liebe zu halten wissen soll*[3]. Insgesamt zeugt auch die Zahl der *gemischten Ehen* für ein wachsendes Einvernehmen[4].
Die nach 1574 in den Rat gekommenen Kalviner und Lutheraner haben sich an die Bedingung gehalten und keine *Religionssachen* in die Verhandlungen gebracht. Als der Erzpriester 1578 den Pastor von St. Peter wegen reformationsnaher Predigten und Kommunionausteilung unter beiden Gestalten absetzte, gab es weder in den Gemeinden noch im Rat einen Einspruch[5]. Weder St. Foillan noch eine andere Kirche wird in die Diskussion gebracht. Gottesdienst wird in Privathäusern gehalten[6]. Wenn Neugläubige doch wieder nach einer Kirche verlangen, lehnt der Rat pflichtschuldigst ab[7].
Im übrigen haben auch katholische Hitzköpfe keinen Erfolg. Ihre rechtlich in der Luft hängende Beschwerde darüber, daß die einflußreiche Zunft der Kupferschläger fest in der Hand der *Ketzer* sei, stößt beim Rat ins Leere[8]. Erst recht bleiben die Katholiken ohne Erfolg,

---

[1] V, 66 / 66
[2] IV, 66; V, 66 / 61
[3] V, 30 / 71, 74
[4] V, 29 / 58
[5] V, 10 / 24
[6] I, 12 / II,158 f.
[7] V, 66 / 67; V, 29 / 743; V, 11 / 296 - 26.4.1580
[8] I, 13 / II, 166 - 8.10.1580

die sich am 11.10.1574 gewaltsam Eintritt in den Ratssaal verschaffen und die Ausweisung der nicht-katholischen Ratsherren verlangen[1].

Eine ganz friedliche, von einem lebendigen Glauben getragene Aktion katholischer Laien verändert ebenso wenig. Sie nutzen 1580 die Anwesenheit einer kaiserlichen Kommission, um sie über die ihrer Meinung nach schwierige Lage unter einem mehrheitlich neugläubigen Stadtregiment aufzuklären. Nachdem schon 1577 die Fronleichnamsprozession nach deutlichem Erlahmen wiederbelebt worden ist, arrangieren sie 1580 eine große Bittprozession zur Abwendung der *Ketzerei* und legen der Kommission eine Bittschrift vor. Darin soll die Zahl der Osterkommunionen - 12000, davon 4300 in St. Foillan - demonstrieren, daß Aachen nach wie vor eine katholische Stadt sei. Man könne ihnen nicht einreden, daß erst nach 1500 Jahren das wahre Christentum erkannt worden sei und sie und ihre Väter im Irrtum gelebt hätten. Die Neugläubigen spielten mit falschen Karten, wenn sie sich auf das von Kaiser und Reich anerkannte Augsburger Bekenntnis beriefen; in Aachen sei es Deckmantel für gefährliche Sekten, den aufständischen Niederlanden entsprungen.

Eine Gruppe katholischer Frauen erklärt: Die Kommissare seien gekommen, *dat wir sollen bliven, als wir gern doen sollen, bei unserem alten catholischen Achener gelauf, wie kaiser Carll gehabt hat, dat wir mögen in uns alte kirchen und von uns catholische priester mess, predig und unser Lieber Frauen loff und ander Gottesdienst heiren und unserem lieben Herrn Gott dienen im Himmel und seinem Son Jesum Christum und dat heilige Sacrament, dat uns von ville boeren versmaet wird, und dat wir uns lief Marien, die liefwerdige moder gots und alle liefen Heiligen ehren, die auch alle(s) von boeren versmaedt werden ...*[2].

Trotz dieser Eingaben müssen die Kommissare nach eigenem Augenschein akzeptieren, was ihnen der Rat erklärt: Es gebe in *Religionssachen* keine Änderung[3].

Nicht als *Religionssache*, sondern richtig als Institution zwischen Kirche und Welt wird das Sendgericht an St. Foillan angesehen. Wenn Kalviner wie Lutheraner ein Geistliches Gericht abzulehnen

---

[1] V, 46 / 30 - 11.10.1574
[2] V, 75 / 64
[3] V, 46 / 52

wußten, tasteten sie seine verbrieften Funktionen nicht an, aber erreichten eine Beschränkung seiner Machtvollkommenheit auf rein rechtlichen Wege und im Einvernehmen mit ihren katholischen Ratskollegen. Eine Appellationsinstanz sollte künftig dem Verurteilten helfen, wenn er sich ungerecht verurteilt glaubte. Bürgermeister, Schöffenstuhl und Sendgericht setzten einvernehmlich zwei bis vier promovierte Juristen oder Lizentiaten als Revisoren ein, der Dechant des Münsterstifts vereidigte sie, sobald ein Verurteilter Berufung einlegte und Bürgermeister, Rat und Sendgericht informierte. Die Revisoren mußten innerhalb von sechs Monaten einvernehmlich ein Urteil fällen; einigten sie sich nicht, wurde ein geistlicher Obmann für geistliche Angelegenheiten, ein weltlicher für *gemischte* hinzugezogen[1].

Damit waren Erzpriester und Sendgericht eines Teils ihrer Autorität beraubt, waren aber auch vom Odium befreit, willkürlich zu urteilen. Vor allem aber zeugt diese Entscheidung vom Einvernehmen der Konfessionen in sachlichen Fragen, was wieder einmal nicht auf einen Umsturz hindeuten konnte. Sprach für diesen innerhalb der Mauern Aachens eigentlich nichts, so sprach außerhalb nichts dagegen. Weder von Wien noch von Madrid war 1581 etwas zu befürchten, und Jülich allein war nicht zum Schlag bereit. Rudolf II., Kaiser seit 1576, war im Gegensatz zu beiden Vorgängern gewillt, alles zu tun, um das Vordringen der Protestanten einzudämmen, doch seine Hände waren gebunden, einmal durch den Streit mit seinem Bruder Matthias, dann durch die Türken. Notgedrungen beschränkt er sich auf die Sendung der genannten Kommissionen und Mahnschreiben[2].

Auch mit einem Eingreifen des Statthalters in Brüssel nach Weisungen aus Madrid war nicht zu rechnen. Schon die Aufnahme der Flüchtlinge aus Maastricht nach der Eroberung durch Alexander Farnese 1577 hatte keine nennenswerte Aktion ausgelöst; zu bedrohlich war die Lage in den Nordprovinzen. Am 23.1.1579 bildeten sie die Union von Utrecht, und am Tage des Umsturzes, am 29.5.1581, warf die Unabhängigkeitserklärung der Nordprovinzen vom 27.7.1581 schon ihre Schatten voraus.

---

[1] IV, 25 / 48; IV, 65 / 384 f.
[2] V, 66 / 63 f.; I, 37 / II, 159 ff.

1598

Am 28.8.1598 beendete die nächste Szene das 17jährige Stadtregiment der Neugläubigen. Das war der 5. Wendepunkt in dem 100jährigen Ringen. Kaiserliche Kommissare entpflichteten alle Ratsherren, soweit sie nicht mit den lutherischen und kalvinischen Predigern geflohen waren. Die rechtliche Grundlage war die Ächtung des ganzen Stadtrates zwei Monate vorher. Die Exekutoren waren der Herzog von Jülich mit einigen 100 Soldaten und nominell Erzherzog Albert von Brabant, in Wirklichkeit General Mendoza nach Weisungen aus Brüssel und Madrid, mit etwa 1000 Soldaten insgesamt. Diese geringe bewaffnete Macht konnte sich darauf beschränken, vor den Stadttoren zu lagern und erreichte einen widerstandslosen Übergang von einem neugläubigen zu einem altgläubigen Stadtregiment.

Der Herzog von Jülich ließ am Portal von St. Foillan eine Liste von 104 geächteten Personen anschlagen, und die Kirchgänger erfuhren, daß der Kaiser Ratsherren geächtet hatte, weil sie der rechtswidrigen Machtübernahme des Jahres 1581 bzw. deren damaliger oder späterer Duldung schuldig seien[1].

Wenn die Rechtslage so eindeutig war, warum ließ der Kaiser den Zustand des Unrechts 17 Jahre lang andauern?[2] Unmittelbar nach 1581 stehen kaiserliche Rechtsaussagen einem Nicht-Handeln bzw. einem wirkungslosen Handeln gegenüber. Ein Grund dafür ist die Sicherung der türkischen Grenze, die trotz des Seesieges bei Lepanto von 1571 ein Gefahrenherd geblieben ist und den Kaiser von der Türkensteuer aller Reichsstände abhängig macht, so auch der von Aachen. Er macht den Mitgliedern des neuen Stadtrates geradezu Mut, wenn er ihnen eine Woche nach dem Umsturz Straffreiheit gegen Rückkehr zum Status quo innerhalb sechs Wochen anbietet. In ihrer Antwort sind sich aber die neuen Herren einer sicheren Stellung bewußt und nehmen den Standpunkt ein, den der Kaiser 1559/60 mit durchschlagendem Erfolg verworfen hatte: Auch für Aachen gelte der Augsburger Religionsfrieden, auch sie gehörten der Augsburgischen Konfession an und nicht einer im Reich verbotenen Sekte, also könnten sie dem Kaiser nicht gehorchen[3]. Die lutherischen Kurfür-

---

[1] I, 12 / II, 147 ff., 185
[2] I, 37 / II, 162
[3] I, 37 / II, 162

sten geben ihnen Rückendeckung, indem sie am 10.7.1581 rein politische, das ganze Reich betreffende Gründe für die Anerkennung der nun einmal in Aachen veränderten Lage vortragen: Falls der Kaiser gewaltsam vorgehe, würden *fremde Potentaten Ursach und Gelegenheit gewinnen, sich um diese Stadt desto mehr anzunehmen, dieselbe einer kaiserlichen Majestät und dem heiligen Reich entziehen und ..., in dem geliebten Vaterland höchst schädliche Zertrennung und unauflösliche Zerrüttung anzurichten*[1]. Die *fremden Potentaten* sind der jenseits des Aachener Waldes auf der Lauer liegende spanische Verwandte des Kaisers und die ein wenig weiter entfernten Aufständischen in den nördlichen Niederlanden. Für den Kaiser am gefährlichsten aber ist die kaum verklausulierte Drohung, zugunsten Aachens einzugreifen, sozusagen den Dreißigjährigen Krieg vorwegzunehmen. So wenig wie die Kurfürsten spricht der Kaiser in seiner Antwort vom 7.8.1581 von *Religionssachen*, sondern bleibt wie diese bei politischer Argumentation. Er übergeht den spanischen Nachbarn Aachens und stellt fest, daß nach dem Fall Maastrichts mit einer Einmischung der Aufständischen in den nördlichen Niederlanden nicht mehr zu rechnen sei. Diesbezügliche Behauptungen seien *allein zur Beschönigung des gestifteten Achischen Auflaufs ..., ausgesprengt ...*[2]. Dagegen stellt er die Rechtslage: Karl der Große habe das Münsterstift zur immerwährenden Erhaltung der katholischen Religion gegründet, und er als sein Erbe und Nachfolger müsse entsprechend verfahren; dazu habe ihn die Krönungsliturgie verpflichtet. Der ihn krönende Erzbischof habe ihn gefragt: *Vis fidem catholicam tueri et operibus justis servare? - Willst du den katholischen und apostolischen Glauben schützen und ihn mit gerechten Taten bewahren?* Die Antwort des vor dem Erzbischof knienden Kaisers lautete: *Volo - ich will (es)*.

Sicher hat der Kaiser das Wort *catholicus* in dem neuen konfessionellen Sinn verstanden und sich damit verpflichtet, die derzeitige Gestalt der römischen Kirche in Aachen wie im ganzen Reich zu verteidigen. Damit setzte er die Wertschätzung der Hierarchie gegen Luthers und Calvins Kritik[3]. Daraus ergab sich die Bestrafung derer, die sich ge-

---

[1] I, 34 / 476
[2] I, 34 / 476
[3] I, 16 / 22 f., 160, 176

gen diese von Gott gewollte Ordnung auflehnten. Er könne nicht gestatten, *daß eine solche ansehnliche Gemeinde ... durch Praktiken etlicher weniger Einkömmlinge und von verführte(n) Leute(n) vom wahren Glauben abgebracht werde, sondern (daß) vielmehr die Verursacher dieser gefährlichen Trennung zum schuldigen Gehorsam ... angewiesen werden*[1].

So klar diese Sprache ist, so wenig läßt sie erkennen, worum es eigentlich geht, beim Kaiser nicht anders als bei seinen lutherischen Kontrahenten: Nur wer über die politische und militärische Macht verfügt, kann die Konfession in Aachen bestimmen. Um Aachen auf die eigene Seite zu ziehen, ist den lutherischen Fürsten ein Krieg kein zu hoher Preis. Nur selten sprechen die Machthaber diesen Sachverhalt offen aus, vielleicht um fromme Christen in allen Konfessionen nicht vor den Kopf zu stoßen. Anders der Herzog von Jülich, allerdings nur in einer Instruktion für die Gesandten auf dem Reichstag zu Speyer 1583. Er hält es für eine Täuschung, wenn die neuen Herren in Aachen in *Religionssachen* nichts ändern und allen Aachenern die volle Religionsfreiheit geben wollen, und stellt fest: Es sei *ungereimt*, danach zu fragen, ob ein Konfessionswechsel Sache der Obrigkeit oder der Einwohner sei, da *ein rat die ganze stat präsentiret*; wie ein Fuhrmann nicht den Gäulen, so darf ein Stadtrat nicht *dem gemeinen Pöbel..., einiche autorität oder macht geben*[2].

Auf dem Reichstag hatte der Herzog so wenig Erfolg wie bei seinen Alleingängen vorher. Zu solchen sah er sich gezwungen, als weder der Kaiser in Wien noch der König in Madrid trotz für sie eindeutiger Rechtslage etwas taten bzw. wegen anderer Sorgen tun konnten. Doch weder reichsrechtlich noch kräftemäßig war er in der Lage, Remedur zu schaffen, und begnügte sich mit Formen von Boykott und Embargo; und auch auf diese mußte er nach einer kaiserlichen Mahnung verzichten[3].

Ein zweites Mal sah sich der Kaiser gezwungen, für das bestehende Recht zugunsten des zu Unrecht an die Macht gekommenen Stadtregiments einzutreten. Auf dessen Klage hin wies er am 3.3.1585 den Herzog an, auf die Einsetzung eines Vogtmajors zu verzichten, den das Stadtregiment aufgrund eines Privilegs Kaiser Sigismunds vom

---

[1] I, 34 / 478 f.
[2] V, 8 / 435
[3] V, 66 / 92 f.; V, 28 / 78

Jahre 1417 *als untauglich und nicht genug Qualifiziertes subjektum* abgelehnt hatte[1]. Ohne Ergebnis blieb eine 1582 vom Kaiser und den lutherischen Reichsständen gemeinsam zusammengestellte Kommission. Diese fragte erst gar nicht nach Recht oder Unrecht bei dem Gewaltakt von 1581, sondern nur nach den ersten Maßnahmen des neuen Stadtregiments. Sie meldete nichts von Versuchen, eine katholische Kirche den Neugläubigen zu übertragen, aber von freier Religionsausübung, wie sie für Reichsstädte im Augsburger Religionsfrieden vorgesehen sei. Von *Religionsfrieden* war sogar in Aachen mehr als in vielen Reichsstädten zu sehen, in denen lutherische Konsistorien in die Beratungen und Entscheidung des Stadtregiments hineinredeten. Das zeigte sich in Aachen in der Duldung auch der Wiedertäufer, denen bisher Katholiken, Kalviner und Lutheraner mit gleicher Schärfe entgegengetreten waren[2].

Die Kommission lobte die Beachtung der Verfassung und damit die Gleichberechtigung der Katholiken, die im Rat zwar in der Minderheit seien, aber einen Bürgermeister stellten, einen *friedliebenden und ehrlichen Mann*. Es war Bonifatius Colin, der, erasmianisch gesinnt, Gleichberechtigung und ein friedliches Nebeneinander der Konfessionen für möglich hielt. Kaum anders lautete der Bericht einer Kommission drei Jahres später, nur wird betont, daß eine Entscheidung über das exercitium privatum et publicum noch nicht gefällt sei, sondern aufgeschoben werde[3].

Am 24.8.1585 rennt der Kaiser im Aachener Rathaus sozusagen offene Türen ein, wenn er das Stadtregiment davor warnt, sich an den königlichen, dem Herzog von Jülich verpfändeten Ämtern zu vergreifen, so an dem des Erzpriesters an St. Foillan. Nicht zuletzt deshalb sah sich das Stadtregiment innerhalb Aachens 17 Jahre lang kaum gefährdet, weil es sich strikt an die bestehenden Rechte hielt. Allerdings dürfte es darauf vertraut haben, daß ein geistliches Aufsichtsamt wie das des Erzpriesters ohne obrigkeitliches Zutun mit dem katholischen Glauben verschwinden würde, wenn die eigenen Prediger nur lang genug und unbehelligt wirken könnten[4]. Augenscheinlich wollte man über den Gewaltakt von 1581 hinaus keinen Rechtsgrund

---

[1] V, 45 / 39 f., 60
[2] V, 66 / 108; V, 27 / 330
[3] I, 34 / 489; 17.4.1584
[4] I, 34 / 491

für ein kaiserliches Eingreifen liefern. Dabei waren die Lutheraner ganz nach ihren Prinzipien eifriger als die Kalviner: Mit nur 16 von 128 Sitzen im großen Rat und nur 6 von 44 im kleinen erreichten sie zusammen mit den wenigen Katholiken, daß dem Wunsch kalvinischer Bürger, auf eigene Kosten eine Kirche zu bauen, nicht stattgegeben wurde, d. h. die Mehrheit stand immer noch zu dem *Grundgesetz* von 1574: keine Änderung in *Religionssachen*[1].

Zwar verkündete der Rat am 9.1.1583 das Recht der öffentlichen Religionsausübung für alle[2], doch Kalviner wie Lutheraner hielten ihren Gottesdienst weiterhin in Privathäusern, in denen sie geeignete Räume umgestalteten und ausmalten, wie kürzlich Funde bestätigten[3]. Allerdings ging man nicht mehr unauffällig, sondern vor aller Augen familienweise zu den verschiedenen Gemeindehäusern, alle im nahen Umkreis von St. Foillan, für die Pfarrangehörigen eine erste Konfrontation mit konfessioneller Pluralität. Im Haus *Löwenburg* auf dem Büchel und im Haus *Zum großen Klüppel* an der Ursulinerstraße trafen sich die deutsch und niederländisch sprechenden, im Galmeihaus in der Bendelstraße die wallonisch sprechenden Kalviner, die Lutheraner im Haus *Landskron* in der Großkölnstraße, im Haus *Löwenstein* am Markt und im Haus *Hahn* am Münsterkirchhof, heute Münsterplatz[4].

Der Grundsatz der Gleichberechtigung schloß die Jesuiten nicht aus. P. Nikolaus Hirtius de Val durfte 1588 in der Augustinerkirche predigen, Katechesen halten und die erste Kongregation in Aachen gründen. Der Herzog von Jülich wollte ihm auch St. Foillan öffnen, und sicher hätte ihn das Stadtregiment nicht gehindert. Aber der Orden traute diesem nicht und setzte den Prediger andernorts ein[5]. Neben den Jesuiten sind die Franziskaner in St. Nikolaus beliebte Prediger, und P. Albert führte auch zu Konversionen. Doch war eine gewisse Zurückhaltung mit dem Blick auf die Herren im Rathaus erforderlich; sein Ordensbruder Gerhard wurde wegen seiner Predigten in St. Foillan mehrfach aus der Stadt verwiesen[6].

---

[1] V, 28 a / 41 f.
[2] V, 68 / 122
[3] V, 81
[4] I, 37 / I, 40; V, 28 a / 34; V, 45 / 22 f., V, 75 / 107 f.
[5] V, 25, 13; V, 18 / I, 416
[6] V, 10 / 383

Die Heiligtumsfahrten von 1590 und 1597 wurden nicht behindert, wohl nicht nur wegen des Prinzips der Toleranz, sondern auch als Quelle des Wohlstands für alle Bürger[1]. Traditionsgemäß nahm der Rat sogar an bestimmten Veranstaltungen teil und traf Vorkehrungen für ein geziemendes Verhalten der Neugläubigen - im Gegensatz zu früheren Weisungen ihrer geistlichen Autoritäten. Die Fronleichnamsprozession fiel von 1583 an aus, wahrscheinlich weil das Stadtregiment stillschweigend mit der Tradition brach, dazu einzuladen und die Kosten zu übernehmen. Anders war es im Frühjahr 1598, als schon dunkle Wolken das Ende des Stadtregiments ahnen ließen. Wohl um den guten Willen zur Erhaltung der alten Rechte und Gewohnheiten zu demonstrieren, plante es wieder mit dem Münsterstift Verlauf und Gestaltung und übernahm mit der Einladung auch die Kosten, nur daß es die traditionelle Bewirtung unter einem Zelt vor dem Rathaus strich[2].

1588 benutzte das Stadtregiment den Firmbesuch des Nuntius Bussi dazu, durch ein Ehrengeleit aller Welt, vor allem nach Wien hin, deutlich zu machen, daß auch Andersgläubige das sakramentale Geschehen zu würdigen wußten[3].

Nur an zwei Stellen wurde in die bestehende Ordnung eingegriffen. Nach dem Vorbild der niederländischen *Bibelschulen* erhielten Lutheraner und Kalviner je eine größere und insgesamt 17 kleinere Schulen[4]. So wurde nicht nur nach Luthers und Calvins Weisung die geforderte selbständige Bibellesung ermöglicht, sondern über kirchliche und städtische Ansätze hinaus Bildung für alle eingeleitet. Der für das Schulwesen bisher zuständige Scholaster wurde anscheinend übergangen. Zweitens ging es um das Sendgericht an St. Foillan. Von den Neugläubigen bis 1581 nur widerwillig ertragen, wird es 1589 nicht etwa durch obrigkeitliche Machtausübung, sondern durch Rechtsmittel zum Schweigen verurteilt. Das Stadtregiment präsentiert sieben Katholiken für die Sitze der Laien im Sendschöffenamt, wahrscheinlich Vertrauensleute des auf Ausgleich bedachten katholischen Ratsherrn Bonifatius Colin. Erzpriester und geistliche Sendschöffen lehnen diese ab, benennen selbst und damit gegen die Satzung sieben

---

[1] V, 46 / 65
[2] I, 12 / II, 182
[3] V, 7 / 361 f.
[4] I, 12 / 207

andere und suchen Rückendeckung beim Nuntius. Der Rat reagiert zum ersten und einzigen Male sehr scharf und verbannt diese sieben Bürger. Damit verliert das Sendgericht die Möglichkeit der Rechtsfindung[1]. Anscheinend haben es weder Obrigkeit noch Bürgerschaft in den folgenden neun Jahren bis 1598 vermißt.

Mit dem Erzpriester, Johannes Ellerboon, ist aber der für den Herzog von Jülich wichtigste Mann in Aachen getroffen, und er muß befürchten, daß sein Einfluß in Aachen weiter eingedämmt wird. Er schickt ihn zum Kaiser, damit er ihn erneut zum Eingreifen bewege[2]. Während der Herzog in Wien wegen der unverändert schwierigen Lage der katholischen Mächte keinen Erfolg hat, sucht er in Aachen seine ihm verbliebenen Positionen zu halten. Konnte sein zweiter Mann in Aachen, der Scholaster, nichts gegen die Errichtung der lutherischen und kalvinischen Schulen unternehmen, so ermahnt der Herzog den Stadtrat am 10.2.1590, dafür Sorge zu tragen, daß niemand den Scholaster bei der Aufsicht auch in den neuen Schulen behindere[3]. Anscheinend gab es dabei keine Schwierigkeiten.

Der westliche Nachbar hinter dem Aachener Wald sah im Kampf gegen die aufständischen Niederländer in Aachen einen bedrohlichen Gefahrenpunkt, solange dort ein nicht-katholisches Stadtregiment bestimmte. Deshalb beschloß man in Madrid und Brüssel, vom 29.10.1581 an Aachen zu belagern, wohl mit so schwachen Kräften, daß Ein- und Ausfuhr anscheinend nur beschränkt, nicht unterbunden wurden, und nach einem Ausfall der Belagerten und der Eroberung von Gut Kalkofen am 19.3.1581 zogen die Spanier unverrichteter Sache wieder ab. Erst 1589 folgten wirkungslose Proteste und Forderungen[4], 1591 Handelssperren und Streichung von Privilegien für Aachener Kaufleute in spanischen Landen, weil Aachen *Ketzer und Aufrührer* beherberge[5].

Das Stadtregiment weiß innerhalb Aachens diesen Wirtschaftskrieg für sich zu nutzen, indem es sich selbst als Anführer in der Verteidigung der städtischen Freiheit hinstellt. Der Herzog von Jülich beschwert sich 1593 darüber, daß der Pöbel aufgehetzt werde; es ginge in Hetzreden darum, daß Aachen seine Reichsfreiheit verlieren und

---

[1] IV, 65 / 386; V, 68 / 155 f.
[2] I, 25 / 111
[3] I, 34 / 492
[4] V, 56 / 101
[5] I, 34 / 494; V, 66 / 75

von Burgund - d. i. Spanien - oder Jülich unterjocht werden solle, *ein Zündkraut, das zum Feuerfang nicht besser getroffen werden könnte.* Katholische Regenten würden als *Verräter ihres Vaterlandes ... Freyheitsdiebe und Zerstörer des Friedens* ausgeschrieen[1].
Entscheidend für den Stillstand in Aachen 17 Jahre lang und für die plötzliche Wende von 1598 ist das Kriegsgeschehen als Folge der spanischen Politik. 1582-84 war die Niederwerfung des Kölner Kurfürsten und Erzbischofs Truchseß von Waldburg vordringlich, der, Lutheraner geworden, ein weltlicher Kurfürst werden und damit die Position der lutherischen Fürsten im Westen der Reiches in einer für die spanischen Niederlande gefährlichen Weise verstärken wollte. Da Aachen sich nicht beteiligte, konnten die spanischen Truppen vorbeimarschieren; an eine Belagerung war nicht zu denken. Als Alexander Farnese 1585 Antwerpen eroberte, mußte man damit rechnen, daß jetzt genug Truppen für einen Angriff auf Aachen zur Verfügung stünden. Doch Philipp II. griff England an, weil es die Aufständischen unterstützt hatte, verlor die Armada und verstrickte sich in den Kampf zwischen Katholiken und Hugenotten in Frankreich, und wieder konnte das Stadtregiment glauben, vor Spanien sicher zu sein.
Die Europa überraschende und für Aachen entscheidende Wende kam mit dem Edikt von Nantes am 13.4.1598, das ein friedliches Miteinander der Konfessionen in Frankreich begründete und zum Friedensschluß zwischen Philipp II. und Heinrich IV. führte. Jetzt könnte der Krieg gegen die abgefallenen nördlichen Niederlande fortgesetzt werden, doch schon seit Jahren steht man sich im Mündungsgebiet von Rhein und Maas aktionsunfähig gegenüber, und der Verzicht Spaniens auf die Nordprovinzen bahnt sich an. So entscheidet sich der König für den Marsch nach Aachen. Das Ende des 17jährigen Stadtregiments der Neugläubigen ist gekommen.

1611

Turbulenzen, vergleichbar mit den Ereignissen vom 29.5.1581, führen am 5.7.1611 nach 13 Jahren zu einem erneuten Wechsel im Stadtregiment. Wieder bewaffnen sich oppositionelle Bürger, setzen mit

---

[1] I, 34 / 993

Gewalt und fast ohne Gegenwehr ihren Willen durch, aber anders als damals jetzt außerhalb der Grenzen der Verfassung. Sie erzwingen die Freilassung von Glaubensbrüdern, die wegen unerlaubten Besuchs kalvinischer Gottesdienste in Stolberg gefangensitzen, versperren dem katholischen Stadtregiment das Rathaus und bilden mit 88 *Deputierten* eine Exekutive. Warum?

Das Stadtregiment wurde dank der Übermacht der Achtvollstrecker ohne jeden Widerstand am 1. und 2.9.1598 eingerichtet. Ein neu formulierter Amtseid verlangte von Rat und Verwaltung das Bekenntnis des katholischen Glaubens und das Versprechen, diesen in ihrem Leben zu bezeugen und nur ebenso vereidigten Katholiken ein Amt zu übertragen. Die Zünfte hatten 16 Kandidaten zu stellen, von denen der kaiserliche Kommissar acht für den Rat auswählte.

Der aus der Verbannung heimgekehrte Bürgermeister Albrecht Schrick benutzte den ersten Gang zum Rathaus, um öffentlich zu bezeugen, daß er in der Wendung der Dinge eine Fügung Gottes sehe. Von einer Galerie hörten ihn die teils neugierigen, teils angsterfüllten, teils freudig erregten Aachener rufen: *Nunc dimittis servum tuum domine - Nun lässest du, Herr, deinen Diener in Frieden fahren*, den Psalmvers der Komplet, der die Freude über einen erfüllten, von Gott gesegneten Tag ausdrückt. Nicht nur die Neugläubigen dachten anders, wenn sie nicht Gott am Werk sahen, sondern das Spiel der Machtpolitik, in dem die Gegenseite die Steine richtig gesetzt hatte. Erst recht blickten die wenigen Katholiken, die seit 17 Jahren um Vermittlung und um ein friedliches Nebeneinander der Konfessionen bemüht waren, auf den vielleicht traurigsten Tag ihres Lebens. Der katholische Bürgermeister Bonifatius Colin wurde wie alle anderen Ratsmitglieder geächtet, sein Haus in der Pontstraße konfisziert und dem neuen Bürgermeister Gerhard Ellerborn übergeben[1].

Der neue Stadtrat sah sich im Einklang mit Karl dem Großen, wenn er den seit 1581 nicht mehr benutzten Altar in der Ratskammer wiederherstellen und folgende Inschrift anbringen ließ: *Karole struxisti, quod restituere Rudolphi sceptra. Fidem, populum ac urbem defendite bini*[2] - *Karl, du hast errichtet, was die Herrschermacht Rudolfs wiederhergestellt hat. Verteidigt vereint den Glauben, das Volk und die Stadt.*

---

[1] I, 34 / 512
[2] IV, 108 / 49

Nicht städtische Beamte, sondern kaiserliche Kommissare führten die mit der Ächtung verbundene Konfiskation durch, während das neue Stadtregiment schon bald erkennen ließ, daß es um das Gemeinwohl besorgt war und deshalb den Neugläubigen soweit wie möglich entgegenkam[1]. Es erreichte in Verhandlungen mit den kaiserlichen Bevollmächtigten, daß den 202 neugläubigen Bürgern, die zwar in Aachen bleiben durften, aber zusammen 70000 RTL zahlen sollten, ein Drittel erlassen wurde[2]. Der Gottesdienst in Privathäusern galt, so wie er in den letzten Jahren einschließlich des Kirchgangs wirkte, als öffentliche Religionsausübung und wurde deshalb verboten; doch spricht vieles dafür, daß er fortgesetzt wurde, nunmehr wieder unauffällig. Wenig bedeutete es, daß nur Katholiken in den Zünften Meister werden durften, denn gerade Kalviner und Lutheraner hatten sich mehr und mehr in modernen, nicht in den Zünften erfaßten Geschäftszweigen engagiert und waren gerade im Handel maßgebliche Träger und Förderer des Wirtschaftslebens geworden. Bald waren sie wieder in städtischen Ämtern zu finden, ob mit oder ohne das 1598 angeordnete Religionsbekenntnis, ist nicht bekannt[3].

Das Sendgericht nimmt 1598 seine Tätigkeit wieder auf. Erzpriester Johannes Ellerborn läßt am 28.10. des Wendejahres seine erste Verordnung an den Kirchtüren anschlagen[4]. Er gibt zunächst dem *nun mit gerechtem der Kaiserlichen Majestät Urtheil destituirten Magistrat* die Schuld an dem fast 13jährigen Schweigen des Sendgerichts und kündigt dann an, daß er wie vor 1581 für das Verbot der öffentlichen Religionsausübung der Nichtkatholiken eintreten und damit *frommer katholischer Christen Aegernussen und Beschwerden christlicher Kirchen* genügen und der Verachtung *heilsamer Ordnung und Satzungen* entgegentreten werde. Erst recht solle es vorbei sein mit dem Besuch von *Lehr-Conventiculen* und dem Begräbnis ihrer Toten auf dem Kirchhof von Klein - St. Jakob.

In diesem Punkt übertrifft das neue Stadtregiment in kämpferischer Einstellung den Erzpriester; auf dem neugeweihten Kirchhof überläßt es die Gräber der Nichtkatholiken der Tuchscherer-Zunft zum Spannen ihrer Produkte[5]. Im übrigen tritt aber das Stadtregiment dem Erz-

---

[1] V, 39 / 260
[2] V, 66 / 180
[3] V, 4 / 109
[4] 1,34 / 512 f.
[5] 1,12 / 213; V, 11 / 307

priester entgegen und verhindert die Rückkehr zu den Praktiken der Zeit vor 1581. 1604 ist der Stadtrat noch damit einverstanden, daß das Sendgericht *heimliche*, das sind i. a. nicht von dem katholischen Pfarrer geschlossene Ehen bestraft. Doch schon 1608 revidiert er seine Entscheidung und legt fest, daß auch außerhalb der Taufkapelle getauft und außerhalb der zuständigen Pfarrkirche die Ehe geschlossen werden darf, wohl unter der Bedingung, daß dem zuständigen Pfarrer der Vollzug gemeldet und ihm die Gebühren entrichtet werden[1]. 1610 weist der Rat das Sendgericht an, bei Geldstrafen wegen verheimlichter Taufen, Trauungen und Begräbnissen *bescheidenlich* zu verfahren und spiritualia remedia - geistliche Heilmittel - *aus obliegendem Amt der Seelsorge* zu verwenden. Dabei ist anscheinend nur an Predigtbesuch gedacht[2]. Im Unterschied zu der Zeit vor 1581 zeigen sich Risse in dem Band, das beide Institutionen zusammenbindet und damit ihre Funktionen sichert: Das Sendgericht wirft dem Stadtregiment vor, es sei nachlässig beim Vollzug der Sendstrafen, besonders bei Einziehung von Geldstrafen für *feindliches Verhalten gegen die katholische Religion*[3]. Der Stadtrat beklagt unbillige Härte und will das Strafmaß selbst festlegen, wenn ihm das Sendgericht das ermittelte Vergehen angezeigt hat[4].

Zu einer gänzlich anderen Einstellung kommt der Rat gegenüber den Wiedertäufern. Inzwischen ist allen sachlich Urteilenden klar, daß diese für die politisch Verantwortlichen ungefährlich sind und dabei fleißig und hinsichtlich der bürgerlichen Tugenden vorbildlich. Als der Erzpriester sie durch ein Edikt am 24.2.1599 verbannen will, verhindert der Rat dessen Veröffentlichung; und als dieser es daraufhin in St. Foillan anschlägt, nötigt ihn der Rat, es abzunehmen[5].

Bei Katholiken stieß das Sendgericht auf Widerstand, wenn es Vorschriften des Konzils von Trient hinsichtlich kirchlicher Formen und Zeremonien durchzusetzen hatte, erst recht bei Nichtkatholiken, wenn es diese nach dem geltenden Bestimmungen wie selbstverständlich einbezog. Verweigerung mit dem Risiko der Bestrafung war ihre Antwort[6].

---

[1] V,72 / 17; 1, 31 / sh
[2] I, 34 / 516 / 547
[3] I,25 / 102
[4] V,10 / 225
[5] (I,34 / 516 f.
[6] V,66 / 184; I,25 / 114 f.

Der Dissens zwischen dem Sendgericht auf der einen und den auf ein friedliches Nebeneinander bedachten Katholiken auf der anderen Seite trat zurück, wenn die Frontstellung jener Neugläubigen sichtbar wurde, die jede Uneinigkeit der Altgläubigen ausnutzten[1]. Dazu gehörte der Streit zwischen einer *Ratspartei* und einer *Schöffenpartei*. Seit der Herzog von Jülich durch erbrechtliche Verbindung mit den Ländern Berg, Kleve, Mark und Ravensberg zum mächtigsten Fürsten im Westen des Reiches aufgestiegen war, erschien den auf Reichsfreiheit bedachten Aachenern der vom Herzog ernannte Vogtmajor und 1. Richter am Schöffenstuhl als ein allzu starkes Standbein des Herzogs in der freien Stadt. Die *Ratspartei* verfiel deshalb auf die alte Methode, dem Gegner dadurch zu schaden, daß man ihm Funktionen entzog. Sie ließ die von jeher umstrittenen *gemischten Sachen* vom Sendgericht behandeln, das der Rat trotz der genannten Streitigkeiten nach wie vor als *sein* Gericht ansah, und um so häufiger als bisher den Schöffenstuhl leer ausgehen. Der Gegenseite war Stadtfreiheit genau so viel wert, doch sah sie allem Anschein nach im Herzog von Jülich die nächste und sicherste Stütze des katholischen Regiments in Aachen. Gerade dagegen setzte die Propaganda der Unterlegenen von 1598 an: Sie unterstellten dem Herzog, er habe die Absicht, Aachen zu seiner Landstadt zu machen, so haltlos diese These auch war, kaum anders als 1278.

Wahrscheinlich um diesen Kritikern entgegenzukommen, provoziert der Rat einen ernstlichen Streit mit dem mächtigen Nachbarn: Als die Herzogin 1606 zur Verehrung der Heiligtümer Aachen besuchen will, wird sie vor dem Marschiertor abgewiesen. Sie erfährt, daß ihr Gefolge zu groß sei und ihr nach altem Recht in der Stadt nur Aachener Bürger Geleit geben dürften. Es kommt vor dem Tor zu einem Handgemenge, und die Herzogin muß abziehen[2]. Jülich klagt beim Reichskammergericht, sperrt Zufahrtsstraßen, beschlagnahmt Waren, und es kommt zu Handgreiflichkeiten zwischen den Bediensteten der Kaufleute und den Beamten des Herzogs bzw. ihren bewaffneten Begleitern. 1608 behindert der Herzog die Heiligtumsfahrt, in dem er den Pilgern seine Straßen sperrt. Weitere Gewalttaten in der nächsten Umgebung lösen am 12.8.1608 einen Aufruhr aus, der Katholiken und Protestanten gegen den Vogtmajor zusammenführt. Doch mag

---

[1] IV,155 a / 76; V, 66 / 222; V, 72 / 8 ff. 19
[2] V,10 / 296

diese Turbulenz bei den Katholiken zur Besinnung geführt haben: In der Residenzstadt Düsseldorf führt eine Verhandlung zu einem befriedigenden Vergleich. Der Wortführer der Neugläubigen, Johann Kalckberner, gehörte zu den Aachener Delegierten, der erste Nichtkatholik in einer für Aachen bedeutsamen Position nach 1598.

Wohl dadurch ermutigt, treten Kalviner und Lutheraner fordernd vor den Rat: Das Sendgericht soll seine Tätigkeit einstellen, Katholiken sollen an der Beerdigung von Protestanten teilnehmen dürfen, Ratsherren, die für die Beziehungen zu Jülich verantwortlich waren, sollen ihren Sitz räumen. Sie erreichen allerdings nur, daß der Rat drei besonders verhaßte Laienschöffen des Sendgerichts abberuft[1].

Alle diese Wandlungen und Ereignisse weisen nicht auf die Gewalttaten vom 5.7.1611 hin, sondern lassen eher das Gegenteil erwarten, eine fortschreitende Annäherung der Sieger und der Besiegten von 1598. Wie vor 1598, so leitet auch vor 1611 ein politisches Ereignis die Wende ein, vor 1598 zum Schaden der Neugläubigen, vor 1611 zum Nutzen, oder um es gleich zu sagen, zum vermeintlichen Nutzen. Am 25.3.1609 stirbt Herzog Johann Wilhelm und hinterläßt ohne Söhne die Länder Jülich, Berg, Kleve, Mark und Ravensberg. Als verwandte und erbberechtigte Fürsten melden sich der Kalviner Wolfgang, Herzog von Pfalz-Neuburg, und der Lutheraner Sigismund, Kurfürst von Brandenburg, einer mit der Tochter, der andere mit der Schwester des Herzogs verheiratet. Ein Privileg Karls V., also aus der langen Zeit des guten Einvernehmens zwischen Wien und Jülich, sichert dem Jülicher Fürstenhaus die Erbfolge auch in weiblicher Linie und bringt das katholische Kaisertum und mit ihm das katholische Aachen in Schwierigkeiten. Die beiden Prätendenten einigen sich auf eine provisorische Gemeinschaftsregierung in Düsseldorf und fordern dadurch den Kaiser, die Liga der katholischen Fürsten und Spanien heraus, während die Union der protestantischen Fürsten, die von Spanien abgefallenen nördlichen Niederlande und Frankreich den beiden Herren in Düsseldorf den Rücken stärken; und Aachen liegt gerade dazwischen.

Ein Todesfall, die Ermordung Heinrichs IV., des Königs von Frankreich, verhütet den Ausbruch des Krieges, dämpft aber nicht die Angriffslust der Aachener Revanchisten, die von dem plötzlichen Wech-

---

[1] 1, 12 / 193 / 205; 1, 36 / 561 /567; 1, 37 / II, 216; V,12 / 323; V,66 / 190 f., 220

sel in Jülich bzw. Düsseldorf geweckt worden ist. Dabei geht es der neuen Regierung in Düsseldorf sehr darum, den Frieden zu erhalten; hat sie doch den Vorteil davon, daß die Gegenseite trotz des Ausfalls Frankreichs nicht angreift. Doch die Wortführer der Neugläubigen wußten wohl, daß Jülich ihnen zu Hilfe kommen würde, wenn es Gefahr liefe, seine Rechte in Aachen zu verlieren, und so glaubten sie, selbst die Steine im großen Spiel setzen zu können. Zunächst entfalteten sie eine Propaganda, mit der sie Anhänger in allen Schichten und Konfessionen gewinnen wollten: Sie seien nach 1581 zur öffentlichen Religionsausübung berechtigt gewesen, weil der größere Teil der Bürger ihnen zugetan gewesen sei und keine Gemeinde ohne das exercitium publicum bestehen könne und dürfe. Was die Katholiken von ihrem religiösen Leben sagen, gälte auch für sie: Religion ist an das öffentliche und ungehindert ausgesprochene Gotteswort gebunden. Wer dieses Recht nimmt, untergräbt die Religion und nimmt damit dem Gemeinde- und Staatsleben die entscheidende Grundlage und Voraussetzung. Sie betonen ferner die eigenen Führungsqualitäten und die unzureichenden Fähigkeiten der katholischen Herren im Rathaus. 1598 seien zum Schaden der Stadt die Fähigsten, also weit überwiegend Neugläubige, abgesetzt worden.

Propaganda gegen die Jesuiten richtet sich nicht gegen die Methoden ihrer Seelsorge, sondern dagegen, daß sie *ein Bein auf der Kanzel, das andere im Rathaus* haben wollten[1]. Ihre Kongregationen und die dort geübte Beichtpraxis seien die Mittel, Ratsherren als *Marienbrüder* an sich zu binden und alles zu erfahren, was in Rat und Verwaltung vor sich gehe[2]. Darüber hinaus wurden sie verdächtigt, die Stadt an Spanien zu verraten und die spanische Servitut einführen zu wollen.[3]

Es gelang den neugläubigen Wortführern bei der Machtergreifung von 1611, mit diesen und anderen Reden Teile der unteren Volksschichten zu gewinnen. Vieles spricht dafür, daß diesen Menschen nicht eine Konfession besser erschien als die andere, sondern daß sie im konfessionellen Hader die Religion überhaupt verloren und mit ihr die Schamgrenze. Das zeigt, wenn der Bericht wahrheitsgetreu ist, der Überfall auf das Jesuitenkolleg in der Nacht nach der gewaltsa-

---

[1] I,34 / 553
[2] V,26 / II, 77 f.
[3] s. Anm. 1, S. 226

men Besetzung des Rathauses, wobei sich Spott, Frevel und menschliche Gemeinheit verschiedener Art austoben[1]. Noch Monate später stören Menschen derselben Gattung die nächtliche Weihnachtsfeier im Münster und in der Augustinerkirche: Mit brennenden Lunten beleuchten sie die Gesichter der betenden Frauen und erklären drohend und höhnisch, sie müßten zur Sicherheit alles überprüfen[2].

1614

Am 22.8.1614 erlebt Aachen die achte und letzte Szene im Ringen um die machtpolitische Sicherung einer öffentlich ausgeübten Religion. Sie bestimmt die Kirchengeschichte Aachens für fast 200 Jahre, nachdem die Szene vom 5.7.1611 gerade drei Jahre lang Aachen das Gesicht gegeben hatte. Das im Vergleich mit den Umbrüchen von 1581 und 1598 höchste Maß an Brutalität, Hohn und Spott auf der Seite der Neugläubigen im Jahre 1611 steht im Jahre 1614 dem höchsten Maß an militärischem Einsatz auf der katholsichen Seite gegenüber. Mit etwa 20000 Mann steht General Spinola vor den Mauern Aachens und verbreitet Angst und Schrecken bei allen Aachenern, ob sie nun als Katholiken das Ende des Regimes der Putschisten von 1611 wünschen oder es als Kalviner und Lutheraner erhalten wollen. Die Spanier bringen am Salvatorberg und vor dem Königstor schwere Geschütze in Stellung, verlangen die Kapitulation innerhalb 24 Stunden und erhalten sie. Wie 1598 sichert die überlegene militärische Gewalt ohne einen Schuß die Wiedererrichtung des katholischen Stadtregiments.

Nicht unvorhersehbare Ereignisse der großen Politik führten zum Untergang des 1611 gewaltsam aufgerichteten Regimes, sondern die Fehlkalkulation seiner Initiatoren[3]. Die Untätigkeit des von Jülich instruierten Vogtmajors als des für Sicherheit und Ordnung verantwortlichen Beamten beim Putsch selbst, wohlwollendes Verhalten der von Jülich geschickten Kommissare[4] und die Anwesenheit von 600 Soldaten der beiden seit 1609 in Düsseldorf gemeinsam *Possi-*

---

[1] I, 37 / 188
[2] I, 37 / II, 186 ff.
[3] V, 12 / 323 ff.
[4] I, 12 / 217

dierenden, des Kurfürsten von Brandenburg und des Herzogs von Pfalz-Neuburg, täuschten eine Sicherheit vor, die mit dem Blick auf Europa nicht gegeben war.

Daß von Frankreich nach dem Tode Heinrichs IV. keine Hilfe zu erwarten war, zeigte sich schon vier Wochen nach dem Putsch. Gesandte aus Paris versuchten vom 29.9. bis zum 12.12., die Putschisten und den nominell bei den Dominikanern hinter St. Paul in selbstgewählter Gefangenschaft amtierenden Stadtrat zu einem Vergleich zu bewegen[1]. Sie sahen zwar über den Rechts- und Verfassungsbruch der einen Seite hinweg, aber der anderen Seite kamen sie dadurch entgegen, daß sie die Jesuiten aus Versteck und Asyl bei Aachener Familien in ihr Kolleg zurückführten. Lutheranern und Kalvinern sollte in den Pfarrbezirken St. Jakob, St. Peter und St. Adalbert die öffentliche Religionsausübung zugestanden werden, aber nicht innerhalb der Barbarossamauer, im Pfarrbezirk St. Foillan. Doch der katholische Rat ließ sich trotz seiner Ohnmacht nicht beirren und gehorchte dem unter Androhung der Acht gegebenen Befehl Rudolfs II. vom 1.10., sich auf keinen Vergleich einzulassen, so daß die Franzosen unverrichteter Sache wieder abzogen.

Ein überraschendes politisches Ereignis läßt die *Deputierten* erneut hoffen. Das ist nicht der Tod Rudolfs II. in seinem 60. Lebensjahr, der in seiner 36jährigen Regierungszeit durch sein Zögern ihnen mehr genutzt als geschadet hatte, sondern ein drei Monate später, am 23.4., im Aachener Rathaus den *Deputierten* vorliegendes Schreiben. Pfalzgraf Philipp Ludwig, als Kalviner bekannt, teilt ihnen mit, daß er bis zur Wahl des Nachfolgers als Vormund eines unmündigen Verwandten nach der Goldenen Bulle Karls IV. der rechtmäßige Reichsverweser sei und deshalb die Pflicht habe, in Aachen die Ordnung wiederherzustellen. Zudem sei sein Sohn seit 1609 Herzog von Jülich und dank der Jülich verpfändeten Königsrechte *Schützer und Beschirmer* der ganzen Stadt[2]. Ein gleichlautendes Schreiben erhielt der bei den Dominikanern zwar wirkungslos, aber rechtmäßig tagende katholische Rat als der eigentliche Adressat; denn in der Rolle eines Reichsverwesers mußte der Absender rechtlich denken und verfahren. Doch der katholische Bürgermeister antwortet ihm, die Achtserklärung des verstorbenen Kaisers sei allein rechtsverbindlich und könne von kei-

---

[1] I, 34 / 220 ff.
[2] I, 37 / 201

nem Reichsverweser aufgehoben werden. Mit anderen Worten, nach dieser müsse verfahren werden, und für den neuen Herrn sei in Aachen nichts zu tun.
Der Pfalzgraf hatte in seinem Anspruch auf die Reichsverweserschaft noch einen Konkurrenten in seinem Verwandten, dem Herzog von Zweibrücken. Auch dieser holte sich beim katholischen Rat eine Abfuhr. Doch er ging einen Schritt weiter und verkündete vor seiner Abreise am 9.3.1612, als könne er bereits wie der Kaiser in seiner Stadt bestimmen, das Recht der öffentlichen Religionsausübung für alle und schrieb eine Neuwahl aus. Der erste Punkt hatte nichts zu bedeuten; eine der ersten Amtshandlungen der *Deputierten* war die Wiedereröffnung der Bethäuser gewesen. Am 29.7.1611 wurde die erste kalvinische Predigt im Haus *Zum großen Klüppel* in der Ursulinerstraße gehalten. Der zweite Punkt, die Ratswahl, wurde umgehend den Zünften als den verfassungsmäßigen Wahlkörpern anbefohlen, und diese konnten bereits am Tage darauf, am 10.5.1612, den Rat mit 76 Kalvinern und 40 Lutheranern besetzen. Der Lutheraner Ludwig Kalckberner und der Kalviner Adam Schanternell wurden zu Bürgermeistern gewählt[1].
Die Regelung der Reichsverweserschaft in der Goldenen Bulle von 1352 sollte Ansprüche des Papstes zurückweisen; zweieinhalb Jahrhunderte später diente sie wieder dazu, der Kirche zu schaden. Die neugläubige Seite beging aber den Fehler, nur dem Buchstaben der Goldenen Bulle zu folgen und zu erwarten, daß die andere Seite sich an ihre Auslegung halten würde. Doch nicht einmal die Union der protestantischen Fürsten, die noch 1609 Anstalten machte, für die Erbschaft in Düsseldorf in den Krieg zu ziehen, zeigte sich bereit, den Anspruch auf die Reichsverweserschaft zu unterstützen und damit die protestantische Herrschaft in Aachen zu sichern. Der Umsturz von 1611 verstärkte mehr als die vergleichsweise harmlose Gewaltanwendung von 1581 den Widerstand der lutherischen Fürsten gegen eine Art des Vorgehens, die bei aller Beteuerung einer Zugehörigkeit zu den *Augsburgischen Religionsverwandten* als kalvinisch angesehen wurde[2], als eine Bewegung von unten ohne Achtung vor Autoritäten, Recht und Gesetz. In lutherischen Landen hatten es deshalb Kalviner vielfach schwerer als Katholiken und kamen auf die Ankla-

---

[1] I, 37 / 201 f., I,34 / 572 f.
[2] V,66 / 167 /171 /178

gebank, wenn sie sich als Lutheraner ausgaben und als *Kryptokalviner* entlarvt wurden[1].
Auf der anderen Seite erhielten die machtlosen Konkurrenten im Dominikanerkloster bei der Liga der katholischen Fürsten immerhin eine Ermutigung. Sie trat auf dem Reichstag am 11.3.1613 für den katholischen Rat in Aachen ein, und der Herzog von Bayern erreichte, daß der seinem Bruder im Zögern gleiche Kaiser Matthias wenigstens dessen Achtsandrohung wiederholte[2].
Wieder entging es den Lutheranern und Kalvinern in Aachen, daß der spanische Nachbar jenseits des Aachener Waldes nach wie vor der entscheidende Faktor war und nur wegen anderer Belastungen ruhig blieb. Das in Madrid vertretene Prinzip verlangte nach e i n e m König, e i n e r Sprache und e i n e r Religion. 1609 wurde deshalb die islamische Minderheit vertrieben. Ein solcher Staat mußte sich von einer Stadt an seiner Grenze gefährdet sehen, in der entweder eine andere Konfession dominierte oder mehrere Konfessionen gleichberechtigt waren.
Und doch wurde die Aachener Frage nur sozusagen im Vorbeigehen erledigt, als weitaus mehr für Spanien auf dem Spiele stand. 1613 wurde das seit 1609 bestehende Einvernehmen der in Düsseldorf *Possidierenden* in einen Kampf um das Erbe verwandelt, als sich nämlich Herzog Wolfgang Wilhelm von Pfalz-Neuburg die Chance errechnete, das ganze Erbe zu erhalten und den Brandenburger verdrängen zu können, wenn er katholisch würde und den Kaiser, die Liga und vor allem Spanien auf seiner Seite hätte.
Tatsächlich wollte man in Madrid nach der Konversion des Herzogs am 19.7.1613 möglichst schnell vollendete Tatsachen zugunsten des neuen katholischen Nachbarn schaffen und ließ im August 1614 ein Heer von etwa 20000 Mann unter General Spinola von Maastricht aus ins Herzogtum Kleve marschieren. Weil der Weg dort vorbeiführte, konnte die Aachener Frage gleich mit erledigt werden, mit einem solchen Heer ein leichtes Spiel. Die reichsrechtliche Begründung war - nicht anders als 1598 - die am 20.2. brieflich wiederholte, am 23.8. in Aachen durch Anschlag bekannt gemachte Androhung der Acht bei Ungehorsam gegenüber der kaiserlichen Weisung, zum status quo ante zurückzukehren.

---

[1] I,43; VII, 123 f.
[2] V, 1 / ls 3 ff.

Wieder fungierte der spanische König als Exekutor der Reichsacht, als Herzog von Brabant und damit als Reichsfürst dazu berechtigt. Spinola erreichte voll und ganz, was ihm aufgetragen war.

1614 - 1648

Nach diesem 4. Wechsel des Regimes war in Aachen noch lange nicht damit zu rechnen, daß er für fast 200 Jahre Bestand haben sollte. Zur Sicherung gegen einen neuen Umsturzversuch ließ Spinola im Einvernehmen mit dem Kaiser 1600 Mann in Aachen zurück; denn auch nach dem Zeugnis des Nuntius in Brüssel bildeten die Katholiken in Aachen den *bei weitem geringeren Volksteil*[1].

Nach der von König Philipp III. bewirkten Wende treten die Spanier in Aachen nicht mehr hervor. Gemäß der Rechtslage überlassen sie die Sicherung des Erreichten den kaiserlichen Kommissaren. Diese haben mehr noch als 1598 alles getan, um die Neugläubigen vor den Kopf zu stoßen. Auf dem Markt ließen sie ein Mahnmal errichten, das fast 200 Jahre lang an die Geschehnisse von 1614 erinnerte. Auf einer Säule war ein Bild angebracht, das einen Henker mit dem Verurteilten zeigte und daneben das Ergebnis der Hinrichtung: über dem geschundenen und verstümmelten Körper hingen Kopf, Arme und Beine. Darunter stand, dauerhaft wie das Bild in Stein gehauen, was nur einen Aachener mit Lateinkenntnis vor einem weiteren Aufstand gegen den Kaiser abschrecken konnte: *Sic pereant qui hanc rem publicam et sedem regalem spretis S(acrae) Caesar(eae) Maiest(atis) edictis evertere moliuntur, ad damnandam memoriam Joannis Kalckberner, in ultimo tumultu anno MDCXI hic excitato inter perduelles antesignani, columba haec ex decreto D.D. Subdel(egatorum) Sac(rae) Caes(aris) Majest(atis) erigi jussa, non(as) dec(embris) a(nno) MDCXVI*[2] - *So sollen zugrunde gehen, die des Kaisers heiliger Majestät Edikte mißachten und sich unterfangen, (die Ordnung) diese(r) Stadt und königliche(n) Residenz umzustürzen. Um Johannes Kalckberner, unter Gewalttätern ein Anführer in dem letzten hier im Jahre 1611 geschürten Aufstand, aus der Erinnerung zu tilgen, ließen die Herren Kommissare des Kaisers heiliger Majestät diese Säule am*

---

[1] V, 11 / 438; V, 56 / 102
[2] IV, 48 / 94 f.

6.12.1616 errichten. Die Verfasser bedienten sich also der antiken Strafe der damnatio memoriae - der Austilgung aus dem Gedächtnis, aber statt den Namen des Bestraften aus einem vorhandenen, ihn ursprünglich ehrenden Schriftbild zu löschen, verewigen sie ihn in einer eigens für ihn verfertigten Inschrift. Immerhin blieb sein Name und die mit ihm verbundenen Gewalttaten so bekannt, daß die Säule nach dem Einmarsch der Franzosen 1792 von revolutionär gesinnten Bürgern als Zeichen des überwundenen Ancien Regime angesehen und umgestürzt wurde. Kalckberner war 1616 einer von drei Verurteilten, von denen zwei auf dem Markt hingerichtet wurden, als Kalckberner selbst geflüchtet und schon eines natürlichen Todes gestorben war. Ob schuldig oder nicht an den Gewalttaten von 1611, bedenklich ist es, daß er als der 1612 gewählte lutherische Bürgermeister zur Verteidigung gegen Spinola aufrief und, hätte er Erfolg gehabt, Tod und Verderben wie kaum einmal in der Geschichte Aachens heraufbeschworen hätte.

Nicht weniger selbstsicher, doch harmlos-spöttisch hielten ein oder zwei Katholiken die Erinnerung an die für sie glückliche Wendung der Dinge im Jahre 1614 fest. Der Name Spinola, auch Spinula geschrieben - spina, der Dorn; spinula, das Dörnchen - weckte die Freude an einem Wortspiel, vielleicht bei Schülern des Jesuiten-Gymnasiums neben St. Michael: *Utris adinstar erat furor intumefactus Aquensis, Ut primum infixa est Spinula, detumuit[1]. - Wie ein Schlauch wurde die Tollheit in Aachen aufgeblasen, sobald ein Dörnchen hineinstach, ging die Luft raus.* Ein anderes Wortspiel lautete: *Unus Homo nobis minitando restituit rem, Et dedit nos inter spina cubere rosas.[2] - Ein Mann drohte nur und brachte die Dinge wieder in Ordnung, und ein Dorn ließ uns zwischen Rosen ruhen.*

Neben Madrid und Wien bleiben weiterhin Düsseldorf und Berlin im politischen Spiel um Aachen bzw. kommen wieder hinein, nachdem das kleine brandenburgische Kontingent rechtzeitig vor Spinolas Anmarsch Aachen geräumt hatte. Für Aachen und nicht zuletzt für St. Foillan ist entscheidend, daß sich die beiden Konkurrenten um das Jülicher Erbe am 12.11.1614 im Vertrag von Xanten auf eine Teilung einigen: Der Brandenburger erhält Kleve, Mark und Ravensberg, der Pfalz-Neuburger Jülich und Berg mit der Residenzstadt

---

[1] I, 37/ II, 213
[2] ebd.

Düsseldorf. Von den Rechten in Aachen ist in Xanten keine Rede. Erst 1631 kommt es zu einer dauerhaften Lösung: Das Amt des Vogtmajors soll bei jeder Vakanz alternativ verliehen werden, den Erzpriester an St. Foillan als *plebanus civitatis* - als (obersten) Seelsorger der Stadt - soll allein der katholische Herzog in Düsseldorf präsentieren[1].

Der gerade erst konvertierte Herzog Wolfgang Wilhelm war von der weiter entfernten Residenz Düsseldorf aus weit eher in der Lage, Aachen als katholische Stadt zu erhalten, als seine Vorgänger von Jülich aus in den letzten 100 Jahren. Petrus a Beeck widmete ihm 1620 die erste Stadtgeschichte, die in Aachen geschrieben wurde, Aquisgranum. Seine Perspektive sollte die katholische Tradition bewußt machen, den alten Glauben festigen und damit von innen dasselbe wie der politische Machthaber von außen erreichen[2].

Nunmehr zwischen zwei katholischen Nachbarn gelegen, den spanischen Niederlanden im Westen und Jülich im Osten, können während des 30jährigen Krieges nur die Generalstaaten dem katholischen Aachen gefährlich werden, die inzwischen sich so bezeichnenden, von Spanien abgefallenen nördlichen Niederlande. Doch der Krieg tritt im Mündungsgebiet von Rhein und Maas auf der Stelle, bis die Generalstaaten 1632 noch einmal einen Vorstoß die Maas aufwärts machen, Maastricht besetzen und sich bedrohlich auf Aachen zubewegen. Die Angst vor einer Belagerung wächst, zumal nach Abzug der spanischen Soldaten. Doch zu aller Überraschung begnügen sich die Niederländer mit einem historisch-verfassungsrechtlichen Vorstoß zugunsten der Kalviner und Lutheraner. Niederländische Rechtshistoriker sind auf der Suche nach Rechtstiteln für den neuen Staat auf die 1227 geschaffene Obervogtei des Herzogs von Brabant in Aachen gestoßen und haben daraus das Recht der Niederlande als des Rechtsnachfolgers abgeleitet, für ihre Glaubensbrüder in Aachen eine Kirche zu fordern, ohne St. Foillan ausdrücklich zu nennen. Dazu geht es um nicht weniger als die Ablösung des rein katholischen Regiments durch das passive Wahlrecht ihrer Glaubensbrüder für Rat und Verwaltung. Ferner sollen ihnen die höheren Ränge in den Zünften wieder offenstehen, also die entscheidende Voraussetzung für eine Kandidatur. Das katholische Stadtregiment antwortet auf derselben histo-

---

[1] A / 1, Aachen, St. Foillan II, Bl. 10)
[2] V, 10 / 187

risch-verfassungsrechtlichen Ebene und zieht aus dem Stadtarchiv die notwendigen Belege hervor: Die Obervogtei verpflichtet - im Unterschied zu der an Jülich verpfändeten Vogtei - zum Schutz Aachens nach außen und gibt keine herrschaftliche Kompetenz im Verfassungsgefüge der Stadt, wie es zuletzt 1499 vertraglich festgelegt worden ist[1].

Die Niederländer konnten augenscheinlich auf der einmal betretenen Ebene den Aachener Archivstudien nichts entgegensetzen, doch nicht deshalb, sondern wegen der allgemeinen politischen und militärischen Lage war die Sache für sie erledigt. Ihre Initiative lenkt den Blick auf die Unterlegenen von 1614, die in der Lage waren, mit einer ihrer Schutzmächte und wahrscheinlich auch mit anderen in Kontakt zu bleiben, und die Hoffnung auf eine neue Wende nicht aufgaben. Wenn auch viele Nichtkatholiken ausgewiesen worden waren oder wegen wirtschaftlicher Behinderung Aachen verlassen hatten, so blieben genug andere. Vom zunftgebundenen Einzelhandel ausgeschlossen, verlegten sie sich auf den Großhandel und unterzogen sich der Meisterprüfung in der von ihnen vertretenen Branche als Voraussetzung der Geschäftseröffnung. Zudem war das Stadtregiment bemüht, die kaiserlichen Strafmaßnahmen zu begrenzen, wenn die Wirtschaft insgesamt dadurch geschädigt wurde[2].

Ein Zeichen des Entgegenkommens setzten die Jesuiten, obgleich sich gerade gegen sie der Haß eines Teils der Aufrührer 1611 gerichtet hatte. Die Wende von 1614 bedeutete für sie, daß sie mit dem Bau des Gymnasiums und der Kirche St. Michael beginnen konnten, unterstützt von dem Stadtregiment und mit Geld, das ihnen Kaiser Matthias aus der Konfiskation von Hab und Gut der Verbannten und Verurteilten zukommen ließ. Das Haus eines Protestanten mußte dem Kirchbau weichen. Als weitere Grundstücke zugunsten der Jesuiten konfisziert werden sollten, boten sie Verzicht und Ausgleich an und erhielten Zustimmung: Statt der Grundstücke, deren Verlust wirtschaftlichen Ruin für die Betroffenen bedeutet hätte, erhielt St. Michael sechs Altarleuchter und einen Kronleuchter, der in der Mitte der Kirche die Augen auf sich lenkte, insbesondere durch die Bronzefigur Karls des Großen in Rüstung und Mantel, mit Krone und Zepter. Die

---

[1] III,24 / 953; IV, 21 / 319 ff., V, 74 / 14; V, 42 / 137
[2] V, 30 / 61; V, 55 / 39 f.; V, 22 / 34f.

Anregung kam wahrscheinlich von dem 1620 auf dem Markt aufgestellten Karlsbrunnen¹.

Kirche St. Michael, Kronleuchter von 1728²

---

¹ V, 25 / 37; V, 55 / 360; V, 64 / 79, 85 f.
² III, 28 / 149

Der für die antikaiserliche Koalition günstige Verlauf der letzten Jahre des 30jährigen Krieges machte den Kalvinern und Lutheranern in Aachen Mut, sich in die Friedensverhandlungen einzumischen. Der Prediger Georg Ulrich Wenning legte im Mai 1646 in Osnabrück eine Beschwerdeschrift vor, als sich ein Frieden der Gleichberechtigung aller Konfessionen abzeichnete[1]. Wenn aber kirchliche Gremien, ob alt- oder neugläubig, Gleichberechtigung unter einem andersgläubigen Regiment verlangten, nahmen sie die allgemeine Entwicklung nicht zur Kenntnis: Von Spanien angefangen, hielten es die weltlichen Machthaber für notwendig, ihre Kirchenhoheit auszubauen und deshalb Andersgläubige möglichst klein zu halten oder hinauszudrängen. Auch die Gesandten der lutherischen und kalvinischen Fürsten in Osnabrück, die Adressaten der Aachener, sprachen sich gegen jede *Misch- und Zwischenreligion* aus, so auch gegen die für einen Teil der Reichsstädte im Augsburger Religionsfrieden vorgesehene Religionsfreiheit der Bürger[2]. Die Gesandten der katholischen Reichsstände erklärten, die Protestanten könnten von dem katholischen Stadtregiment in Aachen nicht verlangen, was den Katholiken in Ulm und Straßburg verweigert werde[3]. Dazu kam bei Katholiken wie Protestanten die Befürchtung, die Generalstaaten würden unklare Machtverhältnisse in Aachen zu einem neuen Vorstoß nutzen, und von größtem Gewicht war wohl bei den lutherischen Reichsständen die 1611 bestätigte Sorge vor der Entwicklung eines kalvinisch-revolutionären Denkens und dessen Ausbreitung innerhalb der eigenen Grenzen[4].

Also wurde die Aachener Angelegenheit nicht behandelt und nicht in die Friedensordnung einbezogen. In der Mißachtung individueller oder von Gruppen vorgetragener Wünsche und in der Anerkennung der Entscheidungsfreiheit der jeweils Regierenden sahen alle Verhandlungspartner die Voraussetzung für den konfessionellen Frieden und die Sicherung des Reiches[5].

Damit ist für Aachen die über 100 Jahre andauernde und wechselnde Einwirkung weltlicher Interessen auf das kirchliche Leben abgeschlossen. Während für die Protestanten keine Aussicht mehr auf eine

---

[1] I, 34 / 631
[2] IV, 16 / ill; V, 20 / 228 /231; V, 22 / 34; V, 56 / 155
[3] I, 12; /II, 256 f.
[4] I, 4 / 222
[5] IV,16 / 169

Einwirkung lutherischer oder kalvinischer Mächte besteht, können sich die Katholiken sicher fühlen im Schutz der Mächte, denen sie die Wende von 1614 verdanken. Kein Zeugnis spricht in Aachen dagegen, daß diese politische Konstellation als göttliche Fügung angesehen wird. Was 1614 ein Kanoniker des Münsterstifts in einem Chronogramm ausspricht, dürfte der Grundhaltung vieler Katholiken in den zwei folgenden Jahrhunderten entsprechen:

sanCta MarIa DeI GenItrIX	Heilige Maria, Gottesgebärerin,
DIa Mater, ILLVstris Virgo	Göttliche Mutter, strahlende Jungfrau,
MeDIatrIX Christi & nostra	Mittlerin zwischen Christus und uns,
aVe DeLIrI orbIs soLatIVM,	Zuflucht der irrenden Welt,
VnICa AqVIsgranI DoMina.	Einzige Herrin Aachens,
GaVDIVM & HonorIfICentIa,	die Du uns Freude und Ansehen schenkst, sei gegrüßt.
In Deo feCIstI VIrtVteM,	Nach dem Willen Gottes hast Du deine Macht gezeigt,
aD nIhILVM reLInqVIs haereses	Irrlehren die Gefolgschaft genommen
et a DVMbrastItVos In dIe BeLLI.	und über die Deinen am Tage des Krieges Deinen Mantel gebreitet.
tVrbatI sVnt oMnes InsIpIentes CorDe,	Verständnislos stehen sie alle da, die sich in ihrem Herzen der Weisheit versagt haben,
salVastI enIM nos de affLIgentIbVs nos.	denn Du hast uns vor ihnen gerettet, als sie uns bedrängten.
Da LaeteMVr In LaetItIa gentIs tVae	Gib, daß wir uns freuen können in der Freude Deines Volkes,
qVIa DoMinVs benefeCIt nobIs	weil der Herr uns seine Gnade geschenkt hat.
Deo gLorIabIMVr, IbIt LaVs	Daß Gott mit uns war, dessen werden wir uns rühmen
DIVIno & sanCto noMInI tVo.	und Deinen göttlichen und heiligen Namen preisen.

VI. Absolutismus 1648-1792

Der Friedensschluß von Münster und Osnabrück läßt die europäische Epoche beginnen, in der *absolut* regierende Fürsten über *Untertanen* regieren und der die Revolution in Paris 1789 bzw. der Einmarsch der Revolutionstruppen in die meisten europäischen Länder in den folgenden Jahren ein Ende setzt. Wie in allen Epochen ist das als vorherrschend angesehene Kennzeichen nicht an allen Orten von gleicher Bedeutung. Stand für Aachen und damit für St. Foillan das Ringen um die konfessionelle Prägung so im Vordergrund wie an kaum einem anderen Ort in Deutschland, so kann nach 1648 in Aachen wie in anderen freien Reichsstädten schon deshalb nicht von Absolutismus gesprochen werden, weil es hier den *absolut* regierenden Fürsten nicht gibt und weder die Habsburger im Westen noch die Jülicher Erben im Osten den Versuch machten, Aachen in ihr neuartiges Herrschaftsgefüge einzubeziehen. Aber *legibus solutus - von Gesetzen, d. h. von Einspruch und Mitbestimmung kontrollierender Organe unabhängig* leiteten auch in Aachen Rat und Verwaltung, Regiment genannt, die Geschicke der Stadt. Ist den Bürgern eine Mitsprache über die Ratswahlen gegeben, so ist diese an eine Mitgliedschaft in den sich mehr und mehr abkapselnden Zünften gebunden. 1681 geht das Stadtregiment einen Schritt weiter, indem es Neubürger nur noch verpflichtet, sich im Rathaus anzumelden, und sie nicht mehr, wie im Gaffelbrief von 1650 vorgesehen, auffordert, sich bei einer Zunft anzumelden, um aktives und passives Wahlrecht zu erhalten[1].

Zum absoluten Regiment gehört es, die Religion, zumindest ihre öffentliche Ausübung zu bestimmen. Die öffentliche Ausübung allein der katholischen Konfession soll in der Darstellung dieser Epoche vorangestellt werden; die Seelsorge soll folgen, weil die von der weltlichen Gewalt geschenkte Ruhe und Sicherheit die verderbliche Möglichkeit zu persönlichen Querelen läßt, während die Franziskaner in St. Nikolaus auf die für Kirche und Welt gleich bedeutsame und neue Herausforderung antworten, die Aufklärung. Der Abschnitt *Welt*

---

[1] 1, 36 / 368 f.

und Kirche soll wie bisher den Abschluß bilden, weil in Aachen deutliche Mängel des weltlichen Systems nach Abhilfe verlangen

VI.1 *Öffentliche Ausübung der Religion*

VI.1.1 *Zerstörung der Kirchen im Stadtbrand von 1656 und ihr Wiederaufbau*

Anderthalb Jahrhunderte blieben Lutheraner und Kalviner im Stadtbild nicht zu erkennen; das Münster und die katholischen Kirchen bestimmen das Stadtbild. Doch gleich zu Beginn der Epoche trifft eine Katastrophe mit den Menschen und ihren Wohnungen auch die Kirchen, am schwersten St. Foillan. Es hätte nicht viel gefehlt und sie wäre abgebrochen worden, und die erste und eigentliche Pfarrkirche Aachens wäre aus dem Stadtbild verschwunden.
Am 2.5.1656 brach im Hause des Bäckers Peter Maw unterhalb von St. Jakob, heute Jakobstr. 161, ein Brand aus, der, vom Westwind getrieben, sich schnell zur Innenstadt hin ausbreitete und mit 4664 verbrannten Häusern und 17 Toten zur größten Katastrophe vor den Bombenangriffen im letzten Jahr des 2. Weltkriegs wurde[1]. Die Schindeldächer und Fachwerkwände der Wohnhäuser ließen das Feuer schnell seinen Weg nehmen, das hölzerne Gerüst der sie überragenden Kirchendächer wurde vom Funkenflug erfaßt, Balken stürzten herab und zerbrachen die Gewölbe und beschädigten die Außenmauern. Während die Pfarrkirchen St. Jakob, St. Paul und St. Adalbert so gut wie verschont blieben, wurde St. Foillan schwer getroffen, schwerer als das Münster und die Ordenskirchen der Innenstadt. Das Dach der Kirche und das des Turmes verbrannten völlig, das Gewölbe stürzte größtenteils herab, und die Seitenwände wurden beschädigt[2]. Gerettet wurde nur, was in Sakristei und Nebenräumen aufbewahrt war, Reliquiare, Altargeräte, liturgische Gewänder, einzelne Möbel und das Archiv. Reaktionsschnelle Helfer gelangten damit noch rechtzeitig in die Rochuskapelle auf der Insel im Teich des

---

[1] I, 38 / 60; 1, 57 / 73
[2] I, 39 / 4 ff., 15 ff.

Kapuzinergartens und trafen sich dort mit den Rettern des Münsterschatzes.

Es wurde kein Zweifel daran laut, daß St. Foillan, nach wie vor die einzige Pfarrkirche innerhalb der Barbarossamauer, wieder aufgebaut werden und als Bürgerkirche neben dem Münster das Stadtbild bestimmen müsse, ferner, daß die Stadt dafür zuständig sei. Wohl einigte man sich darüber, daß die Nebenkirche nicht wieder aufgebaut und deshalb eine neue Abschlußwand auf der Nordseite errichtet werden sollte. So konnten Baukosten gespart und zusätzliche Einnahmen erzielt werden, indem man auf dem Fundament der Nebenkirche bei Benutzung von erhaltenen Quergurten und Schildmauern Häuser errichtete.

Bei der Errichtung des Hauses an der Nord-West-Ecke, Krämerstraße 19, wurde zugunsten entsprechenden Gewinns auf die Tür zum nördlichen Seitenschiff verzichtet. Ferner gestand man dem Inhaber des Hauses zu, daß das linke Fenster der Westfassade in der Höhe des Obergeschosses des neuen Hauses nur zu einem Teil zugemauert wurde, den Bewohnern den Blick in die Kirche freiließ und ihnen die Möglichkeit gab, von dort aus am Gottesdienst teilzunehmen. So blieb es nach dem Wiederaufbau um 1680 hundert Jahre lang, bis sich der Stadtrat mit dem Hausherrn einigte, ihm 300 RTL Entschädigung zahlte und das Fenster zumauern ließ[1].

Die Ruine stand fast ein Jahr lang da ohne jeden Schutz vor weiterer Zerstörung durch Wind und Wetter, bis das Stadtregiment am 10.6.1657 ein Notdach anbringen ließ. Kurz vorher war die erste und einzige Hilfe in barem Geld eingetroffen, 6000 Scudi von Papst Alexander VII. Das Stadtregiment hatte ihn voll Vertrauen um Hilfe gebeten, weil er als Nuntius Fabio Chigi von Dezember 1650 bis Oktober 1651 bei den Regulierherren am Sandkaulbach gewohnt und sich mit Rat und Verwaltung gut verstanden hatte. Sicher erinnerte er sich daran, daß der Rat ihn eingeladen hatte, am Ratsaltar zu zelebrieren, als ihm der Marienaltar im Münster vom Stiftskapitel verwehrt wurde. Am 8.7.1656 schrieb er an Rat und Verwaltung: *Illam (urbem) paterne diligebamus, quod eius pietatem et ad veram religionem ardorem singularem cognoveramus*[2] - *Diese (Stadt) schlossen wir väterlich in unser Herz, weil wir ihre Frömmigkeit und ihren*

---

[1] I, 3 / 56; I, 36 / 556; I, 30 / 57 f.; IV,6 / 80 f.
[2] V, 29 / 175

einzigartigen Eifer, die wahre Religion zu bewahren, erkannt hatten. Fortan erinnerten eine Inschrift und ein Bild des Papstes in der Ratskapelle an die Hilfe aus Rom[1].
Angesichts der allgemeinen Not nach dem 30jährigen Krieg kam weder vom Kaiser noch von den Reichsständen nennenswerte Hilfe. Lediglich Köln und andere näher gelegene Städte halfen mit Kleidung und Nahrung über die Not der ersten Monate hinweg. Das Kölner Stadtregiment sandte *nachbarliche und christliche condolenz* und hoffte mit Aachen auf Gottes Hilfe, *weil (Aachen) jederzeit bey der uralten Catholischen romischen Religion hochruemlich und fest gehalten*[2]. Als die Generalstaaten ein Hilfsangebot mit der Erwartung künftiger Rechte für ihre Glaubensgenossen in Aachen verbanden, wurden sie abgewiesen[3].
Die Stadtkasse war nach 1648 so leer wie die der meisten Reichsstädte; also hieß es, neue Geldquellen suchen und vor allem sparen. Dabei dürfte es in St. Foillan Ärger hervorgerufen haben, daß die Stadt vom 19.4.1657 an das Pastorengehalt mit der Auflage in die Kirchenkasse einzahlte, es nur für den Wiederaufbau der Kirche zu verwenden, weil der Pastor in den Ruinen nicht zelebrieren könne. Demnach wurde nicht gastweise ein Pfarrgottesdienst in einer der drei verschont gebliebenen Pfarrkirchen eingerichtet, vielleicht weil die Bewohner der Innenstadt bis auf einen kleinen Rest in allen Richtungen eine Zuflucht gesucht hatten[4].
Die den Wiederaufbau leitenden städtischen Beamten, Dederich Bekker und Carl von Münster, sollten den Pfarrangehörigen durch eine Inschrift oberhalb der Tür, welche aus dem südlichen Seitenschiff zum Pfarrgarten führte, in Erinnerung bleiben. 13 Jahre dauerte der Wiederaufbau - immer wieder wegen fehlender Geldmittel unterbrochen. Wohl wissend, daß jeder zunächst wieder ein Dach über dem eigenen Kopf haben wollte, ordnete der Rat erst 1658 eine Stadt- bzw. Hauskollekte für den Wiederaufbau von St. Foillan an, ebenso 1659, 1661 sogar zweimal, im Januar und im Juli, und übertrug einmal dem Erzpriester Johann Bierens, das andere Mal den Kirchmeistern die Durchführung. So konnten einige Fuhren Holz und 40000

---

[1] IV, 108 / 45; V, 29 / 175; VI, 34; VI, 49; VI, 61 a / 21 ff.
[2] VI, 37
[3] V, 39 / 265
[4] VI, 64 / 15

Ziegel zu Lasten der Stadtkasse vor St. Foillan deponiert werden. Gegen die Verpflichtung, eine größere Menge Kalk zu liefern, sah der Rat 1659 von einer Strafverfolgung dreier Bürger ab, die das Stadtregiment beleidigt hatten. Größere Schwierigkeiten hatte der Erzpriester mit dem Wiederaufbau des Pfarrhauses, da die Stadt zunächst nur ein Provisorium bewilligen wollte. Pfarrangehörige gingen voran und spendeten eigens für das Pfarrhaus, so Jungfrau Anna Browers am 23.6.1661. Erst ein mit Vizekurat Philipp Nagell am 4.3.1665 geschlossener Vertrag, in dem die Stadt als Bauherr und Eigentümer anerkannt wird, sicherte den Wiederaufbau des 1608 erworbenen Pastorats[1].

Zum Abschluß der Arbeiten erhielt St. Foillan von der Stadt neue Glocken und eine 1672 fertiggestellte Orgelbühne, an deren Brüstung im Mittelfeld die ersten vier Verse der Hymne Urbs Aquensis mit dem Aachener Stadtwappen und nach dem Vorbild fürstlicher Bauherren die Namen des *abgestandenen* und des *regierenden* Bürgermeisters, Gerlacus Maw und Nicolaus Fibus, zu lesen waren, ferner an den Seiten die Namen zweier städtischer Baumeister, Aegidius Mantels und Adamus Coeberch, die im Unterschied zu den genannten die Arbeiten abschließend geleitet hatten[2].

Von den Ordenskirchen der Innenstadt war auch St. Katharina in der Pontstraße schwer beschädigt. Aus Geldmangel konnten die Augustiner erst 1663 mit dem Wiederaufbau beginnen; am 30.7.1687 war die ganze Kirche wiederhergestellt und wurde neu geweiht[3].

Während das Gymnasium der Jesuiten verschont blieb und ihre Wohnräume nach einem Jahr wieder bezogen werden konnten, brannte der Dachstuhl von St. Michael aus. Die Trümmer stürzten auf das Gewölbe, ohne es zu zerbrechen. Man wußte, daß es nicht sehr stark war, und 1680 wurde vorsorglich ein neues eingezogen. Noch in einem anderen Punkte stand St. Michael bald besser da als vor dem Brande: 1658 stellte die Stadt ein Grundstück neben der Kirche für die Errichtung eines Turmes zur Verfügung[4].

Die Schäden an St. Nikolaus und dem Franziskanerkloster waren bis 1664 beseitigt. Schon 1687 fehlt es den Minderbrüdern nicht an

---

[1] D, 1
[2] I, 12 / 26; 1, 39 / 41 ff. / 48 ff.
[3] IV, 59 / IV, 591 f.
[4] V, 18 / 37

Spenden und an Unternehmungslust, um an der Nordseite der Kirche eine Loreto-Kapelle zu errichten. 1703 genügte sie den Marienverehrern schon nicht mehr und wurde durch eine größere Kapelle auf der Südseite in Verlängerung des südlichen Seitenschiffs und längs des Chores ersetzt[1].
Die Kapelle des Beginenhofes an der Hartmannstraße wurde schwer beschädigt und durch einen Neubau ersetzt[2]. Das *Gasthaus* am Radermarkt war schon 1658 wiederhergestellt, und die Klöster der Klarissen und der Kapuziner blieben verschont[3]. Abschließend eine Besonderheit des Katastrophenjahres: Es ging nicht nur keine Kirche verloren, sondern es kam noch eine hinzu. Am 15.5.1656 beantragt der Kölner Karmel beim Stadtrat eine Niederlassung in Aachen, und 1660 folgt die Genehmigung. Wilhelm von Binsfeld stiftet sein leergebranntes Grundstück in der Pontstraße, und 1662 ziehen die ersten Nonnen in das dort errichtete Kloster ein. Erst 1739 bis 1748 reicht das Geld, um eine Kirche zu bauen; es ist die bis heute erhaltene Kirche, die der Ordensheiligen Theresa von Avila geweiht ist[4].
Die Ablehnung des Hilfsangebots der Generalstaaten zeigte, daß die Brandkatastrophe angesichts der gemeinsamen Not kein Umdenken bewirkte, wenn es um den Wunsch der Lutheraner und Kalviner nach öffentlicher Religionsausübung ging. Sie verloren keine Kirche, erhielten aber auch keine bzw. kein Recht, eine zu bauen, und das beim jahrelangen Anblick der Arbeiten an soviel katholischen Kirchen. Strenger als vor 1648, weil ohne Furcht vor einer erneuten Verschiebung der Machtverhältnisse, wurde jede nicht-katholische Religionsausübung aus der Öffentlichkeit verbannt.

VI.1.2 Beerdigung und Glockenklang

Nichts tun zu können ist die eine Belastung, zum Mittun gezwungen zu werden, ist die andere, wenn nur eine Konfession die öffentliche Religionsausübung bestimmt. Am wenigsten konnte man ihr bei Beerdigungen ausweichen. Der Leichenzug zu einem Friedhof außer-

---

[1] V, 26 / 201; III, 28 / 160 f.
[2] III, 29 / 311 f.; Weihe am 19.11.1706
[3] I, 34 / 654 ff.
[4] III, 29 / 217 f.

halb der Stadt, i. a. nach Vaals, der einzige öffentliche Auftritt der Neugläubigen überhaupt, unterlag allgemein geltenden Bestimmungen. So wurde vom Sendgericht in St. Foillan 1675 und wieder 1687 angeordnet, daß Totenamt und Beerdigung vormittags stattzufinden hatten[1]. Damit sollten heimliche Beerdigungen bei Nacht unterbunden werden, mit denen man der Auflage entging, der Pfarre, durch die der Leichenzug den Weg nehmen mußte, Stolgebühren zu entrichten. Auch Katholiken müssen an Beerdigungen ohne Aufsehen interessiert gewesen sein. Alexianer, die nach wie vor das Monopol des Leichentragens hatten, wurden vom Sendgericht bestraft, wenn sie bei diesem verbotenen Tun aufgrund von Sonderzuwendungen mitmachten[2], ebenso wenn sie Kinderleichen unter ihrem Mantel zum Begräbnis brachten. Diese und andere Mißstände monierte der visitierende Nuntius Bussi und bestimmte im einzelnen den Ablauf der Beerdigung: Ein Priester der Pfarre und ein Kreuzträger gehen mit Meßdienern dem Leichenzug voran bis zum Grabe oder, wenn die Beerdigung einem Orden übertragen worden ist, bis zum Portal der Klosterkirche - so sehr die Beliebtheit der Orden stieg, der Pfarrer war nicht zu umgehen[3].
Es ergaben sich nicht geringe Kosten für die Hinterbliebenen und damit die Verpflichtung, armen Pfarrangehörigen aus der Kirchenkasse den vorgeschriebenen Aufwand zu bezahlen, beginnend mit einem Sarg, der teuer genug auch in der bescheidensten Form blieb[4].
Auf der einen Seite gingen also die kirchlichen Oberen gegen eine bürgerliche Sparsamkeit und vom Kultischen sich distanzierende Rationalität an, auf der anderen Seite gab es für Rat und Send Anlaß genug, gegen reiche Familien einzuschreiten, die nach uralter Gewohnheit die Leichenfeier zur Selbstdarstellung nutzten. Daß bis zu acht Alexianer die Bahre trugen, daß aufgrund testamentarisch gesicherter Zuwendungen Franziskaner von St. Nikolaus oder Dominikaner von St. Paul, auch Waisenkinder aus dem städtischen Armenhaus im Leichenzug gingen, fand keinen gerichtlichen Widerspruch, wohl aber Kerzen auf hohen Leuchtern, Fackeln und Bildtafeln in der

---

[1] D, 3 / 9.7.1687, B 127
[2] D, 3 / 9.7.1688, B 127
[3] V, 10 / 125
[4] V, 10 / 128

Hand von bezahlten Trägern und der Ausschank von Wein, Bier und Branntwein beim Leichenschmaus[1].

In besonderer Weise lenkten die Bruderschaften den Blick auf sich, die in zeremoniellen Gewändern ihren Mitbrüdern das Totengeleit gaben. Das Bruderschaftstuch umhüllte den Sarg, sie selbst trugen fußlange Mäntel, schwarz und ärmellos, die Greven Mäntel mit Samt- und Pelzbesatz[2].

Für Standespersonen galten hinsichtlich des Aufwands vom Sendgericht genehmigte Ausnahmen. Als besonderer Vorzug wurde ein Begräbnis in St. Foillan in der Nähe des Hochaltars angesehen, gesichert durch einen Vertrag über ein Erbbegräbnis[3]. Der höchste kirchliche Würdenträger wurde jedoch in St. Michael beigesetzt. Es war der bei einer Visitation am 30.6.1670 in Aachen verstorbene Nuntius Agostino Franciotti.[4] Die Gruft der Grafen von Amstenrath bot sich als würdige Grabstätte an, weil kurz vorher der letzte Sproß der Familie gestorben war[5]. Der Nuntius war in Aachen bekannt und beliebt, seitdem er im Hause des Bürgermeisters Maw am heutigen Friedrich-Wilhelm-Platz zu Gast gewesen war, dort in langwierigen Verhandlungen zwischen den Gesandten Frankreichs und Spaniens vermittelt und zum Friedensschluß vom 2.5.1668 beigetragen hatte. Ein Zwischenfall bezeugte diese Sympathie: Am 31.12.1667 *haben sich hiesige Bürger vor des Herrn Nuntius sein Logement, das neue Jahr auszudrommeln und zu pfeifen ohne Erlaubnis unterstanden, sind aber darüber reprendiret, wären auch deßwegen bestraft worden, wenn nicht der Herr Nuntius für sie intercedirt hätte*[6].

In St. Foillan kündete bis zur Zerstörung im Jahre 1946 ein Grabstein vor den Stufen des Hochaltars von der höchsten geistlichen Würdenträgerin *Eleonora Dei Gratia Abbatissa Princeps Thorensis, nata Comitissa Loewenstein Wertheim 11. Octobris 1706 - Eleonora von Gottes Gnaden Fürstäbtissin von Thorn, geb. Gräfin von Loewenstein-Wertheim ...*[7].

---

[1] V, 10 / 127 f.; V, 26 / III, 418; V, 10 / 127 f.
[2] V, 10 / 259
[3] D, 1 / B, VII c
[4] V, 99 / II, 156 ff.
[5] I, 12 / II, 20
[6] zit.VI, 35
[7] 1, 12 / 314; VI, 30 / 99

Mit Recht stand der Erzieher des Thronfolgers im Staat des Absolutismus im höchsten Rang und Ansehen. Ein solcher wurde in St. Foillan beigesetzt: Karl Theodor Otto Fürst von Salm, kaiserlicher Feldmarschall, Erzieher Josephs I. Er starb am 10.11.1770 in seinem Alterssitz, einem Hause gegenüber von St. Michael[1].
Am 31.7.1786 erschoß sich ein Hauptmann der Stadtsoldaten, Joseph Fischer, auf *Foillanskirmesmontag*. In aller Eile wurde er *von gerichtswegen*, d. h. wohl vom Sendgericht, ohne jeden Rückgriff auf eine Verfahrensordnung nicht als Selbstmörder eingestuft, weil er etliche Jahre *närrisch* gewesen sei, und noch am selben Tage abends *ganz still* in St. Foillan beigesetzt. So berichtete eine Chronik[2].
Von den vielen Grabplatten, die einmal den Boden von St. Foillan bedeckten, wurde eine bei der Sicherung der Ruine gefunden und 1948 an der Südwand angebracht; sie nennt die Namen der Eheleute Martin Strauch und Gertrud von Thenen, aber wegen einer Beschädigung nicht mehr ihre Lebensdaten. Wappen und Schriftbild verweisen in das 18. Jahrhundert[3].
Als die Kirchmeister dem Wunsch nach Bestattung in St. Foillan aus Platzmangel nicht mehr nachkommen konnten und doch auf hohe Einnahmen nicht verzichten wollten, entschlossen sie sich mit Erzpriester und Vizekurat, nach dem Vorbild anderer Aachener Kirchen einen Totenkeller zu bauen, und zwar in der vollen Ausdehnung des Mittelschiffs und der beiden Seitenschiffe und damit den größten in Aachen. Das schwierige Werk wurde in verhältnismäßig kurzer Bauzeit vollendet[4]. Das religiöse Verlangen der Gläubigen und der Wunsch nach Einnahmen für die Kirchenkasse standen im Einklang mit den Erkenntnissen der Naturwissenschaften, die mit wachsendem Selbstbewußtsein die menschliche Gesundheit glaubten sichern zu können. Einmal sollten ummauerte Grabstellen besser als jede Erdbestattung vor austretenden Dünsten schützen, dann sollte die von einem Thermalwasserlauf herrührende Wärme die Verwesung beschleunigen. Nach wenigen Jahren sollten die Überreste in einen besonderen Behälter kommen und die Grabstelle für eine Wiederbelegung freimachen. Das revolutionäre Frankreich nahm aber auf soviel

---

[1] I, 12 / 316; VI, 30 / 99
[2] 28
[3] VI, 86 / 405; VI, 37 a / 405
[4] I, 39 / 56; I, 41 / 13 ff.; III, 29 / 337; V, 26 / III, 523; V, 10 / 126; 23.6.1781 - 2.2.1782

aufgeklärte Wissenschaft keine Rücksicht und griff auf die Gesetze des Römischen Reiches zurück: Keine Bestattung innerhalb der Besiedlung. So konnte das große Werk nur 14 Jahre benutzt werden. Immerhin wurden in den 401 Grabkammern 670 Verstorbene beigesetzt, unter ihnen der Architekt der Ungarnkapelle, der am 1.5.1793 verstorbene Joseph Moretti, nicht aber Erzpriester Tewis, vermutlich der Initiator. Das Grab mitten in der Nikolauskapelle des Münsters unter einer Marmorplatte mit Inschrift war seinem Rang eher angemessen. Diese erinnert heute noch an ihn, während der Totenkeller zwar die Katastrophe von 1944 überstanden hat, aber keine Inschrift erhalten geblieben ist.

Mit der Anlage des Totenkellers entfiel ein Teil der öffentlichen Religionsausübung, der Leichenzug von der Kirche zum Grab. Es blieb der Weg vom Sterbehaus zur Kirche, vor allem aber der Klang der Glocken, dem sich niemand entziehen konnte und der deshalb nach dem Ende dieser von nur einer Konfession bestimmten Epoche der Stein des Anstoßes werden sollte. Für vier Gulden läutete man in St. Foillan am Tage der Beerdigung morgens, mittags und abends mit dem großen Geläut, für zwei Gulden mit dem kleinen[1]. Vielleicht wegen Störung des gewerblichen Lebens, vielleicht weil Sparsamkeit und Rationalität in der Luft lagen, bestimmte der Stadtrat im Jahre 1675, daß nur je einmal am Todes- und am Begräbnistag geläutet werden dürfe, abgesehen vom Tod der Bürgermeister und Schöffen. 1712 wird der Vizekurat von St. Foillan mit den Kirchmeistern zur Beratung einer Läuteordnung für alle Anlässe zum Rat zitiert[2].

Der Glockenklang behielt im religiösen Bewußtsein bei arm und reich einen hohen Rang. 1720 wurde im Pfarrhaus von St. Foillan von Freifrau von Ulmissa, genannt Mülstroc, testamentarisch festgelegt, daß in den vier Pfarrkirchen eine kleine Glocke angeschafft und *gekleppt* werde, sobald jemand in Todesnot gerate, *damit die Pfahrgenossen, welche solches Kleppen hören, für den in Todesnöthen liegenden Menschen Gott den Allmächtigen, daß er dem Sterbenden gnädig, barmherzig sein wolle, bitten, mithin ein jeder Seiner Sterbestunde eingedenk sein möge ...*[3].

---

[1] D, 1 / B IV, B 278
[2] V, 10 / 278 f.
[3] VI, 55 / 110

Daß Glockenklang Zuversicht und freudige Erwartung wecken sollte, sei über Tod und Begräbnis nicht vergessen, so seit dem 16. Jahrhundert das Angelus-Läuten dreimal täglich, an Festtagen das *Beiern* und selbstverständlich das Stunden schlagen und Rufen zur Meßfeier[1]. Davon künden die Sprüche auf den 1658 für St. Foillan geweihten Glocken. Auf der kleinen steht:

> *St. Foillan heischen ich*
> *Zur Ehren Gottes lud man mich*
> *Die Lebendigen ruffen ich*
> *Die Doden beklagen ich*
> *Jacob von Trier goss mich*
> *Anno Domini 1658.*

Auf der großen steht:

> Sant Carolus bin ich genant,
> Ein ruffende Stim von Gott gesant
> Kombt her ihr Cristen insgemein
> Zum Gottesdienst und Tempel herein
> Mein Thon und Schall geht überall
> Uber hohe Berg und teiffe Thal
> Ich ruff gar laut mit Schmerzen ohne Scherzen
> Wolt Gott es gieng euch allen zu Hertzen
> Philipus Nagel pro tempore Pastor
> Johan von Eschweiler und Servas
> Carles zur Zit Kirgmeister
> Jacob von Trier
> 1658
> H.Burgemeister
> Casper von Schwartzenberg

VI.1.3 *Prozessionen*

Eine herausragende Rolle hatten diese Glocken wie alle in der Stadt an den Tagen der großen Prozessionen. Ihr Klang sollte schon auf dem Wege zu den Treffpunkten die Festesfreude wecken und sie

---

[1] V, 10 / 277 / 279

beim Schreiten in der Prozession erhalten. Letzteres galt nach wie vor nur für die Männer, während Frauen und Kinder am Straßenrand standen. Anscheinend hatte es bei den Frauen Widerspruch gegeben, da Nuntius Bussi nach seiner Visitation 1709 das Verbot noch einmal einschärfte[1]. Nur der Konvent der Burtscheider Zisterzienserinnen und die Weißfrauen von der Jakobstraße waren mit liturgischen Gesängen in der Pause auf dem Markt beteiligt, und zum Abschluß durften sie mit in die Chorhalle einziehen[2].

Eine von der Urkirche an gewohnte Übung traf bei Nichtkatholiken auf die Kritik des Sachverstandes: Was sollten brennende Kerzen in der Prozession am hellichten Tage? Die Organisatoren sahen sich 1704 genötigt, dieses Tun zu begründen, und sie erklärten in der Festschrift zum 900. Jahrestag der Weihe des Münsters: Die Gläubigen sollen brennen vor Liebe und leuchten durch gute Werke; dafür seien die brennenden Kerzen ein Zeichen[3].

Ein neues Gesicht gaben die Jesuiten der Fronleichnamsprozession, wenn sie Schüler die Leidenswerkzeuge Christi tragen und Kongregationen mit brennenden Fackeln mitziehen ließen. Fahnen mit den Bildern des jeweiligen Pfarrpatrons wurden den Gruppen vorangetragen, die in bestimmten Kirchen zur Christenlehre gingen[4]. Ferner führten sie Musik und Gesang in die Prozession ein. 1713 ging erstmalig ein Gymnasialchor an der Spitze, und in der Mitte zog eine Instrumentalgruppe mit[5]. Als Engel gekleidete Schüler leiteten die Mitwirkung von Kindern ein, die bis ins 20. Jahrhundert das Gesicht der Prozessionen mitbestimmten.

Einen besonderen Anlaß für eine Sakramentsprozession hatte die Pfarre St. Foillan am Ostermontag 1781. Der Entschluß zum Einbau des Totenkellers hatte zur Folge, daß der Boden der Kirche gehoben und damit eine umfassende Renovierung und der Einsatz neuer Fenster verbunden wurde. Erzpriester Tewis durfte für den Gottesdienst in die Kirche St. Michael ausweichen, die seit der Ausweisung der Jesuiten im Besitz der Stadt war. Die Überführung des Allerheiligsten dorthin wurde zu einem großen Fest. Nach einer Votivmesse für ein gutes Gelingen der Bauarbeiten trug der Erzpriester die Mon-

---

[1] VI, 37
[2] V, 10 / 146; VI, 37
[3] V, 10 / 150
[4] V, 10 / 145 / 151
[5] V, 10 / 146; VI, 37

stranz in einer Prozession hinüber nach St. Michael. Ein noch größeres Fest wurde die Rückführung des Allerheiligsten nach nur zehn Monaten Bauzeit. Nach dem Einzug der Prozession in St. Foillan begann ein Hochamt, ein stadtbekannter Prediger, der Ex-Jesuit Brandten, hielt die Festpredigt in der weiß gestrichenen Kirche mit blauweiß gepflastertem Boden. Nach dem Geschmack der Zeit spielte das Stadtregiment mit und ließ von den Wällen her einige Böllerschüsse hören[1].

Wie in allen Kirchen wurde auch in St. Foillan der Tag der Kirchweihe mit einem festlichen Gottesdienst und einer Prozession begangen. Ein Dachdecker schmückte den Turm mit einem *Maien*, wie auch der Innenraum mit frischem Grün geschmückt war. In der Prozession wurden eine bekränzte Christophorus-Statue und andere Heiligenfiguren getragen, und 1668 zu diesem Zweck eine Marienfigur angeschafft. Die Zunft der Kupferschläger führte ihren Patron, den hl. Laurentius, mit[2].

Mehr als die großen, allgemein bekannten und darum von Nichtkatholiken gemiedenen Prozessionen blieb der Versehgang umstritten; denn ihm konnte nur vor aller Augen ausgewichen werden, wenn man einer Kniebeuge entgehen wollte. Auch bei Katholiken muß es Widerstand gegeben haben, als das Sendgericht an St. Foillan die alten Vorschriften in Erinnerung rief. Der Nuntius tat dasselbe, weil ihm der Wunsch nach weniger Öffentlichkeit vorgetragen oder er eine entsprechende Praxis bereits bemerkt hatte. Er erklärte: *..., wer sich schämt, Christus vor den Menschen zu bekennen, der ist des Reiches meines Vaters nicht würdig*, und ordnete an, daß der Priester, von zwei Kerzenträgern begleitet, unter einem Baldachin zu gehen habe[3].

Vor den Augen einer wachsenden Zahl auswärtiger Besucher blieben die Jesuiten bei ihrer Figuren-Prozession am Gründonnerstag, auch wenn die bloße Attraktion ohne jede Beziehung zum religiösen Geschehen gesucht wurde. Dasselbe gilt für die Bußprozession der Franziskaner von St. Nikolaus am Karfreitag. Einer der ersten, die man mit *Touristen* kennzeichnen kann, Georg Forster (1754-1794), schreibt, erfüllt von dem Optimismus *aufgeklärter* Pädagogik, aber

---

[1] VI, 9; VI, 30 / 23
[2] V, 10 / 155
[3] D, 4 / Nr. 251; 16.11.1708

auch angesteckt von dem Hochmut der Aachener *Gebildeten* und ihrer Verachtung der *Wolldiebe*, nämlich der Arbeiter in den Tuchfabriken, in seinen *Ansichten vom Niederrhein*[1]: *Bei einem schneidenden Nordwind gingen die frommen Büßenden, mehr als 300 an der Zahl, und schleppten barfuß, unter ihren dünnen Kitteln, fast nakkend, hölzerne Kreuze von gewaltigem Gewichte den Lousberg hinan. Ihr werdet freilich schreien: Besser etwas weniger Büßung und keine Wolle gestohlen. Allein, es ist noch immer ein bewunderungswürdiges Schauspiel, wieviel die Religion über unsere phlegmatische Natur vermag. Neid und tugendhafte Lehrer hätten ein solches Volk ebenso leicht ehrlich als andächtig gemacht*[2].

Am Karmittwoch zog eine Prozession vom Münster zum Salvatorberg, wo die Kapelle die Zahl der Beter nicht fassen konnte[3]. Dorthin schritten auch die Bewohner des städtischen Armenhauses am Weihetag ihrer Kapelle, dem 8. August, vom Münster aus begleitet von der Johannis-Priester-Bruderschaft, die dort ein Hochamt zelebrierte. Mehr und mehr Aachener schlossen sich an. 1745 erreichte es eine Bürgerinitiative, daß Erzpriester Petrus de Freyaldenhoven, sein Vizekurat an St. Foillan, Herren der Stadtverwaltung und der Vogtmajor mitzogen und damit diese Prozession zu einer Sache der ganzen Stadt machten. Fortan durfte das Allerheiligste von der Kapelle des Armenhauses mitgeführt werden, *mit gross Jubelgeschrey* und Böllerschüssen *vor, mitten und nach Mess und Procession*. Junggesellen mit weißen, Männer mit gelben Wachslichtern, insgesamt über 200, begleiteten die *recht proper* gekleideten Kinder des Armenhauses[4].

Die Salvatorkapelle war seit langem Ziel der Beter und Büßer. Ein schmaler Pfad führte gegenüber vom Sandkaultor - am Ende der heutigen Sandkaulstraße - steil den Berg hinauf und wurde kniend bewältigt. Kanonikus Dumont vom Adalbertsstift ließ an diesem Weg sieben *Fußfälle* errichten, plastische Darstellungen des Leidensweges Christi, mit der Ölbergszene beginnend, eine jede mit einer Kniebank[5]. Bittprozessionen wählten bei bestimmten Anlässen diesen

---

[1] I, 35
[2] zit.VI, 87
[3] I, 37 / I, 143; VI, 75
[4] VI, 75 / 83
[5] V, 10 / 280

Weg; am 21.8.1698 war es ein Dauerregen, der zwei Tage später aufhörte[1].
Am 8.1.1756 wurde in St. Foillan, St. Jakob, St. Peter und St. Adalbert für je eine Kerze kollektiert, die Kerzen wurden in Prozessionen zum Münster gebracht, drei davon vor dem Gnadenbild der Gottesmutter aufgestellt und eine in gemeinsamer Prozession der vier Pfarren zur Salvatorkapelle getragen[2]. Diese Prozession war der Ausdruck einer großen Angst, die durch das Erdbeben von Lissabon am 1.11.1755 ausgelöst worden war und dann durch mehrere Erdstöße in Aachen verstärkt wurde. Es begann damit, daß ein Kanoniker das in der Chorhalle hängende Marienbild in pendelartiger Bewegung sah, und als die Nachricht von dem gleichzeitigen Erdbeben in Lissabon eintraf, diese Erscheinung darauf zurückführte. Wie weithin in Europa sah man darin auch in Aachen ein Strafgericht Gottes; Aufrufe zu Buß- und Bettagen wurden in der Erwartung neuer Erdbeben befolgt, und viele beichteten seit Jahren wieder zum ersten Mal[3]. Bei einem nur leichten Beben am 26.12.1755 um Mitternacht stürzten die Menschen halbnackt ins Freie, weil sie glaubten, nach Lissabon sei Aachen an der Reihe. Am 27.12. zog eine Prozession in heftigem Regen die ganze Nacht durch die Stadt, ähnlich am 28. und 29.12., und die Menschen beteten vor den zahlreichen an Hauswänden, an den Straßen und auf Plätzen angebrachten Kruzifixen und Marienbildern. Bis zum 8.1., dem Tag der genannten Pfarrprozession, verging kein Tag ohne Erdstöße. Vom Bischof wurde ein allgemeines Fasten angeordnet und vom Münsterstift zum gemeinsamen Gebet eingeladen. Nach dem Hochamt um 10 Uhr nahm eine besonders lange und ausgedehnte Prozession vom Münster aus den Weg Klappergasse, Jakobstraße, Großkölnstraße, Comphausbad, Peterstraße, Kapuzinergraben und durch die Kleinmarschierstraße zurück zum Münster. Auf dem Markt und an einem Heiligenhäuschen an der Ecke Adalbertstraße wurde der sakramentale Segen gegeben[4].
Danach hatte Aachen sechs Wochen lang Ruhe. Um so mehr erschütterte die Menschen am 19.2. ein Erdbeben, wahrscheinlich das stärkste in den neun Jahrhunderten, in denen Erdbeben in Chroniken ver-

---

[1] V, 10 / 154 f.
[2] VI, 75 / 84
[3] I, 34 / 720; V, 26; III, 226
[4] VI, 49 / 106 f.

zeichnet wurden. Ein langer Spalt im Aachener Wald ließ auf die Stärke des Bebens schließen und weckte zugleich erschreckende Vorstellungen: Was wäre geschehen, wenn der Stoß die nur wenig entfernte Stadt direkt getroffen hätte? Mehrmaliges Nachbeben morgens zwischen acht und neun Uhr versetzte die Menschen wieder in Angst und Schrecken. In der Chronik der Clarissen heißt es: ' Der Hausgeistliche *kam in die Clausur und gab uns ..., die Generalabsolution, wir waren in solchem Schrecken, weil das Erdbeben nicht aufhörte*[1].
Größere Schäden erlitt nur die Augustinerkirche, aber viele Schornsteine stürzten herunter, und es wurde als besonderes Glück angesehen, daß nur zwei Frauen zu Tode kamen und einem Mann ein Arm zerschmettert wurde[2].

VI.1.4 Bruderschaften

Wieder dankten die Menschen in Buße und Gebet für ihre Errettung, und der Wunsch, die gewonnene religiöse Erfahrung zu bewahren und weiterzugeben, führte zur Gründung der Erdbeben-Bruderschaft, wie sie im allgemeinen genannt wurde. Sie geht zurück auf Andachten in St. Foillan zu Ehren der Gottesmutter und Karls des Großen als des Stadtpatrons, in denen die Beter für die Rettung am Tage des Erdbebens dankten, der eigenen Sünden als der Ursache aller Leiden gedachten und Schutz erflehten[3]. Zwölf Beter entschlossen sich am 25.3.1757, eine Bruderschaft zu gründen, die diesem Gebet Dauer verleihen sollte[4]. Am 27.2.1760 bestätigte Clemens XIII. diese Gründung, und Pius VI. würdigte sie durch Ablaßprivilegien[5]. Das Bruderschaftsgelübde verlangte, daß die Mitglieder am Bruderschaftstage, dem Fest Mariä Verkündigung (25.3.), in einer Prozession vormittags von St. Foillan zum Münster zogen, um dort am Gnadenbild der Gottesmutter eine Kerze aufzustellen, *Gott dem Herren im Namen der ganzen Stadt und der umliegenden Nachbarschaft mit diesem*

---

[1] VI, 79 / 16
[2] I, 34 / 720
[3] IV, 26 / 15
[4] VI, 35 a / 88 f.
[5] D, 1 / B, V, 1, 17, und 19.8.1785

Wachsopfer zu huldigen und zu danken[1]. Von 1775 an half die Stadt, das Kerzengelübde zu erfüllen; die Bruderschaft durfte *in der ganzen Stadt nebst Umkreis* kollektieren. Soweit das Ergebnis die Kosten der Kerze übersteigen würde, sollte es in Kapitalanlagen fließen[2]. Am letzten Sonntag im Monat und an den Marienfesten fand sich die Bruderschaft in St. Foillan zusammen zum Gebet der Lauretanischen Litanei und des Psalms 45 mit seinen *Erdbebenversen: Gott ist unsere Zuflucht und Stärke; deshalb fürchten wir uns nicht, wenn auch die Erde wankt und die Berge sich in den Schoß des Meeres stürzen.*

1769 wird in einem Bruderschaftsbüchlein den Mitgliedern gesagt, was sie auszeichnen sollte: Es gilt, die religiöse Erfahrung wachzuhalten, die allgemein wieder vergessen wurde. ... *Wem hätten sie es zu verdanken, daß jener Ausbruch nicht unter ihren Füßen geschah, welcher nicht gar so weit von der Stadt nicht allein den Grund der Erde bis auf 150 Schritte unter und über sich gekehrt, sondern die schwersten Bäume und Stamm auseinander geworfen, daß man es ohne Schrecken nicht ansehen konnte*[3].

Das Büchlein hat aber folgenden Titel: *Kurzer Begriff der unter dem Titul der allerseeligsten vom Engel verkündigten Jungfrau Mariae und des heiligen Caroli Magni als sonderbaren hiesiger Stadt Patronen zu Ehren, wie auch denen zum Tode verurteilten Missetätern zu sonderbarem Trost. In der ersten und fürnehmsten Pfarrkirchen, zu St. Foillan genannt, dieser Kayserl. freihen Reichs-Stadt Aachen mit Bischöflicher Anordnung aufgerichteter Bruderschaft, so von beyden Päpstlichen Heiligkeiten Clemente dem dreyzehnten und Clemente dem vierzehnten gutgeheissen, und mit sonderbaren Abläßen und Privilegien begnädigt werden. Aachen gedruckt bei J.W. F. Müller Stadt Buchdruckeren 1769 12°, 48 Seiten*

Hier ist vom Erdbeben keine Rede, sondern als Zweck der Bruderschaft wird allein genannt, den zum Tode Verurteilten Trost zu spenden. Es wird zunächst eine Aufgabe betont, die völlig neu und für Aachen geradezu revolutionär war. Der *sonderbare* d. h. besondere Trost für die Verurteilten bestand darin, daß die Bruderschaft in St. Foillan *vor dem ausgesetzten hl. Sacrament des Altares bis nach des Tods-Schuldigen Hinscheidung* eine hl. Messe hörte - und betete.,

---

[1] VI, 35 a / 88 f.
[2] D, 5 / V, 1
[3] zit.VI, 35 a / 88

sich dann zur Richtstätte begab, um den Körper *des Inquisiti, jedoch ohne besondere Formalitäten, eingesärkter von der Gerichtsstatt directe nach dem Kirchhoff hinzutragen und respective zu begleiten,* wie es in einem Erlasse des Aachener Raths vom 26. September 1774 heißt.

Am 25.8.1769 hatte der Stadtrat der Bruderschaft gestattet, diese Beerdigungen vorzunehmen, und dabei erklärt, daß den Mitgliedern daraus keine politischen und rechtlichen Nachteile erwüchsen[1], und am 26.3.1772 wurde dieses Vorrecht bestätigt[2]. Mit diesem Beschluß wies der Rat zugleich die Eingabe der Zünfte zurück, in der sie als Wahlkörperschaften verlangt hatten, daß der Bruderschaft das aktive und das passive Wahlrecht entzogen werde. Sie sprachen damit die allgemeine Überzeugung aus, nach der alle Personen, vom Henker angefangen, als *unehrlich* galten, die mit einem zum Tode Verurteilten in Berührung kamen. Anscheinend gehörte die Ratsmehrheit zu den *Aufklärern,* deren Denkweise auch in Aachen langsam Fuß faßte, staatliche und kirchliche Zustände kritisierte und in diesem Fall ein Bündnis mit einer spezifisch christlichen Initiative einging: Ein *gutes Werk* im reinsten Sinne, ohne jeden sachdienlichen Zweck, Ursache für Spott und Ausgrenzung, wird möglich durch den Willen derer, die sich grundsätzlich von allem Überlieferten abkehren[3].

Die Beerdigung der Hingerichteten auf dem Kirchhof, also in geweihter Erde, geht auf die Initiative der Bruderschaft zurück. Bislang gab es eine solche nur mit Rücksicht auf bestimmte Verwandte[4]. Schon diese Inkonsequenz mußte die Bruderschaft erkennen lassen, daß nicht kirchenrechtliche Gründe, sondern Anpassung an außerchristliche Tradition zu überwinden war[5].

Daß es eine Bruderschaft an St. Foillan war, die sich den Verurteilten vor und nach ihrer Hinrichtung in christlicher Liebe zuwandte, ergab sich aus der Lage der Dinge. Die örtlich zuständigen Priester von St. Foillan brachten den Verurteilten im Graßhaus die hl. Kommunion und ließen sich nach kirchlicher Vorschrift prozessionsartig begleiten. Warum sich dazu die neugegründete Erdbeben-Bruderschaft bereitfand, ist nicht bekannt. Es ergab sich der Kontakt mit Verurteilten

---

[1] VI, 26 / 15; V, 49 / 114
[2] A, 1 / St. Foillan, B, Akten V, 1
[3] VI, 20 / 83
[4] IV, 155 a / 92
[5] VI, 54

wie mit gerichtlichen Amtspersonen und daraus die Bereitschaft, die genannten Aufgaben sich zu eigen zu machen[1].
Die Bruderschaft hatte trotz der Stadtkollekte finanzielle Probleme. Noch am 1.9.1776 ergänzten die Vorsteher im Einvernehmen mit Erzpriester Tewis die genannten Gebetsübungen mit einer Andacht an jedem Sonntag nach der letzten Messe; schon drei Monate später, mußte der Erzpriester mit den Protektoren der Bruderschaft, Johann Heinrich Schorenstein und Jacob Colberg, und ihren Vorstehern, Lieutnant Matthias Joseph Fischer, Heinrich Balthasarpriem und Jakob Krauß, und den Kirchmeistern von St. Foillan darüber beraten, wie die aus Kostengründen unterlassenen Bruderschaftsandachten wieder aufgenommen werden könnten. Die Kirchmeister halfen, indem sie der Bruderschaft bestimmte Kollekten abtraten[2].
Die Erdbeben-Bruderschaft ist neben der Kevelaerbruderschaft an St. Peter (1746) als Neugründung im 18. Jahrhundert eine Ausnahme und widersprach dem Geist der Aufklärung, der nichts von seelisch heilsamen Erschütterungen wissen wollte. Nach der Katastrophe von Lissabon ist dafür typisch die Entwicklung in Portugal selbst. Ohne größeren Widerstand konnte Pombal die sich seit fünf Jahren anbahnende Religions- und Kirchenfeindschaft trotz der Katastrophe in seiner Innenpolitik durchsetzen. Im 17. Jahrhundert verdankten noch 30 Bruderschaften in Aachen ihre Gründung dem Geist der katholischen Reform, zuletzt 1701 die Arme-Seelen-Bruderschaft an der Augustinerkirche und 1707 die St.-Anna-Bruderschaft auf dem Hochmünster[3]. Aber vieles vom Geiste dieser Reform wurde in den neuen wie in den alten Bruderschaften nicht verwirklicht. So hatte die Bulle Clemens' VIII. vom 7.12.1604 einen Priester als Leiter verlangt; Laien könnten als Brudermeister in Prozessionen vorbeten und den Ordnungsdienst versehen. Statt dessen blieb es dabei, daß die Bruderschaften nur für ihre Messen und Andachten einen Priester einstellten und bezahlten, ihn also in einer von ihnen abhängigen Rolle beließen[4]. Sie behaupteten sich vor kirchlichen und weltlichen Autoritäten und waren mit ihren Prozessionen aus der öffentlichen Religionsausübung nicht wegzudenken[5].

---

[1] IV, 29 / 15
[2] D, 1 / V, 1
[3] V, 10 / 248 f.
[4] V, 10 / 254
[5] V, 10 / 258 f.

Sie ließen nach wie vor den Geist der *besseren Gesellschaft* erkennen. Statt nach den päpstlichen Weisungen die *Verbrüderung beiderlei Geschlechts* über alle Schichten hin anzubahnen, blieb es auch an St. Foillan bei der überlieferten Exklusivität, bei der Beschränkung auf kleine Mitgliederzahlen, schon wegen der Höhe der Beiträge[1].

Insgesamt muß nach dem Neuanfang im 17. Jahrhundert von einem Niedergang der Bruderschaften im 18. Jahrhundert gesprochen werden, weil Eifersucht und Sicherung von Privilegien, nicht zuletzt finanzielle Überlegungen vordringlich wurden. Nur den Namen hatten dagegen drei neugegründete Bruderschaften mit den alten gemein. Die Gürtel-Bruderschaft an St. Nikolaus zählte jährlich 200 bis 400 Neuaufnahmen und hatte 1739 30640 Mitglieder in Aachen und Umgebung. Die Rosenkranz-Bruderschaft an St. Paul zählte schon 1730 17000 Mitglieder. Mit der Dreifaltigkeits-Bruderschaft in der Kirche der Regulierherren ging es in diesen Bruderschaften ausschließlich um Einübung und Vertiefung des Gebets und Bußübungen verschiedener Art. So hatte die Gürtel-Bruderschaft ihren Namen von dem dreifach geknoteten Ledergürtel, den ihre Mitglieder zur Erinnerung an den hl. Franziskus und als Ermahnung zur Keuschheit täglich trugen. Die Rosenkranz-Bruderschaft widmete sich der Einführung des Rosenkranzes; betrachtendes Gebet sollte fortan allen Christen möglich sein. Ihr Patronatstag war das Fest Mariä Heimsuchung, gefeiert mit einer Messe in St. Paul und einer Prozession. Mittelpunkt war eine mit Rosen geschmückte Marienstatue, weithin sichtbar von Brüdern auf einem Gestell getragen. Rechnungsbücher belegen Zahlungen an den Küster von St. Paul für seinen Ordnungsdienst und an Schild- und Fahnenträger[2].

Wegen ihrer Besonderheiten abschließend noch einmal ein Blick auf Bruderschaften alten Stils. Während die genannten alten und neuen Bruderschaften nur mit ihrer Prozession am Patronatsfest und bei Beerdigungen vor aller Augen agierten, waren die Schützenbruderschaften nach wie vor auf das öffentliche Auftreten vorzüglich ausgerichtet. An St. Foillan gebunden für Gottesdienste und Seelenämter war die Bruderschaft der Hirschschützen, die einzige in Aachen, bei der von einem Patron nichts bekannt ist. Eine *Verordnung* verpflichtete zu christlicher Lebensführung, setzte Strafen für öffentliche Sünden

---

[1] V, 10 / 248 ff.
[2] V, 10 / 253 / 257 f. / 162

fest und ließ die Brüder Treue gegenüber der katholischen Kirche geloben, an den Fahneneid der Soldaten erinnernd. Ihre kämpferische Gesinnung machten sie jedermann deutlich, wenn sie – wie die mit dem Münster verbundenen Karlsschützen – bei der Fronleichnamsprozession den Schutz- und Ordnungsdienst übernahmen, ebenso in der Prozession am Kirchweihfest von St. Foillan. Ihr Bruderschaftshaus lag am Graben der Barbarossamauer in dem Abschnitt, der heute den Namen Dahmengraben trägt, ein damals nach wie vor freies Gelände, geeignet zum Scheibenschießen. 1707 verkaufte die Stadt dieses Grundstück an den kurpfälzischen Kammerrat Peter Dahmen, blieb aber der Bruderschaft verpflichtet wohl aus der Zeit, als diese der städtischen Selbstverteidigung diente. Sie stellte ihr ein anderes Stück des inneren Grabens zur Verfügung, den heutigen Hirschgraben. Am 23.10.1710 wurde dort der Grundstein für ein neues Bruderschaftshaus gelegt. Für das Vogelschießen am Samstag vor Pfingsten stellte die Stadt einen Teil des – bis zum 19. Jahrhundert unbewaldeten – Lousberg-Abhangs zur Verfügung. Es war ein großes Fest für die ganze Stadt und eine Attraktion für die Kurgäste. Honoratioren, so 1717 Zar Peter der Große, durften sich beteiligen. Das Armbrustschießen, ursprünglich zu tödlicher Wirkung eingeübt, war zu einem Spiel geworden, das alt und jung, hoch und niedrig begeisterte.[1].

Ein Kuriosum soll den Gang durch die Bruderschaften der letzten Epoche des alten Reiches abschließen. Die jüngste und doch ganz dem alten Geist der Exklusivität verhaftete Bruderschaft war die *Rechtsgelehrten-Gesellschaft*, die nur sieben Jahre lang in Blüte stand, bis sie in der Zeit der Mäkelei wieder verschwand, wahrscheinlich weil in diesem Parteienstreit die Mitglieder auf verschiedenen Seiten standen. Mit ihren Gottesdiensten wechselten sie von St. Michael nach St. Nikolaus und St. Foillan, wie sie auch mit ihren Bruderschaftsräumen dreimal wechselten, vom Radermarkt (Münsterplatz) zum Büchel und zum Markt. Als Patron wählten die Juristen sinnvollerweise den hl. Ivo, Bischof von Chartres (1070-1117), der ihnen vom Studium des Kirchenrechts her bekannt sein mußte[2].

---

[1] V, 10 / 271
[2] VI, 53

VI.1.5 Theater

Alle genannten Äußerungen religiösen Lebens in der Öffentlichkeit ließen zusammen mit den Impulsen der katholischen Reform mittelalterliche Übungen wiederaufleben, alle mit Wandlungen und Ergänzungen, aber keine mit einem so eigenen und nur dieser Zeit gemäßen Gesicht wie das Jesuitentheater. Von den Mysterienspielen des Mittelalters, von denen wir für Aachen nur spärliche Nachrichten haben[1], übernahmen die Jesuiten religiöse Unterweisung, Meinungs- und Grundsatzbildung durch Wirkung auf Auge und Ohr, Gemüt und Gefühl. Zu diesem Zweck wurden die Jesuiten Pioniere der Bühnentechnik, wie sie der Direktor im *Vorspiel auf dem Theater* in Goethes *Faust* fordert:

> *Ihr wißt, auf unseren deutschen Bühnen*
> *Probiert ein jeder, was er mag;*
> *Drum schonet mir an diesem Tag*
> *Prospekte nicht und nicht Maschinen.*
> *Gebraucht das groß'und kleine Himmelslicht,*
> *Die Sterne dürfet ihr verschwenden;*
> *An Wasser, Feuer, Felsenwänden,*
> *An Tier und Vögeln fehlt es nicht.*
> *So schreitet in dem engen Bretterhaus*
> *Den ganzen Kreis der Schöpfung aus*
> *Und wandelt mit bedächt'ger Schnelle*
> *Vom Himmel durch die Welt zur Hölle.*

Damit widersprachen die Jesuiten der kalvinischen Ablehnung dieser Art erzieherischer Einwirkung, dem strikten Verbot der Aachener Kreissynode von 1596 und der Jülicher Synode von 1664, an Theateraufführungen teilzunehmen, aktiv wie passiv[2]. Man dachte dort in erster Linie an Unterhaltung und Zerstreuung, die auch auf der Jesuitenbühne nicht fehlten. Lustige Zwischenspiele und Tanzeinlagen boten eine Art Atempause, als Stegreifspiele auch eine Gelegenheit zu Sticheleien und Kritik an Lehrern[3]. Doch kalvinischem Denken

---

[1] VI, 78 / 130
[2] V, 30 / 191; Synoden von 1596 und 1664
[3] VI, 21 / 185 f.

widersprach auch das Theater als Mittel religiöser Ansprache. Die Jesuiten dagegen erwarteten auf ihren Bühnen ohne jedes Bedenken aedificatio – Erbauung – im Leben des Christen, und erbaulich sollte das Spiel auf der Riesenbühne sein, die auf dem Markt aufgerichtet wurde[1]. Voraussetzung für ein Gelingen dort war das Schülertheater in der Aula des Gymnasiums an der Jesuitenstraße, das bei den vielen festlichen Anlässen das Jahr hindurch spielte und entsprechend häufig proben mußte[2]. Wurden dazu nur Honoratioren eingeladen, nie Frauen und Mädchen, so strömten zu den Aufführungen auf dem Markt anläßlich der Heiligtumsfahrt ca. 20000 Menschen[3]. Ein Versuch, 1686 in St. Michael zu spielen, vielleicht wegen der Witterung, wurde nicht wiederholt, weil der Platz bei weitem nicht ausreichte[4].

Es begann mit einem Spiel zur Heiligtumsfahrt 1602, also gleich nach der Gründung des Gymnasiums; zu den Kolossalspielen - 1682 mit 220 Mitwirkenden - kam es erst nach 1668. Als Schauspieler, Tänzer, Chorsänger, Instrumentalisten, Sprecher und Statisten in Massenszenen müssen alle Schüler beteiligt gewesen sein. Während das ausschließlich lateinisch gesprochene Wort schon wegen des unlösbaren Problems der Akustik nur für die Darsteller selbst erbaulich sein konnte, begeisterten sich die Zuschauer an der farbenprächtigen und bewegungsreichen Darstellung der als bekannt vorausgesetzten Szenen aus der Bibel und dem Leben der Heiligen. Programme halfen, Inhalt und Tendenz zu verstehen. So las man 1692: *Carolus der Große nach dem Exempel Salomonis aus rechter Andacht und christlicher Weisheit präsentiert auch einen Tempel, so er zu Aachen Gott und der Gottesgebärerin Maria zu Ehren aufgebaut und mit herrlichen Heiligtümern versehen: darüber sich erfreuen und frohlocken teils die Hochwürdige Klerisei, teils der wohledle und hochweise Rat daselbst*[5]. Um die *herrlichen Heiligtümer* ging es auch in Carolus-Spielen 1699, 1713 und 1727, weil die Beziehung zur Heiligtumsfahrt gegeben war. Auch das Salomonspiel von 1692 sprach von dieser Beziehung: Tempel und Bundeslade in Jerusalem wiesen auf das Münster in Aachen und seine Heiligtümer hin.

---

[1] V, 76 / 3
[2] V, 10 / 215
[3] VI, 78 / 130 f.
[4] V, 10 / 161 f.
[5] zit. VI, 28 a

Wie an der Heiligtumsfahrt insgesamt, so war das Stadtregiment auch an dem Theater auf dem Markt aus wirtschaftlichen Gründen interessiert. Mehrmals ließ es die damals sehr kostspieligen Programme drucken, und anläßlich der Judith-Spiele, die vom 18. bis zum 22.7.1706 täglich aufgeführt wurden, eine silberne Gedenkmünze prägen. Sie hatte die Umschrift: *Ista juventuti meritae dat dona senatus - Dieses Geschenk überreicht der Stadtrat der Jugend, die sich um die Stadt verdient gemacht hat.* Die Stadtväter waren davon überzeugt, daß Judith mit ihrer mutigen Tat die Liebe zur Vaterstadt wecke[1].

Neben diesen nur alle sieben Jahre wiederkehrenden Höhepunkten des Theaterlebens spielten auf kleinen und bescheidenen Bühnen die für das 18. Jahrhundert typischen fahrenden Theatergruppen. In Bezug auf Größe der Bühne und des Zuschauerraums und Qualität des Gebotenen eine große Stufe darunter stand das Marionettentheater, in dem nicht nur eine Marionette, also eine *kleine Maria*, eine die Gottesmutter darstellende Puppe, an möglichst unsichtbaren Drähten neben anderen biblischen Figuren bewegt wurde, sondern auch recht weltliche Gestalten. Als das Wort *Marionette* zu einem vom Ursprung gelösten Begriff geworden war, sollte das Wort *Kripplein* für gewinnbringende Darstellungen der Weihnachtsgeschichte vor kirchlichen und städtischen Oberen aussagen, es handele sich um eine verdienstvolle religiöse Unternehmung. Die Pfarre St. Foillan war damit gut versorgt: ein Marionettentheater war im Zunfthaus der Krämer am Hühnermarkt eingerichtet; im Haus *Trompette* am Markt konnte im Dezember ein *Kripplein* besucht werden, *auf welchem alles gehet, stehet und reden thut*; im Dezember 1776 zeigte Jakob Linden am Scherpmittelfor - am Ende der Annastraße - ein *Kripplein* aus 100 Figuren, und in der Peterstraße konnte man außer einem *Kripplein* eine Darstellung des Sündenfalls und des Opfers Abrahams sehen. Bei Tosquinet auf dem Markt wurde im März 1776 die Passion *durch eine Menge gehender Personagen* mechanisch vorgestellt. Am 16.2.1776 kommt aber aus *aufgeklärter* Abneigung gegen das Puppenspiel ein städtisches Verbot mit der Begründung, daß *unter dem verdeckten Namen von Christkrippen ... Lustspiele mittels ohnziemlichen ..., ärgerlichen Vorstellungen* angeboten werden. Doch Jakob

---

[1] I, 36 / 685

Linden in der Annastraße weiß sich zu helfen; er kündigt nur noch *Trauerspiele nach Marionettenart* an[1].

VI.2 Seelsorge

VI.2.1 Predigt

Schon wenige Jahre nach Beginn der neuen Epoche, am 2.5.1656, wurde die Seelsorge aller Konfessionen in Aachen durch den Stadtbrand herausgefordert, und es sah zunächst so aus, als würde aller Streit der vergangenen 100 Jahre begraben. Im Einklang mit der Sehweise aller Konfessionen wurde nach religiösen Gründen gesucht. Vier in der Stadt bekannt gewordene Erklärungen lassen auf Schwerpunkte in Predigt und Unterricht zurückschließen, von denen allerdings die erste im Fahrwasser des konfessionellen Streits der 100 Jahre vorher verblieb. Der Brief eines anonym gebliebenen Herzogenrathers an einen Unbekannten kündet nach einem Besuch in Aachen am Tage nach dem Brand von irregeleitetem religiösen Eifer mancher Katholiken, und mit der Drucklegung dieses Briefes in niederländischer Sprache wurde das katholische Aachen in den Niederlanden erneut in ein schiefes Licht gerückt. In der Rückübersetzung heißt es dort: *Der (Stadtbrand) ist größten Teils einer Strafe Gottes zuzurechnen. Am Montag 1.5. waren viele öffentliche Drohungen geschehen, daß man die Ketzer aus der Stadt treiben müßte und daß man lieber eine wüste Stadt haben sollte als eine Stadt voller Ketzer*[2].

Zum zweiten: Bürgermeisterdiener Johannes Jansen hält in seinem Tagebuch fest, was in Aachen von Mund zu Mund ging: Mangel an Vorräten ließ die Brotpreise seit Wochen steigen. Der Bäcker Maw rechnete am 2.5. morgens um 7 Uhr bei seiner Arbeit am Backofen wieder mit einem Preisanstieg und mußte stattdessen hören, daß die Preise gefallen seien. Wütend rief er aus: *Nun schlage das höllische Feuer im Ofen!* Und schon beginnt der Stadtbrand. Tatsächlich ging der Magistrat wenige Monate später gerichtlich gegen den Bäcker vor, vielleicht um der Volksstimmung nachzugeben[3]. Zu dieser aber-

---

[1] V, 21 / 50 f., VI, 65
[2] 22 / 85
[3] 1, 58 / 118 ff.; VI, 61 / 6 f.

gläubischen Version dürfte das Vorurteil beigetragen haben, die Bäcker nützten Not und Teuerung zu ihren Gunsten und ohne Rücksicht auf arme Mitbürger. Zu der allgemeinen Bosheit paßt dann die besondere des Fluchens, der Anrufung des Teufels, die im Aberglauben nicht ohne Folge bleibt.

Zum dritten: Krankheit, Not und Unglück wurden als Folge persönlicher Schuld gesehen, ein bis heute sich wiederholendes Problem der Seelsorge, ebenfalls über die Konfessionen hin. So gingen die Jesuiten in St. Michael dagegen an, daß viele Aachener an ein unmittelbares Eingreifen Gottes gegen Sünder dachten, wenn das eine Haus dem Brand zum Opfer fiel, das andere verschont wurde. Ihnen mußte eingeschärft werden, daß es bei dem Brand keine unerklärbaren, also anscheinend übernatürlichen Prozesse gegeben habe; es sei den Menschen verwehrt, aus irdischen Beobachtungen den Willen Gottes zu erschließen[1].

Zum vierten: Die am wenigsten handgreifliche, aber allen christlichen Konfessionen gemeinsame Version sprach der größte niederländische Dichter der Zeit aus, Joost van den Vondel. Seine *Klachte op den Ondergang der Rijkstede Aken* trug Hans Combecher in eigener Übersetzung dem Aachener Geschichtsvereins am 30.12.1983 vor. Sie schließt mit Versen, in denen er mit der Stadt alle Bürger anspricht:

> *Was kannst du deine Nachbarn lehren?*
> *Trau' Mauern nicht, noch Bürgerwehren,*
> *Nicht starken Türmen, nicht Gewalt:*
> *Vom Himmel diese Frist dir galt.*
> *Kein Heer braucht fällen deine Zinnen:*
> *Dein Feind, der Funke, lauert drinnen.*

Der im Alter von 60 Jahren zur katholischen Kirche konvertierte Dichter ruft zu einer alle Konfessionen vereinenden Besinnung auf: Jedes Unheil auf Erden soll einen jeden an die eigene Sündhaftigkeit als die Ursache für alles Leid denken lassen, statt nach äußeren Ursachen zu fahnden.

---

[1] 44 / 137

1657 stellten die Prediger in allen von der Katastrophe verschonten Kirchen diese vor Augen, ohne daß bekannt wäre, welcher der vier Versionen sie folgten. Sicher ist, daß die Predigt inzwischen den Rang einnahm, den ihr das Konzil von Trient zugewiesen hatte. In St. Foillan baute man *gleichsam Gottes Cantzeley, in welcher der himmlische Cantzler Christus Jesus durch den Mund treuer Lehrer und Prediger sich hören läßt*, wie es im Zedlerschen Lexikon 1732-1756 als überkonfessionelle Vorstellung ausgesprochen wurde[1]. Dabei beachtete man die architektonische Konsequenz dieser Vorstellung und brachte die Kanzel wie schwebend zwischen Himmel und Erde und die Treppe von hinten und damit für das Mittel- und das nördliche Seitenschiff unsichtbar an. Da man dem Hochaltar nahe bleiben wollte und deshalb den nordwestlichen Eckpfeiler des Glockenturms als Standort wählte, war man genötigt, für die Treppe ein Stück Mauerwerk herauszubrechen und damit die gerade erst beim Wiederaufbau stabilisierte Konstruktion zu schwächen. Als Ausgleich hielt man es für hinreichend, den bis dahin offenen Bogen zwischen dem Untergeschoß des Turms und dem Chorraum teilweise zu vermauern[2].

Nach wie vor predigen Franziskaner von St. Nikolaus in St. Foillan, und Jesuiten halten Katechesen[3], von 1686 an kontinuierlich auch in französischer Sprache für die steigende Zahl der Wallonen[4], doch Predigt und Unterricht sind nicht mehr nach Zahl und Qualität ein Spezialgebiet der Predigerorden. 1726 fordert Pacificus a Cruce in *Geistlicher Sittenwald* alle Christen auf, zu bedenken, daß *das Wort GOTTES ... soviel Ehren werth ist als der Leib Christi. So seyn wir schuldig, die Prediger zu lieben, zu ehren und zu respectiren und auch schuldig denselbigen zu gehorchen, und nach denselbigen zu thun, wann wir sie gehöret haben ...* Daraus ergibt sich bei manchem Weltpriester Angst und Unsicherheit angesichts des eigenen Ungenügens. Seine Oberen wissen davon und sagen ihm deshalb immer wieder, daß von ihm nicht mehr verlangt werde als Demut und ein Gehorsam, der zunächst einmal ihn selbst nötige, Schaf im Sinne des Gleichnisses zu sein, d. h. auf Gott und seine Offenbarung zu hören, und dann erst als Hirte seinen Schafen *letzte Antworten* zu geben[5],

---

[1] VI, 28 / 89
[2] I, 39 / 50
[3] V, 10 / 383
[4] V, 10 / 160
[5] VI, 28 b / 119 / 124 / 121 / 126 / 318

die notwendige Seinsgewißheit in den Nöten und Drangsalen der Zeit.

Das Thema *Stadtbrand* gehört zum Typ der Gelegenheitspredigten wie Krieg, Seuchen, Teuerung, Kälte, Trockenheit und Unwetter. Erstaunlich schnell nach der Katastrophe wird es aber notwendig, Sittenpredigten zu halten, die eine Welt wachsenden Wohlstands herausfordern, Predigten gegen Trink- und Tanzsucht, Modetorheiten, Luxus und Frivolität[1]. Neue Vorschriften verlangten Predigten in den Fastenzeiten vor Weihnachten - heute Advent genannt - und vor Ostern[2].

VI.2.2 Volksmission

In der Predigt blieb der Abstand zwischen Welt- und Ordensklerus, weil letzterer Wirkmöglichkeiten dazugewann und neue Wege mit neuen Zielen ging. Das erlebten die Aachener Weltpriester in den 1715 beginnenden Volksmissionen. Da zeigten sich Jesuiten als Meister in der Ansprache aller Volksschichten und Kenner der Gemüts- und Stimmungslage der Zeit des Barock. Sie stützten sich auf ihre bereits 100jährigen Erfahrungen in der Standespredigt. Was sich in den kleinen Gruppen der Kongregationen bewährt hatte, wurde in entsprechend abgewandelter Methode auf überfüllte Kirchen übertragen, in St. Michael für die Männer, in St. Foillan für die Frauen. Während gerade die Jesuiten dem Zeitgeschmack mit prunkvollen Gottesdiensten entgegenkamen, wußten sie, daß die Bereitschaft zur Buße und zu den entsprechenden Handlungen und Gestaltungen den Menschen dieser Zeit ebenso auszeichnete. So überraschten sie Weltklerus und Franziskaner, viele Bürger und Studenten, die sich am Münster auf Einladung des Stadtregiments versammelt hatten, um zum Kölntor zu ziehen und dort die beiden Missionare, Konrad Herdegen und Georg Löfferer, mit zwei Assistenten zu empfangen. Von Jülich kommend, wo sie bereits große Erfolge gehabt hatten, sollten sie in einer Art Festzug zum Münster geleitet werden. Sie kamen ihnen aber vorzeitig entgegen, und ihr Anblick ließ jeden Ansatz zu einer Empfangsrede

---

[1] VI, 28b / 18 f.
[2] V, 10 / 122; D, 1 / C, 5, p. 34

verstummen und die festliche Stimmung umschlagen. Mit Jakobsmantel und -stab als Pilger und Büßer gekleidet, schritten sie barfuß voran zum Münster und stellten damit sofort und ohne ein Wort ihr Thema vor Augen, Buße und Umkehr, von P. Herdegen vor dem Marienaltar des Münsters einführend beschrieben. Außer St. Foillan und St. Michael gehörte zu den Orten der Handlung der Saal des Hotels Prinzenhof in der heutigen Prinzenhofstraße, ganz nahe an St. Michael. Dort wurden zwei Bühnen übereinander errichtet und schon dadurch die wartende Menge in Spannung versetzt, als sie nach einer Katechese in St. Michael bzw. in St. Foillan, jetzt Männer und Frauen zusammen, hereingeführt wurde. Während die untere Bühne leer blieb, trat oben P. Herdegen auf, stimmte das *Salve Regina* an und geißelte sich, während die Menge sang. Nach einer einstündigen Predigt richteten sich die Augen auf den in Aachen durch die Fronleichnamsprozession wohl bekannten Baldachin, von acht angesehenen Bürgern getragen, und auf die Monstranz. Zeitlich richtig abgestimmt, war eine kleine Prozession von St. Michael her eingetroffen, Bürgermeister, Schöffen und Ratsherren gaben mit brennenden Fakkeln das Geleit. Das Sanctissimum trug ein Kanoniker des Münsterstifts. An der unteren Bühne angekommen, stellte er dort die Monstranz für alle sichtbar auf, und P. Löfferer begann eine kurze Predigt über das Altarssakrament. Nach einem gemeinsamen Gebet für die geistliche und die weltliche Obrigkeit zog die Prozession wieder nach St. Michael zurück. Die kurze, durch die Anwesenheit des eucharistischen Heilands geprägte Festlichkeit war zu Ende, und mit einer Bußpredigt begann die eigentliche Mission. Am Ende waren alle so ergriffen, daß sie kniend und mit ausgestreckten Händen Gottes Barmherzigkeit erflehten. Der Prediger geißelte sich erneut und entließ seine Zuhörer um sieben Uhr abends, fünf Stunden nach der um zwei Uhr mittags begonnenen Katechese. Nach acht Uhr sammelte sich wieder eine große Zahl Gläubige um die beiden Assistenten und folgte ihren Weisungen zur Gewissenserforschung.
In diesem Wechsel von getrenntem und gemeinsamem Tun waren auch die übrigen Tage gestaltet. Männer und Frauen folgten getrennt

der Einladung zu nächtlichen Bußprozessionen, von 9 bis 1/2 12 Uhr, so zum ersten Mal in Aachen veranstaltet[1].
Während der Vizekurat von St. Foillan nicht nur die Kirche zur Verfügung stellte, sondern auch wie die drei anderen Pastöre an der Mission teilnahm, hielten sich die Orden zurück. Die Franziskaner von St. Nikolaus, sonst immer im guten Einvernehmen mit dem Stadtregiment, schlugen seine Bitte ab, die Holzkreuze auszuleihen, die sie für die Karfreitagsprozession parat liegen hatten. Vielleicht mißbilligten sie das aggiornamento an den Zeitgeist, das die Jesuiten bedenkenlos praktizierten, wenn nicht einfach Konkurrenzneid mitspielte.
Ordens- und Pfarrgeistliche waren sich in Aachen darin einig, daß sie den auch vom Bischof angeordneten Reformen nicht folgten, soweit sie dem Geist der Aufklärung verpflichtet waren. Lehrhaftigkeit und vordergründige, vielfach rein irdischen Zielen dienende Nützlichkeit verdrängten nicht wie weithin in Deutschland das *barocke Fest der Figuren, der Bilder und Klänge*. Die Kirche wurde in Aachen nicht zur bürgerlichen Erziehungsanstalt[2].

VI.2.3 Andachten

Nicht so theatralisch wie die Volksmission, aber ebenso dem Zeitgeist nahe, regelmäßige Übung und nicht Ausnahme blieb in dieser Epoche die Nachmittagsandacht. Wie vor 1648 war sie weniger als das Meßopfer Zielscheibe reformatorischer Kritik, stand sogar ihrer Form nach dem reformatorischen Gottesdienst nahe, aber nicht ihrem Inhalt nach, weil darin der Verehrung des Altarssakraments und der Heiligen ein Vorrang zugewiesen wurde. Die neue Epoche setzte keine neuen Akzente, wenn sie mit der *Trutznachtigal* des Friedrich von Spee 1669 den Liedgesang der Gläubigen förderte, und mehr und mehr Gesang- und Gebetbücher in ihre Hand brachte. Die Andacht behielt die ganz auf sie zugeschnittene Form: Die Laudes im Brevier der Weltpriester und im Chorgesang der Kanoniker und Mönche

---

[1] V, 10 / 139 f.
[2] VI, 28 b / 10 f.

wurden nicht nur sprachlich in Aachen zur *Loff,* sondern auch in Form und Inhalt[1].

Maßgeblich wirkten die Bruderschaften dabei mit. Bruderschaftsbüchlein enthielten für den gemeinsamen Gebrauch in der Kirche wie für das häusliche Gebet die Andachtsformen, in denen sich die Menschen nach der Not des Krieges und anderer Belastungen, zuletzt des großen Stadtbrandes äußern konnten. Die Arme-Seelen-Bruderschaft bot mit ihrem Büchlein ein deutsches Totenoffizium, dem Brevier nachgebildet, doch statt der Psalmen sprachen die Brüder gereimte, im Stil der Zeit gefühlsbetonte Gebete[2].

Innerhalb des Kirchenjahres fand das Leiden Christi die stärkste Beachtung und führte zu einer volkstümlichen Ausgestaltung der Liturgie des Gründonnerstages. In St. Foillan wurde wie anderswo ein *Heiliges Grab* aufgestellt und mit besonderer Liebe geschmückt; es war das Ziel der Sakramentsprozession nach der Messe[3].

Die subjektive Gestaltung der Andacht war durch den Kirchenraum, insbesondere durch den Blick auf den Altar bestimmt. Im Gegensatz zu der kalvinischen Beschränkung auf einen Tisch für die Feier des Abendmahls blieb der barocke Altar wie der gotische eine Schauwand, die dem Auge in bildlichen und plastischen Darstellungen und in der Symbolik der Form insgesamt vorstellte, was Christen glaubten. In Breite und Höhe ging er über mittelalterliche Maße hinaus und wirkte in der Ausdruckskraft der dargestellten heiligen Personen anziehend und Ehrfurcht gebietend zugleich. Von den Jesuiten zuerst vor Augen gestellt, wird der Altar modernen Zuschnitts auch in St. Foillan das Wunschziel von Klerus und Laien nach Abschluß des Wiederaufbaus. 1701 erreichen die Kirchmeister, daß die Stadtverwaltung eine Türkollekte in ganz Aachen genehmigt[4], und 1708 steht ein Hochaltar im Stil der neuen Zeit[5] da. Doch er hat wohl nicht Geschmack und Anspruch der Pfarrangehörigen entsprochen, denn man spricht schon bald von einem neuen. Johann Joseph Couven erhält den Auftrag für einen Entwurf, und 1765 wird ein neuer Altar aufgestellt. Carl Rhoen hat ihn 1892 aus der Erinnerung beschrieben, nachdem er 1875 durch einen neugotischen Altar ersetzt worden war:

---

[1] D, 1 / B, IV, b - c
[2] IV, 59 / VII, 592; V, 10 / 275
[3] V, 10 / 282; V, 26 / 74
[4] I, 12 / II, 356
[5] D, 5 / 23.2.1708

Oberhalb der Altarmensa erhob sich ein Untersatz, in welchem in der Mitte das Tabernakel sich befand und auf welchem an den beiden Seiten die Säulen standen, welche das den Altar nach oben abschließende Gebälk trugen. Zwischen den Säulen, den Mitteltheil des Altars einnehmend, befand sich eine wunderschön gearbeitete Hochreliefgruppe der Himmelfahrt Mariä. Das weit über Lebensgröße hohe Bild der heil. Jungfrau erhob sich in anmutiger schwebender Stellung, von zwei oberhalb derselben befindlichen Engeln erwartet, während unten die Gruppe der Apostel um das Grab vereinigt, zur Gottesmutter hinaufschauten. Jedes einzelne Bild der ganzen Gruppe war ein Kunstwerk.[1]

Die barocke Form des Hochaltars entsprach den kirchlichen Vorschriften, nach denen seine Bilder, Figuren und Architekturformen dem Tabernakel in der Mitte und dem thronartigen Platz für die Aussetzung der Monstranz über dem Kopf des zelebrierenden Priesters den würdigen Rahmen geben sollten. So entsprach die Sakramentsandacht mit ihrem der Zeit verhafteten Zeremoniell dem Geschehen in einem fürstlichen Thronsaal[2].

Angeregt durch die Pflege der Instrumentalmusik im Münster[3] und von dem Wunsch, neben dem großen Nachbarn nicht zu stark abzufallen, engagieren die Kirchmeister an St. Foillan für die Hochfeste und den Kirchweihtag Sänger und Instrumentalisten[4] Nach dem Wiederaufbau und dem Wiederbeginn des Gottesdienstes erhält ein Musikmeister namens A. Filler ein Jahresgehalt von 52 Gulden[5]. Eine wohl schon Jahrzehnte währende Verbindung von Liebe zur Kirchenmusik und Nächstenliebe wird bekannt, als 1775 das Jesuitenkolleg aufgelöst wird. Aufgrund einer Stiftung der Familie Schrick erhalten fünf arme Schüler des nunmehr von der Stadt unterhaltenen Gymnasiums weiterhin 10 RTL für das Singen des Totenoffiziums in St. Foillan[6].

---

[1] I, 39 / 56; III, 28 / 62 f.
[2] I, 20 / V, 600
[3] VI, 78 / 126
[4] D, 1 / B IV b, B IV c, C II 74, Tl.2, 16, C IV, 132
[5] D, 1 / C, 2, II, P, 16
[6] VI, 22 / 271

VI.2.4 Heiligenverehrung

Die Verehrung der Heiligen war nicht nur der Inhalt vieler Andachten, sondern führte in den Jahrhunderten des Mittelalters zu vielen Feiertagen. Reformation und katholische Reform taten ihnen in Aachen keinen Abbruch, sondern sie wurden in ihrer Bedeutung für das private Leben in der Feier des Namenstages noch gehoben. Teils auf St. Michael und die Jesuiten beschränkt, teils allgemeine Übung war die Verehrung der neuen und zeitnahen Heiligen, allen voran des hl. Ignatius als des 1622 heiliggesprochenen Ordensgründers. In St. Michael wurde ihm eine Kapelle eingerichtet. Hier vorzüglich riefen ihn hoffende Mütter als ihren Patron an, und der Klerus wandte sich an ihn in seelsorglichen Schwierigkeiten. Ein Zeichen für die Annahme des neuen Heiligen war die in St. Foillan benutzte Monstranz. 1618 von Dietrich von Rhodt geschaffen, zeigte sie den Gläubigen rechts und links von der Hostie die gerade erst seliggesprochenen Ignatius und Franz Xaver. Der zweite Jesuitenheilige wurde in St. Michael an zehn Freitagen vor der Messe in einer Andacht verehrt, und 1691/92 erhielt auch er eine Kapelle. 1671 wurde Franz Borgia heilig- und 1716 Franz Regis seliggesprochen, und beide sind Anlaß zu Fest und Feier in St. Michael. Die nachhaltigste Wirkung zeigte der 1726 heiliggesprochene Aloysius von Gonzaga; mit 26 Jahren hatte er sich als Ordensmann bei der Pflege von Pestkranken den Tod geholt. Auf seine Verehrung des Altarssakraments geht die Einführung der Aloysius-Sonntage mit gemeinsamer hl. Kommunion der Schuljugend zurück, die bis zum 2. Weltkrieg Bestand hatte. Es verschwand noch im 18. Jahrhundert der Brauch, in St. Michael ein Ignatius- und ein Xaverius-Wasser auszuschenken, obwohl selbst Protestanten von seiner Heilkraft sprachen[1].

Die Franziskaner feierten in St. Nikolaus 1669 die Heiligsprechung eines Ordensbruders, des Petrus von Alcantara, mit besonderer Freude, weil sie nach der strengeren Auslegung der Franziskusregel lebten, wie sie der neue Heilige vor seinem Tode im Jahre 1502 gefordert hatte. 1715 wurde ein von Margarete Düppengießer gestiftetes Bild des neuen Heiligen aufgestellt. Gestiftet wurde auch eine Franziskus- und eine Antonius-Statue, und es begann die Anrufung dieser

---

[1] V, 10 / 290 ff.

Heiligen bei Verlust und Diebstahl. Die hl. Elisabeth, als eine der ersten Tertiarinnen verehrt, war den Betern durch Gebeine, einen Ring und ein von ihr gefertigtes Korporale präsent[1].

Als zeittypisch wurde eine der ersten Gestalten der neutestamentlichen Offenbarung angesehen, der hl. Joseph. Wegen der ursprünglichen Beschränkung der Heiligenverehrung auf Märtyrer, dann, um ihn nicht fälschlich als Vater Jesu ansehen zu lassen, wurde erst seit 1621 der 19. März als gebotener Feiertag gehalten, und erst 1729 wurde er in die Allerheiligen-Litanei aufgenommen. Für seine Beliebtheit nach langem Schweigen sorgte u. a. Theresa von Avila, und große Wirkung zeitigte der Beschluß Kaiser Leopolds I. (1658-1705), dem Heiligen seine Länder als dem Schutzpatron zu unterstellen. In Aachen ist St. Michael führend; 1667 wird eine Josephskapelle an der Südseite des Chores gebaut, und Josephs-Andachten nach einem Josephs-Gebetbuch finden Zuspruch. Die Karmelitinnen in der Pontstraße und die Klarissen in der Kleinmarschierstraße wählen den Heiligen zu ihrem Patron. Die Kirchenbücher zeigen mit der Wahl des Taufnamens seine wachsende Beliebtheit[2].

Auf der Suche nach den Gründen findet man in den Andachtsbüchern den Wunsch nach einem Schutzherrn, der bereit und fähig ist, in den kleinen Dingen des Alltags wie in belastenden Situationen den von Gott gewollten Weg voranzugehen. Ähnliches gilt auch für die hl. Anna und die noch 1701 gegründete St.-Anna-Bruderschaft, nur daß es sich um ein Wiederaufleben handelt. Die Mutter Mariens genoß schon im Hohen Mittelalter als Prototyp der bürgerlichen Frau und Mutter Verehrung, und ihr wurde eine der südlichen Seitenkapellen des Münsters geweiht. Ein ebenfalls mittelalterlicher Heiliger, Nikolaus von Myra, erfährt in Aachen erst im 17. Jahrhundert seine - jedenfalls im häuslichen Kreise - bis heute ungebrochenen Zuneigung, nachdem er 600 Jahre lang als Patron der Franziskanerkirche nur eine geringe Rolle gespielt hatte. Das Stadtregiment folgt anscheinend einem allgemeinen Verlangen, wenn es 1636 den 6. Dezember zum Feiertag erhebt, sieht sich allerdings schon 1650 genötigt, wohl auf Druck der Zünfte, gewerbliche Arbeit wieder zu gestatten[3]. Ferdinand Jansen schildert 1814 den Nikolaustag, wie er ihn von seiner

---

[1] V, 10 / 293 f.
[2] V, 10 / 296
[3] D, 6 / III, Nr. 310; V, 10 / 295

Jugend her, aus den 60er Jahren des 18. Jahrhunderts in Erinnerung hat, in der Aachener Mundart :

> De stuihtet hei, der angre doh.
> Wie voll höm bei sing Patt en Goh
> Der hil'ge Mann kiehm brengen,
> Ofschön decks nuis derhengen.
>
> Kahm nu der Daag, muht jedder Jong
> Dann mit 'ne Breif of mit 'ne Schong
> Noh Tanten en Manonken
> So wie men sett, gohn bronken.
>
> Man schleif ens kaum de hallef Naht
> En daht, war krist du mitgebraht?
> En wohr nit ihr zufrehen,
> Bis Zinter Kloos gerehen.
>
> Kohm nun der Daag merr i gen Luht,
> Dann heischt et: Kinger! frisch gesuht,
> Dat gohs, ohn lang ze vahßen,
> Bobong dann för ze brahßen...
>
> Doch krehgen die nuis mitgebraht,
> Die mit e Wötchen nu gesaht,
> Dar sei als grohße Benten
> Der heil'ge Mann at kännten.

> Der prahlte hier, der andere da,
> Wieviel ihm bei seinem Paten und seiner Patin
> Der heilige Mann bringen käme,
> Obschon oft nichts dahinter war.
>
> Kam nun der Tag, mußte jeder Junge
> Mit einem Brief oder einem Schuh
> Zu Tanten und Onkeln,
> So wie man sagt, stolzieren gehen.

Man schlief diesmal kaum die halbe Nacht
Und dachte, was bekommst du mitgebracht?
Und war nicht eher zufrieden,
Bis der heilige Mann geritten kam.

Kaum tagte es,
So hieß es: Kinder! frisch gesucht,
damit sie sofort, ohne lange zu fasten,
Bonbons zu schmausen hatten.

Doch bekamen die nichts mitgebracht,
Die nur mit einem Wörtchen gesagt hatten,
Daß sie als große Jungen
Den heiligen Mann schon kannten.

(Übersetzung: Willi Lennartz)

Vor allen anderen Heiligen wurde wie zu jeder Zeit der Kirchengeschichte die Gottesmutter in neuen, zeitgemäßen Formen verehrt. Die Jesuiten ließen allgemein-menschliche Erfahrung des Numinosen eins werden mit spezifisch christlicher Überlieferung, wenn sie eine Marienfigur aus dem Holze der wundertätigen Eiche von Scherpenheuvel modellieren ließen und in St. Michael als Gnadenbild aufstellten. In St. Nikolaus führte die Bruderschaft von der Unbefleckten Empfängnis an Sonntagen und an Marienfesten Predigten mit anschließenden Andachten ein; von 1687 an schwebte ähnlich wie im Münster eine Strahlenmadonna in mittlerer Höhe, und noch 1775 erhielt die Loreto-Kapelle einen neuen Altar. Auf dem Hochmünster trafen sich Laien zu einem deutschen Tagzeitengebet, das neben der Verehrung des Hl. Geistes und des Hl. Kreuzes an die Gottesmutter gerichtet war. Die Klarissen stellten den Aachenern in einer Prozession das Bild der Schmerzhaften Mutter vor Augen[1].

Daß neben der Gottesmutter die anderen *alten* Heiligen nicht vergessen wurden, zeigt z. B. das Portiuncula-Fest 1687 in St. Nikolaus; die Minderbrüder zählten an ihren Altären 61 Messen und ca. 6000 Kommunionen[2].

---

[1] V, 10 / 296, 257, 275
[2] VI, 18b / 31

Die Pfarrangehörigen von St. Foillan waren an allen diesen Andachtsübungen beteiligt, gehörten doch alle genannten Orte zu ihrem Wohn- und Pfarrgebiet. Heute birgt ihre Kirche eine Mariendarstellung, die die genannten an Bedeutung hinter sich läßt. Es ist das Bild der Schwarzen Madonna, ein Kultbild, kein Andachtsbild in der Kennzeichnung Guardinis: *Während das Kultbild auf die Transzendenz gerichtet, genauer gesagt, aus der Transzendenz herzukommen scheint, geht das Andachtsbild aus der Immanenz, aus der Innerlichkeit hervor ... Der Sinn des Kultbildes aber ist, daß Gott gegenwärtig werde. ... Das Kultbild, d. i. die Ikone, verkündet, daß Gott gegenwärtig ist, und befiehlt, daß der Mensch anbete*[1]. Es handelt sich um eine ca. 1700 in das Augustinerkloster in der Pontstraße gelangte Kopie der im Brünner Augustinerkloster verehrten Ikone, die aus dem 8. oder 9. Jahrhundert stammen könnte und wegen ihrer Wunderzeichen bis zum heutigen Tage dort in hohen Ehren steht. Ein letzter zu Herzen gehender Wunderbericht beschreibt eine Szene der Vertreibung der deutschen Bürger Brünns im Jahre 1965, die Untat und die durch die Ikone bewirkte Reue eines tschechischen Mittäters[2].

VI.2.5 Stiftungsmessen

Nach dem Wiederaufbau von St. Foillan verbessern Stiftungen die Erfüllung der Sonntagspflicht durch Einführung der Frühmesse, hauptsächlich für Hausfrauen und Bedienstete, die an Sonntagen häuslichen Pflichten nachkommen müssen; aber das Angebot wird auch durch eine *Slepermesse* um 12.30 Uhr bereichert[3]. Beides wird möglich, weil Stifter wie Hermann von Lambertz und Christian Birkenholtz, Vikar am Münsterstift, 1706 ihr Geld zur Errichtung einer Kaplansstelle und damit zur Beschaffung einer Wohnung verwendet wissen wollen[4]. Im übrigen gilt es weiterhin, an elf Altären alten und neuen Meßverpflichtungen nachzukommen und dafür Altaristen an-

---

[1] zit.VI, 23 a / 59
[2] VI, 23 a / 62 ff.
[3] D, 1 / C, 5, p.36
[4] I, 12 / II, 356; D, 1 / B II, 2; V, 10 / 39 f., 69

zustellen[1]. Noch 1792 sichert die Neumannskammer, d. i. das Amt des Stadtkämmerers, die testamentsgerechte Verwendung einer Meßstiftung bzw. die Nachfolge im Amt des Altaristen[2]. Stiftungsmessen bleiben Last und Versuchung zugleich, und so müssen die Päpste die alten Bestimmungen zur Einschränkung der Zahl der Votivmessen wiederholen, so Johannes III. 1699 und Benedikt II. 1766[3]. Nach wie vor sehen die Gläubigen in St. Foillan außer den Pfarrgeistlichen und Altaristen die Priester der St.-Johannes-Bruderschaft an den Altären, weil ihnen im Testament Votivmessen übertragen worden sind, z. B. die für Wilhelm van der Hagen und seine Ehefrau Katherine van Raede. Diese werden nach der letzten oder zwischen zwei Pfarrmessen sonntags gelesen und von den Gläubigen als eine Wahlmöglichkeit mehr zur Erfüllung der Sonntagspflicht angesehen. Der alternative Ort, die damalige Kapelle im Turm, mag guten Zuspruch bewirkt haben. Dieser führte zu einem Streit über die Kollekten, in dem sich Erzpriester Nikolaus Fiebus, als Hausherr am längeren Hebel, durchsetzte und die Einnahmen für St. Foillan sicherte[4].
Die Bestellung von Votivmessen wurde für den Stadtrat quasi politische Verpflichtung, als die Gemahlin des Herzogs von Jülich 1687 erneut erkrankte, nachdem sie 1680 zur Badekur in Aachen gewesen war. Drei *musikalische* Levitenämter und 17 *stille* Messen schienen ihrem Rang angemessen zu sein, dazu nach der Nachricht von der Genesung ein feierliches Hochamt mit Tedeum[5].
Aufgrund der gestiegenen Zahl der Messen wurden die Kirchmeister bei der Visitation 1708 von Nuntius Bussi verpflichtet, für eine hinreichende Ausstattung zu sorgen. Bis zum Ende des Jahrhunderts stieg die Zahl der liturgischen Gewänder von 6 auf 19 Kapellen, von 26 auf 66 Kaseln, von 29 auf 58 Alben[6]. 1717 besaß St. Foillan neun silber-vergoldete Kelche, eine Monstranz und drei Ziborien[7].
Alle diese Dinge zu pflegen, war Sache des Küsters, ggf. seiner Frau und seit 1618 eines Stellvertreters. Letzterer hatte im übrigen beim Katechismusunterricht für Ordnung zu sorgen und im Hochamt neben

---

[1] D, 1 /B II
[2] A, 2 / A achen St.Foillan 5
[3] I, 67 / II, 319
[4] III, 66 / 183 ff.
[5] VI, 22b / 146
[6] D, 1 / B II 4; V, 10 / 202
[7] D, 4 / 262; 37 / I, 82; III, 28 / 67;V, 10 / 92

anderen besoldeten Sängern zu singen. Nach einem Vertrag von 1688 mußte der Hilfsküster einen Sänger bezahlen, weil seine eigenen gesanglichen Fähigkeiten nicht ausreichten[1]. Ein anderer Vertrag legte fest, daß der Küster die Hälfte seines Gehalts zwei Jahre lang an die Witwe seines Vorgängers abtrat[2].
Für drei Glocken mit einem umfangreichen Läute-Programm war die Anstellung eines Glöckners erforderlich, der außerdem Totengräber war und den Blasebalg zu treten hatte. Fünf Meßdiener wurden ebenfalls aus der Kirchenkasse besoldet, zusätzlich 1698 auch in einer Stiftung bedacht[3].

V.2.4 Liturgie und Sakrament

Wie in jeder Epoche sahen die Seelsorger an St. Foillan viele Pfarrangehörige nur dann, wenn sie zur Taufe, Hochzeit und Beerdigung kamen und in die Kirchenbücher pflichtgemäß eingetragen wurden. Nach besonderer Zuneigung besuchten sie Messen und Andachten in der Nachbarschaft, allen Kirchen voran im Münster. Was 1630 Noppius hervorhob, galt für die ganze Epoche, nachdem die Schäden des Stadtbrands behoben waren: *Und ob jemand sich ob der schönen Musick und herrlichen Ceremonien dieser Kirchen würde verwundern, der solle wissen, daß es sich allhie also gebühre als in Sede Regia.*[4]
An zweiter Stelle ist St. Nikolaus zu nennen. Die strenge Auslegung der Ordensregel war für die Minderbrüder kein Hindernis, schon 1630 einen Hochaltar neuen Stils zu errichten, der bis heute im Unterschied zu gleichartigen Altären in St. Foillan und St. Michael alle Änderungen des Zeitgeschmacks wie alle zerstörerische Gewalt überdauert hat, und zusammen mit dem 1698/99 aufgestellten Chorgestühl nebst getäfelter Rückwand dem Chorraum einen festlichen Charakter gab. Diesen wünschten sich die Franziskaner insbesondere für das sonntägliche Konventamt, das in der feierlichen Form, mit Zelebrans und zwei Leviten, dem Verlangen vieler Aachener entsprach, die

---

[1] V, 10 / 46
[2] D, 1 / Cl, p. 42
[3] V, 10 / 48
[4] VI, 15 a zit.

St. Nikolaus die *Stadtkirche* nannten[1]. Auch in St. Michael zählte außer der Predigt die Pracht des Hochaltars, in St. Paul der Gesang der Dominikaner, und bei den Kapuzinern die 1705 von dem stadtbekannten Architekten Mefferdatis neugestaltete Kapelle. Die einzige neue, ganz im Stil der Zeit gebaute Kirche war die der Karmelitinnen in der Pontstraße, für die Bürgermeister Wespien, selbst St. Foillan zugehörig, drei Altäre stiftete[2]. Auch die Aldegundis-Kapelle in nächster Nähe von St. Foillan muß ihren Besucherstamm gehabt haben; denn am 6.2.1767 setzt der Abt von Stablo-Malmedy in diesem Rest der Besitzung seines Klosters in Aachen einen neuen Rektor ein[3].

Ein solches Auseinanderlaufen machte es unmöglich, die Erfüllung der Sonntagspflicht zu beobachten. Im Visitationsbericht vom 16.11.1708 heißt es: *Indignum est, ut proles non agnoscant matrem - Es ist ein unwürdiger Zustand, daß die Kinder ihre Mutter nicht kennen*[4].

Nach den Weisungen des Konzils von Trient können die Gläubigen das Tun des Priesters am Altare in Meßandachten begleiten, mehr und mehr auch mit muttersprachlichen Gesängen. Ein 1761 publiziertes Gesangbuch beklagt in der Einleitung, daß *bey dem singen mehrenteils ein leeres lufft-geschrey werde*[5]. Gesang und Gebet in St. Foillan konnten nicht mit dem konkurrieren, was Bruderschaften und Kongregationen, aber auch Pfarrkirchen mit festem Besucherstamm zuwege brachten. Selbst die jahrhundertealte Verpflichtung, die Osterkommunion in der Pfarrkirche zu empfangen, wird in St. Foillan nach wie vor durch das Privileg des Münsters durchkreuzt. Wohl ist die Osterkommunion von der Karwoche 1686 an der Anlaß zu einem Rundgang des Pastors durch alle Häuser, wo er, vom Küster begleitet, seine Listen überprüft, zum Empfang der Osterkommunion einlädt und Ostereier oder Geldspenden entgegennimmt[6].

Für die Osterbeichte ist das Pfarrprinzip weniger oder gar nicht betont. Ein ausgeprägtes Bewußtsein der eigenen Sündhaftigkeit ließ die Gläubigen in großer Zahl an Bußprozessionen teilnehmen und re-

---

[1] V 10 / 79
[2] VI, 30 / 16 f.
[3] D, 1 / BV2
[4] D, 6 / Nr. 251
[5] VI, 1 / 181 f.
[6] V, 1 / 94

gelmäßig beichten, ja man kann für das 18. Jahrhundert eine Beichtbewegung konstatieren[1].
Für das Sakrament der Taufe ist der Vizekurat an St. Foillan nach wie vor für die ganze Stadt zuständig, wenn er i. d. R. zugleich Rektor der Taufkapelle ist. Diese erhält nach der Zerstörung im Stadtbrand die heutige Form und kündet mit der Beschriftung über der neugeschaffenen bzw. auf die entgegengesetzte Seite verlegten Tür von der Rechtsstellung des Münsterstifts: *Sacrum parochiale divi Joannis Baptiste regalis basilice ecclesie matricis B.M.Virginis baptisterium anno renovationis MDCCLXVI - Pfarr-Taufkapelle, St. Johannes dem Täufer geweiht, der königlichen Basilika und Mutterkirche der Seligen Jungfrau Maria im Jahre des Wiederaufbaus 1766.* In der Mitte der als Chronogramm gestalteten Inschrift sieht man das Dreieck mit dem Auge Gottes, ein alter Abwehrzauber und von den Freimaurern gern verwandtes Symbol.

VI.2.5 Pressefehde von der Trenck - P. Schott OFM

Nach der Katastrophe von 1656 sucht das Stadtregiment nach neuen Einnahmen, sieht als *Retter der Stadt* die warmen Quellen und hat das Glück, in Franciscus Blondel einen Brunnenarzt zu finden, der bis zu seinem Tode im Jahre 1701 forscht, seine Ergebnisse veröffentlicht und ein geradezu europäisches Echo findet. Mit seinen Trink- und Badekuren gibt er Aachen einen hohen Rang unter den europäischen Kurorten, zum Vorteil für den wirtschaftlichen Neubeginn[2].
Im Mittelalter luden die Thermen zum gemeinsamen Baden beider Geschlechter ein und boten eine Art Freiraum gegenüber der von Kirche und weltlicher Obrigkeit geordneten Gesellschaft, verbunden mit Spiel und Musik, wie es der flötende Badegast auf Dürers Stich von 1520 erkennen läßt. Dann aber beendeten behördliche Anordnungen und nach der Pest 1576-79 ärztliche Warnungen vor Ansteckung diese Form von Geselligkeit und setzten an ihre Stelle den Ernst und die Nüchternheit der Therapie im Einzelbad[3], zu der die Patienten nicht

---

[1] I, 20 / V, 601; VI, 20 / 83
[2] VI, 79 a / 17 f.
[3] VI, 79 a / 18 f.

so leicht zu bewegen waren. Blondel brachte den großen Umschwung, als er neben die Badekur die schon vor ihm verordnete, aber von ihm erst gestaltete Trinkkur setzte. Das Neue war dabei eine *ganzheitliche* psychosomatische Therapie. Dazu gehörten eine unbeschwerte Geselligkeit, Promenaden, Sehen und Gesehen-Werden in den mit Kolonnaden geschmückten Kuranlagen am Komphausbad, ein zwanglos unbeschwertes Hinhören bei musikalischen Darbietungen und der Besuch *harmloser* Theaterstücke in dem 1768 am Katschhof errichteten Komödienhaus, ab 1782 Tanz und Unterhaltung in der *Neuen Redoute,* heute *Altes Kurhaus* genannt. Auch in der Nachfolge Blondels richteten sich ärztliche Mahnungen gegen jede ernsthafte Lektüre während der Kur. Das mußte 1762 auch der junge Preußenkönig Friedrich II. erfahren, als ihm sein Aachener Arzt die Lektüre zeitgenössischer Philosophie verbot[1].

Doch ließ sich gerade die zeitgenössische Philosophie zur gefälligen Unterhaltung herrichten, ein gutes Geschäft für Literaten, die Käufer unter der Vielzahl der Wenig- oder Halbgebildeten suchten und dabei auch noch den ärztlichen Weisungen gerecht wurden. Titel wie *Der Patriot* oder *Der Menschenfreund* sollten das *Moralische* betonen und von vornherein das Gefühl wecken, man steuere hier mit gefälliger, nur wenige Seiten umfassender Lektüre Woche für Woche von einer schlechten auf eine bessere oder gar die beste aller Welten zu[2].

Ein *Wochen- und Intelligenzblatt* dieser Art vermißte Friedrich Freiherr von der Trenck, als er 1765 im Gefolge des Feldmarschalls Gideon Ernst Freiherr von Laudon, des bedeutendsten Feldherrn der Kaiserin Maria Theresia, nach Aachen kam, die Ungezwungenheit der Badekur genauso lobte wie das Leben in einer freien Reichsstadt überhaupt[3]. Hier entschließt er sich, sein Soldaten- und Abenteuerleben zu beenden, heiratet Baroneß Maria Elisabeth de Broe de Diepenbendt[4], betätigt sich als Journalist in der genannten Art und fordert als erster nach den Straßenpredigern der Reformationszeit Kirche und Glauben heraus.

Schon das neugestaltete, durch Freiheit gleich Ungebundenheit geprägte bzw. von vielen Kurgästen so verstandene Badeleben mußte

---

[1] VI, 48
[2] VI, 19 / 121
[3] VI, 58 / 201
[4] I, 38 / 86

Predigtthema werden; doch Menschen, die es anging, kamen nicht in die Kirche, und die Zuhörer in der Kirche gingen nicht zur Kur. Betroffen waren die Wirte, die manche Gäste vor den Kopf stießen, wenn sie sich nach Weisung des Stadtregiments wie des Sendgerichts an die Abstinenzgebote hielten. Eine für Aachen völlig neue Situation trat ein, als von der Trenck unter dem Titel *Der Menschenfreund* Beilagen für die wöchentlich zweimal erscheinende *Kayserliche Reichs-Post-Amtszeitung* schrieb und damit die Seelsorge gefährdete. P. Albertin Schott, als guter Lehrer an der theologischen Hochschule der Franziskaner an St. Nikolaus bekannt[1] und nicht bereit, wie Theologen andernorts dem Zeitgeist Zugeständnisse zu machen[2], verfaßte im Januar 1773 eine Gegenschrift und legte sie nach den kirchlichen Gepflogenheiten zwei Zensoren vor, einem Franziskaner und einem Dominikaner, die für ein Erscheinen in seelsorglichem Interesse eintraten. Der Franziskaner erklärte: *Der ächte Menschen- und Wahrheitsfreund (Schott) hat ..., deutlich gezeiget, daß dieser Verfasser (von der Trenck) nicht, was er scheinen wollen, ein Menschenfreund, sondern in Wahrheit ein lauterer Freigeist sey, der Gott unverschämt Hohn zu sprechen sich erfrecht hat*[3]. Schott betont den seelsorglichen Aspekt in seinem Vorbericht: *Meine Gesinnungen zwecken ... ab auf das Wohl und die Rettung des allenfalls durch die verschiedenen Ränken des angeblichen Menschenfreundes hintergangenen Nächsten. Ich werde mich dem nach bearbeiten, meinen Lesern die eigentlichen Kenntnisse der ächten Glückseligkeit vor Augen zu legen...*[4].
Schott bleibt anonym und überläßt alles dem Erzpriester Tewis. Dieser erhält zwar am 16.8.1773 die Druckerlaubnis, läßt die Schrift aber erst zwei Jahre später erscheinen[5]. Grund dafür ist ein Ereignis, das von den Aachener Katholiken als Katastrophe erlebt wird, vergleichbar mit dem Übergang des Stadtregiments an Kalvinier und Lutheraner 1573 und 1611. Am 10.9.1773 wird die Gesellschaft Jesu durch die Verkündung des päpstlichen Breves in Aachen aufgehoben. Die Franziskaner übernehmen die Studenten der aufgelösten theologischen Hochschule. P. Albertin Schott erhält damit neue Aufgaben

---

[1] VI, 39 / 115 f.
[2] VI, 37 / 23
[3] VI, 73 / Vorrede
[4] ebd.
[5] VI, 80 / 863, 866

und neue Sorgen, die von der Trenck in den Hintergrund treten lassen. Ein weiterer Grund für die Verzögerung könnte sein, daß in diesem Jahrzehnt anonyme Schmähschriften als Kampfmittel in den Partei- und Richtungskämpfen, Mäkelei genannt, eine unrühmliche Rolle spielen, und das Stadtregiment nach den Verfassern fahndet. Aufdeckung von dümmlichen Äußerungen hätte leicht als Schmähung angesehen werden können. P. Schott ist sich dieser Gefahr bewußt, wenn er in seinem *Vorbericht* betont: *Ich werde ... die Wahrheit solcher gestalten zu behaupten und die durch freigeistige Schriften und Ausdrücke drohende Gefahr so abzulehnen suchen, daß keine der christlichen Liebe nachtheilige Schmähe-Sucht meine Feder bemakle.* Schott schlägt seinen Gegner nur mit den Waffen, die er für sich selbst beansprucht, die des prüfenden Verstandes, und will Gründe für die Glaubwürdigkeit der Offenbarung nennen, die auch jedem *Freigeist* einleuchten müßten[1]. In der auf die Publikation folgenden Pressefehde erklärt er : *Die Bestimmung, der Zweck meiner Widerlegung ist nicht der Author, sondern die Afterlehren ...*[2].

Erzpriester Tewis als Herausgeber möchte nicht durch eine Schlägerei ins Gerede kommen. Immerhin hatte von der Trenck im Jahre 1773 dem Buchhändler Houben in der Kleinkölnstraße *ein paar Ohrfeigen* gegeben, weil dieser eine gegen ihn gerichtete Schmähschrift vertrieben hatte, und in einem gegen den Erzpriester gerichteten Flugblatt schreibt er warnend, *daß mancher Officier schon einen Ertzpriester geprügelt hat ...*[3].

Ein seelsorgliches Handeln wäre längst angebracht gewesen; denn von der Trencks *höchst anstößige* erste Publikation in der genannten Wochenschrift ist nach Schotts Feststellung *auf allen Wirthsbänken, auf den mehresten Handwerksstuben, ja wohl auf öffentlichen Gassen so gar der blöden Jugend selbst ein ganzes Jahr hindurch vorgelesen worden*[4]. Erst die Veröffentlichung des *Menschenfreunds* in zwei Bänden mit insgesamt 560 Seiten zwang Erzpriester Tewis zum Handeln, und am 13.4.1775 lag P. Schotts Gegenschrift in der Buchhandlung Houben zum Verkauf aus, *cum magno concursu ad librum hunc sibi procurandum* - und man strömte herbei, um sich dieses Buch zu

---

[1] VI, 73 / 23
[2] zit. VI, 80 / 863
[3] zit. VI, 80 / 865
[4] zit. VI, 80 / 863 f.

beschaffen, wie die Annalen der Franziskaner es festgehalten haben. Noch am selben Tage antwortet von der Trenck mit einem Flugblatt, auf dem er den Erzpriester persönlich angreift und eine Gegenschrift ankündigt. Nach deren Erscheinen läßt P. Schott noch drei Ergänzungen folgen. Ihr Titel lautet: *Der entlarvte Menschenfreund oder richtige Beleuchtung und wesentliche Entkräftung häufiger Irrsätze der in der Kaiserlichen Frey-Reichsstadt Aachen im Jahre 1772 ausgegebenen Wochenschriften durch einen Ächten Menschen- und Wahrheitsfreunde. Mit Erlaubnis hoher geistlicher Obrigkeit und besonderem allergnädigstem Kaiserl. Privilegio Düsseldorf 1775.*

Der Erzpriester wie der Franziskaner folgen mit diesem Verfahren dem Zeitgeist, aber nur in seiner positiven, von ihnen anerkannten Seite. Tewis als Vorsitzender könnte von der Trenck nach St. Foillan vor das Sendgericht zitieren; denn dessen Befugnis ist es nach wie vor, *über öffentliche grobe Sünden wider die Kirchengesetze* zu richten. Aber weder in St. Foillan noch in St. Nikolaus scheint dieser Weg auch nur genannt worden zu sein. Nicht richterliche Befugnis ist nunmehr gegenüber dem Irrtum zuständig, sondern Wort und Schrift mit den besseren Argumenten[1].

P. Schott ging in seiner Gegenschrift im wesentlichen auf sieben Punkte als Ausdruck des Zeitgeistes ein, den abzuwehren er als seine Pflicht ansah. Diese sieben Punkte sind:

1. Reduzierung philosophischer und theologischer Aussagen auf bloße Unterhaltung,
2. Polemik statt polemischem Denken,
3. Originalität als entscheidender Maßstab,
4. Unterdrückung der Sinne in der katholischen Kirche,
5. Wissenschaftsgläubigkeit,
6. Die katholische Kirche als Hemmschuh der Geistesfreiheit,
7. Kirchenkritik als Zeichen wahren Christentums.

ad 1 - Der *Menschenfreund* von der Trenck fährt sozusagen auf einem Nebengleis der Aufklärung, wenn er Gedanken ihrer Wortführer in unterhaltsamer, allgemein verständlicher Weise, teilweise in Versen wiedergibt. Auf diesem Nebengleis hat er mit vielen anderen, die

---

[1] VI, 53 b / 99, 114 f.

sich als Journalisten bezeichnen, eine sich bis heute verstärkende Breitenwirkung und gehört deshalb zu dem vielfältigen und spannungsreichen Bild der Aufklärung des 18. Jahrhunderts[1].
Trotz seines geringen Niveaus nimmt *Der Menschenfreund* in Aachen einen hohen Rang ein, weil erst mit ihm die Aufklärung wirksam wird *als der erste umfassende Kampf gegen die Überlieferung der Kirche, erfüllt von einem einzigartigen Selbständigkeitsgefühl und einem unbegrenzten Optimismus"*[2]. Er erinnert an Talk-Show-Stars des heutigen Fernsehens, die hauptsächlich wegen des Unterhaltungswertes ihrer Beiträge engagiert werden und es verstehen, ihre Meinung für jedermann einsichtig und selbstverständlich, die ihrer Kontrahenten aber als überholt und weltfremd darzustellen, ohne ihren sachlichen Gehalt zu prüfen. Wenn dieser aber zur Sprache kommt, wird die eigene vermeintlich gute Theorie an offenkundig schlechter Praxis der anderen gemessen.
P. Schott will und kann nicht mit denselben Waffen zurückschlagen. Das liegt einmal an dem Zeitpunkt: Es gibt noch nicht die schlechte Praxis der Gegenseite wie Terror und Guillotine, unter der von der Trenck selbst 1794 sterben sollte. Wenn er in der Beschränkung auf theologische und philosophische Argumentation nicht einem trockenen Schulbuchton verfällt, so ist das auf seine Predigtpraxis in St. Nikolaus zurückzuführen, die in Aachen großen Anklang findet[3]. Es sind die Jahre, in denen die Franziskaner in St. Nikolaus wie die Ex-Jesuiten in St. Michael Predigtreihen gegen den Zeitgeist halten, für die Wallonen auch in französischer Sprache[4].
ad 2 - Zum Predigtton gehört mitunter die scharfe Form der Erwiderung. Wenn von der Trenck den Klerus global als *Quelle alles Vorurtheils* verurteilt, legt P. Schott los: *Mon cher Esprit fort, sie lügen in ihren privilegirten freigeisterischen Hals hinein ..., die von anderen erweckten Schwärmereien, Empörung usw. sind mehrentheils durch Zutun der Priesterschaft ... getilget worden ...*[5]. Mit *esprit fort* - eigentlich *starker Geist*, im Deutschen i. a. mit *Freigeist* wiedergegeben - bezeichnet sich von der Trenck gerne selbst, und so ist dieses Wort der Anlaß, die geringe geistige *Stärke* des Wochenblattschrei-

---

[1] VI, 27 / 54; VI, 37 / 22
[2] VI, 78 a / 338 f.
[3] VI, 39 / I, 12
[4] I, 12 / II, 411; V, 10 / 57, V, 28 b
[5] VI, 73 / 192

bers bloßzustellen und die vom katholischen Priester gelebte Überzeugung auszusprechen, daß er selbst sowohl der Vernunft wie dem Glauben diene. Zur Eigenart des von von der Trenck befahrenen Nebengleises der Aufklärung gehört es, gerade darauf zu verzichten, was Wissenschaft kennzeichnet, nämlich auf Widerspruch und damit auf die Möglichkeit, zu antworten und weiterzudenken. Schon vorher, im Streit mit dem Advokaten Dr. Carlier, der auf anonymen Flugblättern trotz Verbots ausgetragen wurde, ruft er statt mit Gegenargumenten zu antworten, nach polizeilichem Einschreiten gegen *Lästerschriften*, die seinen Ruf gefährden würden, wenn auch nur beim *Pöbel*. Als Offizier glaubt er ein Sonderrecht gegenüber Zivilisten zu besitzen und rühmt sich, den Buchhändler Houben in seinem Geschäft in der Großkölnstraße, gegenüber von St. Nikolaus, Ohrfeigen gegeben zu haben, weil er Pasquillen - Schmähschriften - gegen ihn verkaufe[1].

An die Stelle des polemischen Denkens[2] tritt P o l e m i k, wenn von der Trenck auf P. Schotts *Entlarvten Menschenfreund* antwortet. Seine Polemik erleichtert er sich dadurch, daß er sich nicht auf den ihm augenscheinlich bekannten Verfasser, sondern auf den Herausgeber *einschießt,* den Erzpriester Tewis. Stoff dazu boten ihm beschämende Ereignisse in und um St. Foillan[3], von denen noch die Rede sein muß. Dem Verfasser gegenüber beschränkt er sich auf ein Pauschalurteil: *Dieser Mann Tewis hat nur einen einfältigen Franziskaner namens Albertin durch einige Maß Wein aufgewiegelt, um das elende Buch gegen mich zu schreiben*[4].

P. Albertin Schott rechtfertigt seine Gegenschrift mit seelsorglicher Verantwortung und beruft sich dabei auf Vers 1, 10 des Titusbriefes. *Vaniloqui ... redargui oportet - die leeres Gerede von sich geben, müssen Lügen gestraft werden.* Er antwortet im Sinne des Wortes *redargui* mit Argumenten, deckt Widersprüche auf, korrigiert verzerrende Perspektiven. Von der Trenck gehört auch zu den *seductores* - Verführern des Titusbriefs, die immerhin soviel Geschick haben, daß sie Wünsche und Gelüste mit teuflischen Scheingründen rechtfertigen und damit Anhang gewinnen. P. Schott legt darauf den Finger

---

[1] VI, 82 / 875
[2] VI, 38 / 24
[3] VI, 82 / 868
[4] VI, 44 / 115 f.

und weckt damit das Verantwortungsbewußtsein des Aachener Klerus. Verführung stand jahrhundertelang beim Sendgericht in St. Foillan unter Strafe, doch so wenig wie Erzpriester Tewis denkt P. Schott an ein gerichtliches Vorgehen, wenn er sich wieder einer bildhaften Predigtsprache bedient: *Unsere teutsche Luft war Freygeister-Brut lange zur Fortpflanzung schädlich ..., izt ... (sind) sogar die sonst auch christlichste(n) Oerter (wie Aachen) ... davon inficirt. Sollte man diese Hüllen-Neze wehende(n) Spinnen nicht verscheuchen?...* [1].

Für die Jahrzehnte vor der Französischen Revolution in Aachen noch anerkannt ist die Zurückweisung der *docentes, quae non oportet - derer, die lehren, was nicht erlaubt ist* des Titusbriefes. Ihnen muß gezeigt werden, daß ihre Aussage mit dem Glauben der Kirche nicht übereinstimmt, und damit nicht mit dem Naturrecht und vielfach auch nicht mit den Aussagen der antiken Philosophen, so mit Platon und Aristoteles.

ad 3 - Zum Freigeist gehört nach von der Trenck O r i g i n a l i t ä t, ein Denken, das sich nicht auf Autoritäten, sondern nur auf die eigene Erfahrung stützt. *Practica duce doceo - (Nur) von der (eigenen) Erfahrung lasse ich mich leiten, wenn ich lehre*, lautet seine Devise, die er dem Buchtitel beifügt. Damit ist sein *Menschenfreund* das für Aachen erste Dokument des *Empörungsglaubens des Autonomismus*[2], die zur bleibenden Weltanschauung erhobene Haltung des Jugendlichen, die Verachtung jeder *Fremderfahrung*, wie sie Goethe den Baccalaureus[3] aussprechen läßt:

> *Erfahrungswesen! Schaum und Dust!*
> *Und mit dem Geist nicht ebenbürtig.*
> *Gesteht! Was man von je gewußt,*
> *Es ist durchaus nicht wissenswürdig.*

Von der Trenck behauptet von sich, er philosophiere unabhängig von *Grundsätzen der Alt-Väter*[4]. P. Schott dagegen sieht sich als Zwerg auf den Schultern von Riesen, nimmt die Kritik des 20. Jahrhunderts

---

[1] VI, 73 / 76
[2] VI, 5 / 25
[3] Faust, 2.Teil II, 1
[4] VI, 78 / 10

an der *vorausetzungsfreien Wisschaft* nach deren verhängnisvollen Konsequenzen vorweg, läßt sich von der Verachtung einer *unfreien* Theologie nicht beirren und beruft sich auf Leo I. (1513-1521), der es als Irrlehre verdammt habe, *dem Verstande allein ..., entfesselt ..., die Entscheidung der wichtigsten Moralfragen* zu überlassen[1].
P. Schott entlarvt von der Trencks Originalität als angemaßt, wenn er die Autoren des Katechismus nennt, den dieser nur nachbetet[2]. Das hellt aber nicht den verhängnisvollen Hintergrund auf, vor dem sich von der Trenck simplifizierend aufspielt, das Dogma vom Vorrang der theoretischen Neugier bei allen Fragen nach der Wahrheit, das in Selbstherrlichkeit und Gottvergessenheit mündet[3]. P. Schott fußt auf der mittelalterlichen Lehre von den Sündenstufen: Der von der Neugier - curiositas - ergriffene Mensch gerät leicht in die Erfahrung - experimentia - des Bösen und kommt darin um[4]. Seit dem 17. Jahrhundert setzen Kritiker warnend der curiositas die pietas, die fromme Anerkennung von Tradition und Offenbarung, entgegen. Bossuet, *das Orakel der Kirche in Frankreich,* erklärt sogar: *... Häretisch ist derjenige, der eine eigene Meinung hat ... Was heißt eine Meinung haben? Es heißt, seinen eigenen Gedanken und Gefühlen folgen. Aber der Katholik ... folgt ohne Privatmeinung ..., ohne Zögern der Kirche*[5].
P. Schott konstatiert und kritisiert aus diesem Denken heraus: *Keine Lehren, keine Grundsätze der Alt-Väteren fesseln ... (von der Trencks) forschenden Wiz,* und damit öffne er das Tor zu der *Indifferentisterey,* also zu einer Haltung und Gesinnung, in der Wahrheit und Gültigkeit einer Aussage geradezu belanglos ist gegenüber dem Recht, eine Meinung von sich zu geben. Er verbreite *giftige* Lehren unter der Larve einer Philosophie, die sich auch in moralischen Fragen von überzeitlichen religiösen Forderungen frei sehe[6].
In diesem Punkte waren sich auch die in der Epoche vor 1648 streitenden Konfessionen einig. Was in einer Berner Predikantenordnung steht, galt auch für P. Schott und für den weitaus größten Teil seiner Aachener Zeitgenossen in allen Konfessionen: *Der Bischof und Pre-*

---

[1] VI, 73 / 21 f.
[2] VI, 73 / 1 ff.
[3] VI, 19 / 37, 44; VI, 41 / 129
[4] VI, 49 / 106
[5] VI, 24 a / 242 f.
[6] VI, 73 / 21

diger, der Pfarrherr und Hausvatter müssen Gott dem Herrn in Bekehrung der Seelen behülfflich seyn[1]. Nicht geistliche Autorität als solche, sondern der Anspruch, sie allein zu besitzen, führte zum Streit der Konfessionen und im 18. Jahrhundert zum Streit zwischen den Wortführern der Aufklärung und jedweder kirchlicher Autorität. So galt der Primat des Papstes von der Trenck als ein Unding, wenn er sagt: *Welcher Monarch ..., welcher Kluge wird mich tadeln, wenn ich nicht gegen einen Febronius schreibe?* Er schließt sich den Thesen des 1763 unter dem Pseudonym Febronius schreibenden Trierer Weihbischofs Johannes N. von Hontheim an, der nach französischem Vorbild eine von Rom weitgehend unabhängige deutsche Nationalkirche fordert.

P. Schott darauf: *Kein Rabe beißt dem anderen ein Auge aus*, und nennt Febronius einen *Verdreher des deutlichen Wortes Gottes in Betreff des Primates Petri*[2]. Damit macht er die Sonderstellung der Franziskanerschule an St. Nikolaus deutlich, die sich in der Nachfolge des Kollegs der Jesuiten an St. Michael im Widerstand gegen die *aufgeklärte* Theologie an der kurkölnischen Hochschule in Bonn und auch gegen maßgebliche Köpfe im Bistum Lüttich bewährt. Er erkennt die Pflicht des Papstes an, in Sachen des Glaubens und der Seelsorge Gehorsam zu verlangen. Er folgt damit 100 Jahre vor der Verkündigung des Dogmas der Lehre von der Unfehlbarkeit, wie sie 1752 Eusebius Amort gegen rationalistische und nationalistische Tendenzen vortrug[3]. In seiner Nachfolge wird sein Ordensbruder Polychromius Gaßmann 1787 von der Großkölnstraße aus gegen den in Bonn lehrenden Professor Hedderich vorgehen und betonen, daß der Papst über einem Konzil stehe[4]. Die Gegner in Bonn und Lüttich sehen ihre vermeintlich mit der Vernunft in Übereinstimmung gebrachte Theologie als die einzig wahre an und folgen dem Zeitgeist, wenn sie das, was an St. Nikolaus gelehrt wurde, als Unfug ansehen[5].

Nächst dem Papst sind die Jesuiten die Zielscheibe der *freien Geister* auch noch nach der Auflösung des Ordens 1773. Nachdem seine französischen Gesinnungsgenossen den Ex-Jesuiten das mißglückte Attentat auf Ludwig XV. in die Schuhe geschoben haben, behauptet

---

[1] zit. VI, 28 / 11
[2] VI, 73 / 199 ff.
[3] VI, 21 / 923, 991 ff.
[4] VI, 6 / 99; VI, 44 / 158 ff., 136 ff., 242 ff., 262 ff.; VI, 66 a / 57 f.; VI, 89 / 175 f.
[5] VI, 368 f.

auch von der Trenck, sie riefen zur Ermordung der *fortschrittlichen* Fürsten auf: *Monarchen sind vor Gift und Dolch der Mönche nicht sicher*[1].
P. Schott verteidigt die Jesuiten in Geschichte und Gegenwart gegen diesen Vorwurf, ermahnt aber Priester und Gläubige zum Gehorsam gegenüber der rechtmäßigen Obrigkeit, die sich nun einmal gegen die Jesuiten ausgesprochen hatte, und in diesem Punkte konnte sich einmal von der Trenck mit ihm einig sehen[2]. Von der Trencks Loyalität beschränkt sich auf die *Aufklärer*, auf Joseph II., Friedrich den Großen und Ludwig XV., doch verspottet er alle Fürsten, die sich als *von Gott gesalbte Monarchen* ansehen und die daraus ihre Autorität ableiten: *Die zwey Hauptfeinde der irdischen Glückseligkeit sind ... der Despotismus und die Theokratie. Beide Ungeheuer sind die abgesagten Feinde der Wissenschaften, sind die Saugmütter der Sklaven und Betrüger wie die Schutzgötter der Dummheit und Hofart*[3]. P. Schott dagegen: *Weil nun die Kirche als eine gütige und vorsichtige Mutter diesen blinden und gefährlichen Wahlen ihrer Kinder mit Vernunft und Maßgabe vorbeugt, so nennet der Herr Verfasser ..., die Kirchengewalt eine würgende Theokratie*[4]. Ebenso verteidigt er die überlieferte Monarchie.
P. Schott fand in Aachen offene Ohren, wenn er für gesalbte Könige und Kaiser eintritt, auch wenn die Stadt schon über 200 Jahre auf Kaiserkrönungen verzichten mußte.[5] Wer dagegen wie von der Trenck nur wegen einer kritisch-aufgeklärten Gesinnung dem Inhaber weltlicher Gewalt zustimmt, dem *Großen Bruder* und damit seinesgleichen statt einer väterlichen, durch göttliche Vollmacht ausgewiesenen Autorität, wird nach eigenem Gutdünken den Gehorsam auch wieder aufkündigen und dann *nicht um des Gewissens willen, sondern nur... aus knechtischer Furcht unterworfen (bleiben). Solche Messieurs würden sich ... ihrem Joch ohne Bedenken losreißen, sobald sie keine leibliche oder zeitliche Strafe zu befürchten hätten*[6].
Aus von der Trencks Vorstellung von Originalität als Selbstbefreiung von jeder Autorität folgt eine entwaffnende Darstellung seines Be-

---

[1] VI, 78 / 144
[2] VI, 73 / 144
[3] VI, 78 / 58
[4] VI, 73 / 156
[5] VI, 73 / 149 f.
[6] VI, 73 / 153

rufs, des Journalisten. An Termine gebunden und deshalb schnell und fließend schreibend, fühlt er sich über P. Schotts Kritik an seinen Fehlern und Ungenauigkeiten erhaben und gibt selbstgefällig zurück: An Stätten des Geistes würde er einen klugen Kopf für Korrekturen finden, aber nicht in dem rückständigen Aachen[1]. Die anfängliche Begeisterung über die in der Reichsstadt genossene Freiheit gegenüber seinen Leiden in den Ländern der Fürsten ist einer Verachtung gewichen, wenn er sie als Hintergrund für seine angemaßte Originalität vorführt. In dem genannten Streit mit dem Advokaten Dr. Carlier schimpft er: *Ich habe es ... mit Krüppeln, Blödsinnigen zu tun, die nur ... in Aachen mit der Feder schimpfen dürfen*[2]. In Versen will er sein Publikum unter den Badegästen anregen, sich seinen Gastgebern überlegen zu fühlen:

> *Das Bachkalb brüllt, wo soll ich bleiben?*
> *Ich hab' es längstens prophezeit:*
> *Ein Philosoph wagt hier zu schreiben:*
> *Der jüngste Tag ist nicht mehr weit ...*

Bachkalb, in der Aachener Mundart *Bahkauv*, am Büchel lokalisiert und heute mit einem Denkmal gewürdigt, muß von der Trenck den Badegästen erklären: Es *ist bey den hiesigen alten Weibern das, was die weiße Frau in Berlin, der Rübezahl auf dem Zottenberge, und der Kanonenträger in Luxemburg ist ...*

Einige Tage lang überschätzt er die Wirkung aggressiver Sprüche, verbarrikadiert sich in seinem Hause Großkölnstraße 1 und erwartet mit 84 geladenen Flinten, unterstützt von zwei Jägern, einen Angriff; *denn das Volk von Aachen ist fanatisch und dumm und hält mich für gefeit*[3].

ad 4 - Von der Trencks Aufruf zur Befreiung von allen Bindungen und Autoritäten der Vergangenheit entspricht seine Anklage auf Unterdrückung der Sinne in der katholischen Kirche[4]. Wenn von der Trenck auch selbst keine Leidenschaften

---

[1] VI, 78 / 19
[2] zit.VI, 82 / 857
[3] VI, 61 / 218
[4] VI, 78 / II, 66

außer Stolz und Überheblichkeit erkennen läßt, so muß doch P. Schott von der Trencks Thesen zur Erklärung und Rechtfertigung der Leidenschaften als natürlich und allem Wollen des Menschen vorgegeben zurückweisen. Gerade in den 70er Jahren weiß er alle verantwortlich Denkenden in Aachen auf seiner Seite, wenn er einer *Freygeisterey* entgegentritt, die einer wild und ausgelassen sich gebärdenden Jugend zustimmt, nicht minder den Neureichen, darunter auch Bauern der Umgebung, die stolz und hochfahrend auftreten, durch teure Kleidung andere ausstechen wollen und in Streit- und Prozeßsucht alle religiösen Forderungen im Umgang mit den Nächsten vergessen[1]. Von der Trenck glaubt die Theologie für seine Thesen heranziehen zu können und verweist auf die Lehre von Gottes Vorherbestimmung. Angesichts der Allmacht Gottes verlören Tugend und Laster ihre Bedeutung, sie würden das Schicksal des Menschen nicht ändern[2].

In einer anderen Nummer seines Wochenblattes zieht von der Trenck den antiken Atomismus zur Begründung seiner These von der Sinnlosigkeit menschlichen Tugendstrebens heran. P. Schott bedient sich eines Vergleichs, der heute noch gern im Religionsunterricht benutzt wird, um einer Theorie entgegenzutreten, die sich gegen den jüdisch-christlichen Schöpfungsglauben richtet: *Die Schriften (von der Trencks sind nicht) ..., eine Folge oder Wirkung eines toden Ohngefehr oder des Fatalismus ..., die Buchstaben, welche im Satzkasten fertig liegen, sind nicht ... durch ein noch so geschicktes Ohngefehr ..., zusammengekommen ...*[3].

ad 5 - Das *Ohngefehr* ist ein Beispiel für von der Trencks vermeintliche Wissenschaftlichkeit, die sich leicht als W i s s e n s c h a f t s g l ä u b i g k e i t enlarven läßt und für die wachsende Zahl derer kennzeichnend werden sollte, die als sog. Halbgebildete den wechselnden Leitthemen der Wissenschaften folgen und dabei Gründe finden, sich von Kirche und Glauben abzuwenden. Von der Trenck folgt dem für seine Zeit typischen Bestreben, die Autorität der Kirche dadurch aufzuheben, daß man alle Beweggründe für menschliches Handeln *natürlich* erklärt. Während er seine zeitgenössischen Lehrer verschweigt, prunkt er mit seiner Kenntnis antiker Autoritäten, wenn

---

[1] VI, 30 / 97
[2] VI, 78 / 557
[3] VI, 73 / 238

er ihre Säfte- und Temperamentenlehre vorstellt und daraus die Beliebigkeit dessen ableitet, was wenig später Ideologie genannt werden sollte.

> *Denn wer sanguinisch ist, denkt frei*
> *Und fällt dem Epikuren bey ...*
> *Und wer phlegmatisch denken muß,*
> *Der schließet wie ein Stoikus.*
> *Denn soviel Arten von Gemüther,*
> *Soviel sind Arten höchster Güter.*

Also nicht Wille, Gewissen und Verantwortung bestimmen die Art zu denken und zu leben, sondern die *Säfte*. Auf sinnloses Gerede glaubt P. Schott im Predigtton antworten zu können: *Es bemühen sich ... die Herren Materialisten ganz vergeblich, da sie ihren von Gott allein abstammenden Geist in dem Umlauf ihres Geblüts ertrenken wollen; den(n) die Geister versaufen in keiner trenkischer Brühe*[1].
Neben diesem biologischen Versuch, die Frage nach Wert und Wahrheit des menschlichen Wollens und Strebens sinnlos zu machen, tritt bei von der Trenck frei nach Montesquieu eine geographische. Die durch den Ort auf der Welt bedingte Erziehung sei der Zufall, der Gewohnheiten verschiedener Art hervorbringe[2]. Ohne zu bedenken, daß es sich bei Rousseaus *allgemeinem Willen* im Gegensatz zu dieser Zufallstheorie um eine bewußte und freie Entscheidung handelt, glaubt er auch mit dieser Leuchte seiner Zeit die These von der Beliebigkeit von Sitte und Moral in das rechte Licht bringen zu können: Sie seien nichts anderes als Vereinbarung menschlicher Gesellschaften, seien aber, wie im 6. Buch des Contrat social ausgeführt, zu eliminieren, wenn sie wie das Christentum vorgegebene und der Willkür des Menschen entzogene Forderungen stellen. Rousseau folgend doziert von der Trenck: *Die ersten Römer (dachten) rechtschaffener als wir ... gute Policey (hat) mehr Straßenräuber entwaffnet ... als der Glaube ... Die ganze Kunst eines Gesätzgebers besteht ..., darin, daß er die Menschen zwinge, aus Eigenliebe und Begierde zum Wohltun allzeit gerecht gegeneinander zu handeln*[3].

---

[1] VI, 73 / 97
[2] VI, 78 / 46, 93
[3] VI, 78 / 172 f.;ebs.305

P. Schott antwortet: Religion ist der *feste Grund eines richtigen Staatsgebäudes*, also dem Menschen wie Staat und Gesellschaft vorgegeben, bei Christen nicht anders als bei Heiden[1]. Das leuchte einem jeden Freigeist *so helle ins Auge ..., daß derselbige ... urtheilen muß, es sey ohnmöglich, daß eine ... so heilige, so beständige, so unwidersprechende, so durchaus vernünftige geoffenbarte Lehre ein Staats-Grif oder ein menschliches Strategeme sey ...*[2], also eine menschliche Erfindung zum Vorteil der Staatsgewalt. Diese Lehre sollte in den folgenden 200 Jahren die Geister immer wieder gegeneinander führen. Pius XI. schreibt Hitler am 14.5.1934, daß *eine Totalität des Regimes und des Staates, die auch das übernatürliche Lebensgebiet umfassen wollte, schon in der Vorstellung eine offenbare Sinnlosigkeit (assurdità) sein würde und in die Tat übersetzt - eine wirkliche Ungeheuerlichkeit (mostruosità)*[3].

C. S. Lewis läßt 1945 in *Die große Scheidung* einen Priester auftreten, der darlegt, was Jesus gelehrt hätte, wenn er ein höheres Alter erreicht hätte. Er belegt damit, was von der Trenck in Aachen ausgesprochen hat und 200 Jahre Diskussionsstoff bleiben sollte: *Die meisten Wissenschaften sind seit 100 Jahren zu größerer Vollkommenheit gestiegen; die Moral ist noch in ihren Wiegen geblieben*. Diese Art des Hochmuts *starker Geister* mußte den Seelsorger mehr als alles andere herausfordern: Christus habe eine *wiegenmäßige*, also eine kindliche, *so reine Moral gelehrt, daß sie durchaus nicht zu verbessern sei. Christi Lehre sei von einfältigen Fischern gepredigt, von Märtyrern bezeugt worden und trotz der größten Verfolgungen am Leben geblieben*[4].

ad 6 - Von der Trenck bezichtigt die Kirche in Aachen der Geistlosigkeit, sie sei nichts anderes als *Wallfahrten, Ablaß, Stockfischbrühe und Lippen bewegende Plappereyen*[5]. In der Karwoche 1772 glaubt er sich selbst zum Prediger eines *positiven* Christentums erheben zu können, wie es in den folgenden 200 Jahren in verschiedenen Schattierungen verkündet werden sollte: *Menschen! Brüder von Seidenwürmer Art! ... denkt mit mir in diesen heiligen Wochen an das Heilbringende Gewebe unseres Welt Erlösers, ... der uns den Christen*

---

[1] VI, 78 / 170, 223
[2] VI, 73 / 23
[3] II, 6 / 146
[4] VI, 73 / 166 f.
[5] VI, 78 / 307

Titel ... nur unter der Bedingung erworben hat, daß wir für die Tugend ohnausgesetzt arbeiten ..., erfüllt eure Menschenpflicht ... und wisset, daß man nicht mit plappernden Worten und Kirchen-Ceremonien, sondern allein durch thätige Arbeit und fruchtbare Werke dem wahren Christen Gott gefallen kan[1].
Während von der Trenck Kultformen allgemein verspottet oder als belanglos hinstellt, ist das Bußsakrament der eigentliche Gegenstand seines Angriffs. Der *starke Geist* braucht den Beichtvater nicht, er weiß selbst, daß der Mensch für seine Mitmenschen da ist *und nicht für seinen Wanst auf Erden ...*
Wenn die Beichte für den *starken Geist* überflüssig ist, könnte sie doch für die Masse der anderen Menschen wenigstens pädagogische Bedeutung haben; aber nein, da wehrt sich von der Trencks Mitgefühl: *In ceremoniellen Ränken und lächerlichen, aber unerträglichen Bürden seufzet der Lasterhafte*[2]. Von der Trenck sieht also in Gewissenserforschung, Reue und Bekenntnis belastende, nicht zumutbare Handlungen, kennt aber auch die befreiende, beseligende Wirkung der Lossprechung; doch diese ist für ihn genauso vom Übel: *Warum soll der Verbrecher in den Händen des Scharfrichters selig sterben, weil ihm die Reue in den letzten Lebens Augenblicken so herrlich angepriesen wird ...?* oder: *Was nützt Buße und Vergebung dem ermordeten Mädchen? Der Bösewicht gehört nur in die Hände des Henkers*[3].

ad 7 - Nachdem *Der Menschenfreund* von der Trencks und *Der entlarvte Menschenfreund* P. Schotts erschienen sind, beginnt eine Fehde mit Flugblättern, in der von der Trenck betont, daß er sich als katholisch ansehe, aber **Kirchenkritik als Zeichen wahren Christentums** hinstellt. Schärfer ist sein Angriff auf die Aachener Geistlichkeit insgesamt, nicht nur gegen seine Kontrahenten in St. Nikolaus und St. Foillan, wenn er auf einem Flugblatt erklärt, kommunizieren wolle er nur außerhalb Aachens, weil er *Gift am Altare Gottes scheue*[4]. Weiterhin macht er die Eigenart seines Christentums deutlich, wenn er selbstbewußt erklärt: *Mich sieht man wenig in den Kirchen*[5]. Im Zusammenhang mit anderen Äußerungen will er gerade

---

[1] VI, 78 / 247; VI, 37 / 371
[2] VI, 78 / 307
[3] VI, 78 / 309, 54
[4] zit.VI, 82 / 866
[5] VI, 78 / 232, 693

in der Mißachtung der Sonntagspflicht und in der Bindung des Kirchgangs an einen passenden Gemütszustand, an Wunsch und Willen den wahren Christen erkennen. Darum sei er *gut katholisch* und habe dem *ächten Christen ... nichts zu sagen. ... Ich erbiete meinen Kopf, Ehre und Güter dem zur Genugthuung, welcher mir einen Fehler, einen Eingriff gegen die reine Lehre unseres Seeligmachers vorzurükken ... weiß*[1].

P. Schott läßt in der Art seiner Antworten erkennen, daß er sich bei seinen Lesern in Aachen auf ein noch ungebrochenes Verhältnis zum katholischen Kult stützen kann. Es gibt Zeremonien, *damit die Ehre und der Glanz ... Gottes ... vergrößert werde*[2]. Gerade die Erfüllung der Sonntagspflicht sei ein entscheidendes Kennzeichen des Christen. Wenn von der Trenck in diesem Punkte Entscheidungsfreiheit fordere, sei das *jene Gottesleugnung ..., welche den Lebenswandel manchen Freigeistes als ein Muster der Irreligion darstellt...*[3].

Von der Trenck entging nicht, daß der Gottesdienst nicht nur aus den von ihm belächelten Zeremonien bestand, sondern seit langem die Predigt einen hohen Rang einnahm; doch findet die Kanzel bei ihm nicht mehr Anerkennung als der Altar, wenn er urteilt: *Der wahre Priester muntert zu edlen rechtschaffenen Handlungen auf, ohne sie mit unfruchtbaren Märchen des orientalischen Altertums zu berükken*[4]; oder: *Ergeitz ..., sinnliche Reitzungen ... Strafen und Belohnungen (sind) der Menschheit ... weit zuträglicher ... als übel zusammengeflickte Arzneyen Theologischer Marktschreyer*[5].

VI.2.8 Auflärung in Aachen

Bei aller wissenschaftlichen Bemühung um die *Entlarvung* des *Menschenfreundes* ist nicht zu übersehen, daß es P. Schott zuerst darum ging, ein wirklicher Menschenfreund zu sein, d. h. für ihn, das seelsorglich Notwendige zu sagen, z. T. auf Kosten von Präzision und Vollständigkeit. Seine Sorgen waren berechtigt, wenn er auch eher die Entwicklung des neuen Geistes voraussah, als daß er ihn 1743 be-

---

[1] VI, 19, 3, 31
[2] VI, 73 / 83 f.
[3] VI, 73 / 232
[4] zit.VI, 24 / 65
[5] VI, 78 / 306

reits hätte konstatieren können. Von der Trenck sah sich unter den Aachenern so gut wie allein, noch gab es keine sich als Elite verstehende Gruppe, die überlieferte Kirchlichkeit kritisieren könnte. Mit seinen Gesinnungsgenossen in Paris und anderswo blieb er in Illusionen, wenn er meinte, die Aufgaben lösen zu können, die Sache der Kirchen sind. Noch ist es weit bis zu der Erfahrung, daß aus Kritik und ironischer Diagnose der Alltagspraxis kein *Beitrag zur Lebensbewältigung, Handlungsmotivation, gesellschaftlicher Stabilisierung und Kontingenzbewältigung* abzuleiten sind[1]. Voll und ganz wurde diese Leistung von den Seelsorgern erwartet, und die Teilnahme an den kirchlichen Veranstaltungen spricht dafür, daß diese Erwartung erfüllt wurde. Es gab kaum eine innerkirchliche Anpassung an den Zeitgeist. Wohl flog Pfingsten nicht mehr die Taube des Hl. Geistes durch St. Foillan - im Münster noch 1707 bezeugt -, und Wunderheilungen im Münster 1760 und 1774 fanden im Stiftskapitel und anscheinend im Klerus überhaupt wenig Interesse[2]. Aber der lehrhafte Ton, gebunden an Weisungen für das Alltagsleben und Mißachtung der *Spekulation*, d. h. der über den Sachverstand hinausgehenden Themen, haben auf den Aachener Kanzeln nicht ihren Einzug gehalten; und aufgeklärte Barbarei wie der Abbruch des gotischen Sakramentshäuschens im Kölner Dom waren in Aachen noch nicht denkbar. Ein Zeugnis für die Wirkung der überlieferten Seelsorge in St. Foillan gibt Bürgermeisterdiener Janssen in seinem Tagebuch: *1754. Im ersten 7bris ist das Kreutz sambt dabei brennende Lantern an Granithurm aufgerichtet worden durch mich und Beystand der Nachbarschaft*[3]. Außer denen, die sich zur Pflege verpflichtet hatten, kamen viele andere dazu, und es wurde ein wahres Volksfest. Muttergottesbilder wurden in großer Zahl aufgestellt, dazu an den Zufahrtsstraßen Kreuzigungsstationen und Darstellungen der Ölbergszene, die zeichenhafte und als hochbedeutsam angesehene Verwirklichung dessen, was die Initiatoren im Katechismus des Petrus Canisius gelernt hatten: *(Das Kreuzzeichen) fordert uns ... auf, unseren wahren hl. Ruhm und den Anker unseres ganzen Heils in das Kreuz unseres Herrn zu setzen*[4].

---

[1] VI, 38 a / 103 f.; VI, 38 b / 52 f.
[2] VI, 30 / 104
[3] V, 22 / 205
[4] V, 10 / 279; V, 76 / 13

Eine andere Voraussetzung für die Verbreitung aufklärerischer Ideen fehlte in Aachen weitgehend. Wenn auch von der Trencks Wochenblatt mancherorts vorgelesen wurde, was P. Schott beklagt, so war doch die Fähigkeit, in den Kategorien der Aufklärung zu denken, daran gebunden, lesen zu können[1]. Wenn in den Trauungsbüchern der Jahre 1799-1803 nur 57,78% der Männer und 41,04% der Frauen ihren Namen schreiben konnten[2], so galt das erst recht für das ganze Jahrhundert vor der Franzosenzeit. Eine noch geringere Zahl dürfte soweit des Lesens fähig gewesen sein, daß sie aus Neugier oder Vergnügen zu von der Trencks Wochenblatt griff. In besser gestellten Familien war das Naturkundebuch *Physica sacra* verbreitet und kündete von der Richtung der Aufklärung, die sich im Dienste der Erkenntnis Gottes sah: Die Natur sollte durch die Bibel, die Bibel durch die Natur bestätigt werden. Auf 765 Abbildungen wurde die Natur als die ältere Offenbarung gedeutet, ohne die Bedeutung der biblischen Offenbarung zu mindern. Noch galt das Wort Isaac Newtons: *Die wunderbare Einrichtung und Harmonie des Weltalls kann nur nach dem Plane eines allwissenden und allmächtigen Wesens zustande gekommen sein, das ist und bleibt meine letzte und höchste Erkenntnis.* 1744 wurde mit kaiserlicher und bischöflicher Druckerlaubnis eine Fibel *der Christ-Catholischen Jugend aus Liebe der Sittenlehre Jesu Christi mitgetheilt*[3]. Gerade durch Lesen und Schreiben sollte der Schüler im Glauben gefestigt werden. Voraussetzung dafür war aber, daß das geschriebene Wort als Offenbarung angesehen werden konnte. War das nicht der Fall, wie der so Gebildete nach wenigen Sätzen in von der Trencks Wochenschrift feststellt, hat er sie wie Gift gemieden.

Eine dem Zeitgeist verpflichtete Wirkung hatte das Komödienhaus, von der Stadt durch Umbau der städtischen Tuchhalle und des Hauses des Schöffengerichts 1748 am Katschhof errichtet. Nach der Meinung ihrer Ratgeber für Fremdenverkehr fehlte es in Aachen an *Lebensqualität*, die den Wünschen der Badegäste und vor allem den Gesandten des Friedenskongresses desselben Jahres hätte entsprechen können. Nach französischen Vorbildern der leichten und nichtssagenden Unterhaltung dienend, wurde es gegen Ende der Epoche zum Propa-

---

[1] VI, 38 / 482
[2] VI, 46 a / 228 f.
[3] VI, 91

gandainstrument für revolutionäre Thesen der Aufklärung. Ein Schauspiel mit dem Titel *Bürgerfreiheit* warb - Methoden der Französischen Revolution und der Diktatoren des 20. Jahrhunderts vorwegnehmend - mit religiösen Symbolen für ein neues Denken. Den Bühnenhintergrund bildete eine Pyramide, die wie der Tempel in Mozarts *Zauberflöte* auf das alte Ägypten als das Land der Weisheit und des neuen Menschentums hinweisen sollte. Lieder sollten dadurch *zünden*, daß bekannte und beliebte Kirchenliedmelodien wie *Das Grab ist leer* aufrüttelnde, eine neue Zeit ankündigende Texte erhielten[1]. Doch was für ein Wochenschrift-Abonnement galt, galt erst recht für den Theaterbesuch: hier war das *besser gestellte* Bürgertum unter sich.

Nach der Ansicht der Seelsorger selbst wurden sie weniger von außen behindert als von innen: Mehrmals schoben sich im Rechtsstreit die Kontrahenten gegenseitig die Schuld an der seelischen Gefährdung der Gläubigen zu[2]. Doch dabei ging es ihnen mehr darum, sich in das bessere Licht zu stellen, als den seelsorglichen Sachverhalt zu analysieren. Anders als 200 Jahre später sahen die Gläubigen überwiegend die Kirche als zu ihrem Heil gestiftet, nahmen dankbar von ihr Offenbarung und Sakramente entgegen. Zweitrangig waren für sie Organisation und Rechtsordnung innerhalb der Priesterschaft, von denen sie diese Gaben erwartete, sich selbst sahen sie in einem Seinsverhältnis zur Kirche, nicht etwa in einem Rechtsverhältnis[3], es sei denn, daß sie darauf bestanden, daß die Priester den einmal übernommenen seelsorglichen Verpflichtungen nachkamen.

VI.2.9 *Der Erzpriester und das Münsterstift*

Erzpriester und Münsterstift sind sich einig, wenn es um beider Selbständigkeit gegenüber Lüttich geht. Gern sieht sich der Erzpriester als Stiftskanoniker, wenn er glaubt, daraus die Selbständigkeit in seinem Amte als oberster Priester in Aachen ableiten zu können. Erzpriester Johann Bierens (1648-1686) nennt sich deshalb: *Regalis basilicae B. M. Aquensis canonicus et cum iurisdictione ordinarii Archiprebyter*

---

[1] VI, 10 / 253 ff.
[2] A, 5 / 23
[3] VI, 90 / 986

et plebanus exemptus[1] - Kanoniker der königlichen Kirche der hl. Maria zu Aachen und Erzpriester mit der Vollmacht der Rechtsprechung eines Ordinarius und vom Bischof unabhängiger Stadtpfarrer. Erzpriester Nicolaus Fibus (1687-1720) unterstützt das Münsterstift, indem er geschichtliche Kenntnisse vorgibt und behauptet, daß die einen Pinienzapfen tragende Säule im Immunitätsgelände - sie ist bis 1780 nachgewiesen - ein mittelalterliches Zeichen für Exemption sei[2]. Seine Parteinahme für das Stift zeigte sich auch gegenüber den vier Pastören, die dem Stift jegliche Leitungsfunktion in der Seelsorge absprachen. *Zur Abwendung von göttlichem Zorn und Strafen* nach der Verwüstung der Pfalz in dem 1688 von Ludwig XIV. begonnenen Kriege setzte das Stiftskapitel für den 6.6.1694 ein 40stündiges Gebet an, das im Münster begonnen und in St. Foillan und dann in den drei anderen Pfarrkirchen fortgesetzt werden sollte. Aus Prinzip verweigerten sich die vier Pastöre. Als Erzpriester Fibus erfuhr, daß in St. Foillan keine Anstalten gemacht wurden, der Weisung des Münsterstifts zu folgen, wollte er das 40stündige Gebet selbst übernehmen. Als er alle Türen verschlossen fand, ließ er einen Schmied Gewalt anwenden und führte sein Vorhaben aus. Vizekurat Franz Schmitt sah sich in seinen Rechten verletzt und suchte Rückendeckung beim Stadtrat. Von diesem um eine Stellungnahme gebeten, betonte der Erzpriester zwar sein Recht, notfalls pfarrliche Funktionen zu übernehmen, sieht den Vorgang aber als Ausnahme an. Vorwiegend ging es ihm darum, sein Einvernehmen mit dem Münsterstift zu demonstrieren[3].

Bei der Stärkung der bischöflichen Verantwortung ging es den Vätern des Konzils von Trient u. a. um die bestmögliche Besetzung der Pfarrstellen. Erzpriester Johann P. von Freyaldenhoven versuchte über das neue Recht wegzugehen und ein Präjudiz zu schaffen, indem er eigenmächtig einen Pastor an St. Foillan ernannte. Der Archidiakon trat ihm entgegen, während das Münsterstift ihm Rückendeckung gab. Gegen Buchstaben und Geist des Konzils verwies es auf das

---

[1] D, 1 / U7, 9.9.1659
[2] VI, 47
[3] D, 1 / U, 7; V, 26 / III, 19; 13 / I, 8 und 9

alte Recht, nicht zuletzt auf das des weltlichen Patrons, des Herzogs von Jülich[1].

Das Aachener Münster mit der St. Foillanskirche im 18. Jahrhundert.
(Verkleinerte Wiedergabe einer farbigen Handzeichnung, Museum Burg Frankenberg)

Einen beinahe *schlagenden* Beweis seines guten Einvernehmens mit dem Münsterstift lieferte der Erzpriester 1716, als er kurz vor der Einführung des gegen seine Willen vom Archidiakon ernannten Vizekurats Aretz mit zwei Kanonikern des Münsterstifts die Sakristei von St. Foillan betrat und der eine Kanoniker ausrief: *Hier ist der Erzpriester der Ordinarius!* Doch Aretz ließ sich nicht einschüchtern, konnte sein Amt antreten und behauptete sich auch in den folgenden Rechtsverfahren. Der Erzpriester mußte sich bis zu dessen Tode mit ihm arrangieren[2].

Mit gutem Grund stützte sich der Erzpriester auf das Münsterstift, wenn er sich gegenüber den Reformen des Konzils behaupten wollte; denn dieses saß am längeren Hebel und setzte vieles für sich selbst durch. Als der Bischof den vom Herzog von Jülich ganz der geltenden Ordnung nach 1686 nominierten Werner von Gymnich, Kanoni-

---

[1] D, 1 / B, VI, 1 - Stiftskirche
[2] IV, 51 / 239 f.;B / 8, 27 und 28

ker des St.-Lambertus-Stiftes in Lüttich, zum Erzpriester ernannte, trat dieser gar nicht sein Amt an, weil das Münsterstift protestierte. Es monierte, daß der Herzog von Jülich das Gewohnheitsrecht nicht beachtet, nämlich niemanden aus der Reihe der Stiftskanoniker vorgeschlagen haben. Der Hauptgrund für die Ablehnung dürfte aber gewesen sein, daß dieser Wunschkandidat des Herzogs wie des Bischofs dem Geist des Konzils von Trient verpflichtet war; und man wußte im Stiftskapitel gut genug, daß in Aachen kaum etwas diesem Geiste weniger entsprach als die von der Pfarrseelsorge gelöste Taufe auf dem Boden der Stiftsimmunität. Und gegen den Willen des Erzpriesters als dem nach geltendem Recht eigentlichen Herrn der Taufkapelle hätte sich dieses uralte Vorrecht nicht halten lassen.

Gravierend ist, daß diese Taufordnung nicht nur an sich die Seelsorge belastete, sondern mehrfach Anlaß zu Rechtsstreitigkeiten war. Einmal begann es damit, daß das Münsterstift selbst das Gewohnheitsrecht brach und versuchte, seine ihm gebliebenen Befugnisse zu erweitern. Es verweigerte Erzpriester Bierens die gewohnte Übergabe der Schlüssel des Taufbrunnens, offensichtlich um einen von ihm selbst ausgewählten Priester anzustellen. Es wurde deswegen beim Nuntius in Köln vorstellig und erreichte am 16.11.1687 sein Ziel[1]. Als Nicolaus Fibus, seit dem 2.5. desselben Jahres Erzpriester, nichts dagegen unternahm, trat Franz Schmitz, Vizekurat an St. Foillan, auf den Plan, legte am 14.7.1688 seine Argumente vor bzw. berief sich auf das bestehende Recht gegenüber der rechtlosen Maßnahme des Münsterstifts, und derselbe Nuntius gab ihm als dem Seelsorger in St. Foillan und zugleich Rektor der Taufkapelle das alleinige Taufrecht zurück[2]. Triumphierend verkündete er seinen *Sieg* in St. Foillan, und im Münsterstift war man empört und wendete sich an Rom.

Da die Taufkapelle gerade umgebaut wurde und dem Vizekurat das Hochmünster einschließlich des Taufbeckens verschlossen blieb, stellte er zunächst ein behelfsmäßiges Becken hinter dem Hochaltar in St. Foillan auf, dann einen Taufstein[3]. Ob man in St. Jakob und St. Peter dagegen protestiert hat, ist nicht zu ersehen; immerhin entspricht die Konzentration der Taufen in der Taufkapelle uraltem Recht, aber nicht in St. Foillan. Nuntius Piazza verfügte als Visitator am 27.11.1704 die Beseitigung des Taufsteins. Die Täuflinge wurden

---

[1] IV;51 / 249
[2] D, 1 / U7
[3] IV, 51 / 249

aber nach wie vor nach St. Foillan gebracht, und Nuntius Bussi mußte am 14.8.1709 bei seiner Visitation erneut entscheiden. Er erklärte, es ginge ihm um *Abwendung deren Aegernussen und Nachtheilen, welche wehrend der Rechtshängigen Sachen zwischen dem hohen und Wohl-Ehrw. Capitel der Königlichen Kirchen zu Aachen an einer und dem Ehrw. Herrn Pastoren der Pfarrkirchen S.Foilani zu Aachen an der anderen Seite über der Tauf und wegen des einseitigen Rechts des Taufens entstehen*[1]. Er stellte das alte Recht wieder her: Das Münsterstift darf nicht selbst einen Priester zum Taufen anstellen, der Pastor von St. Foillan darf als Rektor der Taufkapelle nur im Bereich der Stiftsimmunität taufen[2].

Weil der Erzpriester sich aus der Sache herausgehalten hatte, wird nicht noch einmal bestätigt, daß der Erzpriester den Rektor der Taufkapelle präsentiert und dort der eigentliche Hausherr bleibt. Bezeichnend ist der Eid, den der Küster der Taufkapelle zu leisten hat; darin heißt es, er sei *fidelis capellae ... intra immunitatem Eccl.S.M.V. nec non oboediens R. Dmo Archipresbytero pro tempore ... et legitimis successoribus ...*[3] - treu der innerhalb der Immunität der Kirche der hl. Jungfrau Maria gelegenen Kapelle und ganz gewiß (nichtsdestoweniger?) gehorsam dem derzeitigen Erzpriester und seinen rechtmäßigen Nachfolgern. Die Beziehung zum Münster beschränkt sich also auf eine Ortsangabe. Fortan hat das Münsterstift nicht noch einmal versucht, diese Regelung umzustoßen, bis auf eine, den Frieden aber nicht mehr störende Ausnahme: Am 23.4.1767 erklärt der Stiftsdechant in einer Denkschrift, die Laienbediensteten des Stifts sollten sich fortan dadurch von allen anderen Aachenern abheben, daß sie ihre Kinder im Hochmünster von einem Stiftsgeistlichen taufen lassen[4].

In den genannten Streitigkeiten steht der Erzpriester auf der Seite des Münsterstifts gegen den Bischof oder hält sich heraus, wenn es um den Vizekuraten an St. Foillan als den Täufer geht. In zwei Fällen stehen aber Erzpriester und Münsterstift gegeneinander, wobei sie in einer für diese Zeit bezeichnenden Weise übereinstimmen. Beide be-

---

[1] A, 2 / Dom 62
[2] VI, 99; III, 244
[3] D, 1 / B, V, 3, 19.8.1737
[4] III, 4 / 134 f.

riefen sich *auf ein seit Menschen Gedenken* bestehendes, aber in Ursprung und Begründung nicht mehr einsichtiges Recht, wenn sie den eigenen Vorrang dadurch gesichert sehen; beide sprechen von sinnlos gewordener Tradition, von Widerspruch gegen geltendes, allgemein verständliches und begründetes Recht, wenn sie dem Gegner dadurch einen Vorrang nehmen können. In beiden Fällen behauptet sich vor den kirchlichen Instanzen, wer das alte Recht auf seiner Seite hat, weil eine Änderung des Bestehenden seelsorglich schädlich wäre. So wird das Stift zurückgewiesen, wenn es dem Erzpriester Ehrenrecht und Vorrang beim Empfang und bei der Verteilung des in der Osternacht vom Bischof geweihten Öls streitig machen und von der Prozession nach St. Foillan befreit werden will, und ebenso der Erzpriester bei seinem Versuch, sich den Beginenhof St. Stephan, weil er im Gebiet von St. Foillan liegt, zu unterstellen. Von jeher war es Sache des Stiftsdechanten, dort den Rektor der Kapelle zu ernennen und Aufsichtsrechte wahrzunehmen. Dabei blieb es, auch als schließlich Rom angerufen werden mußte[1].

Das Münsterstift diente, wenn auch nicht ausschließlich zur Versorgung nachgeborener Adliger, und mancher Inhaber eines Kanonikats behielt die Lebensart seines Standes bei. Weltpriester folgten ihrem Beispiel, wenn sie bürgerliche und bäuerliche Lebensart demonstrieren. Nicht der Erzpriester schritt ein, sondern Nuntius Hieronymus Spinola schrieb: *Im vorigen Jahr haben wir erfahren, daß es in dem vorbildlichen und weithin berühmten Klerus einige Priester gibt, die ... Kneipen ... bzw. diese (anrüchige Art von) Wirtschaften besuchen - camponarias seu id genus tabernas frequentare -, was für eine sehr große Zahl der ihnen anvertrauten Laien anstößig und skandalös ist, obgleich gerade solches Verhalten oft und ausdrücklich verboten worden ist, ... ermahnen wir von neuem und ordnen an, daß (alle Priester) ... bei jeder Gelegenheit ihre Tonsur erkennen lassen und priesterliche Kleidung tragen, sich von Pinten (a popinis) und im Volksmund "Caffé" genannten Lokalen und den übrigen Schankwirtschaften fernhalten, abgesehen davon, daß man auf Reisen ist oder es sonst notwendig sein sollte*[2]. 1776 folgten Priester Ärgernis erregend der Mode und besuchten in violetten, blauen, roten und weißen Kleidern Kaffeehäuser und Billardstuben und ließen sich so im Kurkon-

---

[1] A, 2 / Dom 8, Liber Constitutionum
[2] A, 2 / Sendgericht 2, 16.11.1751

zert und im Komödienhaus sehen. Gegen diesen Luxus richtete sich 1778 eine päpstliche Kleiderordnung[1].

In dieser Kleidung paßten sich die Stiftsherren dem Stil des Modebades an, der von Blondel verordneten Lebensart, allen Ernst und alle Tiefen vermeidend. Ein bestürzendes Beispiel dafür war ein neues Verhältnis zu den im Münster bewahrten Heiligtümern. Ein Badegast, der Fürst von Ostfriesland, notierte in seinem Tagebuch am 14.5.1694: *L'on joua à la fontaine ... Mons. le Chanoine Bautzen mena ensuite ... dans l'eglise Catedrale, ou il ... fit voir toutes les reliques .., que l'on ne montre que tous les 7 ans ... L'assemblé fut chez Madame la Maie.*[2] - *Man war beim Glücksspiel im Badehaus ... Herr Kanoniker Bautzen führte uns in die Kathedralkirche, wo er die ... Reliquien sehen ließ, die man nur alle sieben Jahre zeigt ... Man traf sich bei Madame La Maie.* Die Heiligtümer als Schau- und Unterhaltungsobjekte, gerade richtig zwischen anderen Amüsements, und ein Stiftskanoniker als maitre de plaisir. Auch Erzpriester Tewis muß als Stiftskanoniker Zugang zur Schatzkammer gehabt haben; ihn ereilte der Tod, als er von einer privaten Zeigung der Heiligtümer zurückkam[3].

Nachdem alle genannten, Münsterstift und Erzpriester bzw. St. Foillan verbindenden Aktionen für die Seelsorge belanglos waren oder dieser schadeten, kam es gegen Ende der Epoche und damit vor dem Ende beider Institutionen zu einem seelsorglich positiven Zusammenwirken[4]. Ein Aufruf zum Gebet um Beendigung des Österreichischen Erbfolgekrieges am 6.1.1774 im Münster fand vollen Anklang, 17-18000 Beter sollen gekommen sein; z. T. seien sie bis zu sechs Stunden gepilgert[5]. Am 3.7.1788 wenden sich Erzpriester Mylius (1786-1798), Stiftsdechant Cardoll und Altbürgermeister Strauch an die Kreisdirectorialgesandschaft genannte Kommission, die zwischen den beiden in Aachen um die Macht ringenden Parteien einen Vergleich zustande bringen soll. Beide berufen sich auf die reichsstädtische Verfassung, beide bedienen sich unmoralischer Mittel zum Stimmenfang, Angst erregende Gewalt steht auf ihrer Tagesordnung und fordert damit die Seelsorger heraus. Die drei Genannten schärfen

---

[1] IV, 70 / 39, 100 f.
[2] VI, 32 a / 106
[3] VI, 13 a / 10.7.1786
[4] VI, 44 / 17
[5] VI, 30 / 99

der Kommission ein, daß es ihre Gewissenspflicht sei, die Fehler der alten Verfassung mit ihrer Versuchung zur Unredlichkeit zu beseitigen und damit den Ruin der ganzen Stadt abzuwenden[1].

Ein Jahr danach, 1789, begraben Erzpriester und Stiftsdechant einen seit dem 13. Jahrhundert andauernden Rechtsstreit: Das Münsterstift überläßt die Seelsorge für seine Laienbediensteten dem Erzpriester bzw. dem Pastor an St. Foillan[2]. Auch in dieser Epoche mußten nach Streitfällen immer wieder Regelungen getroffen werden, zumal die vom Konzil von Trient verordnete Führung der Kirchenbücher die Bedeutung des Pfarrers für den einzelnen Gläubigen erhöhte. 1674 hatte der Stiftsdechant die Führung der Heiratsbücher für alle Stiftsbediensteten an sich genommen und noch 1767 dasselbe für die Taufbücher durchsetzen wollen.

Manche Kompetenz- und Rangstreitigkeiten zwischen Bischof, Münsterstift und Erzpriester bzw. St. Foillan wären noch zu nennen[3], so die um die Zensur. Neben der Aufsicht über die Schulen war die Approbation der in Aachen erscheinenden Bücher von Anfang an Sache des Stiftsscholasters gewesen; doch anscheinend blieb es bei seinem Protest, als die erste Darstellung der Aachener Geschichte, Peter a Beecks *Aquisgranum,* vom Generalvikar in Lüttich, Blondels maßgebliches Buch über die Thermalkur von Erzpriester Fibus approbiert wurde[4].

Von einem guten Einvernehmen des Erzpriesters Tewis mit dem Stiftkapitel spricht eine Grabplatte mitten in der Nikolauskapelle des Domes und eine bronzene Gedenktafel, um 1865 an der Westwand, heute an der Wand rechts vom Altar angebracht.

Die Inschrift lautet: *H(ic) S(epultus) E(st) Vir admodum reverendus Dominus Antonius Franciscus Tewis, Archiprebyter, per XLIII annos Parochus divae Virginis, plebanus aquisgranensis et Judicii Synodalis praeses, Protonotarius apostolicus, Principis Electoris Palatini Consiliarius, qui vixit annos 79, decessit A. D. VI. Idus Julias 1786 nominis sui ultimus. Hoc monumentum abaviae suae fratri ponendum curavit Henricus Howard Molineux Herbert, comes de Carnavon, Catharinae Elisabethae Tewis viro honorabili Guilelmo Herbert*

---

[1] I, 13 / II, 383, 398
[2] III, 4 / 139
[3] III, 4 / 134 ff.
[4] III, 4 / 139 f.

nuptae abnepos, Germaniae amans et germani sanguinis memor. - Hier liegt begraben der hochwürdige Herr F. A. Tewis, Erzpriester, der 43 Jahre lang Pfarrer der hl. Jungfrau, Pleban von Aachen und Vorsitzender des Synodalgerichts, Apostolischer Protonotar und Berater des Kurfürsten von der Pfalz war; 79 Jahre alt, starb er am 10. Juli 1786 als der letzte seines Namens. Diese Gedenktafel ließ dem Bruder seiner Urgroßmutter, Katharina Elisabeth Tewis, verheiratet mit dem hochwohlgeborenen Wilhelm Herbert, der Urenkel, Heinrich Howard Molineux Herbert, Graf von Carnavon errichten, der Deutschland liebt und seiner deutschen Abstammung eingedenk ist. Zu diesen Titeln und Daten wäre zu ergänzen, daß Tewis am 28.8.1712 als Sohn der Eheleute Johann Anton Tewis und Marie de la Grange geboren wurde, die am Büchel zwei Häuser besaßen, Zum goldenen Löwen und Zum Löwenberg. Am 13.11.1730, also mit 18 Jahren, erhielt er das Kanonikat seines am 10.9.1730 verstorbenen Onkels, Dominicus Franz de la Grange, am Münsterstift[1].

VI.2.10 Der Erzpriester im Rechtsstreit mit seinem Vikar an St. Foillan

Auf den wie kein anderer seiner 30 Vorgänger in der Nikolaus-Kapelle des Münsters geehrten Erzpriester fällt ein Schatten durch den Streit mit seinem Vizekuraten Imhaus (1762-1786) in St. Foillan selbst. Gegenseitig beschuldigten sie sich, die Kirche in Aachen dadurch zu schädigen, daß sie vor den Augen ihrer Mitbürger gegen kirchliche und weltliche Ordnung verstießen. Ein Pfarrangehöriger von St. Foillan, Bürgermeisterschreiber Johann Janssen, hielt in seinem Tagebuch fest: *..., eine schöne löbliche Sach in einer christcatholischen Stadt wie alhier, welche alzeidt römisch katholisch geblieben in aller handt Secten- und Troubleheiten ... Ist das alles nicht ein grosse Schandaet vor die Unwissende wie auch Lutheraner und Calviner, ja dass man sich wahrhaft selbst vor diese muss schämen über solch gegebenes Argernus. Der liebe Gott woll alle bessern ...*[2].

---

[1] VI, 92 / 37
[2] V, 26 / III, sff., 303 ff.

Ein umfangreiches Prozeßprotokoll hält Einzelheiten dieses Streites fest. Darin erklärt Pastor Imhaus der Rota, dem päpstlichen Appellationsgericht, daß Tewis nicht Theologie studiert habe, sondern nur Baccalaureus geworden sei - was heute etwa dem Abschluß der 6. Klasse des Gymnasiums entspricht. Er sei nie in der Seelsorge tätig und am Münsterstift als canonicus domicellarius nur mit wirtschaftlichen Funktionen betraut gewesen[1]. Damit ist der Streitpunkt genannt: Tewis ist nach Imhofs Meinung ungeeignet, seelsorgliche Funktionen an St. Foillan zu übernehmen.

Wie dieser erste, so sagt auch ein zweiter Klagepunkt kirchenrechtlich kaum etwas. Tewis wolle selbst seelsorgliche Funktionen übernehmen, weil er habgierig sei; er könne gar nicht genug kassieren, d. h. er gebe sich mit dem, was er als Kanoniker und als Vorsitzender des Sendgerichts erhalte, nicht zufrieden. Tatsächlich hat das Sendgericht in dieser Epoche, also nach dem Ende der konfessionellen Unruhen bzw. bei insgesamt störungsfreier Einfügung der Nichtkatholiken in die vorgeschriebene Ordnung, viel weniger zu tun. Schon 1715 hieß es, die Kasse sei leer[2]. Nicht nur nach der Meinung seines Kontrahenten, sondern bei vielen Bürgern galt Tewis als *ein Mann ..., der gerne alles wollte zusammenscharren ...*[3], und auf den man mit dem Finger zeigte *non sine dicteriis quibusdam in eiusdem avaritiam et violentias sparsim effusis - nicht ohne gewisse Schimpfwörter, die sich auf seine Habgier und seine Gewalttätigkeit bezogen*[4]. Die könnten in der Sprache der Aachener gelautet haben: *Du Raafzank = Du Raffzahn* und *Du Hou mich drop - Du Hau-mir-drauf*. (Von der Gewalttätigkeit als dem dritten Klagepunkt muß noch gesprochen werden.) Nach der Darstellung seines Gegners wollte Tewis *"tondere oves, porcorum autem tonsuram suo vicario relinquere - die Schafe scheren, das Scheren der Schweine aber seinem Stellvertreter überlassen*, also Taufen, Hochzeiten und Beerdigungen für reiche Pfarrangehörige ausrichten und die entsprechenden Gebühren kassieren, die armen Leute aber Pastor Imhaus überlassen, dazu Gottesdienst bis auf die Feier der Hochfeste, Predigt und Versehgänge[5].

---

[1] D, 7 / Nr. 7, 15
[2] V, 10 / 222
[3] V, 26 / 303 f.
[4] D, 7 / Nr. 38
[5] D, 7 / Nr. 21 f.

Diese untragbare Art der Zusammenarbeit in der Seelsorge führte nach dem Charakter der beiden Kontrahenten zu einem Schlagabtausch. Dieser begann mit der Feier der Erstkommunion am 4. Ostertag 1763. Zuerst glaubte sich Imhaus allein in seiner Funktion, weil Tewis sich weder am Kommunionunterricht noch an der Planung der Kommunionfeier beteiligte. Imhof gab zu Protokoll, er habe sich besondere Mühe bei der geistigen wie materiellen Vorbereitung gegeben und es verstanden, durch Kollekten den Kindern aus armen Familien eine dem Fest angemessene Kleidung zu verschaffen, so daß sie *in einer Reihe mit den anderen zur Kommunionbank gehen konnten.* Da kam das Mißgeschick, daß er am Tage vorher nicht bei Stimme war, aber er machte aus der Not eine Tugend und ließ seine Predigt drucken, um sie den Kommunionkindern zur bleibenden Erinnerung auszuhändigen. Tewis bekommt das Blatt zu sehen und tritt auf den Plan. Er liest die Überschrift und stößt auf den Titel vicarius perpetuus - Stellvertreter auf Lebenszeit, der ihn zum Handeln zwingt. Das ist nämlich der Rechtstitel, den er seinem Stellvertreter abspricht, den dieser aber glaubt, rechtmäßig zu führen. Tewis sieht in Imhaus einen vicarius amovibilis; er sei also jederzeit absetzbar, müsse einzelne Funktionen übernehmen und wieder abgeben, wie es dem Erzpriester als dem eigentlichen Inhaber des Pfarramtes beliebt.

Entsprechend handelt er, um ein Präjudiz zu Imhaus' Gunsten zu verhindern. Vor seinen Augen zerreißt er die Predigtblätter und weist Imhaus an, er solle bekanntgeben, daß der Erzpriester selbst die Kommunionmesse zelebrieren werde.

Mit dem dritten Schlag ist Imhaus an der Reihe. Er gibt seinen Kommunikanten für den Ablauf der Feier die neue Instruktion, sie sollten auf sein Zeichen hin - früher als vorgesehen - an die Kommunionbank treten. Während das Credo gesungen wird und der Erzpriester mit Diakon und Subdiakon im Chor sitzt, tritt Imhaus an den Altar und erfüllt, *quod sibi saltem ad juventutis suae desiderium et satisfactionem proposuerat - was er sich zumindest vorgenommen hatte, um dem Wunsch der jungen Leute nachzukommen und selbst eine Genugtuung zu haben,* d. h. er spendete ihnen gegen den Willen des Erzpriesters die hl. Kommunion. Wenn er damit die Kommunionfeier von der Meßliturgie löste und ihr einen ganz den eigenen Zwecken dienenden Zeitpunkt anwies, stand er durchaus im Einklang mit den Gewohnheiten der Zeit.

Glücklicherweise kam es in der Feier zu keinem Eklat; der Erzpriester ließ sich nichts anmerken. Aber nach dem wohl gemeinsam eingenommenen Frühstück kommt der vierte Schlag: Der Erzpriester fordert und erhält von einem Kirchmeister *die Schlüssel des Schrankes, in dem die Kerzen niedergelegt wurden, die die jungen Leute, die Armen ausgenommen, gleichsam als Erstlingsgaben ..., nach alter Sitte und Gewohnheit geopfert hatten, und erklärte, daß die Kerzen nicht dem Vikar Imhaus, sondern ihm als dem eigentlichen Pastor zustünden.* Doch diesmal kommt die avaritia/Habgier des Erzpriesters nicht zum Ziel. Imhofs Gegenschlag ist der letzte in diesem noch intern gebliebenem Ringen. So wie er wieder allein im Pfarrhaus ist, läßt er von einem Schmied den Schrank aufbrechen und nimmt die Kerzen an sich: Denn was *ab immemoriale tempus - seit unvordenklichen Zeiten* gegolten habe, dürfe um des Friedens willen nicht aufgegeben und damit zum Präjudiz werden[1] Fünf Jahre später suchen die Kirchmeister Schutz beim Stadtrat als der zur Aufsicht über die Finanzen berechtigten und verpflichteten Institution. Sie schreiben: *Erzpriester vulgo Proffion Tewis hat als der dermahlige vicarius perpetuus zu St. Foillan sich derjenigen Kerzen, die von ... zur ersten Communion gehenden Kindern geopfert zu werden pflegen, privative (genommen), ohne der Kirche das geringste davon an Zahlung zukommen zu lassen. Wir glauben aber nicht, daß ein solches vorhin ... gebräuchlich gewesen ...*[2]. Das Schreiben wurde am 15.5.1763 im Rat verlesen und zur Prüfung dem Syndikus weitergereicht. Das Ergebnis liegt nicht vor, doch muß es wohl für Tewis negativ gewesen sein. Für die nächste Erstkommunion erklärte er am 5.4.1764, daß die besagten Kerzen der Kirche St. Foillan zustünden. Sie würden geopfert als ein *licht des Glaubens, womit sie nunmehro vollkömmentlich durch eine christ-catholische Unterweisung seindt Erleuchtet worden, jedoch mit dem Beding daß der Pastor auß solche Wachsliechtern zahle folgende Kosten: abgebrannte Kerzen an Kirchenbildern erneuern, Zahlung an Diakon, Subdiakon, ... Organist, Küster (der die Bänke aufstellt, die Glocken läutet und Aufsicht führt).* Offensichtlich hat sich Tewis in diesem Punkte der Finanzaufsicht der Stadt gebeugt. Nur sechs Wochen später beschweren sich Franz Xavier Schillings und Franz Offermanns, beide Kirchmeister an

---

[1] D, 7 / Nr. 33
[2] D, 1 / V, 1

St. Foillan, beim Stadtrat: Tewis greife aus den seelsorglichen Funktionen heraus, was ihm einträglich erscheine, und setze zum Schaden für die Kirchenkasse willkürlich die Bedingungen. Ein Beispiel: Die Erben der Witwe Ostlender geborene à Campo äußern die Absicht, die Verstorbene wie ihre Vorfahren in St. Foillan beizusetzen, in dem inzwischen fertiggestellten Totenkeller, aber ohne Hochamt und Leichenbegängnis erster Klasse. Tewis aber besteht auf beidem. Die Erben erklären, sie würden lieber zu den Regulierherren gehen, als sich solchen Forderungen zu beugen. Die Kirchmeister führen Tewis *den Schaden zu Gemüt*, den St. Foillan erleiden würde, *wenn er auf seinem Eigensinn bestehe*, und bieten ihm an, die Differenz zu den Gebühren eines Hochamts aus der Kirchenkasse zu zahlen, doch ohne Erfolg[1].

Nach dem Vorwurf mangelnder theologischer und praktischer Vorbildung, nach dem Vorwurf der Habgier geht es drittens um Tewis Gewalttätigkeit. Das römische Protokoll hat nach Zeugenaussagen folgendes festgehalten: Während sich Pastor Imhaus bei seiner kranken Mutter aufhielt, etwa 20 Stunden von Aachen entfernt, bemächtigte sich Tewis des Pfarrhauses. Er hatte außer seinem Hausknecht einen baumstarken Alexianer (Alexianum robustum et validum) bei sich, der in der Stadt verdächtigt wurde, einen Bürger bei Nacht niedergeschlagen zu haben, ihm aber zur Seite stand, da er an Gicht litt. Imhaus erfuhr davon und nahm an, Tewis wolle im Pfarrhaus zur Ausstellung von Urkunden zur Verfügung stehen, wurde aber nach seiner Rückkehr eines anderen belehrt: Tewis hielt das Haus besetzt, als wäre er der Pastor. Imhaus hielt Tewis zwar Gewalt und Raub vor, verzichtete aber, um einen Skandal zu vermeiden, auf jedes gerichtliche oder sonstige Vorgehen, zumal er sich in der Fastenzeit wegen der zusätzlichen Andachten und Predigten nicht mit solchen Dingen befassen wollte. Ferner nahm er an, Tewis könne wegen seiner Krankheit noch keinen Wohnungswechsel vornehmen, mußte aber feststellen, daß er sich schon bald wieder in der Stadt sehen ließ. Das hatte zur Folge, *daß es gerade an den Ostertagen von Mund zu Mund ging, der Pastor sei hinausgeworfen worden; bald empörten sich die Pfarrangehörigen über die schändliche Absicht eines Mannes der Kirche, eine ganze Pfarre ihres Pfarrers zu berauben, der sie*

---

[1] D, 5 / BX

bereits nach etwas mehr als einem Jahr in unermüdlichem Eifer mit Kopf und Hand wieder aufgebaut und nicht nur alle Mißstände beseitigt, sondern auch insgesamt für eine würdigere Gestaltung des Gottesdienstes Sorge getragen habe.

Ohne die Gründe zu nennen, erwähnt Imhaus in einem Schreiben an den Nuntius vom 26.6.1762, daß er im vergangenen Mai das Obergeschoß des Pfarrhauses habe beziehen können[1]. Doch der Rota gibt er zu Protokoll, daß er nicht wagte, das Haus zu verlassen, damit nicht in seiner Abwesenheit Tewis erneut gegen ihn vorgehe und seinen Hausrat hinauswerfen lasse[2]. Doch es kam nicht zu dieser, sondern zu einer anderen und völlig unerwarteten Gewalttat. Imhaus saß am 16.4.1762 in seinem Zimmer und betete sein Brevier, als er Besuch von dem Pastor von St. Peter erhielt. Als dieser sich wieder verabschiedet hatte und die Treppe hinunterging, stand Tewis in der Tür des Erdgeschosses und forderte ihn auf, einzutreten. Da hörte Imhaus einen Hilferuf und eilte hinunter. Gerade als der Diener des Erzpriesters dem Gast einen Faustschlag geben wollte, warf sich ihm Imhaus entgegen. Der Alexianer schlug mit einem Kerzenleuchter zu und verwundete den Gast im Gesicht. Diese Schlägerei hätte weitere Folgen gehabt, wenn nicht Wachsoldaten gekommen wären.

So die protokollarische Aussage des Imhaus. Daß die des Pastors Othegraven von St. Peter in Einzelheiten abweicht, mehr noch das, was Johannes Janssen in seinem Tagebuch sozusagen als das Stadtgespräch festhält, spricht nicht gegen den ungeheuerlichen Vorgang. Bei der nächsten Gewalttat floß wahrscheinlich kein Blut, doch erregte sie die gläubigen Aachener in noch höherem Maße, weil sie an geweihtem Orte, in St. Foillan verübt wurde. Das Protokoll hält unter Nr. 31 fest: *Obgleich dieser höchst skandalöse Vorfall am Tage darauf in der Pfarre und in der ganzen Stadt bekannt wurde, verfiel der Erzpriester solcher Raserei und Würdelosigkeit, daß er einen Tag später, am Abend vor dem Weißen Sonntag, als einige Pfarrangehörige ihre Osterbeichte in St. Foillan ablegen wollten, dem Pastor es unmöglich machte, Beichte zu hören. Unter viel Getöse verbarrikadierte er ihm den Zugang vom Pfarrhaus zur Kirche, schloß das Hauptportal und störte so die Anwesenden massiv bei der Beichtvorbereitung. Mehr noch, als Imhaus durch eine andere Tür eingetreten*

---

[1] D, 1 / B II
[2] D, 7 / Nr. 29

war und sich gerade in seinen Beichtstuhl gesetzt hatte, ließ ihn der Erzpriester von einem namentlich bekannten Priester und apostolischen Notar und von Claqueuren mit Protestrufen anschreien und so in Angst versetzen, daß er die Besinnung verlor. Einige Frauen griffen ihm unter die Arme, zogen ihn aus dem Beichtstuhl und aus der Kirche ... zu einem Haus in der Nachbarschaft. Solch ein Krawall zog das Volk von allen Seiten nach St. Foillan und brachte es so in Rage, daß es sich gewiß mit Gewalt Zugang zum Pfarrhaus verschafft und den Erzpriester mit seinen Bediensteten hinausgejagt hätte, wenn nicht zum zweiten Male die ganze Stadtwache im Eilschritt gekommen und solche Gewalttat unterbunden hätte (Übersetzung aus dem Lateinischen).

Das Urteil der Rota Romana vom 14.9.1764 geht auf die Tewis belastenden Vorkommnisse nicht ein. Das könnte auf mangelnde Beweiskraft zurückzuführen sein, aber mehr noch auf die am 4.7.1764 protokollierte Aussage des Vorsitzenden, Joseph Alphons De Veri: *certum ... est eum attentatorum vitio non coinquinari, qui suo jure utitur - Es ist rechtlich sicher, daß sich derjenige durch Gewaltanwendung, die an sich ein Vergehen ist, nicht belastet, der sein Recht wahrnimmt."* Demgegenüber sei Imhaus' Gewaltanwendung ein Unrecht, weil er *nach der Entlassung ... in unglaublichster Verwegenheit fortfuhr, sich an der Ausübung von Pfarrechten gütlich zu tun - sese confovere in exercitio jurium (sic!) parochialium ... verschiedentlich gedrängt von der breiten Masse und auf dem Wege über offene Gewaltanwendung*. Dafür folgen Beispiele[1]. Nach zwei Zeugenaussagen wollte Michael Vaessen, der von Tewis nach Imhaus' Entlassung mit der Taufe beauftragte Priester, am 13.5.1763 mit der Taufe mehrerer Kinder im Hochmünster beginnen, als Imhaus mit drei Begleitern hereinstürzte und schrie: *Das ist nicht deine Sache, Vaessen, ich will jetzt taufen*, den Deckel des eisernen Taufbeckens zuknallte und abschloß. Als Vaessen im Namen des Erzpriesters protestierte, schrien die Eindringlinge, er solle sofort verschwinden, *si evidentissimum sui periculum subire vellet - wenn er nicht was erleben wolle*. Nach einem zweiten Zeugen soll Balthasar Schlosser, einer der vier Eindringlinge, geschrieen haben: *Vade tantum cum tuo vili Archipresbytero ... hinc abage, tu husce canis. Descende, tempus*

---

[1] D, 7 / Nr. 14 - 20; D, B IX.

est ... retardationes satis diu durarunt, eine dem Protokollanten wohl schwer gefallene Übersetzung aus der Aachener Mundart in das Juristenlatein. Schlosser dürfte gerufen haben: *Jangk mär futt met dinge ondöge Proffion, du fleddige Möpp, komm erav, et es Zitt!* - So die Rückübersetzung von Rudolf Lantin.

Nach dem Tagebuch des Johannes Janssen hatten die zur Taufe gekommenen Aachener Familien das Übergewicht und hätten Imhaus *den Hals gebrochen*, wenn er nicht mit seinen Begleitern geflohen wäre. Das Stiftskapitel sah sich genötigt einzugreifen und bestellte auch ohne Befugnis einen Priester zum Taufen[1]. Noch am Tage danach, am 14.5.1763, gab es einen *ingens populi tumultus - einen ungeheuerlichen Volksauflauf* wegen der Behinderung der Taufe am Vortage[2].

Einen ganz anderen Charakter hatte Imhaus' Versuch, sozusagen *die Basis gegen die da oben* zu mobilisieren. Die Brüder Heinrich und Joseph Becker geben zu Protokoll, daß sie am 19.7.1763 selbst gesehen und gehört haben, daß eine in St. *Foillan wohnende Magd ... vorbeigehende Frauen ansprach und sie bat, am folgenden Sonntag nach ... St. Foillan zu kommen, wo Imhaus erstmalig wieder predigen würde, und zwar über die Juden bzw. die falschen Propheten, und daß man so eine Predigt noch nie habe hören können; Imhaus rechne damit, daß seine Gegner ihn (von der Kanzel) stoßen (depellere) wollten, aber er habe deshalb, so weit er nur konnte, viele gute Freunde zusammengetrommelt (iste autem haberet adhuc quam multos bonos amicos); er habe Leute, die sich ihm verschrieben hätten, in Unmenge.* Darüber hinaus gibt der eine der beiden Brüder, Heinrich Becker, an, er habe gehört, wie jemand in einer Wirtschaft um vier Maß Wein wetten wollte, daß Imhaus am folgenden Sonntag wieder alle Funktionen übernehmen werde. Ebenso sei verbreitet worden, daß Imhaus für das Fest der Kirchweihe einen Prediger bestellt habe und er selbst abwechselnd mit seinem Bruder, einem Zisterzienser, die Monstranz tragen werde[3].

Johann Nikolaus Charlier, mit der Wahrnehmung der Pfarrfunktionen von Tewis beauftragt, sollte Imhaus aufsuchen und ihm ausrichten, *daß der Erzpriester selbst in seiner Pfarrkirche St. Foillan Freitag,*

---

[1] V, 26 / 304 / 311
[2] D, 7 / Nr. 19
[3] D, 7 / Nr. 14

den 22.7.1763, die Komplet halten und den sakramentalen Segen geben wolle, ferner sollte er ihn an den Eid erinnern, den er dem Erzpriester geleistet habe, und ihn ermahnen, keinen Krawall im Volke zu inszenieren ... Imhaus habe geantwortet, er ... werde heute selbst den Segen geben und in keiner Weise zulassen, daß der Herr Erzpriester irgendeine pfarrliche Funktion in St. Foillan ausübe und daß er dem Erzpriester keinen Eid geleistet habe[1].
Ob es zu den befürchteten Ausschreitungen gekommen ist, geht aus dem Protokoll nicht hervor, wohl kam es noch zu einem anderen Zwischenfall. Am 22.7., also an demselben Tage, wurde ein von Tewis für Versehgänge eingesetzter Priester namens Maessen mit Beschimpfungen und Bedrohungen daran gehindert, seiner Pflicht nachzukommen. An seiner Stelle übernahm ein von Imhaus beauftragter Regulierherr den Krankenbesuch[2].
Alles in allem waren die Pfarrangehörigen daran interessiert, daß der Friede gewahrt werde, der für die Seelsorge notwendig ist. Für die Rechtslage und das schließlich nur den Erzpriester begünstigende Urteil dürften sie kaum Verständnis gehabt haben. Es sicherte zwar Imhaus sein Priesteramt an St. Foillan, doch hatte er sich dem Erzpriester zu fügen, wenn dieser seelsorgliche Funktionen übernehmen wollte.

VI.2.10 Der Erzpriester im Rechtsstreit mit den Pastören

Neben der Förderung der Seelsorge und ihrem Schutz vor privaten Interessen wie im Falle Tewis ging es in den konziliaren Neuregelungen um die Wiederherstellung der bischöflichen Autorität durch Minderung der lokalen, so auch des Erzpriesters. Das notwendige Mittel dazu ist aber das persönliche Auftreten und die Verhandlung Auge in Auge. Daß es dazu in den Wirren nach dem Konzil nicht kam, ist verständlich. Als ob es kein neues Recht gäbe, nimmt der Erzpriester am 17.1.1648 bischöfliche Aufgaben wahr, indem er den Pastor von St. Jakob, Nikolaus Hamstede, aufgrund von Protesten seines Amtes enthebt. Das ändert sich nicht nach dem Abschluß des Westfälischen Friedens im Oktober desselben Jahres: Weder der Bischof noch der

---

[1] D, 7 / Nr. 16
[2] D, 7 / Nr. 20

Archidiakon von Hasbanien lassen sich in Aachen sehen, und alles bleibt beim alten[1]. Am 9.9.1656 stehen sich z. B. Bischof und Erzpriester als die zwei örtlich zuständigen Aufsichtsorgane gleichrangig gegenüber, wenn sie den Tausch einer mit dem Barbara-Altar in St. Foillan verbundenen Stiftung gegen eine solche in Wazerne genehmigen[2].
Nach wie vor sind St. Jakob, St. Peter und St. Adalbert selbständige Seelsorgsbezirke, aber die dort auf Lebenszeit angestellten Priester müssen sich wie bisher mit dem Titel Rektor bzw. Pastor begnügen; Parochian/Proffion ist allein der Erzpriester. Seine Sache bleibt es, diese Rektoren zu ernennen und einzuführen. Widerstand erfährt er zuerst bei den Kirchmeistern von St. Jakob. Sie setzen gegen Erzpriester Bierens am 18.4.1682 vertraglich ihre Mitbestimmung und ein Verfahren bei der Neubesetzung des Pastorenamtes durch:

1. Der Erzpriester nennt sechs Wochen nach Beginn der Vakanz den seiner Meinung nach *würdigsten und fähigsten* Kandidaten.
2. Dieser hält vor den Kirchmeistern eine Probepredigt.
3. Nach Zustimmung der Kirchmeister wird dieser vom Erzpriester ernannt und eingeführt; nach einer Ablehnung wiederholt sich das Verfahren mit einem neuen Kandidaten[3].

In der Verfahrensordnung fehlte der Fall, daß sich die Kirchmeister selbst nicht einigten. Als dieser Fall 1711 eintrat, wurde die Stelle nicht besetzt. Erzpriester Fibus sah sich in der Verantwortung, versuchte aber nicht den Vertrag zu umgehen, sondern ernannte unverzüglich Vikare, die einen kontinuierlichen Gottesdienst über vier Jahre der Uneinigkeit hin sicherten[4].
1696 visitiert erstmalig dann in dieser Epoche der Archidiakon und zählt zu den Aachener Mißständen, daß Erzpriester Fibus bischöfliche Funktionen im Widerspruch zum konziliaren Recht ausübt. Fibus gibt nicht nach, jahrhundertealte Rechte stehen gegen neue und mehr noch gegen ein neues kirchliches Denken, und erst am 15.3.1700 fällt

---

[1] III, 4 / 129
[2] III, 4 / 102
[3] IV, 15 / 39
[4] IV, 1539, 42 ff.

die Rota die notwendige, mit dem Kirchenrecht im wesentlichen übereinstimmende Entscheidung: Dem Erzpriester bleibt die Rechtsprechung in Predigt- und Beichtangelegenheiten; auch die Entscheidung über Anträge auf Befreiung vom Aufgebot und von sog. einfachen Ehehindernissen. In seinem Verhältnis zu den Aachener Seelsorgern werden die Befugnisse des Erzpriesters darauf beschränkt, daß er bei Neubesetzung einen Kandidaten präsentiert. Der Archidiakon von Hasbanien soll dann den Vorschlag prüfen den neuen Amtsinhaber ernennen. In der Praxis ändert sich damit für das letzte Jahrhundert der alten Ordnung wenig. Wie das Recht des Herzogs von Jülich, den Kandidaten für die Neubesetzung des Erzpriesteramts zu benennen, von entscheidender Bedeutung geblieben war, so das Präsentationsrecht des Erzpriesters für alle Seelsorgestellen.
Erzpriester Tewis hatte es in St. Adalbert besonders schwer, seine überpfarrliche Stellung zu behaupten. Sein Präsentationsrecht blieb dort begrenzt, weil *seit Menschengedenken* nur einem Kanoniker des Adalbertstifts die Seelsorge übertragen wurde. Hinzu kam, daß der dortige Seelsorger nach wie vor den Titel parochianus-Pfarrer führte. Tewis sicherte sich jedoch seinen Rang auch auf dem Adalbertsfelsen, indem er den Versuch abwehrte, den Seelsorgsbezirk Pfarre zu nennen. Mit größerem Gepränge als in den drei anderen Kirchen trat er dort auf, wenn er einen neuen Seelsorger einführte[1].
Der letzte Erzpriester vor dem Umbruch am Ende des Jahrhunderts, Georg Franz von Mylius (1786-1798), führte zum letzten Mal einen Pastor ein, Servatius Hungs, am 9.10.1797 in St. Jakob. Mylius hatte ihn nicht nur nach der Ordnung von 1700 vorgeschlagen, sondern auch ernannt, weil es den dafür zuständigen Archidiakon von Hasbanien nicht mehr gab. Im Unterschied zu Aachen und der ganzen linken Rheinseite hatte das revolutionäre Frankreich das heutige Belgien nicht nur besetzt, sondern auch annektiert und bei den Institutionen der Feudalzeit gründlich aufgeräumt[2].
Mylius war als letzter seines Amtes noch in anderer Hinsicht in einer einmaligen Stellung. Sein Vorgänger, Tewis, konnte nämlich das Amt des Erzpriesters dadurch noch mehr dem des Bischofs angleichen, daß er sich 1775 das Recht verschaffte, einen Koadjutor mit dem Recht der Nachfolge zu ernennen. Seine Wahl fiel auf Mylius,

---

[1] V, 27 / 18
[2] IV, 15 / 50

der 1786, nach Tewis' Tod, der erste und einzige Erzpriester war, der auf diese Weise sein Amt antrat[1].

VI.2.11 Der Erzpriester und die Jesuiten

Als letzte Gruppe der in Aachen tätigen Seelsorger sollen die Ordenspriester ins Blickfeld kommen. Sie alle waren auch in diesen anderthalb Jahrhunderten wegen ihres seelsorglichen, schulischen und karitativen Einsatzes in Aachen geachtet und beliebt. Kein Ordenshaus verfügte über Reichtümer, die zur Verweltlichung hätten verführen und Kritik auslösen können. Ein *skandalöser Tumult* im Augustinerkloster führte zu einer Strafversetzung, doch Näheres ist nicht mehr zu ermitteln. Das Klosterarchiv hatte den Stadtbrand von 1656 dadurch überstanden, daß die Mönche es im Kellerboden vergruben. Vor dem Einmarsch der Franzosen 1794 waren die Mönche wieder um seine Sicherheit besorgt und brachten es in das Augustinerkloster in Rösrath. Dieses ging aber beim Eindringen der Franzosen in das Bergische Land 1795 in Flammen auf und mit ihm das Archiv[2].

Zwischen Erzpriester und Orden gab es kaum einmal Schwierigkeiten. Erzpriester Bierens (1649-1657) brachte Unruhe und Unfrieden in das segensreiche Wirken des *Gasthauses;* er beanspruchte das Visitationsrecht und hatte außer den betroffenen Elisabethinnen das Stadtregiment, den Bischof von Lüttich und den Erzbischof von Köln gegen sich[3].

Eine Vorwegnahme der Umwälzungen der Franzosenzeit war die Auflösung der Gesellschaft Jesu 1773. Seit dem Überfall von 1611 konnten die Jesuiten bei allgemeiner Anerkennung in Aachen wirken. Der Bischof von Lüttich, Ernst von Wittelsbach, war es, der maßgeblich für die Errichtung des Gymnasiums eingetreten war, sein Nachfolger, Franz Karl von Velbrück, war die treibende Kraft für die überraschend frühe Schließung von Kolleg, Gymnasium und Kirche bzw. die eilfertige Ausführung der in Europa sehr unterschiedlich befolgten päpstlichen Weisung. Er steht beispielhaft da für die Feinde

---

[1] IV, 51 / 204
[2] IV, 59 / VII, 597 ff.; IV, 48 f.
[3] V, 71 / 91 ff.

des Ordens, die in Rom seine Auflösung geradezu erzwungen haben. Moderner Philosophie und damit dem Glauben an die Macht der Wissenschaft gegenüber allen religiösen Kräften verpflichtet, mußte er in den Jesuiten die maßgeblichen Widersacher sehen. Denn einerseits taten es diese den Aufklärern gleich in der Hochschätzung, Pflege und Ausübung der Wissenschaften, in der Schul- und Studienmethode, andererseits zeigten sie sich nicht bereit, Theorie und Praxis der Wissenschaft, dem Glauben und der kirchlichen Verantwortung für das Seelenheil überzuordnen. Das Aachener Kolleg hatte in P. Heinrich Arbosch von 1758 an einen Lehrer dieser Art, der mit seinem Lehrbuch für Mathematik seinen Namen, sein Kolleg und damit die Stadt Aachen weithin bekannt machte[1]. Hinzu kam die wirksam gebliebene überpfarrliche Seelsorge und nicht zuletzt ihre Exerzitien für Laien, Weltpriester und Ordensleute. Dazu war ihr Rat bei Streitigkeiten in Klöstern und im Münsterstift gefragt[2].

Der 1773 amtierende Bischof hatte sich nach einer strittigen Wahl 1763 behauptet, bei der ihm ein Kandidat der *Ultramontanen* gegenüberstand. So hießen Priester und Laien im Munde derer, die in ihnen bornierte Widersacher sahen, wenn sie selbst Rechte und Kompetenzen des Papstes zugunsten nationaler Bischofssynoden beschneiden und zugleich staatlichen und von moderner Wissenschaftlichkeit bestimmten Interessen dienen wollten. Die Freimaurer als Vorkämpfer des Zeitgeistes durften in den Grenzen des weltlichen Machtbereichs des *fortschrittlichen* Bischofs des Fürstbistums Lüttich entgegen päpstlichen Verboten Logen gründen; Priester, die es wagten, dagegen zu protestieren, erhielten Verweise[3].

Noch 1772 planten die Jesuiten in Aachen die Errichtung eines neuen Kollegs, scheiterten aber am Widerspruch des Bischofs. Sie ließen sich anscheinend von dem sie bedrohenden Unwetter nicht beeindrucken. In Portugal, Spanien und Frankreich war der Orden bereits des Landes verwiesen, und alle drei Mächte setzten den Papst unter Druck, auch kirchlicherseits den Orden zu verbieten[4]. Die Vertreter des Zeitgeistes verstanden es, *Jesuitismus* und *jesuitisch* zu Schimpfwörtern zu machen und damit Scheinheiligkeit und Verstellung

---

[1] VI, 10 a / 181
[2] V, 10 / 120, 135 ff., 163; VI, 20 / 47
[3] VI, 51 / 40
[4] I, 2 / 628 ff.

anzuprangern; durch die Verbreitung von *Jesuitenfabeln* wie durch die Behauptung, bei ihnen heilige der Zweck die Mittel, suchten sie im Volke Anklang zu finden - in Aachen ohne Erfolg. Selbst von der Trencks *Menschenfreund* beschränkte sich auf die Wiedergabe der den Jesuiten zugeschriebenen These von der Berechtigung des *Tyrannenmords* und hütete sich, die Aachener Jesuiten auch nur zu nennen. Anderswo sprachen sich Ordenspriester gegen die Jesuiten aus, aus Neid oder vom Zeitgeist angesteckt, nicht so in Aachen[1].

Hier brauchte der Friede in der Kirche - das Argument des Papstes bei seiner Entscheidung gegen die Jesuiten 1773 - durch die Aufhebung des Kollegs nicht wiederhergestellt zu werden, aber die Seelsorge wurde geschädigt. Am 9.9.1773 suchte eine vom Bischof ernannte Kommission Erzpriester Tewis auf, einigte sich mit ihm über ein gemeinsames Vorgehen, sicherte sich mit ihm zusammen das Einverständnis des Stadtregiments und - nach längerem Zögern - des Vogtmajors, und schon am folgenden Tag, dem 10.9., zwischen acht und neun Uhr morgens verlasen ein Mitglied der Kommission und Erzpriester Tewis gemeinsam im Kolleg vor den versammelten Jesuiten das päpstliche Breve mit der Anweisung zur Auflösung. Mit zwei Deputierten des Nuntius in Köln gehen sie hinüber in die Kirche St. Michael, löschen dort die Kerzen, schließen die Tür und bringen das Siegel der Stadt und des Vogtmajors an[2].

Fernab von jesuitenfeindlichem und dem Zeitgeist verpflichteten Denken wurden die Aachener in weit überwiegender Zahl von all dem überrascht. Besonders getroffen sahen sich die Eltern der Gymnasiasten und die Sodalen, die sich in St. Michael zu Hause wußten und mit dem Untergang ihrer Kongregationen rechnen mußten. Doch für das eine wie für das andere Problem gab es dank des in den Laien von den Jesuiten geweckten Geistes eine Lösung. Das Stadtregiment rettete das Gymnasium, was noch zu zeigen ist; die Sodalen suchten und fanden bei Weltpriestern eine überbrückende Hilfe, bis Severin Arnold Frechen, secretarius sodalitatis seu confraternitatis BMV - Sekretär der Sodalität bzw. Bruderschaft der Hl. Jungfrau Maria -, im Namen von 1700 Mitgliedern, unterstützt von einem Votum des Stadtrates, Papst Pius VI. bat, die Aachener Exjesuiten Brammertz und Lausberg als Präsides wieder zuzulassen und St. Michael wieder

---

[1] I, 20 / V, 630
[2] VI, 44 / 5; VI, 13 a / 147

freizugeben, um seelischen Schaden zu verhüten. Nach päpstlicher und bischöflicher Zustimmung konnte am 1.11.1778 St. Michael feierlich wiedereröffnet werden.
Danach blieb das Leben der Kongregationen ungestört. Als dritter Exjesuit kam 1785 Johann Peter Beißel als Präses der Jünglingskongregation hinzu, der am 3.9.1806 der erste Pfarrer der neugegründeten Pfarre St. Michael werden sollte. Der führende Kopf der Laien war Theodor H. Strauch, der als Sekretär dem Stadtrat die jährlichen Ein- und Ausgaben zur Kontrolle vorlegte[1].

VI.3 Welt und Kirche

VI:3.1 Das Geistliche Gericht

Mehr als in früheren Epochen sahen sich die Machthaber in der Zeit des Absolutismus selbst für die sichtbare Ordnung verantwortlich und verließen sich noch weniger auf eine Seelsorge, die nicht zu sichtbaren Konsequenzen zwingt. Dafür schufen sie neue Institutionen wie die Geheimpolizei, bedienten sich aber auch der alten, wenn sie zweckmäßig waren oder sich umgestalten ließen. Eine Institution muß in diesen 150 Jahren mehr und mehr wie ein Fossil aus alter Zeit gewirkt haben, das Geistliche Gericht an St. Foillan, ein Aachener Sonderfall. Wenn es in der vorhergehenden Epoche von einem katholischen Stadtregiment gegen reformatorische Kritik gestützt wurde, dann in dieser Epoche gegen die der Aufklärung. Gern berief man sich auf die besondere historische Würde der Vaterstadt und sah im Sendgericht ein Privileg Karls des Großen für Aachen, wie es Johannes Noppius, sein langjähriger Sekretär, in einer Darstellung der Aachener Geschichte seinen Mitbürgern einprägte[2]. Auch als 1648 eine Aufgabe gelöst war, die Sicherung einer ausschließlich katholischen öffentlichen Religionsausübung, bedienten sich die Stadtväter weiterhin des Sendgerichts, jetzt ohne die Einschränkungen, mit denen man 1614 den Nichtkatholiken entgegenkommen wollte[3].

---

[1] VI, 13 a / 147; 1, 34 / 774
[2] I, 13 / I, 123
[3] V, 22 / 34 ff.

Vorstöße des Bischofs von Lüttich und seines Generalvikars, konziliares Recht für sich und gegen das Sendgericht sprechen zu lassen, scheiterten, weil Rom gegen das verbriefte und geltende Recht nicht angehen[1] und einem katholischen Stadtregiment nicht widersprechen wollte. Nach wie vor gab es zwischen St. Foillan und dem Rathaus viel Übereinstimmung in den unumstrittenen Kompetenzen; so begrüßte es der Stadtrat, daß das Sendgericht gegen heimliche Ehen vorging und ihre Legalisierung in die Wege leitete[2]. Ein anderes Gebiet, in dem Welt und Kirche einvernehmlich auftraten, war die Zauberei. Noch konnte sie aufgeklärte Kritik nicht grundsätzlich aus dem Strafrecht verbannen, doch es ging Welt und Kirche um die Beseitigung von Unrecht im Gerichtsverfahren. In diesem Punkte wurde die neue Epoche eingeläutet durch die römische Instruktion von 1657; sie unterband Verstöße gegen allgemeine Rechtsgrundsätze, wie sie im *Hexenhammer* von 1487 gerechtfertigt worden waren[3]. Doch in Aachen gab es fortan keine Anklage auf Hexerei, wohl auf Zauberei geringerer Art. So wurde eine Frau angeklagt, sie wolle jemanden *tot beten*, indem sie täglich ein Jahr lang den 108. Psalm spreche, wohl in sinnwidrigem Verständnis der Verse 6 -19, eine Umkehrung des noch im 19. Jahrhundert beliebten *Gesund-Betens*[4].

War das Sendgericht bei der Vollstreckung der Strafe auf die städtischen Organe angewiesen[5], so zog die Stadt jetzt mehr und mehr auch die Entscheidung über die Art und das Maß der Strafe an sich. Nur mit Genehmigung des Rates durfte das Sendgericht mit Verbannung bestrafen. Über eine Beugehaft, die nur im städtischen Graßhaus zu vollstrecken war, entschied der Rat alleine; in St. Foillan wurde nur der Sachverhalt ermittelt[6]. In eine schwierige Lage geriet das Sendgericht, wenn es dem Wandel der Zeit folgte und Ehrenstrafen, die von Anbeginn als die eigentliche Buße für *geistliche* Vergehen angesehen wurden, durch Geldstrafen ersetzte. Dadurch mußten Zweifel an seinen spezifischen Aufgaben und seiner Existenzberechtigung aufkommen, ja der Vorwurf der Unehrlichkeit wurde laut[7].

---

[1] B / I 8, 16, 22, 27
[2] V, 26 / II, 162
[3] VI, 29 a / VI, 1, 423
[4] D, 3 / 3.8.1690
[5] I, 13 / II, 273
[6] IV, 25 / 46, 133
[7] IV, 25 / 134; V, 50 / 51

Doch machte es sich erst recht verhaßt, wenn es an einer öffentlichen Ehrenstrafe festhielt. Ob mit Rücksicht auf die öffentliche Meinung oder in dem Verlangen, das zu sichern, was später als Menschenwürde betont werden sollte, schaltete sich das Schöffengericht ein und verfügte die Milderung einer Ehrenstrafe oder zog überhaupt Prozesse wegen Gotteslästerung oder Ehebruch an sich[1].

Das Sendgericht hatte z. B. am 30.6.1684 Elß Jansen wegen Ehebruchs zum Bußgang und zum *Steine-Tragen* in St. Foillan wie eh und je verurteilt. Laut Einspruch des Schöffengerichts vom 5.7. wurde die Delinquentin davon befreit, vom Graßhaus den Weg über den Markt und die Krämerstraße zu gehen und wurde statt dessen auf geradem Weg zum Pfarrhaus in der Ursulinerstraße geführt. Erst dort legte sie das Büßerkleid an und ging in die Kirche, um sich der althergebrachten Bußübung zu unterziehen[2]. Auch in dieser eingeschränkten Form bleibt die Strafe vor den Augen der Meßbesucher ehrenrührig genug, doch ist das katholische Aachen hier nicht hinter der allgemeinen Rechtsentwicklung zurück. Auch ohne ein Sendgericht wurden in protestantischen Gemeinden Ehrenstrafen für öffentliche Vergehen ausgesprochen. In Preußen wurde erst 1746 die öffentliche Kirchenbuße verboten[3], als sie in Aachen schon nicht mehr angewandt wurde. Johann Gottfried Herder, 1776 in Weimar zum Generalsuperintendenten ernannt, beklagte, daß er die Rolle des Richters in einem geistlichen Gericht spielen muß, das sein Ansehen längst eingebüßt hat:

Als Pfarrer soll ich die arme Knieende mit großem Pomp fragen: "Glaubest du wahrhaftig, daß ich als ordentlicher Pfarrer dieses Ortes von Gottes wegen Macht und Gewalt habe, dir diese öffentliche Sünde zu vergeben?" und sie kann fragen: "Glaubst du aber auch, daß du als ordentlicher Pfarrer dieses Ortes von Gottes wegen nicht Macht und Gewalt hast, meiner Nachbarin, die die Ehe gebrochen, meinem Nachbarn, dem Hofdiener, dem Soldaten, dem Diebe, dem Verächter der Sakramente, Sünden zu vergeben oder zu behalten? Er braucht das nicht, denn er hat Dispensation vom Fürsten, und ich brauche es auch nicht, dir das zu glauben, wenn ich nur zwei Taler pro dispens hätte", wahrlich, so bin ich als ordentlicher Pfarrer die-

---

[1] A, 2 / 5; IV, 155 a / 76
[2] V, 50 / 44 f.
[3] VI, 17 / 214

ses Orts mit meiner Macht und Gewalt von Gottes wegen in sehr mißlichen Umständen, muß Mücken zeigen und Kamele verschlucken und soll glauben und wähnen, ich habe apostolische Kirchenzensur exerciret ....[1].

Insgesamt bleibt das Sendgericht für das Stadtregiment ein probates Mittel, die öffentliche Ordnung zu sichern. Ein Vertrag mit dem Herzog von Jülich, der nach wie vor über den Erzpriester als den Mann seines Vertrauens seinen Einfluß in Aachen wahren will, regelt am 28.4.1660 das Verfahren für diese letzte Epoche. Im wesentlichen werden die alten, für die Stadt bedeutsamen Rechte bestätigt und erweitert: Kirchmeister und Armenpfleger werden dem Sendgericht bei Jurisdiktion und Inspektion weitgehend entzogen; bei Freiwerden eines der vier Sitze der Laienschöffen präsentiert der Rat drei katholische Bürger, von denen Erzpriester und Sendschöffen einen zu wählen haben[2].

Weder der Nuntius in Köln noch der Bischof in Lüttich wurden zu diesem Vertrag gefragt. Als Nuntius Bassi bei seiner Visitation 1708 die geistliche Seite durch drei weitere geistliche Schöffen verstärken wollte, widersetzten sich die Stadtväter mit Erfolg[3]. Dieselbe Absicht verfolgte der Nuntius 1723, als er in einem Dekret betonte, daß der Erzpriester den Vorrang vor allen Sendschöffen habe, daß er sie anhalten müsse, ihre Pflicht zu tun und Einigkeit zu erzielen[4]. Diese gegen die weltlichen, vom Stadtregiment präsentierten Sendschöffen gerichteten Worte änderten nichts daran, daß diese ein entscheidendes Gewicht behielten. Dabei unterwarfen sich die Schöffen dem uralten Ritus und leisteten bei ihrer Einführung vor dem Altar in St. Foillan dem Erzpriester kniend den Diensteid.

Die Stadtväter waren stolz darauf, daß sie *ihr* Sendgericht mit kompetenten Aachenern besetzen konnten. So war der Mathematiker und Lehrbuchverfasser Johann Peter Carlier Sendgerichtssekretär[5] wie 100 Jahre vor ihm der Geschichtsschreiber Noppius. Die Laienschöffen waren durchweg Juristen, und so mußte es auch sein, wenn das Aachener Sendgericht seiner Rolle als Appellationsinstanz für die Sendgerichte in den Pfarren des Aachener Reiches gerecht werden

---

[1] zit.VI, 92 / 9 f.
[2] D, 4 / 40, 44, 71, 190; IV, 65 / 391
[3] V, 10 / 223
[4] A, 2 / 2
[5] VI, 10 a / 153, 155

wollte. Mal ist es der Rat, mal der Erzpriester, der diesen Vorrang behauptete. Erzpriester Tewis erreichte es, daß die Rota in Rom am 14.1.1765 nach einer zunächst anderen Entscheidung dem Sendgericht die Entscheidung in einem Rechtsstreit der Laurensberger zugestand[1]. Das als *bäuerlich* geltende Sendgericht in Laurensberg legte daraufhin selbst in seiner Satzung fest: *... wenn Sach wäre, dat (für) die Scheffen die Sachen zu schwerlich wären, so sollen sei Heuft (Hilfe) zu Achen haaben an den Sendherren, up dat beyden Parteyen Recht geschehe.* Grundsätzlich war das Gericht in St. Foillan zuständig bei Anklagen auf Defloration. Als die Sendschöffen in Würselen 1758 einen solchen Prozeß selbst in die Hand nehmen wollten, wendete sich der Erzpriester an den Stadtrat: Es sei ein *Nachteil für das gemeine Wesen, wenn Defloration von jenen pastores entschieden werden solle*, überhaupt seien die Sendgerichte in Laurensberg, Würselen und Haaren nicht mit gelehrten Männern besetzt. Daraufhin hob der Rat die dortigen Sendgerichte kurzerhand auf[2].

Immer wieder stößt sich uraltes Recht an dem neuen Kirchenverständnis und Kirchenrecht des Konzils von Trient. Noch 1718 protestiert das Sendgericht dagegen, daß der Archidiakon von Hasbanien die geistliche Aufsicht in Laurensberg für sich reklamiert und deshalb den dortigen Pfarrer wegen eines Vergehens einkerkern läßt[3]. Das Sendgericht sieht aber in dem Aachener Reich die ursprüngliche Aachener Pfarre und damit sich als zuständig an. Das führt noch am 20.1.1794, zwischen dem ersten und dem zweiten Einmarsch der Franzosen und damit kurz vor dem Ende der alten Ordnung, zum Streit auch mit dem Erzbischof von Köln. Hatte die Wurm als Bistumsgrenze in den Tagen Karls des Großen keine Schwierigkeiten gemacht, als Würselen und Haaren zur königlichen Villa und damit zur Aachener Pfarre gehörten, so protestiert der Erzbischof 1000 Jahre später dagegen, daß Erzpriester Mylius dort Aufsichtsrechte ausübt[4].

In diesen Streitfällen wußte das Sendgericht die Stadtväter auf seiner Seite, während es Streit mit ihnen vermied. So gab es im allgemeinen nach, wenn das Schöffengericht Kompetenzen an sich zog. Nur ein-

---

[1] III, 4 / 106
[2] I, 34 / II
[3] B / 18, 29
[4] III, 4 / 39

mal kam es deswegen zu einem spektakulären Streit, weil der Erzbischof von Köln als Metropolit die Schöffen exkommunizierte. Diese antworteten mit einer Verteidigungsschrift, fanden Zustimmung bei einem Teil des Klerus, und provozierend schritt Schöffenbürgermeister von Broich unter dem Traghimmel in der Prozession der Franziskaner. St. Nikolaus stand sozusagen gegen St. Foillan und seinen Erzpriester Bierens[1].

Ein Sonderfall war der Streit um die Zuständigkeit in der Einsiedlerklause Linzenshäuschen. Dort tötete am 8.9.1723 ein Klausner den anderen und floh. Für die erforderlichen Regelungen sah sich die Stadt als Eigentümerin zuständig, Erzpriester von Freyaldenhoven als der über alle Priester und Ordensleute die Aufsicht Führende. Der Streit endete mit der einvernehmlichen Schließung der Klause[2].

Anders als dem Stadtregiment stand das Sendgericht dem Münsterstift gegenüber, wenn dieses ihm nicht bestimmte Sachgebiete, sondern einen bestimmten Personenkreis streitig machte, nämlich den Aachener Klerus. Wenn der Erzpriester einen Kleriker verhaften ließ, protestierte das Münsterstift und erklärte, es sei *ab antiquissimo tempore* - von der ältesten Zeit an für Kleriker zuständig. Doch der Nuntius in Köln trat i. a. für das Sendgericht ein, und das Münsterstift hatte das Nachsehen[3].

1727 ging es nicht um einen Delinquenten, sondern grundsätzlich um die Rechtsprechung innerhalb der Immunität. Mußten schon die genannten Streitfälle Aufsehen genug erregt haben, so folgte auf diesen Streit bei Katholiken nur ein hilfloses Kopfschütteln, bei Lutheranern, Kalvinern und Freimaurern im schlimmsten Falle ein hämisches Lachen. Erzpriester Freyaldenhoven wollte ein Zeichen dafür setzen, daß das Sendgericht auch für klerikale Delinquenten auf dem Stiftsgebiet zuständig sei und ließ vor dem Hauptportal von St. Foillan und jenseits der Immunitätsgrenze, die den Vorplatz teilte, ein Denkmal besonderer Art errichten: ein Stück Mauer von geringer Höhe, davor auf dem Boden, aus Steinen gefügt, die Andeutung eines Fußgestells, wie es für die Fesselung des Delinquenten am Pranger benutzt wurde. Darüber hingen, an der Mauer mit Ketten befestigt, ein eiserner Halsring und ein Paar eiserne Armbänder, ebenfalls Attribute der

---

[1] IV, 25 / 134; V, 26 / II, 176 ff.
[2] VI, 76 b; IV, 51 / 211 ff.
[3] III, 4 / 99 f.; B / I, 8 / 32 f. / 31; B / VI, 3 / 13; III, 4 / 101 f.; B / VI, 3 / 7; A, 2 /9; IV, 55 / 225

Prangerstrafe. Das ganze entsprach den *Schandwerkzeugen*, die im 15. Jahrhundert an der Chorhalle gegenüber von St. Foillan als Zeichen der Sendgerichtsbarkeit aufgehängt waren, wovon im 18. Jahrhundert kaum jemand Kenntnis hatte. Unverzüglich schickte das Stiftskapitel seine Leute und ließ das Verkehrshindernis auf seinem Grund und Boden wieder abreißen - ohne irgendeine Kontaktaufnahme und zum Glück ohne Gegenwehr. Damit nicht genug, glaubten nun die Stiftsherren ein Zeichen ihres Rechtsanspruchs setzen zu müssen und ließen auf dem Klosterplatz, über dem Becken, in dem das dem Stift zustehende Wasser der Pau gesammelt wurde, eine Art Pranger in der Form eines gotischen Türmchens errichten. Es hatte längeren Bestand als das Unikum vor St. Foillan; erst 1802 wurde es mit anderen *Denkmälern der Feudalität* abgerissen[1].

Münsterstift und Sendgericht waren sich mit dem Stadtregiment in der ganzen Epoche einig darin, daß das nach den politischen Entscheidungen von 1614 und 1648 wiedererlangte Alleinrecht der Katholiken auf öffentliche Religionsausübung gesichert werden und das Sendgericht dabei maßgeblich mitwirken müsse. Dabei blieben einige den Nichtkatholiken nach 1614 zugestandene Erleichterungen bestehen, und andere kamen dazu. So entfiel die Verpflichtung, einmal im Jahr zur Sendversammlung nach St. Foillan zu kommen; und angeklagte Lutheraner und Kalviner wurden in ihrem Gewissen, ihrem Fühlen und Denken dadurch entlastet, daß die Gerichtsverhandlungen nicht mehr in St. Foillan, sondern im Pfarrhaus oder einem Haus in der Nähe stattfanden, das mit städtischen Mitteln entsprechend umgebaut und eingerichtet wurde[2].

Nach dem Vertrag von 1660 ging das Sendgericht nicht mehr inquisitorisch gegen Nichtkatholiken vor, wenn sie sich nicht an die geltenden Vorschriften hielten[3]. Damit folgte das Sendgericht einer Wandlung im Rechtsdenken, nach der Anzeigen aufgrund privater Beobachtung obsolet bzw. auf Verbrechen eingeschränkt wurden. Nichtkatholiken konnten sich der vorgeschriebenen Trauung in einer katholischen Kirche entziehen, wenn sich Pastöre stillschweigend mit der Eintragung ins Heiratsbuch gegen die üblichen Gebühren zufrieden

---

[1] IV, 48
[2] VI, 63 / 100 / 105; D, 1 / B II
[3] V, 10 / 221

gaben[1]. Auch für die Beerdigung ergab sich eine Lösung: Der Leichenzug hatte keinen allzu weiten Weg mehr, seitdem ein Glaubensbruder für seine Gemeinde ein Grundstück vor dem Kölntor zur Anlage eines Friedhofes gestiftet hatte[2]. Es störte den Frieden nicht, daß nach wie vor die Teilnahme an einem Begräbnis als Bekenntnis zu einer Konfession galt. Noch 1671 verbot die niederrheinische Synode der Kalviner dem Ehemann die Teilnahme am Begräbnis seiner katholischen Ehefrau[3].

St. Foillan, nicht mehr mit dem Sendgericht identisch, muß in einem guten Kontakt mit der kalvinischen Gemeinde gestanden haben, da ein Kirchmeister auf sein Ersuchen hin am 2.2.1782 von ihrem Konsistorium drei Karolin als *Liebesgabe* für Reparaturarbeiten an der Kirche erhielt[4] - ein Karolin war eine bayrische, auf den Kurfürsten Karl-Theodor zurückgehende Goldmünze im Wert von 10 Gulden. Dieser Vorgang spricht auch von dem trotz aller Einbußen nach 1614 stetigen Aufstieg besonders der Kalviner im Wirtschaftsleben. Nachdem Nichtkatholiken in Aachen zunächst nur das Recht der *Beiwohnung*, ein Wohnrecht ohne politische Rechte hatten[5], erhielten einige nach 1750 Zutritt zum Stadtrat und wirkten bei dem Versuch mit, die Verfassung der Stadt zu reformieren[6]. 1803 werden unter den 100 reichsten Bürgern in der Steuerliste 36 Kalviner und Lutheraner genannt[7].

Solche Veränderungen verdecken nicht, daß Kalvinern und Lutheranern vom Sendgericht in bestimmten Bereichen weiterhin ein gegen ihr Gewissen gerichtetes Verhalten aufgezwungen wurde. Das Schweigen der Reichsstände in Osnabrück 1646-1648 über die Situation der Protestanten in Aachen verleitete zunächst zu einer härteren Gangart. Eine der ersten Handlungen des Sendgerichts in der neuen Epoche war die Verbannung des Predigers der kalvinisch-wallonischen Gemeinde namens Saunisson aufgrund einer Eingabe des Stadtrates[8], verbunden mit der Anordnung, daß auch nichtkatholische Kinder katholischen Religionsunterricht besuchen müß-

---

[1] V, 75 / 19
[2] V, 10 / 129
[3] V, 30 / 111
[4] I, 34 / I, 226; V, 75 / 32
[5] VI, 76 / 46, A, 3
[6] VI, 41
[7] VI, 41
[8] IV, 25 / 131

ten. Gegen heimlichen Religionsunterricht ging das Sendgericht vor und entlarvte Lehrer, die sich als Leichenbitter tarnten[1].

Nach 1648 griffen Stadtregiment und Sendgericht auf das Verbot des Gottesdienstbesuchs außerhalb der Stadt zurück, das den Aufstand von 1611 ausgelöst hatte. Jetzt wurde darüber hinaus das *Auslaufen* dadurch unmöglich gemacht, daß vom 15.3.1649 an die Stadttore sonntags geschlossen blieben. Das rief aber den Protest der Generalstaaten, Schwedens und Brandenburgs hervor, und noch in demselben Jahre machte das Stadtregiment einen Rückzieher[2].

Öffentliche Religionsausübung heißt für die Neugläubigen immer noch demonstrative Nichtbeteiligung an kultischen Handlungen der Katholiken. Sie büßen mit Geldstrafen, wenn sie trotz der am 21.5.1663 erneuerten Verordnung vor ihren an Prozessionsstraßen gelegenen Häusern am Vorabend von Fronleichnam kein Gras gestreut und Maien gesteckt haben[3]. Wer beim Nahen der Sakramentsgruppe der Fronleichnamsprozession nicht das Weite sucht und stehen bleibt, statt sich zu knien, muß mit einer Strafe von 100 Gulden rechnen[4].

Eine in der lutherischen Gemeinde verfaßte *Relation dessen, was 1652 zu Aachen wider die evangelischen Religionsverwandten in dem geistlichen Sendgericht fürgenommen und durch den Magistrat daselbst exequirt werden will*[5], spricht von Widerstand und Not von Familien, die sich bei Taufe, Eheschließung und Beerdigung den Vorschriften nicht beugen wollten und z. T. Aachen deswegen verlassen haben[6]. Es handelte sich im wesentlichen um die Buchführung nach den konziliaren Beschlüssen, die Nichtkatholiken in den nicht erwünschten Kontakt zu einem katholischen Pastor brachten. Im Unterschied zu St. Foillan, wo schon seit 1603 das Heiratsregister geführt wurde[7], wurde die bürokratische Diktatur über Nichtkatholiken an St. Peter und St. Jakob zeitweise durch *Schlamperei* gemildert; denn das Sendgericht mußte dort noch am 13.12.1769 eine ordentliche Kirchenbuchführung anmahnen[8].

---

[1] VI, 59 / 3
[2] V, 22 / 61
[3] VI, 34
[4] V, 75 / 19 / 22 / 25; V, 10 / 98
[5] V, 3 / 140 ff.
[6] V, 75 / 25; IV, 25 / 40
[7] D, 1 / C, 20; IV, 51 / 191
[8] IV, 51 / 191

Am belastendsten war der Taufzwang. Konnte man im Einvernehmen mit einem großzügigen Pastor Eheschließung und Beerdigung auf den bürokratischen Akt im Pfarrhaus beschränken, so konnte nur eine verbotene Haustaufe vor den katholischen Zeremonien in der Kirche schützen. Da diese aber in Notfällen straffrei blieb, empfahl ein Konsistorium am 14.2.1662, im Falle einer Vorladung zum Sendgericht zu überlegen, ob nicht eine *hochdringende* Not oder eine Schwachheit des Kindes vorlag; auch Kriegsgefahr und Unwetter könnten als Begründung genannt werden[1]. Dafür daß sie bei der Wahrheit blieben, sorgten aber in vielen Fällen die Hebammen; noch 1760 werden sie durch Androhung von Haft im Graßhaus bei Wasser und Brot dazu angehalten, Neugeborene mit dem Namen der Eltern dem zuständigen Pastor zu melden. Dieser sollte die Taufe in die Wege leiten bzw. eine Verweigerung dem Sendgericht melden[2].

VI.3.2 Das Stadtregiment und die Neugläubigen

Während Kalviner wie Lutheraner in den 150 Jahren dieser Epoche im Unterschied zu der vorigen keinen Versuch machten, auf politischem Wege in Aachen das Recht auf öffentliche Religionsausübung zu erlangen, gab es wohl nach ihrem Mißerfolg in Osnabrück mehrmals die Hoffnung auf Hilfe von außen, so auch als Vaals mit Maastricht, wenn auch nur als Enklave, von spanischem in den Besitz der kalvinisch orientierten Generalstaaten überging. Als diese nach dem Stadtbrand von 1656 für die Kalviner in Aachen nichts erreicht hatten, bauten sie in Vaals eine Kirche, hauptsächlich für die Aachener *Glaubensverwandten*[3]. Neben ihren Leichenzügen gab es fortan eine zweite Art öffentlicher Religionsausübung, wenn sie den sonntäglichen Kirchgang von etwa einer Stunde gemeinsam antraten. Es kam zu Querelen mit übereifrigen Katholiken, die jede nichtkatholische Religionsausübung glaubten verhindern zu müssen. Aber Probleme für das Stadtregiment gab es erst, als der in Aachen einquartierte kaiserliche General von Seckendorf am 12.4.1736 in Vaals den Grundstein zu einer lutherischen Kirche legte und einen von sei-

---

[1] V, 3 / 142
[2] IV, 25 / 30
[3] V, 75 / 23 / 27

nem Ingenieur-Major vorgelegten Entwurf ausführen ließ. Es ist die vom Oktogon des Aachener Münsters inspirierte Kirche nahe dem Hause der Familie Clermont[1]. In den folgenden Jahren kommt es zu brutalen Störungen durch irregeleitete Katholiken, und Androhung von Gewaltanwendung muß mehrmals den gemeinsamen Kirchgang unmöglich gemacht haben. Weder vom Sendgericht noch vom Stadtregiment wurde dieser Kirchgang beanstandet, doch offensichtlich fehlte die Konsequenz, nämlich der wirkungsvolle Schutz der Bürger bei erlaubtem Tun. Da es bei Edikten blieb[2], wurde der Stadtrat beim Reichskammergericht wegen bloßen *Scheineifers* verklagt[3].

1762 kommt es mit dem *zaumlosen Pöbel* in der Jakobstraße und mit den *Kappesbauern* zwischen Aachen und Vaals nach städtischen Protokollen zu tätlichen Auseinandersetzungen. 1764 wird ein Totschlag *ganz nahe bey der stad*, registriert, ohne daß geeignete Maßnahmen folgen.

Ob die Passivität des Stadtregiments der Gewalttat den Anschein der Rechtfertigung gab, ob Seelsorger durch unbedachte oder bedachte Äußerungen an diesen Verirrungen schuld waren, ist nicht auszumachen. Jedenfalls wünschte der *Pöbel* das Bild einer katholischen Stadt ohne jede störende Zutat. Dabei entsprach die Brutalität unten den polizeilichen Maßnahmen oben, wo die politisch Verantwortlichen nach dem Grund- und Rechtssatz *cuius regio, eius religio* verfuhren.

Entgegen der Klage vor dem Reichskammergericht gab es Zeichen dafür, daß das Stadtregiment ernstlich den Gewalttaten Einhalt gebot. 1765 schickte es einem lutherischen Kaufmann in Burtscheid Stadtsoldaten zu Hilfe, als sein Haus von katholischen Handwerkern demoliert wurde[4]. Im Ratsedikt vom 6.9.1738 wird die Erregung gegenüber den Kirchgängern zwischen Aachen und Vaals darauf zurückgeführt, daß die Vaalser Obrigkeit - wohl auf Weisung aus Den Haag - ein Kruzifix hatte entfernen lassen. Rat und Bürgermeister hätten aber in Den Haag verhandelt und erreicht, daß das Kreuz wieder aufgestellt werde, und damit sei *vermutlich* der Anlaß für die

---

[1] VI, 30 / 13
[2] D, 4 / 288
[3] VI, 30 a / 21; V, 75 / 32 ff.
[4] V, 26 / III, 325

sonntäglichen Unruhen entfallen. *Unausbleibliche Strafe* wird denen angedroht, die weiterhin die Kirchgänger belästigen[1].

Anders als der *Pöbel* müssen Gymnasiasten und Studenten beurteilt werden. Wenig spricht dafür, daß ihre Lehrer, die Jesuiten, schuld an ihren Gewalttaten sind, es sei denn die in St. Michael wie in allen Kirchen ohne jede Kritik gebliebene Rechtfertigung dessen, was 1614 geschehen war, die Wiederherstellung einer Stadt mit ausschließlich katholischer Religionsausübung in der Öffentlichkeit. Wenn Jugendliche dazu ja sagen und leicht zu enthemmen sind, erleben sie sich gern in der Position der Stärke gegenüber Menschen und ihren Handlungen, wenn sie nicht ganz in das Bild dieser Stadt hineinpassen. Gymnasiasten und Studenten zogen am 16.5.1762 zur Ketschenburg, einem vor dem Adalbertstor gelegenen Haus. Ein Kalviner namens Hachmann hatte es gekauft und aus dem Giebel eine Marienstatue entfernt. Die jungen Leute forderten ihn auf, sie wieder aufzustellen, sonst würden sie es tun, notfalls mit Gewalt. Hachmann erklärte sich bereit, eine noch schönere aufzustellen, weil er die gemeinte nicht mehr habe. Damit gab sich die bedrohliche Menge vor seinem Haus zufrieden.

Eine andere Aktion zur Erhaltung des katholischen Stadtbildes ging weniger glimpflich aus. Ein Drogist namens Reißgen hatte über seiner Haustür den Namen Jesus entfernt. Ein Studentenpulk kam und warf ihm die Scheiben ein. Der Geschädigte kam heraus, setzte sich zur Wehr, und die Polizei griff ein. Es fielen Schüsse, und einige Studenten wurden abgeführt[2].

1765 dringen Studenten in Häuser von Neugläubigen ein, machen mit Stößen und Schlägen eine Gegenwehr unmöglich, holen Bibeln und Bücher heraus und bringen sie zum Sendgericht. Dieses zitiert die Besitzer und spricht Strafen aus[3].

In der Nähe von St. Foillan, am Büchel, kommt es 1757 zu dem größten Krawall dieser Art. Studenten werfen Steine durch die Fenster des Kalviners Baumhäuer; Spiegel, Porzellan, Gemälde, Tische und Stühle werden beschädigt oder gehen zu Bruch. Die vom Rathaus herbeieilende Stadtwache verhindert mit Warnschüssen den Einbruch der tobenden Rotte und verhaftet einige Täter. Ursache war die

---

[1] D 6 / Nr. 18
[2] V, 26 / 305
[3] V, 26 / III, 325

Aversion gegen den reich gewordenen nicht-katholischen Handelsmann; den Anlaß bot das Stadtregiment, indem es auf seinen Wunsch hin eine der Allgemeinheit dienende Wasserpumpe vor seinem Hause entfernen ließ. Schon am nächsten Tage gab das Stadtregiment dem Druck der Straße nach, entließ die Verhafteten und stellte die Pumpe wieder auf. Die guten Beziehungen des Herrn Baumhäuer reichten aber über das Aachener Rathaus hinaus bis nach Wien: 1760 erwirkte er ein kaiserliches Mandat, nach dem die Stadt die Schäden an seinem Hause ersetzen und die Pumpe wieder beseitigen muße[1].

Der in gutem Kontakt zum Stadtregiment stehende Kalviner am Büchel steht beispielhaft für die städtische Toleranz gegenüber Nichtkatholiken in den Berufen, die nicht von den Zünften erfaßt und reglementiert werden, so für den des Groß- und Fernhändlers. Nichts dagegen ändert sich an der Intoleranz gegenüber den Wünschen nach Kirchen und Schulen, auch nicht gegen Ende des alten Reiches, als Kaiser Joseph II. mit dem Toleranzedikt von 1781 selbst eine Kehrtwendung macht. Nun erfahren die Katholiken in Aachen, daß nach kaiserlicher Weisung die Neugläubigen im nahen Eupen, in den seit 1714 zu Österreich gehörenden südlichen Niederlanden, eine Kirche bauen dürfen. In Aachen dagegen erhält ein protestantischer Prediger nicht einmal das Wohnrecht[2]. Hier wie in anderen protestantischen Gemeinden heißt es noch 1789, als noch niemand den baldigen und gewaltsamen Wandel der Dinge ahnte, man müsse alle Hoffnung auf öffentliche Religionsausübung fahren lassen, *bis sich durch Gottes Schickung neue Gelegenheit dazu aufthun möchte*[3].

VI. 3.3. Das Stadtregiment und die Freimauer

Dieser friedlichen Gesinnung, diesem Verzicht auf jeden Widerstand begegneten Stadtregiment und Sendgericht immer wieder, wenn sie mit Anordnungen und Urteilen die 1614 grundgelegte Ordnung bewahren wollten. Im Grunde gilt dasselbe für die neue Gruppe von Andersdenkenden, die Freimaurer, die seit der Gründung einer

---

[1] VI, 30 / 102 f.
[2] V, 59 / 21 f.
[3] VI, 76 a / 20

Großloge in London im Jahre 1717 bei europäischen Intellektuellen mehr und mehr Anklang fanden. Aber erst die Gründung einer Loge am 1.11.1774 ließ die Stadtväter aufmerken. Zunächst ging es um die Zensur von Schriften. In P. Gaßmann, Ordensbruder des P. Schott an St. Nikolaus, fand der Stadtrat den geeigneten Zensor, neben ihm P. Greinemann, Dominikaner an St. Paul[1]. Wieder zogen Stadtregiment und Kirche gleich. Während dieses ein Aufbegehren gegen seine Autorität witterte, sahen sich die Seelsorger, soweit sie wie die genannten Ordensleute die Zeichen der Zeit verstanden, anders als in dem konfessionellen Ringen der vergangenen 200 Jahre einer rein weltlichen, nur auf das Glück im Diesseits ausgerichteten Gesinnung gegenüber. Es ging darum, sich von Mitbürgern zu distanzieren, die wie die Mitglieder der *Loge der Beständigkeit* als Menschen mit guten Sitten und beruflichem Erfolg bekannt waren. Ihnen gegenüber mußten grundlegende Argumente genannt werden, die das Glück der göttlichen Gnade der Freiheit entgegensetzten, die sich der Mensch selbst verschaffen wollte, von keinen vorgegebenen Forderungen behelligt, unabhängig von kultischer und sakramentaler Ordnung[2]. Es fehlte das andernorts leicht angreifbare Leitbild des Libertins, die *Verknüpfung von Rationalismus und Erotik, das Bild der hemmungslosen Luststeigerung als eine aufgeklärte Form irdischer Glückseligkeit*[3], es sei denn bei den Badegästen und dem beschränkten Kreis der Besucher des 1751 fertiggestellten Komödienhauses am Katschhof. Aus wirtschaftlichen Gründen ging das Stadtregiment hier nicht gegen den Einzug eines Stils und Geschmacks vor, der einer Libertinage Vorschub leistete. In einem Streitfall gibt es aber einem deutschen, und das hieß einem *biederen* Theaterdirektor den Vorrang vor einer französischen Schauspielertruppe. Es war der am 7.8.1792 im Totenkeller von St. Foillan beigesetzte Johann Böhm[4].

Wer in Aachen gegen die Freimaurer predigte, bekam keine Rückendeckung durch seinen Bischof in Lüttich. Trotz eindeutiger Aussagen Clemens' III. in der Bulle *In eminenti* von 1738, trotz der Verdammung der Freimaurer durch Benedikt XIV. am 18.3.1751 und entsprechender Weisungen des Nuntius in Köln[5] ließ dieser in seinem

---

[1] VI, 44; 1, 34 / 774 f.
[2] VI, 51 / 62
[3] VI, 32
[4] VI, 20 a / 151
[5] VI, 51 / 28; I, 43; II, 319

Fürstbistum Freimaurer wirken und bestrafte zwei Priester, die gegen sie gepredigt hatten und Volkswut erregt haben sollten[1]. Damit ermunterte er die Logenbrüder in Aachen, ihn um Hilfe zu bitten[2] und kompromittierte Seelsorger, Sendgericht und Stadtregiment. Letzteres gab den Freimaurern den Anlaß zu einem Besuch beim Bischof in Lüttich, als es im Jahre 1779 das aus den konfessionellen Streitigkeiten stammende Verbot aller heimlichen Versammlungen erneuerte[3]. Wer Freimaurern einen Raum zur Verfügung stellte, hatte eine Geldstrafe zu zahlen. Vorbei war es mit den Zusammenkünften im Haus des *Stuhlmeisters* Picard in der Sandkaulstraße, und die Loge, die sich im Prinzenhof eingemietet hatte, zog um nach Vaals. *Konventikel* wurden wie die der Neugläubigen 200 Jahre vorher zur Anzeige gebracht.

Wenn das Stadtregiment den Bischof abwies, hatte es nicht etwa Rückendeckung durch seinen weltlichen Herrn, den Kaiser, so bei seinem ganzen Vorgehen gegen die Freimaurer. Eine schwerwiegende Folge hatte Josephs II. Skepsis gegenüber den Aachener Heiligtümern, hatte er doch eine Besichtigung abgelehnt, als man ihm auf seine Frage nach der Echtheit keine Antwort geben konnte[4]. Am 30.1.1776 verbot er seinen Untertanen die Teilnahme an der Heiligtumsfahrt. Wirtschaftliche Erwägungen, mehr aber die vom Zeitgeist verlangte Ablehnung von Symbolen und heiligen Zeichen, dürften dabei mitgewirkt haben. Im Grunde war damit bereits das Ende des Reiches und damit des besonderen Ranges der Stadt Aachen gekommen: Wem heilige Zeichen nichts bedeuten, für den kann auch dieses Reich keinen Sinn haben[5].

Während Joseph II. nicht direkt für die Freimaurer in Aachen intervenierte, war es ein Badegast, Gustav III., König von Schweden, der sich persönlich beim Stadtrat für die Freimaurer einsetzte[6]. Diese hatten sich an ihn gewandt, weil er vor allen anderen Aufklärern auf Fürstenthronen die Hoffnung geweckt hatte, daß er freimaurerische Ziele verwirklichen würde. Der hohe Gast erreichte im Rathaus im-

---

[1] VI, 44 / 15
[2] VI, 51 / I, 28 f.
[3] VI, 41 / 114
[4] IV, 44 / 83
[5] VI, 18 / 240
[6] IV, 144 / 101

merhin, daß am 19.7.1780 ein einmaliges Treffen, eine sog. Konferenzloge, in Aachen stattfinden durfte[1].
Der bekannteste fürstliche Aufklärer, Friedrich der Große, hat für seine Gesinnungsgenossen in Aachen nichts getan und war in Aachen nicht gut gelitten. Offensichtlich hatte ihn sein Überfall auf Schlesien im kaisertreuen Aachen 1740 in Mißkredit gebracht, als ihn das Ratsedikt vom 4.9.1742[2] während seines Badeaufenthalts vor Übergriffen schützen sollte. Darin heißt es, Studenten und mutwillige Jugend - so gut wie sicher wieder vom Kolleg und Gymnasium der Jesuiten - hätten sich gegen den König *mit unartigen Schreyen, Ab- und Zulauffen ... Steine werffen ungebührlich erwiesen ... Bevor aber die Fremden ein großes Aergernis darob zu schöpfen ursach haben,* werden die Eltern ermahnt, Kinder und Gesinde mit Nachdruck *zu geziemendem Respect* anzuhalten; sonst drohe ihnen Strafe, Schimpf und Schaden". Erst recht war die Stimmung im Siebenjährigen Kriege gegen den Aufklärer auf dem Königsthron gerichtet. Der Stadtrat sieht sich genötigt, zur Wahrung seiner Neutralität respektloses Reden und Verbreitung wahrheitswidriger Nachrichten zu Beginn des Krieges zu verbieten[3].

VI.3.4 Schulen

10 Jahre nach dem Ende des Siebenjährigen Krieges hätte Friedrich der Große - neben Zarin Katharina - in Aachen als Gleichgesinnter angesehen werden können, als nämlich die Gesellschaft Jesu an St. Michael aufgelöst wurde. Wie die Zarin in Weißrußland ließ der König in den weitgehend katholischen Provinzen Schlesien, Westpreußen und Ermland die Jesuiten an ihren Gymnasien weiterwirken. Toleranz, Grundprinzip der Aufklärer und theoretisch auch der Freimaurer, bewirkte hier dasselbe, was in Aachen das katholische Stadtregiment gegen intolerante Aufklärer und Freimaurer zuwege brachte. Die katholischen Stadtväter verband mit dem Aufklärer in Potsdam die Kenntnis der großen Bedeutung gymnasialer Bildung für das Gemeinwohl, während sie in der Sicht auf Kirche und Glauben von

---

[1] VI, 45 / 1, 42; VI, 46 a / 114
[2] D, 6
[3] I, 38 / 83

ihm getrennt blieben. Während der König die religiöse Komponente im Unterricht für belanglos hielt, wollten die Herren im Aachener Rathaus gerade auch die von den Jesuiten geprägte Art der religiösen Erziehung gewahrt wissen.

Bei der Durchführung der päpstlichen Auflösungsbulle hatten die weltlichen Gewalten ein entscheidendes Wort mitzureden. Ihnen hatte der Papst die Einziehung von Hab und Gut des Ordens überlassen und die Absicht aufgeben müssen, dieses für kirchliche Aufgaben einsetzen zu können. Auch Maria Theresia bestand darauf, und der Reichshofrat erklärte dieses Verfahren für alle Reichsstände als rechtens, also auch für die Reichsstadt Aachen[1]. Doch die Vorgänge in der heutigen Jesuitenstraße lassen erkennen, daß es den Stadtvätern nicht um Geld und Geldeswert ging. Wahrscheinlich hatten sie bereits Erzpriester Tewis nur unter der Bedingung das Auflösungsdekret am 10.9.1773 verlesen lassen, daß das Gymnasium bestehen blieb[2], und lieber noch hätten sie wohl wie der König in Potsdam und die Zarin in St. Petersburg die Verkündung des päpstlichen Schreibens überhaupt unterbunden[3].

Aus der Sicht der betroffenen Schüler und Eltern lief es in Aachen ähnlich wie dort: Die Jesuiten unterrichteten weiter; nach Beginn des neuen Schuljahrs, am 29.10.1773, gab die Stadt bekannt, daß der Unterricht durch Exjesuiten weitergeführt würde, ehe der Bischof dieser Form der Auflösung zugestimmt hatte. Eine städtische Gesandtschaft verhandelte zunächst ohne Erfolg in Lüttich, schließlich stimmte der Bischof unter der Bedingung zu, daß der Unterricht der Exjesuiten auf die unteren fünf Klassen beschränkt bliebe.

In der Entscheidung über die Verwendung des Ordensbesitzes war der Stadtrat aus den genannten Gründen unabhängig vom Bischof; er beschloß am 14.1.1774, ihn zum Unterhalt des Gymnasiums und seiner Lehrer zu verwenden[4]. Damit folgte er den Interessen der Stadt insgesamt, gab doch das Gymnasium in einem großen Einzugsgebiet ein hohes Ansehen und wirtschaftlichen Gewinn aus der Beherbergung von etwa der Hälfte der Schüler, insbesondere im Pfarrgebiet

---

[1] VI, 21 / 240
[2] VI, 44 / 32
[3] I, 20 / V, 635
[4] D, 4 / 291; VI, 64 b / 29

von St. Foillan, schließlich Bildung einer Elite für städtische Positionen[1].

Die Entscheidung der Stadtväter im rechten Augenblick - schon der erste Tag der Aktionen, der 9.9.1773, hätte zum Untergang des Gymnasiums führen können - kam erst recht der Kirche zugute; sie sicherte die religiöse Bildung der Oberschicht und förderte den Priesternachwuchs. Um so erstaunlicher ist es, daß Erzpriester Tewis, der von allen Beteiligten als der maßgebliche Sprecher der Kirche von Aachen angesehen wurde, wahrscheinlich zuungunsten der Jesuiten in die Verhandlungen eingegriffen hat. Syndikus Denys, Bürgermeister von Wylre, warnt am 23.11.1773 brieflich *vor den Umtrieben des Erzpriesters Tewis. Man möge sorgen, daß dieser ehrliche (!) Mann außer spiel behalten* werde[2]. Tewis kam in den Verdacht, an den Bedingungen mitgeschneidert zu haben, unter denen die Exjesuiten nach bischöflichem Willen wirken durften: Außer der genannten Beschränkung auf die unteren fünf Klassen das Verbot, die Schüler bei ihnen beichten zu lassen, und Ausschluß der Öffentlichkeit bei der Schulmesse in St. Michael.

Von einer zweiten kirchlichen Amtsperson wird der Stadt ein Hindernis in den Weg gelegt, von dem Scholaster des Münsterstifts, seit *unvordenklichen Zeiten* zuständig bei der Errichtung einer Schule in Aachen, und hinter ihm steht der Herzog von Jülich, jetzt Kurfürst in Düsseldorf, der nach wie vor kaum eine Möglichkeit vorübergehen läßt, über die von ihm präsentierten Amtspersonen in Aachen Einfluß zu nehmen. Die Stadt weist den Einspruch damit ab, daß sie erklärt, daß nicht ein Gymnasium errichtet, sondern ein bestehendes und unverändert Marianum genanntes Gymnasium weitergeführt werde[3]. Doch der Scholaster am Münsterstift läßt nicht locker, legt die Sache dem Reichshofrat in Wien vor. Nach dessen Entscheidung vom 10.4.1777 darf die Stadt in eigener Kompetenz Schulen errichten und Lehrer anstellen; Sache des Scholasters ist in jedem Falle, also fortan auch im Gymnasium, die Aufsicht über den Unterricht und die Lehrbücher[4].

---

[1] V, 10 / 177
[2] VI, 44 / 36 f
[3] VI, 44 / 35
[4] VI, 59 / 49, 52, 76

Damit war das Gymnasium für die Stadt gerettet, aber noch nicht die theologische Hochschule, die mit ihrer Hilfe 1702 voll ausgebaut worden war und an der sie festhalten wollte. Am 10. und 11.5.1689 hatte es bereits die erste der dann weithin bekannten und vornehme Gäste anziehenden Disputationen aus dem Gebiet der Philosophie gegeben, und die Stadt hatte zur Hebung ihrer Reputation Thesenblätter mit dem Bild Karls des Großen als des Stadtpatrons und einer Stadtansicht in Paris drucken lassen. Als Defendenten traten auf die Pastöre von St. Jakob und St. Foillan[1].

Es gelingt dem Stadtregiment, auch diese Ausbildungsstätte zu erhalten. Nominell werden die Studienräume zwischen Jesuiten- und Annastraße geschlossen und gehen in den Besitz der Stadt über, doch die Studenten wechseln über zur Ordensschule der Franziskaner an St. Nikolaus; diese wird entsprechend ausgebaut und zeigt alsbald, daß sie in der Lage ist, das Werk der Jesuiten fortzusetzen. 1776 repräsentieren die Franziskaner bereits die Aachener Wissenschaft; sie begrüßen neben eigentlich zuständigen Exjesuiten einen jungen Mann namens Wildt, der von den Jesuiten in Aachen ausgebildet, an der Universität Löwen in Philosophie den *Primat*, das höchste Prädikat erhalten hat und von den Stadtvätern als Aachens großer Sohn vier Tage lang gefeiert wird[2].

Über dem Einsatz für gymnasiale und akademische Bildung wurde die Verantwortung für das Elementarschulwesen nicht vergessen. Am 2.3.1951 erlaubte der Stadtrat den Ursulinen, sich in zwei Häusern neben der Aldegundiskapelle gegenüber St. Foillan niederzulassen und mit dem Elementarunterricht für Mädchen zu beginnen. Ihnen vermachte der am 30.1.1670 als päpstlicher Legat beim Aachener Friedenskongreß verstorbene Nuntius Franciotti zwei silberne Reliquiare. Von einer Geldsumme an die *monache penitenti* abgesehen, sind in Aachen die Ursulinen die einzigen, die der Nuntius in seinem Testament nennt. Er war von Oktober 1667 an in ihrer Nachbarschaft, am heutigen Elisenbrunnen, einquartiert und hatte offensichtlich von ihrer unterrichtlichen Tätigkeit einen positiven Eindruck gewonnen[3].

---

[1] V, 10 / 184 f.; V, 18 / III, 36
[2] I, 34 / 767, 770
[3] VI, 99; II, 160

Der Wiederaufbau nach dem Stadtbrand von 1656 gab den Anstoß zu einem Neuanfang auf breiterer Grundlage; wußte man doch im Rathaus, daß ohne schulische Kenntnisse und Fertigkeiten ein Wiederaufstieg der Stadt nicht möglich war. Mit Wohngeld, mit Steuerbefreiung und Dispens von den alle Bürger verpflichtenden Wachtdiensten wurden Lehrer angeworben, die bereit waren, Schulräume einzurichten, und von dem Schulgeld lebten, das die am Aufstieg ihrer Kinder interessierten Eltern zahlten[1]. Darüber hinaus stellte die Stadt in der Pfarre St. Foillan Räume zum Unterricht zur Verfügung, 1660 einen kleinen in der Nähe der Kirche, einen größeren am Katschhof, wenig später in einem Haus, in dem das Schöffengericht tagte, nur durch eine Bretterwand von der Lehrerwohnung getrennt[2]. Einen dritten Schulraum erhielten die Pfarrangehörigen 1722 am Hof in Verbindung mit einer Wohnung für den Küster[3]. Auf der Pfarrgrenze von St. Foillan gab es ab 1714 eine städtische Schule im Pont-Mitteltor - dem Abschluß der Pontstraße am Templergraben - und ab 1730 im Marschier-Mitteltor am Ende der Kleinmarschierstraße.

Unabhängig von den Aufsichtsrechten und -pflichten des Scholasters ließ der Stadtrat den Unterricht durch *Deputierte* prüfen[4]. Bei armen Eltern warb er für die Schulbildung ihrer Kinder, wenn er von den Lehrern verlangte, ihre Kinder unentgeltlich zu unterrichten[5]. 1722 gibt Lehrer Simon Thönes den Ball zurück und wirft ein Thema auf, das Pfarrer und Stadtregiment über 100 Jahre lang, bis zur Einführung einer praktikablen Schulpflicht, beschäftigen sollte, die Freischule, die aus der Stadtkasse unterhaltene Schule für die Armen. In seiner Eingabe formuliert er, worin sich alle Machthaber der Zeit einig sind: *Hätte man keine schullen, würde alle res publica von ihm selber über einen hauffen fallen ... Es ist ebenso wohl ahn einen guten schullmeister gelegen als ahn einen pfarrherren*[6]. Die Pfarrer nennt dieser Kritiker der Aachener Schulpolitik aus zwei Gründen: Einmal sind alle politisch Verantwortlichen an der Seelsorge als einem Mittel der Volkserziehung interessiert. Zum anderen konnte er sich auf die Forderung des Konzils von Trient berufen, in jeder Pfarrgemeinde

---

[1] VI, 68 a
[2] VI, 55b / 30 f.
[3] VI, 68 a
[4] VI, 55 b / 13
[5] VI, 68 a
[6] VI, 55 / 36

eine Schule einzurichten; er beklagt ausdrücklich, daß es nicht einmal in der großen Pfarre St. Foillan ein Schulhaus gibt[1]. Damit meint er im Unterschied zu den genannten Räumen in Häusern mit noch anderweitiger Nutzung ein Haus für mehrere Altersklassen, wenigstens in diesem Punkte gleichrangig mit dem Gymnasium. Räume für einklassigen Unterricht gab es nach dem Visitationsbericht des Nuntius Bussi in jeder Pfarre[2].

Die vom Stadtregiment gewollte Verbindung von Pfarre und Schule sollte in St. Foillan bis heute bestehen bleiben und gehörte zu der geforderten religiösen Erziehung in Verbindung mit dem Erlernen des Schreibens und Rechnens. Dabei dachten alle Bildungspolitiker dieser Epoche an eine einzige Konfession, also an eine Konfessionsschule. In Aachen nehmen deshalb alle Kinder, ob die Eltern diese Konsequenz bejahen oder nicht, am katholischen Religionsunterricht teil.[3] Entsprechend wurde der Lehrer vor seiner Anstellung hinsichtlich seiner Konfession überprüft[4] und zum Schulgebet verpflichtet[5]. Dem Scholaster blieb es überlassen, die Rechtgläubigkeit im Unterricht aller Fächer zu überprüfen, eine in Aachen 1108 zuerst belegte, 1602 nach einem Streitfall erneuerte Regelung[6]. Die Lehrer kannten diese Auflagen und Bedingungen und erklärten in ihren Bewerbungsschreiben, sie wollten die Kinder *in der Zucht, andacht und in den gutten sitten anführen*[7].

Alles spricht dafür, daß die Lehrer auf der elementaren Ebene nicht anders als die Gymnasiallehrer davon überzeugt waren, daß die neue und allgemeine Hochschätzung der Fachwissenschaften mit ihren neuen Methoden im Einklang mit ihrem Glauben stehe, und damit Lehre und Forschung den von den Kirchenfeinden gewünschten Freipaß verwehrten. Johannes Schmid, Aachener Schul- und Sprachmeister, schreibt im Prolog seiner Schulbibel von 1744: *Wer zu Jesu Schul will kommen ... wahre Weißheit muß er suchen, welche Jesus selber ist*[8].

---

[1] VI, 55 / 368
[2] D, 4 / 25; D, 4 / 251; 1; 16.11.1708
[3] I, 37 / 212 f.
[4] VI, 68 a
[5] VI, 55 b / 3, 13, 61
[6] VI, 55 b / 46 ff., I, 13 / I, 184 / 52
[7] VI, 55 b / 37
[8] VI, 55 b / 77 f.

VI.3.5 Karitas

Wie in der Schulpolitik dieser Epoche der Wunsch nach Perfektion, nach Erfassung und Förderung aller Kinder deutlich wird und nur an der schmalen Finanzdecke eine Grenze findet, so ist es auch in der Sozialpolitik. Weniger als in der Schule kann hier die beginnende Rationalisierung und weltliche Organisation das karitative Denken und Handeln der Christen ersetzen. Das Subsidiaritätsprinzip vorwegnehmend, beobachten die Stadtväter die freiwilligen, von den vier Pfarren und den Bruderschaften angeregten Aktionen zur Behebung von Not und Elend und greifen nur ein, wenn weltliche Rationalität, verbunden mit obrigkeitlichen Zwangsmitteln, mehr verspricht. Auch in den kirchlichen Aktionen selbst zeigt sich mehr Rationalität, seit das Konzil von Trient dazu aufgerufen hatte[1]. Unter den Bruderschaften, stand die Sakramentsbruderschaft an St. Foillan obenan und ordnete zuerst weltliche Rationalität in ihre Praxis ein: Nach Prüfung der Bedürftigkeit erhielten die Armen ein Abzeichen für die Entgegennahme von Brotspenden an den Bruderschaftstagen. Nach Meßfeiern zum Jahrgedächtnis wurde verteilt, was die Verstorbenen testamentarisch für die Armen sichergestellt hatten. In Notzeiten, so während der Pestepidemie 1740, griff die Bruderschaft tief in ihre Kasse und versorgte Familien mit allem Notwendigen, wenn sie durch Krankheit oder Tod des Ernährers mittellos geworden waren[2]. Während derselben Epidemie tritt auch die St.-Rochus-Bruderschaft auf den Plan; neben der Verteilung von Almosen geht es satzungsgemäß vorwiegend um Pflege und Heilung. Auch hier ein Zug von Rationalität: Dr. med. Johann Tilman Gartzweiler wird 1721 ohne den traditionellen *Einstand* aufgenommen und verpflichtet sich dafür, Arme kostenlos zu behandeln. Er muß sich im Umgang mit Armen bewährt haben; denn 1737 erhält er das Amt des Stadtarztes, d. h. in erster Linie des Armenarztes, verbunden mit der medizinischen Betreuung des Gasthauses am Radermarkt[3]. Während hier stationäre Behandlung der Armen durch städtische Mittel weitgehend gesichert wird, pflegen die Christenserinnen arme Kranke in ihren Wohnungen[4]. Eine Aachener

---

[1] V, 10 / 228 f.
[2] D, 4 / 426; V, 26 / III, 52
[3] V, 10 / 261
[4] IV, 85 / 223

Besonderheit ist nach wie vor die Behandlung von Schwachsinnigen bei den Alexianern; sie wird in medizinischen Fachkreisen weithin bekannt. Auch hier der Einzug von Rationalität und Schriftlichkeit in dem ersten bekannten Aufnahmeattest: Der Leibmedicus Dr. Schönmezler aus der kurpfälzischen Residenzstadt Mannheim schickt einen Hofgerichtsrat mit der Diagnose *affectus melancholicus hypochondriacus* am 31.5.1751 zur Behandlung in das Haus der Alexianer[1].
Weniger augenfällig, aber getragen von dem selbstlosen Einsatz einzelner Christen wirkt die Pfarrkaritas[2]; stadtbekannt dagegen, getragen und verpflichtet zugleich von der öffentlichen Meinung geschieht der Einsatz der Reichen. In der Pfarre St. Foillan gründet Anna Maria Wespien - das Wespienhaus in der Kleinmarschierstraße stand bis zum 2.Weltkrieg - nach dem Tode ihres Mannes, des Bürgermeisters Johann von Wespien, das Marianische Spital in der Jakobstraße, ursprünglich für 12 arme Verwandte gedacht, aber bald allgemein für kranke und arme Männer genutzt. Eine andere reiche Dame, Marie Anne Herwartz, stiftet im Kontakt mit dem Stadtregiment 1768 für *wohlmeritierte* Arme das Herwartzsche Institut, zunächst in zwei Räumen des städtischen Armenhauses in der Bendelstraße, von 1776 an in einem Neubau[3].
Ebenfalls in der Bendelstraße stiftete die Familie Colyn zu Beusdal 1723 den *Beusdalschen Armenkonvent,* zu dessen Unterhaltung ein städtischer Fond für Hausarme herangezogen wurde[4].
Wenn auch bei diesen und anderen Stiftungen die Stadtkasse beteiligt war, blieben die Sozialausgaben der Stadt insgesamt gering. Verstärkt wird die fachliche Kontrolle kirchlicher Wohltätigkeit zugunsten einer Effektivität. Von 1686 an verwalten städtische Provisoren die Armenkasse von St. Foillan[5], während die unmittelbare Ansprache der Gebenden wie der Nehmenden Sache der Priester bleibt. Pastor und Kapläne für die städtische Hauskollekte sind zur Behebung der größten Not während der Ruhrepidemie 1740 gerade richtig[6].

---

[1] IV, 153 f.
[2] IV, 85 / 222; V, 10 / 419
[3] IV, 85 / 252
[4] IV, 107 / 253
[5] V, 10 / 220
[6] V, 26 / III, 52

Über das Sendgericht werden die vier Pastöre aufgefordert, die Bedürftigkeit der Bittsteller zu prüfen und den Berechtigten Abzeichen auszuhändigen. St. Jakob war vorbildlich: Die Armen trugen beim wöchentlichen Brotempfang ein Abzeichen aus Blei mit dem Bild des Pfarrpatrons oder mit dem Stadtwappen[1]. Armenlisten sollten von den vier Pastören geführt und der Stadtverwaltung regelmäßig vorgelegt werden, damit diese wußte, wen der Stadtarzt unentgeltlich behandeln sollte. Nach 1686 konnten dazu auch selbständige Ärzte verpflichtet werden[2].

Rationalisierte Sozialpolitik und christliche Nächstenliebe stießen beim Anblick eines Bettlers aufeinander. Die unmittelbare Begegnung weckte das Gewissen der Christen mehr als jede Aufforderung geistlicher oder weltlicher Autoritäten. Der weltliche Arm dagegen sah seine Kontrollen übergangen und wollte unnötige, vielleicht betrügerisch provozierte Ausgaben seiner Bürger verhindern. Seit 1639 ist Ortsfremden grundsätzlich verboten, in Aachen zu betteln, und die Einheimischen dürfen es nur mit städtischer Erlaubnis[3].

Mehr als sonst ist sich in den Jahren nach dem Stadtbrand beim Wiederaufbau jeder selbst der Nächste, und deshalb ist es schwierig, die kirchlichen und städtischen Kassen für Hilfsbedürftige zu füllen. 1687 weist die Stadtverwaltung die vier Pastöre an, in der Predigt dazu aufzurufen, in Testamenten die Armen zu bedenken[4]. In die Zukunft weist der Versuch, sich selbst neue Geldquellen zu verschaffen, statt sich auf Nächstenliebe zu verlassen. Zugunsten der Armenfürsorge erhebt die Stadt Umsatzsteuern: 1% vom Kaufpreis bei Veräußerung eines Grundstücks und die Abgabe eines *Armenpfanne* genannten Maßes von dem in die Stadt eingeführten Getreide[5]. *Ballgelder*, also eine Vergnügungssteuer, müssen die Pächter des Komödienhauses und der Redoute ab 1753 ihren Gästen auf die Rechnung setzen, *Spielgelder* zahlen ab 1764 die Besucher von genehmigten Veranstaltungen mit Glücksspielen. Mehrmals muß die Stadt gegen Bürger einschreiten, die statt Not zu lindern, an ihr durch Wucher verdienen wollen[6]. Die Petri-Bruderschaft hatte sich eine Art Mono-

---

[1] ebd.
[2] I, 40 / 33 / 35
[3] V, 10 / 232 f, ; V, 26 / III, 18
[4] V, 10 / 230 f.
[5] IV, 85 / 222
[6] D, 6 / Nr. 28, 17.6.1776

pol für die Einfuhr von Fischen verschafft und verwehrte anderen Anbietern den Weg in die Stadt. Eine Klage über Preistreiberei, über *Monopolia und Excessus*, hatte Erfolg, und der Stadtrat hob die fragwürdige Bruderschaft auf und gab den Fischverkauf für Einheimische und Auswärtige frei. *Ocular-Inspection und Examination* - bisher offenbar Sache der Bruderschaft - übernahmen städtische Beamte an der Stadtwaage[1].

Wegen des Abstinenzgebotes war der Fisch besonders in der Fastenzeit ein begehrtes und notwendiges Nahrungsmittel, und verschiedentlich sah sich der Rat genötigt, Fisch zu einem Sonderpreis für die Armen zu beschaffen. Der Bischof sorgte für eine gewisse Erleichterung, als er 1661 den Genuß von Eiern aus dem Abstinenzgebot ausschloß[2].

In dem Notjahr 1740 hielten sich viele Bäcker nicht an den von der Stadt festgelegten Brotpreis und wiesen arme Kunden ab, die sich auf diesen beriefen. Daraufhin sah sich die Stadt genötigt, selbst einen Brotverkauf zu organisieren, und zwar im Graßhaus. Weil aber mehr Bürger betroffen waren als die bisher berechtigten und mit einem Abzeichen versehenen Almosenempfänger, war keine Kontrolle möglich; die Stadt mußte ihren besser gestellten Bürgern ins Gewissen reden und sie ermahnen, nicht im Graßhaus, sondern beim Bäcker Brot zu kaufen und dort zu versuchen, den verordneten Brotpreis durchzusetzen. Im übrigen sollten sie *mit kräfftigen Almosen beyspringen*[3]. Käufer und Verkäufer als Sünder, vom Stadtregiment den Pastören als Predigtthema angeboten!

Einen Höhepunkt rationaler Planung, verbunden mit der Idee, christliche Karitas überflüssig zu machen, bildete kurz vor dem Ende der reichsstädtischen Ordnung der Entwurf für eine neue Verfassung, der 1791 vorgestellt wurde. Kalvinisches Verlangen nach Beseitigung des Müßiggangs und Hochschätzung der Arbeit als Mittel der von Gott geforderten Verwandlung der Welt verband sich mit der Selbstgewißheit aufklärerischen Denkens in der Konzeption eines Zucht- und Arbeitshauses; in ihm sollten Müßiggänger zur Arbeitsamkeit erzogen bzw. gezwungen werden, arbeitswillige Arbeitslose aber *eine*

---

[1] D, 6 / 10.12.1739
[2] V, 10 / 317
[3] D, 6 / 22, 13.5.1740

allzeit offene Werkstätte erhalten[1]. Wohl wissend, daß solch ein Haus oft *auf Halde* produzieren muß und sich nicht selbst tragen kann, muß die Stadt die Kosten tragen. Die Verfasser rechnen weiterhin mit Spenden aus christlicher Nächstenliebe; diese würden wegen der sinkenden Zahl der Bedürftigen zu einem Überschuß führen, der zur Unterhaltung des Arbeitshaues dienen sollte[2]. Ferner würden zwei zusätzliche Kollekten helfen, am Johannis- und am Martinstag, dazu Schenkungen und Vermächtnisse. Schließlich müßte aber *das öffentliche Sammeln gänzlich wegfallen*, das Arbeitshaus würde *dem Staate nie (mehr) zur Last fallen, und die Pfarre hätten nur noch Kranke und Arbeitsunfähige zu versorgen*[3]. Das ganze Projekt fiel dem Wechsel der Dinge 1792 zum Opfer, sollte aber von den geistesverwandten Revolutionären aus Frankreich wieder aufgegriffen werden.

VI.3.6 Überwachung des öffentlichen Lebens

Nach dem Schulunterricht und der Sozialfürsorge ist es die öffentliche Sittlichkeit, die das Stadtregiment effektiver als in den vergangenen Epochen sichern will, nicht zuletzt mit Hilfe des Sendgerichts. Dabei mußte sich das Stadtregiment auf Warnung und Strafandrohung beschränken, wo es am liebsten vom *Polizisten an der Ecke* alle Winkel überwacht haben würde. Ein Beispiel ist der Versuch, die Aussetzung neugeborener, i. a. unehelicher Kinder, einzuschränken. Im Edikt vom 11.12.1739 sieht der Stadtrat in der Möglichkeit, unerkannt Neugeborene auszusetzen, ein Faktum, *wodurch Unzucht gestiftet* wird. Die Strafandrohung soll die Versuchung zur Sünde vermindern. Dabei steht das Strafmaß in umgekehrtem Verhältnis zur Möglichkeit, eines Täters habhaft zu werden: öffentliche Auspeitschung und Verbannung für einheimische Täter und Mitwisser, Überstellung von Auswärtigen an die zuständigen Behörden mit gerichtlichem Protokoll. Etwas mehr verspricht man sich davon, daß mit 25 RTL bei Verschweigung seines Namens belohnt wird, wer einen Täter anzeigt. Vor allem aber soll durch Information Irrtum behoben und Verantwortung geweckt werden. Also werden die Bürger

---

[1] VI, 31 / 7
[2] ebd. 18
[3] ebd. 19

belehrt: Ausgesetzte Neugeborene seien in der größten Lebensgefahr - entgegen der Meinung, die Säuglinge würden vor den Haustüren bald Rettung finden, hinter denen Menschen mit Gewissen und Verantwortung wohnen. Die Meinung, das städtische Armenhaus werde die Säuglinge aufnehmen, sei ein Irrtum; dort gäbe es Plätze allein für ehelich geborene Kinder armer Eltern auf ihren Antrag hin.

Im Unterschied zu diesen Versuchen, sozusagen ins Dunkle hinein zu regieren, geht es in dem Ratsbeschluß vom 30.6.1698 um eine unbeschränkt durchführbare Entscheidung. In den Thermalbädern bleiben fortan die Geschlechter getrennt, abgesehen von Zeiten für Ehepaare und Familien. Sache des Sendgerichts sind Übertretungen dieses Gebots und Unzucht[1]. Das entsprach den Forderungen, die Blondel schon 1688 ausgesprochen hatte.

Doch auch die nach Blondels Regel trinkenden und badenden Gäste bleiben den kirchlichen wie den städtischen Autoritäten suspekt. Es bleibt die Frage, ob sie *vere vel ficte - in Wahrheit oder nur zum Schein* die Quellen benutzen, nämlich wegen des freizügigen Lebens nach Aachen gekommen sind. Wahrscheinlich hat das Amüsement am Komphaus abgefärbt, wenn der Nuntius bei seiner Visitation am 16.11.1708 erklärt, daß Zusammenkünfte der Jugend beiderlei Geschlechts bis in die Nacht hinein zu verbieten seien[2]. Die Jesuiten wissen, welche Gasthäuser von Kupplern betrieben werden, und erreichen 1659, 1691 und 1700 deren Schließung[3]. Immer wieder sind Ehebruch, Defloration, wilde Ehe, Prostitution und Unzucht Gegenstände des Sendgerichts[4].

Stadtregiment und Kirche sind sich einig über die Gefahren des Glücksspiels, doch sieht sich die Stadt den Badegästen gegenüber genötigt, eine Tür dafür offen zu lassen: es wird generell verboten, aber zur Abendstunde in der Redoute erlaubt. Ferner geht man nach Burtscheid, Forst oder in die Ketschenburg - nur etwa 100 m vor dem Adalbertstor gelegen[5].

Eine Grenze zwischen seelsorglicher und politischer Verantwortung zeigt sich 1664. Das Kollegium der Ärzte, Chirurgen und Apotheker beschließt in der Augustinerkirche am Feste des hl. Lukas als ihres

---

[1] V, 10 / 321 f.
[2] D, 4 / 251, Nr. 11 und 14
[3] V, 10 / 320
[4] A, 2 / 5; IV, 25 / 46; V, 10 / 221, 320 ff.; V, 26 / II, 22
[5] VI, 26

Patrons eine Satzung, in der ein scharfes Vorgehen gegen die als Marktschreier auftretenden Quacksalber verlangt wird, und legen diese dem Stadtrat zur Genehmigung vor. Der legt sie ad acta[1]. Sicher wollte das gebildete Kollegium nicht nur eigene Einnahmen sichern, sondern auch gegen Lug und Trug vorgehen; die Stadt sah aber darüber weg und war an wirtschaftlich effizienten Attraktionen auf dem Markt interessiert.

In Akten des Sendgerichts sind keine Prozesse gegen Quacksalber zu finden, weil ein Ankläger kaum eindeutige Beweise vorlegen konnte. Überwiegend sind es Anklagen mit geringerem Gewicht. Beleidigungen werden oft zur Verhandlung an die Pastöre als die geistlichen Sendschöffen weitergegeben. Sie ziehen mediatores - Schiedsmänner - hinzu, in St. Jakob auch einmal eine Frau, Adelheid Bendel, am 24.1.1684. I. a. geht es in diesen Prozessen um die Vielzahl der in der Aachener Mundart verwendeten Schimpfwörter[2]. Das Urteil verlangt Zurücknahme der Beschimpfung mit einer Ehrenerklärung. Entgegen uralter Gewohnheit klagen sich auch Glieder einer Familie gegenseitig an. So zwingt erst das Urteil des Sendgerichts eine verheiratete Tochter, sich bei ihrer Mutter für eine Beleidigung zu entschuldigen und ihr ein entwendetes Besitztum zurückzugeben[3]. Ein anderer Prozeß wurde aus einleuchtenden Gründen bis zur Aufhebung des Sendgerichts nicht abgeschlossen. Im Protokoll heißt es: *Sophia van Carl contra ihren Ehemann Schmitz klagt, daß ihr Mann, den sie Ursachen halber (habe) verlassen müssen, sie für eine nichtsnutzige Person verschreye; bittet also, denselben zum Beweis oder widerruf anzuhalten, auch denselben alles injuriiren zu Verbieten; citatus et comparens (der Ehemann, vor Gericht zitiert und erschienen) leugnet obige angaben; im Gegenteil hätte seine Frau an andere Leute sich ausgelassen, er habe seine eheliche Pflichten an ihr nicht erfüllet ... (Die Frau) will ihre angaben beweisen; im übrigen hätten sie beide noch nicht einmal als Eheleute miteinander gelebt, sondern ihr Mann hätte allzeit ein Kind anstatt ihrer neben sich ins Bett gelegt.*

---

[1] I, 40 / 32 f.
[2] IV; 15 / 66 f.
[3] D, 3 / Bd. 17, 29.10.1794

Decretum: Klägerin hätte ihr angeben zu beweisen, dabei auch hinlänglich Ursachen beizubringen, warum sie sich von ihrem Mann entfernt habe[1]. Wenn Bürgermeisterdiener Janssen in seinem Tagebuch 1757 klagt, daß trotz Bittandachten und Erdbebenangst *manche dahin leben wie das liebe Vieh*[2], so kann das auf die französische Einquartierung während des Siebenjährigen Krieges zurückgeführt werden, in der weder weltliche noch geistliche Autoritäten der Unzucht zu steuern wußten und Frauen und Mädchen den Verführungskünsten der Soldaten erlagen[3]. Insgesamt aber ist das Urteil erlaubt, daß Stadtregiment und Sendgericht gemeinsam auch in dieser Epoche eine wirksame Sittenzucht ausübten[4].

Eine für die Zeit wachsender Rationalität typische Art, auf das Verhalten des Volkes einzuwirken, ist die Verkündigung von Sparverordnungen. Das gegenreformatorische Ja zum Fest wird im 18. Jahrhundert mehr und mehr zurückgenommen und Gewinn und Verlust der öffentlichen Hand zum Maßstab gemacht. Wenn Joseph II. wegen seiner peniblen Anweisungen für die Verwendung von Kerzen im Gottesdienst verspottet wurde, lebte er nur vor, was die weltlichen Obrigkeiten mehr und mehr praktizierten. Dabei konnten sie sich weitgehend auf die Pfarrseelsorger stützen, die selbst mit den Kirchmeistern *den Pfennig herum ärmlich drehten*. Tatsächlich sieht sich der Stadtrat nur neun Jahre nach dem Stadtbrand von 1656 genötigt, Luxus bei Beerdigungen zu verbieten: Glockenläuten wird auf den *tödlichen Hintritt* und auf den Beginn des Leichenganges beschränkt; Flambauen - große hölzerne oder gar metallene Kerzenleuchter - dürfen nicht mitgeführt werden, abgesehen von den für die Stadt bedeutsamen Standespersonen[5]. Mehrmals versucht das Stadtregiment, der Umwertung der Fronleichnamsprozession zu einem Volksvergnügen entgegenzutreten und läßt durch das Sendgericht 1686 verbieten, während der Prozession sog. Bronckplätze zu verzehren. 1694 muß den Zunftgenossen eingeschärft werden, daß sie bis zum Ende mitzugehen hätten, nachdem sie sich im Vorjahr mit alkoholischen Getränken allzusehr *rafraischirt* hatten und sich absentieren

---

[1] D, 3 / S. 131 ff., 27.7.1792
[2] V, 26 / III, 252 f.
[3] VI, 9 / 45 f.
[4] IV, 25 / 132 f.
[5] V, 26 / III, 418

mußten[1]. 1658 verbietet der Stadtrat einen zu großen Aufwand bei Pfarrprozessionen: am Vortag Abschlagen von *Maien* auf den Wällen, Aufstellen von Rosmarinstöcken an den Häusern; während der Prozession Ausschank von Wein und Bier; nachher Tanzen, Trommeln, Schießen. 1710 scheitert ein vom Kleinen Rat ausgesprochenes Verbot der Pfarrprozessionen am Widerspruch des Großen Rates, doch bedürfen künftig alle Pfarr- und Klosterprozessionen einer städtischen Genehmigung[2].

VI.3.7 Summepiskopat

Bei den genannten Verordnungen des Stadtregiments ging es um Recht und Gerechtigkeit und das Allgemeinwohl, unabhängig von christlichen, erst recht von katholischen Forderungen. Anders ist es, wenn zuletzt in dieser Epoche in Aachen wie in der ganzen katholischen Welt die Einhaltung spezifischer Gebote der Kirche mit weltlichen Machtmitteln erzwungen wurden, kaum anders als in lutherischen Ländern, in denen die Fürsten als summi episcopi - höchste Bischöfe - agierten. Wenn das Stadtregiment selbst eine Fastenverordnung verkündete, ging es ihm darum, daß die vor Beginn der Fastenzeit von den Kanzeln verlesenen Anordnungen des Bischofs tatsächlich eingehalten, *exekutiert* wurden, manchmal mit inhaltlicher Verschärfung. Gestattete der Bischof wegen hoher Fischpreise 1661 und 1684 den Genuß von Eiern, so wurde aus dieser Lizenz der Aschermittwoch, die Quatembertage und die Karwoche über das Sendgericht herausgenommen[3] . Der Fleischverkauf wurde für die Fastenzeit, die Quatember- und Vigiltage eingeschränkt oder ganz verboten[4].

Alle Verordnungen zur Sicherung des Fastens und der Abstinenz sind wie andere auch mit Strafandrohungen verbunden und gelten ohne jede Ausnahme, so auch für die Speisekarte in den Gaststätten. Die Wirte verstehen es, wenn sich ihre Gäste darüber wundern, soweit sie nicht katholisch sind oder nur dem Scheine nach in Aachen Heilung

---

[1] V, 10 / 148
[2] V, 10 / 157
[3] IV, 25 / 40
[4] V, 10 / 217

suchen, tatsächlich aber das Ambiente des Badelebens genießen und dafür zahlen wollen. Anders als beim Glücksspiel gibt es weder Rücksicht auf Mindereinnahmen des Wirtes noch auf allgemeine wirtschaftliche Nachteile durch Minderung der Lebensqualität. Nuntius Bussi zieht an demselben Strang, läßt sich 1708 von den Schwierigkeiten berichten und verlangt, daß Kurgäste dem Wirt die schriftliche Erlaubnis ihres Arztes oder ihres Pastors vorlegen, wenn sie Fleischspeisen verlangen. Und so geschieht es: Der Rat droht mit zwei Gulden Strafe für den Wirt[1].

Wie Fasten und Abstinenz werden auch Sonn- und Feiertage weltlich-behördlich gesichert. Wozu der Nuntius bei seiner Visitation im Jahre 1708 das Stadtregiment aufforderte, sah dieses schon längst als seine Aufgabe an: Städtische Ordnungshüter sollten an Sonn- und Feiertagen Kinder und Jugendliche in die Christenlehre schicken, wenn sie in der dafür festgesetzten und allgemein bekannten Stunde auf der Straße spielten[2]. Darüber hinaus werden die Eltern genötigt, zur Vermeidung von Strafen ihre Kinder selbst zur Kirche zu bringen[3]. Von vier Gulden Strafgeld sollten drei das städtische Armenhaus und einen der Denunziant erhalten[4]. Dasselbe galt schon in der Feiertagsordnung von 1655 für die Verpflichtung, Dienstboten in die Christenlehre zu schicken. 1696 kam eine Strafandrohung für Wirte hinzu, die während des Gottesdienstes und der Christenlehre ihr Lokal offen hielten. Das Bußgeld von zwei Gulden sollte der Pastor für *Kinderlehrgaben* erhalten. Einen Schritt weiter ging der Stadtrat, als er 1696 die Pastöre in diese weltliche Disziplinierung einbezog und von ihnen verlangte, Kinder und Dienstboten in der Christenlehre zu prüfen, pflichtvergessene Eltern anzuzeigen, und ihnen riet, an Sonn- und Feiertagen Katechesen auch für Erwachsene einzurichten.

Damals wie heute waren bestimmte Dienstleistungen an Sonn- und Feiertagen erlaubt, mit Einschränkungen während des Gottesdienstes. Das Stadtregiment ließ nach den Weisungen des Nuntius Aufseher darüber wachen, daß die Wirte vor dem Gottesdienst keinen Alkohol ausschenkten, und bei Mißachtung des Verbots zwei Gulden einziehen. Je ein Drittel dieser Bußgelder erhielten die zuständige Pfarrkir-

---

[1] D, 4 / 251, Nr. 11
[2] V, 10 / 164
[3] VI, 55 / 37
[4] D / Nr. 1, 6.9.1717

che, das städtische Waisenhaus und die Aufseher[1]. *Spielfechtung und andere üppige Händel* vor und während des Gottesdienstes wurden verboten[2]. Als Gewerbe wurde auch das Betteln angesehen, aber an Sonn- und Feiertagen erlaubt, nur nicht während des Gottesdienstes. Insgesamt scheint die Sonntagsruhe von den Aachener Gewerbetreibenden eingehalten worden zu sein; auswärtigen Müllern und Gemüsehändlern dagegen wird eine Strafe von vier Gulden angedroht. Anscheinend kannten sie Schleichwege in die Stadt oder wußten ihre Waren zu tarnen. In diesem Falle geht eine Hälfte der Strafgelder an das städtische Waisenhaus, die andere an die Aufseher[3]. Mit einem Mißlingen der Überwachung rechnen die Ratsherren, wenn sie androhen, einen gegen das Verbot in die Stadt gebrachten Wagen mit der ganzen Ladung zu konfiszieren[4].

In der Abwägung der wirtschaftlichen Wohlfahrt gegenüber religiösen Forderungen beschließen die Ratsherren einige Modifikationen[5]. An Fremde, also hauptsächlich an Badegäste, dürfen *Eßwaren in Kleinigkeiten* nach 11 Uhr, d. h. nach dem Ende des *fürnehmsten* Gottesdienstes verkauft werden, aber nur bei geschlossenen *Dillen* - das sind die andernorts Läden genannten Klappen, auf denen die Waren zum Verkauf angeboten wurden, wenn sie in der Geschäftzeit bis in die waagerechte Lage heruntergelassen waren. Der Käufer mußte also entgegen der Gewohnheit die Tür öffnen und in den Lagerraum eintreten.

Die Hochschätzung der Tage das Herrn durch den weltlichen Arm zeigte sich nicht zuletzt darin, daß er an vier Feiertagen auf den polizeilichen Zugriff verzichtete - von Dieben und *Schelmen* abgesehen. Das waren das Dreikönigsfest, Fronleichnam und die beiden Kirchweihfeste des Münsters, die *große Kirmes* am 17.7. und die *kleine Kirmes"* am 8.9. Stadtsoldaten bliesen mit *tieff gebogenen Knieen* am Marienaltar im Münster vor der Vesper zu *Ehr und Reverenz Gott und seiner gebenedeyten Mutter Mariae*, dann vor dem Rathaus zu Ehren Karls des Großen als des Stadtpatrons, dann vor den Häusern der Bürgermeister und des Schöffengerichts *die große Freyheit* aus[6].

---

[1] D, 4 / 251, Nr. 10
[2] D, 6 / Nr. 11, 6.9.171
[3] D, 4 / 251, Nr. 12
[4] D, 6, 6.9.1715
[5] D 6 / Nr. 12, 1.7.1716
[6] I, 37 / 131 f.

Das sichtbare und damit kontrollierbare Leben soll nach dem Willen des Stadtregiments so gestaltet werden, wie es in Predigt und Katechese vorgegeben wird. Wenn es sich der Seelsorge zur Verfügung stellt, will sie diese auch gut *exerziert* sehen und setzt selbst seelsorgliche Akzente, wenn sie solche vermißt. Ein Mahnschreiben vom 11.6.1756 läßt der Stadtrat von den Kanzeln verlesen:

Nachdemahlen der Allerhöchste Gott bereits vom Endletz-Verwichenen Jahrs bis herzu nicht allein über hiesige Stadt und benachbarte, sondern auch über viele Königreichen und Landen mit den förchterlichen Erd-Erschütterungen seine gerechte Straf-Ruthe gezucket, und uns Menschen damit annoch beständig drohet, und wir balder durch unser instandig und eiffriges Gebet solchen göttlichen Zorn zu besänftigen, als denen Lustbarbeiten nachzugehen, und mit Tantzen und dergleichen üppigen Händelen woraus allerhand Zank und Streitigkeiten zu entstehen pflegen diese sonst ohnehin calamitöse Zeiten hinzubringen bedacht seyn müssen; Hierumb so wird durch En. ... Hochweisen Rath dieses Königl. Stuhls und Kaiserl. Freyer Reichs-Stadt Aachen allen und jeder dieser Stadt Bürgeren und Einwohneren hiermit anbefohlen, unter unausbleiblicher Straf von 6 Goldgl. aller derley Lustbarkeiten, als Trommeln, Kirmes-Stöck zu setzen, Frey- oder andere Tantz-Spielen zu halten oder beyzuwohnen, sich bis zur Wieder-Aufhebung dieses Verbotts vollends zu enthalten[1].

In demselben Jahr beginnt der Siebenjährige Krieg. Das Stadtregiment bedient sich der Kanzel, um die Bürger auf seine Neutralitätspolitik zu verpflichten: *... (Es) wird allen ... bürgern ... und .... fremdlingen hiemit anbefohlen, sich in ihren gesprächen wohl vorsichtig zu menagieren, gegen keine gekrönte häupter, weder anderen grosse fürsten und herren das allergeringste tadelhaft, verkleinerlich oder respectwidrige wort ... auszusprechen oder auf andere art sich dargegen vernehmen zu lassen, widrigenfalls gegen ... dergleichen ehr- und schuldigkeitsvergessene menschen ohne ansehung deren personen mit proportionirter straff verfahren werden solle ...[2].*

In einem Streit mit dem Münsterstift haben die Stadtväter die religiösen Argumente und damit viele fromme Bürger auf ihrer Seite. Selbst vertraglich für die Sicherheit der Heiligtümer mitverantwortlich,

---

[1] D, 5
[2] VI, 9 / 36; VI, 9 / 37

protestieren sie gegen eigenmächtige Zeigung anläßlich des Besuchs oder der Badekur von Potentaten, so 1757 des Erzbischofs von Köln[1]. In dem Streit zwischen Erzpriester und Pastor an St. Foillan sieht sich das Stadtregiment in der seelsorglichen Verantwortung angesichts des Versagens aller kirchlichen Instanzen. Es stärkt dem Priester den Rücken, der die Seelsorge tatsächlich ausübt, und das ist der Pastor. Als Erzpriester Fibus störend in die Seelsorge eingreift, weiß Pastor Franz Schmitz, daß er Rückendeckung hat: *Sollte ihen iemand hierin turbieren, so suche schutz und Schirm bey H. Bürgermeistern*[2]. Als derselbe Erzpriester Pastor Aretz das Pfarrhaus streitig machen will, treten ihm die weltlichen Sendschöffen zusammen mit ihren geistlichen Kollegen entgegen und verweisen auf die Absicht des Stadtregiments bei der Finanzierung des Hauses im Jahre 1609, wie sie die Inschrift auf der Fassade an der Ursulinerstraße damals noch erkennen ließ: *Providus ipse suo erexit posuitque Senatus has in fundo aedes proprio aere, ut cura sit ipsis posteris - Der Stadtrat errichtete von Grund auf dieses Haus mit seinen Mitteln in der Absicht, die Seelsorge für die Nachgeborenen zu sichern*. Daraus leiten die Sendschöffen ab, daß nur der Priester im Pfarrhause wohnen dürfe, der die Seelsorge in der Pfarre insgesamt ausübe. Und das ist der Pastor und nicht der Erzpriester, der nur gelegentlich eine Funktion an sich ziehen will[3].

Im Streit um das Taufrecht erklären die Stadtväter, daß, solange es Pastöre an St. Foillan gebe, kein anderer als dieser die Kinder der Stadt in der Taufkapelle getauft hätte, und entscheiden damit pragmatisch zugunsten der seelsorglichen Kontinuität und gegen das auf vermeintlich älteres Recht pochende Stiftskapitel[4].

Auf derselben Linie bleibt das Stadtregiment im Streit zwischen Erzpriester Tewis und Pastor Imhaus. Von der Trenck erinnert in seiner Pressefehde zehn Jahre später an den von Tewis begonnenen Krawall in St. Foillan vom 17.4.1762 und zitiert Bürgermeister Strauch: *Vergleicht Euch, Ihr hochwürdigen Canaillen, sonst lasse ich die Wache rufen*[5]. Ob Strauch so gesprochen hat oder nicht, fest steht, daß er die Streithähne *componiert* und erreicht hat, daß Tewis auf weitere Ein-

---

[1] IV, 144 / 65, 101; VI, 9 / 36; VI, 52 / 156
[2] IV, 51 / 238; D, 1 / U, 7, 15.6.1694
[3] D, 1 / BIT, 1
[4] V, 51 / 251, 16.5.1688
[5] VI, 82 / 867; V, 26 / III, 374 ff.

griffe verzichtete. Strauch soll sich später für Schimpfworte entschuldigt haben[1], doch Empörung war bei diesem Mann der Ordnung zu erwarten. Das schnelle Eingreifen der Stadtsoldaten ist wohl auf seine Reformen zurückzuführen, zu denen 1760 die Einrichtung einer Nachtwächter-Kompanie gehörte[2].
Wie gegenüber seinem Vorgänger setzt das Stadtregiment auf die tatsächlich ausgeübte Seelsorge und nicht auf die neuen Rechtstitel, die sich Tewis zugelegt hat. Auf seine Beschwerde über Anpöbeleien auf offener Straße und seinem Wunsch nach Verwarnung des Pöbels durch ein Edikt antwortet es, daß er mit einem solchen Edikt nicht rechnen könne, weil das Volk von Aachen schon genug irritiert sei und dadurch eher noch mehr aufgebracht würde; er solle Pastor Imhaus in der Ausübung seiner Pflichten in Ruhe lassen, bis Rom das Urteil gefällt habe. Sobald dieses vorläge, käme der Arm der weltlichen Gewalt seiner Pflicht nach und ginge gegen jede Zuwiderhandlung vor[3].
Wenn die weltliche Gewalt in dieser Weise für eine effiziente Seelsorge eintritt, so wird sicher deren wirtschaftliche Voraussetzung ihre Sache sein, die *Fabrik* der Pfarrkirchen, in der weltliche Praktiken in seelsorglicher Verantwortung erforderlich sind. Das ist ein alter Sachverhalt, der zuletzt im Vertrag mit dem Sendgericht 1604 festgelegt wurde[4] und in dieser Epoche neue Akzente erhält. Wurden wahrscheinlich schon im 13. Jahrhundert zwei von den für die fabrica verantwortlichen Laien an St. Foillan, Kirchmeister genannt, vom Stadtrat bestimmt, so nach 1700 vier[5]. Darüber hinaus prüft der Kleine Rat jährlich das Finanzgebaren, zitiert bei Beanstandungen Pastor und Kirchmeister vor seine Schranken und entscheidet, wenn diese sich nicht einigen können[6]. Größere Ausgaben sind erst nach Genehmigung des Rates statthaft. Der Kirchenvorstand wird am 30.9.1701 gerügt, weil er eigenmächtig einen neuen Hochaltar angeschafft hat[7].

---

[1] VI, 82 / 8668
[2] VI, 9 / 48; V, 26 / III, 304
[3] D, 1 a / 39
[4] D 1 / C 5, p. 36
[5] V, 10 / 44
[6] V, 26 / III, 418; V, 10 / 278; IV, 155 a / 84
[7] VI, 34 b

Letztlich ist es das Stadtregiment, das in St. Michael eine neue Pfarre entstehen läßt. Hatte es nach der Auflösung des Jesuitenkollegs 1773 die Kirche den Kongregationen zur Verfügung gestellt und ihnen damit eine eigene Haushaltsführung zugestanden, erkannte es St. Michael am 12.1.1787 als *würkliches Kirchtum* an, ließ einen Kirchenrat wählen und sich von diesem jährlich den Haushalt vorlegen[1]. Damit war St. Michael eine Art Personalpfarrei für die Kongregationsmitglieder in ganz Aachen, ohne Pfarrer und ohne seelsorgliche Pfarrechte, doch mit einer organisatorischen Vorstufe für die Errichtung der Pfarre 1802.

Ein Streitpunkt zwischen Münsterstift und Stadtregiment war die seit 1353 bestehende Kapelle im Rathaus. Ein Zeichen der Angleichung an die fürstlichen Landesherren und Betonung einer Einheit von weltlicher und geistlicher Autorität war die Aufstellung eines neuen Altars im Stil der Zeit, der zwischen 1727 und 1734 von Jaques de Reux in Lüttich geschaffen wurde, wahrscheinlich nach einem Entwurf von J. J. Couven.[2] Anders denkt das Stiftskapitel: Nach einem Dankgottesdienst aus Anlaß des Friedens von Rijswijk in der Ratskapelle am 19.1.1698 beschwert es sich beim Nuntius in Köln: Es wolle nicht mehr dulden, daß der Rat *auf seinem Sitz andächteln und dem Allerhöchsten mit Beten, Singen und Jubilieren beschwerlich fallen sollte.* Auch wenn der Nuntius dem beipflichtet, geschieht kirchlicherseits nichts. Eine Entscheidung des Reichskammergerichts stärkt die Position der Ratherren; sie bezeichnen sich als Landesherren und leiten daraus das Recht ab, Dank- und Freudenfeste in der Ratskapelle zu feiern.[3]

Trotz der Kritik des Münsterstifts stehen die Franziskaner von St. Nikolaus für den Gottesdienst vor den Ratssitzungen zur Verfügung, und in diesen Jahrzehnten kommen die an St. Foillan tätigen Priester hinzu. Auch die Pfarrangehörigen schenken neben den vielen Kirchen und Kapellen innerhalb der Barbarossamauer dieser einzigartigen, eigentlich politischen Kapelle ihre Aufmerksamkeit und folgen der Einladung zu Gedenkmessen und -andachten. Nach der Nachricht vom Tode Maria Theresias sind sich Stift und Stadt zunächst darin

---

[1] A1 / St.Michael 6
[2] Im Zuge der Regotisierung des Krönungssaales wurde er 1848 der Pfarre St. Peter überlassen und steht seit 1983 ohne die im 2. Weltkrieg schwer beschädigte Umrahmung im Vorraum auf der Nordseite der Kirche.
[3] 1, 34 / 679 f.; 1, 3 II, 303 f.

einig, daß alle Glocken läuten und alle Ratsherren zu einem feierlichen Amt ins Münster kommen sollen. Als aber der Rat den Stiftsdechanten bat, außerdem ein Seelenamt in der Rathauskapelle zu zelebrieren, wiederholte dieser die Kritik seiner Vorgänger mit einer Variante: An dem Orte, wo Todesurteile gesprochen würden, sei für ihn eine Meßfeier unmöglich, und verweigerte auch das vom Rat gewünschte Läuten der Münsterglocken[1]. In St. Foillan fanden die Ratsherren ein offenes Ohr; Erzpriester Tewis zelebrierte mit zwei *Dissidenten* aus dem Stiftskapitel das vom Rat gewünschte Amt am 10.1.1781[2].

Wenn schon die Münsterglocken nicht läuteten, rief wenigstens die Pfortenglocke des Rathauses zur Mitfeier. 1669 hatte Pastor Nagel in St. Foillan diese neue Glocke geweiht, unauffällig, ohne das Münsterstift herauszufordern. Als 1707 diese Glocke geborsten und eine neue gegossen worden war, erschien Erzpriester Fibus selbst zur Glockenweihe und ließ sich von den Pastören an St. Peter und an St. Jakob assistieren. Die anschließende Bewirtung auf dem *Läubchen* im Rathaus *mit einem guten Glas Wein* unterstrich die Verbundenheit des Rates mit *seinen* Stadtpriestern[3]. Im übrigen zeigte sich dieser Kontakt darin, daß die hl. Messe vor den Ratssitzungen in St. Foillan gefeiert wurde, wenn die Ratskapelle einmal nicht zur Verfügung stand[4].

Die Rathauskapelle bot sich dem Stadtregiment an, seine Kaisertreue in Dankgottesdiensten zu bekunden, von dem Sieg über die Türken und die Rettung Wiens 1683 angefangen bis zu dem Sieg der österreichischen Armee über die Truppen des revolutionären Frankreich im März 1794 bei dem nahen Aldenhoven. Dasselbe gilt für die Trauerfeier nach dem Tode eines Kaisers. Im Krönungssaal wurde ein castrum doloris genanntes Trauer- und Ehrengerüst aufgebaut, das mit Wappen, Bildern und anderen Zeichen behangen und mit frischem Grün geschmückt war. Es sollte den Trauergästen, im wesentlichen den Aachenern, den Verstorbenen vergegenwärtigen. Während ihres Defilées wurden an zwei Tragaltären Messen gelesen[5]. So verliefen auch die Feierlichkeiten beim Tode Maria Theresias am

---

[1] VI, 13 a / 158 f.
[2] IV, 108 / 78; V, 26 / III, 372
[3] IV, 108 / 58; V, 10 / 206
[4] V, 10 / 85
[5] IV, 108 / 59; I, 34 / 727

10. und 11.1.1781. St. Foillan und St. Nikolaus teilten sich dabei die wichtigsten Funktionen: das Seelenamt am Ratsaltar zelebrierte Erzpriester Tewis, die Predigt hielt P. Amadeus Jacobi.
So sehr der Stadtrat seine Kapelle schätzte und sich für das Zelebrieren auf St. Foillan und St. Nikolaus verlassen konnte, so sehr suchte es immer wieder den Frieden mit dem Münsterstift, um Gottesdienste der genannten Art in der Kirche Karls des Großen feiern und mit den Kanonikern in Dankprozessionen schreiten zu können. So zogen die Ratsherren mit Fackeln in der Hand zusammen mit den Kanonikern zum Dank für die Befreiung Wiens 1683 durch die Stadt und stellten sich zum Segen auf dem Markt auf; die Zünfte folgten ihrer Einladung mit den Statuen ihrer Patrone und verstärkten mit ihrer großen Zahl den städtischen Charakter des Ganzen, nicht zuletzt durch den Salut der Kanonen auf den Wällen in Festesstimmung versetzt[1].
Bei den Feierlichkeiten nach dem Tode Josephs II. und auch seines Nachfolgers Leopolds II. entfiel das besondere Amt im Rathaus, und das Trauer- und Ehrengerüst stand im Münster. Das erste *castrum doloris* wurde von Stift und Rat gemeinsam nach dem Tode Karls VI. 1740 in Auftrag gegeben, und zwar an J. J. Couven. Ein Zeichen mehr für die darin ausgedrückte Gesinnung ist darin zu sehen, daß die von Couven gezeichnete Skizze dem Kaiserhof gesandt wurde[2].
Mit dem Gottesdienst im Rathaus oder im Münster sprach das Stadtregiment seine Einbindung in die Ordnung des Reiches aus. Mit der Anerkennung der kaiserlichen Würde konnte es seine eigene Reichsfreiheit betonen und rechtfertigen, bis hin zu skurrilen Steigerungen gegen Ende der Reichsherrlichkeit. Johann Lambert Kahr, 1763-1776 fast ununterbrochen Bürgermeister, erklärte: *Wir sind so souverains wie der Kaiser in seinen Landen.* Und sein Gegenkandidat, De Loneux, ließ sich schon vor der Wahl nach dem Vorbild einer Geburtstagsfeier des Kurfürsten in Bonn im Theater von seinen Parteigängern ehren[3].
Zu Beginn des Jahrhunderts äußert sich das Selbstbewußtsein des Stadtregiments noch in würdigen Formen. Nicht zuletzt wegen es liturgischen Höhepunktes der Dankfeste mußten sich die Stadtväter um das Münsterstift bemühen, wegen des feierlichen Gesangs des Te-

---

[1] V, 10 / 150
[2] VI, 30 / 56
[3] VI, 10 / 263

Deum. Zur Nokturn des Breviers an Sonn- und Feiertagen gehörig, wurde es im 16. Jahrhundert aus diesem liturgischen Ort gelöst und in den Mittelpunkt feierlicher Dankandachten vor dem Allerheiligsten gesetzt, schließlich von protestantischen Fürsten ebenso wie von katholischen als Ausdruck des Dankes für politische und militärische Erfolge genutzt. Bis zum 18. Jahrhundert wurde es in seiner Ausdruckskraft im Stil der Zeit gesteigert durch groß angelegte Vertonungen, durch das Niederknien beim Te ergo quaesumus, durch Glockenläuten und Kanonenschüsse[1]. Im Mittelpunkt sahen die Mitfeiernden den Fürsten, in Aachen das Stadtregiment, das gerade in der Demut vor Gott, in Gebet und Dank, seine Autorität vor dem gläubigen Volk sichert.

Nicht minder ging es dem Stadtregiment um Ansehen und Zustimmung in einer Massenveranstaltung auf dem Markt am 8.7.1681. Das Stadtregiment hatte den Kapuziner Marcus de Anono eingeladen, der sich durch öffentliche Bußpredigten und als Wunder angesehene Heilungen im katholischen Europa einen Namen gemacht hatte. Nach dem Ratsprotokoll blieb der Erfolg nicht aus: ... *alle andächtige zuseher zumal zur Contrition seind bewogen, und viele krüppelen, lahmen und elendige menschen ... seind genesen,.* Im Sinne der wachsenden Rationalität aller Amtshandlungen und zur Vorbeugung gegen die Kritik der Lutheraner und Kalviner wurden die Geheilten protokollarisch vernommen, z. B. Gabriel Pierum aus der Mörgensgasse. Unter Eid bezeugten Nachbarn seine Aussagen, Franz von der Weiden und Wilhelm Hermans. Die Geheilten liefen *ohne fremde Hilfe die Treppe zur Ratskanzlei hinauf und hinterließen demonstrativ Krücken, Haltebänder und anderes Instrumentarium*[2].

Nach heutiger psychiatrischer Kenntnis sind diese Aussagen ernstzunehmen. Wahrscheinlich ist der Bußprediger am Anfang seiner Laufbahn selbst von den Heilungen überrascht worden, und weder er noch die damalige Wissenschaft fanden eine Erklärung. Die Katholiken sprachen von Wundern, die Neugläubigen witterten Betrug. Das Charisma des Predigers und der Glaube des Hörers an Gottes Einblick in seine Seele und seine Schuld konnten Störungen beheben, die aus einem verdrängten Schuldbewußtsein resultierten, und damit

---

[1] VI, 66
[2] 1, 40 / 275

die Krankheit beheben, in die sich der seelisch Gestörte geflüchtet hatte[1].

Dieser Tag auf dem Markt ist nur ein Sonderfall neben den regelmäßig wiederkehrenden Gelegenheiten für das Stadtregiment, sich im Einklang mit dem katholischen Aachen zu zeigen und damit seine Autorität zu sichern. Der Höhepunkt ist die Fronleichnamsprozession. An keinem Tag wurde Auge und Ohr der Gläubigen deutlicher gezeigt, wie weltliche und geistliche Autorität miteinander verschwistert waren. Das begann einige Tage vorher damit, daß städtische Herolde die Bürger in den Prozessionsstraßen daran erinnerten, daß sie ihre Häuser zu schmücken und bei Mißachtung Strafen zu erwarten hätten, ob sie nun katholisch waren oder nicht. Höhepunkt dieser Vorbereitung war der circulus platearum, der Gang der Vertreter des Stadtregiments durch die Prozessionsstraßen zur Prüfung und Begutachtung[2]. Das Stadtregiment hatte zur Prozession den Aachener Klerus eingeladen, an erster Stelle das Stiftskapitel, und so ein Hochamt im Münster gesichert, in dem es selbst Ehrenplätze erhielt. Der Auszug der Sakramentsgruppe aus dem Münster unter Glockengeläut, die Bürgermeister unmittelbar neben dem Träger der Monstranz und nach ihnen Ratsherren und Schöffen, war der erste Höhepunkt des Tages. Diese Ordnung blieb während der ganzen Prozession bestehen, und das Auge der Mitfeiernden richtete sich auf die weltlichen Autoritäten nicht anders als auf die geistlichen; die Amtstracht konkurrierte mit den liturgischen Gewändern des Klerus. Die Bürgermeister hoben sich ab mit einem schwarzen Samtrock über einer Weste aus Goldstoff, darüber ein mit Spitzen dekorierter schwarzer Seidenmantel. Es folgten die Mitglieder des Schöffengerichts, dann - 1704 so festgelegt - eine Abordnung des kleinen Rats, je zwei Mitglieder von jeder Zunft. Den *Himmel* genannten Baldachin trugen die sechs städtischen Finanzbeamten, Neumänner genannt, und rechts und links von der Sakramentsgruppe schritten außer den Karlsschützen Stadtsoldaten. Der *Himmel* selbst gehörte der Stadt - 1661 beschloß der Rat, einen neuen anzuschaffen.

Auf dem Markt erschien das Stadtregiment recht eigentlich als der Einladende und Veranstalter. Es hatte vor dem Rathaus ein Zelttuch ausspannen und darunter Wein, Zuckerwasser und Gebäck bereitstel-

---

[1] ebd. 271, 274 ff.
[2] VI, 34

len lassen. Wenn die Sakramentsgruppe vor dem Rathaus angekommen war, traten die ranghöchsten kirchlichen und weltlichen Würdenträger unter das Zelttuch, und eine *Agape* unterbrach die Prozession, während ein zu diesem Zweck errichteter Altar die Monstranz aufnahm. Unter den Eingeladenen war die ranghöchste die Äbtissin von Burtscheid als die benachbarte Landesherrin. Sie kam mit ihrem Konvent in einer Wagenkolonne durch das Marschiertor gefahren, von Dienern zu Fuß begleitet, zu denen die Schaulustigen rechts und links auch den Kaplan der Äbtissin zählten, der mit einer Laterne in der Hand mit den Pferden Schritt halten mußte. Die Burtscheider Damen schritten oder fuhren nicht etwa in der Prozession mit - diese blieb den Männern vorbehalten, Frauen und Kinder standen am Straßenrand. Die Äbtissin und ihr Konvent wurden vor dem Rathaus begrüßt und dann in ein Haus am Markt geleitet, aus dem sie erst hervortraten, wenn die Prozession den Markt erreichte. Dann sangen sie - abwechselnd mit den Weißfrauen aus dem nahen Kloster an der Jakobstraße - Sakramentshymnen.

Im Jahre 1670 läßt sich die Äbtistin wegen Unpäßlichkeit entschuldigen und meint, der ganze Konvent sei damit dispensiert. Doch das Stadtregiment läßt nicht locker; Schöffen fahren nach Burtscheid und ersuchen die Äbtissin offiziell, sich durch die Priorin vertreten zu lassen, sonst würde sie den Weißfrauen ein schlechtes Beispiel geben. Mit diesen hatte nämlich das Stadtregiment zunehmende Schwierigkeiten, weil sie keinen Nachwuchs hatten. Als sie schließlich auf zwei Frauen zusammengeschrumpft waren, beschloß der Rat am 15.6.1730, andere Ordensfrauen zu *requirieren*, und findet die Zölestinerinnen in Düsseldorf bereit zu einer Tochtergründung in Aachen. Damit bleibt der Gesang auf dem Markt gesichert[1].

Schwierigkeiten hatte das Stadtregiment auch mit dem wichtigsten Partner, dem Stiftskapitel. Allzusehr betonte es in der Form der Einladung einen Vorrang als Veranstalter und Geldgeber. 1722 kam es deshalb zu Unstimmigkeiten; und weil beide Seiten nicht nachgaben, gab es zwei getrennten Prozessionen. Beim Erzpriester fand nämlich die Stadt ein williges Ohr; er zelebrierte das Festhochamt in St. Foillan, und von dort aus zog eine *städtische* Prozession den gewohnten Weg, während eine *stiftische* im engen Raum der Immunität verblieb.

---

[1] VI, 34; V, 10 / 142 ff.

Das ganze wiederholte sich ein Jahr darauf, weil Stift und Stadt in einem Rechtsstreit lagen. Wieder anders lagen die Fronten 1759; das Stadtregiment gewann die Franziskaner, die Dominikaner und die Kreuzherren für eine *städtische* Prozession, während das Stiftskapitel diesmal mit Erzpriester Tewis und der Pfarre St. Foillan innerhalb der Immunität blieb. Die Ursache war ein Dissens in der Planung: Erzpriester und Stiftskapitel wollten bei der Tradition bleiben und das Graßhaus geöffnet wissen, wenn die Prozession vorbeizog, und damit - ein Höhepunkt für Schaulustige - Gefangenen Gelegenheit geben, Asyl zu finden. Das Stadtregiment dagegen wollte modern sein, mythische Vorstellungen tilgen und einer rationalen Rechtsauffassung zum Durchbruch verhelfen[1].

Das gute Einvernehmen zwischen Rathaus und St. Nikolaus im Jahre 1759 entspricht der Tradition seit der Ankunft der Franziskaner in Aachen; und doch gibt es in diesem Jahrhundert des Umbruchs Anlaß zum Dissens. Die höfisch-festliche Theatralik der Fronleichnamsprozession dieses Jahrhunderts scheint den Minderbrüdern ebenso suspekt gewesen zu sein wie die Buß-Theatralik der Jesuiten, zumal sie in der bunten Pracht geistlicher wie weltlicher Gewandung der anderen Teilnehmer einen Fremdkörper bildeten. Anscheinend haben sie sich verschiedentlich verweigert, bis daß Stift und Stadt gemeinsam mit einer vatikanischen Rechtsentscheidung erreichten, daß sie zur Teilnahme. verpflichtet wurden[2].

VI.3.8 Mäkelei

Die Mitglieder des Stadtregiments, vor aller Augen zum Mittelpunkt der Fronleichnamsprozession gehörig, durften sich von dieser Funktion Ehre und Ansehen versprechen, sie konnten aber auch das Gegenteil erreichen, wenn sie in ihren alltäglichen Funktionen dem feiertäglichen Rang nicht entsprachen. Waren Ratsherren, Schöffen und Bürgermeister in der vorhergehenden Epoche der katholischen Reform und noch zu Beginn dieser Epoche als Kirchmeister, Vorsteher von Bruderschaften und Kongregationen und freigebige Förderer

---

[1] IV, 51 / 210 f.
[2] B / VII, 1 / 14

kirchlicher Einrichtungen maßgeblich am Leben der Kirche in Aachen beteiligt gewesen [1], so ging es damit nach 1700 deutlich bergab. Bürgermeister Matthias Maw, in St. Foillan am 6.11.1642 getauft und am 30.3.1709 begraben, eröffnete ein Reihe von Bürgermeistern, die Lücken in der Verfassung ausnutzten, um sie aus einem Instrument der Friedenssicherung zu einem Mittel persönlicher Machtsicherung zu machen[2]. Am Ende der Epoche, 1790, urteilt Georg Forster bei seinem Aufenthalt in Aachen, das Beispiel der schändlichsten Verwaltung öffentlicher Gelder habe zu allgemeiner Sittenverderbnis, insbesondere in der unteren Volksklasse geführt[3]. Vielleicht sind auch die genannten Ausschreitungen der Jesuitenschüler und -studenten auf solche schlechten Vorbilder zurückzuführen[4]. Wohl ist Forster ein Kritiker der alten Reichsordnung insgesamt und hatte schon ein Jahr vorher die Revolution in Paris als Verwirklichung dessen angesehen, was die Philosophie der Aufklärung in den Köpfen hatte reifen lassen[5]; doch er benennt wirkliche Sachverhalte[6], ein Versagen der weltlichen Autorität, die von der Seelsorge nicht aufgefangen werden konnte.

Als eine Ursache des Übels wurde von den Zeitgenossen die Mäkelei angesehen, das Verfahren, mit dem bei den Bürgermeisterwahlen das gewünschte Ergebnis erzielt werden sollte. Die beiden streitenden Parteien, die Alte und die Neue Partei, versuchten, durch Bestechung wenigstens einen Teil der Zünfte für sich zu gewinnen, die laut Gaffelbrief von 1455 allein fungierenden Wahlkörper. Wenn auch Bürgermeisterschreiber Janssen als Anhänger der Neuen Partei anzusehen ist[7], so ist doch sein Tagebuch ernstzunehmen, wenn es dort heißt: Die Mäkelei werde in Aachen *ganz halsstarrig betrieben, welches das größte Übel vor die Stadt ist, dan lauter laster, sünd, fressen, saufen, gift und verfolgung macht die Stadt noch mehr in grund richten, dan die einheimische kriegen sind allezeit verderblicher als die auswärtige. Allerhand böse streich werden begangen von reich und arm, eben als wan kein Gott, kein Richter mehr wär. Der liebe*

---

[1] V, 10 / 56 f.
[2] VI, 3 / 14 f.
[3] VI, 25 / 41
[4] VI, 20 / 164
[5] VI, 5 / 322
[6] 1, 13 / II, 373
[7] V, 39 / 302

Gott wolle doch die Stadt nicht darumb allgemein strafen. ... Niemand bleibt mehr in seine gehörige Schranken und will ein jeder nach seinem Gefallen leben ... das peubel ... macht's wie ihre obrigkeit. Ist diese nichts nutz, so macht sie es auch nicht anders. ... wan noch die geistliche obrigkeiten gute exemplen und ermahnungen thaten geben; dieses geschieht leider auch nicht. ... Ein jeder thut was er will, ja sogar wan einen nach gebührt strafen wollt, so darfs noch nicht geschehen wegen die verfluchte Makeley, welche allhier so gar die gemeine verderbt hat, daß es nicht vor Gott zu verantworten ist. ... alles ist schier huren und buben, ja mägten und jungen von 15 - 16 jähren lassen ihnen brauchen als offene metzen, die bettelbuben bringen diese bei denen soldaten bei tag und nacht. ...[1]. Der letzte Satz bezieht sich deutlich auf die Zeit der Niederschrift, Oktober 1758, die Zeit der französischen Einquartierung während des Siebenjährigen Krieges, doch im Vordergrund steht die innere, über die Jahrzehnte hin wirkende Ursache des genannten Übels, die Mäkelei, das Versagen der führenden Familien. In *bösen Streichen* geben sich reich und arm die Hand, die einen als die Bestechenden, die anderen als die Bestochenen[2]. Nach dem Urteil des Polychromius Gaßmann, Franziskaner an St. Nikolaus, haben die alten und reichen Familien die *insana plebs - das vernunftlose Volk* so gegen sich aufgebracht, daß sie 1794 dessen Zorn mehr fürchten als die herannahenden Franzosen[3]. Janssen sieht den sittlichen Niedergang der Unterschicht in der Zunahme des Einbruchs und des Diebstahls in den Warenlagern, im Schleichhandel mit gestohlener Wolle. Dazu kommen Überfälle auf offener Straße; mit Knüppeln bewaffnete Randalierer greifen selbst Stadtsoldaten an. Von der einen oder der anderen Partei angeworben, belagern sie Zunftmitglieder der Gegenpartei in ihrem Hause, um sie an der Ausübung ihres Wahlrechts zu hindern[4]. Charakterlich nicht besser sind die Intellektuellen in der Mittelschicht, die Schmähschriften gegen Bezahlung produzieren, Pasquillen genannt. Ohne jede Hemmung oder Angst vor einem Zugriff der Polizei werden diese verteilt, selbst in einer Bittprozession zur Salvatorkapelle am 8.1.1756, zu der u. a. die vier Pastöre aufgerufen hatten[5].

---

[1] VI, 9 / 39 / 45 f.
[2] V, 39 / 303, 305; V, 26 / III, 279 ff.; VI, 12 / 106
[3] V, 20; III, 226
[4] II, 133 / 5
[5] V, 26 ; III, 227 f.

Selbst während der allgemeinen Bußbereitschaft nach dem Erdbeben vom 27.12.1756 setzten die Teufelsschreiber mit ihrer *Satansfeder* die *gottlose Ehrabschneidung* fort. Die nach der Meinung Janssens von Bürgermeister Wespien angeworbenen *Klüppelmänner* zogen durch die Straßen, und wenn sie einem Parteigänger des politischen Gegners zu begegnen glaubten, zwangen sie ihn, *Vivat Bürgermeister Wespien* zu rufen, bzw. schlugen zu, wenn er nicht gehorchte. *So ging es bis 12 Uhr nachts. Aber der große Gott machte bald reine Gassen, da ein fiertes nach zwölf komt eine so gewaltige und helle Erdbebung, daß es zu befürchten war, die ganze Stadt mochte zu einem Steinhaufen werden*[1]. Doch Janssen muß feststellen, daß das Erdbeben keinen inneren Wandel bewirkte. Er sieht 1784 einen moralischen Tiefstand darin, daß bei einer Kollekte von Haus zu Haus für die durch Hochwasser geschädigten Kölner nur 200 Louisdor einkommen[2].

Johannes Janssen stimmt in die Klage der Gläubigen über die mangelnde Funktion der christlichen Obrigkeit ein, über deren Verführung zur Sünde. Wenn diese dieselben Mißstände benennt und den Bürgern ins Gewissen redet, trifft sie der Vorwurf der Scheinheiligkeit. Das gilt für das Ratsedikt, das am 12.6.1761 durch Aushang bekanntgemacht wurde; in aller Deutlichkeit werden darin die Saufgelage der *freigehaltenen* Zünfte dargestellt. *Blendwerk* und *Kunstgriffe*, ohne diejenigen zu nennen, die *freihalten* bzw. bestechen, nämlich die Ratsherren selbst, ob sie nun der Mehrheit der Alten oder der Minderheit der Neuen Partei angehören. Sich selbst also drohen sie den Entzug des aktiven und des passiven Wahlrechts an neben denen, die *sich also verleiten lassen*, und den Wirten und anderen, die Räume für die Freibiergelage zur Verfügung stellen. Liebend gern konnten alle Ratsherren zustimmen und dabei an den politischen Gegner denken, während man für sich selbst sicher war, alle Verbote umgehen zu können[3].

Spätestens am 24.6.1786 mußte Johannes Janssen mit den Anwohnern des Marktes zur Kenntnis nehmen, daß die Neue Partei nicht besser war als die Alte. Am hellichten Tage griff sie zu brutaler Gewalt. Parteigänger De Loneux´ plünderten die mit Bohnenstangen

---

[1] V, 26; III, 226
[2] VI, 134 / 162 f.
[3] D, 6

beladene Karre eines Bauern, und mit diesen wohl zerbrochenen Stangen bewaffnet, erzwangen sie sich den Zugang zum Sitzungssaal des Stadtrats, schlugen wahllos auf die Ratsherren ein, weil sie ihre *Parteifreunde* nicht kannten und verwundeten einige erheblich. Am Ende verlangten sie eine Neuwahl und drohten mit einer Wahl *auf römische Art* bei Weigerung[1].

Bei der Neuen Partei handelte es sich im wesentlichen um das außerhalb der Zunftordnung aufgestiegene Wirtschaftsbürgertum, um Familien mit *Besitz und Bildung*, denen nach dem Gaffelbrief der Zugang zu dem städtischen Ämtern bzw. zum Stadtrat sehr erschwert war. Ihr Ziel war eine Verfassungsänderung zugunsten des eigenen Aufstiegs, ohne das Hindernis der Zünfte[2]. Ihnen war jedes Mittel recht, so die wiederholte Verleumdung des Bürgermeisters Dauven[3].

Die Nähe der Neuen Partei zum Freimaurertum war für die Alte Partei ein Thema, das die Katholiken gegen sie aufbringen sollte, wenn sie z. B. das Theater als Propaganda-Instrument gebrauchte. Aus Prozeßakten des Reichskammergerichts geht hervor, daß Bühnenstücke mit der Pyramide - widersinnigerweise galt das Alte Ägypten als Hort der Geistesfreiheit - als Bühnenhintergrund den Sieg des neuen, aufgeklärten Geistes, sprich der Neuen Partei ankündigten[4].

Diese in der Einbeziehung des Theaters sichtbare Bildung der führenden Köpfe mag dazu beigetragen haben, daß die von brutalen Parteigängern inszenierte Gewaltaktion vom 24.6.1784 ohne Folgen blieb. Das Ultimatum wurde zurückgenommen, als der Vogtmajor, Freiherr von Geyr, nach Versagen der städtischen Ordnungshüter das Rathaus besetzen und die Gewalttäter vertreiben ließ und beide Parteien aufforderte, sich zu einigen. Auf einmal war eine Einigung möglich: Statt die Minderheit *niederzustimmen*, wurde eine Kommission zur Untersuchung der Beschwerden der Neuen Partei paritätisch ernannt und beschlossen, das Ergebnis dem Reichskammergericht vorzulegen[5].

Mit dem Auftreten des Vogtmajors im Rathaus endete recht eigentlich die Geschichte der freien Reichsstadt; ihre Freiheit wurde nicht von außen her beendet, sondern von innen her, durch eigenes morali-

---

[1] V, 26 / 1, 389; VI, 9 / 18
[2] V, 39 / 265
[3] VI, 9 / 266; VI, 13 / 147, 150
[4] VI, 10 / 264 ff.
[5] VI, 41 / 120

sches Versagen der alten Führung wie das ihrer Herausforderer. Bis auf wenige Monate zwischen dem kurzen ersten Aufenthalt der revolutionären Franzosen und dem zweiten ab 1794 wurde Aachen nicht wieder Herr seiner selbst. Bürgermeister Dauven trat zurück und bekundete seine Bereitschaft, die Reichsgewalt entscheiden zu lassen. Als er nach der Entscheidung des Reichshofrats wieder sein Amt am 3.8.1786 antrat, mußte er wenig später zur Sicherung von Ruhe und Ordnung vom Herzog von Jülich eine Besatzung anfordern; eine stellte vom 9. bis 11.8.1786 die Ruhe wieder her, eine zweite blieb vom 6.5.1787 an bis zum Einzug der Franzosen[1]. Vom 16.5.1787 an erlebte Aachen die beschämende Untersuchung einer Kommission des niederrheinischen Reichskreises und die Verhaftung verdächtiger Amtspersonen. Sache von auswärtigen Fachleuten des Kreises und des Reiches war es, eine neue Verfassung für Aachen auszuarbeiten. Im April 1790 lag sie vor, und ohne jede Selbstbesinnung und trotz des Wissens vom eigenen Versagen stimmten beide Parteien darin überein, daß ihre gemeinsamen, auf die Ohnmacht der Besitzlosen ausgerichteten Interessen gewahrt bleiben müßten. Sie lehnten die Verfassung ab bzw. korrigierten sie mit der Einführung eines Gremiums, das keine Diäten erhält, deshalb nur den Besitzenden beider Parteien offenstehen und den Stadtrat kontrollieren sollte. Denn dieser sollte nunmehr allen Bürgern aufgrund von Diäten offenstehen und ohne Rücksicht auf Zunftschranken von allen Aachenern gewählt werden[2].

Ungerechtigkeit, Egoismus und Gewalttat der politisch Verantwortlichen belasteten die Aachener Christen im 18. Jahrhundert; doch müßte nach kritischen Reaktionen über die genannten Tagebücher hinaus gesucht werden. Der Welt- und Ordensklerus hat zum Teil die Neue Partei gestützt; erweckte sie doch mit ihren beständigen moralischen Appellen den Eindruck, auf dem rechten Wege zu sein. So erscheinen Priester in Akten des Reichskammergerichts als Entlastungszeugen für Mitglieder der Neuen Partei, die der Erregung von Revolten oder Ähnlichem angeklagt waren. Nach notarieller Auskunft gehörten zu diesen Priestern Erzpriester Tewis und nach seinem

---

[1] VI, 23 / 21
[2] VII, 2 / 172 ff. / 136 f.

Tode 1786 auch sein Nachfolger Mylius. Als Entlastungszeugen traten die vier Pastöre auf[1].

Anwohner der Annastraße, Johann Hermann Beyer mit Frau und Tochter und Leonhard Tasse, bezeugten, daß am Ende eines triumphalen Einzugs des Hauptes der Neuen Partei, De Loneux, die *Engelsmaschine* eingesetzt wurde. Es handelt sich um eine Apparatur, wie sie alljährlich bis heute an dem 1758/59 erbauten Roskapellchen benutzt wird, Streuengelchen genannt. Eine Engelsfigur wird an Drähten gehalten und bewegt, die zwischen zwei gegenüberliegenden Häusern ausgespannt sind, und streut Blumen und Flittergold, wenn der Priester mit der Monstranz in der Prozession vorbeigeht[2]. Augenscheinlich waren die Nachbarn und Belastungszeugen von der Zweckentfremdung der Engelsmaschine in ihrem religiösen Empfinden verletzt, während es den *Tätern*, ob Laien oder Priestern, darum ging, den Mann zu ehren, der vermeintlich auch moralisch der Stadt aufhelfen würde.

Zwei Vikare des Münsterstifts sind als Entlastungszeugen für den Nähnadelfabrikanten H. Hendrickx de Scholz von der Neuen Partei bezeugt, und Jakob J. M. Pauli, 1782-91 Stiftskapellmeister, könnte die Melodie der Hymne der Neuen Partei komponiert haben[3]. Ihre 52 Strophen hatten verschiedene Verfasser, wahrscheinlich auch Priester, jedenfalls deuten Anklänge an das Lied *Das Grab ist leer* darauf hin, das zwar 1777 in Landshut in einer Sammlung von Kirchenliedern abgedruckt, aber im Bistum Lüttich nicht gesungen wurde. Insgesamt darf es aber als sicher gelten, daß die genannten und andere Priester ihre politische Entscheidung für die Neue Partei nicht in die Seelsorge einmünden ließen, nicht einmal eine Art und Stimmung innerkirchlicher Aufklärung, wie sie das Lied *Das Grab ist leer* erkennen läßt.

Ein Franziskaner von St. Nikolaus zelebrierte am 25.6.1787 die Messe in der Ratskapelle vor Beginn einer Ratsversammlung, die widerrechtlich von der Neuen Partei initiiert war. Aber daraus folgt nicht, daß man an St. Nikolaus der Neuen Partei zuneigte. Klar und entschieden trat man hier seit dem Streit mit von der Trenck dem Esprit

---

[1] VI, 10 / 304
[2] VI, 10 / 260 f. / 304
[3] VI, 10 / 230 / 323

fort selbstherrlicher Aufklärer entgegen, wie sie gerade in der Neuen Partei vertreten waren.

Verantwortungsbewußte Christen waren nur in einem Punkt mit den sich um die Macht in Aachen Streitenden einig, nämlich daß die Verfassung unzureichend war. Während aber die Alte Partei eine hinreichende Sicherung ihrer Machtstellung vermißte und die Neue Partei umgekehrt ein Trittbrett für den Machtwechsel, beklagten die Christen den mangelnden Schutz vor Selbstsucht und Ungerechtigkeit. Dem vierten Beteiligten, der Reichsgewalt, blieb keine Zeit, eine bessere Verfassung den Widerstrebenden aufzuzwingen, weil die Franzosen plötzlich auf der Bühne standen. Sie dekretierten eine Ordnung, die zwar den Plänen der Neuen Partei nahestand, aber weder dieser noch den anderen Aachenern bis auf wenige Einzelgänger zusagte.

VII. Das revolutionäre Frankreich

VII.1 Seelsorge

Vom 16.12.1792, dem Tage des Einzugs der Truppen des revolutionären Frankreich, bis zum 16.5.1802, dem Tage der Errichtung des ersten Bistums Aachen, erleben die Aachener Katholiken eine kurze, deutlich abgegrenzte Epoche. Wie zu Beginn der vergangenen Epochen wird von außen ein Wechsel der weltlichen Ordnung herbeigeführt, doch anders als jemals zuvor werden Glauben und Kirche herausgefordert, nicht durch eine andere christliche Konfession, sondern durch eine Gesinnung, die jegliche Religion als Bindung an eine transzendente Wirklichkeit und Verantwortung vor Gott ausschließt, ihre sichtbaren Erscheinungen verspottet und beseitigt.

VII.1.1 Fehler der Kirchenfeinde und Vorzüge der kirchlichen Situation

Die Mißstände der vergangenen Epoche hatten der kirchlichen Praxis und Gesinnung kaum etwas anhaben können, erst recht nicht von der Trencks kritische und feindliche Schriften. Weit mehr als alles aufklärerische Schrifttum der letzten Jahrzehnte forderte die *real existierende* Aufklärung, wie die Franzosen sie in Aachen vor Augen führten, einen fast alle inneren Gegensätze überwindenden Widerstand heraus und machte die Katholiken für die überlieferte Seelsorge erst recht empfänglich. Nicht ein Ringen von Glauben und Unglauben kennzeichnet die kurze Spanne von 10 Jahren, sondern ein sich gleich bleibender Glaube in der Abwehr behördlich verordneten Unglaubens. Mit allen vergangenen Generationen sah man sich erstmalig einer Obrigkeit unterstellt, die nicht wie das Aachener Stadtregiment der letzten Jahrzehnte eigenes Unrecht heuchlerisch verdeckte, sondern offen bisheriges Unrecht als Recht und bisheriges Recht als Unrecht bezeichnete. Gerade fünf Tage vor dem Einzug der Franzosen, am 11.12.1792, hatte der Prozeß gegen Ludwig XVI. begonnen und damit die Phase der Revolution, die mit dem gesamten europäischen Ordnungsgefüge brach und die christliche Religion als seine entscheidende Stütze verurteilte. Fünf Wochen später wurde Ludwig

XVI. hingerichtet. Das war ein Grund mehr, die Fremden als Angehörige einer völlig neuen und bösen Welt anzusehen. Manch einer muß daran gedacht haben, daß er am 29.6.1775 an dem Hochamt im Münster anläßlich der Krönung des Königs in Reims teilgenommen und für sein Wohlergehen gebetet hatte[1]. Mit Spottliedern zogen nun die Fremden durch Aachen, und wenn die Frommen den Text nicht verstanden, sprachen doch die Gebärden vor Kirchen, Kruzifixen und Statuen der Heiligen eine deutliche Sprache. Dessen ungeachtet kündigte der Pastor von St. Foillan am 29.1.1793 auf der Kirchtür an:
Am nächstkünftigen Sonntag wird gehalten werden das Fest der hochlöblichen Brüderschaft unter dem Titel der allerseligsten Jungfrauen Mariä und Beichtigers Liborii, eines sonderbaren Patron wider den Stein; er wird verehrt für die Befreiung der vom bösen Feind besessenen. Denen Blinden, Lahmen, Tauben und Stummen ist durch Fürspruch des heiligen Liborius das Gesicht, gerade Glieder, Gehör und Sprache mitgetheilt worden; er wird verehrt zur Abtreibung des Sandgriessteins; er ist ein wahrer Tröster der Kranken, ein Helfer der Armen und Nothleidenden.[2]
Der Pastor von St. Foillan kann damit rechnen, daß die Gläubigen wie eh und je die Heiligen verehren und sich dabei selbst in Meßfeier und Andacht erhoben sehen. In den anderthalb Jahren zwischen dem Sieg der Österreicher bei Aldenhoven bzw. dem Abzug der Franzosen am 2.3.1793 und ihrem zweiten Einzug am 23.9.1794 bestätigten die Nachrichten das anfangs gebildete Urteil über das revolutionäre Frankreich und steigerten noch die Abneigung. Am 17.9.1793 begann mit dem *Gesetz gegen die Verdächtigen* die Schreckensherrschaft der Jakobiner, der erste Versuch weltlicher Gewalt, durch systematische Ermordung Andersdenkender totalitaristische Macht auszuüben, nämlich nicht nur das Handeln, sondern auch die Gesinnung vorzuschreiben. Die Einführung des revolutionären Kalenders zwei Wochen später, am 5.10., sollte mit den Decadi an jedem zehnten Tag die Sonntage, mit revolutionären Staatsfeiertagen die christlichen Feste verdrängen und das Bewußtsein wecken, einer neuen Zeit anzugehören. Die noch lebende Repräsentantin der alten Zeit, Königin Marie Antoinette, mußte am 16.10. auf der Guillotine sterben, und wieder löste die Nachricht Schmerz und Schrecken aus wie die vom Tode

---

[1] VII, 9 / 79 f.
[2] VII, 9 / 22

des Königs. Der Höhepunkt der in eine völlig neue Richtung stürzenden Bewegung war für alle gläubigen Aachener die Gotteslästerung des *Festes der Freiheit und der Vernunft* in der Kirche Notre Dame in Paris am 10.11.1793. Im Dezember folgten die Nachrichten von den Greueln bei der Niederschlagung des Aufstands in der Vendeé, und sie dürften in Aachen wohl eine Reaktion ausgelöst haben, die der Metternichs entsprach. Er sah in der fraternité als der Devise der Revolutionäre eine Anmaßung und sagte: *Wenn ich einen Bruder hätte, würde ich ihn jetzt ... Vetter nennen.*
Sieben Monate später, am 8.6.1794, sollte das *Fest des höchsten Wesens* die Gotteslästerung in der Kirche Notre Dame vergessen lassen. Robespierre sah ein, daß ohne Religion kein Staat gedeihen konnte, und inszenierte deshalb dieses Fest mit Nachäffung kirchlicher Riten. Doch mußte es eine vom Staat verordnete Religion sein, ohne eigene Grundlagen und Ziele, ohne eine selbständige Organisation, erst recht nicht durfte sie jenseits der Grenzen in Rom ihren Sitz haben. Wenn *Freidenker* und Atheisten für Robespierres Zeremonien nur Spott übrig hatten, waren diese für Katholiken nur ein Versuch, den Teufel mit Beelzebub auszutreiben. Als Robespierre diese seine Gegner zur Guillotine schickte, selbst aber drei Wochen später dem Widerstand der Verfolgten erlag und am 28.6.1794 die Guillotine besteigen mußte, blieben in Aachen Revolution und Schreckensherrschaft ein Begriff. Noch drei Jahre nach dem zweiten Einzug der Franzosen, am 19.12.1797, wandte sich ein Aachener Pfarrer anonym an seine Amtsbrüder; erbittert sprach er sich gegen das *illuminate* Frankreich aus, nannte die Republik eine Gesellschaft von Menschen, *die durch die Nervenkraft ihres betrogenen ... Pöbels ... allüberall herrschen will*. Die vier Jahre zurückliegende Szene in der Kirche Notre Dame ist im Bewußtsein der Aachener Katholiken für das revolutionäre Frankreich typisch geblieben: Die Franzosen sähen ihren traurigen Ruhm darin, *Kirche und Religion auszurotten und statt dessen eine Venus mit Pomp und Pracht auf den Altar der ersten Kirche in Paris zu setzen und anzubeten*[1]. Noch am 4.11.1801 wurde dem Innenminister in Paris gemeldet, in Aachen sei der Katholizismus der Hauptgegenstand der Volkssympathie[2].

---

[1] VII, 9 / 264
[2] VII, 9 / 129

Gab es auf der Gegenseite keine positive Anziehung, so auf der eigenen keine Skandale, die wie in den zurückliegenden Jahrzehnten hätten negativ wirken können. Die inzwischen den Priesternachwuchs formende Hochschule der Franziskaner an St. Nikolaus ermöglichte eine Seelsorge, die aufklärerischer Religions- und Kirchenfeindschaft keinen Ansatzpunkt bot. Anders als in Frankreich brauchten die Priester nicht umzudenken. Die französischen Priester hatten mehrheitlich den menschlichen Prinzipien Freiheit, Gleichheit und Brüderlichkeit 1789 zugestimmt und Deputierte in die zweite, die Kleruskammer gewählt, die mit ihrem Ja zur Vereinigung der drei Kammern zur verfassunggebenden Nationalversammlung den Weg zu einer friedlichen, gewaltlosen Reform freimachte[1]. Erst angesichts der Praxis der Gleichheitsapostel wurden die einen eines besseren belehrt, die anderen - dazu gehörte Berdolet, der erste Bischof von Aachen - blieben von der Begeisterung des Anfangs her gehemmt, wenn sie sich entscheiden mußten, und warteten und hofften auf eine Rückbesinnung der Herrschenden.

Daß der Aachener Klerus von Anfang an in der Seelsorge entschiedenen Widerstand leistete, ergibt sich aus dem, was die Behörden nach Paris meldeten und dem Bild entsprach, das die Geheime Staatspolizei in der Hitlerzeit nach Berlin vermittelte. In einem dieser Berichte heißt es, das schlimme sei, daß die antirepublikanischen Mittel der Priester so geheimnisvoll wirkten, daß man mit Gesetzen nichts gegen sie auszurichten vermöge; *c'est dans l'ombre du mystère, qu'ils inoculent leurs poisons corrupteurs, alimentant le fanatisme, calomniant le gouvernement republicain, qu'ils representent sous les formes les plus hidenses ..., afin d'en inspirer l'horreur - Umhüllt von einer geheimnisvollen Wolke impfen sie ihre Verderben bringenden Gifte ein, nähren den Fanatismus, verleumden die republikanische Regierung, indem sie diese so häßlich wie möglich erscheinen lassen, um damit Abscheu hervorzurufen*[2]. Eine anonyme und darum nicht gerichtlich verfolgte Anzeige eines der wenigen Gesinnungsgenossen der Franzosen dürfte der Wahrheit entsprechen: Aachener Priester trafen sich zur Feier der Niederlagen der Franzosen 1799 in der Schweiz und in Oberitalien und der Kapitulation in Ägypten[3].

---

[1] I, 53 / VI, 1 und 24; VII, 14 / 81
[2] VII, 9 / 273 f.
[3] VII, 9 / 274

So wenig die Franzosen versuchten, die Priester wenigstens für den Teil ihrer Lehren zu gewinnen, dem ihre französischen Amtsbrüder 1789 zugestimmt hatten, für Freiheit, Gleichheit, Brüderlichkeit und Abschaffung aller Privilegien, so wenig verstanden sie es, die Zustimmung derer zu gewinnen, die von der neuen Gleichheit eigentlich profitieren sollten, der Unterschicht, die bei den Wahlen zum Stadtrat im Januar 1793 erstmalig wählen durfte. Daß in vier Pfarr- und vier Klosterkirchen gewählt wurde statt wie bisher in den Zunfthäusern, fand keinen erkennbaren Widerhall bei denen, die bisher nicht zunftfähig und damit vom Wahlrecht ausgeschlossen waren. In der Kapuzinerkirche mußte der Stadtkommandant, General Dampierre, mit Wachsoldaten auftreten, ehe sich die Bürger zur Wahl bereitfanden[1]. Reiche und Arme sahen in diesem Mißbrauch der Kirche einen Affront gegen sie persönlich. Es gab nicht einmal die geradezu andächtige Stille heutiger Wahllokale, sondern St. Foillan wurde nicht nur ein Ort der Stimmabgabe, sondern des Wahlkampfes. Deutsch oder französisch hörte man von der usurpierten Kanzel herab das neue Evangelium der Revolution. Zwischen- und Protestrufe waren die Folge, und die lösten Handgreiflichkeiten aus. Gerade die Männer wurden gewählt, deren Gesinnung von den neuen Kanzelrednern beschimpft worden war. Erstaunlich einmütig sollen sogar die bisher nicht Wahlberechtigten erklärt haben: *Als wenn die Dreckskerle uns mehr geben könnten, als wir schon haben. Wir haben niemand zum Herrn, unseren Magistrat, den wir selbst wählen, setzen wir auch wieder ab, wenn wir wollen.* Dampierre hört in diesen Worten nur den Fanatismus, den die Revolutionäre allen gläubigen Christen unterstellen, und sagt, nie habe er einen wütenderen, rasenderen Pöbel getroffen[2].

Nicht nur in diesen ersten Wochen, sondern fortlaufend sorgten Rechtsbrüche, Gewalttaten und politische Ungeschicklichkeiten dafür, daß *de Zankelotten Opkliering* im Herzen des Volkes keinen Boden gewann[3].

Wenn auch Aachen von den gemeinsten Ausschreitungen verschont blieb, unter denen kleinere Orte wegen mangelnder Aufsicht zu leiden hatten, so verbreitete sich doch die Kunde von den Geschehnis-

---

[1] VII, 4 / 533
[2] VI, 20 / 23; VII, 4 / 1793; VII, 29 / 138 f.
[3] VII; 35 / 40 ff.

sen in Haaren: Höfe wurden geplündert, Bauernfamilien mißhandelt und gezwungen, am Freitag Fleisch zu essen. Weiter berichtet das Haarener Kirchenbuch, die Fremden hätten *Gott, die allerseligste Jungfrau Maria und liebe Heilige* gelästert, Priester geschändet und den Gottesdienst beschimpft mit der Lästerrede. *Non est deus - Es gibt keinen Gott*[1].
Die neuen Herren wußten, daß ihre revolutionären Ideen bei einigen Vertretern der *guten Gesellschaft* schon vor ihrem eigenen kriegerischen Auftreten in Aachen Anklang gefunden hatten. Davon war nur noch wenig zu merken. Noch 1799 ärgerte sich ein Besucher aus Paris über *Intriganten, Frömmler und Feinde der Republik* gerade in jenen Kreisen. Der *Frömmler* war der eigentliche Stein des Anstoßes, nämlich der Bürger, der sich vor dem Auftreten der Franzosen noch Witze über Priester und religiöse Praxis erlaubt hatte, jetzt aber dem Spott und dem Hochmut gegenüber Religion und Kirche entschieden widersprach. Wer jenseitig orientiert war, mußte dem diesseitig orientierten Politiker von vornherein suspekt sein, wie es Rousseau im 6. Buch seines Contrat social maßgeblich für alle späteren Ideologen formulierte und sie dazu trieb, es nicht beim Ärger bewenden zu lassen, sondern die Andersdenkenden mit Spitzeln zu überwachen, auch die Prediger auf der Kanzel[2].
Städtische Ökonomie und kirchliche Bußpredigt hatten sich in Aachen mehrfach gegen das Glückspiel gewandt, fast ohne Erfolg. Ethischer Rigorismus aber von der Seite der Fremden, ohne eine in der Religion verankerte Begründung, mußte vollends ins Leere gehen. Am 4.5.1798 bittet der Polizeichef nicht etwa den Pastor von St. Foillan, sondern die Stadtverwaltung, ihre Autorität zum Schutze des Besitzes von Aachener Familien einzusetzen, da er selbst mit seinen Mitteln den Glückspielsündern nicht beikommen könne. Beispielsweise träfen sich diese im Hause des C. Brandt in der Eselsgasse - heute Buchkremerstraße - doch diese schützten sich mit vielen Spionen, so daß er sie nicht in flagranti verhaften könne[3]. Entsprechend hilflos bleibt der *Zankelotten Opkliering* bei dem Versuch, das Maskieren an Fastnacht zu unterbinden, da es *peu convenable a des hom-*

---

[1] VII, 44
[2] VII, 5 / 144 / 146
[3] D, 7

mes raisonnables - *wenig zu Menschen passe, die der Vernunft ergeben sind*[1].

Manche Maßnahmen der neuen Herren lassen darauf schließen, daß sie mit einem Erfolg ihres Evangeliums allseitiger Verbrüderung gar nicht rechneten. So wurde widerrechtlich ein nur für einzelne Departements im Westen und Süden Frankreichs geltendes Gesetz in Aachen angewandt, nach dem zum Schutz gegen Aufstände der Königstreuen von den Behörden verdächtige Personen als Geiseln festgenommen werden konnten. Am 4.10.1799 wurde im Kreuzherren-Kloster ein Geiselgefängnis eingerichtet und ohne jede Spur eines bevorstehenden Aufstandes Priester in Haft genommen, die, von Spitzeln überwacht, in ihren Predigten kein Blatt vor den Mund genommen und den Gläubigen die Ideologie der neuen Herren deutlich vor Augen gestellt hatten. Unter ihnen waren ein Kanoniker des Münsterstifts, ein Franziskaner und ein Kapuziner[2]. Das war für die Aachener Gläubigen ein Grund mehr, sich um ihre Priester zusammenzuschließen.

Im Widerspruch zu dem neuen Evangelium wurden ohne jeden Versuch einer Rechtfertigung Kunstwerke nach Paris verschleppt. Besonders betroffen war das Münster[3], doch den Mann auf der Straße berührte mehr der Verlust der Karlsstatue auf dem Marktbrunnen. Die leere Stelle machte ihm bewußt, daß die Bürger insgesamt getroffen waren, nicht nur die reiche Oberschicht. Das werbende Wort *Krieg den Palästen, Friede den Hütten* galt nicht, als am 14.11.1795 eine Kontribution von 200000 Livres in 48 Stunden zu zahlen war und diese - wohl der Einfachheit halber - auf alle Häuser der Stadt umgelegt wurde[4]. Dieser einmaligen Ungerechtigkeit zum Schaden der Armen entsprach eine dauernde bei der Einführung der Gewerbefreiheit und der Auflösung der Zünfte. Sie kam den Wünschen der durch den Zunftzwang gehemmten Unternehmer und Großkaufleute entgegen und nahm dem wirtschaftlich Schwachen jeglichen Schutz[5].

Als weiterer Widerspruch zu dem neuen Evangelium mußte nach der Besetzung der linken Rheinseite deren Annexion gesehen werden. Schon im März 1792, also vor dem ersten Einmarsch in Aachen,

---

[1] VII, 14 / IV, 995
[2] VII, 14 / IV, 1190
[3] V, 26 / III, 524
[4] IX, 133 / 7
[5] VII, 41

wurde der Rhein als *natürliche* Grenze gefordert, ganz in der Nachfolge Ludwigs XIV., so als hätte es keine Revolution gegeben, die der Staatsgewalt gegenüber den betroffenen Menschen Grenzen setzte. Am Tage des Einmarsches aber, am 15.12. desselben Jahres, wird das alte politische Ziel der jetzt herrschenden Ideologie angepaßt: Die linke Rheinseite soll den Errungenschaften der Revolution zugänglich gemacht werden[1]. Wie Ludwig XIV. rechtfertigen die neuen Herren mit dem Worte *réunion - Wiedervereinigung* das Ziel der Annexion, ohne auch nur wie der königliche Vorgänger zu versuchen, diese historisch zu rechtfertigen. Statt dessen geben sie dem Worte einen neuen Sinn: Wiedervereinigung der Menschen, die aufgrund ihres Glaubens an das neue Evangelium zusammengehören[2]. Tatsächlich wurde also im Unterschied zu der Politik Ludwigs XIV. damit gerechnet, daß die betroffenen Menschen zustimmen würden. Die entsprechende Propaganda erreichte aber nur das Ohr derer, die bereits vor dem Einmarsch der Franzosen deren Ideen zuneigten. Ein Teil von ihnen sah aber nicht ein, daß die gleiche Gesinnung zum Eintritt in den Staat der Franzosen führen müsse, und trat für eine selbständige Cisrhenanische Republik ein. Dem konnten die neuen Herren nach ihrem Evangelium nichts entgegensetzen und suchten nach anderen Mitteln, ihnen die Annexion schmackhaft zu machen. Wohl vertraut mit der Sündengeschichte Aachens erklärte man, daß in einer selbständigen Republik Katholiken und Protestanten wieder gegeneinander antreten würden, ebenso die Neue gegen die Alte Partei. Erst durch die Ankunft der Franzosen sei ein dauerhafter Frieden in Aachen eingekehrt. Die Menschen der linken Rheinseite würden sich gewiß einer Nation anschließen wollen, die den Stolz so vieler Herrscher zu brechen gewußt habe[3]. Doch es blieb bei der Zustimmung weniger. In Aachen konnte Franz Dautzenberg, am Markt zu Hause, Mitglied eines *Reunionszirkels*, ganze 318 Unterschriften in der 21000 Einwohner zählenden Stadt für eine Zustimmung zur *Reunion* erhalten und schickte sie am 29.3.1798 an die Dienststelle in Mainz, die für die besetzte linke Rheinseite zuständig war. Bundesgenossen fand Dautzenberg in der gewerblich tätigen Oberschicht, hauptsächlich bei den ehemaligen Wortführern der

---

[1] VII, 10; II, 249
[2] VII, 38
[3] VII, 27 / 96

Neuen Partei. Doch auch bei der Alten Partei fand er Gehör, bei dem Tuchfabrikanten Nellesen und dem Rechtsanwalt Quirini. Gemeinsame wirtschaftliche Interessen führte die ehemals Streitenden zusammen, nachdem der Streitpunkt, die Besetzung der Schaltstellen im Rathaus, durch die Franzosen gänzlich anders geregelt worden war. Sie sahen voraus, daß der große Wirtschaftsraum Frankreich den Fabrikanten und damit ganz Aachen große Vorteile bringen würde[1].

Insgesamt wurden durch *Reunionsadressen* dieser Art nur ca. 57000 Menschen von 1300000 Einwohnern der linken Rheinseite präsentiert[2]. Nicht eine politische und zugleich religiöse Sinnesänderung, sondern die Kaiser und Reich im Frieden von Lunéville am 9.2.1801 aufgezwungene Abtretung der linken Rheinseite machte Aachen zu einer Stadt Frankreichs.

Daß Aachen bis 1801 den Status einer besetzten, nicht einer annektierten Stadt gehabt hatte, brachte der Kirche den Vorteil, daß weder die am 13.2.1790 in Paris beschlossene Aufhebung der Orden noch die sog. Zivilkonstitution des Klerus hier wie auf der ganzen linken Rheinseite galten bzw. angewandt wurden. Und doch gehören beide Neuerungen zur Geschichte Aachens, weil sie schon jenseits des Aachener Waldes, in den ehemaligen österreichischen Niederlanden galten, seit diese mit dem Fürstbistum Lüttich nicht nur besetzt, sondern am 1.10.1795 auch annektiert und die entsprechenden Maßnahmen im katholischen Aachen kritisch beobachtet wurden. Mit den Dekreten der Nationalversammlung vom 27.11. und 26.12.1790 kam für Bischöfe und Priester die Pflicht zu schwören, *dem Staat, den Gesetzen und dem König treu zu sein und mit ... ganze(r) Kraft die Verfassung aufrecht zu erhalten*. Schon dieser Eid war für manche Priester im Gewissen untragbar, und sie verloren ihr Amt. Doch mit oder ohne Eid waren die Priester 1792-93, unter der Herrschaft der Jakobiner, nach der Abschaffung des Königtums und der Hinrichtung des Königs, schweren Verfolgungen ausgesetzt[3].

Nach der Hinrichtung Robespierres und der dann folgenden Beruhigung gab es neue Drangsal, nachdem das Direktorium allen Priestern einen Eid des Hasses auf das Königtum abverlangt hatte und viele Priester erklärten, es sei nicht erlaubt, Gott zum Zeugen für eine Ge-

---

[1] VII, 23 / 144
[2] VI, 7 / 330 f.
[3] 1, 20 / 37

sinnung des Hasses zu machen[1]. Übersetzt lautete der Eid: *Ich schwöre Haß dem Königtum und der (feudalen) Anarchie, Bindung und Treue gegenüber der Republik und der Verfassung des Jahres III* - gemeint war die Verfassung vom 23.9.1795. Ferner entfielen durch die Einführung des Zivilstandsregisters bzw. der Standesbeamten Taufe, Hochzeit und kirchliche Beerdigung. Das alles und nicht zuletzt das Recht der Ehescheidung, ein Kernstück des neuen Evangeliums, führte zu einem Sturm der Entrüstung.

Im Herbst 1797 verweigerten die Priester im Gebiet des heutigen Belgien überwiegend den *Haß-Eid*. Etwa 8000 von ihnen wurden zur Deportation nach Cayenne verurteilt - wirksamer Ersatz für die Guillotine -, jedoch nur ca. 800 traf dieses Unheil; die anderen wurden von den Gläubigen versteckt und hielten insgeheim an verschiedenen Orten Gottesdienst[2], so in der heute noch als Zeugnis dienenden Gemeindehöhle in Valkenburg. In dem Aachen unmittelbar benachbarten Kanton Walhorn traf das Urteil 21 von 23 Priestern am 4.11.1798; alle 21 wurden von den Gläubigen gerettet[3].

Ohne annektiert zu sein, wurde Aachen von den Geschehnissen hinter der nahen Grenze eingeholt. Grenznahe Behörden beklagten sich bei Bürgermeister (Maire) Johann Friedrich Jacobi darüber, daß Mönche aus Aachen, Franziskaner von St. Nikolaus u. a., in ihrem Amtsbereich seelsoglich tätig seien - anscheinend entzogen sie sich durch rechtzeitige Rückkehr durch den Aachener Wald jedem amtlichen Zugriff. Jacobi schloß die Akte damit, daß er erklärte, die Gesetze des französischen Staates seien leider in Aachen nicht anwendbar. Wie dieser nach französischem Recht ernannte Maire tatsächlich dachte, zeigt sich bei der Behandlung eines zweiten grenzüberschreitenden Falles. Eine anonyme Schrift ging von Hand zu Hand mit dem Titel: *Kurze Mitteilung über den neuen Eid*. Zwei jenseits der Grenze im Verborgenen wirkende Priester machten auf diesem Wege ihrer Erregung Luft und protestierten gegen den *Haß-Eid*. Den Drucker der Schrift, Müller, ließ der Präfekt des Departements verhaften, als ihn Polizeikommissar Gerhard Dautzenberg, ein Bruder des genannten Franz Dautzenberg und Sohn eines am Markt wohnenden Goldschmieds, anzeigte. So wenig dem Mann auf der Straße nach Einfüh-

---

[1] I, 20 / 42 f
[2] I, 20 / 47
[3] VII, 18

rung der französischen Kommunalverfassung und der Errichtung des Departements nach französischer Art noch ein Unterschied zwischen dem Leben diesseits und jenseits der Grenze erkennbar war, so sehr begrüßte es das katholische Aachen, daß in dem Prozeß gegen den Drucker Müller die Uhren hier noch anders gingen. Verteidigung kirchlicher Meinungsfreiheit wurden nicht als todeswürdige Verbrechen angesehen. Entgegen der Anklage, Müller habe keine Druckerlaubnis eingeholt, beruft sich seine Tochter als Zeugin auf eines der Dogmen der neuen Lehre, die Pressefreiheit, sozusagen auf die über den Gesetzen stehende Verfassung. Das Protokoll vom 19.11.1797 hält fest: *Sie habe geglaubt, daß sie keiner besonderen Erlaubnis bedürfe, wenn sie nur die Verfasser (auf Anforderung) namhaft machen könne; es wäre ihr bei der erhaltenen Erlaubnis zur Druckerei mündlich verboten worden, etwas gegen Gott, die guten Sitten und die Obrigkeit zu drucken ...* Sie sei überzeugt gewesen, daß darin nichts Anstößiges enthalten gewesen sei, *sonst würde sie solches nicht gedruckt haben*[1].

Zwar kommt sie damit nicht durch, und die Druckerpresse wird im Januar 1798 versiegelt; aber wenig später greift Maire Jacobi das Thema wieder auf: Müller müsse wieder arbeiten können, weil seine Druckerei für die Pressefreiheit am Ort nötig sei, und hatte damit Erfolg[2]. Auch für die beiden Verfasser geht es glimpflich aus; sie müssen das besetzte Gebiet verlassen, erhalten Pässe für die rechte Rheinseite mit der Drohung, sie würden als Spione bestraft, wenn sie zurückkämen.

Auch ein dritter Fall geht zur Freude der Aachener Katholiken gut aus. Ein in Verviers tätiger Kapuziner wird in Aachen - wohl als ein den Behörden bekannter Eidverweigerer - verhaftet und soll nach Verviers zur Verurteilung abgeschoben werden. In Aachen könnte ihm gesetzlich nichts passieren; schon die *Amtshilfe* der Polizei entsprach kaum dem geltenden Recht. Doch Aachener konnten ihm zur Flucht verhelfen, zumal ihm die Haftvorschriften eine gewisse Bewegungsfreiheit, so zur Einnahme von Mahlzeiten, gestatteten[3].

---

[1] VII, 24 / 128; D, 5 / XII, 115 f.
[2] VII, 21; VII, 22 / 145 f.
[3] ebd.

VII.1.2 Belastungen

VII.1.2.1 Ausfall des Oberhirten

Diese von jenseits des Aachener Waldes in die Stadt herüber wirkenden Vorstöße eines Staates, der totalitär, jede religiöse Autorität ausschließend, Macht ausüben wollte, bewog die meisten Aachener Katholiken dazu, ihren Priestern treu zu bleiben. Dagegen haben andere Auswirkungen des politischen und geistigen Umbruchs die Seelsorge schwer belastet. Wenn auch Aachen als die einzige Stadt des Bistums Lüttich nicht unmittelbar betroffen war - die Franzosen hatten 1795 nur die österreichischen Niederlande und das Fürstbistum Lüttich annektiert - so löste doch die Flucht des Bischofs und sein Verbleiben in Erfurt Verwirrung aus. Sollte dessen in der Sicherheit der alten Ordnung gesprochenes Wort zählen oder das des Generalvikars in Lüttich, der in der Abhängigkeit von den neuen Herren eigentlich das Bistum leitete? Von Erfurt kam das Gebot, den *Haß-Eid* zu verweigern, von Lüttich die Aufforderung, einer ungestörten Seelsorge den Vorrang zu geben und deshalb den verlangten Eid zu leisten. Eine gewagte Interpretation sollte das Gewissen beruhigen: *Haß auf das Königtum* bedeute in der Eidesformel nur zu versprechen, sich nicht für die Wiedereinsetzung eines Monarchen einzusetzen. Ferner hieß es, man solle die Entscheidung des Papstes abwarten. Als diese nicht kam, wurde das von beiden Seiten als Zustimmung gewertet. Pius VI. taktierte abwartend, zunächst um Ludwig XVI. nicht zu gefährden, aber auch noch über seinen Tod hinaus, bis ihn Napoleon am 26.2.1798 gefangensetzte[1]. Im Hinblick auf die fragwürdige Autorität des geflüchteten Bischofs in der Sicherheit des fernen Erfurt und die theologische Unschärfe in der Entscheidung des Generalvikars in Lüttich wäre aber ein klares Wort aus Rom in Aachen begrüßt worden. Dazu kam, daß die bisher in bischofsähnlicher Stellung stehenden Autoritäten, Erzpriester und Stiftspropst, nicht als wegweisende Wortführer auftraten. So ist es den Pastören mit ihren Kaplänen, den seelsorglich tätigen Ordenspriestern und dem im alten Glauben verwurzelten Volke zu verdanken, daß sich keine Verwirrung zeigte.

---

[1] I, 20 / VI, 29

VII.1.2.2 Besitzverlust

Das pfarrliche Leben konnte trotz mancher Erschwerungen weitergehen. Georg Franz von Mylius, seit 1786 der letzte Erzpriester, trat im Schriftwechsel mit den neuen Herren als curé de S. Folien - Pfarrer von St. Foillan auf und übernahm es mit den Kirchmeistern, die materiellen Grundlagen der Seelsorge zu sichern. Wenn in den besetzten Gebieten das Kirchengut nicht wie in Frankreich verstaatlicht wurde, übernahm doch das weltliche Regiment mit mehr Nachdruck als jemals in der Geschichte der Pfarre die Aufsicht und beschränkte die Verfügung über vorhandene Mittel auf die Seelsorge in einem sehr eng verstandenen Sinne. Erzpriester, Pastor und Kirchmeister verteidigten zäh, was St. Foillan auch nach dem neuen Recht zustand. Mehrfach bestanden sie darauf, daß ein auf Stiftung in religiöser Absicht beruhender Besitz nicht anderem weltlicher Art gleichgestellt werden dürfe. So begründeten sie das Recht des Hausbesitzes am Hof: *Geschäftsleute haben auf eigene Kosten zugunsten der Pfarre vor einigen Jahren vier kleine Häuser bauen lassen auf dem Grundstück der Kirche, damit das, was nach Bezahlung ihrer Zinsschuld von den Mieteinnahmen übrigbleibt, der Kirche zufließt ...* (Übersetzung aus dem Französischen). Außerdem besitze St. Foillan eine kleine Wiese an der Paßstraße mit einer geringen Jahrespacht. Neben zwei unleserlichen Namen haben unterschrieben Henri Nutten fils, Wilhelm Tillmans, Henricus Beckers, Jos.Buchholtz und P. J. Hermens[1].

Eine einschneidende Änderung kam mit der Konfiskation aller Meßstiftungen. Weil aus diesen viele Altäre unterhalten wurden, die den Stiftungszwecken dienten, wurden sie abgebrochen[2]. Ein Teil der Altaristen aber erhielt insgeheim weiterhin Stipendien und las Messen; Erzpriester Mylius nannte auf Anforderung ihre Namen in einer Liste der prêtres isoleés[3].

Zu den Einrichtungen, die auch im besetzten Gebiet nach dem Vorbild des revolutionären Frankreich beseitigt wurden, gehören die Bruderschaften. Es half ihnen nicht, daß sie durch Bürgerinitiative

---

[1] D, 7 / 29.5.1797
[2] III, 29 / 333
[3] D, 7 / 30.4.1798

entstanden und von dem freien Willen ihrer Mitglieder über Jahrhunderte hin getragen worden waren. Auch die Unabhängigkeit von der kirchlichen Autorität machte es nicht wett, daß sie sich einer religiösen Ordnung und Bindung unterwarfen. Auch half ihnen nicht, daß die stetige Fürsorge für Arme und Kranke, für Notleidende überhaupt zu ihren freiwillig eingegangenen Verpflichtungen gehörte; im Gegenteil, das Vorhandensein eigenen Besitzes zur Sicherung dieser Verpflichtung war der Grund für den Zugriff der neuen Herren, die aufklärerische Ideen nicht nur wie bisher diskutieren, sondern verwirklichen wollten. Die Armenpflege sollte ausschließlich Sache des Staates sein und damit der Kirche und ihren Fürsprechern als einem Mittel der Propaganda entzogen werden. Nur ihn und mit ihm die Vernunft aufklärerischer Prägung sollten die Notleidenden als Quelle aller Hilfe und Wohltat erfahren.

Während weltliche Armenpflege erst allmählich Gestalt annahm und den Pfarren notgedrungen gestattet werden mußte, ihre karitative Tätigkeit fortzusetzen, griff der weltliche Arm bei den Bruderschaften schnell zu. Zwei Monate nach dem zweiten Einzug der Franzosen wurde die Kasse der Sakramentsbruderschaft an St.Foillan versiegelt. Zwar mußte sie bald wieder freigegeben werden, weil die karitative Tätigkeit der Brüder noch unersetzlich war, aber nach der Errichtung des institut de bienfaisance - des Wohlfahrtsinstituts - wurde am 30.7.1800 das gesamte Vermögen, darunter zwei ha Grundbesitz, zugunsten dieses Instituts eingezogen. Dasselbe Schicksal traf die St.-Rochus-Bruderschaft an St. Nikolaus schon 1796, und ähnlich ging es allen übrigen[1].

VII.1.2.3 Behinderung in Klosterkirchen

Wie die Bruderschaften waren die Klöster Gegenstand der vorrevolutionären Aufklärung gewesen und fielen ihrer revolutionären Verwirklichung zum Opfer. *Fanatismus, Obskurantismus und Faulenzertum* wurden manchen Orden insgesamt vorgeworfen. Allen galt der Vorwurf des Obskurantismus, des Willens, im geistigen Dunkel zu bleiben, während die Sonne der Aufklärung lachte. Fanatismus sahen

---

[1] I, 12 / II, 424 f.

Aufklärer, die jede religiöse Bindung mit Wahrheitsanspruch als Intoleranz verurteilten, aber auch andere, die selbst fanatisch ein neues Evangelium vermeintlicher Freiheit verkündeten und jeden Andersdenkenden als Feind ansahen. Als Faulenzer galten alle Menschen, die nicht einer regelmäßigen Erwerbsarbeit nachgingen. Dazu zählten die Mönche genauso wie Bettler und Landstreicher, ob sie von ihrem Besitz lebten oder auf Besitz verzichteten und auf Almosen warteten[1].
Bei kaum einer Maßnahme erhofften sich die neuen Herren mehr Zustimmung als bei ihrem Vorgehen gegen die Klöster, mußten sich aber wundern, daß sie damit Sympathien verscherzten, die sie bei manchem Bürger erworben hatten[2]; gehörten doch die Klöster nach wie vor zu einer Seelsorge, die es über die Jahrhunderte hin den Aachenern erlaubt hatte, die Kirche aufzusuchen, die ihnen am meisten zusagte.
Schon 14 Tage nach dem ersten Einzug der Franzosen, am 30.12.1792, wurde General Desforest, der Befehlshaber der Fronttruppen, von General Dampierre abgelöst. Dieser ließ sozusagen die Besatzungszeit mit einem Paukenschlag beginnen. Am Tage danach, Silvester, wurden in der Mittagszeit das Münster- und das Adalbertstift und alle Klöster besetzt, die Ordenspriester in die Refektorien getrieben und von Soldaten bewacht, die Pforten durch Wachtposten für jedermann gesperrt; das Besitztum wurde inventarisiert und Besitzdokumente wurden versiegelt[3]. Irrigerweise nahm der General an, die Stiftsherren und Ordenspriester würden den wichtigsten Programmpunkt des Tages, die Aufrichtung eines Freiheitsbaumes vor dem Rathaus, durch *Fanatismus* stören; jedenfalls durften sie nach Beendigung der Feier, gegen vier Uhr nachmittags, wieder ihren gewohnten Beschäftigungen nachgehen. Es blieben aber die Wachtposten an den Pforten, und die Kirchenschlüssel wurden im Rathaus deponiert und nur zu den Gottesdiensten ausgehändigt. An diesen nahmen Soldaten *unter Gewehr* teil, die sich an den Stufen der Altäre aufstellten. Unverstanden mußte unter diesen Bedingungen bleiben,

---

[1] VII, 216 / 608
[2] VII, 13 / 11
[3] I, 37 / II, 43

daß der General am nächsten Tage, Neujahr 1793, die Klöster besuchte und ihnen seine Freundschaft zusicherte[1].

Einquartierung war eine ständige Last, und anders als in den vergangenen Jahrhunderten versuchten die Befehlshaber, die Zustimmung der Bürger dadurch zu gewinnen, daß sie Klosterkirchen als Nachtquartier requirierten[2].

Entzug und erneute Verfügung über das Eigentum wechselten miteinander ab. So konnte das Münsterstift 1795 sogar wieder Pachtzins aus seinen Besitzungen jenseits der Grenze in dem nunmehr annektierten Gebiet beziehen, und die Behörden halfen ihm dabei. Dem standen schwere Eingriffe bei Kontributionen gegenüber, die der Stadt auferlegt wurden. Das Münsterstift beklagte sich einmal darüber, daß ihm die Einnahmen eines ganzen Jahres genommen wurden, alle Lasten - nicht zuletzt die für den Gottesdienst und damit für die Seelsorge - geblieben und alle Schulden weiter abzutragen waren[3].

Wie die Armenfürsorge so galt den neuen Herren auch die Krankenpflege als Nährboden für ihre Propaganda. Welt- und Ordenspriestern wurde der Zutritt zu Krankenhäusern und Lazaretten untersagt, auch wenn verwundete Soldaten nach den Sterbesakramenten verlangten[4].

Wie durch das Recht der Ehescheidung die christlich verstandene Ehe unterminiert werden sollte, wollte man am 7.1.1798 die Grundlagen des Ordenslebens zerstörten, indem Gelübde für unwirksam erklärt und der Austritt aus dem Orden freigestellt wurde. Entsprechend durfte den Novizen kein Gelübde abverlangt werden. In einem Punkte ihres Vorgehens gegen die Klöster fanden die Franzosen auch bei Katholiken Zustimmung, in dem Verbot der klostereigenen Gerichtsbarkeit und der Klostergefängnisse, z.B. in der Befreiung eines seit zwei Jahren eingesperrten Kapuziners[5].

---

[1] VII, 20 / 17; VII, 5 / 18
[2] VIII, 29
[3] A, 2 / Dom 12, 15
[4] VIII, 29 / 18
[5] VIII, 29 / 236

VII.1.4 Zivilstandsregister

Die Ausschließung der Priester bei Krankheit und Todesnähe im Lazarett entspricht der Tendenz, die zur Einführung des Zivilstandsregisters und damit des Standesbeamten führte, auch in Aachen, also außerhalb des Geltungsbereichs der französischen Gesetze. Doch hier blieb es wie gewohnt bei dem Gang zum Pastor, um den Zeitpunkt für die gewohnten Zeremonien zu vereinbaren, zusätzlich zu den abverlangten Formalitäten im Rathaus bei Geburt, Hochzeit und Tod. Wohl mußten die vorhandenen Kirchenbücher 1798 im Rathaus abgeliefert werden, doch sofort wurden neue angelegt und parallel zu den Registern der Stadt geführt. So blieb es bei dem überlieferten Kontakt mit dem Seelsorger gerade an den Wendepunkten des christlichen Lebens[1]. Neu war, daß durch dieses Verfahren nach dem Willen der toleranten Richtung der Aufklärer die kirchlichen Handlungen privatisiert wurden und nicht mehr wie seit dem 4. Jahrhundert das gesellschaftliche Leben insgesamt prägten[2].

VII.1.5 Aachener Kirchenfeinde

Wenige, aber einflußreiche Aachener Bürger hatten sich schon vor dem Einzug der Franzosen den Grundgedanken der Aufklärung verpflichtet, manche innerhalb einer Freimaurerloge, alle in der Distanz zum kirchlichen Leben aller Konfessionen, von den Seelsorgern als Gegner und Verführer angesehen. Nach der Wende von 1792 bzw. 1794 boten sie den neuen Herren ihre Dienste an. 1798 erhalten in der nach französischem Muster eingerichteten Stadtverwaltung vier Freimaurer, ein Kalviner und zwei Lutheraner leitende Funktionen[3]. Sie sind den Nicht-Katholiken vergleichbar, die 1581 bis 1598 in Aachen das Stadtregiment in der Hand hatten, ohne den Katholiken Gelegenheit zu geben, sie wegen moralischen Versagens oder Intoleranz anzuklagen. Aber mehr noch als gerade 200 Jahre vorher forderten die neuen Honoratioren die Seelsorge heraus, weil sie ohne Glaube

---

[1] A, 6 / Dom 6; VI, 7 / 335
[2] VII, 36 / 81
[3] VII, 24

und Kirche insgesamt vorbildlich, gut-bürgerlich lebten und damit ohne Worte für eine Befreiung von kirchlichen Bindungen warben. Dabei blieb ein tief verwurzeltes, durch positive Beobachtung nicht zu revidierendes Vorurteil bestehen, wie ein Katholik in seinem Tagebuch festhielt, die neuen Amtsinhaber seien *mehrentheils Burdscheidter Protestanten oder Kezer, Aachener Frey Maurer und Freygeister, allgemein schlechte Christen und leichtfertige Kerls, von Hochmuth, Haß und Eigennutz beselet*[1].

Am 9.1.1793, also schon drei Wochen nach dem ersten Einzug der Franzosen, konstituiert sich eine *Gesellschaft für Freunde der Freiheit, Gleichheit und Brüderlichkeit*[2]. Das Vorbild der Jakobiner in Paris ist unverkennbar, und sie werden deshalb in Aachen auch so bezeichnet. Die neuen Herren weisen dem *Club* zunächst einen Raum im Rathaus zu, dann das ehemalige Zunfthaus der Krämer am Hühnermarkt[3]. Während die Jakobiner in Paris mit Berufung auf Rousseau den Weg zur Unmenschlichkeit des Totalitarismus beschreiten, gehen die ca. 30, später 90 *Clubisten* in Aachen, den Gegnern der Jakobiner ähnlich und der Freiheit und Menschenwürde verpflichtet, den Weg zur rechtsstaatlichen Demokratie. Es gab in Aachen keine Fanatiker, die nach der Guillotine gerufen hätten, um ihre Ziele zu erreichen; und das nicht nur deshalb, weil mit dem Ende der ersten französischen Besatzung am 2.3.1793 Aachen von der Pariser Entwicklung zum Totalitarismus abgetrennt wurde.

Unterschiedlich ist die Haltung der drei Brüder Dautzenberg. Johann Dautzenberg beteiligte sich unaufgefordert am 19.12.1792, vier Tage nach dem ersten Einzug der Franzosen, an der Zerstörung der Kalckberner-Schandsäule und flüchtete aus Aachen, als ihm nach Abzug der Franzosen am 2.3.1793 deswegen der Prozeß gemacht werden sollte. Er kehrte mit den Franzosen zurück und bekleidete verschiedene Ämter, aber ohne noch einmal hervorzutreten.

Sein Bruder Gerhard bot den Franzosen 1794 seine Dienste an und machte Karriere im Polizeidienst. Er war es, der 1797 den Drucker Müller anzeigte, wohl nicht nur aus Pflichtbewußtsein, sondern mit den Ideologen in Paris der Überzeugung, daß der Polizist wie der Denunziant in dem neuen, auf einem Glauben gegründeten Staat *dem*

---

[1] VII, 25 / 308 f.
[2] I, 38 / 94
[3] VII, 2 f. / 138 f.;VI, 29 / 30

Heiligtum am nächsten und nicht etwa ein notwendiges Übel des Ordnungsdienstes (sei) wie ... in nichtrevolutionären Staaten[1]. Doch auf seine Denunziation folgte nicht wie in Paris der Terror. Er hat sich offensichtlich still gehalten, als nicht ein Blutgericht oder die Deportation folgte, und so ist er wohl nicht als jakobinischer Ideologe anzusehen.

Das gilt erst recht für seinen Bruder Franz, der sich als dritter der Dautzenbergs einen Namen machte und in die Stadtgeschichte einging. Von 1790 an vertrat er öffentlich in Aachen die Richtung der Aufklärung, zu der die Jakobiner 1793 den schärfsten Gegensatz bilden sollten. Mit Hilfe der Presse suchte er die freie Zustimmung seiner Mitbürger; im *Politischen Merkur*, von 1793 an *Aachener Zuschauer* genannt, begrüßte er die Ideen von 1789 und ihre Formulierung in der Verfassung von 1791, nennt diese den *Triumph der Vernunft und der Menschenrechte*. Am 10.12.1791 wird er Mitglied der *Loge der Beständigkeit*[2] und eine Art Vorbeter des neuen Denkens und der neuen Religion, die wie die alte ihre Heiligen und Märtyrer benötigt. Als Gustav III., König von Schweden, einem Attentat zum Opfer fällt, verfaßt Franz Dautzenberg den Text einer Trauerode, die in der Vertonung von Johann August Burgmüller am 10.5.1792 den Mittelpunkt der Trauerfeier in der Loge bildet. Sie steht für viele Versuche, aus dem Geiste der Aufklärung heraus einen Religionsersatz zu schaffen. Es heißt darin: *So flugst Du hin, hin zu Elisiens Hainen, Gustav, gekrönter Menschenfreund ... Hätt' doch die ganze Menschen-Welt Zum Oberhaupte Dich erkohren ... Von keinem Vorurtheil geblendet Thront Wahrheit stäts in Deinem Schoos ... (Wir stehn der) fessel frey vom Wahne, Den schon Dein starker Geist verwarf An Deinem Aschenkruge ...*[3].

Diesem Glauben an die Vernunft blieb Franz Dautzenberg treu, als er sich in seiner Zeitung von der gewaltsamen Gefangennahme der Königsfamilie am 10.8.1792 und damit von jeder Gewalt gegenüber Andersdenkenden distanzierte[4]. So entschieden er die verrottete Verfassungswirklichkeit in Aachen schon mit 19 Jahren kritisiert hatte,

---

[1] VII, 89 / 72
[2] VII, 21 / 502
[3] VII, 28 / 490 f.
[4] VII, 13 / 130

so entschieden bekannte er sich zur Verfassung des Heiligen Römischen Reiches Deutscher Nation[1].

Franz Dautzenberg besuchte das Gymnasium der Jesuiten neben St. Michael, galt dort als Musterschüler und erhielt einen Preis für Leistungen im Katechismus-Unterricht. Nach dem Abgang von der Schule befaßte er sich insbesondere mit Rousseau und wurde fortan ein Beispiel für Revolutionäre verschiedener Schattierungen, die in den folgenden zwei Jahrhunderten in kirchlichen Schulen unterrichtet wurden und dann die dort gewonnene formale Bildung und den dort geschulten Sachverstand einer neuen Lehre dienstbar machten, oft im Angriff gegen die Kirche. Das katholische Stadtregiment hielt es für nötig, seinen ehemaligen Gymnasiallehrer, P. Polychromius Gaßmann, nach der Auflösung des Jesuitenkollegs Lehrer an der Hochschule der Franziskaner an St. Nikolaus, zum Zensor seiner Zeitung, des *Aachener Zuschauers,* zu machen[2].

Sein Vater, Gerhard Dautzenberg, war Goldschmied, wohnte im Haus *Zum Wolf* am Markt gegenüber dem Rathaus; er dürfte als Anhänger der Neuen Partei seinen Söhnen den Kampfgeist gegen die Machtgier der *alten* Familien eingeflößt haben[3]. Einen gegen diese gerichteten Entwurf zur Reform der Stadtverfassung legte Franz Dautzenberg 1788 vor[4].

Er trat als Verfechter einer rechtsstaatlichen Demokratie gegen jakobinischen Totalitarismus auf, als er Danton widersprach, der vom 3. bis zum 7.1.1793 die vermeintlichen Gesinnungsgenossen in Aachen zu einer schärferen Gangart bewegen wollte. Er sagte *ihm ins Gesicht, für eine blutige Revolution* sei in Aachen kein Klima[5]. Wenn auch Dautzenberg darüber erst nach dem Abzug der Franzosen am 16.3.1793 im *Aachener Zuschauer* berichtete und verdächtigt werden konnte, er wolle sich dem wiedergekehrten alten Stadtregiment gegenüber in ein gutes Licht setzen, so entspricht doch die Darstellung seiner gesamten publizistischen und politischen Tätigkeit. Er verfolgte alles, was jakobinischer Dogmatismus in Paris als Mißachtung von Freiheit und Menschenwürde verschuldete, insbesondere die Verspottung jeder Religion in der Kirche Notre Dame und sah, allerdings

---

[1] VII, 40 / 90
[2] VII, 1 / 39 ff.
[3] VII, 11 / 47
[4] VII, 24
[5] VII, 27 / 18; VII, 13 / 131

irrtümlich, in der Überführung der Leiche Voltaires in die Kirche St. Geneviève eine Rückkehr zu Toleranz und Rechtsstaatlichkeit; hatte doch Voltaire erklärt: *Ich kann keinem Ihrer Worte zustimmen, werde aber bis an mein Ende Ihr Recht, diese auszusprechen, verteidigen.* Die Mitwirkung im Reunionszirkel entspricht seiner Überzeugung, und der Wunsch nach Vereinigung mit Frankreich läßt ihn reden: *Geliebtes, heiliges Zeitalter ... Wie erleuchtet die Sonne unserer Verstandskräfte den ganzen Umfang menschlicher Kenntnisse. Wie strahlt die Würde des Menschen in ihrer Majestät. Der freye Mann ist ist sich selbst ein König; ... Der Mensch besitzt in sich selbst die Quelle seines Glücks, sobald er gelernt hat, sich selbst zu kennen ...*[1].
... den wahren Republikaner ... regt und belebet jenes lautere Gefühl der Freyheit, das von je in dem Herzen des unverdorbenen Menschen wohnte und gleichsam ein Genie zur Tugend ist[2].
Wieweit diese Predigttöne über den bisher kleinen Kreis der Intellektuellen hinaus die Menschen in Aachen Glauben und Kirche entfremdet haben, ist nicht bekannt; doch dürfte der Kommissar Estienne am 10.2.1800 nicht ganz falsch geurteilt haben, wenn er über Dautzenberg und seinen *Aachener Zuschauer* nach Paris berichtet, daß er die Bürger dazu geführt habe, die französische Republik zu lieben[3].
Dautzenbergs Wirken war auf wenige Jahre beschränkt; aus Protest gegen den Staatsstreich Napoleons vom 3.11.1799 legte er die ihm verliehenen Ämter eines Notars und eines Postmeisters nieder und trat bis zum Sturz Napoleons und dem Ende der Franzosenzeit nicht wieder hervor, d. h. gerade in der Zeit, in der mehr als vorher die Franzosen in Aachen Zustimmung erhielten, nicht zuletzt durch Anerkennung der Kirche in der Zeit des ersten Bistums Aachen. Kaisertum und vom Staate errichtetes Bischofsamt waren für Dautzenberg ein Verrat an den Prinzipien der Revolution.
Diesen Prinzipien folgte er im Jahre 1828 kurz vor seinem Tode, als er seine Bibliothek von ca. 20000 Bänden der Stadt vermachte und sie dabei verpflichtete, eine *Öffentliche Bibliothek* zu errichten, d. h. allen Bürgern die Möglichkeit zu freier Information und freier Mei-

---

[1] VII, 411 / 95 f.
[2] VII, 44 / 107 f.
[3] VII, 24; X, 226

nungsbildung zu geben, ein heute in der *Öffentlichen Bibliothek* der Stadt von allen geistigen Richtungen geschätztes Erbe[1].
Zwei andere Bürger haben dazu beigetragen, daß sich ein neues, nicht an Glauben und Kirche gebundenes Denken in Aachen verbreitete. Wie Dautzenberg führten sie ein Leben der bürgerlichen Tugenden und kamen in den Ruf, Aachen vor dem von Dautzenberg geistig bekämpften Totalitarismus, wie er von Robespierre furchterregend präsentiert wurde, gerettet zu haben. Nikolaus Cromm, Tuch- und Galanteriewarenhändler am Comphaus-Bad, und der Jurist Dr. Johann Vossen, seit 1786 Repräsentant der Krämerzunft im Stadtrat, waren schon vor dem Auftreten der Franzosen entschiedene Vertreter der Aufklärung in der Neuen Partei, ganz dem Rechtsstaat und der Meinungsfreiheit aller verpflichtet, also der Richtung, die Dautzenberg den Aachenern in seiner Zeitung deutete. Sie wurden zu Hauptpersonen einer Legende, ohne die auch eine innerweltliche Religion nicht auskommt. Ungewöhnlich ist jedoch, daß Helden und Heilige an ihrer eigenen Legende stricken. Trotz der Kritik des Aachener Geschichtsvereins und seinem Antrag an die Stadtverwaltung, den Stifter zu veranlassen, ein anderes Thema der Stadtgeschichte zu wählen, malte A. Kämpf das heute im Treppenhaus der Burg Frankenberg plazierte Gemälde, das die Übergabe der Stadtschlüssel durch Cromm und Vossen an die Franzosen in Herve am 23.9.1794 darstellt. Der Maler hielt sich an den Bericht Vossens in Nr. 35/36 der *Blätter des Kaatzerschen Leseinstituts* vom 30.10.1830.
Es handelt sich um ein Zusammenspiel von Fiktion und Wirklichkeit wie bei den meisten Legenden. Die maßgeblich von Dautzenberg im *Aachener Zuschauer* verbreiteten Nachrichten vom Schreckensregiment der Jakobiner in der Zeit zwischen Abzug und Wiederkehr der Franzosen 1793/94 ängstigten alle Aachener so nachhaltig, daß nach dem Sturz Robespierres und seiner Hinrichtung am 28.7.1794 auch den neuen Machthabern kein Vertrauen geschenkt wurde und sich die Meinung hielt, die im Dezember 1794 anrückenden Franzosen würden ausführen, was die Jakobiner im Konvent einem Gerücht zufolge beschlossen haben sollten; und das war nicht weniger als Plünderung und Brandschatzung Aachens als Strafe für Gewalttaten, Mord und Plünderung eines Lazaretts beim Abzug der Franzosen am 2.3.1793[2].

---

[1] VII, 46 / 5
[2] 17 / III, 228; VII, 24 / X, 205

Wahrscheinlich hat die zeitliche Differenz von Ereignis und Nachricht dazu beigetragen, daß die Angst auch unter veränderten Bedingungen blieb. Am 4. und am 7.8.1794, also 10 Tage nach der Hinrichtung Robespierres, berichtete der *Aachener Zuschauer* von der Plünderung und Einäscherung der Stadt Kusel in der Pfalz als Strafe für die Herstellung von falschem Papiergeld[1]. Nur wurde nicht erkennbar, daß es sich um eine von den Jakobinern verantwortete Gewalttat handelte, gerade einen Tag vor der Hinrichtung Robespierres ausgeführt[2].

Daß das Stadtregiment selbst einen Racheakt der Franzosen befürchtete, ist den vorliegenden Texten nicht zu entnehmen, erst recht nicht, daß Cromm und Vossen den Auftrag erhalten hätten, die genannte Bestrafung von Aachen abzuwenden, wie es Vossen 1830 in dem genannten Zeitungsartikel behauptete. Vossen und Cromm galten als geeignete Unterhändler, weil sie schon am 15.12.1792 den Franzosen vor ihrem ersten Einzug in Aachen entgegengegangen und während ihres ersten Aufenthalts deren Parteigänger gewesen waren[3]. Ihr Auftrag bestand darin, sich am 23.9.1794 im Hauptquartier der Franzosen in Herve mit einem Beglaubigungsschreiben zu melden und die Einquartierung mit dem Befehlshaber abzustimmen. Vielleicht ist es auf ihr Geschick zurückzuführen, daß die Truppen zu einem großen Teil nach Burtscheid geleitet wurden. Demgegenüber meldete der *Aachener Zuschauer*, es sei Cromms und Vossens Verdienst gewesen, Nachsicht für Aachen erwirkt zu haben. Aufgrund eines schriftlichen Berichtes der beiden Unterhändler hielt das Ratsprotokoll am 25.9.1794 fest, sie hätten *Stadt und Bürgerschaft vor der bevorstehenden Brand- und Todesgefahr landesväterlich gerettet*, doch der Bericht selbst fehlt[4].

Auch ohne die Rede von der Rettung vor Brand und Plünderung gab es für den Stadtrat Grund genug, ein Dankfest anzuordnen, hatte doch der Kommandant für jede Art von Plünderung die Todesstrafe angedroht. Das war keine eigenmächtige Entscheidung, sondern Weisung aus Paris, Konsequenz der ganz vernunftgeleiteten Reform Carnots: Plünderung verdirbt Manneszucht und Kampfesfreude und mindert

---

[1] VII, 29 / X, 206
[2] VII, 28 / 46 f
[3] VII, 3 / 131; VII, 5
[4] VII, 13 / 49 f., 74

die Einnahmen des Staates. Die Zerstörung Kusels galt nunmehr als Fehlgriff, der für die Ausführung verantwortliche General wurde abberufen[1].

In Vossens Darstellung von 1830 ist eine Episode edler Menschlichkeit der Grund für den Verhandlungserfolg in Herve. Beim Abzug der Franzosen am 2.3.1793 sei ein Oberst Mariete wegen einer Verwundung in Aachen geblieben und von Freimaurern in ihrer Loge versteckt und so vor Gefangenschaft und Schlimmerem bewahrt worden. Mariete habe Vossen als einen der Freimaurer wiedererkannt, ihn dem Kommandanten als seinen Retter vorgestellt und damit der Verhandlung die gewünschte Wendung gegeben[2]. Dem steht entgegen, daß Vossen erst am 5.7.1794 Mitglied der Loge wurde, und in den Berichten der Franzosen fehlt jeder Beleg für Vossens Darstellung[3].

Ob Vossen die Wahrheit gesagt hat oder nicht, mit Cromm wurde er als Anhänger des neuen Glaubens an die Humanität kraft menschlicher Vernunft und in Distanz zu kirchlichen Gnadenmitteln geachtet und geehrt, erstmalig in der Geschichte der Stadt. Dazu kam, daß sie im Sinne dieser Humanität zum Wohle der Stadt in den ihnen von den Franzosen übertragenen Ämtern wirkten, Cromm als Lombardsverwalter und von 1808 an als Vorsitzender der städtischen Armenverwaltung, Vossen als Syndikus und von 1798 an als Mitglied des Gerichtshofes im Departement. Wegen seines unumstrittenen Ansehens blieb er nach der Wende von 1814 Anwalt in der nachfolgenden preußischen Justizbehörde, dem Landgericht[4].

Vossen und Cromm kritisierten freimütig in Eingaben nach Paris die nicht demokratische, sondern despotische Art der Einziehung von Kontributionen und andere Formen der finanziellen Aussaugung[5]. Mit ihren Gesinnungsgenossen erreichten sie es, daß die Stadtverwaltung nach französischem Zuschnitt trotz aller von den Bürgern zu tragenden Lasten besser dastand als das Stadtregiment in den letzten Jahrzehnten der freien Reichsstadt, Freimaurer besser als Katholiken. Nachteile wurden deutlich auf Weisungen aus Paris zurückgeführt oder als vorteilhafte Maßnahmen dargestellt, so die Benutzung der

---

[1] 17 / IV, 228
[2] VII, 29 / 1, 210 f.
[3] VI, 51 / 43 / 53 / 70 / 502 ff.
[4] VII, 29 / X, 218
[5] 11 / II, 230; VII, 28 / 216f

Kirchen der Kapuziner und der Regulierherren als Pferdeställe statt städtischer und privater Bauten[1]. Vossen in der Verwaltung der Stadt und Cromm in der des Departements gehörten zu den Beamten, die den Aachenern bei der Ausführung Pariser Dekrete manche Erleichterung verschafft haben: Alexianer und Elisabethinnen durften weiterhin ihren karitativen Aufgaben auch außerhalb der Klostermauern nachgehen; der revolutionäre Kalender wurde über den innerdienstlichen Rahmen hinaus kaum durchgesetzt, d. h. die Sonntage blieben weitgehend für den Gottesdienst erhalten. Im Theater gastierten neben den obligatorischen Ensembles aus Frankreich auch solche aus Deutschland, die mit der neueren deutschen Bühnendichtung bekannt machten; und trotz der mit ethischem Dogmatismus von der vorgesetzten Behörde ausgesprochenen Anweisungen wurde die Spielbank nicht geschlossen[2].

VII.1.6 Positive und repressive Toleranz

Manch ein Aachener mag durch die genannten Repräsentanten für das neue Denken und die neue Sicht der Dinge gewonnen worden sein, in der eine Herabkunft eines Gottessohnes zur Erlösung der Menschen als sinnwidrig erschien und statt dessen der Aufstieg des Menschen aus eigener Kraft, befreit von kirchlichen Fesseln, vor die Augen trat, statt der Menschwerdung des Gottessohnes die Menschwerdung des Menschen. Diese Aussage des neuen Credo führte zur Beschreibung des Höhepunktes menschlicher Selbstgestaltung, zur Humanität, und in diese integriert, zur Toleranz. Sie hätte von den Aachener Christen schon bei dem ersten Auftreten der Franzosen 1792/93 erkannt werden können, als einerseits die Soldaten Hetzlieder gegen Religion und Kirche sangen, andererseits sich der Kommandant darüber beschwerte, daß *die geschworenen Feinde der Freiheit ... alle Mittel aufgeboten (hätten), die Amtswahlen zu verhindern, indem sie ausstreuen, das französische Volk hätte die Religion abgeschafft*[3]. Er verspricht, daß die katholische Religion geschützt

---

[1] I, 12 / 373
[2] VII, 19 a / 307
[3] I, 12 / II, 420

werden solle[1], und gestattet tatsächlich den endlich gewählten Repräsentanten, den von ihnen selbst verfaßten Eid abzulegen, ein Zeugnis für positive Toleranz.

Nach dem zweiten Einzug der Franzosen hört man auf den Straßen keine Glauben und Kirche lästernden Gesänge. Als der kirchenfeindliche Journalist Franz Theodor Biergans nach seinem Mißerfolg in Köln auf dem Büchel in der Druckerei Johann Dreyßen einen neuen Anfang mit seiner Dekadenzeitung *Brutus der Freye* versucht und darin die Kirche verunglimpft, werden die Leser des *Aachener Zuschauers* darüber amtlich informiert, *daß jedermann, namentlich dem Bürger Biergans, untersagt seyn solle, irgendeine Klasse von Bürgern samt und sonders zu verunglimpfen und geradehin über das Religionswesen herzufallen*[2]. Anton Joseph Dorsch, Kommissar, d. h. überwachender und damit eigentlich leitender Beamter des Departements in Aachen, verkündet 1798 in einer Rede: *Ich schränke mich bey dieser Untersuchung blos auf bürgerliche und politische Freyheit ein: denn von der religiösen oder Gewissensfreiheit kann doch wohl die Rede nicht mehr unter Menschen seyn, welche den Werth der Religion kennen und dieselbe für die Frucht der Überzeugung, welche nicht unter dem Zwang gedeiht, halten*[3]. Ein Aufklärer scheint hier dasselbe zu formulieren, was die katholische Kirche erst im 2. Vatikanischen Konzil in der *Erklärung über die Religionsfreiheit* festlegen sollte: *Die Menschen sind ... dazu verpflichtet, an der erkannten Wahrheit festzuhalten und ihr ganzes Leben nach den Forderungen der Wahrheit zu ordnen. Der Mensch vermag aber dieser Verpflichtung ... nicht nachzukommen, wenn er nicht im Genuß ... der Freiheit von äußerem Zwang steht*[4].

Doch 1798 und 1965 stehen zwei gegensätzliche Arten von Toleranz einander gegenüber. Geht es dem Gläubigen um die Freiheit von Zwang als Voraussetzung für ein Leben im Glauben, klammert der Aufklärer die Frage nach der Wahrheit aus, ja sieht sie als Ergebnis von Intoleranz an.

Wer behauptete, nicht die Freiheit der Meinungsaussage sei das höchste Gut, sondern die Wahrheit der Offenbarung, wurde des Fa-

---

[1] VII, 27 / 44
[2] VII, 13 / 40 f.; II, 29; VI, 228
[3] A, 2 / Aachen Stadt, 22
[4] I, 43; XIII, 719

natismus bezichtigt. Unterschieden wurden in dieser Sicht der Dinge Priester, die wissentlich Angst erzeugten, um ihre Macht zu erhalten, und die Gläubigen. Galten die einen als böse, so die anderen als geistig beschränkt. Im Unterschied zu von der Trenck konnte Franz Dautzenberg im *Aachener Zuschauer* das Tagesgeschehen zur Illustration heranziehen. Schon 1790, also vor dem ersten Einzug der Franzosen, anläßlich des Aufstandes in den österreichischen Niederlanden gegen die kirchlichen Reformen Josephs II., verspottete Dautzenberg das gläubige Volk, das sich mit Agnus-Dei-Figuren, Skapulieren und Reliquien behänge, wenn es gegen die Soldaten des Kaisers in den Kampf ziehe. Und als Leopold II. nach dem Tode seines Bruders Ruhe herstellen wollte und es den Bischöfen freistellte, Andachten und Wallfahrten wieder zu erlauben, glaubte Dautzenberg wieder melden zu können: ... *viele eilen nicht, den alten Unfug wieder einzuführen und dem Volke seine Puppenspiele wiederzugeben*[1].
Zum Einzug Napoleons in Rom 1798 schreibt er: *Die Revolution Frankreichs konnte im Zeitalter der Philosophie unter ihren großen Resultaten kein größeres für die Menschheit hervorbringen als die Vollendung des Triumphs der Philosophie über den Fanatism - als den Sturz des Papstthums ...*
Kurz nachher, am 15.2.1798, lesen die Aachener Katholiken folgende Zeilen:

> *An den Papst*
> *Nach dem Einzuge der Franzosen in Rom.*
> *Du schlossest sonst nur Katholiken,*
> *Die vor den Heiligen sich bücken,*
> *Den Himmel auf. Den Protestanten,*
> *Die deine Macht nicht anerkannten,*
> *Ward aller Eingang da verwehrt.*
> *Jetzt, wo in deiner heil'gen Stadt*
> *Der liebe Gott die Franken hat,*

---

[1] VII, A, 0 / 110 f., 114

Wirst du dein Pförtner-Amt verlieren.
Herr Pius! bey den Himmels-Thüren
Wird von nun an ein Franke steh'n
Und deinen großen Schlüssel dreh'n.
Der läßt, wie jedermann bekannt,
Jud', Katholik und Protestant
Und jeden Biedermann hinein:
So muß es seyn ...

Im *Aachener Zuschauer* vom 29.3.1798 druckt Dautzenberg einen Brief des Aachener Reunionszirkels an Rudler in Mainz ab, den höchsten Beamten des besetzten Gebietes, in dem der Wunsch nach Vereinigung mit Frankreich mit der Verachtung des Papsttums verbunden wird: Die Vereinigung mit dem *philosophischen Volke, welches neulich die Barke des römischen Fischers umgestürzt hat*, würde *Fanatismus* und Priesterherrschaft beenden[1]. Dem gebildeten Aachener, der nicht zu den unwissenden und *abergläubischen* Frommen gerechnet werden möchte, schildert er den *neuen Menschen*. Aufgrund einer Falschmeldung vom Tode des von der Trenck will er wissen, daß dieser *auf seinem Landgute mit der ruhigen Gelassenheit des ehrlichen Mannes sanft verschieden sei, also ohne Sündenangst und Sterbesakramente.* Vor allen anderen ist Voltaire für ihn der Mann, *für den nichts heilig war, was die Menschen Jahrhunderte durch verehrt und angebetet hatten ...*, so schreibt er in seinem Bericht über Voltaires *Apotheose*, seiner Beisetzung in der Kirche St.Geneviève in Paris, dem ersten Staatsbegräbnis[2].

Der journalistischen Verachtung einer Kirche, die die Wahrheit verkündigen will, entsprechen die staatlichen Maßnahmen. Unfreiheit und Tod sollte den ausschalten, der nach der Meinung der Machthaber für Unfreiheit eintrat, weil er für die Wahrheit Zeugnis ablegte. Im Anschluß an den Fall *Müller* erhält der Stadtrat vom Departement strikte Anweisungen: Zwei Ordenspriester hätten sich unterstanden, *grundsätze, welche gerade gegen die republique anlaufen, drucken und verbreiten zu lassen ... Rat soll alle Geistlichen verwarnen; ein jeder Geistlicher (soll) sich an keinen anderen dann berufs und evangeliums gegenstände befassen, und mithin durchaus nicht in*

---

[1] VII, 44 / 28 f.
[2] VII, 4 / 114

politischen sachen sich einmischen, viel weniger gegen die französische republik anstössliche grundsätze zu verbreiten sich unterstehen solle ...[1]. Am 16.8.1798 wird allen Priestern die Deportation nach Cayenne angedroht, die in Schrift oder Wort zum Verrat oder zum Aufruhr ermuntern oder ermahnen. Am 4.12. kommt direkt aus Paris die Weisung, alle Priester anzuzeigen, die Unruhen erregten, indem sie ihr Ansehen mißbrauchten. Pastor Zimmermann von St. Michael in Burtscheid, von 1823 bis zu seinem Tode 1829 Oberpfarrer an St. Foillan, wurde daraufhin verurteilt, entkam aber der Deportation[2].

Was von den Kanzeln geantwortet wurde, ist nicht bekannt. Vielleicht antworteten die Prediger auf den Rundumschlag gegen Glaube und Kirche, wie eine 1796 in Schwerin erschienene lutherische Kampfschrift: *Nach dem heutigen Sprachgebrauch heißt Vernunft eigentlich Vermessenheit*[3].

VII.2 Öffentliche Ausübung der Religion

VII.2.1 Religiöse Zeichen

Seit es eine christliche Gemeinde in Aachen gab, wurde nur die christliche bzw. katholische Religion öffentlich ausgeübt, auch in den Jahren des protestantischen Stadtregiments. Nicht anders als die katholische Kirche glaubten die Wortführer des neuen, nur auf die Vernunft setzenden Glaubens auf dessen öffentliche Ausübung nicht verzichten und keine Konkurrenz zulassen zu dürfen. Dabei trafen sie auf Priester und Laien, die nach Zeichen des eigenen Glaubens in der Öffentlichkeit verlangten. Stadtrentmeister De Bey stellte in der Nacht von Gründonnerstag auf Karfreitag 1795 auf dem Vorplatz von St. Foillan ein Kreuz auf, umgab es mit einem eisernen Gitter, das die Anwohner gestiftet hatten, die auch für die Versorgung einer Laterne aufkommen wollten[4].

---

[1] VII, 29 / 226; D, 5 / III, 115 f., 20.11.1797
[2] VII, 30 / 119 / 165
[3] VII, 34
[4] V, 26 / III, 535

Die Stadtverwaltung verbietet am 19.4.1798 *les signes du lutte religieux - die Zeichen des religiösen Kampfes*[1]. Die neuen Herren unterstellen mit dem Worte *lutte - Kampf*, Kreuze und Heiligenfiguren sollten die Nicht-Katholiken herausfordern. Ein zweites Argument wird in Verlautbarungen vorgebracht, später *repressive Toleranz* genannt: Nicht-Katholiken sollten sich durch den Anblick von ihnen abgelehnter Zeichen nicht mehr in ihrer Freiheit beengt sehen, erst recht nicht, wenn eine ganze Stadt durch eine einzige Konfession äußerlich sichtbar geprägt wird. Der neuartige Vernunftglaube trägt damit Züge der alten Religion: auch der esprit fort darf nicht über Auge und Ohr in seiner Überzeugung gestört werden, und Aachener Katholiken urteilten wohl richtig, wenn sie in den Kreuzen einen *Blitzstrahl* für die *Freigeister* sahen[2].

Drittens sollte bei der erwünschten *Menschwerdung* nichts stören, was vergangen war und sich in Bildern und Zeichen in die Gegenwart hineindrängte. Ein totaler, von aller Geschichte gelöster Neuanfang verlangte nach der Vernichtung der *an das Lehnswesen, das Königtum und die Religion erinnernden Zeichen*[3].

Niemals ausgesprochen und hinter der Fassade behördlicher Pflichterfüllung verborgen blieb das urtümliche, ganz und gar nicht der Rationalität des Jahrhunderts gemäße Verlangen, das sich in dem Satz ausspricht: *Tot ist der Götze erst, wenn er stürzt.* Das galt im kalvinischen wie im revolutionären Bildersturm in Frankreich nicht anders als beim Sturz der Stalin-Denkmäler im ehemaligen Ostblock. Nichts zeigte besser das mangelnde Verständnis für die eigentliche Bedeutung religiöser Zeichen und die wahre Beziehung der Gläubigen zu ihnen als die Gründung einer neuen Bruderschaft an St. Foillan im Jahre 1801. Die Kreuzbruderschaft konstituierte sich als Gemeinschaft von Gläubigen, die durch ihr gemeinsames Gebet Sühne leisten wollten für die gewaltsame Enfernung von Kreuzen und anderen Zeichen aus der Öffentlichkeit.[4]

Die *Vernichtung der ... an die Religion erinnernden Zeichen* wurde von der Verwaltung für die besetzten Gebiete am 4.11.1797 verfügt. Die Aachener Stadtverwaltung ließ sich jedoch damit Zeit, wohl wis-

---

[1] D, 7 / 28 germinal VI
[2] VII, A 1 / 53
[3] VII, k 4 / 340
[4] IV, 26 / 16 f.

send, wie bedeutsam für die Gläubigen die Öffentlichkeit ihrer Religion war. Ausdrücklich wurde den für die Ausführung verantwortlichen Beamten aufgetragen, *de maintenir la tranquillité publique - die Ruhe in der Öffentlichkeit zu bewahren.*[1]
Man fand eine zwar unglaubhafte, aber die glaubensfeindliche Tendenz verschleiernde Rechtfertigung, die zumindest eine prinzipielle Gegnerschaft gegen die katholische Kirche ausschließen sollte: Die zu beseitigenden Kreuze, Bilder und Zeichen seien künstlerisch minderwertig und würden Gott nicht ehren, sondern beleidigen. Offenbar trug zu dieser Äußerung bei, daß die Kunst des Barock in diesem Jahrzehnt mehr und mehr in Verruf geriet. Am 11. und 12.4.1798 wurden Kreuze und Heiligenbilder von Straßen, Plätzen und Hauswänden entfernt, *nicht ohne Herzeleid* der Katholiken[2], doch ohne demonstrative Störungen[3], von einem Auflauf an der Hotmannspief abgesehen[4]. Am 16.4., also vier Tage später, begann man mit der Abnahme der Kreuze von Kirchttürmen und -dächern. Während die Kirchenvorstände selbst für die Kosten aufkommen sollten, nennt ein städtischer Kostenanschlag vom 10.7.1798 9 livres *à demolir la croix au St. Folien*[5] und verweist damit auf den einzigen Fall aktiven Widerstands[6].
Nach dem Protokoll des Polizeikommissars Muffat vom 18.4.1798, seinem Schreiben vom 19.4.1798 an Kommissar Estienne, Stadtverwaltung, und an Kommissar Dorsch, Departementsverwaltung, lud Muffat mehrmals die preposés - den Kirchenvorstand - von St. Foillan ein, mit ihm das Verfahren bei der Beseitigung des Kreuzes auf dem Kirchendach abzusprechen. Die Antwort lautete, man wolle dazu die Hand nicht reichen. Daraufhin sah sich Muffat verpflichtet, Arbeiter nach St. Foillan zu schicken und ihnen zu sagen, sie würden von den Vorgesetzten dieser Kirche bezahlt werden. Muffat hatte aber bereits festgestellt, daß *la formation de l'esprit public - die Bildung der allgemeinen Gesinnung* keinen Erfolg gehabt und weder ein Aristokrat noch ein *fanatique - ein gläubiger Katholik* seine Embleme entfernt hatte. *Aber was allein den böswilligen Ungehorsam und die fa-*

---

[1] D, 7 / 28 germinal VI
[2] VII, 43 / 53
[3] VII, 27 / 342
[4] VII, 16 / 12 ff.
[5] VII, 19 a / 342
[6] VII, 19 a / 306

natische Wut aufdecken kann, ist das, was sich gestern ereignet hat.
Aus den nun folgenden Berichten ergibt sich der Hergang: Als die von Muffat beauftragten Dachdecker, Matthias und Johann Reuff, um 9.30 Uhr St. Foillan betreten wollten, trat ihnen ein Kirchmeister namens Beckers, Bäcker von Beruf, entgegen und verwehrte ihnen den Eintritt. Dabei sprach er so laut, daß Nachbarn dazutraten, Passanten stehen blieben und die Menge vor der Kirchtür ihn in seiner oppositionellen Haltung bestärkte. Das ungebührliche Betragen des Kirchmeisters und die ständig zunehmende Menge auf dem Vorplatz der Kirche regte Muffat zwar auf, trieb ihn aber auch dazu an, die sich selbst gestellte Aufgabe zu lösen. Er wies die Dachdecker an, mit ihrer Arbeit zu beginnen, und machte den Kirchmeister für die Folgen seines Widerstands gegen die Staatsgewalt und die Erregung öffentlichen Aufruhrs verantwortlich. Dann kam eine für alle überraschende Wendung der Dinge. Herr Buchholtz, Beigeordneter für das Rechnungswesen, wurde von der Menge durchgelassen, schritt auf die Dachdecker zu und sagte ihnen, daß sie aufgrund einer Anweisung des Syndikus, Cromm, ihre Arbeit abbrechen und sich bei diesem in einem Hause in der Adalbertstraße einfinden sollten, wo er gerade speise. Unverzüglich folgten die Dachdecker diesen Worten, ließen Muffat stehen (und setzten ihn wohl einem Gelächter aus). An Ort und Stelle erhielten sie von Cromm die Anweisung, Muffats Auftrag nicht auszuführen, weitere Weisungen abzuwarten und Muffat darüber zu informieren. Muffat schloß seinen Bericht damit, daß er sich in aller Vorsicht darüber beschwere, daß die *fanatiques* durch diesen Vorgang gegen die Polizei aufgewiegelt und dieser unterstellt würde, sie habe eigenmächtig gehandelt. Es sei doch wohl nicht Sinn der Sache, daß man die Polizei der Wut des Fanatismus und der wiedererwachten Aristokratie aussetze. Cromm als administrateur particulier - als städtischer Verwaltungsbeamter mit beschränkter Zuständigkeit - könne nicht die Ausführung einer Anweisung des staatlichen Departementschefs untersagen. Muffat mußte aber seinen Ärger schlucken, und Cromm behielt mit seiner Initiative in eigener Verantwortung recht. Wahrscheinlich war er als leitender Beamter zufällig zuerst informiert worden, hatte die Wahl zwischen Mißachtung der Anordnung des Vorgesetzten und der Verantwortung für eine vielleicht blutige Schlägerei, und er entschied sich für politische Klugheit. Der Präfekt muß ihn gedeckt haben, und es kam zu einem gütlichen Ein-

vernehmen zwischen der obersten Dienststelle in Aachen und dem Kirchenvorstand. Dieser gab nach, das Kreuz wurde entfernt, aber auf Kosten der Stadt.

VII.2.2 Prozessionen

Von alters her sind neben den beständigen Zeichen des Glaubens die auf Stunden beschränkten Prozessionen ein Teil der öffentlichen Religionsausübung. Die Methode der neuen Herren, durch die Zahl der Beteiligten bei Aufmärschen und Festzügen die Zustimmung des Volkes zu ihrer Politik zu beweisen, unterstellen sie auch den Priestern und werfen ihnen vor, *Fanatiker* aus den grenznahen, 1795 annektierten und deshalb bereits nach französischen Gesetzen lebenden Gemeinden jenseits des Aachener Waldes heranzuholen, die gern an den bei ihnen bereits verbotenen Prozessionen teilnehmen *pour augmenter l'influence - um die Wirkung (auf die Menschen in Aachen) zu vergrößern*. Doch bis daß der Friede von Campo Formio den Gewinn der linken Rheinseite in einem Geheimartikel so gut wie sicher macht, gehen die Machthaber behutsam vor. Nach generellem Verbot für jeden öffentlichen Auftritt kann nach dem zweiten Einzug 1795 die Fronleichnamsprozession fast in gewohnter Weise ziehen, sogar mit Vertretern der Stadtverwaltung und Glockenläuten, aber ohne Bilder und Statuen, ohne Fahnen und Symbole, Straßen- und Häuserschmuck. Die neuen Herren geben diesem glanzlosen, aller Tradition widersprechenden Auftreten eine Rechtfertigung, der kein Christ widersprechen kann: Der rein religiöse Charakter der Fronleichnamsprozession solle wiederhergestellt werden[1].
Die Katholiken Aachens mußten diese Prozession als einen besonderen Vorzug erleben. Der *Aachener Zuschauer* hatte am 5.3. desselben Jahres darüber informiert, was im Gegensatz dazu in Frankreich und damit jenseits des Aachener Waldes aufgrund des Dekretes des Pariser Konvents vom 21.2.1795 galt. Darin hieß es: *Außerhalb des für sie bestimmten Lokals sind alle religiösen Zeremonien verboten ... Das Gesetz erkennt keine Religionsdiener an, und kein solcher darf öffentlich in religiöser Kleidung erscheinen ... Kein besonderes Zei-*

---

[1] VII, 9 / 529

chen irgendeiner *Religionsausübung darf an einem öffentlichen Platz ausgestellt werden*[1].
Nach Campo Formio wurde es anders. Departement und Stadtverwaltung nach französischem Muster wurden eingerichtet, und fortan galt Aachen neben Köln als ein *Hauptsitz der Priester und Alfanzereien*, d. h. eines von der katholischen Kirche getragenen Widerstands, und Prozessionen sah man als Demonstrationen der Macht, die Priester immer noch ausübten, als *geistliche Zusammenrottungen*[2]. Kraft dieser Überzeugung verbot die Departementsverwaltung am 2.4.1798 alle kirchlichen Zeremonien außerhalb der *Zeremonienhäuser*[3]. Entsprechend durfte sich der Priester nicht in *Zeremonialkleidung* sehen lassen, d. h. daß insbesondere der Versehgang den Charakter eines öffentlichen Bekenntnisses verlor[4].

VII. 2.3 Beerdigungen

Der Erdbebenbruderschaft wird die in ihrer Satzung festgelegte Teilnahme an der Bestattung der Hingerichteten untersagt; es bleibt ihnen nur der nicht-öffentliche Teil ihrer Verpflichtung, das Gebet in St. Foillan am Tage der Hinrichtung[5]. Wenn schon der Auftritt der kleinen Bruderschaft bei diesem kaum beachteten Leichengang den neuen Herren ein Dorn im Auge war, so erst recht die gewöhnliche Beerdigung mit öffentlichem Gebet und Gesang der Gläubigen und den priesterlichen Zeremonien. Doch sah man sich mangels einer Alternative genötigt, sich des Priesters zu bedienen, um die eigenen Toten würdig zu bestatten. Mit Widerwillen auf beiden Seiten wurde 1793 ein französischer Kommissar im Totenkeller von St. Foillan beigesetzt: Dem Kommandanten blieb keine andere Wahl, als das anzuordnen und der Pastor fügte sich, obgleich der Verstorbene sich selbst *den Hals abgeschnitten* hatte[6].
Ein Umdenken im Rahmen wissenschaftlicher Forschung[7] führte schon 1765 zum Verbot von Beerdigungen innerhalb der Stadt Paris,

---

[1] VII, 7 / 36 f.
[2] VII, 24 / 154
[3] VII, 41 / 23
[4] VII, 12 / 53
[5] VI, 26 / 16
[6] VII, 12
[7] V, 9 / 164 / 172 f. / 177

und das hieß in Kirchen und auf Kirchhöfen. Wien nannte dieselben medizinisch-hygienischen Gründe und folgte 1784. In Aachen verfügten die neuen Herren kurz nach dem zweiten Einzug, am 18.3.1795, die Anlage einer Begräbnisstätte am Möschebendchen vor dem Kölntor und verboten die Bestattung in Kirchen und auf Kirchhöfen.

Doch kamen sie dem Verlangen der Katholiken nach geweihtem Boden für ihre Toten entgegen und ließen diesen Friedhof nach seiner Fertigstellung am 8.1.1795 von den vier Pastören weihen[1]. Auch blieb es bei der kirchlichen Beerdigung, für die meisten Aachener mit einem längerem Weg, also mit mehr Öffentlichkeit als vorher. Wenn die Christen wahrscheinlich schon in der Römerzeit entgegen den staatlichen Vorschriften ihre Toten in der Kirche oder in ihrer Nähe bestatteten, konnten die Franzosen nicht von heute auf morgen zur römischen Ordnung zurückkehren. Religiöses Bewußtsein und menschliche Beziehung machten es schwer, den nahen Kirchhof durch den fernen Friedhof zu ersetzen[2]. Doch während sich die Kölner zunächst mit Erfolg widersetzten[3], kam es in Aachen trotz innerem Widerwillen nur zu wenigen *Insubordinationen.*
Einen eher rechtlichen als religiösen Streit gab es wegen des Totenkellers in St. Foillan. Die Kirchmeister wandten sich an die Stadt am 29.4.1795 und betonten, daß der Totenkeller erst *vor Kurtzem zur Vorbeugung der bösen und gar gefährlichen ausdünstungen mit schweren Kosten und Schulden errichtet* worden sei, d. h. daß sie ohne die Franzosen in derselben Absicht wie sie, zwar anders, aber ebenso wirksam und im Einklang mit den medizinischen Erkenntnissen gehandelt hätten. Außerdem falle der Totenkeller seiner Konstruktion nach nicht unter das Gesetz, das die Bestattung in Kirchen und auf Kirchhöfen verbiete[4]. Doch die neuen Stadtväter verweisen auf das in Frankreich geltende Gesetz, das weder von Kirche noch von Kirchhof spricht, sondern ganz allgemein die Bestattung innerhalb von Städten verbietet, nicht anders als das Zwölf-Tafel-Gesetz des römischen Staates aus dem 5. Jahrhundert vor Christi Geburt, wo es hieß: *Hominem mortuum in urbe ne sepelito neve urito - ein Leichnam darf in der Stadt weder beerdigt noch verbrannt werden.* Doch

---

[1] 17 / III, 528
[2] V, 9 / 167
[3] 17 / III, 528
[4] D, 8 / Abt. I, Nr. 10 a / 10 floreal III

gestützt auf medizinische Gutachten, nicht auf das von den Franzosen sonst gern genannte römische Vorbild, wiederholen die Stadtväter ihr Verbot. Das ruft den Kirchenvorstand von St.Foillan erneut auf den Plan; er nennt die medizinischen Gutachten, die bei der Anlage des Totenkellers beachtet worden seien, und drei neue sollen sein Recht schützen, die der Ärzte A. J. Kaentzler, J. W. Müller und des Stadtphysikus' Gerhard Reumont, der damit gegen die Entscheidung seiner Vorgesetzten spricht. In den gleich nach der Beisetzung zugemauerten Kammern würde die Leiche in kurzer Zeit zu Staub. Eine Wiederverwendung und erneute Einziehung von Gebühren sei möglich und wegen der Rückzahlung der für die Errichtung des Totenkellers geliehenen Gelder notwendig.

Doch das alles bleibt ohne Erfolg, ebenso wie der Vorstoß der an St. Michael bestehen gebliebenen zwei Kongregationen. Ihre Präfekten erwarten wie die Kirchmeister von St.Foillan von zeitgemäßen Argumenten der Vernunft einen Erfolg. Durch die Beerdigung auf dem entfernten Friedhof entstünden höhere Kosten, so daß sie ihren Verpflichtungen gegenüber armen Mitgliedern nicht mehr nachkommen könnten. Die Stadt könne diesen Schaden durch die kostenlose Gestellung eines Leichenwagens ausgleichen. Eine weitere Verteuerung ergäbe sich dadurch, daß die Beerdigungen vormittags stattfinden müßten, wenn die Sodalen ihrem Berufe nachgingen und nicht ihren Verstorbenen die notwendigen Dienste leisten könnten. Die Stadt möge deshalb die Kosten für die Dienste zweier Alexianer und zweier Totengräber bei der Beerdigung eines armen Sodalen übernehmen.

Die Kostenfrage gibt den Präfekten der Kongregationen einen Anlaß, das eigene Wohlverhalten gegenüber den neuen Herren zu demonstrieren: Wenn die Kongregationen die Kosten für die Beerdigungen nicht mehr tragen könnten, liefen sie Gefahr, *den armen Mann* zu verlieren, und der Staat werde in der Folge das Gute verlieren, *was sonsten (die Kongregationen) auf den Verstand des armen Mannes zum Wohle des Staates wirkten.* Die Ratsherren denken mit Rücksicht auf die Stadtkasse nicht daran, ausnahmsweise die Bestattung im Totenkeller zu erlauben, sondern helfen wie gewünscht[1].

Tatsächlich waren die städtischen Behörden in Einzelfällen nachgiebig oder drückten ein Auge zu. So wurde am 27.3.1797 nach gemeinsamem Vorgehen von Pastor und Gemeinde eine Leiche im Totenkel-

---

[1] D, 81 ebd.; 27 messidor III

ler von St. Foillan beigesetzt. Anders an St. Peter zwei Tage später: Pfarrangehörige versperrten einem Leichenzug den Weg zum Kölntor und erzwangen den Einzug in St. Peter zur Bestattung in dem dortigen Totenkeller. Der Pastor widersetzte sich und erregte dadurch Tumult. Da griff der Stadtkommandant ein und erzwang mit Bewaffneten das vorgeschriebene Verfahren[1].

Zu den Gesetzen des revolutionären Frankreich, die auf der linken Rheinseite nicht galten, solange sie nur besetzt, nicht annektiert war, gehörte auch die Verstaatlichung aller kirchlichen Gebäude mit Ausnahmen der Pfarrkirchen. Also blieben in Aachen im Unterschied zu den Zuständen auf der anderen Seite des Aachener Waldes die Klöster und Klosterkirchen bestehen, auch das Münster, statt kommunal oder industriell genutzt zu werden. Daß St. Michael mit dem Kollegsgebäude seit der Auflösung des Jesuitenordens und Inbesitznahme durch die Stadt nicht zu dem vorläufig unangreifbaren Ordensbesitz gehörte, muß den neuen Herren gleich nach der ersten Besetzung Aachens bekannt geworden sein, und deshalb nahmen sie St. Michael den geistlichen Charakter. Damit setzten sie sich über Rechte hinweg, die den Kongregationen von der Stadtverwaltung zugestanden worden waren. Schon am Tage der Besetzung, am 16.12.1792, wurde St. Michael ein Heumagazin, der Kreuzgang ein Pferdestall und im Kollegsgebäude wurde eine Bäckerei eingerichtet[2]. Alles das war auf Dauer angelegt, nicht auf eine vorübergehende Inanspruchnahme wie bei einzelnen Klosterkirchen. Doch sechs Wochen später hatte es damit ein Ende. Am 29.1.1793 brach in der Bäckerei ein Brand aus, der sich auch auf die Kirche ausdehnte und alles zusammen für militärische Zwecke unbrauchbar machte. Der Kommandant tat ein übriges, indem er das Blei vom Kirchendach requirierte, dem Regen freien Lauf gab und die Gewölbe zu Schaden kommen ließ. Die Kongregationen mußten mit Messen und Andachten teils zu den Zölestinerinnen in der Jakobstraße, teils zu den Benediktinerinnen in der Annastraße ausweichen, und ihr 40stündiges Gebet an den Fastnachtstagen des Jahres 1793 hielten sie in St. Stephan in der Hartmannstraße. St. Michael blieb in ihrem Bewußtsein ihre Kirche, und sie setzten alles daran, die Gewölbe zu reparieren und die Kirche wiederherzurichten. Die Stadtverwaltung, deren Besitzrecht nach dem

---

[1] VII, A1 / 35 / 43
[2] VII, 20 / 22

Brand von 1793 nicht mehr angetastet worden war, ließ die frommen Bürger gewähren, gestattete eine Hauskollekte, und es kam trotz der Not der Zeit soviel Geld ein, daß die Renovierung kraft der Bürgerinitiative zügig fortschreiten und Neujahr 1801 der erste Gottesdienst gefeiert werden konnte. Am Tage vorher zog eine Prozession mit dem Sanctissimum nach behördlicher Vorschrift, also still und ohne jede zeremonielle Gestaltung, mit großer Beteiligung von St. Anna nach St. Michael[1].

VII.2.4 Dekaden

Beim Anblick des Münsters und aller Kirchen lebte die alte Welt in Herz und Gemüt der Aachener weiter, zumal nichts an ihre Stelle oder neben sie trat. Anders ist es mit der revolutionären Zeitrechnung, die den christlichen Kalender ersetzen sollte und mit ihm die öffentliche Gliederung des Lebens in Arbeit und Freizeit. Ein neuer Kalender sollte *die despotische und geistliche Staatsverfassung vergessen* lassen und dem Bürger *Anhänglichkeit an die Grundsätze* des neuen Staates einflößen[2]. Zugrunde lag ein pädagogisches Konzept des beständigen Lernens und der Gewöhnung an neue Denkweisen, das ein Auslöschen der Erinnerung an frühere Gewohnheiten und Denkweisen einschloß. Nach diesem Konzept wurde sogar verboten, an ehemaligen Abstinenztagen Fisch zu verkaufen[3]. Das Auslöschen der Erinnerung wird in einem Rundschreiben 1798 an die Dienststellen der Polizei ausdrücklich als Grund dafür genannt, daß die Polizisten alle Anzeigen von den Hauswänden abreißen sollten, die bei Zeitangaben den christlichen Kalender benutzten. Der Anlaß war vielleicht ein Schreiben der Stadtverwaltung an den Präfekten des Departements, in dem sie den Verdacht entkräften wollte, sie habe einen Konzerttermin *aus Rücksicht auf das ehemalige Weihnachtsfest (au ci-devant noël)* geändert. Das Auslöschen von Erinnerung blieb der Wunschtraum totalitaristischer, nach der Seele des Menschen greifender Diktaturen, in Orwells *1984* dargestellt, in der DDR erkennbar, wenn ein SED-Mitglied sich mindestens ebenso darüber freute,

---

[1] A, 1 / Pfarren in Aachen, St. Michael 7
[2] VII, 5 / 55
[3] VIII, 41 / 27

daß sein Sohn die alte Nationalhymne vergessen hatte als daß er die neue auswendig konnte.
Der am 5.10.1793 in Frankreich verordnete, nach dem Einzug in Aachen 1794 amtlich gebrauchte Kalender wurde vom 19.7.1798 an für alle verbindlich. Die Zählung der Jahre begann mit der Tag- und Nachtgleiche 1792. Für die Kirche und die öffentliche Ausübung der Religion war entscheidend, daß an die Stelle der Sonntage alle zehn Tage Dekadi traten, alle christlichen Feiertage verboten wurden und Staatsfeiertage sie ersetzen sollten. An diesen wurde der Ereignisse der Revolution gedacht, vom Sturm auf die Bastille angefangen, der als einziger Revolutionstag in Frankreich heute noch gefeiert wird. Revolutionshelden sollten die Heiligen ersetzen und an bestimmten Tagen gefeiert werden[1]. Von März bis September 1798 wurden folgende Feste angeordnet und gefeiert:

30. Ventose	(= 20. März)	Fest der Volkssouveränität
10. Germinal	(= 30. März)	Fest der Jugend
10. Floreal	(= 29. April)	Fest der Eheleute
10. Prairial	(= 29. Mai)	Fest der Dankbarkeit
10. Messidor	(= 28. Juni)	Fest der Landwirtschaft
26. Messidor	(= 14. Juli)	Fest der Erstürmung der Bastille
10. Thermidor	(= 28. Juli)	Fest der Freiheit
23. Thermidor	(= 10. August)	Fest der Gefangennahme des Königs
18. Fructidor	(= 4. Sept.)	Gedenken an den Staatsstreich von Barras (1797)
1. Vendimiaire	(= 22. Sept.)	Fest der Gründung der Republik, zugleich Neujahrstag nach dem neuen Kalender[2].

Für die Dekadi wie für die neuen Feiertage galten die dem Kirchengebot entnommenen Bestimmungen: Verbot der knechtlichen Arbeiten, Heiligung des Tages durch die Besinnung auf seine Geheimnisse, d. h. im Rahmen der neuen Religion Teilnahme an Feiern mit patriotischen Liedern und Reden und festliche, den Prozessionen nachgebildete Umzüge. Im Unterschied zu kalvinischer Tradition, aber im Einklang mit katholischer Sonntagsheiligung galt der Theaterbesuch als typisch für die Gestaltung der Dekadi; entsprechend diente der

---
[1] VII, 19 / 113
[2] IX, 133 / 6

Auslöschung alter Gewohnheiten das Theaterverbot an den ehemaligen Sonntagen; mehr noch, auch an Dekadi durfte nicht gespielt werden, wenn sie auf einen ehemaligen Sonntag fielen. Doch im Unterschied zum alten Athen wurde Theaterbesuch weder erzwungen noch durch Diäten attraktiv gemacht, und so reagierte das Aachener Theaterpublikum nicht in der gewünschten Weise. Die Stadtverwaltung selbst folgte in dem Wunsch nach einem vollen Haus nur widerwillig den Vorschriften und stellte sich gelegentlich auf die Seite der katholischen Bürger. So nahm sie eine Verwarnung in Kauf, als sie am Peter- und Paulstag spielen ließ[1].

Durch nichts betonte der revolutionäre Staat sein Monopol auf seelische Hingabe und kultische Verehrung mehr als durch diese aufgezwungene Einteilung und Gestaltung der Lebenszeit; doch blieb für den Gläubigen entscheidend, daß die Kirche in ihrer Liturgie nicht berührt wurde und nicht nur gelegentlich wie das Theater am Katschhof, sondern Tag für Tag alle, die sich dafür unter aufgezwungenen Schwierigkeiten die Zeit nahmen, in der gewohnten Zeiteinteilung leben ließ. Fehlte auch zum Schmerz vieler Aachener die allgemeine Sonntagsruhe, so haben sich doch Selbständige an ihre Gewohnheit gehalten, und auch in Aachen dürften, wie anderswo belegt, viele Abhängige sonntags zum Gottesdienst gekommen sein, selbst von Dienststellen der Stadtverwaltung[2].

VII.2.5 Staatskult

So wenig wie den Christen aller Konfessionen ging es den Wortführern der neuen Religion um die Sicherung von Freizeit, wenn sie für Sonn- und Feiertage Ersatz schafften. Kultakte mit predigtähnlichen Ansprachen und mit prozessionsähnlichen Umzügen und *reunions* bestimmten den Ablauf. Schon am dritten Tag der ersten Besetzung, am 19.12.1792, erlebten die Anwohner des Marktes den ersten Kultakt der Fremden: Die Kalckberner-Schandsäule - wahrscheinlich von Aachener Aufklärern den Franzosen als Symbol des zu überwindenden Glaubens vorgestellt - wurde umgestürzt und nach einer Militärparade an ihrer Stelle ein Freiheitsbaum gepflanzt und umtanzt. Eine

---

[1] VI, 6 / 178
[2] VII, 5 / 18 / 55; VII, 19 / 363

Birke war im Unabhängigkeitskrieg, der zur Gründung der USA führte, das Symbol der Freiheit, wurde von den Jakobinern in Paris übernommen, in eroberten Gebieten aufgestellt als Zeichen der *Befreiung* und galt als Sammelpunkt für die *Patrioten*, wie sich die Parteigänger der Revolution auch in Aachen gerne nannten[1].

Tanz um den Freiheitsbaum - Unbekannter Künstler[2]

Erstmalig erlebte Aachen so einen öffentlichen Kultakt ohne jede Beziehung zu Kirche und Christentum. Einerseits enthielt das, was sich vor ihren Augen abspielte, für die ihre Stadt liebenden Bürger eine Beleidigung, als der Statue Karls des Großen eine Jakobinermütze aufgesetzt wurde, andererseits forderte die Kuriosität des krampfhaft vorgespielten Ernstes einer politischen Feier Gelächter heraus. Für die nächsten 200 Jahre sollte immer wieder der Widerspruch hervortreten, in den sich ein Staat begibt, der sich der Vernunft verpflichtet, aber auf symbolhafte Handlungen nicht verzichten will, die ihrer Form nach über den irdisch-zweckdienlichen Bereich hinausweisen. Wer auf dem Markt versteckt oder offen gelacht hatte, brauchte noch keine Angst vor der Guillotine zu haben; die meisten

---

[1] VII, 20 & 16; VII, 21 / 33 f.
[2] VII, 50 / 416

verließen jedoch nach Ende der *Vorstellung* fluchtartig den Platz. Anders erging es den konsequent aufgeklärten Jakobinern im Jahre darauf in Paris, die ihren Spott über das von Robespierre am 8.6.1794 inszenierte *Fest des höchsten Wesens* nicht verbergen konnten. In Aachen konnte man aus der Feder Franz Dautzenbergs freundliche Worte über dieses Fest lesen, weil Robespierre sich damit von der Blasphemie des *Festes der Freiheit und der Vernunft* in der Kirche Notre Dame vom 10.11.1793 distanzierte[1]. Als Dautzenberg gleich nach diesem Kultakt vom Beginn des großen Terrors und der Arbeit der Guillotine berichten mußte und sein Urteil über Robespierre in das Gegenteil verkehrte, konnten die Aachener von Glück sprechen, daß die Franzosen schon seit anderthalb Jahren nicht mehr da waren. Und als diese am 23.9.1794 zurückkehrten, hatten sie den Sturz Robespierres schon zwei Monate hinter sich. Nichtsdestoweniger folgten sie Robespierre, als sie in Aachen einen *Tempel des Höchsten Wesens* am 20.12.1794 eröffneten. Sie übergingen oder vergaßen den Gegensatz einer Verehrung der Vernunft und einer des Höchsten Wesens; der Festredner Portiez sprach von dem Tempel der Vernunft, der zur Verehrung des Höchsten Wesens bestimmt sei[2].

Das *Höchste Wesen* sollte an die Gottesvorstellung der Christen erinnern, wurde aber mit einer politischen Theologie verbunden, die weit überstieg, was ansatzweise zur Zeit Konstantins gesagt wurde. Diese Lehre duldete keinen Widerspruch von geistlicher und weltlicher Autorität, von persönlicher Freiheit und staatlich-gesellschaftlichem Anspruch. Eine Art Gebet lenkte lückenlos von dem neuen Glauben zur Rechtfertigung der politischen Macht: *Hier feiern und lobpreisen wir jenes all mächtige Wesen, das das Licht erschuf und die Elemente in Harmonie setzte, das den Lauf der Jahreszeiten ordnete, den Meeren ihre Schranken anwies und die Feste des Himmels mit leuchtenden Welten und mit wohltätigen Gestirnen besäete. Hier besingen wir die Großtaten der Verteidiger der Freiheit und die Tugenden der Menschenfreunde. Hier werden die Gesetze verlesen, welche die gesellschaftliche Ordnung handhaben und die Beschützer der Freiheit, der Gleichheit und des Eigentums sind. Hier treten endlich Brüder zusammen, um Aufklärung zu verbreiten und sich durch einfache und*

---

[1] 17 / III, 129 f.
[2] 17 / III, 334

freundschaftliche Belehrung zu der Ausübung aller Tugenden zu ermuntern.
Brüderlichkeit soll den Aachenern das Gefühl nehmen, die Feier eines anderen Volkes zu erleben und selbst ausgeschlossen zu sein. Eine neue, die ganze Menschheit umfassende Vorstellung von Volk und Nation öffnet einen *Tempel für alle Länder und alle Farben*, ist universal wie die katholische Kirche.
Wenn Diktatoren des 20. Jahrhunderts versuchen, Christen dadurch zu gewinnen, daß sie den Blick auf einen gemeinsamen Feind lenken, hörte man schon vor 200 Jahren auf dem Hühnermarkt ähnliches. Die vielfach atheistische Aufklärung - in Aachen seit von der Trencks *Menschenfreund* Tagesgespräch - sollte dem Glauben an das Höchste Wesen weichen. Der Atheismus habe den Despotismus nur gefestigt und das Volk in der Sklaverei gehalten. An den Kaiser in Wien und an den König in Berlin - beide im Krieg mit Frankreich - sollen die Zuhörer auf dem Hühnermarkt denken und sie als *aufgeklärte Tyrannen* hassen, wenn sie hören: *Der Tag, an dem sämtliche Völker ... das Geheimnis ihrer Stärke kennen lernen werden, wird für die Tyrannen der Tag der Vernichtung sein. Vielleicht ist dieser Zeitpunkt so ferne nicht, als man wohl glauben mag*[1]. Dasselbe Thema wird am nächsten Dekadi wieder aufgegriffen, erst recht bei der Feier des ersten Jahrestages der Hinrichtung Ludwigs XVI.: Bald würden alle aufgeklärten Völker den Sturz ihrer Tyrannen feiern, denn jeder König sei eine *giftige Pflanze auf den Boden der Freiheit*, verkündete Anton Joseph Dorsch, ehemals Philosophielehrer in Mainz und jetzt Chef der Verwaltung der besetzten linken Rheinseite[2].
Bei dieser gewollten Feierlichkeit mußte überraschen, daß eine recht vordergründige politische Forderung zentrale Bedeutung in den *Predigten* hatte: Wenn schon Aachen für die - vermeintlichen - Untaten beim Auszug der Franzosen am 3.3.1793 nicht bestraft worden sei, sollte es dadurch seine Dankbarkeit erweisen, daß es der Erfindung des Papiergelds Vertrauen schenkte. Wer aber einen Unterschied mache zwischen dem aufgedruckten Wert und Gold- oder Silbergeld, trage zur Entwertung der Assignaten bei und damit zur Teuerung und Not der Armen. Eine Art Klassenhaß schürte der politische Prediger, indem er die Reichen verdächtigte, sie brächten die Assignaten in

---

[1] VII, 2 f.; VI, 227 f.
[2] VII, 27 / 111 f.

Mißkredit, um sie billig zu horten und später mit fünf- bis sechsfachem Gewinn zu verkaufen[1]. Dabei wußte man in Aachen wie anderswo von dem Fehlschlag der französischen Finanzpolitik im eigenen Land und sah das hier kritisierte Mißtrauen als berechtigt an, die pathetisch vorgetragene Gewissensforderung aber als Reden gegen besseres Wissen, als Heuchelei. Andreas Monheim, Apotheker am Hühnermarkt und Kirchmeister an St.Foillan, *hortete* tatsächlich Assignaten - 1900 wurden noch sechs Kisten auf dem Speicher des Hauses gefunden - aber nicht in der Hoffnung auf Gewinn, sondern in christlicher Gesinnung: Während er selbst sich gesetzlich gezwungen sah, Assignaten anzunehmen, hielt er es für unmoralisch, selbst mit dem Papiergeld zu bezahlen oder es als Wechselgeld weiterzugeben[2]. Dieses Thema dürfte dazu beigetragen haben, daß der Versuch, im und vor dem Tempel der Vernunft den neuen Feiertagen ein Gesicht zu geben, fehlschlug, die Aachener nach anfänglicher Neugier ausblieben und die Franzosen das Projekt wieder aufgaben. Nach dem 29.1.1795 ist vom Tempel der Vernunft keine Rede mehr.

Ein weiterer Grund für den Fehlschlag könnte auch der Ort der Handlung sein, die Krämerleufe[3]. In den letzten hundert Jahren hatten die Krämer den Saal in ihrem Haus mal an eine Schauspielertruppe minderen Ranges vermietet, mal an Marktschreier, die dort Abnormitäten, insbesondere tierische Mißgeburten zur Schau stellten, so daß das Haus mehr belacht als geachtet wurde. Den neuen Herren blieb aber unter den Räumlichkeiten in Aachen kaum eine andere Wahl, weil Klosterkirchen im besetzten Gebiet nicht wie in den annektierten beschlagnahmt werden durften, es sei denn vorübergehend für militärische Zwecke[4]. Der einzige für politische Kultakte gut geeignete und als städtischer Besitz ohne weiteres zugängliche Raum wäre die Kirche St. Michael gewesen, doch diese war durch den Brand im Januar 1793 unbrauchbar geworden. So blieb es bei einer hilflosen Konkurrenz des politischen Kults gegenüber dem Gottesdienst im nahen Münster und in St. Foillan. Franz Dautzenberg versuchte im *Aachener Zuschauer* das beste daraus zu machen, doch es

---

[1] VII, 29, VI, 231 f., XI, 80
[2] II, 133 / 6
[3] I, 12 / II, 142
[4] 17 / III, 335

wurde wohl als Ironie aufgefaßt, wenn er schrieb: *(Es war) ein in seiner Einfachheit erhabenes Fest ... mehr fürs Herz als fürs Auge ...*[1]. Glanz und Festlichkeit konnte der Saal in der Redoute, dem heutigen Alten Kurhaus, bieten, in dem mit einem Festakt die Feier abschloß und der vielleicht in den folgenden Wochen alternativ als Tempel der Vernunft benutzt wurde. Doch der barocke Raum dürfte dem Wunsch nach *Einfachheit und Erhabenheit* nicht entsprochen haben. Für die Aachener gehörte die Redoute zu dem ihnen im Grunde fremd gebliebenen Stil des Badelebens der Gäste aus aller Welt, und so mußte der erzwungene Ernst der Verehrung des Höchsten Wesens hier so deplaziert wirken wie am Hühnermarkt[2].

Die Kultakte im Tempel der Vernunft vom 20.12.1794 bis Ende Januar 1795 entsprachen nach dem Tode Robespierres nicht mehr dem Stand der ideologischen Entwicklung und konnten deshalb leicht abgebrochen werden. Andere Versuche einer politischen Liturgie gingen voraus, andere wurden fortgesetzt, bis Napoleon das revolutionäre Getue liquidierte. Schon in den ersten Monaten der Besetzung Aachens inszenierte Danton bei seinem Inspektionsbesuch nach jakobinischem Vorbild einen schockierenden Kultakt. Er lud angesehene Aachener Familien zu einem Ball am 1.1.1793 in die Redoute ein, und als nur wenige, fast nur solche französischer Herkunft, seiner Einladung folgten, ließ er eine Einladung zum 6.1. folgen und drohte bei Nicht-Erscheinen Einquartierung an. Den Höhepunkt des jetzt gut besuchten Balles bildete eine Kostprobe revolutionärer Liturgie: Revolutionslieder wurden angestimmt und andächtiges oder auch erschrecktes Zuhören war für die meisten angezeigt, und zu einem Freiheitsgebet mußten sich alle hinknien[3].

Neben der genannten Aufstellung des Freiheitsbaumes stand dieser zweifelhafte einzelne Versuch, so etwas wie jakobinische Stimmung in Aachen zu erzeugen, im übrigen blieb es während des ersten Aufenthalts der Franzosen in Aachen bei einem glanzlosen Leben mit Vorrang der militärischen Belastungen. Anders nach dem zweiten Einzug, als der vorgeschriebene Festkalender mit Leben erfüllt werden mußte. Wie in den Diktaturen des 20. Jahrhunderts mußte das organisierte und dienstverpflichtete Volk *Massen* darstellen, von den

---

[1] 17 / III, 334 ff.
[2] 17 / II, 335
[3] VII, 13 / 37

Kindern des Waisenhauses angefangen[1]. Zehn Feste wurden auf die Monate März bis September verteilt, die eher eine günstige Witterung zur öffentlichen Ausübung der neuen Religion versprachen[2]. Dazu kamen kurzfristig angesetzte Sieges-, Trauer- und Rachefeste. Beispielhaft ist der Ritus des Festes der *Freude und Dankbarkeit* für die Eroberung der nördlichen Niederlande am 28.2.1795, für Aachen der Verlust des nahen neutralen Bodens in Vaals. Die Prozession eröffnen Knaben als *Hoffnung des Vaterlandes,* es folgen Jünglinge als *Stützen der Freiheit,* Bauern als *Nährväter des Staates* und Bürger als frei und gleich geborene Menschen, und so ziehen alle zum Rathaus. Nach der Regieanweisung des Departements wird dann auf der Rathaustreppe eine Rede auf die Freiheit gehalten und von der Kapelle das Revolutionslied intoniert. Zu Beginn der Strophe *perissent les tyrans, perisse leur memoire - Vergehen sollen die Tyrannen, vergehen soll die Erinnerung an sie ...* schreitet der Präsident des Departements die Stufen eines Altares herunter, den die Stadtverwaltung dort errichtet hat, und entzündet mit einer Fackel einen Scheiterhaufen aus Lehnsurkunden und anderen Zeugnissen des Feudalismus[3].

Sehr zweifelhaft ist, ob soviel an Feudalismus in Aachen noch zu finden war, und nur sehr begrenzt konnten für den denkenden Aachener die Generalstaaten als ein Land der Adelsherrschaft angesehen werden. Doch weder auf das eine noch das andere kam es an; es ging nur um die kultische Vergegenwärtigung des Sieges der neuen Zeit der Republik über die alte, eigentlich über alle Länder außerhalb Frankreichs, die mit der einen Elle des Feudalismus gemessen wurden. Wie das christliche Osterfeuer sollte dieses Feuer die Herzen entzünden und begeistern für die neue Zeit.

Während in diese Kulthandlung Politik und Geschichte nur blaß und abstrakt einbezogen wurden, konnte das auch ganz konkret und vordergründig geschehen. Die feierliche Pflanzung eines neuen Freiheitsbaumes - die rechtzeitige Beseitigung eines kümmerlichen oder verdorrenden Vorgängers war die dringende Pflicht der Stadtverwaltung - machte es dem Redner nicht allzu schwer, zum aktuellen Thema des Jahres 1798 zu kommen, zur Entscheidung über die Bildung einer Rheinischen Republik oder des Anschlusses an Frankreich.

---

[1] VII, 24 / 308; II, 123 / 10 ff.
[2] VII, 24 / 308; II, 123 / 10 ff.
[3] VII, 43; VII, 27 / 114 f., / 142

Nach dem Vorbild der Bußpredigt stellte er die Sünden der Vergangenheit vor Augen und weckte die Bereitschaft, ein neues Leben zu beginnen. Das alte und damit Sündhafte sei das Festhalten an der Selbständigkeit der freien Reichsstadt, eine Gesinnung, die bei den Protagonisten der Rheinischen Republik wiederkehre. Dabei vergaß der Redner nicht den Köder der wirtschaftlichen Interessen, wie sie damals verfehlt, zur Stunde aber wahrgenommen werden könnten: *Wer hat diese ertragreichen Industrien gebildet, die euch einkreisen; Lüttich, das sich eurer Waffenfabrikation bemächtigt hat, Stolberg, wo die Wirtschaft blüht zu eurem Schaden durch den Eifer der geflüchteten Protestanten - bezeugen sie nicht jeden Tag, wie sehr der monarchische Despotismus auf euch lastete?*[1]

Viele Aachener mag es angenehm berührt haben, daß hier immerhin ihr historisches Wissen und ihr Sachverstand angesprochen wurde. Die kultische Handlung selbst blieb aber Gegenstand des Spottes, erst recht, wenn ein krampfhaftes Bemühen der Verantwortlichen erkennbar war. Was sollte auch dem Regisseur einfallen, wenn er den ersten Jahrestag der Errichtung des Departements mit Aachen als Sitz des Präsidenten festlich gestalten sollte? Ein Aachener berichtet über den Ablauf der Feierlichkeiten am 19.2.1799:

Es holten die Zentralverwaltung, Munizipal, alle öffentlichen Gewalten den in der Marschierstraße auf einem mit Nationalfarben gezierten Wagen angekommenen zweiten Freiheitsbaum ab, hielten mit demselben einen lächerlichen Umgang durch die Stadt über den Markt, allda ergriff der Kommissär Estienne mit vollem Vertrauen die Nationalfahne, strich dieselbe an den dort stehenden Freiheitsbaum als ein Heiligtum an, und sonach berührte er auch den, welcher noch auf dem Wagen lag. Als dieser nun auf solche Art geheiligt war, zogen sie mit ihm an den Sitzungsort der Zentralverwaltung im Cour de London in Köllerstraß, Kleinkölnstraße, heute Nr. 18[2]*, allwo er gepflanzt ward und zum ewigen Andenken wachsen sollte. Aber es scheint, daß unsere Gotteserde dies republikanische Heiligtum nicht tragen will; denn beide im schönsten Flor stehende Bäume sind noch in diesem Jahr verdorrt.*

Im dienstlichen Bericht über die Prozession heißt es: *Die Begeisterung von seiten der Franzosen hat wie gewöhnlich die bei den Ein-*

---

[1] Übersetzung von A, 2 / Aachen-Stadt, 25
[2] VII, 50 / 273

wohnern dieses Landes weit hinter sich gelassen. Daraus läßt sich erschließen, was aus dem Gesang eines Liedes von sechs Strophen, zu diesem Tag von einem Angestellten des Departements verfaßt, geworden ist, der auf beiden Seiten des Weges erklingen sollte. Die sechs Strophen begannen: *Auf Bürger, eilt dem Zug entgegen, der jubelnd durch die Straßen geht ...*[1].

VII. 3. Welt und Kirche

VII.3.1 Kaiser und Reich

Die überwiegend kriegsbedingte Art der Machtausübung des revolutionären Frankreich in den zweieinhalb Monaten der ersten Besetzung bewirkte eine in den zurückliegenden Jahrzehnten unvorstellbare und so gut wie einmütige Zustimmung zur alten Ordnung. Selbstbewußt erklärte der noch amtierende Rat dem Kommandanten, daß Aachen in einer demokratischen Verfassung lebe, d. h. daß die Franzosen nichts Neues bieten könnten; ... *in gesetzmäßiger Verbindung mit dem teutschen Reich* sei man entschlossen, ... *in dieser Freiheit bei Ausübung der katholischen Religion zu leben und zu sterben*[2].

Dem entsprachen die von den Franzosen ernannten Kommunalbeamten, als sie sich weigerten, den ihnen vorgelegten, in Frankreich vorgeschriebenen Eid zu leisten, und dem Kommandanten eine eigene Formulierung abtrotzten: *Wir schwören, die Römisch-Katholisch-Apostolische Religion in ihrer ganzen Reinheit zu handhaben und die Oberherrschaft, die Freiheit und die Wohlfahrt des Aachenschen Volkes und dieses gemeinen Wesens mit all unseren Kräften zu unterstützen. - So wahr uns Gott helfe und seine lieben Heiligen*[3].

Die Franzosen hatten aber - über das politische Geschehen der letzten Jahrzehnte anscheinend richtig informiert - für die Demokratie Aachener Machart kein Verständnis, und so erklärte General Dampierre nach der von ihm erzwungenen Neuwahl des Stadtrates nach revolutionärem Gleichheitsgrundsatz dem neuen Bürgermeister: *Ihr seid noch ... zu weit zurück, um zu wissen, was Freiheit ist; wohlmeinende*

---

[1] V, 26; III, 993 f.
[2] A,2 / Stadt 16
[3] VIII, 10 / 12

Freunde müssen Euch wie Kranke zu einer heilsamen Operation zwingen ... Doch im Rathaus lehnten die Gewählten den ihnen vorgelegten Diensteid ab und verfaßten selbst einen Text, in dem sie ihre Treue gegenüber Religion und Glauben betonten. Als Begründung für die Verweigerung erklärten sie: *Unsere Religion ist geschändet, wir sollen Feinde werden mit Kaiser und Reich*[1].
Österreich wird mit *Kaiser und Reich* gleichgesetzt. Nach dem Sieg der Österreicher bei Aldenhoven erwartet man allgemein die Befreiung von den Franzosen und macht seinem Herzen in einer Paraphrase zur Marseillaise Luft, die dem Original in Haß und Verachtung für den Feind gleichkommt:

Ühr Halonke, schlehte Prije,	*Ihr Halunken, schlechte Luder,*
Kanaljepack en Schelmenvieh!	*Hundepack und Schelmenvieh!*
Für mossen üch hei lije	*Mir müssen euch gewähren lassen,*
En döschen ons net reppe mieh.	*Und dürfen uns nicht regen.*
Waht ühr merr, ühr franze Bieste,	*Wartet nur, ihr französischen Biester,*
Hoß könnt der ongresche Zaldat	*Bald kommt der ungarische Soldat*
Met Coborg üch an de Schwaht,	*Mit Coburg euch an die Schwarte,*
Datt ühr nohheem mot fieste.	*Daß ihr mit Schimpf und Schande heimwärts zieht.*
Ühr ärm Zitojengs,	*Ihr armen Citoyens,*
Ühr Lompebataljons!	*Ihr Lumpen-Bataillone!*
Ühr Hong! Ühr Hong!	*Ihr Hunde! Ihr Hunde!*
Sed net mieh weht äls Dreck ajen Schong.	*Ihr seid nicht mehr wert als Dreck am Schuh.*[2]

Angriffslust dieser Art macht Berichte nicht ganz unwahrscheinlich, nach denen Aachener die am 2.3.1793 abziehenden Franzosen auf der Jakobstraße angegriffen und sich zweier Kanonen bemächtigt haben, während die pöbelhafte Plünderung des Lazaretts im ehemaligen Kloster der Karmeliter für Situationen nach Abzug des einen und vor der Ankunft des anderen Machthabers und Ordnungshüters typisch ist - in Aachen sollte sich eine solche im November 1918 wiederholen[3].

---

[1] VII, 4 / 1793; VII, 22 / 22 f.; VI, 29 / 138 f.
[2] VIII, 38 / 124
[3] VII, 30 / 208 ff.; VII, 31; I, 12; II, 423

Der Ablehnung der Franzosen entsprach die freudige Begrüßung der einrückenden Österreicher und die Zustimmung zu den neuen Inhabern der weltlichen Macht. Die Symbole der Revolution auf dem Markt, der Freiheitsbaum und die Jakobinermütze auf dem Kopf Karls des Großen, wurden beseitigt und die der alten Ordnung kamen wieder zu Ehren: Der vergoldete Adler erhielt wieder seinen Platz vor dem Rathaus, die Brunnenfigur Karls des Großen wurde vergoldet und im August wurde sogar die Kalckberner-Schandsäule wieder aufgestellt. Deutlich war ein Ja zur kaiserlichen Tradition und ein Nein zu den *Königsmördern* - die Hinrichtung Ludwigs XVI. lag gerade fünf Wochen zurück[1]. Wahrscheinlich wurde auch in Aachen ein von dem Küster im nahen Puffendorf verfaßtes Spottgedicht mit der Melodie des Marienliedes *Wunderschön prächtige* gesungen: *Französische Nation! Wo ist dein Königsthron? O du elendes Volk von Babylon ...*[2]. Selbst Franz Dautzenberg schließt sich im *Aachener Zuschauer* der allgemeinen Stimmung an, wenn er Vernunft und Wissenschaft übersteigende Treue würdigt: *Die Aachener hatten sich den französischen Sophismen unzugänglich gezeigt und durch ihre beharrliche Treue für Kaiser und Reich dem Vaterland bewiesen, daß sie verdienten, dem fränkischen Joche entrissen zu werden ... Der fränkischen Chimäre hat heuer die letzte Stunde geschlagen...*[3].

Alles spricht dafür, daß die Aachener Katholiken innerlich bewegt waren, als am 7.3. zum Dank für die Befreiung im Münster ein Hochamt mit Tedeum gefeiert wurde. Dabei mußten Priester und Gläubige daran denken, daß sie in einem ebensolchen Hochamt nur wenige Wochen vorher, am 13.1., genötigt worden waren, für die von den Franzosen geschenkte Freiheit Gott zu danken und für den Sieg über Österreich und Preußen zu beten[4].

Bei der Nachricht von dem erneuten Vormarsch der Franzosen zeugten gut besuchte Betstunden in allen Kirchen im August 1794 für die gleichgebliebene Zustimmung zum Kaiserhaus angesichts neuer Gefahren[5]. Die kurze Zeit einer Machtstellung Österreichs in Aachen, die weit über die kaiserlichen Befugnisse in der freien Reichsstadt

---

[1] VII, 27 / 180; VII, 29 / 1 / 199 / 205
[2] VII, 44
[3] VII, 20 / 25
[4] VII, 27 / 180 ff.
[5] 17 / III, 172 f.

hinausgingen, festigte die Verbindung mit dem Kaiserhaus, und diese Sympathie sollte noch im kommenden Jahrhundert wirksam bleiben.
Im März 1793 kehrte mit dem Auftritt der Österreicher das erst am 3.1.1793 von General Dampierre eingesetzte Stadtregiment wieder auf seinen Platz zurück, im Zuge der allgemeinen Freude über die Befreiung von den Franzosen mit stillschweigender Zustimmung der Ehemaligen von der Neuen Partei. Keine Schwierigkeiten machten die abgesetzten Beamten, die nur widerstrebend unter der Ägide der Fremden gearbeitet hatten. Bürgermeister Beißel schützte sich vor dem von ihm befürchteten, aber nie erhobenen Vorwurf der Kollaboration mit dem Landesfeind und ließ sich sein Wohlverhalten gegenüber der weltlichen Gemeinde und der Kirche von Aachen durch Würdenträger bestätigen[1].
Ein solches Wohlverhalten legte auch die von den Franzosen nach ihrem zweiten Einzug im Oktober 1794 eingesetzte Stadtverwaltung an den Tag. Gute Beziehungen zwischen Rathaus und Kirche waren allerdings auch deshalb möglich, weil selten einmal einem städtischen Beamten angelastet werden konnte, was Priester und Laien bedrückte; denn allzu begrenzt war der Verantwortungsbereich einer Stadtverwaltung innerhalb des zentralistischen Systems des revolutionären Frankreich. Erstmalig erschien der Kirche von Aachen die weltliche Macht mit ihren Interessen nicht zuerst und vielfach ausschließlich im Rathaus, sondern geradezu unmittelbar in Paris.

VII.3.2 Das Ende des Geistlichen Gerichts

Wenn auch Aachen zum besetzten und nicht zum annektierten Gebiet gehörte und darum nach Völkerrecht, auch nach den Weisungen aus Paris die bestehenden Behörden nicht angetastet werden durften, wurde manche Einrichtung durch eine neue und revolutionäre ersetzt, wenn sie für den neuen Geist untragbar war. Dazu gehörte das Sendgericht an St. Foillan und damit die wichtigste Funktion des Erzpriesters. Wenn schon die Aufklärer in den Jahrzehnten vor dem Einzug der Franzosen es nach der schon 300 Jahre seit der Reformation fort-

---

[1] VII, 442 / 59 f.

schreitenden Säkularisierung als ein Fossil betrachteten, dann erst recht die Revolutionäre aus Frankreich[1].

Das revolutionäre Prinzip der Gleichheit ließ die Franzosen nach ihrem zweiten Einzug zunächst das Gerichtswesen vornehmen. Die verschiedenen, in die Anfänge der Stadtwerdung zurückreichenden weltlichen Gerichte wurden nach und nach durch das Friedensgericht nach revolutionärem Zuschnitt ersetzt[2]. Nichts konnte mehr der Funktion und der Arbeitsweise dieses Gerichtes widersprechen als das Geistliche Gericht an St. Foillan, und ohne möglichen Zweifel an seiner Zuständigkeit hob es seinen Konkurrenten durch ein Dekret auf. Dieses wird dem Sekretär, Ferdinand Korff, am 13.11.1794 ins Haus geschickt[3]. Er fand es erst abends vor und las, daß er am nächsten Morgen um 10.00 Uhr alle Gerichtsakten abzuliefern habe. Nach seiner Zählung und Aufstellung waren 239 in seiner Verwahrung. Selbst keineswegs zuständig, entschloß er sich, zu vorgerückter Stunde die Sendschöffen aufzusuchen und deren Entscheidung zu protokollieren. Er traf an die Pastöre Kloubert von St. Jakob als Stellvertreter des Vorsitzenden - Erzpriester Mylius war demnach nicht in Aachen - Ganser von St. Peter und Klein von St. Adalbert - also nicht den Pastor der Taufkapelle und Vizekuraten von St. Foillan -, und zwei Laienschöffen, Schlebusch und Victoris. Korff hatte es insofern einfach, als sie ihm alle die gleiche Weisung gaben bzw. wahrscheinlich seinem Vorschlag zustimmten, nämlich die Akten unter Protest abzuliefern - die dem juristischen Sachverstand gemäße Art, sich im Augenblick keine Schwierigkeiten zu bereiten und künftige, etwa bei erneutem Machtwechsel, zumindest zu verkleinern. Jedenfalls war keiner der Verantwortlichen bereit, zu Gunsten des Sendgerichts einen Finger zu rühren, und sie begrüßten es wahrscheinlich, daß das Friedensgericht sich ausschließlich an den Sekretär gewandt hatte. Korff verhielt sich am anderen Morgen so vor dem Friedensgericht, wie es protokollarisch vereinbart worden war; denn zwei Tage später erhielt er ein belehrendes Schreiben. Darin heißt es, das Friedensgericht habe gemäß der Anweisung der vorgesetzten Dienstbehörde gehandelt, nach einem *Regulativ*, das durch Maueranschlag in der Stadt bekannt gemacht worden sei. Danach sei für alle

---

[1] VII, 35 / 70
[2] VII, 27 / 2
[3] D, 3

Justizangelegenheiten das Friedensgericht zuständig, und daraus ergebe sich, daß alle anderen noch bestehenden Gerichte aufzulösen seien[1].

Sekretär und Schöffen des Sendgerichts lagen mit ihrem Protest auch nach dem Recht der neuen Machthaber nicht ganz falsch; denn gut zwei Jahre später, am 21.3.1797, kam eine überraschende Wendung der Dinge. Die Regierung in Paris, Direktorium genannt, hatte Beschwerden aus den besetzten Gebieten zur Kentnnis genommen, kritisierte das Verfahren ihrer Handlanger bei Kontributionen, setzte die zivilen Verwaltungsbeamten ab bzw. unterstellte sie dem Kommandeur der Truppen in dem besetzten Gebiet, Lazare Hoche. Dieser verkündigte die Wiedereinsetzung aller Ämter und Behörden, wie sie vor dem Zugriff der Franzosen bestanden hatten. Augenscheinlich verband er damit die Hoffnung auf größere Zustimmung der Rheinländer, auf bessere Ordnung und bessere finanzielle Ergebnisse, wenn diese wieder in gewohnter Weise mit Ämtern in Kontakt kamen. So erwachte auch das Sendgericht zu neuem Leben.

Doch die jetzt zum Frieden neigenden Männer in Paris, die vielleicht sogar bereit waren, die linke Rheinseite wieder aufzugeben[2], hielten sich nicht lange im Sattel. Der Staatsstreich vom 6.9.1797 brachte schon ein halbes Jahr später die Verfechter des Rheins als der *natürlichen* Grenze nach oben. Als dann Kaiser Franz II. in dem geheimen Zusatzartikel zum Vertrag von Campo Formio am 17.10.1797 den Franzosen zusagte, sich bei den Friedensverhandlungen mit dem Reich dafür einzusetzen, daß dieses das linke Rheinufer an Frankreich abtrete, allerdings nur von Basel bis Andernach, wehte in den Aachener Amtsstuben wieder ein anderer Wind, wohl weil die Franzosen richtig vermuteten, daß daraus eine Abtretung bis nach Emmerich werden würde. Zwar blieben die vor einem halben Jahr wiedergekehrten Amtsinhaber der alten Ordnung an ihren Schreibtischen, doch wurde ihnen wie in Frankreich ein *Eid der Treue für die Französische Republik* abverlangt, und zwar *mit aller Solennität*. Die geistlichen und weltlichen Schöffen des Sendgerichts verweigerten diesen Eid und führten damit selbst ein nicht ganz ruhmloses Ende der uralten Institution herbei; unverzüglich wird das *eidscheue Syn-*

---

[1] D; 7 / G Io, Bd. 17 / 57 ff.
[2] VI, 6 / 329

odalgericht aufgehoben, und seine Kompetenzen werden städtischen Gerichten zugewiesen[1].
Es liegt kein Zeugnis darüber vor, daß dieser Schlußstrich unter der Geschichte des Sendgerichts einen Aachener erregt hätte. Die verantwortlichen Franzosen haben demgegenüber vermutet, daß man in Aachen Sendgericht und Kirche identifiziere und deshalb mit weiteren Repressalien gegen die Kirche insgesamt rechne. Wahrscheinlich zur Verwunderung der Ratsherren verwies Unterkommissar Estienne laut Protokoll vom 20.11.1797 im Großen Rat darauf, *daß bei Gelegenheit der gestrigen Aufhebung des hiesigen Sendgerichts sich ein Gerücht verbreite, als wenn die hiesige Geistlichkeit in Ausübung des Gottesdienstes in der Zukunft gestört werden dürfte; (er) versicherte ... dem Rat, daß solches Gerücht nicht allein grundlos seye, sondern die Geistlichkeit ungestört bleiben ... würde*[2].

VII.3.3 Schulen

Das nach französischer Art in Aachen eingerichtete Gerichtswesen, unterteilt in Kriminal-, Zucht-, Friedens- und Zivilgericht, fand insgesamt Zustimmung, weil sich der Bürger mehr als früher rechtlich gesichert sah, auch gegenüber dem öffentlichen Ankläger, dem späteren Staatsanwalt. Weit weniger Zustimmung fand der Griff nach dem Schulwesen. Die neue Staatsgesinnung verlangte nach Erziehung und Bildung aller Altersstufen, und da die *reunions* an den Dekadis kaum fruchteten und sich die ältere Generation als kaum noch lernfähig erwies, boten sich die Schulen an, ein neues Denken und Fühlen heranzubilden. Es blieb bei den überlieferten Schulfächern, doch sollte eine der bisherigen christlichen Orientierung entgegengesetzte *Wissenschaftlichkeit* jeden Gedanken an Gott und seine Schöpfung ausschließen.
Das revolutionäre Prinzip *Gleichheit* forderte Erziehung und Bildung für alle, und das bedeutete erstmals in der Schulgeschichte Schulpflicht und Anrecht auf Schulbildung für Kinder und Schulzwang für die Eltern, die ihre Kinder in der Stadt nicht anders als auf dem Lande als Helfer und Mitarbeiter im Familienbetrieb oder bei sonstiger

---

[1] 17 / IV, 397 f.
[2] D, 5, Nr. 36

Beschaffung des Lebensunterhalts ansahen, und zwar von dem Alter an, für das jetzt die Schulpflicht festgelegt wurde. Doch wie für die proklamierte Sozialpolitik fehlt es dem Staat auch für eine neue Schulpolitik an Geld und Personal. Deshalb sah sich der Konvent am 21.10.1793 genötigt, die Gemeinden zur Errichtung von Primarschulen zu verpflichten, d. h. dafür Geld zu finden und auszugeben. Doch wer das Geld gibt, entscheidet auch, und so scheitert das Projekt zunächst an den leeren Kassen und nicht zuletzt am *guten* Willen. Das war im Grunde von den Jakobinern selbst vorausgesehen: Der Unterricht für alle sollte ursprünglich wie von den Kirchen so auch von den Gemeinden unabhängig sein; denn auch sie galten als Hindernis für die Entfaltung des neuen Geistes, eine auch für Aachen richtige Prognose[1].

Trotz der unbestrittenen Vorzüge einer Schulbildung für alle war die finanzielle Fehlplanung bzw. Hilflosigkeit angesichts der Belastung durch andauernde Kriege für die besetzte linke Rheinseite ein Glücksfall, auch im Hinblick auf die Seelsorge. Die Primarschule war in erster Linie projektiert worden, um die französische Sprache in ganz Frankreich durchzusetzen. Einer ihrer geistigen Väter erklärte im Konvent: *Die Vernichtung der Volkssprache wird die Seele erheben, die Herzen reinigen, den Geist aufklären*, denn in den ca. 30 in Frankreich gesprochenen Idiomen würde das ideologische Begriffsgebäude der Revolution vor Lächerlichkeit zusammenstürzen, statt ein neues Denken und Fühlen zu ermöglichen[2]. Dasselbe galt zu Recht für das Elsässer Deutsch, und die eroberte und besetzte linke Rheinseite sollte mehr als durch militärische Siege und den Feinden aufgezwungene Verträge durch die Auslöschung der deutschen Mundarten und die Durchsetzung des Französischen ein Teil Frankreichs werden.

Mit der Einrichtung von Departement und Mairie im Jahre 1798 wird das Schulwesen nach französischem Muster organisiert. Für die bestehenden Elementarschulen wird ein Kommissar in Franz Dautzenberg gefunden. Kaum ein anderes Thema der revolutionären Neuerungen hatte dieser schon seit 1794 seinen Mitbürgern mit mehr Begeisterung vor Augen gestellt; war doch ein Schulwesen dieser Art der Wunschtraum vieler Aufklärer seit Jahrzehnten gewesen. Fünf

---

[1] VII, 17 / 12 f.
[2] VII, 3 / 6 / 9 / 97 / 206 / 208; 17 / IV, 92

Wochen nach der zweiten Besetzung Aachens lautet sein Kommentar zur Pariser Schulpolitik im *Aachener Zuschauer: Von jeher haben die Philosophen, welche einiges Genie hatten, die Macht einer guten National-Erziehung anerkannt oder gemutmaßt, von jeher weissagten sie, daß selbige alle Eigenschaften und Gaben verbessern und alle Geschicke des Menschengeschlechts zum Guten verändern könnte.* Die Revolution sei von Anfang an der gleichen Überzeugung gewesen, aber bisher durch andere Aufgaben davon weggelenkt worden; jetzt könne der Konvent *das Lehrsystem auf jene Stütze bauen, die unvergänglich ist* und zwar nach der analytischen Methode von Bacon, Locke und ihren Schülern; zur Ausbildung der erforderlichen Lehrer sollten *Schulen der erhabensten Art* dienen, *in denen nicht die Wissenschaften selbst gelehrt werden, sondern die Kunst, die Wissenschaften zu lehren*[1]. Als Vorsitzender einer Prüfungskommission soll Dautzenberg für eine Erziehung im Denken dieser Art sorgen. Er ersetzt die bisherige kirchliche Aufsicht des Scholasters in Schulen mit einem Unterricht in Moral statt in Religion, mit einer Art Deismus als verbindlicher Grundlage[2].

Lehrer werden nach den neuen Prinzipien angestellt; vordringlich ist Sicherheit in der *republikanischen Sittenlehre,* und erwartet wird ein *flammendes Bekenntnis zum republikanischen Staat und zur Heiligkeit der Gesetze.* **Unbrauchbare** Lehrer sollen entlassen werden. Aus einem Bericht der Departementsverwaltung an die Zentralbehörde für die besetzten Gebiete der linken Rheinseite vom 2.5.1799 geht aber hervor, daß in den Aachener Primarschulen von den am 1.11.1798 geforderten Initiativen kaum etwas zu spüren ist. Es fehlen geeignete Lehrer für die beiden Fächer, auf die es gerade ankommt, Französisch und Moralischer Unterricht. Nach wie vor haben Ordensfrauen einen großen Teil des Unterrichts in der Hand. Die Ursulinen - gegenüber dem Pfarrhaus von St. Foillan - unterrichten 50 arme Kinder unentgeltlich und 69 gegen Zahlung von Schulgeld; die Dominikanerinnen, seit 1695 am Marienbongard tätig, unterrichten 27 Kinder. Für die städtischen Schulen, in denen Dautzenbergs Schulaufsicht eigentlich besser greifen müßte, fehlen Zahlenangaben. Sinkende Schülerzahl hätte den Herren in Mainz deutlich gemacht, daß die

---

[1] 17 / II, 233
[2] VII, 11 / 109; VII, 17 / 23 f.; VII, äl / 28; II, 208 / 31 f.

Eltern ihre Kinder nicht in einen religions-feindlichen Unterricht schicken wollten. Für die Beachtung der Schulpflicht gibt es weder konkrete Anweisungen noch Personal; sie steht ohnehin nur auf dem Papier, weil keine neuen Schulen gebaut werden und in den vorhandenen nicht genügend Platz ist[1].
Zu den Ordensleuten, die unbeirrt von importierten Ideologien sich der Aachener Jugend annehmen, gehören auch die Franziskaner von St. Nikolaus und die Ex-Jesuiten von St. Michael, die in ihren Wohnungen unterrichten. Namentlich bekannt sind die Lehrer Decker in der Hartmannstraße, Cuvelier in der Annastraße, Gave in der Großkölnstraße, Prent am Berg und Klostermann in der (Klein?)-Marschierstraße. Die Stadt zahlt weiterhin ihre Gehälter und stiftet in der Tradition der Jesuiten die Jahrespreise. Für Prüfungen und für die Feier der Preisverteilung stellen die Benediktinerinnen die St.-Anna-Kirche zur Verfügung. Auch als die Stadt wegen der drückenden Kontributionen die Gehaltszahlung einschränkt, unterrichten die Lehrer weiter und bestreiten ihren Lebensunterhalt mit Schulgeld und Nachhilfe-Honoraren[2]. Von einer revolutionären Schulaufsicht bleiben sie verschont.

VII.3.4 Theater

Neben der Schule war im revolutionären Frankreich das Theater ein Mittel, das alte Fühlen und Denken mit Hohn und Spott aus den Köpfen zu vertreiben und den neuen Geist wie selbstverständlich dominieren zu lassen. Es war leichter einzusetzen als die Schule, ohne Werbung oder eine *Theaterpflicht* wie im alten Athen, wenn es nur gelang, unterhaltsam alle Bildungsschichten anzulocken.
Wie in der Schule sollen die *befreiten* Menschen auch im Theater die Sprache der Revolution und ihre Gesinnung lernen. Entsprechend präparierte und mit Pariser Dokumenten ausgestattete Schauspielertrupps kommen nach Aachen, wollen gegenüber den Konkurrenten aus Deutschland den Vorrang haben und erwarten die finanzielle Unterstützung der Stadtverwaltung bei mangelndem Zulauf. Der Direktor einer solchen Truppe beschwert sich beim Maire am 7.5.1795:

---

[1] VII, 17; II, 208 / 33
[2] V; 17 / 30

Meine Bemühungen waren gerichtet auf die Fortpflanzung des Republikanismus ... (aber) meine Anstrengungen (blieben) unfruchtbar ... nicht einmal die Hälfte der Kosten sind (bei 10 Aufführungen) eingekommen ..., die Deutschen (zerstören) mit ihren farblosen Stücken ... den Einfluß auf die Herzen ..., den ich am Abend vorher gewonnen habe. Die Absicht der Regierung ist es, die französische Sprache bis zum äußersten ihrer Länder zu verpflanzen, das einzige Mittel, das Volk das süße Gefühl der Freiheit unter einer guten Regierung kosten zu lassen. Und die Theater sind zu diesem Zweck bestimmt worden[1].
So klar der Direktor die Pariser Ideologie wiedergibt, so geschickt überlassen ihn die Herren im nahen Rathaus seinen Schwierigkeiten, ohne daß die Departementsverwaltung eingreift. Dort gehen Weisungen aus Paris ein, gelangen auch zum Rathaus, aber nicht weiter zum Katschhof ins Komödienhaus. Nach diesen sollten vor Beginn und in den Pausen Revolutionslieder vom Orchester gespielt und von den Zuschauern gesungen werden. Aber dazu kam es in Aachen nicht, und so wurden auch deshalb die in Paris genannten Ziele nicht erreicht. Das waren außer den genannten sprachlichen und ideologischen folgende: Haß gegen das Christentum, Haß gegen die europäischen Großmächte, Entfremdung von der deutschen Kultur und der deutschen Nation[2].

VII.3.5 Karitas

Einen Nachteil hatte das Theater von jeher und behielt es auch unter revolutionären Bedingungen: Es war zu teuer. Die Kassenpreise ließen nur die Mittel- und die Oberschicht hinein, und diese genossen es, bei allem Gerede von Brüderlichkeit unter sich zu sein. Der Gedanke, ein großes Theater zu bauen mit freiem Eintritt oder wenigstens mit städtischen Zuschüssen war mit dem Blick auf die leeren Kassen Projekt geblieben.[3] Vielmehr reizte das Vergnügen für wenige dazu, diese zu Gunsten der Armen zahlen zu lassen. Ein Zuschlag von einem Zehntel auf den Eintrittspreis, eine Art Vergnügungssteuer, wurde an die Armenkasse der Stadt abgeführt. Das war nur ein

---

[1] VII, 6 / 68
[2] VII, 32 f. / 66 / 68
[3] VII, 50 / 274 f.

Versuch neben anderen, weisungsgemäß sich Mittel für die Armenfürsorge zu verschaffen. Dazu kam eine von der Mittel- und Oberschicht erhobenen Steuer von 30, 22 1/2 oder 15 Mark. Bei aller Distanz zur katholischen Kirche schienen die vier Pastöre die richtigen, nämlich wissenden und kostenlosen Mitarbeiter der Stadt zu sein. Sie erhielten die Weisung, Steuerlisten zu erstellen und diese am 12.1.1799 im Rathaus vorzulegen. So geschah es, und diese Listen geben Einblick in die damaligen sozialen Verhältnisse bzw. die Streuung des Besitzes in den Aachener Wohngebieten. 30 Mark zahlten in St. Foillan 12 Bürger, in St. Peter 9, in St. Jakob 6 und in St. Adalbert 3. Die Mittelgruppe zeigt mit 22 1/2 Mark dieselbe soziale Abstufung: 20 - 15 - 10 - 5, ebenso die dritte Gruppe mit 15 Mark: 40 - 30 - 28 - 10.

Eine andere soziale Einrichtung wird mit Hilfe der Pfarren weitergeführt. Die zuerst 1346 genannten Armenärzte behalten die Aufgabe, arme Bürger kostenlos zu behandeln. Bleibt es Sache der Stadt, diese zu besolden, so erhalten die Pastöre die Aufgabe, die Hilfsbedürftigkeit zu bescheinigen; denn wie ihre Reichen[1] kennen sie auch ihre Armen.

So findet die Tendenz, den Kirchen die Armenfürsorge zu entziehen, personelle, organisatorische und finanzielle Grenzen. Sozialpolitisch kann die Stadt nur dann ohne die Kirche handeln, wenn es nichts kostet. Das tut sie gegenüber den Bäckern. Einige Wochen vor Ostern treffen sich - nach Auflösung der Zünfte verbotenerweise - die Bäcker und beschließen, angesichts ihrer durch Kontributionen erlittenen Verluste zu Ostern keine Poschwecken - Osterbrote mit besonderen Zutaten - kostenlos ihren Kunden auszuhändigen, wie es seit Menschengedenken üblich war. Die Stadtväter, eigentlich für einen geschichtslosen Neuanfang verantwortlich, erklären aber, daß die *willkührliche und einseitige Abstellung eines alten Herkommens, wodurch gerechtes Mißvergnügen in der ganzen Bürgerschaft erweckt wird, nicht geduldet werden mag ..., daß bei der jetzigen theuren Zeit die Bäcker vorzüglich vor allen anderen Handwerksleuten aus dem höheren Brodpreiß weit größeren Nutzen vor der ganzen Bürgerschaft gezogen und allgemein den Lohn des armen Handwerkers gänzlich eingesäckelt haben"*[2].

---

[1] VII, 37 a / 35
[2] VII, 4 a

In einem anderen Punkt läßt sich die Stadtverwaltung von einer Anordnung wieder abbringen, zu der sie von Paris her über das Departement genötigt worden war. Sie hat den Ordensleuten die Krankenpflege untersagt, ohne sich nach Ersatz umzusehen bzw. zur Kenntnis zu nehmen, daß diese nicht zu ersetzen waren. Eine Bürgerinitiative mit Ärzten an der Spitze erreicht umgehend, daß zunächst die Alexianer die Pflege der Geisteskranken fortsetzen können, und die Stadtverwaltung erfährt einmal mehr, daß sie sinnlose Weisungen nicht auszuführen braucht[1].

Ganz im stillen bleibt die pfarrliche Karitas auf die Nächstenliebe einzelner Christen gegründet und durch sie organisiert, selbstverständlich die ganz private Hilfe von Mensch zu Mensch. Gerade die christliche Karitas beweist, daß die Kirche lautlos der aufdringlich proklamierten Ideologie der Revolution überlegen ist.

---

[1] VII, 37 a / 76

VIII. Das napoleonische Kaisertum und das erste Bistum Aachen

VIII.1 Welt und Kirche

VIII.1.1 Die geschichtliche Prägung Bischof Berdolets

Am Abend des 22.7.1802 läuteten alle Glocken Aachens ein dreitägiges Fest ein und machten allen Einwohnern bewußt, daß eine neue Zeit begonnen hatte. Vor aller Augen demonstrierte der französische Staat, zu dem Aachen seit 1801, nach dem Frieden von Lunéville, gehörte, daß er die katholische Kirche als einen wesentlichen Bestandteil seiner Lebensordnung ansah und sich damit von dem revolutionären Frankreich der vergangenen 10 Jahre abhob. Am folgenden Tage traf Marc Antoine Berdolet, der am 2.5.1802 von Napoleon zum Bischof von Aachen ernannt worden war, von Köln kommend in Düren ein und aß in der Herberge Zum Prinzen Eugen zu Mittag. Von 22 herrschaftlichen Wagen geleitet, fuhr er weiter nach Aachen, wurde in Haaren von J. F. Kolb, dem Aachener Maire, begrüßt und wurde gegen sieben Uhr abends von etwa 20000 Aachenern empfangen, die seinen Weg zur Ritter-Chorus-Straße säumten. Im ehemaligen Dechantenhaus des Münsterstifts, wo er vorläufig wohnen sollte, stand ein Essen für 40 geistliche und weltliche Honoratioren bereit.
Am Morgen des 24.7. um 10 Uhr empfing der Bischof den Präfekten des Departements, den Kommandanten und die Herren der Stadtverwaltung. Am dritten Festtage, dem 25.7., wurde der Bischof nach einem in der Departementsverwaltung gedruckten Programm inthronisiert, in dem die Rollen der Beamten des Departements, der Stadtverwaltung und der Garnison neben denen des Klerus deutlich betont waren. Eine Abteilung Soldaten geleitete den Bischof von seinem Domizil über Klostergasse, Markt, Büchel, Eselsgasse (Buchkremerstraße), Radermarkt (Münsterplatz) und Schmiedstraße zur Domtür, wo ihn der Stadtklerus erwartete, der Präfekt des Departements ihm die Schlüssel der Domtür und des Tabernakels überreichte und ihn zum Hochamt und zur Inthronisation in den Dom führte. Um zwei

Uhr mittags gab der Präfekt des Departements zu Ehren des Bischofs ein Essen[1]. Während zum Dom und erst recht zu den Empfängen im Hause des Bischofs und des Präfekten nur Honoratioren Zutritt hatten, erlebten die Aachener insgesamt, vom Glockengeläut eingeladen, beim Anblick der Prozessionen den Neuanfang. Nach allem, was vergangen war, kaum vorstellbar, demonstrierten die Spitzenbeamten, daß es eine weltliche Entscheidung war, daß Aachen zum Bistum erhoben worden war und daß der erste Bischof im Glanz des staatlichen Wohlwollens stand. Das war eine Folge von Veränderungen in Frankreich, von denen man in Aachen in der Zeitung lesen, aber kaum eine Wirkung hatte feststellen können.

Es begann mit dem Staatsstreich vom 9.11.1799 und der folgenden Verfassungsänderung, die Napoleon als dem Ersten Konsul eine diktatorische Stellung verschaffte, nicht auf beständig nach Neuem verlangende Revolutionäre gestützt wie Robespierre, sondern auf Kräfte, die bestimmte Errungenschaften der Revolution sichern und bewahren wollten. In ihren Verlautbarungen hieß es: *Frankreich ... will, daß seine Vertreter als friedliche Bewahrer, nicht als Neuerer handeln. Es will endlich die Früchte von zehn Opferjahren ernten*[2]. *Die Staatsgewalt wird stark und stabil sein. Unverbrüchlich hält die Revolution an den Grundsätzen fest, die sie ins Leben gerufen hat. Sie ist beendet*[3].

Auf Stärke und Stabilität bedacht, verurteilte Napoleon eine dem Staatswesen schädliche Feindschaft gegenüber Kirche und Christentum.

Insbesondere auf seinen Feldzügen in Italien hatte er erkannt, daß sich die Staatsgewalt in einem katholischen Lande mit der Kirche gut stellen mußte. Am 5.6.1800 hielt er vor dem Mailänder Klerus eine Rede, die er als sein kirchenpolitisches Programm angesehen wissen wollte: Eine Gesellschaft ohne Religion sei wie ein Schiff ohne Kompaß[4]; mit seiner unbeschränkten Regierungsvollmacht könne er für die katholische Religion einstehen. Damit wendete er sich gegen die letzte, 1797 begonne Phase einer verschärften kirchenfeindlichen Politik seiner Vorgänger, gegen den erneuten Versuch, mit einer Art

---

[1] VIII, 7 / 128 f.; VIII, 28 / 322
[2] VIII, 1 / 513
[3] VIII, 28 / 264
[4] II, 85 / 1, 87 ff.

Liturgie an den Decadi den Sonntagsgottesdienst zu ersetzen, und gegen den von jedem Priester verlangten *Haß-Eid[1]*. Er rehabilitierte die Priester, die den Eid verweigert hatten und sich versteckt hielten. Höhepunkt dieses Umschwungs war das Konkordat vom 15.8.1801. Darin handelte der für Aachen entscheidende Punkt von der Errichtung neuer Bistümer, von der Abdankung aller amtierenden, also vereidigten und deshalb von Pius VII. gebannten Bischöfe und der Ernennung neuer Bischöfe durch das Staatsoberhaupt mit nachträglicher Bestätigung des Papstes und Befreiung aller vereidigten Priester vom Bann[2].

Berdolet wurde am 13.9.1740 in Rougement bei Belfort geboren, studierte Theologie in Besançon, wurde 1767 geweiht, war Kaplan und dann Pfarrer in einem Dorf bei Belfort. In Besançon wurde er im Sinne des Gallikanismus ausgebildet, der in Frankreich dominierenden Richtung in der Theologie. Daß diese sein geistiges Eigentum geworden war, bezeugte er sein Leben lang. Die Zurückweisung päpstlicher Befugnisse zugunsten einer Selbstverantwortung der Bischöfe und einer Einwirkung der Könige war für ihn nicht eigentlich Prinzip und Grundsatz, sondern eine geschichtlich bedingte Voraussetzung für eine intensive Seelsorge angesichts der Gefährdungen durch den sich ausbreitenden Glauben an die Selbstherrlichkeit des Menschen in der atheistischen Aufklärung. Gerade in diesem Punkt sah er in der Macht des Königs einen Vorteil.

Er begrüßte 1789 die Bemühung um eine neue Verfassung, die gegen die Privilegien des Adels und der hohen Geistlichkeit gerichtet war. Seiner Linie entsprach es, daß die vom Zweiten Stand, dem Klerus, gewählten Repräsentanten sich mehrheitlich dafür entschieden, auf eine getrennte Abstimmung nach Ständen zu verzichten, und der Entscheidung des Dritten Standes zustimmten, eine gemeinsame verfassunggebende Versammlung mit gleichem Stimmrecht für Adel, Klerus und Bürgertum zu bilden. Er begrüßte es, daß gerade der Klerus den entscheidenden Schritt zu einer vernunftgemäßen Veränderung der Dinge tat. Adel und hohe Geistlichkeit trafen den springenden Punkt, wenn das Wort bei ihnen umging: *Ce sont ces folles curés*

---

[1] VIII, 52 / 1 ff.
[2] 1, 20; VI, 1 / 68 ff.

qui ont fait la revolution - Es sind diese verrückten Pfarrer, die die Revolution gemacht haben[1].
Berdolet gehörte zu denen, die in der Erklärung der Menschenrechte vom 26.8.1789 das *Neusingen einer urchristlichen Melodie* hörten, nämlich: *Da gilt nicht mehr Jude oder Grieche, nicht mehr Sklave oder Freier, nicht mehr Mann oder Frau: denn ihr seid alle einer in Christus Jesus*[2].
Allem Anschein nach hat Berdolet auch die folgenden gegen die Kirche gerichteten Entscheidungen der verfassunggebenden Nationalversammlung mitgetragen, die Enteignung der Kirche und damit ihre gänzliche Auslieferung an die Staatsgewalt. Jedenfalls hat er den am 26.12.1790 allen Bischöfen und Pfarrern abverlangten Eid geleistet und ihn nicht widerrufen, als der Papst ihn am 13.4.1791 verwarf[3].
Einmal mag ihm als Gallikaner das Urteil des Papstes wenig bedeutet haben, dann galt für ihn wie für viele seiner Amtsbrüder die Sicherung der Seelsorge als vorrangig. Entscheidend dürfte aber die viele Aufklärer und Christen verbindende Überzeugung gewesen sein, daß Staat und Kirche aufeinander angewiesen sind, daß sie gemeinsam von Jugend an human-gesellschaftliches wie kirchlich-gläubiges Leben durch Gewöhnung sichern müssen[4].
Daß der revolutionäre Staat entgegen dieser Überzeugung eine Ersatzreligion formulierte und keine Kirche neben sich duldete, daß er selbst wie alle Priester, ob vereidigt oder nicht, verhaftet und von seinen Bewachern, brutalen Verächtern jeder Religion, immer wieder mit dem Tod bedroht wurde, ließ ihn erkennen, mit wem er paktiert hatte. Doch führte ihn dieses Erlebnis nicht dazu, sein Verhältnis zum Staat der Revolution grundsätzlich zu bedenken. Der Zufall wollte es, daß er noch unter der Schreckensherrschaft, aber einen Tag nach der Hinrichtung Robespierres verhaftet wurde, am 28.8.1794, und deshalb seine Leidenszeit schon nach drei Wochen zu Ende war. Er setzte auf eine Wandlung zum Positiven und glaubte in Napoleon den Staatsmann sehen zu können, der mit dem Konkordat von 1801 den wahren Gallikanismus wiederbelebte.

---

[1] 1, 20 / VI, 24; VII, 18 / 81
[2] Gal, 3, 28; VIII, 10 / 279
[3] VIII, 41 / 5
[4] VII, 35 / 87

Seit 1796 Bischof seiner Heimatdiözese Colmar, mußte Berdolet laut Konkordat 1801 als *Konstitutioneller*, d. h. vom Staat vereidigter Priester auf sein Amt verzichten, wurde aber wie alle anderen *Konstitutionellen* vom Papst rehabilitiert. Napoleon konnte nunmehr nach seinem Gutdünken neue Bischöfe ernennen, richtete sich aber weitgehend nach der Meinung der Gläubigen und ernannte nur 12 ehemals *Konstitutionelle* zu Bischöfen, darunter Berdolet für das neu errichtete Bistum Aachen[1].

Geradezu alle Punkte in seiner Biographie mußten Berdolet behindern, wenn er sich, jedermann offenkundig, um ein gutes Verhältnis zu den Gläubigen bemühte, von seiner Kenntnis der deutschen Sprache abgesehen, die in der zweisprachigen Diözese Colmar für den Bischof eine Selbstverständlichkeit war. Eine dem Gallikanismus entsprechende Romfeindschaft gab es vor 1789 auch in Deutschland[2], doch traten ihr die Franziskaner an St. Nikolaus in Aachen mit Erfolg entgegen[3]. Die Begeisterung für die Ideen von 1789 blieb in Aachen auf einen kleinen Kreis Intellektueller beschränkt, die der Kirche gleichgültig oder feindlich gegenüberstanden und innerhalb der Kirchen und Gemeinden keinen Widerhall fanden. Der den Priester an den revolutionären Staat in den annektierten Gebieten jenseites des Aachener Waldes bindende Eid blieb den Aachenern Stein des Anstoßes, und ausgerechnet der Bischof sollte der erste amtierende Priester in Aachen sein, der zu den *Konstitutionellen* zählte. Warum Napoleon trotz alledem Berdolet nach Aachen schickte, bleibt eine offene Frage[4].

Die kirchen- und religionsfeindlichen Exzesse der Schreckensherrschaft fielen für Aachen in die *Pause* zwischen dem ersten und dem zweiten Auftritt der Franzosen, Seelsorge und Gottesdienst wurden nie unterbrochen und in den Pfarrkirchen auch nie behindert, und die das kirchliche Leben in der Öffentlichkeit einschränkenden Maßnahmen nach 1798 führten ganz und gar nicht eine Stimmung herbei, in der man Napoleon als Retter begrüßte. Dieses Thema aber mußten sich die Aachener aus Berdolets Munde immer wieder und mit gleichbleibenden Wendungen anhören.

---

[1] VIII, 44 / 40
[2] I, 20 / V, 477 ff.
[3] VI, 44 / 117 ff.
[4] VIII, 7 / 127

Es besteht Grund genug dafür, daß Berdolet nicht nur seiner Amtspflicht nach Weisungen aus Paris nachkam, wenn er nach jedem Sieg Napoleons zu Dankhochamt und Tedeum aufrief, sondern aus persönlicher Überzeugung handelte. Um so mehr mußte er merken, daß er mit diesem Ja zum Kriege, verbunden mit der bischöflichen Mahnung, der Wehrpflicht zu genügen, allein stand. Das könnte mit zu seinem Nervenleiden beigetragen haben, nicht nur das Übermaß an organisatorischen und seelsorglichen Aufgaben in der neuerrichteten und zugleich größten Diözese Frankreichs. Sie umfaßte das Rhein-Mosel-Departement im Süden und das Roer-Departement im Norden der nunmehr französischen linken Rheinseite. Ein auf Berdolet von Napoleon angesetzter Spitzel, Advokat Joseph Denys, berichtete wohl richtig von belastenden Spannungen zwischen divergierenden Verpflichtungen, unter denen Berdolet zu leiden hatte[1].

VIII.1.2 Napoleonische Verfassung und Gesetzgebung

Geradezu alle weltlichen Maßnahmen, die in den folgenden zwölf Jahren das kirchliche Leben in Aachen mitbestimmten, hatten zwei Seiten: die Wiederkehr einer von den weltlichen Amtsinhabern gestützten Seelsorge und ein das Gewissen belastender Einsatz dieser Seelsorge für politische Interessen. Dieser Einsatz und die daraus resultierende gute Behandlung war das Neue, im übrigen blieb fast alles bestehen, was das revolutionäre Frankreich in die Wege geleitet hatte und z. T. jetzt erst voll wirksam wurde.
Es war für Bischof Berdolet kein Problem, daß Napoleon die Sprachpolitik seiner revolutionären Vorgänger fortsetzte und vorschrieb, sich im kirchlichen wie im städtischen und staatlichen Amtsbereich nur der französischen Sprache zu bedienen[2]. Wohl sah man in Paris ein, daß die Seelsorge kein geeignetes Mittel war, um dem erklärten Ziel der Verbreitung des Französischen bis zum Rhein näher zu kommen, und so war in St. Foillan selbst nichts von einer Sprachenpolitik zu merken. Anders im Komödienhaus am Katschhof. Nach der Theaterordnung Napoleons von 1808 sollte die deutsche Sprache auf der Bühne allmählich verschwinden. Deshalb erhielt der Maire

---

[1] VIII; 26 / 72
[2] VIII, 44 / 304

1809 vom Präfekten des Departements den Auftrag, für den Vorrang des französischen Schauspiels vor dem deutschen zu sorgen[1]. Nicht anders als die früheren revolutionären Tendenzen sollten jetzt die napoleonischen den Aachenern nahegebracht werden[2]. Dabei bedienten sich die Behörden fragwürdiger Mittel, um dem Verlangen nach der neuen deutschen Bühnendichtung entgegenzutreten. Schillers *Maria Stuart* mußte vom Spielplan abgesetzt werden, weil es wegen der Beicht- und Kommunionszene nicht dem Grundsatz der religiösen Toleranz entspreche[3]. Damit lagen die Zensoren insofern nicht falsch, als in preußischer Zeit *Maria Stuart* geradezu als ein katholisches Programmstück angesehen wurde und sich in St. Foillan Pfarrer von Schütz noch nach 1945 auf Schillers Drama bezog.

Das von der Revolution eigens geschaffene Instrument der Französierung, die Primarschule, blieb in ihrer Wirkung nach wie vor sehr begrenzt, weil ihre Finanzierung Sache der Gemeinden blieb, d. h. von den Eltern Schulgeld gefordert werden mußte[4]. Wenn auch etwa ein Fünftel der vorhandenen Plätze schulgeldfrei vergeben wurde, so blieb es doch bei einer geringen Beteiligung. Die Eltern waren an Lesen, Schreiben und Rechnen interessiert, nicht an Französisch[5]; dann fehlte es an Lehrern: 1802 zogen z. B. von 51 Kandidaten 36 ihre Bewerbung zurück, als von ihnen die Kenntnis des Französischen verlangt wurde[6].

Anders war es, wenn bürgerliche und christliche Initiative den Pariser Forderungen entsprach. Die Herren Schlösser, Schervier, Breda, Dr. med. Reumont und Cromm als Präsident bildeten einen Wohlfahrtsausschuß, fanden die Zustimmung Bischof Berdolets, übergaben nominell dem Departement die Regie[7], blieben aber im wesentlichen selbständig, weil sie ihr Unternehmen mit Stiftungen finanzierten. Sie errichteten eine Primarschule ausschließlich für arme, d. h. kein Schulgeld zahlende Kinder, was nach napoleonischem Recht eigentlich nur für Sekundarschulen erlaubt war[8], und erhielten dafür das ehemalige Kloster der Karmelitinnen in der Pontstraße, das mit

---

[1] VI, 79 / 132
[2] VI, 79 / 129
[3] VII, 9 / 177
[4] VI, 7 / 337; VII, 17 / 4 f.
[5] VII, 17 / 39
[6] IX, 208 / 32
[7] VIII, 11 / 126
[8] VII, 17; II, 3 ff.

der Theresienkirche heute noch weitgehend erhalten ist. Bischof Berdolet forderte in einer Kanzelverkündigung am 2.11.1803 in allen Pfarrkirchen die Eltern auf, ihre Kinder dort anzumelden[1]. Knaben sollten vormittags, Mädchen nachmittags unterrichtet werden. Zwei Stunden Religion in der Woche und eine am Sonntag wurden zugesichert, die u. a. von Priestern in St. Foillan übernommen werden sollten. Am 19.3.1805 zelebrierte der Pfarrer von St. Foillan in der Theresienkirche ein feierliches Hochamt, in dem des hl. Joseph als des Patrons des Instituts gedacht und seiner Gönnerin Josephine, der Gemahlin Napoleons, gedankt wurde[2].

Die Verpflichtung des Departements und der Stadtverwaltung, für Primarschulen trotz Geldmangel zu sorgen, und der Lebenswille der Beginen von St. Stephan in der Hartmannstraße führte dazu, daß deren Bittschrift vom 20.8.1802 Erfolg hatte, sie von der Aufhebung der Klöster verschont blieben und weiterhin - von unbekannten Stiftern unterstützt - arme Mädchen unentgeltlich unterrichten konnten[3]. Aus denselben Gründen konnte die Klosterschule St. Leonhard am 19.12.1804 wieder ihre Tore öffnen und damit eine Schultradition in der Franzstraße sichern, in der heute an demselben Platze die einzige katholische Hauptschule in Aachen steht. Eine nach Pariser Weisungen verfaßte Denkschrift regte zur Errichtung eines Primarschulsystems für die ganze Stadt an. Ausdrücklich wurde darin im Gegensatz zu der kirchenfeindlichen Schulpolitik der Vorgänger die Anlehnung an die Pfarren empfohlen, der einzigen Gliederung der Stadt, und ehemalige Mönche aus den aufgehobenen Klöstern wurden als mögliche Lehrer genannt. Noch sollte das Projekt an der Finanzierung scheitern, doch das Schulsystem des 19. Jahrhunderts war der Idee nach geboren, wie es für St. Foillan in der katholischen Primarschule Jesuitenstraße bis heute Bestand hat[4].

Ein Dekret Napoleons verfügte die Übergabe des 1802 verstaatlichten Augustinerklosters zwischen Pontstraße und Augustinerbach an die Stadt zur Errichtung einer Sekundarschule nach französischem Schulgesetz. Am 27.7.1805 konnte sie eröffnet werden. Sie sollte das seit 1773 städtische Marianum in der Jesuitenstraße ersetzen, das seit

---

[1] D, 1; B, XI
[2] VIII, 7 / 294; VIII, 33 / 8
[3] VII, 17 / 47
[4] VII, 17 / 67 f.

etwa 1802 nicht mehr in Form von Privatunterricht hatte fortgeführt werden können[1]. Doch anders als in den 30 Jahren nach der Auflösung des Jesuitenordens durfte die Tradition einer übergreifenden christlichen Bildung nicht fortgesetzt werden, sondern eine für die napoleonische Sekundarschule typische Fachorientierung wurde grundgelegt, die mit der religiösen Orientierung auch eine politische Bildung ausschloß. Christian Quix, einer der Deutschlehrer, der sich später durch seine stadtgeschichtlichen Arbeiten einen Namen machte, war nach den Erinnerungen seines Schülers Wilhelm Smeets ängstlich darauf bedacht, der vorgeschriebenen Linie zu folgen. Als Smeets ein Gedicht seiner Wahl vortragen sollte und *Der Invalide* von Christian F. D. Schubart (1739-1791) wählte, ließ der Lehrer ihn nicht zum Schluß kommen, als er die Verse hörte:

> *Ihr Söhne, bei der Krücke,*
> *An der mein Leib sich beugt,*
> *Bei diesem Thränenblicke,*
> *Der sich zum Grabe neigt;*
>
> *Beschwör ich euch - ihr Söhne!*
> *O flieht der Trommel Ton*
> *Und Kriegstrommetentöne*[2].

Bis über die Franzosenzeit hinaus behielt diese Schule in Aachen den Ruf, fremden, der Aachener Tradition nicht gemäßen Zwecken zu dienen. Als ein Affront wirkte es, daß ganz nach dem napoleonischen Konzept die Klosterkirche der Augustiner der Schule nicht für Schulmessen, sondern nur für weltliche Feiern zugewiesen wurde. Zum Gottesdienst durfte die Kirche nur von den Anwohnern benutzt werden[3]. Der Widerstand gegen diese Schulpolitik äußerte sich darin, daß der fremde Begriff *Sekundarschule* nicht anders als *Primarschule* nicht in den Sprachgebrauch einging und daß die Schülerzahl bis 1806 auf 105 und bis 1810 auf 64 sank[4].

---

[1] VI, 69 / 30; VII, 17 / 16 ff.
[2] VIII, 37
[3] VI, 69 / 33
[4] VII, 17 / 16 ff.

Bischof Berdolet hat es vermutlich sehr belastet, daß Napoleon Zensur und Überwachung der Kirche nicht beendete, sondern sie vervollkommnen ließ. Es liegt kein Zeugnis darüber vor, ob er von den gegen ihn angesetzten Spitzeln gewußt und seine Priester entsprechend gewarnt hat. Das Mißtrauen gegenüber dem Klerus insgesamt zeigte sich darin, daß Priester nicht in die Liste der Geschworenen des neuen Gerichtswesens aufgenommen wurden, daß dem Bischof wie den Pfarrern verboten wurde, *Wanderpriester* seelsorglich einzusetzen, d. h. im wesentlichen seit der Aufhebung der Klöster 1802 heimatlos gewordene und deshalb von der Geheimpolizei kaum zu überwachende Mönche[1]. Woran sich Seelsorger zu halten hatten, wenn Napoleons Polizei nicht eingreifen sollte, sprach Kultusminister Portalis aus: *Die öffentliche Gewalt ist nichts, wenn sie nicht alles ist. Die Diener der Religion dürfen sich weder anmaßen, sie (mit der Staatsgewalt) zu teilen, noch sie zu begrenzen*[2].

Das galt ebenso gegenüber den Journalisten. Um die Zensur zu erleichtern, durfte es in jedem Departement nur zwei Zeitungen geben[3]. Für die Kirche ergab sich daraus eine neue Situation, weil die Journalisten bisher in der Tradition einer vorrevolutionären Aufklärung durchweg kirchenfeindlich agiert und damit nach 1789 weitgehend die Zustimmung der revolutionären Machthaber gefunden hatten. Napoleon schützte aber schon wegen des ihm geleisteten Diensteides die Priester wie die Beamten gegen die Presse. Am 15.8.1801 wies deshalb der Präfekt den Maire in Aachen an, dafür zu sorgen, daß sich die Journalisten nicht mit Fragen der Religion und der *Kirchendiener* befassen und Diskussionen vermeiden, *qui ne sont propres qu'à porter le trouble dans la société - die nur dazu geeignet sind, Unruhe in der Gesellschaft zu erzeugen*[4].

Nach dem erbitterten Widerstand gegen einen Treueid dem revolutionären Staat gegenüber gab es nach dem Konkordat von 1801 kaum einen Priester, der den neu formulierten, aber sich kaum von dem alten abhebenden Treueid verweigerte. Julien Gerard Moulan wurde am 19.6.1803 zum Pfarrer von St. Foillan ernannt und legte vor dem Präfekten des Departementes, Alexandre Mechin, im Beisein Bischof

---

[1] VII, 9 / 277
[2] VII, 35 / 82
[3] VII, 30 / 153 f.
[4] VII, 228 f

Berdolets den Diensteid aller vom Staat besoldeten Priester ab: *Je jure et promets à Dieu sur les saints Evangiles de garder obéissance et fidélite au gouvernement établi par la constitution de la Republique Française. Je promets aussi de n'avoir aucune intelligence, de n'assister à aucun conseil, de n'entretenir aucune ligue, soit au dedans, soit en dehors, qui soit contraire à la tranquillité publique, et si dans mon Diocèse ou ailleurs j'apprends qu'il se trame quelque chose au préjudice de l'État, je le ferai savoir au gouvernement - Ich schwöre und verspreche Gott (mit der Hand) auf den Evangelien, Gehorsam und Treue der Regierung zu wahren, die gemäß der Verfassung der Französischen Republik gebildet worden ist. Ferner verspreche ich, zu keiner Konspiration Verbindung zu unterhalten, keinen Geheimbund zu unterstützen, sei es im Inland oder im Ausland, der der öffentlichen Ruhe entgegenstünde, und wenn ich in meiner Diözese oder anderswo erfahre, daß irgendetwas zum Nachteil des Staates angezettelt wird, werde ich es die Regierung wissen lassen*[1].
Was der Priester im zweiten Satze versprechen sollte, entsprach ohnehin seiner Gewissenspflicht, von der Information der Behörden abgesehen. Von irgendeinem Komplott gegen den napoleonischen Staat aus demokratischer oder aus nationaler Gesinnung ist in Aachen nichts bekannt geworden. Nicht die negative Forderung des zweiten Satzes, sondern die positive des ersten nach Treue und Gehorsam wurde für viele Priester, vermutlich nicht für den Pfarrer von St. Foillan, auf die Probe gestellt, als ihnen ein Katechismus als Grundlage für jede Unterweisung verpflichtend vorgelegt wurde, der in einem entscheidenden Teil auf Napoleon selbst zurückging. Seine Grundlage war Nr. 39 der *Organischen Artikel*, die Napoleon dem Text des Konkordates von 1801 eigenmächtig anhing. Im wesentlichen handelte es sich um eine Anleihe an den vor 1789 in Frankreich benutzten und so für Napoleon mit Schulerinnerungen verbundenen Katechismus gallikanischer Prägung. Dort heißt es z. B.: *Ist die Unterwerfung unter die Französische Republik ein Dogma der Kirche? - Ja, die Schrift lehrt uns, daß der, welcher den Gewalten widersteht, der Ordnung Gottes widersteht. Ja, die Kirche legt uns ganz besondere Pflichten gegenüber der Regierung Frankreichs auf ...*

---

[1] A, 5 / 10.9.1801; D, 1; B XCI, Bl. 62

Was soll man von denjenigen halten, die etwa an den Pflichten gegenüber unserem Kaiser treulos werden? - Nach der Lehre des hl. Apostels Paulus widerstehen sie der Anordnung, die Gott selbst eingeführt hat, und machen sich der ewigen Verdamniß schuldig ...
Am 1.1.1807, als ihm der französische, aber noch nicht der in Paris zu erstellende deutsche Text vorlag, ließ Bischof Berdolet von der Kanzel ankündigen, daß die Einführung *dieses christlichen Lehrbuches befohlen wird, besonders weil es zu Folge der Verordnung Seiner kaiserlichen Majestät vom 4.4.1806 einzig und allein in allen katholischen Kirchen des Kaiserreiches von nun an soll gebraucht werden. ... Ihr werdet Euch ... alle angelegen sein lassen, diesen Katechismus in Euern Familien einzuführen, als ein Denkmal zur Verherrlichung unseres durchlauchtigsten Kaisers Napoleon, dessen Name so vorzüglich verdienet, bei Euch verewigt zu werden, weil dieser Name zugleich den großen Beschützer der wahren Religion bezeichnet, welcher in den mißlichsten Zeitumständen den öffentlichen Gottesdienst der heiligen Religion unserer Väter wiederhergestellt und emporgehoben hat*[1].
Die deutsche Übersetzung und die Anweisung, die bischöfliche Einführungsverordnung mit dem Dekret Napoleons vom 4.4.1806 zu verlesen, lag dem Pfarrer von St. Foillan im Juli 1807 vor, doch von einer Auswirkung in Unterricht und Seelsorge ist nichts bekannt. Der Bischof und sein Generalvikar stellten zu ihrer Genugtuung fest, daß sie keine Beschwerde erreichte und es erst recht keinen Unruhe stiftenden Protest gegeben hatte. Einzelne vielleicht noch kommende Einwände würden sie stillschweigend übergehen, um keinen Anlaß zu Unruhen zu geben. So antwortete Generalvikar Fonck dem einzigen Kritiker, S. P. Ernst, dem Pfarrer von Afden bei Herzogenrath, ausgerechnet dem Priester, den Berdolet ursprünglich als Generalvikar vorgesehen hatte[2].
Wahrscheinlich blieb es in Stadt und Bistum Aachen nur deshalb ruhig, weil Priester und Laien fragwürdige und undogmatische Passagen stillschweigend übergingen bzw. die Dienstaufsicht klugerweise nicht reagierte. Widerstand in den von der Vernunft gebotenen Grenzen wird es schon deshalb gegeben haben, weil jenseits des Aachener Waldes, im Bistum Lüttich, der Katechismus nicht verbindlich einge-

---

[1] VII, 41 / 182 f.
[2] VIII, 7 / 384; Nr. 390 / 399 / 531 / 577 / 661

führt, sondern seine Benutzung nur genehmigt wurde. Etwa drei Viertel der Pfarrer lehnten ihn ab[1]. Während Bischof Berdolet sich anscheinend nicht daran stieß, daß der Papst den Katechismus nicht genehmigt hatte, suchte der Bischof von Lüttich einen Mittelweg. Dazu sah er sich gezwungen, weil Nuntius Caprara in Paris behauptete, er sei vom Papst bevollmächtigt, zu entscheiden - eine offensichtliche Irreführung bzw. ein Zeichen für die Hilflosigkeit der Kirche diesem Staate gegenüber[2].

VIII.1.3 Der Einsatz der Kirche für den Krieg

Das revolutionäre Frankreich hatte seine Siege auf dem Schlachtfeld durch die größere Zahl und die größere Bereitschaft seiner Soldaten errungen. Napoleon wollte diese zwei Voraussetzungen einer militärischen Überlegenheit auch in den neuen Gebieten auf der linken Rheinseite gesichert wissen, das erste Ziel, die große Zahl, durch eine lückenlose Aushebung bestimmter Jahrgänge. Deserteure wie *Refraktäre*, die sich ihrer Dienstpflicht durch Flucht entzogen, scheint es kaum gegeben zu haben.[3]. Nicht der geringste unter den Franzosen, die sich weigerten, Napoleon in seine Kriege zu folgen, war Johannes Maria Vianney, der als der heilige Pfarrer von Ars in die Kirchengeschichte eingehen sollte[4].

Um eines Erfolgs in diesem Punkte sicher zu sein, zog Napoleon über die Bischöfe die Pfarrer heran. Eine Unzahl von kriegsbezogenen Kanzelverkündigungen gehörte zum kirchlichen Leben von 1802 bis 1813. Vor dem Appell an das Gewissen war die Pfarrkirche der geeignete Ort, die Aushebung mit der Verlesung der Namen und der Angabe von Zeit und Ort der Gestellung einzuleiten. Der Bischof schreibt seinen Pfarrern am 18.10.1806: *... une conscription ... il est donc aussi du devoir de l'état ecclésiastique, d'employer la plus grande énergie pour une prompte exécution de ces mesures ... - ... eine Aushebung ist ja auch Aufgabe des kirchlichen Standes, (und es gilt,) die größte Energie für eine sofortige Durchführung dieser*

---

[1] VII, 17 / 381, Nr. 516 f.
[2] VII, 41 / 15
[3] VI, 6 / 340
[4] VIII, 48 / 1384

(angeordneten) Maßnahmen aufzuwenden ... Eine Besonderheit des Wehrgesetzes bedarf der Instruktion und der seelsorglichen Ermahnung: *... faire comprendre, combien il est nécessaire que les aisés qui restent auprès de leurs foyers, doublent leurs quotes ... - (Sorgen Sie dafür,) daß die Gläubigen verstehen, wie sehr es notwendig ist, daß die zum Kriegsdienst zu Schwachen, die hinter ihrem Ofen bleiben, ihre Ausgleichszahlung verdoppeln*[1]. Man weiß in Paris, daß man sich den Platz hinter dem Ofen erschleichen kann, darum die Mahnung: *Wer sich durch Vortäuschung eines körperlichen Defekts dem Militärdienst entzieht, sündigt, weil er sich dem ihn im Gewissen verpflichtenden Gesetz entzieht ...*[2].

Diese rein weltliche Verwendung kirchlicher, durch die Sonntagspflicht gegebener Möglichkeiten war für Napoleon von Jugend auf nichts Ungewöhnliches, weil schon die absolutistisch regierenden Könige so verfuhren, etwa bei Aufrufen und Mahnungen, sich und die Kinder impfen zu lassen[3]. Nicht anders war es in den von Fürsten regierten Ländern in Deutschland, nicht aber in Aachen. Trotzdem ist von Ärger, Protest oder Widerstand beim Verkünden und Zuhören nichts bekannt. Weitaus bedenklicher müßte das zweite Ziel Napoleons gewesen sein, mit Hilfe der Priester die gewünschte seelische Bereitschaft zu wecken, innerhalb von zehn Jahren viermal in einen neuen Krieg zu ziehen. Was bisher Sache des Generals unmittelbar vor der Schlacht gewesen war, sollte nunmehr schon in der heimatlichen Kirche von der Kanzel in den Seelen grundgelegt werden, wie es zuletzt 600 Jahren vorher in den Kreuzzügen geschehen war. Gelegentlich spornte Napoleon selbst Bischof Berdolet an, jedesmal aber schickte sein Kultusminister ein Begleitschreiben, wenn wieder einmal eine Botschaft aus Paris verlesen werden sollte, so am 5.12.1806: *Ihnen steht es zu, durch ihren Unterricht jene edlen und erhabenen Empfindungen einzuflößen, welche die Quelle aller Militär- und Civil-Tugenden sind, und den wahren Mut, jene großmütige Aufopferung starker Seelen ausmachen*[4]. Während in diesem Punkte innerhalb biblischer Texte nur auf die beiden Makkabäerbücher hingewiesen werden konnte, so wurde in puncto *Gehorsam* umfassend

---

[1] VIII, 7 / 304
[2] VIII, 7 / 445, Nr. 940
[3] VIII, 44 / 304
[4] A, 5 / 173 / 4883; VIII, 44 / 303

neutestamentlich argumentiert. Vor dem Krieg von 1805 sollte von der Kanzel verlesen werden: *Die Religion ... ist es, welche euere Hirten werden zu Rathe ziehen, um euch die Lehre und das Beispiel Jesu Christi vorzustellen, um euch ... kindliche Liebe, Unterthänigkeit und Gehorsam gegen den Kaiser ... einzupredigen ..., sie werden euch endlich entzünden mit dem heißen Verlangen, das ganze Gesetz Gottes in allen seinen Folgen zu erfüllen, und besonders in jenen, welche den Conscribierten die Pflicht auferlegen, hurtig der Stimme des Monarchen ... zu folgen, und die allen Bürgern ... gemeine Schuldigkeit, das Vaterland zu beschützen, einzuschärfen ...*[1].
Bischof Berdolet stellt den Staat als Vater vor Augen und kann dann die Kriegsdienstverweigerung *ein verabscheuungswürdiges Verbrechen, einen gräulichen Vatermord* nennen. Wenn es ihm um die Unterwerfung unter den Willen Napoleons geht, genügt ihm der biblische Hinweis auf den Kaiser in Mt 22, 21 nicht, sondern er greift auf sein eigenes Schlüsselerlebnis zurück: *Unter dem Schutze Napoleons trat die Religion mitten aus ihren Ruinen glorreich hervor mit dem (!) ganzen Pracht ihrer Kirchengebräuche, mit der ganzen Süffigkeit ihrer Tröstungen und mit der ganzen Kraft und Stärke ihres Wortes. Ein heiliger Wetteifer entzünde auf euer Zureden alle Herzen. Man wetteifere um die Ehre, unter demjenigen zu dienen welcher den Gottesdienst unserer Voreltern wieder hergestellt hat, und das französische Volk beweise, daß es unter der Regierung Napoleons nur eine Gesinnung, nur ein Herz habe und gleichfalls nur ein Mensch geworden sey*[2]. Nach der Schlacht bei Austerlitz schreibt der Bischof ein Gebet für Napoleon vor, in dem er mit diesem in der Verehrung Karls des Großen gleichzieht und hofft, in Aachen Anklang zu finden: *Der Gott unserer Väter, ... Karls des Großen, fahre fort, dich (Napoleon) immer zu bewahren ...* Wieder zitiert er Judas Makkabäus: *Aufgeblasene Nationen gehen gegen unser Vaterland vor .., laßt uns (es) verteidigen oder sterben*[3]. In fataler Weise erinnert dieses Zitat daran, daß nationalsozialistische Kriegspropaganda auf Judas Makkabäus zurückgriff, auf Händels gleichnamiges Oratorium nach Umdichtung aller jüdischen Bezüge. Gerade die chorische Vertonung dieses Verses sollte Kriegsbereitschaft wecken.

---

[1] A, 5 / 2.10.1805 d / 11 / 6110 / 7 / 363, Nr. 192
[2] A, 5 / 2.10.1805 d, 11 / 6610; VIIII, 7 / 363, Nr. 392
[3] Makk, 1 / 11; D, 1 / B, XI, 22.12.1805, mit Napoleons Brief vom 2.12.1805

Mit solchen und anderen Zitaten wird die Situation der Bürger im Reiche Napoleons deutlich. Wenn die hier verwirklichte Staatsidee allein menschlich und damit zu verantworten war, mußten alle anderen Staaten wegen ihrer anderen geistigen Grundlagen böse sein, ihre Selbstrechtfertigung unwahr, *aufgeblasen*. Die rechte Staatsidee lebt als Gesinnung in jedem einzelnen Bürger, ist aber wie der christliche Glaube Anfechtungen ausgesetzt, erst recht, wenn Rekruten ihren Kopf hinhalten sollen. Sie muß immer wieder von der Kanzel her geweckt und gestärkt werden. Für Aachen war das mehr als notwendig. Im Unterschied zu der Zeit der Konfessionskriege war es von 1648 an verpönt gewesen, im Kriegsfall den Gegner moralisch anzuprangern. Von 1792 an fühlte man sich von dem Gerede der revolutionären Machthaber nicht betroffen, jetzt aber, nachdem man französischer Bürger geworden war, sollte man mit Leib und Leben einbezogen werden, mehr noch mit seiner Seele, wie man immer wieder von der Kanzel hören konnte. Zunächst hoffte Napoleon bei Christen dadurch sein Ziel zu erreichen, daß er sich auf die von Theologen vertretene Lehre vom gerechten Krieg stützte. In seinem Sinne schrieb Bischof Berdolet seinen Pfarrern: ... *les justes guerres se trouvent decretées par la parole de Dieu, et c'est dans ce sens que Dieu même est appelé le Dieu des armées. - Es ergibt sich, daß gerechte Kriege durch das Wort Gottes angeordnet sind, und in diesem Sinne wird Gott der Gott der Heere genannt*[1]. Der eigene Krieg ist gerecht, wenn der Gegner einen ungerechten Krieg führt, und das tut der König von England, wenn er sich nicht an einen ihm aufgezwungenen Vertrag hält: *La mauvaise foi du Roi d'Angleterre qui a volé la saintité des traités, en refusant de restituer Malte a l'ordre de Saint Jean de Jerusalem ... la necessité d'une juste défense, tout oblige à recouvrir aux armes ... - Die böse Gesinnung des Königs von England, der die Heiligkeit der Verträge (Friede von Amiens vom 27.3.1802) mißachtet hat, indem er sich weigerte, Malta dem Johanniter-Orden von Jerusalem zurückzugeben, die Notwendigkeit einer gerechten Verteidigung, das alles verpflichtet mich, die Waffen wieder aufzunehmen ...* Entsprechend soll in den Kirchen *um den Segen des Himmels* für Napoleons *gerechte Unternehmungen* gebetet werden[2].

---

[1] D, 1 / B IX, 18.10.1806
[2] A, 5 / Bad 17.06.1803 d, 169, 4360; VIII / 7 / 324, Nr. 131

Das Wort, das Kritiker zum Schweigen bringen soll, heißt Frieden. Kultusminister Portalis schrieb zum Beispiel am 25.2.1803:
Les drapeaux, sous lesquels vous allez vaincre, sont les drapeaux de la paix: vous ne partez que pour la conquérir; les esperances publiques ne seront plus trompées par des trèves perfides. L'Empereur veut que vous rapportiez dans vos cités et dans vos familles une paix solide et durable. C'est alors qu'il pourra réaliser tous les grands biens qu' il a résolu dans son coeur d' accomplir aux jours de son repos. - Die Fahnen, unter denen ihr siegen werdet, sind die Fahnen des Friedens: ihr rückt nur aus, um diesen zu gewinnen. ... der Kaiser will, daß ihr in eure Städte und in eure Familien einen soliden und dauerhaften Frieden bringt. Dann wird er alle die großen guten Werke verwirklichen können, die er auszuführen in seinem Herzen entschlossen ist, sobald die Tage der Ruhe gekommen sind[1].
Frieden heißt hier der Zustand nach dem Sieg über alle, heißt Weltherrschaft. Diese allein ermöglicht in diesem Denken, die Güter des Friedens zu genießen. Frieden durch Weltherrschaft wird deutlich vor Augen gestellt, orientiert an römischem Vorbild und an Vergils Pathos in der Äneis erinnernd[2]. Berdolets Nachfolger, Le Camus, redet den Rekruten noch drei Tage vor der Schlacht bei Leipzig, am 13.10.1813, ins Gewissen und findet bei Tertullian ein christliches Gebet für den römischen Kaiser und für die Erhaltung *des ruhigen*, d. h. mit römischer Gewalt befriedeten *Erdkreises*, das in den Pfarrkirchen gebetet werden soll[3].
Von 1803 an liegt Napoleon unaufhörlich bis zu seinem endgültigen Scheitern mit England im Kriege, dazu kommen die Kriege mit Österreich, Preußen, Spanien, Rußland und am Ende mit allen zusammen. Mehr als durch Zeitungen und Bekanntmachungen der Behörden werden die Aachener in den Pfarrkirchen auf dem laufenden gehalten; die Glocken rufen zum Gebet bei Kriegsausbruch, mehrmals wird um einen siegreichen Ausgang gebetet und ganz besonders nach jedem Sieg auf dem Schlachtfeld ein Dankgebet gesprochen. Der Dank für den Friedensschluß, jeweils mit Vergrößerung und Machterweiterung verbunden, äußert sich nach Anweisung aus Paris in einem Hochamt mit Tedeum. Niederlagen werden verschwiegen,

---

[1] VIII, 44 / 304
[2] Buch VI, V; 851 ff.
[3] VIII, 44 / 311

abgesehen von einem Trauergottesdienst für den bei Aspern gefallenen Marschall Lannes am 4.6.1810[1]. Der Sieg von Austerlitz wurde sogar mit einem Jahresfest bis zum Ende der Ära Napoleons gefeiert.[2] Es besteht kein Grund zu der Annahme, daß die vollzählig vorliegenden Vollzugsmeldungen des Pfarrers von St. Foillan, des gebürtigen Franzosen Moulan, nicht der Wahrheit entsprochen hätten, schon aufgrund seines Vertrauensverhältnisses zu Bischof Berdolet. Dieser gab ihm und St. Foillan eine besonderen Rang, als es darum ging, fünf Wochen nach Beginn des Krieges mit England ganz Aachen zum Gebet zu versammeln. Nach bischöflicher Anweisung vom 17.6.1803 war am folgenden Sonntag im Dom ein Hochamt zu feiern, am Montag in St. Peter, am Donnerstag in St. Jakob, am Freitag in St. Adalbert, am Samstag in St. Michael und den Abschluß bildete das Hochamt am Sonntag in St. Foillan[3].

Daran, daß bei allen Siegen auf dem Festland England unbesiegt bleibt und Napoleon den Plan einer Landung auf der Insel aufgeben muß, wird man in St. Foillan erinnert, wenn Bischof Berdolet für die Siegesfeier nach der Einnahme Danzigs ein Gebet vorlegt: *Lasset auch unser Volk den Himmel bitten, daß jenes Cabinet (in London), welches unsere heilige Religion ebenso sehr als unsere Nation unablässig anfeindet, bey den Cabinetten des festen Landes seinen Einfluß verlieren möge*[4].

Nach der Vorstellung des Kultusministers Portalis sollte die Bereitschaft zum Gebet für den Sieg dadurch wachgehalten werden, daß die Priester im Sonntagsgottesdienst über den Kriegsverlauf berichteten, und der Bischof sollte deshalb die ihm zugestellten *Bulletins de la grande armée* den Pfarrern zukommen lassen. Während Vollzugsmeldungen des Bischofs wie der Pfarrer über Kriegsgebete, -messen und -andachten fast vollständig vorliegen, hat anscheinend Generalvikar Fonck in Vertretung des Bischofs diese Zumutung mit Stillschweigen beantwortet, seine Pfarrer damit verschont, ohne deswegen mit Paris Schwierigkeiten bekommen zu haben[5]. Dabei gab es die strikte Anweisung, alle Vollzugsmeldungen in zwei Exemplaren ein-

---

[1] VIII, 44 / 300
[2] VIII, 44 / 298
[3] VIII, 44 / 394; A 5 / 17.6.1803 d / 169 / 4360; VIII, 7 / 324, Nr. 131
[4] VIII, 44 / 297; A, 5 / 108, 4387; VIII, 7 / 388, Nr. 562
[5] VIII, 44 / 295

zuschicken, davon eines für das Archiv; dazu kamen Berichte des Bischofs wie der Pfarrer über Veranstaltungen in eigener Initiative[1].
In einem Punkte erlaubte sich Genealvikar Fonck Kritik. Napoleon schrieb nach dem Sieg bei Jena, er habe das kostbarste Gut des französischen Volkes verteidigt, seine Ehre. In seiner Anweisung an die Pfarrer - während einer Erkrankung Berdolets - spricht Fonck aber von einem Werk Gottes und übergeht die Ehre als Rechtfertigung des Krieges gegen Preußen. Sicher hätte er gern den Grund genannt: Eine unchristliche Rechtfertigung für einen Krieg könne er nicht verantworten[2].
Nach dem Angriff auf Rußland 1812 und während des unaufhörlichen Rückzugs läßt Berdolets Nachfolger Le Camus wie gewohnt nach einzelnen Siegen Dankandachten halten und Messen feiern; die wahre Lage dürfte in Aachen bis zur Katastrophe in Leipzig verschleiert geblieben sein. Dieser aber wird offiziell in Aachen nicht gedacht, auch der dort für Napoleon gefallenen Aachener nicht.

VIII.1.4 Napoleonskult

Kaum eines der vom Bischof vorgeschriebenen Gebete für den Sieg der Franzosen schließt, ohne den Glauben an eine göttliche Vorsehung zu wecken, die Napoleon von Sieg zu Sieg führe. In dem Hirtenbrief vom 25.2.1803 heißt es:
Sachons tous, ... par notre dévouement, par notre amour, nous montrer dignes des hautes destinées auxquelles la Providence nous a appellés, en nous donnant un Souverain devant qui la terre se tait, et qui, dans les combats, est toujours précédé de l'ange de la victoire.
- *Wir alle sollten durch unseren Eifer, unsere Opferbereitschaft und unsere Liebe zeigen können, daß wir der großen Bestimmung würdig sind, zu der die Vorsehung uns dadurch gerufen hat, daß sie uns einen Herrscher gegeben hat, vor dem die Welt (in Ehrfurcht) schweigt und dem in seinen Schlachten immer der Engel des Sieges vorangeht[3].*

---

[1] VIII, 44 / 304 f.
[2] VIII, 44 / 295; A, 5 / 1358 / 4382; VIII, 7 / 378, Nr. 495
[3] VIII, 31 / 304; vgl. VIII, 11 / 58 f.

Diese Töne sind den aus Paris kommenden und verpflichtenden Vorlagen zuzuschreiben; deutlicher vernahm man in Aachen des Bischofs eigene Überzeugung, wenn er auf sein Schlüsselerlebnis, Napoleons Entscheidung für die Kirche, zu sprechen kommt. Geradezu liturgisch, an den Introitus der ersten Weihnachtsmesse erinnernd, heißt es im Hirtenbrief vom 9.1.1803: *Es ist Gott, der dem Wiederhersteller des gegenwärtigen Jahrhunderts sagte: Mein Sohn, Ich habe dich dazu auserwählt, mein Volk wieder glücklich zu machen. Durch dich hat die Gefangenschaft Israels ein Ende. Du, mein Sohn, bist es, für den ich es vorbehalten habe, meine Altäre wiederum aufzurichten, durch dich will ich die Wiedervereinigung und Aussöhnung zwischen dem Priestertum und dem Staat stiften ...*[1]. Diese Konkretisierung eines Glaubens an die göttliche Vorsehung im politischen Handeln ging weit über das hinaus, was dem Kaiser des untergehenden Heiligen Römischen Reiches einen Platz in den Fürbitten am Karfreitag gegegeben hatte und Napoleon schon als Erster Konsul, erst recht nach der Kaiserkrönung 1804 in jedem Hochamt für sich beanspruchte:
..*„post communionem ... cantetur in choro oratio ...: Domine, salvum fac Rem publicam; Domine, salvos fac consules. In fine missae:*
V.: Salvum fac Napoleonem primum Consulem nostrum, Domine,
R.: Deus meus, sperantem in te.
V.: Mitte ei, Domine, auxilium de monte sancto
R.: Et de Sion tuere eum ...
- Nach der Kommunion soll gemeinsam folgendes Gebet gesungen werden:
Herr, behüte den Staat, Herr behüte deine Konsuln. Am Ende der Messe:
V.: Behüte Napoleon, unseren ersten Konsul, o Herr,
R.: mein Gott, weil er auf dich seine Hoffnung setzt.
V.: Schicke ihm, o Herr, Deine Hilfe vom heiligen Berg
R.: und vom Sion her beschütze ihn ...[2].
Berdolet fand in Aachen die Verehrung Karls des Großen vor und hat sich gut beraten lassen, als er sich immer wieder auf den Aachener Stadtpatron bezog, wenn er Napoleon ehren wollte. Als er 1802 vor

---

[1] VIII; 11 / 58
[2] D, 1 / B IX

der Wolfstür des Domes eine Büste Napoleons aufstellen ließ, nannte er ihn den Erben Karls des Großen[1].
Lange genug fehlten in Aachen die großen Heiligtümer. Weil sie 1794 vor den Franzosen nach Paderborn in Sicherheit gebracht worden waren, war 1797 turnusmäßig keine Heiligtumsfahrt möglich. Als sie dank der Bemühungen des Bischofs am 22.6.1804 in Aachen eintrafen und festlich empfangen wurden, gab der Aachener Priester J. L. Cuvelier in der vierten Strophe seines Begrüßungsgedichtes wieder, was er von seinem Bischof oft genug gehört hatte:
> *Doch dem Kaiser, der die Franken*
> *Itzt regieret, soll man danken,*
> *Daß sein eingelegtes Wort*
> *Wiederbracht an diesen Ort,*
> *Was einst Karl der Große brachte*
> *dieser Stadt und ihr vermachte*
> *als ihr stetes Eigentum,*
> *Als ihr größtes Glück und Ruhm.*[2]

Drei Wochen später konnte die erste Heiligtumsfahrt seit 1790 durchgeführt werden, und wieder griff der Bischof dasselbe Thema auf: *Auf den Mauern des Domes* seien die Namen Karls des Großen und Napoleons vereinigt[3]. Als nach Bemühungen der Stadt- und der Departementsverwaltung die 1794 entführte Karlsstatue ihren Platz auf dem Marktbrunnen wiedererhielt, schrieb der Bischof in seinem Dankschreiben vom 16.3.1805, die Statue werde mehr und mehr die Achtung und Anhänglichkeit an den hohen Nachfolger Karls des Großen vergrößern, des einzigen, der dessen Reich habe wiedererrichten können, und des einzigen, der es aufrechterhalten könne zum Wohle aller[4].
Eine den älteren Aachenern damals vertraute, aber sicher nicht vermißte Form der Karlsverehrung wurde anscheinend in einem städischen Lager für die Ausrüstung der Fronleichnamsprozession entdeckt und für geeignet gehalten, die Karlsverehrung in die Napoleons einmünden zu lassen. Es war die Riesenfigur Karls des Großen, von

---
[1] VIII, 7 / 283
[2] VIII, 31
[3] XI, 9 / 41
[4] VIII, 44 / 283 f.

einem auf Stelzen schreitenden Manne bewegt, mehr Volks- und Kinderbelustigung als Verehrung des Stadtpatrons. Das Monstrum wurde laut Stadtkassenrechnung 1811 repariert und in der Fronleichnamsprozession mitgeführt, aber mit einem neuen Attribut; ein Schriftband auf seiner Brust machte die Absicht allzu deutlich: *Mich übertrifft nur Napoleon.* Während die Figur als Vogelscheuche verspottet wurde, hatte Adalbert von Chamisso bei seinem Besuch in Aachen bei ihrem Anblick eine romantisch-nostalgische Stimmung: *Es wird ihn kein Kind mehr sehen, den stattlichen Recken, so schön gepudert, so bunt angetan, so milde Gabe austeilend, mit seinen rollenden Augen, wie ich ihn gesehen habe*[1]. Wieder wird die Figur auf Geheiß der Stadtverwaltung am 27.7.1811 in der Prozession am Jahrestag der Überführung der Gebeine in den Karlsschrein mitgeführt. Doch die *Puppe* verschuldete eine verunglückte Karlsfeier. Ein Augenzeuge hat festgehalten:

Mit der Umtragung der Statue Karls hat es schlecht gegangen; da das Kapitel der Kathedralkirche nicht wollte mitgehen, so sind auch keine fonctionnaires mitgegangen, und er ist nur von den Studenten des Collège, Armen und Waysenkindern und der Nachtswache begleitet worden; man hat ihn aber recht zum Narren gemacht, und aus einem Charlemagne ist ein charlatan geworden. Beinahe an allen Wein- und Brandweinhäusern blieb er stehen, und warf Bonbons zu den Fenstern hinein, selbst an der berüchtigten Brandweinsherberge in der Schmiedstraße, genannt zum Bethlehem, ist er stehengeblieben und hat seine Grimmassen gemacht. Allein, wie konnte dies auch anders gehen, da er nur der Leitung einfältiger Menschen überlassen war. Nachdem man ihn nun so heruntergesetzt hatte, konnte er unmöglich am vorigen Sonntag mit der großen Prozession herumgehen.

Weit über alle Karlsfeiern hinaus sollte der 15. August als Napoleonstag die Verehrung des neuen *Kaisers der Franken* fördern, heute noch mehreren Orts in Frankreich mit soldatischen Maskeraden gefeiert. Nach längeren Vorüberlegungen in Paris sollte nicht nur der Geburtstag, sondern in einer Verbeugung vor der katholischen Tradition auch sein Namenstag festlich begangen werden. Da aber der Heilige über Korsika hinaus nicht bekannt war, erhielten die Bischöfe Frankreichs von Nuntius Caprara aus Paris am 21.5.1806 die not-

---

[1] VI, 27 / 51 f.

wendige Instruktion zur Weitergabe an die Pfarrer. Nach dieser starb der hl. Neapolis, ital. Napoleo, in der letzten Christenverfolgung als Märtyrer in Alexandria. Damit wurde Napoleon als Taufname in Aachen möglich, aber ein Aachener dieses Namens müßte in den Taufbüchern noch gefunden werden. Dr. med. Alfred Reumont, geboren am 15.8.1808, sollte nach dem neuen Tagesheiligen benannt werden, doch sein Vater blieb bei seiner Vorliebe für England und gab ihm den englischen Königsnamen Alfred - trotz des seit 1803 andauernden Krieges mit England. Der gleichnamige, in Essen als Stadtgründer gefeierte Tagesheilige war in Aachen anscheinend nicht bekannt. Daß am 15. August Mariä Himmelfahrt gefeiert wurde, bildete keine Schwierigkeit. Schon am 4.8.1803 erklärte der Präfekt des Departements, gerade dieses Fest sei geeignet, Gott für die Erweise seiner Gnade zu danken. Am 15.8. sei Napoleon geboren, zum Konsul auf Lebenszeit ernannt und das Konkordat ratifiziert worden. Ferner sei der Tag geeignet, das Patronatsfest der Bischofskirche zu begehen[1].
Der Wink des Präfekten genügte, und der Bischof verlegte das Patronatsfest vom 8. September - Mariä Geburt - auf den 15. August. Liturgisch blieb das Marienfest bestehen, wie es das Meßbuch für das Zusammentreffen rangverschiedener Feste vorsah. Der Kultusminister schrieb das in diesem Fall verpflichtende zweite Kirchengebet vor und wählte das aus der zweiten Märtyrermesse: *Wir bitten Dich, allmächtiger Gott, gib, daß auf die Fürsprache Deines heiligen Märtyrers Napoleon unser Leib vor allem Unheil bewahrt und unser Geist von verkehrten Gedanken gereinigt werde. - ... ut a pravis cogitationibus mundemur in mente.* Wenn der Kultusminister dieses Kirchengebet dem aus der ersten Märtyrermesse vorzog, hatte er seine Gründe. Schutz vor *verkehrten* Gedanken ist eine im Meßbuch Pius' V. von 1570 häufig wiederkehrende, der Reformationszeit gemäße Bitte. Was 200 Jahre früher konfessionell gemeint war, meinte der napoleonische Minister politisch und wußte genau, daß der Staat nicht beim Beten und Bitten stehenblieb, sondern mit dem weltlichen Mittel der Geheimpolizei auch sein Ziel erreichen wollte.
Nur mit Fronleichnam vergleichbar, sollte dieser Tag ganz Aachen auf den Beinen sehen, vorneweg Klerus, Stadt- und Departementsverwaltung in einer großen Prozession, so von Napoleon am

---

[1] A, 5 / d, 4 / 4361; VIII, 7 / 326, Nr. 142

19.2.1806 bestimmt[1]. Den Prozessionsweg legte der Maire am 7.8.1806 fest: vom Dom aus über Rennbahn, Klappergasse, Jakobstraße, Markt, Kölnstraße, Komphausbadstraße, Peterstraße, Ursulinerstraße, Schmiedstraße, zurück zum Dom. Dort wurde ein Tedeum mit Orchester gesungen[2]. Ähnlich wurde Jahr für Jahr gefeiert, ergänzt durch die Austeilung kaiserlicher Gaben an die städtischen Wohlfahrtseinrichtungen[3].

Die Aufnahme Napoleons in die Liturgie war das Ergebnis der politischen Entscheidung, alle Versuche, eine eigene und neue Religion aus dem Geist revolutionärer Aufklärung zu konstruieren, aufzugeben. Die Prinzipien Einheit, Universalität und Unabhängigkeit gingen von der Kirche auf den Staat über[4]. Ehrte die Kirche schon den Ersten Konsul als Retter der Kirche, so begrüßte sie erst recht den am 18.5.1804 zum Kaiser ausgerufenen Napoleon, verband sich doch mit diesem Titel eine von Katholiken bejahte Beziehung von Staat und Kirche. Salbung und Krönung am 2.12.1804 festigten diese Erinnerung, besonders in den Krönungsstädten Reims und Aachen.

Napoleon überließ die Wirkung seiner Auftritte nicht wechselhaften Stimmungen, sondern ordnete schon am Tage nach der Krönung Dankgebete an. Bischof Berdolets Weisungen lauten, aus dem Französischen übersetzt: *Gott hat zum Kaisertum den Helden erhoben, den wir uns ersehnten und den er Sich selbst auserwählt hatte, um die Feinde des Vaterlandes zu Boden zu strecken und den Lauf jener Übel zu hemmen, welche die Auflösung des Staates herbeizuführen schienen. Das sichtbare Oberhaupt der Kirche Jesu Christi und dessen Statthalter auf Erden hat die Stirne Napoleons mit dem heiligen Öle gesalbt, und durch diese Salbung ward ihm der Charakter, der ihn zur höchsten Würde der größten Fürsten einweihet, eingeprägt. Die göttliche Vorsicht läßt in den verworrenen Zeiten solche Fürsten entstehen, und sie läßt dieselben an ihrer Majestät und an ihrer unumschränkten Macht Anteil nehmen, damit sie die Erretter seines Volkes werden und es auf dem Pfade des Friedens einherführen ...*
Der Bischof ordnete an, in den Pfarrmessen den Brief des Kaisers und dieses sein eigenes Schreiben vorzulesen, in der Nachmittagsan-

---

[1] VIII, 44 / 286; VIII, 7 / 373, Nr. 460; A, 5 f. / 5885
[2] VIII, Ad / 139 f.
[3] VIII, 15
[4] VII, 35 / 28

dacht das Tedeum zu singen, das Gebet *Zur Danksagung* und *Für den Kaiser in Kriegszeiten* zu sprechen und den sakramentalen Segen zu erteilen[1]. Zu dem Dankgottesdienst im Dom am 15.2.1805 lud der Bischof alle Priester ein[2]. Ferner sollte der Krönungstag als Jahresfest gefeiert werden, in den Pfarrkirchen am 2. Adventssonntag[3].
Kaiser Franz hatte in Wien 1804 den Titel eines Römischen Kaisers abgelegt, als Napoleon sich Kaiser der Franzosen nennen ließ, sich selbst Kaiser von Österreich genannt und damit diesem Titel seinen universalen Charakter genommen; doch war es für viele Priester ein Affront, einen Kaiser der Franzosen in Gebeten anerkennen zu müssen, die im Meßbuch für den Römischen Kaiser bestimmt waren. Vom Generalvikar wurden vier Pfarrer in Köln persönlich ermahnt, und am 17.9.1806 erinnerte der Bischof alle seine Priester daran, daß das Gebet für den Kaiser in jeder Messe vorgeschrieben sei, im ersten Kanongebet (Te igitur) nach der Nennung des Ortsbischofs[4].
Diese Mahnungen galten nicht den Pfarrern in Aachen, erst recht nicht Pfarrer Moulan in St. Foillan. Auch wenn *patriotische*, der Aachener Mentalität fremde Briefe vorgelesen werden mußten, weigerte sich anscheinend kein Pfarrer. Dabei dürfte es bekannt geworden sein, daß viele Amtsbrüder jenseits des Aachener Waldes im Bistum Lüttich anders verfuhren und Schreiben dieser Art unaufgeschnitten liegen ließen[5].
Eine andere Frage ist es, wie dieser Eingriff der nach den Bedingungen der veränderlichen Welt handelnden Machthaber in den Raum des unveränderlichen Glaubens auf die Betroffenen gewirkt hat. Ladoucette, der Präfekt des Departements, begrüßt Napoleon bei seinem Besuch in Aachen mit den Worten: *Sire, die Einwohner dieser Gegenden fürchteten Cäsaren, sie gehorchten Karl dem Großen, alle beten Napoleon den Großen an, alle rufen aus: Es lebe der Kaiser!*[6] Damit hat der höchste Beamte in Aachen in einer Hinsicht recht: Auch nach bald 20 Jahren hatten die Wörter Revolution, Republik und Demokratie keinen guten Klang erhalten, während das Kaisertum nach wie vor als die von Gott gewollte Staatsform angesehen wird.

---

[1] A, 5 / 4.2.1895, 1883 / 4370; VIII, 7 / 351, Nr. 314
[2] D, 1 / B II
[3] D, 1 / B XI, 29.11.1804; VIII, 7 / 348, Nr. 295
[4] VIII, 7 / 375 f., Nr. 477; VIII, 44 / 291 / 311
[5] VIII, 11 / 59; 24, Nr. 129
[6] VIII, 47 / 154, Übersetzung aus dem Französischen

Mit den Franzosen kehrt man der Revolution den Rücken, die jetzt Napoleon l'auguste monarque und souverain nennen, und vergessen ist, daß Priester und Beamte schwören sollten, das Königtum zu hassen. Mit einer breiten Zustimmung ist zu rechnen, wenn die Priester Napoleon im Ornat auf den Stufen ihrer Kirche begrüßen sollen, wenn er vorbeizieht und ein Zeremoniell an die in Aachen lange entbehrten Kaiserkrönungen erinnert[1]. Einer den Franzosen bekannten Tradition folgt Napoleon, wenn er wie die Könige nach ihrer Krönung in Reims Kranken die Hände auflegt und seine Kleider küssen läßt. In Aachen machen das nur Franzosen, es wird aber von den Aachenern anscheinend gern wahrgenommen. Nicht zuletzt gehört zum monarchischen Zeremoniell die Wachablösung vor dem Hause des Bürgermeisters am Kapuzinergraben, Napoleons Quartier, ausgeführt von der malerisch ausstaffierten Leibgarde, die er sich aus Ägypten mitgebracht hat[2].

Napoleon gibt dem Kaisertum nicht anders als vorher dem Amt des Ersten Konsuls ein revolutionäres Attribut, indem er es von der Zustimmung des Volkes, von Plebisziten abhängig macht. Der zur Abstimmung vorgelegte Senatsbeschluß vom 18.5.1804 lautet: *Die kaiserliche Würde ist erblich in der direkten, natürlichen und gesetzmäßigen Nachkommenschaft Napoleon Bonapartes, in männlicher Linie, nach dem Erstgeburtsrecht*[3]. Durch das bischöfliche Rundschreiben vom 26.5.1804 erfährt Pfarrer Moulan an St. Foillan, wie er wieder einmal eingespannt werden soll, damit das gewünschte Ergebnis zustandekommt: *Sie werden den ganzen Einfluß einsetzen, den Ihnen die Ausführung des Heiligen Dienstes gibt, damit alle Gläubigen bereitwillig der genannten Vorlage ihre Zustimmung geben*[4]. In einem zweiten Brief werden alle Pfarrer mit ihren Kaplänen im Chorrock zum Haus des Bischofs zitiert - gegenüber dem Pfarrhaus von St. Foillan, in einem Teil des ehemaligen Ursulinenklosters -, um von dort aus um 12 Uhr mit dem Domklerus zum Karlsschrein zu gehen. Dort sollen alle ihre Stimme für die Erbkaiserwürde abgeben und dieses ihr Votum in das nach kaiserlicher Anweisung dort ausliegende Buch eintragen. So unterschreibt auch Moulan als *obsequentissimus*

---

[1] D, 1 / B XI, 1804
[2] VIII, 37
[3] VII, 8 / nr. 54 - 57
[4] D, 1 / B; XI, 1804

... famulus - gehorsamster Diener. Der Bischof teilt Napoleon das einstimmige Votum seiner Priester mit und leitet eine Übersetzung seines Briefes den Pfarrern zu, damit diese ihn von der Kanzel als eine Art Wahlpropaganda verlesen können. Darin heißt es: *... das große Volk ... verlangt von Ihnen, daß Sie sein Daseyn nicht dem Wechsel der Ereignisse preisgeben ... (es) fühlt die Notwendigkeit, zu den durch hundertjährige Erfahrungen bestätigten Hauptsätzen und Grundregeln zurückzukehren. Es will unter einer erblichen Regierung ausruhen und hat den Vorschlag gefaßt, die Obergewalt in ihrer Familie zu verewigen ... Die Nation soll wissen, daß BONAPARTE ... ewig leben werde, glückliche Unterstellung (fiction!), welche einen großen Mann in seinen Nachkömmlingen verewigt. ... Willigen Sie also ein, o BONAPARTE, und da wir das Recht gebrauchen, welches unsere Väter gehabt haben ... werden unsere Arme Sie auf den Schilden emporheben; erneuern Sie wieder nach zehn Jahrhunderten das Reich Karls des Großen ...*[1]. - Am darauffolgenden Sonntag mußte man sich in St. Foillan fragen, was die Stimmabgabe noch bedeuten sollte, als der Pfarrer den Senatsbeschluß vorlas, in der Messe Dankgebete für die Erhebung Napoleons zum Erbkaiser sprach und nach der Messe Veni Creator spiritus und das Tedeum sang - alles nach bischöflicher Vorschrift[2]. Das Ergebnis liegt nicht vor, dürfte aber den Erwartungen entsprochen haben.

Napoleon zog ein Register monarchischer Politik, wenn er seine Familie dem Volke vorführte. Mutter Lätitia und Schwester Pauline waren mehrmals in Aachen, sein Bruder Louis erfuhr als König der Niederlande eine besondere Ehrung, als ihm mit seiner Gemahlin am 30.8.1806 die Heiligtümer in der Domsakristei gezeigt wurden[3]. Ebenso durfte Josephine, Napoleons Gemahlin, am 1.8.1804 die Heiligtümer sehen und erhielt von Bischof Berdolet Geschenke aus dem Domschatz[4]. Ein Jahr später, am 27.7.1805, traf Josephine wieder in Aachen ein und hatte den Bischof zeitig wissen lassen, daß sie das Karlsfest mitzufeiern wünsche. Dieser setzte es auf den 12.8., und Josephine erfuhr in der Predigt, daß Napoleon der begnadete Nachfolger Karls des Großen sei[5].

---

[1] D, 1 / B; II, 14 prairial III, 3.6.1804
[2] A, 5 / d, 8 / 4365; VIII, 7 / 341, Nr. 238
[3] VIII, 7 / 374 f., Nr. 470
[4] VIII, 31 / 393
[5] VIII, 7 / 346, Nr. 275

In monarchischer Tradition tritt Josephine am 19.3.1806, ihrem Namenstag, als Wohltäterin auf, und zwar mit einer Stiftung für das Armeninstitut im ehemaligen Karmel in der Pontstraße. Der Wohlfahrtsausschuß organisiert für diesen Tag ein Fest, verpflichtend für die ganze Stadtverwaltung: am Vorabend Glockenläuten und Salven der Kanonen auf den Mauern, am Morgen in der Theresienkirche Aussetzung des Allerheiligsten, 10 Uhr Hochamt im Dom mit französischer Predigt, *en musique et à grand orchestre*, nachmittags um 5 Uhr Andacht mit deutscher Predigt, abends Tedeum, Glockenläuten, Salven[1].

Das von der Kaiserin beschenkte Haus erhält an diesem Tage den Namen *Josephinisches Institut* und bewahrt damit die Erinnerung an seine Wohltäterin, noch als Napoleon seine Ehe für ungültig erklären läßt. Wenn das allein für gläubige Katholiken ein Affront war, nachdem sie jahrelang diese Ehe als mustergültig hatten ansehen müssen, so kamen weitere Belastungen für Napoleons Ansehen hinzu. Napoleon wandte sich nicht an den Papst, der allein seine Ehe hätte für ungültig erklären können. Er hatte Pius VII., nachdem er von ihm nach der Besetzung Roms exkommuniziert worden war, gefangensetzen lassen und die Ehesache deshalb einer französischen Instanz übergeben. Hier erreichte er leicht sein Ziel, die Trennung von der kinderlos bleibenden Josephine, die Möglichkeit, in einer neuen Ehe das gerade erreichte erbliche Kaisertum zu realisieren. Schon zu Beginn der Auseinandersetzungen mit Pius VII. hatte sich der Präfekt beim Maire über antinapoleonische Pamphlete mit dem Bild des Papstes an den Hauswänden[2] beschwert, und Berdolet selbst hatte am 26.5.1808 dem Kultusminister über die Mißstimmung der dem Papst treu ergebenen Aachener berichtet[3].

Berdolet starb am 13.8.1809; die Trennung von Josephine und die Eheschließung mit Marie Luise, der Tochter des Kaisers von Österreich, fiel in die Zeit seines Nachfolgers Le Camus. Von Kritik und Mißstimmung ist seitdem nichts bekannt. Napoleon sorgte für eine *Ergötzlichkeit* des Volkes und die Abwehr möglicher Animosität, als er für den 22.5.1811 ein Freudenfest anläßlich der Geburt eines

---

[1] D, 1 / B; II
[2] VIII, 21 / 116
[3] VIII, 7 / 414, Nr. 742

Thronfolgers finanzierte[1]. Dieses Ereignis war gründlich vorbereitet worden. Am 17.11.1810 hörte man in St. Foillan, daß Napoleon - ganz nach dem Vorbild der europäischen Fürstenfamilien - Gebete für eine glückliche Niederkunft der Kaiserin angeordnet habe. Den Bischöfen wurde vorgeschrieben, was sie zu tun hätten, wenn die glückliche Nachricht sie erreiche: feierliche Dankandacht mit Tantum ergo und sakramentalem Segen, Tedeum und Kirchengebet zur Danksagung[2]. So geschah es im Dom am 23.3.1811[3].

VIII.2 Öffentliche Ausübung der Religion

VIII.2.1 Karitas

Napoleon wußte, daß er sich nur dann der Religion zu seinen Zwecken bedienen konnte, wenn sie Religion blieb. Daß die religiöse Praxis nicht nur blieb, was sie war, sondern eine Steigerung erfuhr, war das Verdienst des Bischofs Berdolet. Das gilt für den inneren Bereich der Seelsorge, aber auch für die öffentliche Ausübung der Religion. Ein ambivalentes Bild ergibt sich in der öffentlichen Karitas. Seit die Nationalversammlung im August 1789 der Kirche Besitz und Einkommen und damit die Möglichkeit zu karitativem Tun genommen hatte, war es in Aachen 1792 bzw. 1794 wegen der besonderen Bedingungen des besetzten Gebietes nicht zu einer radikalen Neuordnung gekommen. Erst der völkerrechtlichen Einordnung in die *Große Nation* 1801 folgte mit der Auflösung der Orden und dem Griff nach ihrem Besitz auch der nach den pfarrlichen Mitteln zur Hilfe für die Armen. Die politisch Verantwortlichen stellten aber sachlich-nüchtern fest, daß zunächst die karitativ tätigen Orden nicht zu ersetzen waren; weiterhin durften die Ursulinen gegenüber dem Pfarrhaus von St. Foillan und die Beginen im Stephanshof in der Hartmannstraße, die Elisabethinnen im *Gasthaus* am heutigen Münsterplatz, die Alexianer und die Christenserinnen zum Wohle der Stadt wirken[4]. Das Alexianerkloster wurde auf diese Weise zum zweiten Mal gerettet -

---

[1] VIII, 47 / 107
[2] VIII, 4 f. / 292
[3] VIII, 47 / 136
[4] VIII, 9 a / 26

das erste Mal 1796 durch eine Bürgerinitiative[1]. In Anlehnung an monarchische Gewohnheiten besuchte Kaiserin Josephine am 23.7.1802 das *Gasthaus*, gab den Elisabethinnen 5000 Francs und setzte es gegen die Departementsverwaltung durch, daß sie in Ordenstracht ausgehen durften. Die gleiche Erlaubnis erhielten die Christenserinnen und erreichten damit einen weitaus größeren Bruch der bisherigen revolutionären Ordnung, weil ambulante Krankenpflege ihre tägliche Arbeit war. Der Maire selbst hatte sich für sie beim Departement eingesetzt und darauf verwiesen, daß ihre Tracht ökonomisch sinnvoll sei und ihnen die notwendige Achtung in der Öffentlichkeit sichere[2].
Die Pfarren gaben die Vermögensteile dem Wohlfahrsbüro ab, die der Armenfürsorge dienten. Im Wohltätigkeitsbüro arbeiteten Christen und kirchenfremde Aufklärer zusammen; während diese den Geist des Ganzen prägten und der christlichen Karitas unter einem anderen Namen verpflichtet blieben, bestimmten jene die sichtbare Erscheinung im Verfahren beim Einnehmen und Ausgeben. Statt christlicher Nächstenliebe mit ihren ganz persönlichen Bedingungen und nur begrenzten Wirkungen wollte sie die Armut schlechthin beseitigen. Nach diesem Maßstab fand die neue Institution in ihrem Tätigkeitsbericht vom 12.12.1803 nichts als Mißstände. Nach ihrer Zählung mußten etwa 3 % der Einwohner betreut werden, 200 Greise, 370 Familien als Hausarme und über 100 Arbeitslose[3]. Im Vordergrund des Interesses stand die öffentliche, zur Schau gestellte Armut der Bettler, die damit auf das Versagen einer Gesellschaft hinwiesen, die Gleichheit auf ihre Fahnen geschrieben hatte.
Insgesamt konnte sich die neue weltliche Organisation mit ihren Erfolgen sehen lassen, gerade auch wegen der rationellen Verfahren. Doch auch dabei konnte sie auf christliche Bereitschaft nicht verzichten: Die wichtigste Geldquelle, die Kollekte von Haus zu Haus, wurde pfarrlich organisiert und den pfarrlichen *Karitas-Vereinen* übertragen, die im übrigen still ihre Arbeit fortsetzten. Für die Erfolgsbilanz wirkte sich günstig aus, daß die Aachener Gewerbe dank der Kontinentalsperre wirksam gegen englische Konkurrenz geschützt waren,

---

[1] I, 40 / 68 ff.
[2] VIII, 16
[3] II, 133 / 70

mehr Arbeiter eingestellt wurden und nicht zuletzt deshalb *die große Bettelei* verschwand[1].

Das Arbeitshaus entstammt teils kalvinischem, teils aufklärerischem Denken und wurde in Aachen schon im Entwurf einer neuen Verfassung vor dem Auftritt der Franzosen genannt, von diesen aber durchgesetzt. In einem Aufruf des Maire vom 5.7.1803 heißt es, das Arbeitshaus werde *die scheusliche Betteley in dieser Fabrik-Stadt, wo dieselbe den Werkstätten so viele zur Arbeit taugliche Hände entwendet, ausrotten*[2]. Es soll zur Arbeit, d. h. zu einer ihr gemäßen Einstellung erziehen, *Müßiggang als aller Laster Anfang* erkennen lassen. Wer nicht arbeiten will, wird von der Straße aufgelesen bzw. aus einem schädlichen Milieu herausgeholt, bei freier Unterkunft und Verpflegung zu regelmäßiger Arbeit in einer eigenen Werkstatt zu einer jedermann möglichen Tätigkeit angehalten und schließlich an eine normale Arbeitsstelle vermittelt und entlassen.

Am 19.3.1803 wird ein Arbeitshaus dieser Konzeption in dem ein Jahr zuvor konfiszierten Kloster der Karmelitinnen in der Pontstraße eröffnet und der Regie des Wohlfahrtsbüros übergeben. Die Botschaft, die der Bischof den Pfarrern vier Tage vorher zugestellt hatte, sollte eine neue Möglichkeit christlich-karitativen Einsatzes eröffnen und die Hoffnung auf das Wirken des Hl. Geistes in einer weltlichen Institution wecken. Darin hieß es:

Die Regierung ... beglückt sie (die Stadt Aachen) mit einem neuen Etablißement, mit einer neuen Anstalt zum Beßten der Menschheit ... Das Kloster der ehemaligen Karmelitceßen dahier wird der gänzlichen obsorge des Wohltätigkeits Bureaus übergeben. Der nächstkünftige Samstag / : am Festtage des Heiligen Josephs: / wird Jener merkwürdige, unvergeßliche Tag seyn, an welchem dieses Haus durch den Anfang mit der Religion und unter dem Beystande aller Gewalten zu einem Etablißement der Ausübung der Christlichen Liebe, zu einem Arbeits Hause für Gewerblose und zu einem Zufluchtsorte der unterdrückten Menschheit feierlich wird eingeweihet werden. Keiner der Armen soll überhaupt vernachlässigt werden. Man wird es sich angelegen seyn laßen, denen, welchen der Schöpfer Hände zum Arbeiten gegeben, angemeßene Beschäftigungen und hinlänglichen Unterhalt zu verschaffen. Man wird es allhier vorzüg-

---

[1] VII, 24 / 315
[2] D, 8 / 5.7.1803

lich zum Augenmerke nehmen, daß vermöge der mannigfaltigen Hülfs Mittel der Religion einer verlaßenen und herabgewürdigten Menschen Klaße aller mögliche und nothwendige Unterricht ertheilt werde. Man wird dieselbe zum Wege der Tugend zurückführen und zu gesitteten Menschen und brauchbaren Individuen umschaffen. Dann wird Jeder Bürger Aachens die guten Folgen dieser Anstalt bewunderen und ohnfehlbar sich in Kurzem über den wirklichen Fortgang einer Verbeßerung in allen Gattungen des gemeinschaftlichen Vortheils sich überzeugt sehen. Jedem muß es wichtig seyn, ein so erhabenes Etablißement für seine Mitbürger blühen zu sehen, ebenso muß es auch Jedem wohlhabenden Bürger wichtig seyn, dieses durch seine wohlthätigen Beiträge zu unterstützen, indem die Errichtung deßelben mit nothwendigen vorschüßen verbunden ist. Wir laden also Euch Pfarrer! dringendst ein, alle Bürger zu ermahnen und sie durch die Prediger eurer Kirche die zween nah dem Heiligen Josephs Feste unmittelbar folgenden Sonntage ermahnen zulaßen, um sie zu den Christlichen Beiträgen vorzubereiten, welche dem zufolge in allen Quartieren der Stadt werden eingesammelt werden. Wir ersuchen Euch den Bürgern Aachens die Pflicht den Unglücklichen beizustehen, tief ans Herz zu legen, um dadurch dieses Etablißement in desto geschwindere Thätigkeit zu setzen, wodurch die Aachener Einwohner sich werden rühmen können, sich selbst ein unsterbliches Denkmal der Christlichen Wohlthätigkeit errichtet zu haben.[1]

Wie und in welchem Umfang der Hausgeistliche zur religiösen Ausrichtung des hier geforderten Arbeitsethos beitragen konnte, ist nicht bekannt. Verpflichtend war der Besuch der hl. Messe in der an die Karmelitinnen erinnernden Theresienkirche, jeden Morgen eine Stunde nach dem Wecken, im Sommer um sieben, im Winter um acht Uhr[2]. Berdolet nennt in seinem Rundschreiben nicht die unverändert gebliebenen Aufgaben kirchlich-karitativer Art, die dem Wohlfahrtsbüro in diesem überlassen werden mußten: Austeilung von Nahrung, Kleidung und Wohngeld. Ferner sollte der ehemalige Karmel auch *eine Zufluchtsstätte für ein unglückliches Alter* sein. Das Wohlfahrtsbüro spricht selbst in seinen Verlautbarungen von einem *Werkhaus*

---

[1] VIII, 7 / 293
[2] VIII, 33 / 8 f.

der christlichen Liebe und betont damit das Einvernehmen mit christlicher Tradition insgesamt[1].

In dem Kanzelaufruf vom 12.7.1805 verband der Bischof die eigene Gewissensverpflichtung gegenüber allen Notleidenden mit dem Willen, den Erwartungen der Stadt- und der Departementsverwaltung gerecht zu werden, nämlich die neue und kirchenfremde Einrichtung mit Hilfe der alten und bisher ungeschwächten Gesinnung christlicher Karitas zu finanzieren. Er knüpfte an das Sonntagsevangelium von der wunderbaren Brotvermehrung an, erklärte zwar nicht im Sinne aufgeklärter Theologie die Speisung der 4000 als eine Wirkung der in den Besitzenden erwachten Nächstenliebe, erwartete aber eine solche Wirkung in Aachen[2].

Nachdem die in Renten und Testamenten zugunsten der Armen gesicherten Geldmittel der Pfarre konfisziert worden waren und damit die Verstorbenen nunmehr einer staatlichen Fürsorge dienten, sollten auch die Lebenden wie bisher spenden und opfern. Aus eigenem Antrieb - nach Einholung staatlicher Genehmigung -, oder nach einer Aufforderung des Präfekten rief der Bischof zum Opfer für Notleidende auf. Am 12.2.1803 waren es Menschen im Bistum, die durch ungünstige Witterung in Not geraten waren, am 1.7.1803 Kinder, deren Väter am Wochenende hingerichtet worden waren. Für sie wurde ein Opferstock in der Kirche aufgestellt, ebenso für die Bürger von Spa und Goslar nach einem Großbrand, Beispiele für die breite Palette der einzelnen Notfälle neben den wiederkehrenden Sammlungen für das Aachener Wohlfahrtsbüro[3].

Im Gegensatz zu dieser kirchlichen Sicherung staatlicher Armenfürsorge stand die einem aufgeklärten Denken und rationaler Ökonomie zugehörige Luxussteuer, Abgaben beim Besuch von Bällen, Konzerten, Theateraufführungen und *Spielhöllen*. Ein anderer Versuch, ohne die Hilfe der Kirche Geld zu bekommen, bestand darin, hohe städtische Beamte bei der Haussammlung einzusetzen, doch auch denen blieb nichts anderes übrig, als an die christliche Nächstenliebe zu appellieren. Dazu kamen bezahlte *Collecteurs*, denen der Maire allerdings nicht traute: Sie sollten *in Gegenwart der gebenden Person ... die Gabe aufzeichnen.* Ferner ernannte der Maire Bürger seines Ver-

---

[1] ebd.
[2] VIII, 7 / 295 / 359, Nr. 365
[3] VIIII, 7 / 289 ff., Nr. 137 / 585

trauens und gab ihnen eine Weisung mit, mit der sie das bisherige karitative Verhalten zugleich nutzten und kritisierten. Die Bürger *sollten zu einem vernünftigen Zweck, zur Unterhaltung des Arbeitshauses, die Gaben spenden, welche Müßiggänger unter tausenderley Vorspiegelungen dem mitleidigen Wohltäter abzwacken*[1].
Ein Zeugnis dafür, daß gläubige Katholiken nicht zuletzt durch die wiederholten Aussagen ihres Bischofs darauf vertrauten, daß das Wohltätigkeitsbüro auch ohne kirchliche Regie im Sinne christlicher Karitas segensreich wirke, ist das Testament der Gräfin Harscamp aus der Aachener Familie Brunelle, geboren am 3.9.1724. Im Jahre 1808 vermacht sie 20400 Francs dem Wohltätigkeitsbüro und sieht darin ebenso ein gutes Werk wie in ihren Meßstiftungen für den Dom und St.Jakob, der Pfarrkirche ihrer Jugendzeit, wenn Sie erklärt (in Übersetzung aus dem Französischen): *Ich empfehle meine Seele Gott dem Ewigen und Allmächtigen, der die Gerechten belohnen und die Bösen bestrafen wird, und ich will, daß unaufhörlich nach meinem Hinscheiden 1000 Messen für die Ruhe und das Heil meiner Seele gefeiert werden ebenso für meinen sehr geliebten Gatten ...*[2]

VIII.2.2 Die protestantische Anna-Kirche

Die öffentliche Ausübung der Religion war im 16. Jahrhundert der entscheidende Streitpunkt der Konfessionen und endete mit dem Alleinrecht der Katholiken, mit ihren Kirchen wie mit Prozessionen, Kruzifixen und Heiligenbildern sichtbar zu werden, ja das Stadtbild zu bestimmen. Dieses Privileg widersprach dem Katalog der Menschenrechte und dem Prinzip der Gleichheit von 1789. Das neue Rechtsdenken und die revolutionäre Rechtspraxis realisierten sich aber nicht in der positiven Toleranz gegenüber allen Konfessionen, sondern in der negativen einer Verbannung aller religiösen Auftritte und Zeichen in der Öffentlichkeit, von der in Aachen nur die Katholiken getroffen wurden. Anders wird es mit dem Konkordat von 1801, das öffentliche Religionsausübung allen Konfessionen zusichert, also eine positive Toleranz, aber der *Organische Artikel* Nr. 14 macht am 8.4.1802 daraus wieder eine negative Toleranz: Wo mehre-

---

[1] VIII, 33 / 116 f.
[2] VII, 27 / 154

re Konfessionen in einer Gemeinde zusammenwohnen, haben Prozessionen zu unterbleiben. Damit wollte Napoleon denen entgegenkommen, die sich auf das Prinzip Gleichheit von 1789 beriefen, aber in Wirklichkeit dem revolutionären Geiste der Kirchenfeindschaft verhaftet blieben. Wie bisher sollte der Verlust der öffentlichen Religionsausübung die Lebenskraft des Gegners schwächen; Gleichheit bedeutete hier Relativierung, Verlust an Autorität und damit an Glaubenskraft. Napoleon dagegen ging es darum, in allen Konfessionen Anhänger zu gewinnen; das Gebet, gleich in welcher Kirche, sollte dem Staatswohl dienen.

Anscheinend vertrat der Präfekt des Departements in Aachen dieselbe Ansicht. Ob er von sich aus wegen 356 Kalvinern und 250 Lutheranern im Jahre 1803[1] katholische Prozessionen verboten hätte, ist eine offene Frage. Er wurde der Entscheidung enthoben, weil beide Gemeinden darum baten, auf die Anwendung des Artikels 14 zu verzichten. Warum diese trotz der 200 Jahre Ungleichbehandlung den Katholiken in dieser Weise entgegenkamen, kann daraus erschlossen werden, daß sie nicht nur auf negative Toleranz den Katholiken gegenüber, sondern auch auf positive Toleranz sich selbst gegenüber verzichteten. Endlich berechtigt, ein eigenes Gotteshaus zu bauen bzw. zu erwerben und sich damit von der sonntäglichen Wanderung nach Vaals zu befreien, dachten sie zunächst daran, mit der größeren Burtscheider Gemeinde zusammen ein Haus in der Nähe des Marschiertores zu mieten. Weil die Burtscheider aber selbständig bleiben wollten, fiel die Wahl der Aachener, größtenteils in der Stadtmitte wohnhaft, auf das Haus *Maltzwaage. Sie* nahmen aber am 12.4.1802 davon Abstand, *weil es zu offen am Markt (liege) und es scheinen möchte, als ob man den Katholiken trotzen wollte*[2]. Offen bleibt, ob sich darin nach 200 Jahren Zurücksetzung *eine gewisse Unfreiheit* zeigte, in der man *es fast nicht wagte, sich unbekümmert ...(seines) Glückes zu freuen*, oder ob geschäftliche Interessen mitspielten. Von den 2,3% Nichtkatholiken gehörten nämlich viele zu den wirtschaftlich führenden Familien und zahlten 1812 15% des gesamten Steueraufkommens Aachens.

Die Änderung der Verhältnisse kam von außen, für alle überraschend, auch für die Pfarrangehörigen von St. Foillan als die unmit-

---

[1] I, 13 / II, 446
[2] V, 75 / 39

telbaren Nachbarn. Mit der allgemeinen Aufhebung der Klöster waren auch Haus und Kirche der Benediktinerinnen in der Annastraße konfisziert worden, doch vor jeder staatlichen Nutzung entschied der Präfekt des Departements am 29.6.1802, die St.-Anna-Kirche der kalvinischen und der lutherischen Gemeinde zu gemeinsamer Nutzung zu übergeben. Damit waren alle Bedenken der Neugläubigen behoben. Im ersten Gottesdienst in der Annakirche am 17.7.1803 nannte der Prediger Napoleon den *Stolz unseres Jahrhunderts ..., Ruhm unseres Zeitalters, ... Retter des Vaterlandes* und erklärte: *... ihm, dem Einzigen, verdanken wir alle Herstellung und Freiheit der Religionsausübungen*[1]. Einen deutlichen Bezug zur Aachener Stadt- und Kirchengeschichte stellte der Prediger der kalvinischen Gemeinde in Burtscheid her: *Nicht etwa durch die bloße Vermittlung einer fremden protestantischen Macht und als eine um ihretwillen bewilligte oder von ihr erzwungene Vergünstigung ist die Religionsfreiheit uns zuteil geworden, sondern durch die eigenen, freiwillig und von fremdem Einfluß unabhängig gegebenen Gesetze des Staates selbst, zu dem wir gehören, und dessen Regentenfamilie sich zu einer anderen Kirche bekennt. Nicht als ein bloßes Gnadengeschenk ist sie uns zuteil geworden, sondern als ein Recht, das uns als Staatsbürgern zukommt, deren Glaubensgrundsätze zum Staate nicht gefährlich sind.*[2].
Ein für Aachener deutliches Zeichen der veränderten Verhältnisse war der Auftritt der Kalviner und Lutheraner beim Empfang Bischof Berdolets am 23.7.1802, ihr Wiedereintritt in die Öffentlichkeit nach 200 Jahren. Auch sie schmückten ihre Häuser, und viele kamen in den Dom zur Inthronisierung[3]. Die Prediger der beiden Gemeinden gaben neben den katholischen Pfarrern dem Bischof das Geleit zum Dom[4].
Bischof Berdolet selbst tat alles, um die von Napoleon gewollte Gleichberechtigung von Katholiken und Protestanten zu fördern. Ein ehemaliger Benediktiner von St. Pantaleon in Köln hielt bei seiner Inthronisierung die Ansprache, lobte darin das Konkordat und dankte Napoleon, *dessen hoher Geist zuerst die erhabene Idee faßte*, be-

---

[1] VII, 44 / 42
[2] VII, 75 / 38
[3] VIII, 41 / 11
[4] VII, 12 a / 74 f.

grüßte die von ihm gewollte Zusammenarbeit von Staat und Kirche und betonte dann erstmalig in Aachen die Toleranz, die sich Katholiken und Protestanten gegenseitig gewähren müßten. Für Berdolet selbst bleibt Toleranz ein wichtiges Thema in seinen Fastenhirtenbriefen[1].
Trotz alledem war das 200 Jahre lang in Aachen nicht gesehene exercitium publicum religionis der Protestanten vielen Katholiken *ein Dorn im Auge*[2] und vielleicht ein Grund dafür, daß diese in der politischen Öffentlichkeit nicht das Gewicht erhielten, das sie nach dem napoleonischen Wahlrecht erwarten durften. Dieses bevorzugte nämlich die steuerkräftigen Bürger. Doch wurden nicht Protestanten gewählt, sondern Mitglieder katholischer Familien, die z. T. noch als Wortführer der Alten Partei aus den Streitigkeiten vor der Ankunft der Franzosen bekannt waren[3].

VIII.2.3 Prozessionen

Der erste Bürgermeister aus diesem Kreise, Lommessen, greift auf die städtische Tradition der zwei Jahrhunderte vor 1792 zurück, wenn er u. a. die Kirchmeister von St. Foillan zur Fronleichnamsprozession einlädt und erklärt: *De tout tems le Sénat et le peuple d'Aix la Chapelle a montré de l'enthousiasme pour l'exercice du culte catholique. C'est avec emotion, que nous nous rappellons nos anciennes habitudes, et ces longues et immenses files des Citoyens de toutes les classes, qui jadis le jour de la fête Dieu s'empressèrent à l'envie de rendre leurs hommages publics d'adoration au plus auguste des Sacrements. Pendant plusieurs années nous avons gémi sur le sort de la religion reléguée dans l'interieur des temples: aujourd'hui que la main puissante du Héros restaurateur du trône et de l'autel a brisé les liens, qui enchainoient la pitié des fidèles ...* - *Seit Anbeginn haben sich Rat und Volk von Aachen für die (öffentliche) Ausübung der Religion begeistert. Es rührt uns sehr, wenn wir uns an unsere alten Gewohnheiten erinnern, an diese unendlich langen Reihen der Bürger aller Schichten, die sich am Fronleichnamstage voll Freude*

---

[1] VIII, 44 / 43 / 50
[2] VII, 12 a / 76
[3] VII, 24 a

drängten, um das erhabenste der Sakramente öffentlich zu ehren. Einige Jahre lang haben wir das Schicksal unserer Religion beklagt, als sie auf das Innere der Kirchen beschränkt wurde: Heute (freuen wir uns), daß die mächtige Hand des Helden Thron und Altar wiederhergestellt und die Bande zerrissen hat, die die Frömmmigkeit der Gläubigen einschnürten ...[1].

Das neue, wieder katholische Stadtregiment zeigte sich daran interessiert, in der Fronleichnamsprozession wie in vergangenen Zeiten aufzutreten, mit größerer Zustimmung als die nach wie vor meist kirchenfremden Beamten der Departementsverwaltung. Anders ist es, wenn der als Aufklärer bekannte Vorsitzende des Wohltätigkeitsbüros, Cromm, dem Bischof am 26.8.1805 vorschlägt, am Fest Mariä Geburt für die Insassen der ihm unterstellten Institute eine Prozession mit Beteiligung einer Sakramentsgruppe auszurichten. Berdolet stimmt zu und will sogar selbst das Sanctissimum tragen, *das Gott, den Erlöser und mächtigen Freund der Armen in sich birgt*. Cromm sieht in Berdolets Antwortschreiben soviel Gewinn für das Ansehen seines Instituts, daß er es veröffentlicht und einleitend bemerkt, es sei *zu erbaulich und zu rührend ..., um nicht seinem ganzen Inhalt nach dem Publikum bekannt gemacht zu werden*[2]. Doch es kommt anders: das Domkapitel erklärt dem Bischof, eine Abordnung von zwei Domherren sei eher angebracht und übt damit Kritik an der erneuten Indienstnahme der Kirche bei der Präsentation der staatlichen Armenpflege. Der Bischof antwortet verärgert, dann könnten diese beiden auch zu Hause bleiben. Das belegt eine Notiz Moulans, des Pfarrers von St. Foillan, auf dem Einladungsschreiben, das auch er von Cromm erhalten hat[3].

Das Nein des Domkapitels entsprach den Grundsätzen einer aufgeklärten Theologie, die gerade Berdolet auch von Frankreich her bekannt sein mußte. Um jeder Kritik an magischen Vorstellungen entgegenzutreten, sollte nur Fronleichnam eine Sakramentsprozession stattfinden. Dazu kam auch Berdolets eigene Absicht, nichtkatholische Bürger so wenig wie möglich in einen von ihnen abgelehnten Kult einzubeziehen[4].

---

[1] D, 1 / B II, 1, 4.6.1804
[2] 24, Nr. 60
[3] D, 1 / b; II, 26.5.1805; VIII, 7 / 176
[4] VIII, 44 / 288; VIII, 7 / 270 / 360, Nr. 371 f.

Es blieben genug Anlässe für Prozessionen, z. B. bei der genannten Rückführung der Heiligtümer aus Paderborn. Das Fest begann mit dem feierlichen Empfang des Wagens in Haaren, und die vier Pfarrer erschienen neben den städtischen Honoratioren als Repräsentanten der Stadt[1].
Einschließlich der mit dem Fest des hl. Markus verbundenen Bittprozessionen handelte es sich um vom Bischof für die ganze Stadt angesetzte Veranstaltungen. Dazu gab es in den einzelnen Pfarren eine Prozession am Kirchweihfest. St. Foillan ließ aber zur Einladung an die ganze Stadt Plakate drucken, die für mehrere Jahre gebraucht wurden. Das Datum blieb offen und wurde handschriftlich eingetragen, weil das Fest an dem Sonntag gefeiert wurde, der dem Foillanstage folgte. Es muß sich um den auch in Fosses gefeierten Gedenktag der Überführung der Gebeine des Heiligen von Mons nach Fosses im Jahre 1086 handeln, der aber dort am 3.9. gefeiert wurde, während das Aachener Plakat vom Monat Juli spricht. Der von Thomas Vliex, Großkölnstraße Nr. 1005 (nach der französischen in der Stadt fortlaufenden Zählung) gedruckte Aushang lautet: *Am nächstkünftigen Sonntage, dem ... Tag des Monats Julius, wird in der Cathedral-Pfarrkirche feyerlich gehalten werden das Fest des heiligen Bischofen und Martyrers Foillanus, Patron dieser Kirche, an welchem alle Christgläubigen vollkommenen Ablaß verdienen, wenn sie die von der Kirche vorgeschriebenen Werke und Gebote verrichten. Morgens um 6 Uhr wird die erste Messe mit Aussetzung des hochwürdigsten Gutes, um 9 Uhr das hohe Amt, darauf die Predigt angefangen; nachmittags um 5 Uhr (wie auch die ganze Oktav hindurch) feyerlich Complet gehalten werden.*
Den darauffolgenden Sonntag, als an dem Octavtage, wird Nachmittags um 3 Uhr die Vesper, darauf die Prozession durch die Pfarre gehalten werden, bey deren die Andacht mit dem Ambrosianischen Lobgesange beschlossen wird. Alle Christgläubigen, besonders alle Pfarrkinder, werden hierzu freundlich eingeladen.
Am ... Julius wird durch die Herren Capelläne und Kirchmeister die gewöhnliche jährliche Collekte für Wachskerzen zur Begleitung des hochwürdigsten Gutes und zum Unterhalt dieses Gotteshauses gehal-

---

[1] D 1/b; II., 21.6.1804

ten werden, wozu ein jeder Pfarrgenosse nach Vermögen, und Belieben beyzutragen gebethen wird ...[1].

Alle genannten Auftritte der Kirche in der Öffentlichkeit könnten den Eindruck erwecken, als sei alles wieder wie vor 1792, nicht zuletzt wegen der wiederaufgestellten, aus dem Versteck geholten Kruzifixe und Statuen der Heiligen. Und doch waren viele Aachener enttäuscht, wenn sie an die Prozessionen vor 1792 dachten. Nicht daß immer noch staatliche Vorschrift einen festlichen Auftritt verhindert hätte, aber die dazu notwendigen Spieler waren nicht mehr da: Die Zünfte waren verboten und aufgelöst worden; das Gymnasium, jetzt Sekundar-Schule, durfte sich an keiner religiösen Veranstaltung beteiligen; weder in Burtscheid noch an der Jakobstraße gab es Nonnen, die auf dem Markt in der Pause hätten singen können. Was wiederkehrte, sogar deutlich gesteigert, war der Auftritt der weltlichen Gewalten, nicht nur des Stadtregiments - bei der ersten Fronleichnamsprozession am 2. Sonntag nach Pfingsten 1804 noch mit dem lutherischen Maire Kolb an der Spitze - sondern auch des Präfekten des Departements und des Kommadeurs der in Aachen stationierten Truppen; sie alle demonstrierten die Einheit von Kirche und Staat nach der Weisung Napoleons[2]. Im übrigen geht ein Zug der Bescheidenheit und Glanzlosigkeit durch alle Anordnungen des Bischofs, der damit zwar staatlichen Weisungen folgt, aber nach ganz eigener, von Frankreich mitgebrachten und im Gewissen verantworteten Gewohnheit handelt, von der Beschränkung des Glockenläutens angefangen[3]. Wohl wurden Praktiken der vergangenen Epoche wiederaufgegriffen, von der Polizei stillschweigend geduldet, z. B. wurden an den vier Altären Salven geschossen, nicht mit der notwendigen Vorsicht, wie es in einer Eingabe nach der Prozession 1810 heißt[4].

Daß die Fronleichnamsprozession wieder ziehen durfte, verdankte sie dem Entgegenkommen der Kalviner und Lutheraner. Staat und Kirche antworteten ihnen damit, daß alles unterbunden wurde, was diese 200 Jahre lang ihre Rechtsungleichheit hatte fühlen lassen. Niemand durfte sie fortan zu einer Ehrenbezeugung beim Vorbeiziehen der Sakramentsgruppe zwingen; wohl sollten Personen angezeigt werden,

---

[1] D, 1 / B; V, 1
[2] VIII, 44 / 160 ff., / 213 ff.
[3] A, 5 / 169, 6376 / 6.6.1806
[4] 26 / Nr. 131

die mit Spott oder Behinderungen von der ihnen geschenkten Freiheit Gebrauch machten[1].

Dasselbe galt für den bedeutsamsten Streitpunkt der vergangenen 200 Jahre, den Versehgang. Er wurde nicht wie die Fronleichnamsprozession durch einen der Organischen Artikel Napoleons geregelt, obgleich er anders als diese geradezu Tag für Tag für den Nichtkatholiken ein Affront war. Bischof Berdolet fand eine Lösung, die anscheinend von allen Seiten akzeptiert wurde: In Gemeinden mit verschiedenen Konfessionen, so auch in Aachen, wurden Versehgänge auf die Zeit bis 10 Uhr morgens beschränkt, als eine kleine Prozession gestaltet, weithin sichtbar durch den über dem Kopf des Priesters gehaltenen Baldachin[2].

VIII. 2.4 Feiertage

Der Fronleichnamsprozession und dem Versehgang konnte der Nicht-Katholik ausweichen, nicht aber einem katholischen Feiertag, wenn er gezwungen wurde, auf Broterwerb zu verzichten. Doch in diesem Punkt hielt sich die Neuauflage einer öffentlichen Religionsausübung nach katholischer Regel in Grenzen. Die Rechenhaftigkeit des aufgeklärten Bürgertums verband sich mit dem Regime Napoleons kaum anders als mit dem der Revolution; denn die Stärkung der Wirtschaftskraft stand ganz vorn in seinen Zielsetzungen. Am 6.12.1802 wies der Bischof seine Pfarrer an, die seit dem Konkordat geltende Feiertagsordnung zu verkünden. Nur vier Feiertage waren geblieben: Weihnachten, Christi Himmelfahrt, Mariä Himmelfahrt und Allerheiligen. Andere Feste blieben litur-gisch bestehen, wurden aber an dem nächstfolgenden Sonntag ge-feiert: Epiphanie, Peter und Paul, Fronleichnam, das jeweilige Patronatsfest. Mehrmals wurden die Pfarrer angewiesen, an den nunmehr zum Werktag gewordenen Feiertagen die werktägige Meß-ordnung einzuhalten - die revolutionären Machthaber hatten sich darum nicht gekümmert - insbesondere nur wie an Werktagen zu läuten[3]. Der Bischof glaubte sogar, seinen Pfarrern mit Amts-enthebungen drohen zu müssen, nahm sie und die Gläubigen aber gegenüber dem Präfekten in Schutz. Wenn dieser sich darüber

---

[1] VIII, 7 / 271
[2] VIII, 7 / 271
[3] D, 1 / b; II, B 39 ff.

beklagte, daß seine eigenen Bediensteten an den abgeschafften Feiertagen nicht oder nicht zeitig zum Dienst erschienen, konnte ihm Berdolet nur raten, den Lohn zu kürzen. Und doch sollten diese Feste an dem seit Jahrhunderten festliegenden Tage nicht ganz aus dem Bewußtsein schwinden. Deshalb forderte er alle Gläubigen, die nicht durch Berufspflichten verhindert waren, auf, an diesen Tagen in der gewohnten Weise zum Gottesdienst zu kommen[1].

VIII.2.5 Beerdigungen

Zu den religiösen Praktiken, die Napoleon im Gegensatz zu seinen revolutionären Vorgängern wieder öffentlich ausgeübt wissen will, gehören die Zeremonien bei der Beerdigung. Dem steht nicht im Wege, daß er wie seine Vorgänger den medizinischen Weisungen seines Jahrhunderts folgt und die Bestattung in Kirchen und in bewohntem Gelände verbietet. Ehemalige Kirchhöfe dürfen zu gärtnerischer Nutzung verpachtet werden, was in St. Peter und St. Jakob wegen unklarer Besitzrechte zu Streitigkeiten führt, nicht in St. Foillan, wo es nur den seit 1795 nicht mehr benutzten Totenkeller gibt[2].

Der 1795 vor dem Kölntor angelegte Friedhof wird aufgegeben, ein neuer am Adalbertsteinweg angelegt und wie in der katholischen Vergangenheit eingesegnet. Aus dem Briefwechsel zwischen dem Präfekten und dem Bischof geht sogar hervor, daß der Bischof selbst am Adalbertsteinweg auftreten und den Friedhof einweihen sollte. Doch er läßt sich durch Pfarrer Moulan von St. Foillan vertreten und weist ihn an, das öffentliche Auftreten der Kirche auf das notwendige Maß zu beschränken; es solle nur eine kurze Ansprache gehalten werden[3]. Leider liegt kein Zeugnis darüber vor, was Moulan sich gedacht hat, als er acht Tage später vom Bürgermeister-Stellvertreter die gerade entgegengesetzte Weisung erhält: *Il est dans l'intention de nôtre religieux prefet que la benediction du nouveau cimetière se fasse avec dignité et avec tout l'appareil exterieur consacré par l'usage de l'église catholique. Je vous autorise et vous engage donc d'exécuter le project contenu dans votre lettre du 5 courant et de mettre l'exercice de cet acte important autant de pompe et d' éclat que trouve-*

---

[1] VIII, 7 / 228 / 319, Nr. 98 / 386, Nr. 567
[2] VIII, 35 / 93
[3] D, 1 / B, II, 17.8.1803

rez à propos: n'epargnez ni levites, ni cortége, ni cloches, ni céremonies, pour que le peuple recoive une profonde impression de respect pour la Santité du lieu ou les depouilles mortelles des chrétiens vont reposer et germeront pour la resurrection ...[1].

Es liegt in der Absicht unseres gottesfürchtigen Präfekten, daß die Einsegnung des neuen Friedhofs mit Würde und mit dem ganzen öffentlichen Aufwand vorgenommen wird, der durch die Tradition der Katholischen Kirche seine religiöse Berechtigung erhalten hat. Ich ermächtige und verpflichte Sie also, das Vorhaben so durchzuführen, wie Sie es in Ihrem Schreiben vorgestellt haben (nicht vorhanden),und bei der Ausführung dieser bedeutsamen Handlung mit soviel Festlichkeit die Augen und Ohren auf sich zu lenken, wie Sie es für angemessen halten: sparen Sie weder an der Zahl der Leviten und Meßdiener noch an Glockenklang und Zeremonien, damit das Volk einen tiefen Eindruck von (unserer) Ehrfurcht vor der Heiligkeit des Ortes erhält, wo die sterblichen Hüllen der Christen ruhen und für die Auferstehung verwandelt werden.

Ob gern oder ungern, Moulan folgte nicht der geistlichen, sondern der weltlichen Weisung und segnete den Friedhof mit dem gewünschten *éclat* ein, so jedenfalls hat es das Tagebuch der Alexianer festgehalten:

Anno 1803 den 28 ten August, ist durch den hochwürdigen Herrn Dohm Herr Pastor Molann St. Foilanij in beysein der Clerisey, auß der Dohmkirch und viele Weltgeistlich sampt armen und weysen Kinder auch beyde Sodaleß, Herr Mayer und Polecey sambt eine Menge Menschen mit aller Solemnetät den neuen Gotteßacker auß Albertthor eingewe(i)et worden und selbigen ditto haben wir Alexianer den Anfang gemacht aldorten zu beerdigen. Geschehen wie oben Bruder Johannes Furten Zur Zeit Vorsteher des Alexianer Spitall[2].

Die Alexianer hatten bei den Feierlichkeiten nicht den letzten Platz. Über die revolutionären Neuerungen von 1795 hinaus hatten sie das Recht behalten, die Leichen vom Sterbehaus zur Kirche und zum Friedhof zu tragen bzw. zu fahren. Der weite Weg zu dem neuen Friedhof hob ihre Rolle um so deutlicher hervor. Erst recht blieben

---

[1] C, I / B IX 8 fructoidor 11
[2] IX, 177 / 7

Kongregationen und Bruderschaften bei ihren Rechten und Pflichten, gaben das Totengeleit und übernahmen die Kosten für mittellose Brüder[1]. Die Erdbebenbruderschaft an St. Foillan, die sich unter dem revolutionären Regiment in der satzungsgemäßen Sorge für die zum Tod Verurteilten auf das Gebet in der Kirche am Tage der Hinrichtung beschränken mußte, erhielt wieder Zutritt zu den Gefangenen, betete mit ihnen und bestattete die Leichen. Das geht aus dem Ablaß Pius' VII. vom 30.5.1808 hervor[2].

Bischof Berdolet selbst engagierte sich, wohl aus den genannten Gründen, nur in einem Punkt, in dem es um seelsorgliche Möglichkeiten ging. Nicht in Aachen, aber im südlichen Teil seines Bistums, im Rhein-Mosel-Departement, stieß er auf Widerstand, als er die Aufbahrung der Leiche für das Seelenamt in der Kirche anordnete bzw. wieder einführte. In einem Hirtenwort rechtfertigte er die alte Gewohnheit und erklärte, daß gerade die leibliche Anwesenheit des Toten allen Mitfeiernden deutlich mache, daß ein Opfer für den Toten dargebracht werde, und bewirke, daß die ganze Feier zu einem Bekenntnis des Glaubens an die Unsterblichkeit werde[3].

VIII.3 Seelsorge

VIII.3.1 Belastung und Wandlung durch die Säkularisierung der Klöster

Bischof Berdolet setzte seine ganze Kraft ein, für die Seelsorge zu retten, was nach dem Wortlaut der jüngsten Pariser Entscheidungen zu retten war. Am 9.6.1802, knapp sieben Wochen vor seinem Einzug in Aachen, wurde verfügt, daß die in Frankreich geltenden Gesetze über die Konfiskation kirchlichen Besitzes auch auf der nunmehr französisch gewordenen linken Rheinseite gelten sollten. Das hieß für die Seelsorge in Aachen, daß alle nicht bischöflich und pfarrlich genutzten Gebäude, d. h. außer den Ordenshäusern auch die Ordenskirchen, verloren gehen sollten, verbunden mit der Aufhebung der klösterlichen Gemeinschaften selbst. Die Entscheidung entsprach der Nr.

---

[1] VIII, 35 / 93
[2] D, 1; B; V, 1
[3] VIII, 7 / 273 / 376, Nr. 669, Nr. 676

11 der Organischen Artikel, in denen Napoleon eigenmächtig das Konkordat von 1801 auslegte bzw. korrigierte[1]. Der Papst hatte sich nämlich im Konkordat nur mit den bereits bestehenden Verhältnissen abgefunden.

Napoleon wollte die Orden als eigenständige Träger kirchlichen Lebens ausschalten. Doch weder bei ihm noch bei seinen ausführenden Organen ist bei der *Unterdrückung* der Klöster in Aachen etwas von den Affekten vorhanden, mit denen die Revolutionäre zehn Jahre vorher gegen die Klöster in Frankreich vorgegangen sind, als sie praktizierten, was in den Salons der letzten Jahrzehnte theoretisiert wurde. Nannte doch Friedrich II. in einem Brief an Voltaire die Klöster *Asyle des Fanatismus* und erklärte, man müsse sie zerstören; dann werde das Volk *in kurzer Zeit gleichgültig und lau hinsichtlich der Dinge werden, die jetzt Gegenstand seiner Verehrung sind*[2]. Alles andere war die Absicht Napoleons, nicht Schädigung, sondern möglichst Verbesserung der Seelsorge war sein Ziel, und die ehemaligen Ordenspriester in der Pfarrseelsorge waren dafür gerade richtig. Wie die Weltpriester genießen die als Pfarrer fungierenden ehemaligen Ordenspriester das Vertrauen der Machthaber in Paris, wenn sie am 27.3.1809 wahrscheinlich nicht zum ersten Male - neben den Bürgermeistern - unter dem Siegel des Stillschweigens aufgefordert werden, die Lehrer zu beobachten und zu melden, ob sie neben Sprachkenntnissen - gemeint ist das auch in der Primarschule verpflichtende Fach Französisch - die geforderte moralische Qualität erkennen lassen, d. h. im napoleonischen Denken bewußt dem Staate dienstbar gemachte Tugend[3].

Gehörte es 1791/92 in Frankreich zur revolutionären Ideologie, die Mönche von ihren Gelübden zu befreien, so ist 1802/03 davon keine Rede. Bischof Berdolet informiert darüber, daß nach dem Dekret des Pariser Nuntius vom 6.6.1803 ehemalige Ordensleute vom Gelübde des Gehorsams gegenüber ihren ehemaligen Oberen entbunden sind - eine selbstverständliche Folge der Auflösung aller Konvente, nicht das Ergebnis einer aufklärerischen Attacke. Anders ist es mit der Armut, die in ihren verschiedenen Formen an bestimmte klösterliche Gemeinschaften gebunden, aber als persönliche Entscheidung auch in

---

[1] VIII, 18 / 60; II, 166 / 175 ff.
[2] VIII, 18 /60; II, 160 / 175 ff
[3] 24 / Nr. 113

dem neuen, auf eine Staatspension gestützten Privatleben möglich ist. Erst recht bleibt die Ehelosigkeit laut Gelübde verpflichtend, weil keine sachlichen Gründe gegen sie sprechen[1].
Wie bei seinem vorherigen Wirken im Elsaß verteidigt Berdolet nicht das Kirchenrecht, nach dem immer noch gilt: *Semel Deo dicatum non est ad usum humanos ulterius transferendum - Was einmal Gott zugesprochen ist, darf nicht in menschlichen Gebrauch überführt werden.*
Er beklagt aber die sozialen Folgen, sieht sich *inmitten von 4000 Priestern, ohne zu reden von Legionen der Kanonissen und Ordensfrauen, die zerstreut wurden und weinend zu ihm laufen*[2]. Es geht ihm um die Verwendung der Ordenspriester in der Seelsorge, wenn er Ordenskirchen für die Errichtung neuer, für die Seelsorge notwendiger Pfarren reklamiert und sie damit vor Konfiskatien bewahrt. Er kann sich darüber freuen, daß er dafür in Aachen Verständnis findet, anders als in Sittard, wo die Pfarre wegen der von ihr zu tragenden Kosten eine Klosterkirche nicht übernehmen will[3].
Andernorts gab es eine im 18. Jahrhundert gewachsene Abneigung gegen Klöster, in Aachen nicht. Hier gab es keinen nennenswerten klösterlichen Grundbesitz, der bürgerliche Initiativen hätte hemmen können, und seit von der Trencks Attacken keine Verunglimpfungen klösterlichen Lebens[4]. Als sich aber vom 6. bis zum 28.6.1803 in einem Amtszimmer der Departementsverwaltung im heutigen Neuen Kurhaus in eine Liste eintragen konnte, wer sich an den Versteigerungen kirchlichen Besitzes beteiligen wollte, kamen nicht nur Verächter klösterlichen Lebens, sondern Gewinn witternde Bürger, ob zahlungskräftig oder mit geliehenem Geld ausgestattet, um durch Weiterverkauf reich zu werden[5]. Vorher hatte der Bischof erreicht, daß die Ausstattung der konfiszierten Klosterkirchen aus der Versteigerung herausgenommen und ihm zur Verteilung an Pfarrkirchen überlassen wurde[6].
Zu den *unterdrückten* Klöstern gehörte das der Kapuziner, an die heute noch der Name Kapuzinergraben erinnert. Ein Herr Tops aus Verviers hatte es ersteigert, hielt aber die Zahlungsfrist nicht ein. Es

---

[1] VIII, 7 / 326, Nr. 129 / 338, Nr. 219
[2] VIII, A / 303
[3] VIII, 7 / 377, Nr. 487
[4] VIII, 34 / 25
[5] VIII, 20 / 184 / 190
[6] VIII, 7 / 209

wurde militärisch genutzt, 1806 verkauft, wenige Jahre gewerblich genutzt, verfiel und bot einen traurigen Anblick, bis es dem 1825 eröffneten Theater weichen mußte, einschließlich des Teichs mit Insel und Kapelle.

Wie alle Klosterkirchen hatte auch die der Kapuziner ihren Besucherkreis, der Lage nach zu einem großen Teil aus St. Foillan, und diese Gläubigen dürften dafür gesorgt haben, daß eine von den Kapuzinern gepflegte Andachtsübung, die O-Andachten, in St. Foillan weitergeführt wurden. Sie erhielten diesen Namen von den sieben Antiphonen, die der Reihe nach im Stundengebet vom 17. bis zum 23. Dezember dem Magnifikat zugeordnet wurden und mit Anrufen beginnen: O Weisheit, O Adonai, O Sproß aus Isais Wurzel, O Schlüssel Davids, O Morgenstern, O König aller Völker, O Immanuel. Die Kapuziner hatten diese Antiphonen als Kern von sieben Andachten in deutscher Sprache genutzt, die der adventlichen Sehnsucht in den Tagen vor Weihnachten Ausdruck gaben, ganz im Geiste der katholischen Reform und wahrscheinlich schon bald nach Beginn ihres Wirkens in Aachen. Noch kurz vor dem Ende von Kirche und Kloster, am 24.4.1801, verband Pius VII. mit dieser Andacht einen vollkommenen Ablaß, den der Papst am 18.7.1808 auf die Andacht in St. Foillan übertrug[1].

Das zweite heute verschwundene Kloster, ebenfalls an der Grenze des Pfarrbezirks St. Foillan, ist das der Regulierherren zwischen der Sandkaul- und der Heinzenstraße. Zunächst schien seine bauliche Erhaltung gesichert zu sein, weil der Präfekt seinen Amtssitz dorthin verlegte. Doch zehn Jahre später glaubte er anscheinend, der Bedeutung seiner Behörde besser gerecht werden zu müssen, ließ Kloster und Kirche abreißen und setzte am 15.8.1813, dem Napoleonstag, den Grundstein zu einem neuen Verwaltungsgebäude. Es wäre das erste und einzige Architekturdenkmal geworden, das im Stil des Empire heute an die Franzosen in Aachen erinnern könnte, doch bis zu ihrem Abzug fünf Monate später kam es nicht bis über die Grundmauern hinaus[2].

Innerhalb der Pfarrgrenzen von St. Foillan lag die Kommende des Deutschen Ordens St. Ägidius an der Pontstraße. Sie wurde erst militärisch, dann privat genutzt und fiel schließlich den Bomben des

---

[1] VIII, 49; VIII, 25
[2] VIII, 20 / 206

Zweiten Weltkriegs zum Opfer. Eine Gartenanlage und eine Gedenktafel erinnern heute vor einem Stück Barbarossa-Mauer an 600 Jahre Ordensgeschichte.

Die Straßennamen Annuntiatenbach und Augustinerbach erinnern an die beiden *unterdrückten* Klöster im Pfarrbezirk St. Foillan, die als Bauwerke am längsten Bestand hatten und die Geschichte der beiden Orden präsentierten. Das 1658 vollendete Gebäude der Annuntiaten-Schwestern wurde im 19. Jahrhundert als Irrenanstalt, dann als Spital genutzt, bis es 1875 abgebrochen wurde[1]. Das Kloster der Augustiner diente von 1806 an als Gymnasium, bis es 1903 dem jetzigen Bau Platz machen mußte[2]. Wie die Kapelle der Annuntiaten dem häuslichen Gottesdienst für Pfleger und Patienten erhalten blieb, so die Katharinenkirche der Augustiner nach dem Ende der Franzosenzeit als Gymnasialkirche. Ob durch Einsatz des Bischofs oder dank der Absicht des Präfekten, dem Willen des Volkes entgegenzukommen, wurde sie schon einen Tag nach der Eröffnung der Sekundarschule, am 2.12.1805, wieder für den Gottesdienst freigegeben. Sie wurde wie in den vergangenen Jahrhunderten eine St. Foillan entlastende Stätte der Seelsorge, von vielen Bewohnern der Pontstraße und der näheren Umgebung als ihre Kirche angesehen und, da 1802 leergeräumt, bald wieder mit eigenen Mitteln würdig ausgestattet[3]. Die von den Augustinern wahrscheinlich seit 1753 gepflegte Andacht zur *Mutter vom guten Rat*, gebunden an die Verehrung einer Nachbildung der Schwarzen Madonna im Brünner Augustinerkloster, wurde 1802 zunächst von St. Peter übernommen, wahrscheinlich aber schon bald nach 1805 wieder in der Augustinerkirche gehalten. Die Schwarze Muttergottes überstand die Zerstörungen des Zweiten Weltkriegs und hat heute ihren Platz in St. Foillan. Denn die Augustinerkirche dient nach ihrer schweren Zerstörung im 2. Weltkrieg und seit ihrem späten Wiederaufbau im Jahre 1966 als Schulaula und wird von der Stadt als der Besitzerin für säkulare Veranstaltungen vergeben.

Sachliche und religiöse Initiativen kamen zusammen, um entgegen dem Gesetz Orden und Ordenshäuser zu erhalten, die der Krankenpflege und dem nicht-gymnasialen Unterricht dienten; sie waren

---

[1] I, 38 / 68
[2] I, 38 / 240
[3] A, 1 / 11, 1 - 10.136; VI, 23 / 36

nicht zu ersetzen bzw. ein Ersatz nicht zu bezahlen. Wohl wurde ihnen ihr Besitz genommen, und sie lebten fortan von Zahlungen des Wohlfahrtsbüros bzw. der Schülereltern und von Stiftungen für den Unterricht der armen Kinder. In der Krankenpflege arbeiteten die Elisabethinnen im Gasthaus am heutigen Münsterplatz weiter, ebenso die Alexianer und die Christenserinnen in ihren Häusern. Unterrichtlich tätig blieben die Sepulchrinen von St. Leonhard in der heutigen Franzstraße auf dem Boden der heutigen katholischen Hauptschule, die Beginen im Stephanshof in der Hartmannstraße und die Ursulinen gegenüber von St. Foillan. Als diese 1813 ihre Tätigkeit einstellen mußten, blieb ihre Kapelle als Stätte des Gebets St. Foillan zur Nutzung überlassen[1].

Bischof Berdolet konnte bereits in einem Schreiben an den Präfekten vom 5.9.1802 davon ausgehen, daß dieser die Kirchen der Franziskaner, der Dominikaner und der Kreuzbrüder dem Bistum zu pfarrlicher Nutzung überließ, statt sie zu konfiszieren. Dazu kam die ehemalige Jesuitenkirche St. Michael, die, seit 1773 in städtischem Besitz, eigentlich dem Zugriff des Staates entzogen war. Doch der Präfekt sah sich verpflichtet, sich über städtische Rechte hinwegzusetzen, weil alle nicht pfarrlich genutzten Kirchen zu konfiszieren waren. Für den Bischof gab es nur einen Ausweg, denselben wie für die genannten drei Klosterkirchen, nämlich auch St. Michael zu einer Pfarrkirche zu machen. Die Begründung war für alle vier Kirchen dieselbe und blieb im Rahmen der gesetzlichen Vorgabe. Diese sah eine Neuumschreibung der Pfarren vor und ging von 3000 Seelen pro Pfarre aus. Zu St. Foillan als der einzigen Pfarre in der Innenstadt zählten aber nach der Erhebung von 1806 11000 Seelen[2]. Wie seit Jahrhunderten waren die Seelsorger nicht überfordert, weil sie von den vier genannten Klöstern entlastet wurde. Berdolet nannte sie dem Präfekten gegenüber *Hilfsklöster*, rückte damit periphere Tätigkeit, die Hilfeleistung für St. Foillan, in den Vordergrund und stellte sie in den Kreis von Kirchen, die seelsorglich notwendig und deshalb der Konfiskation entzogen waren.

Das für Berdolet und die Kirche von Aachen glückliche Ergebnis der Verhandlungen mit dem Präfekten mündete in die Neuumschreibung der Aachener Pfarren vom 6.11.1803, von Napoleon am 17.12. des-

---

[1] VIII, 20 / 34 f., 45
[2] D, 1 / B II, Kirchliche Erlasse 1806

selben Jahres genehmigt[1]. Neben den vier alten Pfarrkirchen St. Foillan, St. Jakob, St. Peter und St. Adalbert gab es fortan vier neue: St. Michael, St. Paul, Hl. Kreuz und St. Nikolaus. Die Einführung der vier neuen Pfarrer wurde von den neuen Gemeinden festlich begangen. Für St. Michael blieb eine Szene unvergeßlich: Johann Peter Joseph Beißel, Jesuit in Aachen von 1763 bis zur Auflösung des Ordens 1773, dann Kanonikus am Münsterstift und Präses von Kongregationen an St. Michael, erhielt als erster Pfarrer am 17.2.1806 aus der Hand seines hochbetagten Vaters die Kirchenschlüssel. Dieser hatte als Kurator der Kongregationen von 1773 an für die Erhaltung der Kirche gesorgt.

Unter den eigentlich zur *suppression - Unterdrückung* anstehenden Kirchen war auch das Münster; denn für Stiftskirchen galt dasselbe wie für Klosterkirchen: Sie dienten nicht der Pfarrseelsorge. Es kam nur deshalb anders, weil Napoleon das Bistum Aachen gründete und sieben Wochen vor dem Konsularbeschluß vom 9.6.1802, der allen Stiftskirchen auf der linken Rheinseite den Garaus machte, Berdolet zum Bischof ernannte. So entfiel für den Präfekten jedes Nachdenken darüber, wie dem Gesetz mit dem Blick auf das Münster Genüge getan werden müsse. Es war nunmehr Kathedrale und damit gesichert. Doch auch ohne diese überraschende Wendung wäre das Münster stehengeblieben, wie das Kölner Beispiel zeigt. Dort wurde der Dom - damals stand nur der Ostteil - dadurch gerettet, daß er Pfarrkirche wurde; an seiner Stelle wurden aber zwei Pfarrkirchen konfisziert und bald zum Abbruch verkauft. Dasselbe Schicksal hätte dem Buchstaben des Gesetzes nach St. Foillan treffen müssen, auch wenn das Münster die Würde einer Kathedrale erhielt, die der Kölner Dom verlor. Denn das französische Recht verlangte, daß jede Kathedrale zugleich Pfarrkirche sein müsse. Folglich kam St. Foillan auf den Suppressionsetat von 1802. Der Auktionator hatte folgende Angaben vorliegen: 0,3 ha - 618 fr., Gebäude (Kirche, Pfarrhaus und vermietete Häuser) - 19626 fr., Renten - 12020 fr.[2]

Doch zum Glück für St. Foillan begann die neue Zeit nicht nur mit der Institution des Bistums, sondern auch mit der Person des Bischofs. Ein Flugblatt bzw. ein Plakat informierte die Aachener darüber, wie ihr Bischof St. Foillan rettete:

---

[1] A, 5 / St. Nikolaus 3 - 3103
[2] VIII, 20 / 60 f.

Aachen, den 26. Fructidor 10. J

Wir können unseren Mitbürgern die beruhigende Versicherung ertheilen, daß die hiesige Foilans-Kirche für den Gottesdienst erhalten wird. Diese Wohlthat hat man hauptsächlich der rühmlichen Verwendung unseres Herrn Bischofen zu verdanken, der sich in seinem Schreiben an den Präfekt unterm 14. D. folgender Maßen ausgedrückt:

Bürger Präfekt!

Meine Bemerkungen über die St. Foilans-Kirche dahier und die Erfahrung haben mich überzeugt, daß es in der That klug von Seiten der alten Bürger hiesiger Stadt war, diese Kirche als Filial-Hilfskirche oder vielmehr als Zubehör und Anhang der Mutter- und Münsterkirche anzubauen, sobald der Anwachs der Bevölkerung, und der Ruhm ihrer Denkmäler und Zeremonien den Zulauf der Fremden sowohl als der Stadtbewohner dahin gezogen hatte, und daß wegen dieses öftern und stürmischen Zulaufes der Pastoral-Dienst sich um so weniger in allen seinen Theilen versehen ließ, als die besondere Form und Bauart des Dohms nicht geeignet ist, um darinn zugleich verschiedene Pfarrey-Verrichtungen auszuüben, die ohne die Anlage der Foilans-Kirche, die einander durchkreuzen würden, und manchmal gar nicht, theils wegen ihrer Menge, theils wegen des Ein- und Ausgehens des sich auf dem Hoch- und Nieder-Münster drängenden Volkes geschehen könnten.
Die St. Foilans-Kirche war eigentlich bey ihrer Entstehung nur ein Anhang der Haupt- dermaligen Dohmkirche. Die Probe davon ist, weil die Pfarrer oder Deservitoren der Einen und Anderen vorhin gewisse Pastoral-Dienste gemeinschaftlich verrichteten, und noch heutzutage, ich meyne bis zur jetzigen Aufhebung des Kapitels, der Pastor von St. Foilan nur Unter-Pastor oder Vicecuratus des Erzpriesters der Dohmkirche war, unter dessen Namen und Leitung allein er die Seelsorge ausübte.
Wenn obige Gründe die Errichtung der St. Foilans-Kirche vor beynahe 500 Jahre, und zu einer Zeit, wo die Volksmenge der Jetzigen nicht beykömmt, nothwendig machen konnten; wenn man schon damals die Pastoral-Lasten und Dienste der Mutterkirche vertheilen

mußte, um der Andacht zu willfahren, und den geistlichen Bedürfnissen der Bewohner der Stadt abzuhelfen, da sie nebst ihren 4 Pfarren mehrere andere Kirchen und einen zahlreichen weltlichen und regular-Klerus hatte, dessen heiliges Ministerium sie beschäftigte; wer sollte nun sagen, daß die Beybehaltung der St. Foilans-Kirche nicht jetzt von dringender Nothwendigkeit sey; jetzt, wo es keine Hilfsklöster weder in der Stadt noch in der Nähe mehr giebt, jetzt, wo der Klerus auf eine geringe Anzahl eingeschränkt ist, jetzt, wo der Dohm die Mutterkirche nicht allein von der Stadt, sondern von einer weitschichtigen Diözese wird, wozu die Bewohner zweyer großen Departmente von allen Seiten hinströmen werden.

Die ganze Stadt scheint sich die Erhaltung der Foilans-Kirche angelegen seyn zu laßen, selbst aus Neigung für die Dohmkirche, und sonderbar zu den Gräbern ihrer Vorältern, welche die unterirdischen Gewölbe dieser St. Foilans-Kirche einfassen. Uebrigens giebt es in der Stadt keine Kirche, welche mehr Bequemlichkeit für den Pfarrdienst darbeut. Sehr oft bey Tage und bey Nacht hat man nöthig dahin seine Zuflucht zu nehmen, und ohne über die Straßen zu rennen, um die Wohnung der Priester und anderer Deservitoren aufzusuchen, wendet man sich grade an die Thüre der St. Foilans-Kirche: von da kömmt man in´s Pfarrhaus. Die deservierenden Priester, der Kirchner, alle haben ihre Wohnungen in dem Umfange dieser Kirche.

Zudem ist diese Kirche wohl kein Gegenstand, worauf man großen Werth für das Domainen-Interessen legen könnte. Ihre unterirdische Krüfte, und ihre von allen Seiten gesperrte und gedrängte Lage erlauben nicht daraus merklichen Vortheil zu ziehen.

Aus allen diesen Rücksichten, Bürger Präfekt, vereinige ich meine Wünsche mit jenen hiesiger Bürger, um den Uebertrag der St. Foilans-Kirche als Zubehör und Hilfskapelle des Dohms zu begehren, und mittelst Beyhaltung der schon eingeräumten Kirchen von St. Peter, St. Jakob, St. Adalbert, St. Michael, der Kreuzherren, der Minderbrüder und Dominikaner, werde ich mich mit Einrichtung des Pfarrdienstes in hiesiger Stadt beschäftigen können.

Nach unterstellter Nothwendigkeit die Filial-Kirche von St. Foilan zu erhalten, möchte man vielleicht die St. Michaels-Kirche der Jesuiten als überflüßig ansehen, indem diese nicht weit von dem Dohm und St. Foilan entfernt ist, und was für Pfarrgenossen immer der St. Michaels-Kirche angewiesen werden, dieselbe, da sie einen kurzen Weg bis zum Dohm oder St. Foilan zu machen haben, dem Anscheine nach dahin gezogen werden könnten. Allein außerdem daß, wie oben gesagt, beyde Kirchen für die in- und auswärts anströmende Volksmenge kaum hinreichen, muß man noch bemerken, daß die St. Michaelskirche nothwendig bleibt, um einen Theil der Einwohner mehrerer Quartiere und eine ganze Seite der Stadt von St. Adalbert bis St. Jakob aufzunehmen, wo keine brauchbaren Kirchen mehr vorhanden, deren etliche verfallen, die übrigen von den Domainen vorbehalten, oder von der Regierung zu anderweitem Gebrauche bestimmt sind, dergestalt, daß bey der Unmöglichkeit, diese ganze Seite der Stadt unter die Kirchen von St. Adalbert, von St. Jakob und den Dohm zu vertheilen, jene von St. Michael als die nächste gebraucht werden muß.

Aachen, gedruckt bey Th. Vliex, in Großköln-Straße 1005[1]

Dieses Flugblatt hätte eigentlich gerichtliche Folgen haben müssen, weil es anonym erschien. Der Drucker Vliex hätte gezwungen werden können, seinen Auftraggeber zu nennen. Doch nichts dergleichen geschah, und so ist zu vermuten, daß der Präfekt an dieser Veröffentlichung interessiert war, um sein gutes Einvernehmen mit dem Bischof zu demonstrieren, aber auch in der Überzeugung, daß sein Verhalten in puncto St. Foillan rechtens war. Aus dem Flugblatt ergibt sich, daß die Nachricht, St. Foillan solle versteigert und dann wahrscheinlich zum Abbruch verkauft werden, große Unruhe in der Stadt ausgelöst hatte. Der Präfekt dürfte gewußt haben, daß St. Foillan als die eigentliche Stadtkirche und die ursprünglich einzige Pfarrkirche im Bewußtsein der Aachener lebendig war. Dasselbe gilt für Berdolet, wenn er feststellt, St. Foillan sei *von Seiten der alten Bürger hiesiger Stadt* erbaut worden. Diese wahrscheinlich richtige, aber durch kein Zeugnis zu erhärtende These muß ihm vorgelegt worden sein. Möglicherweise wurde sie in den alten Familien innerhalb einer lebendig gebliebenen Überlieferung vertreten.

Das Flugblatt nennt noch ein zweites Argument, auch wenn es dem ersten widerspricht. Es ist die Erklärung des Stiftskapitels für die Errichtung von St. Foillan, wie es sie mehrfach in den vergangenen Jahrhunderten gegenüber dem Erzpriester und St. Foillan vertreten

---

[1] A, 5 / 13.9.1802 - 2398; 24 / Nr. 7

hatte und mehr noch als die bürgerliche in der schwierigen Situation des Jahres 1802 helfen konnte. Danach wurde St. Foillan als *Hilfskirche* des Münsters als der eigentlichen Pfarrkirche gebaut, zur *Bequemlichkeit* der Pfarrangehörigen - so noch im *Kreißkalender* von 1788 - weil der Platz im Münster bei steigender Einwohnerzahl nicht mehr gereicht habe. Teils auf sicherem, teils auf unsicherem Boden bewegt sich der Bischof, wenn er eine Zahlenlogik bemüht: Wenn vor 500 Jahren der Platz im Münster nicht ausgereicht habe, dann sicher nicht angesichts der gestiegenen Einwohnerzahl des Jahres 1802. Zudem hätten damals *Hilfsklöster* in der Seelsorge geholfen. Berdolet rechnet also in diesem Teil des Schreibens mit einer Aufhebung dieser *Hilfsklöster*, spricht aber am Ende von einer *Beybehaltung der schon eingeräumten Kirchen*.

Diese z. T. widersprüchlichen Aussagen zur Geschichte von St. Foillan rechtfertigen die juristische Konstruktion, mit der St. Foillan vor dem Zugriff des Staates bewahrt werden sollte. Das Gesetz sah vor, daß eine an sich zu *unterdrückende* Kirchen als *annexe* - Anhängsel einer Pfarrkirche erhalten bleiben könnten, wenn das wegen der Zahl der Pfarrangehörigen oder zur Verkürzung des Kirchwegs seelsorglich erforderlich sein sollte. Berdolet machte St. Foillan zu einer solche *annexe*, weil das zur Kathedrale gewordene Münster für pfarrliche Aufgaben nicht geeignet sei, da *jetzt der Dohm die Mutterkirche nicht allein der Stadt, sondern von einer weitschichtigen Diözese wird, wozu die Bewohner zweier großer Departements von allen Seiten hinströmen werden*.

Auch wenn diese Prognose höchst vage war und sich nicht bestätigen sollte, St. Foillan wurde gerettet. Im Dekret Napoleons vom 1.3.1806 heißt es: *... à Aix la Chapelle dans notre église Cathédrale ... Nous avons érigé un chapitre de dix Canonicats, et un paroisse dont le service se partage dans son annexe à St. Foilan - ..., in unserer Kathedrale in Aachen ... haben wir ein Kapitel von 10 Kanonikern und eine Pfarre errichtet, deren Dienst teilweise in ihrem Anhängsel St. Foillan verrichtet wird*[1].

Tatsächlich wurde St. Foillan alles andere als ein *Anhängsel*, nämlich erstmals in seiner Geschichte eine Pfarre, in der ein Pfarrer nicht nur wie der Erzpriester nominell, sondern aktuell die Seelsorge alleinver-

---

[1] A, 5 / 1.3.1806 f. / 7; VIII, 7 / 336, Nr. 209

antwortlich ausübte, auch wenn er offiziell Kathedral-Pfarrer tituliert wurde. Damit entfiel eine Auflage des Gesetzes: Die Anerkennung einer *annexe* war gebunden an die Zustimmung der politischen Gemeinde, weil für die *annexe* ein Vikar ernannt und dieser von der Gemeinde bezahlt werden mußte. Der Präfekt erkannte einen im Gesetz nicht vorgesehenen Zustand an, wenn er Moulan als *Cathedralis eidemque annexae St. Foilani ecclesiae Pastor - Pastor der Kathedrale und der ihr anhängenden Kirche St. Foillan* anredete[1].
Offiziell wurde der Pfarrer von St. Foillan durch den Titel eines geborenen Ehrenkanonikus oder Ehrendomherren über seine Amtskollegen herausgehoben, eine von Napoleon eingeführte Auszeichnung ohne kirchenrechtliche Bedeutung[2]. Gemäß der von vorn nach hinten ansteigenden Rangordnung in Stadtprozessionen schritt er als letzter in der Reihe der Pfarrer, unmittelbar vor den echten Kanonikern[3]. Ferner bekam er für das Chorgebet im Dom einen Platz neben den echten Kanonikern[4]. Doch Rang und Ehre täuschen nicht über die klare Trennung von Dom- und Pfarramt hinweg und beeinträchtigen nicht die Selbständigkeit von St. Foillan: Als Moulan 1812 Titularkanoniker wurde, gab er sein Pfarramt ab.
Während St. Peter und St. Jakob gemäß aller gesetzlichen Aussagen als alte Pfarrkirchen unbehelligt blieben, hatte St. Adalbert Schwierigkeiten. Die Stiftskirche stand wie der ganze Stiftsbesitz auf dem Suppressionsetat. Sie wäre versteigert und dann wahrscheinlich zum Abbruch verkauft worden, wenn nicht in der Unterkirche die Pfarre zu Hause gewesen wäre. Der Präfekt wollte sowohl seiner Verpflichtung zur Konfiskation nachkommen als auch das Recht der Pfarre beachten und bot deshalb dem Pfarrer die konfiszierte Kapelle der Pönitentinnen in der nahen Adalbertstraße an. Doch Pfarrer Clermont lehnte ab und erklärte, die Kapelle sei zu klein und ungeeignet, blieb nach dem Auszug seiner Confratres als einziger ehemaliger Stiftskanonikus allein auf dem Adalbertfelsen zurück und hielt weiter seine Pfarrgottesdienste. Wahrscheinlich ähnlich wie gegenüber St. Foillan sah der Präfekt auf die Stimmung des Volkes und ließ den Pfarrer nicht nur in der Unterkirche seinen Pflichten nachkommen, sondern

---

[1] D, 1 / B; II, 6.2.1806, 16.3.1806
[2] VIII, 7 / 166; A, 6 / Dom 7, 1946 / 806
[3] D, 1 / b; XI, 25.4.1804
[4] VIII, 7 / 166

strich den Gedanken an eine Versteigerung der Kirche gänzlich. Der Pfarrgottesdienst fand fortan in der Oberkirche statt, und schon 1809 begann ein Umbau: Die unter dem Chor befindliche Unterkirche entfiel, und der Chor wurde dem Niveau des Langhauses angeglichen[1].

VIII.3.2 Der Kirchenvorstand

Zu denen, die unter Bischof Berdolet und Napoleon umdenken mußten, gehörten die Kirchmeister im Kirchenrat, später Kirchenvorstand genannt. Sie hatten das Hin und Her der Säkularisierung zu ertragen. Zunächst wurde der pfarrliche Besitz konfisziert und damit nachgeholt, was die Kirche im revolutionären Frankreich schon 10 Jahre vorher erlitten hatte. Doch das stand 1802 bereits im Widerspruch zum Konkordat vom 15.7.1801, und am 26.7.1803 erhielten die Pfarren laut Konsularbeschluß die unter staatliche Verwaltung gestellten Immobilien wieder zurück, um die Kosten für Gottesdienst und Seelsorge eigenverantwortlich bestreiten zu können. Vier Monate später, am 20.12., kamen die Frommen Stiftungen dazu. Ferner sollten Besitztümer der *unterdrückten* Klöster den Pfarren gegeben werden, in deren Sprengel sie lagen, soweit sie nicht nach dem zunächst vorgeschriebenen Verfahren in private Hände gekommen waren. Das galt nicht für die staatlich genutzten Klostergebäude - das Franziskanerkloster wurde Gericht und Gefängnis, das Augustinerkloster Sekundarschule - aber für andere Immobilien, während die ohnehin karge Innenausstattung schon privatisiert war. Insgesamt wurden in Aachen 30 Häuser aus Klosterbesitz der jeweiligen Pfarre übertragen, während 57 Häuser bereits von Privatleuten erworben worden waren[2].

In diesem deutlich veränderten Klima blieb einiges von der revolutionären Verdächtigung übrig, die Kirche wolle sich auf Kosten der Gläubigen bereichern. Hauptamtlich tätige und deshalb staatlich besoldete Priester durften keine Immobilien besitzen; Schenkungen an die Pfarre erforderten staatliche Genehmigung. Die gesamte Buchführung unterlag der Kontrolle des Bischofs, der Stadtverwaltung und des Präfekten.

---

[1] III, 56 / 29 ff.
[2] VIII, 20 / 206

Nach Napoleons Dekret vom 30.12.1809 besteht jede Kirchenfabrik aus einem Kirchenrat und einem aus diesem durch Wahl gebildeten Ausschuß, Kirchmeisterstube genannt, der im wesentlichen Entscheidungen vorzubereiten hat. Je nach Größe der Pfarre werden für drei Jahre fünf Kirchmeister vom Bischof, vier vom Präfekten ernannt. Für die vor Ablauf der drei Jahre ausscheidenden Kirchmeister werden von den übrigen neue gewählt. Ein obrigkeitliches Verfahren wird also durch ein oligarchisches ergänzt; und dieses wird dadurch unterstrichen, daß alle Kirchmeister aus dem Kreise der Notabeln, d. h. der bekannten und angesehenen Bürger kommen sollen, bei denen Kenntnisse im Finanzwesen vorauszusetzen sind. Dazu kommt der Maire, wenn er katholisch ist, wenn nicht, ein katholischer Beigeordneter. Zuletzt muß der Pfarrer genannt werden, dem bis 1809 jede Mitwirkung in der Kirchenfabrik nach den Prinzipien des revolutionären Frankreich untersagt blieb.
Alle Kirchmeister werden vor der Ernennung bzw. vor der Wahl gefragt, ob sie *sich des Umgangs mit dem Opferstock* zu unterziehen bereit sind, und verpflichten sich zu kollektieren[1]; denn es geht Napoleon darum, daß die Pfarre aus laufenden Einnahmen die Kosten für Gottesdienst und Seelsorge bestreitet, damit Stadt und Staat möglichst wenig von dem zu zahlen haben, wozu sie nach der Enteignung der Kirche verpflichtet sind. In Art. 36 des Dekrets werden mögliche Einnahmen genannt und damit angeraten: Vom Bischof genehmigte Stolgebühren, Stuhl- und Bankvermietung, Kollekten, Opferstöcke, dem Pfarrer überreichte Spenden[2].
Eindeutig war die Stadt gefordert, wenn gebaut werden mußte. Es fehlten in den vier neuen Pfarren die Pfarrhäuser, weil die zu den ehemaligen Klosterkirchen gehörenden Gebäude bereits einen neuen Besitzer gefunden hatten. Der Pfarrer von St. Michael fand Unterkunft im Haus Jesuitenstraße 5 und die Stadt zahlte die Miete. Weil aber in diesem Haus kein Platz für Besprechungen und für die Sitzungen des Kirchenrates war, ließ Pfarrer Beißel *mit vieler Mühe und vielen Auslagen im Garten ein Sälchen bauen*[3]. Der Kirchenrat trat mit einer anderen selbständigen und mutigen Entscheidung hervor:

---

[1] VI, 39 / 20
[2] VIII; 39
[3] VI, 39

Nachdem die Franzosen 1792 Aachen geräumt, aber 1793 wieder besetzt hatten, die Michaelskirche wieder zum Heu- und Mehlmagazin benutzten, waren die silbernen Kunstschätze vorsichtshalber ins Ausland geschafft worden; der ehemalige Bürgermeister Kreitz hatte sie zu sich nach Deutz genommen. Im Jahre 1806 wünschten Pfarrer Beißel und der Kirchenvorstand die wichtigsten Stücke zurück; aber an Herrn Kreitz waren für Deportationsfuhr der 3 Kasten im Gewichte von 1133 Pfd. und für Standkosten u.s.w. 1872 Taler und 30 Stüber zu zahlen. Da die Kirchenkasse kein Geld hatte, lieh ihr der Mitkirchmeister und Kassierer Herr Ferdinand Leopold Göddertz einhundert Carl d'or oder 766 Reichstaler und 36 Aachener Märken. Gegen diese Summe scheint Herr Kreitz das Silberwerk zurückgegeben zu haben. Es waren folgende Stücke: ein Weihrauchgefäß, 2 Kronen, 3 Paar getriebene große silberne Leuchter, das von Kupfer vergoldete Tabernakel, samt den dazu gehörigen silbernen Verzierungen, 2 große Reliquiare der beiden Arme des hl. Ignatus und Xaverius und das am Muttergottesbild befindliche Silber[1].

Die Kirchmeister von St. Foillan mußten vom Maire wiederholt ermahnt werden, ihr Budget pünktlich zur Prüfung vorzulegen[2]. Darin äußerte sich wohl kaum ein Unvermögen, eher Protest. Da nur minimale Einnahmen zu verzeichnen waren, sagten sie sich, daß sich der Aufwand nicht lohne. Nur ganz allmählich wurde nach der Konfiskation von 1802 ein neues Vermögen aufgebaut[3]; erst von 1808 an wird wieder ein Stiftungsverzeichnis geführt[4].

Mit einer besonderen Initiative tritt in St. Foillan Kirchmeister Matthias de Bey im Jahre 1807 hervor, indem er der enteigneten Sakramentsbruderschaft einen neuen Anfang setzt, nicht zuletzt auch zugunsten der Kirchenkasse, wie er aus der 300jährigen Geschichte der Bruderschaft weiß. Er macht fünf übriggebliebene Mitglieder ausfindig, fähige und auch zahlungskräftige Mitbürger. Es sind Martin von Olivier, ehemaliger Bürgermeister, Theodor von Thenen, Stadtbaumeister, Gerhard Heusch, Färbereibesitzer, und die ehemaligen Schöffen P. J. Braumann und Peter Känzler. De Bey selbst wird das erste neue Mitglied und übernimmt das Amt des Schriftführers bzw.

---

[1] ebd.
[2] A / 6 / St. Foillan 3
[3] A 1 / 2 I
[4] A, 7 / Aachen, 5, 1 Bl. 51

471

des *Sekretärs* und gewinnt Bischof Berdolet, Generalvikar Fonck, den Pfarrer von St. Foillan, Moulan, und 11 weitere Mitglieder dazu, z. T. hochbetagte Männer, die schon vor 1792 Ehre und Ansehen erworben und in den Wirren des folgenden Jahrzehnts bewahrt hatten. Einer von ihnen ist Albert Beißel, der mit 85 Jahren am 17.2.1804 dem ersten Pfarrer der neugegründeten Pfarre St. Michael, seinem Sohne Johann Peter Beißel, die Schlüssel der Kirche bei der Eröffnungsfeier vor dem Portal überreicht[1].

De Beys Initiative hat Erfolg: Die Bruderschaftsmesse am Donnerstag in St. Foillan wird wieder eingeführt, Beiträge werden gezahlt, neue Stiftungen werden angenommen zum Wohle der Armen wie in den vergangenen 300 Jahren. Nur die Verhandlungen mit dem Wohltätigkeitsbüro zwecks Rückgabe des konfiszierten Vermögens scheitern. Wahrscheinlich gelang es nicht, die im Konsularbeschluß vom 20.12.1803 vorgesehene Rückgabe der Stiftungen zu erreichen, weil eine rein karitative Zweckbindung nicht nachzuweisen war. Erst 1816, unter der preußischen Regierung, erhält die Bruderschaft 1000 Taler zurück *zur Bestreitung des Gottesdienstes*[2].

VIII. 3.3. Die Neuumschreibung der Pfarren

Julien Hubert Moulan, bisher Kanonikus des Münsterstifts, wurde am 24.8.1803 nach seiner Ernennung zum Kathedralpfarrer von dem Präfekten des Departements vereidigt und damit an St. Foillan Pfarrer der größten, ältesten und angesehensten Pfarre Aachens. Schon ein halbes Jahr später sah er sich dank der Neuumschreibung der Pfarren des Bistums in der räumlich kleinsten Pfarre wieder. An Seelenzahl rückte sie nach St. Jakob, St. Peter und Hl. Kreuz, aber vor St. Nikolaus an die vierte Stelle[3].

Die Verkleinerung von St. Foillan zugunsten der vier neuen Pfarren St. Michael, St. Nikolaus, St. Paul und Hl. Kreuz begründet der Bischof seinem Kathedralpfarrer am 10.2.1804 und betont dabei ausschließlich seelsorgliche Motive[4]. Am 1.3.1804 werden alle Pfarrer

---

[1] IV, 39 / 13
[2] IV, 26 / 38 f.
[3] D, 1 / B II, Kirchl. Erlasse 1804; VIII, 19 / 155ff.; VIII, 44 / 443
[4] D, 1 / Cp, Bl. 26

in demselben Sinne informiert[1]. Die Grenzen der neuen Pfarre St. Foillan mit 2940 Seelen sind mit folgenden Straßennamen festgehalten, wobei die beiden Seiten einer Straße gemeint sind: Schmiedstraße, Annastraße, Fischmarkt, Rennbahn, Klosterstraße und -platz, Kockerellstraße, Augustinerbach, Pontstraße zwischen Augustinerbach und Markt, Markt, Büchel, Buchkremerstraße, Ursulinerstraße, Hartmannstraße, Münsterplatz[2].

VIII.3.4 Der Pfarrer von St.Foillan

Von der Eigenart und der Intensität der Seelsorge des ersten Pfarrers von St. Foillan in diesen neuen Grenzen und in der neuen Rechtsstellung ist nichts bekannt. Moulan trat mit 65 Jahren sein Amt an und gab es 1812 mit 75 Jahren ab, als er einen freigewordenen Platz im Domkapitel erhalten konnte. Er starb am 1.8.1817[3]. Warum Berdolets Wahl auf ihn fiel, ist kaum zu erschließen. Er fand ihn im Stiftskapitel vor, als er es in ein Domkapitel umwandeln und nach napoleonischer Anordnung auf acht Mitglieder reduzieren sollte. Als er diese acht Domherren am 19.11.1802 vorstellte, war Moulan nicht dabei, sondern wahrscheinlich schon zum Pfarrer ernannt - die Bestätigung Napoleons kam erst am 19.6.1803. Die Versetzung in den Pfarrdienst ist nicht als *Versorgungsfall* einzustufen, weil St. Foillan noch in den alten Grenzen bestand und die größte Pfarre in Aachen war.
Daß der 1737 in Melun - 60 km südlich von Paris - geborene Moulan des Deutschen mächtig war, ist nach seiner Tätigkeit in Aachen ab 1792, gelegentlich auch in den 16 Jahren vorher anzunehmen. Als ihm am 4.3.1776 ein freigewordenes Stiftskanonikat zugesprochen wurde, war und blieb er Regens des Dreifaltigkeitskollegs in Löwen[4], wechselte in demselben Rang 1777 an das Theresienkolleg in Brüssel über und erhielt ein zweites Kanonikat am St. Gudula-Stift ebendort. In diesen Jahren dürfte das Aachener Kanonikat für ihn kaum mehr gewesen sein als eine willkommene Pfründe Er verließ Brüssel vor dem Einmarsch der Truppen des revolutionären Frankreich in die

---

[1] A, 1 / 1.3.1804 d, 4456 / 5494
[2] heutige Straßennamen; A / 6 / Aachen Stadt 1, 1804; A, 2 / Aachen, Allgemeines 1, 1 Bl. 11 / 20 /33
[3] 1, 59 / 30
[4] VIII, 14 / 41

österreichischen Niederlande und verweilte dann überwiegend in Aachen; seine An- und Abwesenheit wird von 1792 an im Münsterstift vermerkt. Auffällig ist seine Abwesenheit während der ersten Besetzung Aachens, von Dezember 1792 bis März 1793. Vielleicht hatte er seine Gründe, zum zweiten Mal vor den Truppen der Revolution zu flüchten[1].
Sicher hat er mit seinen Amtsbrüdern an der Universität Löwen das getan, wofür diese allgemein bekannt waren, nämlich das gallikanische Staatskirchentum kritisiert und abgelehnt. Als sein Landesherr, Kaiser Joseph II., dieselben Ideen vertrat und die Universität Löwen unter Druck setzte, war Moulan bereits in Brüssel tätig. Wenn er auch dort sozusagen nicht mehr in der Schußlinie war, dürfte er seine Meinung kaum geändert haben. Wahrscheinlich sah er in der Pariser Revolution und in der fremdartigen Kriegsbegeisterung der in die österreichischen Niederlande einrückenden Franzosen die auch viele Aufklärer erschreckende Konsequenz ihres Denkens und hoffte, in Aachen vor ihnen sicher zu sein.
Wenn Moulan 1802 mit seinem Bischof in Napoleon den Überwinder der schrecklichen Folgen aufklärerischen Denkens sah, ist nicht gesagt, daß er jetzt wie sein Bischof auch dessen Gallikanismus vertrat, den er als Lehrer in Löwen abgelehnt hatte. Nichts als formelhafte Vollzugsmeldungen liegen vor, kein Anhaltspunkt für ein Ja dazu, daß Napoleon den Pfarrer für seine Propaganda einsetzte.
Berdolet muß Moulan als Theologen und Prediger geschätzt haben und gab ihm den Auftrag, von Montag bis Mittwoch in der Pfingstwoche 1803 in den Messen im Dom zu predigen, in denen er selbst das Sakrament der Firmung spendete. Seine Themen waren Glaube, Hoffnung und Liebe in ihrer Beziehung zur Firmung, ein erstes Beispiel dafür, daß es dem neuen Bischof darum ging, mehr als vielleicht jemals vorher in Aachen das Volk zu belehren und die Bedeutung dieses Sakramentes hervorzuheben[2].
Als Prediger ist Moulan im Münster nach 1792 nicht hervorgetreten. Der Stiftsdechant gab ihm finanzielle und bautechnische Aufgaben. Nach der Kehrtwendung des Direktoriums, die der besetzten linken Rheinseite u. a. die Freigabe von Kirchenbesitz brachte, zog Moulan von Lüttich aus den Zehnten in den nahe gelegenen Besitzungen des

---

[1] A, 2 / Dom 13
[2] VIII, 7 / 256

Münsterstifts ein, die bislang staatlich registriert und verwaltet waren. Als *Bauversorger* könnte Moulan dazu beigetragen haben, daß das Stiftskapitel den spätgotischen Baldachin abbrechen ließ, der seit ca. 1450 den Hauptaltar des Münsters, den Marienaltar, umschloß und mit dem Gnadenbild eines der Ziele der Aachenpilger und die Stätte der letzten Aachener Krönungen war[1].

Die dem Zeitgeist gemäße Verachtung der Gotik teilte Moulan nicht. Er erwarb einen Teil des Ursulinerklosters und richtete ihn als Wohnung ein, im Anschluß an den gotischen Chor der Aldegundiskapelle. Als dessen Gewölbe 1786 einstürzte, kaufte er die Ruine, baute sie mit neuer Bedachung um, verband sie mit seinem Hause und sicherte damit für noch rund 100 Jahre eine sichtbare Erinnerung an die Verbindung Aachens mit der Abtei Stablo-Malmedy[2].

Chorruine der St. Aldegundiskapelle vor 1787, Photolithographie von J. Neuefeind.
Rechts: Hartmannstraße, Mitte: Durchblick auf drei Klosterbauten,
links: Klosterkirche an der Ursulinerstraße[3]

---

[1] IV, 155 / 90 ff.
[2] VIII, 332; VIII, 30 / 95 ff.
[3] D 12/ VIII, 4

Das Haus in der neuen, von Moulan konzipierten Gestalt blieb ein bedeutsamer Ort, als es Moulan nach seiner Ernennung zum Pfarrer dem Bischof als Wohnung überließ und als es 1815 der preußische Staat als Dienstwohnung des Regierungspräsidenten übernahm[1]. In St. Foillan hält eine einzige Notiz von seiner Hand eine bauliche Maßnahme fest. Es handelt sich um die Untersuchung des steinernen Restes eines der vielen Altäre, die im wesentlichen der Zelebration gestifteter Messen dienten und Anfang 1803 nach der Konfiskation der Meßstiftungen abgebrochen wurden. Die Notiz lautet: ... *hac 25. Septembris 1804 examinato hoc altari reperi Sepulchrum SS.m reliquiarum apertum easdemque ablatas (quod dudum factum videtur) adeoque hoc altare profanatum appositum vero altare novum, seu lapidem portabilem consecratum ut credendum videtur. Verum per hanc profanationem cassarunt indulgentiae hic concessae*[2]. - Am 25.9.1804 untersuchte ich diesen (?) Altar und stellte fest, daß der *Behälter der Reliquien geöffnet, diese entwendet (wohl schon vor längerer Zeit) und der Altar also entweiht worden war. Anscheinend hat man aber daneben einen neuen Altar bzw. einen Tragaltar gesetzt und geweiht. Aber die mit dem Altar verbundenen Ablässe wurden durch die Entweihung ungültig.*

Wahrscheinlich gab es inzwischen mehrere Tragaltäre als notdürftigen Ersatz für die abgebrochenen Stiftungsaltäre. Alten Stiftungsverpflichtungen mußte nachgekommen werden, neue kamen dazu. Für eine der revitalisierten Stiftungen war jedoch kein Seitenaltar erforderlich, sondern der unbehelligt gebliebene Couven-Altar im Chor der Kirche. 1476 datiert, war sie vielleicht die älteste, die Moulan bei der Durchsicht der Urkunden entdeckte. Am 10.11.1808 legte er sie dem Bischof in Abschrift vor. Darin heißt es, daß Heinrich Gatzweiler eine Weide von zwei Joch stiftet für eine zusätzliche *letzte Messe* am Sonntag, auch als *Schläfermesse* bekannt, verbunden mit einem Psalmengebet an seiner Grabstätte und deren Segnung mit Weihwasser. Im Unterschied zu den i. a. still und ohne Gläubige zelebrierten Messen an den Nebenaltären dachte der Stifter an eine Wohltat für viele Pfarrangehörige, die zwar ihrer Sonntagspflicht nachkommen wollten, aber erst nach einem Sonntagsschlaf.

---

[1] I, 38 / 294
[2] C, 6

Moulan unterstanden sieben Kapläne und 16 Priester, die nach der Freigabe der Meßstiftungen wieder als *Altaristen* tätig waren, davon zwei unentgeltlich. In dieser großen Zahl in einer nunmehr kleinen Gemeinde waren viele ehemalige Ordenspriester, die der Bischof unterbringen mußte. In den anderen Pfarren war es nicht anders. An St. Michael amtierte der Ex-Jesuit Beißel als Pfarrer mit sechs Kaplänen und zwölf Altaristen, an St. Nikolaus setzten der Pfarrer und elf Kapläne bzw. Altaristen in ihrer Person die hoch angesehene seelsorgliche Praxis der Franziskaner insbesondere in der Predigt fort[1]. Ähnliches galt für die Dominikaner an St. Paul und die Kreuzherren an Hl. Kreuz[2]. Ehemalige Kapuziner finden sich an den Pfarrkirchen als Kapläne wieder.

VIII.3.5 Moral und Gehorsam

Napoleon hielt den Bischof an, den Klerus zu ermahnen, ein vorbildliches Leben zu führen. Der Bischof verbot z. B. daraufhin den Wünschen von Damen aus den *besseren* Familien nach einer Beichte zu Hause nachzukommen. Laut Gesetz vom 1.4.1803 mußten alle Kinder in der Taufe den Namen eines Heiligen erhalten, was in Frankreich nach zunehmender Entchristlichung eine deutliche Kursänderung bedeutete, in Aachen weitgehend eine Selbstverständlichkeit war. Ferner begrüßte man es, daß dem Allerheiligsten in der Prozession militärische Ehren erwiesen werden sollten; wurde man doch dabei an das Zeremoniell der Schützenbruderschaften erinnert[3].
Weit über solche Randerscheinungen hinaus blieben die Initiativen des Bischofs bedeutsam für die Seelsorge im 19. Jahrhundert. Zu diesen zählte das Pfarrprinzip als Verpflichtung für die Pfarrer, sich um jeden Gläubigen in ihrem nunmehr überschaubaren Sprengel zu kümmern[4]. Wenn die Gläubigen nach wie vor einer anderen Kirche der Innenstadt den Vorzug gaben, ordnete der Bischof an, was seit Jahrhunderten der Wunsch der Seelsorger in St. Foillan war, die Verpflichtung zum Gottesdienst an Sonn- und Feiertagen, zur Christen-

---

[1] A, 6 / 1., 2.1.1806
[2] VIII, 47 / 30
[3] I, 20; VI, 1 / 79
[4] VIII, 13 / 21

lehre, zur Osterbeichte und -kommunion, zu Taufe und Beerdigung in der Pfarrkirche[1]. Entsprechend sind die Pfarrer gehalten, ihre Kapläne und Subsidiare nur im eigenen Sprengel wirken zu lassen und umgekehrt jeden Priester zur Rechenschaft zu ziehen, der ohne seine Erlaubnis und Kenntnis in seinem Sprengel in irgendeiner Weise seelsorglich tätig ist[2]. Doch auch mit der Erlaubnis des Pfarrers dürfen *umherirrende Priester*, das sind ehemalige Mönche ohne eine neue kirchliche Anstellung, nicht tätig werden, vor allem nicht als Prediger.

So heißt es in einem Dekret Napoleons, das der Bischof seinem Klerus weiterreicht[3]. Hier zeigt sich der Wunsch nach staatlicher Kontrolle und die Angst vor Staatsfeinden auf der Kanzel, doch die Pfarrer lernen, in Ordenspriestern keine Predigtspezialisten mehr zu sehen und nicht mehr denen allzugern das Feld zu räumen, die ihre neugewonnene Freiheit nicht mit kirchlicher und staatlicher Aufsicht vertauschen wollen. Wieweit sich im Gegensatz zu diesen Ordenspriestern bei manchem Pfarrer die neue spezifisch bürgerliche Welt auf der Kanzel durchsetzte, begrenzt durch eine zweckdienliche vordergründige Moralforderung, ist die Frage[4]. Kultusminister Portalis sprach es offen aus, daß er Glaubensaussagen nur dann für ersprießlich halte, wenn sie auf das richtige moralische Verhalten hinlenken[5].

Zur Moral gehörte der Gehorsam gegenüber der staatlichen Gesundheitsvorsorge - in Aachen neu, in den deutschen Territorien des aufgeklärten Absolutismus schon im 18. Jahrhundert bekannt. Stadtarzt Gerhart Reumont begann am 17.4.1801 mit der Schutzimpfung gegen die Blattern. Am 8.8.1810 gab Generalvikar Fonck eine Verfügung des Kultusministers weiter, nach der alle, die in ein Priesterseminar eintreten wollten, eine ärztliche Bescheinigung über die Impfung gegen die Blattern vorlegen mußten; und allen Gläubigen sollte empfohlen werden, sich impfen zu lassen. Doch die Seuche breitete sich aus, und zwei Monate später wurde Kindern der Eintritt in die Kirche untersagt, die mit Blatternkrusten behaftet waren. Solche staatliche Bevormundung war in Aachen fremd und daher verhaßt. Am 19.6.1812 wurden die Pfarrer angewiesen, den Pfarrangehörigen zu erklären,

---

[1] VIII, 7 / 202 f.
[2] VIII, 7 / 203
[3] VIII, 7 / 264
[4] VIII, 33 / 131
[5] VIII, 44 / 32

daß es eine vaterländische Pflicht sei, sich impfen zu lassen[1]. Von anderer Seite her wird das Versagen moralischer Erziehung beklagt. Die Kölner Handelskammer konstatiert 1810, die Arbeiter hätten keine Ahnung von Ordnung und Moral, statt dessen einen Hang zur Völlerei und zum Müßiggang. Es werde nur gearbeitet, solange die Not es erzwinge - anders als in den (leider) *unterdrückten* Klöstern. Die Konsequenz sei der Verzicht auf den Plan, das Großherzogtum Berg zu annektieren. Diesem kalvinisch geprägten Land gegenüber sei die katholische linke Rheinseite nicht konkurrenzfähig[2].

Die der vorrevolutionären Aufklärung zugehörigen Versuche, zu einer vernunftgemäßen und zugleich moralisch-gefestigten Lebensart zu erziehen, litten darunter, daß sie in abstumpfender Wiederholung mit der Aufforderung zum Gehorsam gegenüber dem neuen, den breiten Volksschichten fremd bleibenden Staate und mit religionsfremden Äußerungen verbunden blieben. Bischof Berdolet bemühte sich, solche Belastungen der Seelsorge klein zu halten. So war der revolutionäre Kalender in amtlichen Aussagen ein Affront; der Bischof datierte zwar vorschriftsmäßig mit diesem, setzte aber das Datum des christlichen Kalenders gleich dahinter, was die staatlichen Behörden stillschweigend duldeten. Spät im Vergleich zu anderen Maßnahmen sah Napoleon ein, daß er mit der Abkehr von der revolutionären Ideologie als Religionsersatz auch der unchristlichen Zeiteinteilung ein Ende setzen mußte; vom 1.1.1806 an galt auch amtlich wieder der Gregorianische Kalender. Andere revolutionäre Widersprüche gegen die überlieferte kirchliche Praxis wurden von Berdolet als ein Vorzug für das religiöse Leben angesehen und deshalb auch von ihm vor seinem Klerus vertreten, so die Emanzipation des geistigen und gesellschaftlichen Lebens aus der kirchlichen Vormundschaft[3]. Mit dem Sendgericht verschwanden nach Weisung des Kultusministers und im Einklang mit Haltung und Gesinnung des Bischofs die innerkirchlich-seelsorglichen Maßnahmen der bestrafenden Ausgrenzung und öffentlichen Buße, die Verweigerung der Sakramente für öffentliche Sünder[4].

---

[1] VIII, 44 / 305
[2] VIII, 23 / 30 f.
[3] VII, 35 / 71
[4] VIII, 7 / 275

Dabei blieb eine Differenz zwischen staatlicher und kirchlicher Sicht bestehen. Napoleon rüttelte nicht an der revolutionären Ehescheidung durch staatliche Instanz und damit an dem Recht der Wiederverheiratung Geschiedener. Der Bischof schärfte seinen Pfarrern ein, daß sie staatlich Geschiedene nicht trauen dürften[1]; doch überläßt er die seelsorgliche Betreuung dieser Paare der Verantwortung seiner Pfarrer mit der Weisung, daß eine Sakramentenverweigerung unterbleiben solle[2]. Die vom Kultusminister verlangte Duldung verheirateter Priester - ebenso ein revolutionäres Relikt - blieb in Aachen wie auch die Ehescheidung ohne Bedeutung; damit entfielen Konfliktstoffe zwischen Staat, Kirche und Volk[3], die schon 1792 demokratisch gesinnte und an den Neuerungen beteiligte Christen von der Revolution Abstand hatten nehmen lassen[4].

Vieles spricht dafür, daß die genannten von der Kanzel verlesenen Texte politischer Herkunft und Absicht weder Napoleon genutzt noch der Seelsorge geschadet haben. Der Auszug der Konskribierten wurde als eine neue Not des Lebens ertragen, von den meisten Eltern auch die Nachricht vom Tod ihrer Söhne. Anders war es mit den seelsorglichen Belastungen bestellt, die der napoleonischen Außen- und Wirtschaftspolitik folgten, der Kontinentalsperre. Die Schließung der offenen Handelswege verleitete zur Nutzung der geheimen; der Staat antwortete mit geheimer Beobachtung des Warenverkehrs. Wer sich im Schleichhandel die gewünschten Waren verschaffen wollte, mußte mit mouchards - Spitzeln - rechnen, und das konnten Bekannte und Nachbarn sein, die sich anwerben ließen. Gegenseitige Verdächtigung und Mißtrauen, dazu die Verführung zu Betrug und Gaunerei, wo es weder Kläger noch Richter gab, erschwerten die Seelsorge[5].

VIII.3.6 Bischof und Papst

Berdolet versäumte es, konkordatsgemäß innerhalb von zwölf Monaten den Papst um die Bestätigung seiner Ernennung zum Bischof zu

---

[1] VIII, 7 / 275
[2] VIII, 386, Nr. 550
[3] VIII, 44 / 31
[4] VII, 35 / 81
[5] IX, 90 / 49

bitten. Seiner gallikanischen Gesinnung nach ist es nicht auszuschließen, daß er diesen Kontakt mit dem Papst als bloße Formsache ansah und deshalb ablehnte. Einer Verpflichtung dem Papst gegenüber, die weitaus größere Bedeutung hatte, war er zehn Tage nach seiner Ernennung nachgekommen. Es ging um seinen am 6.2.1791 geleisteten und trotz päpstlicher Weisung vom 10.3.1791 nicht zurückgenommenen Eid auf die Verfassung. Nunmehr erklärte er, daß er diesen Eid widerrufe und mit allen Bedingungen des Papstes einverstanden sei[1].
Berdolet erfuhr von der papsttreuen Gesinnung seiner Diözesanen, zeigte sich willens, ihnen entgegenzukommen, nahm aber nicht nachträglich den Kontakt mit dem Papst auf. Statt dessen versäumte er es nicht, in der für die Aachener ungewöhnlichen Vielzahl seiner Hirtenbriefe von seiner Papsttreue zu sprechen. Pius VII. führte selbst einen Wandel herbei, als er wie auch Berdolet zur Kaiserkrönung nach Paris kam. Berdolet tat alles, um diesem Ereignis in seinem Bistum das gewünschte Gewicht zu geben und schrieb im Hirtenbrief vom 26.10.1804:

Der Papst begibt sich auf die reise, der Gegenstand derselben interessiert alle Franzosen, alle freuen sich, daß Er bei einer feyerlichkeit presidirt, welche man die Einweihung unseres National Glücks nennen kan, wie sehr gewinnt diese dadurch, daß sie von der religion unterstützt wird. Wir werden die gegenwart des Statthalters Jesu Christi genießen, des letzten rings jener Bewunderungs würdigen Kette, welche den Himmel an die erde knüpft, und reich an Segnungen die Bewohner der letzteren reinigt um sie zu einer ewigen fortdauer geschult zu machen, seit 18 Jahr hunderten, wo der Sohn Gottes seinen stellvertreter in diesem jammerthal aufstellte und ihm die Schlüssel seines reichs anvertraute, hat die hölle ihre Kräften Erschöpft um seine macht zu zerstöhren, ... aber ruhig mitten unter den tobenden stürmen, ... verachtete die Kirch alle ihre Bemühungen, vergeblich vermehrten sich ihre feinde, ... sie vermochten nicht einmal die reihe der päpste zu unterbrechen, ja ihr Vorsteher der heiligen römischen Kirche ! ihr habt Jahr hunderten getrotzt, immer über die gottlosigkeit gesiegt, die reinheit der Sitten, die Integrität der lehre, und die gleichheit der Kirchenzucht erhalten, die ihr von euerem

---

[1] VIII, 7 / 117

Göttlichen stifter und seinen aposteln erhalten hattet, und sie - Ehrwürdiger Papst! Erbe der tugenden ihrer vorfahrer! verschmähen sie nicht das Opfer des Dankes, das ihnen der Theil ihrer Heerde darbringt, den sie jetzt besuchen wollen, - die anhänglichkeit dieser Heerde an den heiligen Stuhl erwarb ihr schon von alten Zeiten den titul des Aller Geistlichsten Volks, dieses Volk, das sie heiliger Vater! unserer Sorgfalt anvertraut haben, beeiferet sich zu zeigen, daß es noch nicht Von der frömmigkeit seiner Väter abgewichen ist; Mit uns vor den Altären kniend, bittet es Gott aufs flehentlichste, daß Er ihr leben noch lange zum Wohl der Kirche Erhalte, und durch seine heilige Engel, auf ihrer reise begleite, diese müssen sie heiliger Vater! auf ihren Armen nach Pariß tragen, und sie wieder gesund in die Hauptstadt der christenheit zurückbringen.[1]

Wahrscheinlich hat man in Aachen die hier wiederholte Verneigung vor Napoleon bereits als Pflichtübung angenommen, aber die Hochschätzung des Papsttums in der Person Pius' VII. dankbar begrüßt. Tatsächlich beginnt mit dieser einzigen Begegnung von Papst und Bischof ein fortan ungetrübtes Verhältnis. Am 20.7.1805 werden die Priester darüber informiert, daß der Papst Berdolet als Bischof bestätigt hat, und um ein Gebet für ihren Bischof gebeten[2]. In St. Foillan ist es ein Zeichen für das gute Einvernehmen zwischen Aachen und Rom, daß Pius VII. der Erdbebenbruderschaft und allen Gläubigen, die sich an ihrem Gebet für die zum Tode Verurteilten am Tage ihrer Hinrichtung beteiligen, einen vollkommenen Ablaß erteilt, mit der Auflage, *für die Eintracht der Fürsten der Christenheit, für die Beseitigung der Irrlehren und für die Erhöhung der Hl. Mutter Kirche* zu beten[3].

Das Vertrauen der Aachener in ihren Bischof wurde nicht wieder getrübt, als das bei der Krönung demonstrierte Verhältnis von Papst und Kaiser in sein Gegenteil umschlug, Rom von französischen Truppen besetzt wurde, der Papst Napoleon bannte und dieser den Papst gefangensetzte. Berdolet warnte den Kultusminister am

---

[1] zit. VIII, 7 / 155 ff.; A, 5 / 26.10.1804, / 9 / 4368
[2] VIII, 7 / 360, Nr. 370
[3] D, 1 / B, V, 30.5.1808

26.8.1808 vor einer Mißstimmung der Bevölkerung[1] und übte in Paris eine Kritik, wie sie ihresgleichen noch gesucht werden müßte.
Eine weitaus größere Belastung für das bischöfliche Wirken in einer papsttreuen Stadt trat nach seinem Tode ein. Der Papst war gefangen, der Kaiser gebannt, damit fehlten die Vorbedingungen für den Einzug eines neuen Bischofs in Aachen laut Konkordat und nach Kirchenrecht. Aber Napoleon ernannte Jean Denis François Le Camus, Generalvikar in Meaux, zum Bischof. Dieser war Seelsorger genug, um von vornherein auf größere Szenerie zu verzichten und sich dann in allem und jedem von den beiden Generalvikaren Fonck und Klinkenberg beraten zu lassen. Er stieß nicht, nur gestützt auf die weltliche Macht, ein ganzes Bistum vor den Kopf, sondern erwarb sich in den zwei Jahren seiner Tätigkeit bis zu seiner Flucht vor den anrückenden Russen wachsende Zuneigung[2].
Das Domkapitel hatte nach Kirchenrecht die beiden Generalvikare Fonck und Klinkenberg zu Kapitularvikaren, d. h. Verwaltern des Bistums in der Zeit der Vakanz gewählt. Le Camus beließ sie in diesem Amt und schloß sich ihnen als dritter an, offiziell als der *zum Bischof ernannte Administrator*, wie das Domkapitel den Klerus salomonisch informierte. Damit kamen alle drei Napoleon wie dem Papst entgegen, gerade weil die Formulierung so widersprüchlich war. Tatsächlich machten weder Rom noch Paris Schwierigkeiten, und die Seelsorge war so wenig wie möglich belastet[3].
Doch auch dieser Kompromiß machte einige papsttreue Aachener rebellisch, zumal sie wegen Napoleons Vorgehen gegen des Papst aufgebracht waren. Bilder Pius' VII. erschienen an Hauswänden, und am 5.3.1812 ging eine Hetzschrift gegen Le Camus von Hand zu Hand, in der er unrechtmäßiger Ausübung bischöflicher Funktionen beschuldigt und persönlich angegriffen wurde[4]. Staat und Kirche gingen aber nicht gegen die Täter vor, und so war dieser Affront bald vergessen.

---

[1] VIII, 7 / 160 / 414, Nr. 742
[2] VIII, 44 / 74
[3] 24 / 55, Nr. 123, 140
[4] VIII; 444 / 70 / 72

VIII.3.7 Bischof und Pfarrer

Le Camus setzte fort, was Berdolet begonnen hatte, die Erhaltung und Förderung religiösen Lebens, wie er es antraf, getragen von frommen Priestern, die zu seiner eigenen gallikanischen Prägung kaum eine Beziehung fanden. In verschiedener Weise erfuhren die Pfarrer, daß Berdolet sie in ihrer eigenen Verantwortung ernst nahm, ihr Urteil hören wollte und sie gerecht behandelte. Moulan forderte der Bischof auf, Priester zum ersten Examen nach St. Foillan einzuladen, die er gern als seine künftigen Mitarbeiter sähe[1]. In St. Michael konnte Johann P. J. Beißel noch dreißig Jahre nach der Aufhebung der Gesellschaft Jesu deren Form der Seelsorge fortsetzen, wie er es nicht anders in der Zwischenzeit als Präses der Kongregation getan hatte[2]. Das wichtigste Beispiel für Berdolets Bereitschaft, andere Auffassungen gelten zu lassen, wenn nur der Ideologie der menschlichen Selbstherrlichkeit wirkungsvoll begegnet wurde, war sein Verhalten gegenüber den Ex-Franziskanern von St. Nikolaus.

Manche der von ihnen in Philosophie und Theologie festgehaltenen und entschieden vertretenen Grundsätze widersprachen der Bonner Aufklärungstheologie in den zwei vergangenen Jahrzehnten wie jetzt Berdolets Gallikanismus, so die Lehre von der Unfehlbarkeit des Papstes, die der nationalkirchlichen Praxis in Frankreich und der entsprechenden Theorie in Deutschland entgegengesetzt war[3]. Das 1. Vatikanische Konzil vorwegnehmend, wurde die päpstliche Unfehlbarkeit definiert: Gegenstand des unfehlbaren Lehrurteils seien die ewigen, geoffenbarten Heilswahrheiten; der Papst sei unfehlbar, wenn er zum christlichen Volke in seiner Eigenschaft als Oberer der Kirche in Sachen der Glaubens- und Sittenlehre etwas zu glauben vorstellt[4].

Wahrscheinlich hatte sich der Kultusminister durch seine Spitzel über St. Nikolaus informieren lassen und dem Bischof entsprechende Weisungen gegeben, als dieser schon 13 Tage nach seinem Amtsantritt, am 5.8.1802, die Franziskaner visitierte und bei einer theologischen Disputation hospitierte, die zu den überlieferten Formen der

---

[1] VIII, 7 / 189
[2] VI, 39 / 26 f.
[3] IX, 34 / 35
[4] VI, 44 / 214 f; andere Thesen 136 f.

theologischen Ausbildung gehörte. Dabei hat er mit Sicherheit erfahren, daß hier nicht nach gallikanischem Modell gelehrt wurde, wie es für alle Priesterseminare Frankreichs vorgeschrieben war, und setzte trotzdem durch, daß die Franziskaner als Pfarrer und Kapläne an St. Nikolaus auch nach der Aufhebung ihres Ordens und dem Verlust ihres Klosters weiterhin Theologen ausbildeten[1].

Der Bischof hatte ein seelsorgliches Interesse an dieser inoffiziellen, ja illegalen Theologenausbildung, weil die offizielle, im Priesterseminar der ehemaligen Erzdiözese Köln vorgesehene Alternative aufgrund der Enteignung seiner materiellen Grundlagen im Jahre 1802 und der nur zögernd anlaufenden staatlichen Finanzierung auf sich warten ließ. Die Ex-Franziskaner dagegen, die immer mittellos gewesen waren und 1802 außer ihrem Kloster so gut wie nichts verloren, hatten wie bisher ihre Gönner und Spender, fanden Wohnräume in Privathäusern und ließen ihre Studenten dorthin zum Unterricht kommen. Und dabei blieb es, als das Priesterseminar in Köln seine Tore öffnete. Ohne daß es der wirklichen Organisation entsprochen hätte, firmierte Berdolet das Institut an St. Nikolaus für den Kultusminister in Paris als Teil des Priesterseminars in Köln. Größere Schwierigkeiten hätte ihm in Paris der inhaltliche Unterschied bereiten können: Die Dozenten in Köln mußten sich schriftlich verpflichten, nach einer Art Bekenntnisschrift der französischen Kirche, der gallikanischen Deklaratiom von 1682, zu unterrichten, die Franziskaner an St. Nikolaus selbstredend nicht. Ohne deren Besonderheit zu erwähnen, berichtete Berdolet pflichtgemäß nach Paris, daß seine Dozenten lehrten, wie sie sich schriftlich verpflichtet hätten[2].

Der Bischof wurde in seiner Haltung gegenüber St. Nikolaus maßgeblich durch Generalvikar Fonck bestärkt, der überhaupt alles tat, um die überlieferte Kirchlichkeit zu erhalten[3]. Auf ihn geht es zurück, daß von den acht nach der Neuumschreibung eingesetzten Pfarrern vier aus der Franziskanerschule hervorgingen, weitere sieben sollten folgen, die zusammen den Aachener Priesterkreis begründeten, der maßgeblich Religion und Kirche des 19. Jahrhunderts in Aachen prägen sollte.

---

[1] VI. 44 / 161
[2] VIII, 2 / 5; VIII, 7 / 222 f.
[3] II, 188 b / 3

VIII.3.8 Pfarrer und Sukkursale

Nicht nur in St. Nikolaus, sondern in allen Pfarrkirchen verdankte man es Bischof Berdolet, daß kirchliches Leben in einer Zeit wachsender religiöser Gleichgültigkeit nicht nur erhalten blieb, sondern einen Aufschwung erfuhr. Das lag nicht nur daran, daß der Bischof wie in St. Nikolaus wachsen ließ, was lebendig war, sondern auch selbst neuen Samen säte. Zunächst ging es darum, die von aufklärerischen Forderungen herrührenden Eingriffe des Staates so zu gestalten, daß sie nicht schadeten, sondern nutzten. So konnte die vorgeschriebene Neuumschreibung der Pfarren mit mindestens 3000 Seelen gegenüber der alten Einteilung dem Pfarrprinzip in der Seelsorge gerecht werden. Eine zweite von Paris genannte Bedingung mußte in Aachen wie in allen größeren Städten die Seelsorge belasten, nach der nur eine begrenzte Zahl der für eine Pfarre verantwortlichen Priester den Titel Pfarrer erhielten und damit das Staatsgehalt, in Aachen drei, die Pfarrer von St. Foillan, St. Nikolaus und St. Peter. Sie erhielten das Staatsgehalt von 1500 Francs, als Pfarrer 1. Klasse auch gegenüber den Pfarrern der ländlichen Umgebung mit nur 1000 Francs herausgehoben. Denn Aachen gehörte zu den bevorzugten Städten Frankreichs, in denen der Maire statt vom Präfekten des Departements vom Kaiser ernannt wurde[1].

Ferner waren nur diese drei Pfarrer auf Lebenszeit ernannt, wie es dem überlieferten Kirchenrecht entsprach. Die anderen fünf Pfarrer, so auch der von St.Jakob als der mit 3965 Seelen an Zahl und an räumlicher Ausdehnung größten Pfarre, waren auf ein von der Stadt zu bewilligendes Gehalt angewiesen, ab 1.5.1804 500 Francs. 1807 übernahm endlich der Staat die Gehaltszahlung in dieser Höhe, nachdem anderenorts Unmut laut geworden war; hatte doch Napoleon in Mailand seinen *teuersten Freunden* versprochen, ihnen einen Unterhalt zu sichern, der ihnen eine Lebensführung ermögliche, der ihrem Rang und ihrer Bedeutung angemessen sei. Diese in ihrer Pfarre vollverantwortlichen Priester unterstanden der Aufsicht eines Pfarrers, und der Bischof konnte sie jederzeit absetzen[2]. Obgleich sie alle Rechte und Pflichten der Seelsorge wie ihre drei privilegierten Amtsbrüder hatten, wurden sie in der vorgeschriebenen französischen

---

[1] VIII, 44 / 82
[2] VIII, 9 / 209

Amtssprache als *succursaliste* oder *desservant*, Helfer des Pfarres bezeichnet, in dessen *Sektion* sie der Theorie nach unter seiner Aufsicht ihren Verpflichtungen nachkamen. St. Jakob wurde mit St. Paul und Hl. Kreuz dem Pfarrer von St. Nikolaus unterstellt, Pfarrer Moulan von St. Foillan führte die Aufsicht über den *desservant* in St. Michael - dazu nach altem Recht über die Priester, die in den Kapellen der Elisabethinnen, der Ursulinen, der Beginen von St. Stephan tätig waren. Dem Pfarrer von St. Peter unterstand der *Helfer* in St. Adalbert[1].
Unter einem Regime, das sich der Vernunft verpflichtet, diese aber hier wie in vielen Punkten auf fiskalische Prinzipien reduziert hatte, wurde eine ungerechte Ordnung vorgeschrieben, so als ob man an Ärger und Unfrieden im kirchlichen Leben interessiert gewesen wäre. Im Zeitalter der Vernunft agierten die Machthaber also kaum anders als in Jahrhunderten vorher, in denen nur der Erzpriester an St. Foillan als Pfarrer galt und die Pastöre an St. Jakob, St. Peter und St. Adalbert für ihre Pfarren vollverantwortlich wirkten, aber minderen Rechtes waren.
Außer dem Interesse an der Verkleinerung der Zahl der Empfänger eines Staatsgehaltes sprach für Napoleon eine politische Erwägung mit: Die Absetzbarkeit des größeren Teils der Pfarrer erleichterte die Beilegung von Konflikten, die in Frankreich an der Tagesordnung waren: Priester, die den Eid auf die Verfassung, i. a. auch den *Haßeid* geleistet hatten, standen den Eidverweigerern gegenüber, ohne daß der Kompromiß des Konkordates hätte Frieden stiften können. Beide Seiten beriefen sich auf ihr Gewissen, beide hatten Gefolgschaft unter den Laien. Aber in Aachen wie in dem bis 1801 als besetzt geltenden Gebiet auf der linken Rheinseite gab es das alles nicht; warum dann fünf absetzbare Pfarrer neben drei unabsetzbaren?
Bischof Berdolet tat alles, um daraus resultierendem Schaden vorzubeugen. Konnte er gegen die finanzielle Abstufung nichts unternehmen, so doch gegen ihre sinnwidrige Begründung, gegen die Aufsichtsrechte der Pfarrer. Wohlweislich etwas versteckt, aber für den Praktizierenden eindeutig, trat er einem befürchteten Übereifer entgegen, mit dem ein Pfarrer in seinem Verhältnis zu seinem benachbarten, als *Helfer* eingestuften Amtsbruder vorgehen könnte, und

---

[1] VIII, 35 / 21 ff.; VIII, 19 / 38

entwertete die Funktion des Pfarrers in seiner *Sektion* zu einem Ehrenrang, so in dem Rundbrief vom 1.3.1804:
Auch müssen Wir euch erklären, daß die Eigenschaft eines Pfarrers in den verschiedenen Friedensgerichts-Kreisen demjenigen, der damit versehen ist, zwar in der That die Aufsicht und Leitung der Amtsverrichtungen der Deservitoren seines Bezirkes einräumt, daß aber dieser Ehrenrang den Deservitoren von Beykirchen nichts von ihren Seelsorgs vorzügen und Befugnissen benimmt, dergestalt daß die angestellten Unterpfarren oder Beykirchen wahrhaft alle Pfarrey-Gerechtsame haben, und die sie deservirenden Priester ermächtigt sind alle Pastoralverrichtungen in dem Umfange der ihnen angewiesenen Gemeinden zu versehen, ohne daß die Pfarrer befugt seyen irgend eine Pastoral-Handlung entweder in den Kirchen oder auf dem Boden der Unterpfarren, noch in ihren Kirchen selbst oder auf deren Boden in Rücksicht der in ihren Bezirks-Unterpfarren wohnenden Personen auszuüben, wofern sie nicht dazu einen besonderen Auftrag von Uns erhalten haben.[1]
Berdolet selbst ließ weder in seinen Worten noch in seinem Verhalten die Deutung zu, er unterscheide die Hilfspfarrer von den Pfarrern; von seinem Recht auf Abberufung war nie die Rede.

VIII.3.9 Stadtseelsorge

Unter Bischof Berdolet haben die von Paris aufgezwungenen Titel und Sektionen in Aachen keinen Schaden angerichtet. Er konnte sich auf die seelsorgliche Verantwortung aller Priester verlassen, sowohl wenn er Schaden abwehrte, als auch wenn er seelsorglich etwas Neues ins Leben rief. Statt der nur auf dem Papier bestehenden, von den drei Pfarrern zu leitenden Sektionen machte er die ganze Stadt zu einer seelsorglichen Einheit. Dazu sollte zunächst das ehemalige Münster dienen, dem er neben dem Charakter der Kathedrale auch den einer Stadtkirche geben wollte. Zunächst stellte er jedoch fest, daß er sich um eine Attraktivität nicht zu bemühen brauchte. Die Aachener der Innenstadt sahen sich in *ihrem* Münster nach wie vor zu Hause, nahmen zwanglos im Oktogon ihre Plätze ein - stehend, die heutigen

---

[1] zit. nach VIII, 7 / 427; AGI Köln, Dompfarre 1, 757

Betstühle gab es noch nicht. Manchmal gab es ein Gedränge, so daß die Domherren Mühe hatten, ihren Weg zum Chorgestühl zu nehmen; und Klagen über zerrissene Soutanen wurden dem Bischof vorgelegt. Dieser selbst wunderte sich in der Sitzung des Domkapitels vom 27.12.1805 darüber, *daß Frauen mit Lebensmittelkörben, Metzger mit Kalb- und Rinderstücken, Perückenmacher mit ihren Perücken den Dom (wohl von der Wolfstür bis zur Krämertür) als Passage benutzten*[1]. Dieses unbeschwerte Sich-zu-Hause-Fühlen sollte weiterhin möglich sein, aber eingebunden in einer der Würde des Hauses entsprechenden Form. Sein Vorschlag, 200 Stühle anzuschaffen, um damit die Gläubigen in Reih' und Glied zu bringen, ferner zwei Kirchenschweizer anzustellen, wurde jedoch vom Domkapitel abgelehnt[2] - vielleicht befremdete die Mehrheit die dem Bischof vom gallikanischen Kirchenwesen her gewohnte Disziplinierung. Mit welchen anderen Mitteln die gewünschte Ordnung zustande kam, ist nicht ersichtlich; jedenfalls wiederholten sich die Klagen nicht mehr. Der Bischof rechnete mit einem geziemenden Betragen der Pfarrangehörigen von St. Foillan, wenn er sie mit Pfarrer Moulan zur Teilnahme an der Konsekration eines neuen Hochaltars im modernen Stil des Empire einlud[3]. Dieser heute in St. Johann in Burtscheid stehende Altar wurde an der Ostseite der Chorhalle aufgestellt, nachdem der Marienaltar abgebrochen worden war - schon 1786 war der ihn umhüllende Baldachin beseitigt worden. Offensichtlich ging es dem Bischof darum, den Blick vom Oktogon in die Chorhalle freizugeben und beide Bauteile zu einem Ort des Gottesdienstes zu vereinigen, den Dom zur Kirche der Stadtgemeinde werden zu lassen[4].

Berdolet stand der Verehrung Karls des Großen als eines Heiligen offensichtlich reserviert gegenüber, doch er tat alles, um die wiedererlangte Freiheit der öffentlichen Religionsausübung an den Karlsfesten im Sinne der Stadtseelsorge zu nutzen. Zum 27.7., dem Fest der Erhebung der Gebeine des Stadtpatrons, lud er die Pfarrer mit ihren Gläubigen ein, in einer Prozession zum Dom zu kommen und an der Stadtprozession teilzunehmen. Pfarrseelsorger statt der Stiftskanoni-

---

[1] VIII, 7 / 211 / 366, Nr. 412
[2] ebd.
[3] D, 1; B / II, 17.11.1803
[4] VIII, 38 / 24; VIII, 7 / 212 / 328, Nr. 153

ker und -vikare trugen den Karlsschrein, um den Charakter der Stadtprozession deutlich zu machen.
Der Höhepunkt der öffentlichen Selbstdarstellung der Stadt als Gebetsgemeinschaft war die Fronleichnamsprozession[1]. So wie diese wurde die Bittprozession an den drei Tagen vor dem Markusfest (25.4.) von allen Pfarren gemeinsam nach einer vom Bischof festgelegten Ordnung durchgeführt[2].
Berdolet blieb bei der Vorschrift, alle Kinder in der Taufkapelle taufen zu lassen, auch wenn es das Münsterstift nicht mehr gab, das *seit Menschengedenken* dieses Vorrecht mit Erfolg für sich beansprucht hatte. Sicher wollte er damit nicht einer ihm unverständlichen Tradition dienen; für ihn war die Taufkapelle ein Ort mehr, die Stadt sich als Gemeinde erleben zu lassen und zugleich den hohen Rang dieses Sakraments bewußt zu machen[3].
Wie die Tauffeier eine einzelne Familie oder einige wenige in der Taufkapelle auf das Zentrum der Stadtseelsorge hinlenkte, so die Firmung die ganze Stadt. Erstmalig zogen die Firmlinge 1803 in einer Prozession von ihrer Pfarrkirche zum Dom und nach der Feier denselben Weg zurück. Damit sollte der Firmung ein Rang gesichert werden, den ihr bisher die Erstkommunion weitgehend genommen hatte. Es zeigten sich die guten Seiten der mit dem Gallikanismus verbundenen Aufklärungstheologie, wenn Pfarrer Moulan die Aufgabe bekam, die Firmlinge und alle Gläubigen gründlich über das Sakrament zu unterrichten. Ferner wurde eine von Johann P. J. Beissel, dem Sekretär des Bischofs, verfaßte Informationsschrift verbreitet[4]. Wer noch zögerte, sich zur Firmung zu melden, wurde auf die Hindernisse hingewiesen, vor denen er zurücktrat, ohne sich dessen bewußt zu werden: die vom Zeitgeist genährte Gleichgültigkeit Kirche und Glauben gegenüber.Sie war seit Napoleons Bündnis mit einer ihm untergebenen Kirche verdeckt, aber virulent wie in den Jahrzehnten vorher, genährt von der Richtung der Aufklärung, die allein der eigenen Vernunft vertraute und Gott zumindest entbehrlich machte und auch unter Napoleon mit der ihr eigenen Überheblichkeit vertre-

---

[1] VIII, 7 / 267 / 341 / 360 / 371
[2] D, 1; B; II, 9.5.1804 u.a.
[3] A, 6 / Dom 6, 7.4.1803, 1.4.1811; VIII, 7 / 275
[4] VIII, 7 / 276 f. / 324

ten wurde. Diesem Verführer sollte der Firmling begegnen und sich mit den notwendigen Waffen ausrüsten, mit Wissen und Erkenntnis:
Eine gottesdienstliche, so ganz wichtige Handlung verrichten, ohne zu wissen und ohne zu bedenken, wozu man sie verrichtet, unverzeihlicher Leichtsinn. Ferne sey es von euch, Geliebte; mit gedankenlosem Leichtsinn vor dem Allwissenden, der Herzen und Nieren prüfet, zu erscheinen.
Solches Denken und Lernen führt nicht auf die Abwege eines Vernunftglaubens, sondern zu einer jetzt bewußten Annahme der Offenbarung:
Hier sollet ihr dem Herrn Kristus als euerem Erretter, als dem vom Vater über alles erhöheten Herrn der Menschen euere Unterwerfung und Ergebenheit, wie ihr sie bey Annahme der h. Taufe durch Pathen bekanntet, nun aus eigenem Munde und Herzen bezeugen. Hier sollet ihr ihm aufs neue Treue und Gehorsam versprechen, und euch zu einer mehr und mehr sorgfältigen, freudigen Nachahmung seines Beyspiels beleben.[1]
Es folgten wie niemals vorher Firmungen schon im Jahr darauf, 1804, dann 1807, wie die erste gründlich vorbereitet[2].
Ein weiterer Schritt zum Aufbau einer Stadtseelsorge war die zeitliche Abstimmung der Fastenpredigten 1804, die es jedem Gläubigen möglich machen sollte, eine Predigt in jeder Woche der Fastenzeit und eine am Karfreitag von einem Prediger seiner Wahl zu hören. Dabei durften die Pastöre keine *Missionare*, d. h. nicht im Pfarrdienst tätige ehemalige Ordenspriester beauftragen, zumal viele Kapläne und ein Teil der Pfarrer selbst ehemalige Ordenspriester waren. Es ging um die Gewöhnung an die in der Stadt beständig tätigen Priester, um ihren Bekanntheitsgrad über die Pfarrgrenzen hinaus. In jeder Fastenwoche begann das Predigtangebot am Sonntag um 11 Uhr im Dom in französischer Sprache, wurde am Nachmittag um 3 Uhr in St. Michael fortgesetzt, und an den Wochentagen jeweils um 5 Uhr wechselnd in den Pfarrkirchen, am Montag mit St. Foillan beginnend. Am Karfreitag war die erste Predigt um 5 Uhr morgens in St. Foillan - es war kein arbeitsfreier Feiertag -, es folgten die anderen um 8 Uhr im Dom in französischer Sprache, um 11 Uhr in St. Nikolaus,

---

[1] zit. nach VIII, 7 / 277 / 324, Nr. 126
[2] VIII, 7 / 386; V, 26; III, 521

nachmittags von 2 Uhr an in den anderen Pfarrkirchen, stündlich wechselnd[1].

Freie Wahl statt des Pfarrprinzips gab es auch in der Beichte, in Aachen Tradition von den Jahrhunderten des Zusammenwirkens von Pfarr- und Ordenskirchen her. Deshalb gab es in Aachen keinen Widerstand seitens der Pfarrer wie an anderen Orten[2].

Die genannten Predigten in französischer Sprache führten aus der Wallonie stammende Bürger mit den in Frankreich beheimateten Beamten und Angestellten zusammen. Von seiner elsässischen Heimat her an zwei Sprachen nebeneinander gewöhnt, wollte Berdolet, daß jeder Gläubige im Gottesdienst seine Sprache sprechen und hören konnte. Ihr kirchliches Zuhause erhielten die Frankophonen in St. Michael, wo sonntags um 2 Uhr schon seit 1734 Christenlehre in französischer Sprache gehalten wurde, durch ein Testament der Maria Ch. F. Heldevier geb. Beißel finanziell gesichert. Ausgerechnet die in Aachen 1794 einrückenden Franzosen setzten dieser Art von Förderung ihrer Sprache ein Ende, als sie die Kirche für militärische Zwecke requirierten. Berdolet verwies ausdrücklich darauf und setzte einen neuen Anfang[3]. Auch für einen Kommunionunterricht in französischer Sprache sorgte der Bischof; von allen Kanzeln ließ er zur Anmeldung in seinem Hause in der Ursulinerstraße aufrufen[4].

Eine besondere Art überpfarrlicher Seelsorge machte die französische Justiz erforderlich. Ein System abgestufter Freiheitsstrafen neben der bisher fast ausschließlich bekannten Untersuchungshaft ließ die Zahl der Sträflinge und damit die seelsorglichen Forderungen anschwellen. Das zu diesem Zweck konfiszierte Franziskanerkloster wurde als zusätzliche Wirkungsstätte den Pfarrern Moulan von St. Foillan und Hungs von St. Jakob übertragen[5].

VIII.3.10. Der Bischof als Seelsorger

Diese von Berdolet konzipierte Stadtseelsorge fand breite Zustimmung und trug dazu bei, daß die Aachener Katholiken traurig und

---

[1] A, 6 / 3; VIII, 7 / 263 f.
[2] VIII, 278; VIII, 44 / 278 f.
[3] VIII, 7 / 256 f.
[4] D, 1; B; II, 29.12.1806
[5] D, 1; B; II, 19.4.1805

bestürzt dem Aufruf des Generalvikars am 26.9.1808 folgten und zum 13stündigen Gebet für den schwer erkrankten Bischof beteten, viele zum 13stündigen Gebet in ihre Pfarrkirche kamen[1]. Berdolet war für Aachen der erste Bischof, der nicht als Kirchenfürst auftrat. Sein einfaches, möglichst zurückgezogenes Leben entsprach bürgerlicher Gesinnung. Wohl merkte der Aachener, daß seine eigene, in Jahrhunderten geformte Religiosität nicht der seines Bischofs entsprach, daß dieser aber die ihm fremde Art als Bollwerk gegen den Feind der Christenheit, den Unglauben menschlicher Selbstherrlichkeit, zu nutzen und zu schätzen wußte. Daß er dafür sorgte, daß die Heiligtümer von Paderborn nach Aachen zurückkehrten, und damit der ihm fremden Religiosität in der Heiligtumsfahrt neuen Auftrieb verschaffte, fand dankbare Anerkennung in einer Strophe des Gedichtes, das zu ihrer Begrüßung gesprochen wurde:

Lasset bös gesinnte Rotten
Ueber diese Andacht spotten,
Als wenn alle solche Ehr'
Tand und Aberglaube wär.
Gottes Güte, Macht und Stärke
Zeiget oft durch Wunderwerke,
Daß die Andacht ihm gefällt;
Wenn man das in Ehren hält[2].

Den am 13.8.1809 verstorbenen Bischof trugen die Aachener Pfarrer abwechselnd zu Grabe auf dem 1795 angelegten Friedhof vor dem Kölntor. Im Dom und in allen Pfarrkirchen wurde ein Requiem gehalten, *in St. Michael mit solcher Pracht, daß keine Kirche, auch nicht das Münster, ihr gleich kam. Der Hochaltar war in schwarze, weißgeränderte Tücher gehüllt; auf den Altar waren das Missionskreuz mit den Statuen der Schmerzhaften Mutter und des hl. Johannes aus der Vorhalle der Kirche gestellt; über denselben war der Name und das Wappen des Verstorbenen angebracht. Auch die Wände des Chores waren schwarz behängt und mit den bischöflichen Abzeichen geziert. Die Tumba war 11 Fuß lang. 14 Fuß hoch und 7 1/2 Fuß breit und um dieselbe standen, außer 4 großen Leuchtern, 63 Kerzen. Den ganzen Tag, so schreibt Pfarrer Beißel, war ein großer Zulauf des Volkes, um diesen herrlichen Schmuck zu sehen. Den feierlichen*

---

[1] VIII, 7 / 426, Nr. 822 / 825 / 826
[2] VIII, 17

Exequien wohnte der Generalvikar Dr. Fonck mit mehreren Canonicern und Ehrenstiftsherren bei, wie auch viele Honoratioren erschienen waren. Ein in der Mitte des Altars angebrachtes Chronicon lautete:
MarCo AntonIo BerDoLet Caro praesVLI sIt beata aeternItas.
Dem teuren Bischof Marcus Antonius Berdolet die ewige Seligkeit[1].
Noch in demselben Jahr wurde der Leichnam in ein Grab auf dem inzwischen fertiggestellten Friedhof am Adalbertsteinweg (Flur 24) umgebettet. Ein Spendenaufruf des Präfekten Ladoucette hatte Erfolg und ermöglichte die Aufstellung eines Monuments aus blau poliertem Kalkstein[2]. Die lateinische Inschrift rückt zwar die Initiative des Präfekten und das zeitbedingte Einvernehmen von Staat und Kirche in den Vordergrund, doch hält es auch die Erinnerung an das überzeitliche Tun eines vorbildlichen Priesters fest:
Cineres M. Ant. Berdolet Diocesis Aquensis primi episcopi honesto hoc marmore clusit Ruranae praefectus J.C.F.Ladoucette pastoralium testis consorsque curarum qui vixit annos LXVIII sedit VI decessit anno MDCCCIX in pace - Die Grabstätte des M. Ant. Berdolet, des ersten Bischofs der Diözese Aachen, verschloß mit diesem marmornen Ehrenmal der Präfekt des Rur-Departements, J. C. F. Ladoucette, der Zeuge seiner hirtlichen Amtsführung war und an ihr Anteil hatte. (Berdolet) lebte 68 Jahre, war 6 Jahre Bischof und starb 1809 in Frieden.

---

[1] VI, 38
[2] VIII; 50

NAMENSINDEX

Alba 192
Albert von Münster 141
Agricola, Franz 163
Amstenrath 230
Amort 272
Anono 342
Apollon 11, 13 f., 23
Arbosch 302
Bacon, Francis 408
Balhasarpriem 163
Baumhäuer 315 f.
Becker, Dederich 226
Beißel, Johann S. J. 484, 490, 304
Beißel, Stephan 403
Bendel, Adelheid 331
Beyer 351
Biergans 378
Birkenholtz 259
Blondel 263 f., 289
Bodden, Else 167
Böhm 317
Bonaparte, Joseph 440
- Josephine 443
- Louis 440
- Pauline 440
Bossuet 271
Brammertz S. J. 303
Brandt 358
Braunmeister 161
Buchholtz 384
Burgmüller 371
Caesarius von Heisterbach 50
Calvin 172, 199, 143

Cardoll 288
Carnot 375
Chamisso 435
Carlier, Dr. jur. 269
Carlier, Peter 307
Chorus 92 ff., 96
Clermont, Claeß 184
- (Vaals) 314
Colberg 241
Colyn, Bonifatius 96, 201, 203, 206
- Peter 96
- zu Beusdal 326
Couven, Johann J. 253, 339, 341
Cromm 374 f., 384, 420, 451
Cuvelier 434
Dahmen 243
Dampierre 357, 400, 403
Danton 372, 397
Daun 168
Dautzenberg, Franz 371 f., 394, 397, 402, 407, 379
- Gerhard 262, 370
- Johann 370
Dauven 349 f.
De Bey 381, 471
Decker 409
De Loneux 351
Desforest 367
Dorsch 378
Dreyßen 378
Düppengießer, Konrad 168
- Margarethe 255

Dürer 263
Einhard 36
Ekkehard 58
Ellerborn 206
Engelbrecht 184
Epikur 276
Erasmus 148, 155

Erzpriester
- Bierens 282, 299, 301
- Ellerborn 181 f., 204, 207
- Fibus 227, 260, 283, 299, 337
- Freyaldenhoven 236, 283 f., 309 f.
- Hall 88
- Johannes 50 f., 62
- Luchem 66 f., 129
- Mylius 288, 300, 359, 365, 404
- Schönrode 85
- Schrick 166, 175, 186, 197
- Stephanus 45
- Tewis 197 ff., 202 f. 265, 289 ff., 300, 308, 321, 337, 340 f.

Estienne 399, 406
Eusebius 13
Farnese 197, 205
Fonck 432, 478, 483 ff.
Forster 346
Frechen 303

495

Gartzweiler, Dr. med. 325
Gaßmann OFM 317, 347, 372
Gatzweiler 476
Goethe 244, 270
Groote 147
Gropper 150
Gymnich, W. von 284
Hachmann 315
Händel 428
Harscamp 447
Hans von Reutlingen 62

Heilige
- Aldegundis 74 f.
- Alfred 436
- Aloysius 255
- Anna 256
- Antonius 255
- Barbara 60
- Benedikt 88
- Bernhard 70
- Bonifatius 25
- Bruno 31
- Elisabeth 255
- Foillan 448 f., 52, 104
- Franziskus 258
- Franz Borgia 175, 255
- Franz Xaver 255
- Gertrud 52 ff.
- Ignatius 175, 255
- Ivo 243
- Jakobus 52, 81
- Johannes d. T. 47, 78, 101
- Johannes Maria Vianney 423
- Joseph 256
- Judas Th. 59
- Judith 246
- Juliane 101
- Leokadia 13
- Liborius 354

- Maria 60, 258 f., 461
- Markus 452
- Martin 33
- Napoleo 435
- Nikolaus 256
- Petrus von Alcantara 255
- Petrus Canisius 280
- Philippus 81, 117
- Stephanus 83
- Theresa von Avila 256, 228
- Verena 23
- Winifred 23

Heldevier 492
Hemmerle 9 f.
Herder, J. G. 306
Herdegen S. J. 250
Hermanns, W. 137, 342
Hermes P. J. 365
Herwartz, Maria 326
Hitler 277, 356, 137
Hoche 405
Houben 266, 269
Hoven, L. von 194
Hus 134
Jacobi 362
Jansen
- Else 306
- Ferdiand 174
Janssen, Joh. 280, 347, 290 f., 332
Kaentzler, Dr. med. 388

Kalckberner 210, 214 216 f., 392, 402
Kämpf 269
Kahr 341

Kaiser
- Franz II. 438, 405
- Ferdinand I. 149, 180, 197
- Friedrich I. 58 f., 126, 133 f.
- Friedrich II. 133
- Heinrich VII. 139
- Joseph I. 231
- Joseph II. 273, 316 332, 379, 373, 471
- Karl der Große 29 f. 46, 57 ff., 60, 116 126, 176, 196, 199, 206, 219, 304, 340, 358, 393 402, 433 f., 438 f. 489
- Karl der Kahle 57
- Karl IV. 139, 176
- Karl V. 150, 176, 184, 186, 192
- Katharina 225, 319
- Konstantin 15, 19, 32, 41, 394
- Leopold I. 256
- Leopold II. 341, 379
- Lothar I. 57
- Ludwig der Bayer 83
- Ludwig der Fromme 28, 35, 39, 74, 80
- Maria Theresia 320, 339 f.
- Matthias 197, 219
- Maximilian I. 134

Maximilian II. 149, 192
- Otto I. 34
- Otto III. 57 ff.
- Otto IV. 127
- Peter der Große 243
- Rudolf I. 134, 137
- Rudolf II. 201, 204, 206, 210, 213
- Sigismund 200
- Wilhelm von Holland 75, 80, 127
- Wilhelm II. 98
Klinkenberg 483
Kolb 414

Könige
- Chlodwig 25, 27
- Friedrich der Große 264, 458
- Gustav III. 318, 371
- Heinrich IV. 210, 213
- Ludwig XIV. 283
- Ludwig XV. 272 f.
- Ludwig XVI. 353, 360, 364, 395, 402
- Marie Antoinette 354
- Ottokar 134 f.
- Philipp II. 173, 186, 192, 205

Korff 404 ff.
Krauß 241
Ladoucette 438, 494
Lambertz, H. von 259
Lantin 297
Le Camus 430, 432, 483
Lennartz, Willi 258
Lewis, C. S. 277
Locke 409

Löfferer S. J. 250
Lukian 16
Luther 172, 188
Mangon 148
Matthias Sittardus 149
Mariete 376
Maw, Gerlach 227, 230
Maw, Matthias 346
Maw, Peter 224, 247
Mendoza 132
Metternich 355
Monheim, Andreas 396
Moretti 232
Mozart 282
Muffat 384 f.
Müller, Dr. med. 388
Müller, Joh. 362, 380
Münster, C. von 226
Munthen 99
Nellessen 361
Newton 281
Nikolaus von Cues 71
Noppius 167, 177, 261, 304, 307

Nuntius
- Bononi 164,
- Bussi 203, 260, 307, 330, 334
- Caprara 435
- Chigi 152
- Franciotti 230, 322,
- Hosius 150, 163, 192
- Piazza 286
Nuntiatur 144
Nütten 365
Ostlender 294
Orwell 391
Otto von Freising 20, 49

Pacificus a Cruce 249
Palandt, W. von 190

Päpste
- Alexander II. 62
- Alexander III. 139
- Alexander IV. 47
- Alexander VII, 152
- Benedikt II. 260
- Benedikt IV. 480
- Benedikt XIV. 317
- Bonifaz VIII. 81
- Clemens III. 317
- Clemens VII. 107
- Clemens VIII. 241
- Gregor II. 25
- Gregor VII. 121
- Johannes III. 260
- Pius II. 60
- Pius V. 436
- Pius VI. 441, 460 ff. 481
- Pius XI. 277

Pauli 351
Payt 61
Picard 318

Pfarrer
- Clasen 18
- Clermont 468
- Ganser 404
- Hamstede 298
- Klein 404
- Kloubert 404
- Moulan 423, 439, 468, 472 ff.
- Othegraven 295
- von Schütz 421
- Zimmermann 381

Pierum 342
Pombal 241

Pont, von 92
Portalis 430, 436, 478
Prent am Berg 409
Ps. Turpin 58
Quirini 360
Quix 241
Radermecher 159 f.
Rath, Dietrich von 167
Reißgen 315
Rethel 25
Reuff 384
Reumont, Dr. med. G. 388, 420, 436, 478
Reux, Jacques de 339
Rhodt, Dietrich von 255
Rhoen 253 f.
Robespierre 355, 374 f., 394
Rudler 380
Salm, Karl von 231
Salvian 24
Schade 167
Schanternell 244
Schervier 420
Schiller 135, 187, 420
Schlebusch 404
Schlösser 420
Schmid, Johann 324
Scholz 351
Schorenstein 241
Schott OFM 179 ff. 223, 265 ff.

Schrick 206
Schubart 422
Seckendorf, von 313
Sirona 23
Smeets 422
Solin 96
Spee, Friedrich von 252
Spinola 148, 212, 215 217
Stalin 382
Stephany 93
Strauch, Peter 288, 337
Strauch, Matthias 231
Tasse 351
Tertullian 430
Tetzel 65
Thegan 35
Thenen, Gertrud von 231
Theodulf von Orleans 39
Thomas von Celano 79
Thomas von Kempen 146
Thönes 323
Tillmanns 365
Truchseß von Waldburg 205
Vaessen 296

Vergil 430
Veri, Joseph de 205

Vikare an Foillan
- Aretz 284
- Imhaus 290 ff., 338
- Hinsenius 166
- Gutjahr 175
- Nagell 340
- Schmitz, Franz 283, 285, 337
- Voß 166

Victoris 404
Vlatten 190
Vliex 466
Voltaire 458, 373
Vondel, Joost van den 248
Vossen 374
Walafrid Strabo 35
Weiden, Franz von 337, 342
Wespien, Johann 348
Wespien, Anna 326
Wibert 37
Widukind von Corvey 34
Wibert 37
Zevel, Adam von 186, 190
Zevel, Goswin von 184
Zuleger 188

ORTSINDEX

Aachen
Kirchen
Annakirche 447 ff.
Hl. Kreuz 487
Klein St. Jakob 207
Münster 95, 174, 212, 237, 261, 280, 288, 310, 341, 359, 402, 436, 463, 475, 488, 491, 296, 35, 122, 131
Roskapellchen 351
Salvatorkirche 347, 236
St. Adalbert 33, 47, 64, 110, 213, 300, 404, 427, 459, 465, 468, 484, 487
St. Aldegundis 89, 154, 262, 470 f., 475
St. Foillan 11, 35 ff., 65, 69, 96, 99, 128 f., 177, 213, 225, 249, 253, 280, 283, 299, 309, 311, 322 ff., 344, 354, 357, 365, 381, 383 ff., 404, 421 f., 473, 491
St. Jakob 48, 110, 125, 213, 267, 298 f., 322, 327, 404, 455, 486
St. Katharina 422, 458, 461
St. Michael 85, 152, 158, 177, 191, 230, 242, 250, 256, 258, 303, 339, 388, 462, 470, 484, 491 ff.
St. Nikolaus 152, 160, 170, 180, 228, 242, 258, 261, 463, 469, 459, 474, 482 ff., 474, 482 ff.
St. Paul 459, 242, 487
St. Peter 48, 110, 145, 195, 213, 295, 389, 404, 455, 487
St. Theresia 436
Taufkapelle 71, 101, 110, 263

Orden/Stifte
Adalbertstift 139
Alexianer 85, 107, 162, 229, 294, 326, 388, 412, 442, 456
Annuntiaten 461
Augustiner 81 f., 130, 156, 161, 202, 212, 227, 330, 461
Beginen-Stephanshof 83 f., 286, 389, 421, 462
Benediktiner 74, 446
Benediktinerinnen 161, 30, 409, 449
Christenserinnen 325, 442
Clarissen 159
Deutscher Orden 65, 86, 92, 161, 460 f.
Dominikaner 86 f., 160, 213, 229, 262, 462
Dominikanerinnen 408
Elisabethinnen 439, 443, 458, 462
Franziskaner 83, 75 ff., 80, 86, 100, 127, 160, 202, 223, 229
Jesuiten 151, 175, 178, 202, 211, 219, 235, 249, 255, 265, 272 f.,, 301 ff., 319, 245 f.,
Kapuziner 85, 159, 162, 357, 459
Karmeliter 145
Karmelitinnen 228, 256, 420, 441
Klarissen 256
Kreuzherren 86, 359, 459, 462
Münsterstift 33 f., 45, 66 ff., 83, 103, 110, 120, 126, 132, 138, 28, 282, 285 f., 310, 337, 340, 344, 364, 368, 466, 451
Pönitentinnen 465
Regulierherren 86, 147, 377, 460
Sepulchrinen (St. Leonhard) 418, 421, 458 f., 462
Ursulinen 322, 408, 462, 473 f.,
Weiße Frauen 355

499

Zisterzenserinnen 344
Zölestinerinnen 445
Gebäude
Altes Kurhaus - Redoute 264, 397
Burg Frankenberg 374
Granusturm 280
Graßhaus 115, 240, 328
Hotel Burghof 137
Kalkofen 137
Keschenburg 315
Krämerleufe 396
Prinzenhof 251
Rathaus 51, 81, 117, 206, 339 f., 349

Straßen
Adalbertstr. 237
Alexanderstr. 22
Annastr. 38, 351
Bendelstr. 202, 321
Büchel 202, 243, 274, 315
Buchkremerstr. 358, 414
Hirschgraben 243
Dahmengraben 243
Elfschornsteinstr. 22
Fischmarkt 89, 135
Franzstr. 22
Friedrich-Wilhelm-Platz - Elisenbrunnen 74, 322
Großkölnstr. 22, 75, 82, 202, 237, 259, 274, 437
Grüner Weg 22
Hartmannstr. 74 f., 83
Hühnermarkt 395 f.
Jakobstr. 22, 237, 136, 314, 401, 437
Kapuzinergraben 237

Katschhof 281
Klappergasse 237, 464
Kleinkölnstr. 399
Kleinmarschierstr. 22, 160, 237
Klosterstr. 174, 414
Kockerellstr. 22
Komphausbadstr. 237, 437
Krämerstr. 96, 116, 122, 174, 225
Marienbongard 408
Markt 101, 174, 176, 202, 216, 243, 343, 392, 402, 414, 437
Paßstraße 365
Peterstr. 237, 436
Pontstr. 22, 83, 206, 228
Ritter-Chorus-Str. 92, 414
Rennbahn 437
Roermonderstr. 22
Sandkaulstr. 318
Schmiedstr. 414, 437
Trichtergasse 22
Ursulinerstr. 74, 166, 202, 214, 437

Ägypten 356
Aldenhoven 340, 354
Antwerpen 143, 205
Aspern 437
Austerlitz 427
Belfort 416
Belgien (Österreichische Niederlande) 316, 361, 473 f.
Berg, Großherzogtum 479
Besançon 415

Bonn 272, 341, 484
Brabant 135 f., 139, 216, 218
Brandenburg 210, 213, 215, 217, 312, 306, 402
Brüssel (Spanische Niederlande) 183 f., 186, 189, 192 f., 197, 203, 212, 217
Burtscheid 11, 33 f., 136, 314, 375, 381, 344
Campo Formio 358 f., 405
Cayenne 381
Colmar 418
Danzig 431
Deventer 147
Düsseldorf (Herzogtum Jülich-Berg) 210, 215
England 205, 428, 435
Erfurt 364
Essen 72, 84, 435
Eupen 316
Fosses 54, 451
Frankfurt a. M. 32
Gülpen 193
Haaren 41, 358, 308
Heerlen 22
Heinsberg 131
Herve 375 f.
Jülich (Grafschaft / Herzogtum) 84, 93, 135, 138 f., 150 ff., 185, 187, 189, 198, 200 f., 204, 209 ff., 215 ff., 260, 284, 300, 307, 350
Kleve 217

Köln (Stadt und Erzbistum) 24, 89, 95, 126, 135, 139, 141, 150, 226, 280, 303, 308, 387, 449, 479
Konstanz 134
Kornelimünster 91, 138
Kusel 375 f.
Laurensberg 41, 308
Leipzig 430
Lepanto 198
Lissabon 237, 241
Lüttich (Stadt und Bistum) 29, 46, 55, 118, 149, 158, 272, 279, 301, 305, 317, 364, 399, 426, 438
Maastricht 22, 192, 215, 218, 313
Madrid (Spanien) 192, 197, 200, 204, 215 f., 218, 221
Mailand 163, 414, 486
Mainz 127, 380
Mannheim 326
Melun 473
Mons 452
Namur 54
Niederlande (Generalstaaten) 210, 218, 221, 228, 312, 314, 193, 197
Niederrheinischer Reichskreis 350
Nivelles 53
Nothberg 190
Orsbach 41
Pfalz-Neuburg 210, 213, 217
Puffendorf 402
Ravenna 36
Reifferscheid 81, 127
Reims 349, 354
Rösrath 301
Rom 35, 165, 379, 481
Rußland 432
St. Vith 22
Scherpenheuvel 258
Schweden 269
Spa 446
Stablo - Malmedy 74
Stolberg 206, 399
Thorn 230
Toledo 13
Trier 23, 94
Vaals 41, 229, 313, 398
Vaalserquartier 41
Valkenburg 362
Vendée 355
Walhorn 41, 362
Weiden 41
Weimar 306
Wien (Der Kaiser des hl. Röm. Reiches) 197 ff., 200, 316, 340, 387
Würselen 41, 175, 308
Zweibrücken 214

SACHINDEX

Aachener Geschichtsverein 374
Aachener Mundart 257, 274, 291, 297, 331, 401
Altaristen 49, 92, 260, 365, 477
Alte Partei 356
Analphabethen 281
Annexion - Réunion 360, 380, 399
Antichristen 133
Arbeitshaus 328, 443 f.
Archidiakon 46, 48, 110
Ärzte und Apotheker-Kollegium 330 f., 388
Atheismus 395
Aufklärung 223, 264, 279, 364, 490
Augsburger Konfession 173, 189, 198
- Religionsfrieden 173, 188, 184, 192, 198, 221
Aussetzung von Neugeborenen 231, 324, 329
Bade- und Trinkkur 263, 288, 330
Barock 159, 250, 253, 383, 397
Beerdigung 27, 73, 29 f., 42, 68, 88, 164, 172, 181, 191, 207, 228, 240, 311, 332, 340, 386, 455
Beichte 263, 278, 477, 492

Beugehaft 305
Bibliothek 373
Bittage, - prozession 237, 288, 347, 301, 499
Blattern 478
Blutrache 44
Brüderlichkeit 355, 395

Bruderschaften
87, 125, 144, 168 f., 229, 253, 241, 365, 457
Anna- 112, 163, 174
Arme-Seelen - 170, 241, 253
Barbara - 88
Drei-Königs - 170
Erdbeben - 238, 386, 453, 457, 479, 238, 482
Gürtel - 242
Hirschschützen 242
Jakobs- 125
Johannes-Herren 91 f., 260
Karlsschützen 90, 168, 242
Kevelaer - 241
Krankenpflege - 124
Kreuz - 168, 382
Petri - 327
Rechtsgelehrten - 243 f.
Rochus - 170, 176, 325
Rosenkranz - 242
Sakraments - 90, 167, 169, 325, 366, 471
Bürgerinitiative 79, 195, 208, 412, 443

Departement 413, 423, 455
DDR 391
Direktorium 361, 405
Edikt von Nantes 205
Eheprozeß 42, 44, 331, 368, 480
Eigenkirchenrecht 26 f., 32, 35 f., 94, 139
Erstkommunion 292
Erzpriesteramt 43, 49, 139, 145, 189, 201, 218, 282, 298 f., 364
Ewige Gelübde 368, 458 f.,
Fanatismus 366 f., 385, 458
Fegefeuer 172

Feiertage
Allerheiligen 174, 454
Christi Himmelfahrt 101, 175, 451, 454
Drei Könige 335, 454
Fronleichnam 101, 129, 174, 203, 233, 312, 332, 335, 343, 434, 450 ff., 456 f.
Mariae Geburt 436
Mariae Heimsuchung 242
Mariae Himmelfahrt 436, 454
Ostern 478, 196, 262
Peter und Paul 454
Pfingsten 280, 474
Weihnachten 432, 454
Firmung 44, 203, 474, 490

Französierung 151, 261, 287, 289, 407, 410, 419, 457
Fraueninitiative 196, 331
Freiheitsbaum 392 f., 399
Freimaurer 302, 316 ff., 376, 398
Friedensgericht 404 f.
Gaffelbrief 132, 194, 346, 439
Gallikanismus 416, 474, 484 f., 490
Gefangenenseelsorge 492
Geiselnahme 359
Geistliches Gericht 45, 67, 108 ff., 127, 179, 185, 191, 196, 207, 267, 203, 210, 304 ff., 331, 403 ff.
Gleichheit 406, 448
Glocken 100, 232, 340
Glücksspiel 330, 358, 446
Goldene Bulle 213
Gottesgericht 44, 156
Gymnasium 155, 157 ff., 245, 303, 315, 409, 420 f., 461
Hebammen 121
Heiligtumsfahrt 66, 103, 117, 162, 203, 209, 336, 434, 451, 492
Hexen 156, 305
Hussiten 134
Impfung 478
Jakobiner 369 f.
Josephinisches Institut 441

Journalismus 264, 274, 423
Juden 129 f.
Kaiserkrönung 199, 439, 481
Kaisertum 133, 400 f., 437 f.
Kalviner 143 ff., 153, 173, 187, 193 ff., 206, 214, 244, 271, 311, 315
Kaplan 46, 259

Karitative Anstalten
Beusdalscher Armenkonvent 326
Blasius-Hopsital 123 f.
Gasthaus 159, 228, 325
Haus Hoyer 121
Heilig-Geist-Haus 46, 49, 121
Herrn Schraffs Konvent 121
Herwatzsches Institut 326

Karwoche 165 f., 235 f., 381
Katechismus 151 ff., 425 f.
Kirchenbücher 312, 369
- chor 254
- lied 252, 262
- kritik 267, 277 f.
- schatz 61 ff., 167
- vorstand 94, 241, 294, 338, 365, 469 ff.
Kirchweihfest 235, 325, 451
Klosterhaft 368

Kongregationen 178, 202, 303, 325, 339, 388, 457, 463, 484
Konkordat von 1801 417, 423, 447, 458
Konkubinat 70, 146
Kontinentalsperre 444, 480
Kontributionen 359, 368, 376, 405

Konzilien/Syoden in
Aachen 27, 29 f., 42
Basel 60
Frankfurt 64
Lateran 1218 120
Meaux 27
Nantes 40
Pavia 43
Trient 163, 181, 208, 283, 308, 323

Krankenhausseelsorge 368
Kreuzzug 129
Küster 96, 152, 166, 260
Landfrieden 81, 127
Liga der katholischen Reichsstände 210, 215
Liturgie 165, 173
Lutheraner 143, 153, 187, 189, 214, 312
Mäkelei 266, 288, 345 ff.
Mathematikunterricht 302, 307
Menschenrechte 417
Merowinger 22, 54
Moralischer Unterricht 408, 478

503

Neugläubige 187, 207,
    202 f., 207, 210 ff.,
    219, 221, 228, 310,
    369, 447
Neue Partei 348 ff.,
    369, 396
Niederländisch 193
O-Andacht 460
Öffentliche Buße 373,
    479
Ökumene 311
Orgel 167, 227
Originalität 267, 270
Papiergeld 375, 395
Patronatsrecht 139
Patrizier 130
Pest 175, 325
Pfarrfunktion 164
- haus 182, 470
- karitas 229, 423
- prinzip 164, 262, 332,
    477
Polemik 267 ff.
Positives Christentum
    277
Poschweckstreit 407 f.,
    411 f.,
Präsentationsrecht 139
Predigt 257 ff., 478,
    148 f.
Pressefreiheit 362, 371
Priesterseminar 485
Propaganda 349, 360
Quacksalber 331
Reichsacht 198, 206 f.,
    213, 215
Reichshofrat 350
- kammergericht 187,
    314, 339
- tag zu Augsburg 184,
    186
- verweser 213
Ruhrepidemie 326

Scholaster 204, 289,
    321, 324
Schreckensherrschaft
    354, 374, 416 f.
Schulen 67, 155, 193,
    281, 319 f., 322
    ff., 406, 420
Schulpflicht 407, 409,
    427
Siebenjähriger Krieg
    336, 347
Sonntagsruhe 112,
    334 f., 391
Sozialpolitik 117, 121,
    327, 366, 410, 443
Stadtarchiv 219
- arzt - Armenarzt 325,
    411
- brand 1656 224, 247
- regiment (Rat, Ver-
    waltung, Gerichte)
    96, 102, 112, 114
    ff., 123, 151, 225,
    251, 260, 305 ff.,
    308, 312, 314, 320,
    323, 325, 329, 333,
    348, 353,
- verfassung 350 ff.
- verwaltung 382, 469
Stiftungsmessen 164,
    259, 365, 476
Streuengelchen 351
Taufe 14, 16, 32, 34 f.,
    38 ff., 40, 154,
    180, 208, 263,
    285 f., 313, 337,
    476
Tedeum 341
Theater 144, 244 f.,
    281, 317, 349, 391,
    409, 418
Toleranz 378 ff.,
    447 f.,
Totenkeller 231, 387 ff.

Türkensteuer 198
Union der lutherischen
    Reichsstände
    200 f., 205, 210,
    214
Vereidigung 361 ff.,
    364, 405, 416 f.,
    423 f., 487
Vergnügungssteuer
    327
Verpfändung 139
Versehgänge 235, 298,
    454
Vertrag von Xanten
    217
40stündiges Gebet 165,
    283
Vogtmajor /Schultheiß
    200, 207, 212, 218,
    349
Volksmission 169 ff.,
    250 ff.
Wahlrecht 350, 357
Wallonen 249
Wanderpriester 422
Wehrhafter Schmied
    137
Wehrpflicht 426
Werkheiligkeit 153,
    169, 172
Westfälischer Frieden
    221, 223, 298
Wiedertäufer 141 ff.,
    145, 180, 185, 201,
    208
Wissenschaftsgläubig-
    keit 267, 275, 402,
    406
Wohlfahrtsinstitut 443,
    446, 451, 462
Wunderheilung 280,
    342 f.
Zensur 289, 317, 372,
    423

Quellen- und Literaturverzeichnis

Abkürzungen

AAV	Mitteilungen des Vereins für Kunde der Aachener-Vorzeit
AGF	Arbeitsgemeinschaft für Forschung Nordrhein-Westfalen
AGV	Aachener Geschichtsverein
AK	Aachener Kunstblätter
AHV	Annalen des historischen Vereins für den Niederrhein
AKG	Archiv für Kunstgeschichte
AkK	Archiv für katholisches Kirchenrecht
AN	Aachener Nachrichten
AR	Aachener Rundschau
AVZ	Aachener Volkszeitung
BJ	Bonner Jahrbücher
CiG	Christ in der Gegenwart
DT	Deutsche Tagespost
EdG	Echo der Gegenwart
FAZ	Frankfurter Allgemeine Zeitung
FQZG	Forschungen und Quellen zur Zeitgeschichte
GPD	Geschichte, Politik und ihre Didaktik
GWU	Geschichte in Wissenschaft und Unterricht
HJG	Historisches Jahrbuch der Görres-Gesellschaft
HPB	Historisch-politische Blätter für das katholische Deutschland
HZ	Historische Zeitschrift
HL	Hochland
IBW	Journal - Zeitschrift des Deutschen Instituts für Bildung und Wissen
IKZ	Internationale katholische Zeitschrift - Communio
JTB	Jahres- und Tagungsberichte der Görres-Gesellschaft

JbVk	Jahrbuch für Volkskunde der Görres-Gesellschaft
KuG	Kirche und Gesellschaft
KABAC	Kirchlicher Anzeiger für das Bistum Aachen
KZBAC	Kirchenzeitung für das Bistum Aachen / Der Sonntag
MGH	Monumenta Germaniae Historica
PGRhK	Publikationen der Gesellschaft für Rheinische Geschichtskunde
RM	Rheinischer Merkur
RhVjbl	Rheinische Vierteljahresblätter
RhWAW	Rheinisch-Westfälische Akademie der Wissenschaften
RQ	Römische Quartalsschrift für christliche Altertumskunde und Kirchengeschichte
SAGMN	Sudhoffs Archiv für Geschichte der Medizin und der Naturwissenschaft
StdZ	Stimmen der Zeit
ThQu	Theologische Quartalsschrift
VBDA	Veröffentlichungen des Bischöflichen Diözesanarchivs Aachen
VGS	Veröffentlichungen der Görres-Gesellschaft
VIZg	Veröffentlichungen des Instituts für Zeitgeschichte
VKfZg	Veröffentlichungen der Kommission für Zeitgeschichte
VStA	Veröffentlichungen des Stadtarchivs Aachen
Vf	Volksfreund
VjhZg	Vierteljahreshefte für Zeitgeschichte
ZAGV	Zeitschrift des Aachener Geschichtsvereins
ZGK	Zeitschrift für Geschichtskunde
ZHF	Zeitschrift für historische Forschung
ZKW	Zeitschrift für Kunstwissenschaft
ZSSRG	Zeitschrift der Savigny-Stiftung für Rechtsgeschichte, Kanonistische Abteilung

Archivalien

A		Bischöfliches Diözesanarchiv Aachen
	1	Gvo Aachen, St. Foillan
	2	Ala Aachen, Sendgericht
	3	Urkunden, St. Nikolaus, 1305
	4	Bruderschaftsbüchlein der Armseelenbruderschaft (o. J.)
	5	Ala Aachen, Erzpriester 1
	6	Gvs Aachen, L 13, I
	7	Gvd 4, I
	8	Ala Aachen, St. Foillan 2: Heinrich Schiffers, Das Verhältnis zwischen dem Aachener Dom und der Kirche St. Foillan zu Aachen in seiner geschichtlichen Entwicklung - Gutachten vom 17.11.1933
	9	Ala Dom
	10	Gvo Dom
	11	Gvo Dekanatsarbeiten
	12	Ala Aachen Stadt
	13	Gvo Aachen Dom 3.I: Collegiat-Stift und Stiftskirche zu Aachen in specie: Die Verhältnisse der St. Foillans-Kirche zu Aachen zum dortigen Collegiatstift betreffend, 16.3.1830 - 22.2.1849
	14	Ala Aachen, Kloth
	15	Ala Aachen, Junggesellen-Kongregation 1868 - 1933
	16	Gvo Aachen, St. Michael
	17	Ala Aachen, St. Michael
	18	Ala Köln, Erzbistum 2
	19	Gvo Aachen, St. Johann/Burtscheid, 7 a I, Bl. 24, 32 - 41
	20	Gvo Aachen, allgemein
	21	Ala Aachen, St. Foillan
	22	Gvo Aachen, St. Jakob

	23	Gvo Aachen, St. Nikolaus
	24	Gvo Monschau 10 a I, 21.5.1933: Gestapo-Verfahren gegen Dr. theol. Michael Molls, Rektor des Collegium Carolinum in Monschau
	25	Handschriften
	26	Bilder
B		Domarchiv Aachen
C		Pfarrarchiv St. Foillan
	1	Chronik
	2	Pfarrbriefe / Infoillan 1946 - 1995
	3	Protokolle des Pfarrgemeinderats
	4	Urkunde vom 19.11.1470
	5	Bilder
D		Stadtarchiv Aachen
	1	Depositum St. Foillani
	2	Chronica manuscripta Aquensis, Hs 35
	3	Protokolle des Sendgerichts
	4	Handschriften
	5	Ratsprotokolle
	6	Gedruckte Edikte
	7	Kanton Aachen - Akten des Commissaire du Directoire Executif
	8	Akten des Oberbürgermeisters
	9	Autographien
	10	Depositum St. Peter
	11	Friedrich L. Kraemer, Aufzeichnungen 1814 - 1861, Hs. 371
	12	Bilder
E		Hauptstaatsarchiv Düsseldorf
	1	Aachen, Marienstift
	2	Jülich-Berg II, 2 / 2638

3	Berichte der V-Männer 1934 - 1944
4	Polizeidirektion Aachen
5	Regierungspräsidium Aachen
6	Staatspolizei Aachen, RW 35 und 36
F	Archiv im Mutterhaus der Schwestern vom armen Kinde Jesus, Simpelveld Sartorius, Maiandachten, 2270, 1
G	Archiv des Studienseminars Aachen, Augustinerbach 5, heute: Malmedyer Str. 61
H	Archiv der Cappella Aquensis

Gedruckte Quellen

1. Aachener Urkunden 1101 - 1250, bearbeitet von Erich Meuthen, Bonn 1972 (Publikationen der Gesellschaft für Rheinische Geschichtskunde LVIII)
2. Dieter Albrecht (Bearbeiter), Der Notenwechsel zwischen dem Hl. Stuhl und der Reichsregierung, 2 Bde., Mainz 1965/69 (VKfZg, Reihe A: Quellen, Bd. 1 und 10)
3. Annales Aquenses 1001 - 1196, in: Johann Friedrich Böhmer (Bearbeiter), Fontes rerum Germanicarum, 3. Bd., Aalen 1969, S. 391 ff.
4. Acta Apostolicae Sedis, Rom 1928
5. Johannes Bollandus, Acta Sanctorum, hrsg. von Godefridus Hinschenius Brüssel, 1894 - 1940
6. Wilhelm Brüning (Hrsg.), Handschriftliche Chronik 1770 - 1790, in: ZAGV 11 / 1898, 18 ff.
7. Caesarius von Heisterbach, Wunderbare Geschichten, in: AHV 47 (1888), 26 f.

8 Wilhelm Corsten (Hrsg.), Kölner Aktenstücke zur Lage der Katholischen Kirche in Deutschland 1933 - 1945, Köln 1949

9 Henricus Denzinger, Enchiridion symbolorum et definitionum, quae in rebus fidei et morum a conciliis oecumenicis et summis pontificibus emanarunt, Würzburg 1854

10 Deutsche, Österreichische und Berliner Bischofskonferenz, Gemeinsames Wort zu den Ereignissen vom 8. / 10. November 1938 anläßlich des 50. Jahrestages, in DT, 5.11.1988, S. 9

11 Karl Theodor Dumont, Sammlung kirchlicher Erlasse, Verordnungen und Bekanntmachungen für die Erzdiözese Köln, Bd. 2, Köln 1891

12 Einhard, Vita Caroli Magni, in: Quellen zur Karolingischen Reichsgeschichte, neubearbeitet von Reinhold Rau, Bd. I, Darmstadt 1955

13 Peter Dohms (Bearbeitung), Flugschriften in Gestapo-Akten - Nachweis und Analyse der Flugschriften in den Gestapo-Akten des Hauptstaatsarchivs in Düsseldorf, Siegburg 1977

14 Erwin Gatz (Bearbeiter), Akten der Fuldaer Bischofskonferenz, Bd. II (1888 - 1899), Bd. III (1900 - 1919), Mainz 1979

15 Joseph Hansen (Bearbeiter), Breven des Papstes Alexander VII. aus Anlaß des Aachen-Brandes von 1756, in: ZAGV 16 (1894), 175 ff.

16 Ds., Rheinische Akten zur Geschichte des Jesuitenordens 1542 - 1582, Bonn 1896

17 Ds., Quellen zur Geschichte des Rheinlandes im Zeitalter der Französischen Revolution, 1780 - 1801, 4 Bde., Bonn 1935

18 Ds., Rheinische Briefe und Akten zur Geschichte der politischen Bewegung, Bd. I, 1830 - 1845, Essen 1919, Bd. II, 1846 - 1848, Bonn 1942
Hartzheim s. Nr. 52
19 Heilslehre der Kirche - Dokumente von Pius IX. bis Pius XII., deutsche Ausgabe, besorgt von A. Rohrbasser, Freiburg in der Schweiz 1953
20 Klaus Hohlfeld (Hrsg.), Dokumente der Deutschen Politik und Geschichte von 1848 bis zur Gegenwart, Berlin 1951
21 Johannes Janssen, Historische Notizen, in: Fürth III, 1 ff.
22 Walter Kaemmerer, Aachener Quellentexte (VStA, Bd. I), Aachen 1980 Keinemann s. Nr. 57
23 Albert Michael Koeniger, Quellen zur Geschichte der Sendgerichte in Deutschland, München 1910
24 Helene Koss, Quellen zur Geschichte des alten Bistums Aachen, in: ZAGV, Beiheft 1, Aachen 1932
25 Kulturkampf. Berichte aus dem Dritten Reich. Paris. Eine Auswahl aus den deutschsprachigen Jahrgängen 1936 - 1939. Eingeleitet und bearbeitet von Heinz Hürten (Eichstätter Materialien Bd. 12, Abteilung Geschichte 3) Regensburg 1988
26 Theodor Joseph Lacomblet, Urkundenbuch für die Geschichte des Niederrheins, 4 Bde., Düsseldorf 1840 - 1858
Langosch s. Nr. 59
27 Josef Laurent, Aachener Stadtrechnungen aus dem XIV. Jahrhundert nach den Stadtarchiv-Urkunden, Aachen 1866
28 Hugo Loersch (Hrsg.), Aachener Chronik, in: AHV 17 (1866), 1 ff.
29 Ds., Aachener Rechtsdenkmäler aus dem 13., 14. und 15. Jahrhundert, Bonn 1871

30 J. D. Mansi, Sacrorum Conciliorum collectio, Florenz und Venedig 1759 ff. Neudruck und Fortsetzung, Paris 1899 - 1927, Bd. XIV
31 Karl Möller (Hrsg.), Leben und Briefe von Johannes Theodor Laurent, 1. Teil, Trier 1887
32 Monumenta Germaniae Historica, Epistulae, S. Bonifatii et Lullii epistolae
32a Ds., Leges II, 1, Nr. 22, S. 52: Admonitio generalis vom 23.3.789
32b Ds., Leges III, Concilia II, 1: Das Aachener Konzil von 816
33 Ds., Auctores antiquissimi I, 1, Salvianus Marsiliensis epistulae, De gubernatione Dei
34 Ds., Leges II, 1, Nr. 146: Capitulare de disciplina palatii Aquensis
35 Ds., Leges II, 1, Nr. 32: Capitulare de villis
36 Ds., Scriptores rerum Merovingicarum, ed. B. Krusch, Hannover 1902, 1. IV, S. 449 ff.: Additamentum Nivialense de Fuilano
37 Ds., II, S. 4 ff.: Einhard, Translatio et miracula SS. Marcellini et Petri
38 Ds., Concilia II, 1, ed. Albert Werminghoff, Hannover und Leipzig 1906, S. 308 ff.: Institutio canonicorum Aquensis
39 Hans Müller (Hrsg.), Katholische Kirche und Nationalsozialismus - Dokumente 1930 - 1935, München 1963
40 Notker, Gesta Karoli, Quellen zur Karolingischen Reichsgeschichte, neubearbeitet von Reinhold Rau, Bd. III, Darmstadt 1955
41 Nuntiaturberichte aus Deutschland 1560 - 1572, 2 Bde., hrsg. von der Kaiserlichen Akademie der Wissenschaften, Wien 1897

42 Friedrich Wilhelm Oedinger, Die Regesten der Erzbischöfe von Köln im Mittelalter, 1. Bd., (Publikationen der Gesellschaft für rheinische Geschichtskunde), Bonn 1954
43 Emil Pauls (Hrsg.), Aus dem Tagebuch des Aachener Stadtsyndikus Dr. Peter Fell, in: AAV 1 (1888), S. 153 ff.
44 Ds., Chronica manuscripta Aquensis, in: ZAGV 35 (1913), S. 126 ff.
45 Regesten der Reichsstadt Aachen, hrsg. von der Gesellschaft für rheinische Geschichtskunde und der Stadt Aachen, bearbeitet von Wilhelm Mummenhoff, Bd. I (1251 - 1300)
46 Ds., Bd. II (1301 - 1350)
47 Acta Sanctorum, hrsg. von Joseph van Hecke u.a., Bd. XIII, Paris 1883
48 Heinrich Volbert Sauerland, Urkunden und Regesten zur Geschichte der Rheinlande aus dem vatikanischen Archiv, Bd. III, Bonn 1905
49 Bernhard Stasiewski, Ludwig Volk (Bearbeiter), Akten deutscher Bischöfe über die Lage der Kirche 1933 - 1945, 4 Bde., Mainz 1968 ff.
50 Die Tonkunst im Heiligtum - Die Erlasse Pius' X. und Pius' XI. über Liturgie und Kirchenmusik, Regensburg, 2. Aufl., 1938
51 Konferenzen und Verträge (Vertrags-Ploetz), Teil II, 3. Bd., 1492 - 1914, bearbeitet von K. G. Rönnefahrth, Würzburg, 2. Aufl., 1958
52 Joseph Hartzheim (Hrsg.), Concilia Germaniae, Bd. IV, 1290 - 1400, Köln
53 Johann Wolfgang von Goethe, Reineke Fuchs, in: Goethes Werke, Hamburger Ausgabe, Bd. 2, München 1981, S. 285 ff.
54 Gertrud von Le Fort, Alte Gedichte, erstmals veröffentlicht in *Christ in der Gegenwart*, 20.2.1994

55 Ernst Wilhelm Nusselein, Man kann sehr traurig werden, Leserbrief in der *Kirchenzeitung für das Bistum Aachen*, 6.1.1991
57 Friedrich Keinemann, Das Kölner Ereignis, sein Widerhall in der Rheinprovinz und in Westfalen, Teil 2, Quellen, Münster 1974
59 Karl Langosch, Geistliche Spiele - Lateinische Dramen des Mittelalters mit deutschen Versen, Darmstadt 1957
60 Facti series ad cognitionem contentionum circa invasionem pastoratus sancti Joannis Baptistae et sancti Foilani ... a reverendo domino archipresbytero Francisco Antonio Tewis contra admodum reverendum dominum Petrum Antonium Imhaus, 26. April 1762, in: D, 1

Darstellungen

I **Allgemeines**

1 Karl Adam, Das Wesen des Katholizismus, Düsseldorf, 12. Aufl., 1949
2 Bernd Andermahr u.a., Kirchen in Aachen (Großer Kunstführer, Bd. 142), München 1986
   Angenendt s. I, 31
3 Petrus a Beeck, Aquisgranum ..., Aquisgrani 1620
4 Bischöfliches Generalvikariat (Hrsg.), Geschichte des Christentums und der Kirche im Bereich des Bistums Aachen von den Anfängen bis zur Gegenwart - Ein Überblick, Aachen 1980
5 Johannes von den Driesch und Josef Esterhues, Geschichte der Erziehung und Bildung, Bd. II, 4. Aufl., Düsseldorf 1952

I 6 Ernst Daßmann, Thesen zur Notwendigkeit und zum Nutzen des Kirchengeschichtsstudiums, in: IKZ 6 (1979), 508 ff.
7 Ludwig Drees und Dieter Wynands, Geschichte des Christentums ..., in: I, 4
8 Erwin Gatz, Geschichte des kirchlichen Lebens in den deutschsprachigen Ländern seit dem Ende des 18. Jahrhunderts, Bd. I, Die Bistümer und ihre Pfarreien, Freiburg i. B. 1991
9 Ds., Geschichte des Bistums Aachen in Daten (1930 - 1985), Aachen 1986
10 Geschichtsverein für das Bistum Aachen (Hrsg.), Geschichte im Bistum Aachen, 2 Bde., Kevelar 1992/94
11 Gemeinschaft der Innenstadtpfarren (Hrsg.), Entdecken Sie die Kirchen der Innenstadt, Aachen 1990
12 Friedrich Haagen, Geschichte Aachens von seinen Anfängen bis zur neuesten Zeit, 2 Bde., Aachen 1873/74
13 Ds., Zur Schulgeschichte. Notizen über Unterrichts- und Erziehungsanstalten in Aachen vom Ende des 8. Jahrhunderts bis auf unsere Tage, in: Rheinisch-Westfälische Schulzeitung 1 - 3 (1877 - 1879) Hauck, s. I, 23
14 Franz Petri und Georg Droege (Hrsg.), Rheinische Geschichte, 3 Bde., Düsseldorf 1978/79
15 Klaus Hemmerle, Geleitwort, in: I, 10 / I, 7 f.
16 Will Hermanns, 4000 Jahre Aachen, Aachen o. J. (1939)
17 Paul Hinschius, System des katholischen Kirchenrechts mit besonderer Rücksicht auf Deutschland, 6 Bde., Berlin 1869 ff.
18 Albert Huyskens (Hrsg.), Aachener Heimatgeschichte, Aachen 1924

I 18a Ds., Aachens Geschichte von den Karolingern bis zur Gegenwart, in: Ds. I, 18 / 1 ff.
19 Hubert Jedin, Kirchengeschichte als Theologie und Geschichte, in: IKZ 6 (1979), 496 ff.
20 Ds., Handbuch der Kirchengeschichte, Freiburg i. B., 1962 - 1985
21 Walter Kaemmerer, Die Jahre 1531 bis 1813, in: I, 38
22 Ds., Geschichtliches Aachen - Vom Werden und Wesen einer Reichsstadt, Aachen 1967
23 Albert Hauck, Kirchengeschichte Deutschlands, 5 Bde., Berlin und Leipzig, 8. Aufl., 1954
24 Peter Stephan Käntzeler, Kleine Aachener Chronik, in: AHV 21 I (1870) 91 ff.
25 Ds., Aquisgranum oder Geschichte der Stadt Aachen. Aus dem Latein übersetzt (s. I, 3) und durch eine kurze chronologische Uebersicht bis zur Jetztzeit fortgeführt, Aachen 1874
26 Helmut Kahnt, Bernd Knorr, Alte Maße, Münzen und Gewichte, Mannheim 1987
27 Bernhard Kötting, Ecclesia peregrinans - Das Gottesvolk unterwegs, gesammelte Aufsätze, Münster 1988
28 Gisbert Kranz, Sie lebten das Christentum - 28 Biographien, Regensburg 1975
29 Horst Lademacher, Geschichte der Niederlande, Darmstadt 1983
30 Elmar Lang, Das innere Gesicht, in: Merian 1949 - Aachen, 56 ff.
31 Arnold Angenendt, Heilige und Reliquien - Die Geschichte ihres Kultes vom frühen Christentum bis zur Gegenwart, München 1994
32 J. Lulvès, Die gegenwärtigen Geschichtsbestrebungen in Aachen - Eine Kritische Studie, Aachen 1892

I 33 Erich Meuthen, Aachen in der Geschichtsschreibung (bis 1800), in: Speculum Historiale, München 1966, 375 ff.
34 Karl Franz Meyer, Aachener Geschichten, 2 Bde., Aachen 1781
35 Wilhelm Neuß (Hrsg.), Geschichte des Erzbistums Köln, Bd. I, Köln 1964
36 Ds., Die Anfänge des Christentums im Rheinlande, in: Rheinische Neujahrsblätter, Bonn 1923
37 Johannes Noppius, Aacher Chronick, 2. Aufl., Köln 1643
38 Bernhard Poll (Hrsg.), Geschichte Aachens in Daten, Aachen 1960
Quix s. I, 44
39 Carl Rhoen, Geschichte der St. Foillanskirche zu Aachen, Aachen 1892
39a Ds., Die Kapelle der karolingischen Pfalz zu Aachen, in: ZAGV 8 (1886), 15 ff.
39b Ds., Die ältere Topographie der Stadt Aachen, Aachen 1891
40 Egon Schmitz-Cliever, Die Heilkunde in Aachen von der römischen Zeit bis zum Anfang des 19. Jahrhunderts, in: ZAGV 75/76 (1962/63), 5 ff.
41 Leopold von Schütz, Die Hauptpfarrkirche St. Foillan zu Aachen, Aachen 1937
42 Kirchlicher Anzeiger für die Diözese Aachen, 1930 ff.
43 Josef Höfer und Karl Rahner (Hrsg.), Lexikon für Theologie und Kirche, Sonderausgabe, 14 Bde., Freiburg i. B. 1964
44 Christian Quix, Geschichte der Stadt Aachen mit einem Codex diplomaticus aquensis, 2 Bde., Aachen 1840/41
45 Josef Müller (Hrsg.), Rheinisches Wörterbuch, Berlin 1941

I	46	A. Walde, Lateinisches etymologisches Wörterbuch, Heidelberg 1954
	47	Wetzer und Welte's Kirchenlexikon, 2. Aufl., begonnen von Joseph Cardinal Hergenröther, fortgesetzt von Franz Kaulen, 12 Bde., Freiburg i. B. 1882 ff.
	48	Franz Pazdirek, Universal-Handbuch der musikalischen Literatur, Hilversum 1967
	49	Friedrich Heer, Das Experiment Europa, Einsiedeln 1952
	50	Willibald M. Plöchl, Geschichte des Kirchenrechts, Bd. 1, Wien 1953
	51	Hoffmann-Krager (Hrsg.), Handbuch des deutschen Aberglaubens, Berlin 1932
	52	Will Hermanns, Aachener Sprachschatz, im Auftrag des Vereins "Öcher Platt" für den Druck überarbeitet und hrsg. von Dr. Rudolf Lantin, Aachen 1970
	52a	Hermann Joseph Sträter, Das Bistum Aachen, Aachen 1933
	53	Karl-Heinz Pelzer, Urbs Aquensis. Ein Geschichtsbild der Stadt Aachen, Aachen 1959
	54	Dieter P. J. Wynands, Kleine Geschichte Aachens, Aachen 1982
	55	J. Janssen und F. W. Lohmann, Der Weltklerus in den Kölner Erzbistums- protokollen, Köln 1935/36
	56	Karl Heinrich Bieritz, Das Kirchenjahr - Feste, Gedenk- und Feiertage in der Geschichte und Gegenwart, München, 3. Aufl., 1991 (Beck'sche Reihe, Bd. 447)
	57	G. Krause, G. Müller, Theologische Realenzyklopädie, Berlin - New York 1977 ff.
	58	Will Hermanns, Erzstuhl des Reiches, Ratingen 1951
	59	Ds., 4000 Jahre Aachen, Aachen o. J.

I 60 Die Inschriften der Stadt Aachen, gesammelt und bearbeitet von Helga Giersiepen - Geleitwort von Raymund Kottje, 1. Bd. (Die Deutschen Inschriften, hrsg. von den Akademien der Wissenschaften in Düsseldorf, Göttingen, Heidelberg, Mainz und der österreichischen Akademie der Wissenschaften in Wien, 32. Bd.), Wiesbaden 1993
61 Karl Heusch, Aachener Legende, Aachen 1974
62 Georg Holländer, Aachen, Orte und Wege, Aachen 1986
63 Ernst Günther Grimme, Der Aachener Domschatz (Aachener Kunstblätter, Bd. 42), 1972
64 Helmut A. Crous, Aachen so wie es war, Düsseldorf 1971
65 Ds., Aachen - so wie es war 2, Düsseldorf 1979

II   **Das Römische Reich des 4. Jahrhunderts**

1 Eduard Adenaw, Archäologische Funde in Aachen bis zum Jahre 1898, in: ZAGV 20 (1898), 179 ff. von Balthasar s. II, 47
2 Aquae Granni, Beiträge zur Archäologie von Aachen (Rheinische Grabungen, Bd. 22), Redaktion: G. Bauchheuß, Köln 1982
3 Hans Christ, Das Römerbad unter der Ungarischen Kapelle des Aachener Domes, in: Jahrbuch der Rheinisch-Westfälischen Technischen Hochschule Aachen, 5. Jg., 1952/53, 33 ff.
3a Ds., Die Kapelle des pippinischen Königshofes in Aachen, (Sonderdruck aus: Ds., Karls des Großen Reliquienschatz und die Anfänge der Aachenfahrt, VBDA 10, 1951), Aachen 1964
4 Ds., Ein pippinisches Reliquiengrab unter dem karolingischen Marienaltar der Aachener Pfalzkapelle, Aachen 1957
5 Franz Cramer, Aquae Granni, in: Römisch-Germanische Studien, Breslau 1914, 99 ff.
6 Ds., Aquae Granni, in ZAGV 45 (1925), 183 ff.
7 Heinz Cüppers, Der Thermenbezirk am Büchel und am Hof im Mittelalter, in: AK 22, 1961, 61 ff.
8 Ds. u.a. (Hrsg.), Beiträge zur Archäologie von Aachen (Rheinische Ausgrabungen 22), Köln 1982
9 Ds., Beiträge zur Geschichte des römischen Kur- und Badeortes Aachen, in: II, 2
10 Ernst Dassmann, Entstehung und theologische Begründung der kirchlichen Ämter in der alten Kirche, in: IKZ 4 (1993), 350 ff.
11 Der kleine Pauly, München 1979, Artikel *Nymphai*

II 12 Franz Josef Dölger, Zur Symbolik des altchristlichen Taufhauses, in: Antike und Christentum 4 (1934), 153 ff.

Ehrhardt s. II, 49

13 Eusebius Pamphilus, Scripta Historiae Ecclesiasticae libri X, hrsg. von Friedrich A. Heinichen, Leipzig 1866

14 Willi Frentz, Die Münstertherme, Hs. Stadtarchiv Aachen

15 H. Friedrich, Die Anfänge des Christentums und die ersten Kirchengründungen in römischen Niederlassungen im Gebiet des Nieder- und Mittelrheins und der Mosel, in: BJ 131 (1926), 10 ff.

16 Hartmut Galsterer, Das römische Aachen - Anmerkungen eines Historikers, in: ZAGV 98 / 99, Teil I (1992/93), 21 ff.

17 Joseph Hagen, Antike Brunnenfunde in der Mineralquelle zu Roisdorf, in: RhVjbl 2 (1922), 327 ff.

18 Adolf von Harnack, Die Mission und Ausbreitung des Christentums in den ersten drei Jahrhunderten, 4. Aufl., Leipzig 1924

19 Eduard Hegel, Die rheinische Kirche in römischer und frühchristlicher Zeit, in: III, 18

Hausmann, s. II, 52

20 Leo Hugot, Ausgrabungen und Forschungen in Aachen, in: II, 2

21 Ds., Die römische Bücheltherme in Aachen, in: ZAGV 74 / 75 (1963), 458 ff.

21a Ds., Tempel wie im Altbachtal? in: AN, 24.2.1968

22 Joachim Jeremias, Die Kindertaufe in den ersten vier Jahrhunderten, Göttingen 1958

II 23 Johann H. Kessel, Erklärung zweier christlicher Grabinschriften in der Stiftskirche zu Aachen, in: Jahrbuch des Vereins von Altertumsfreunden im Rheinland, 62 (1878), 86 ff.
Klauser s. II, 48
24 Josef Klinkenberg, Grannus und Sirona, in: ZAGV 14 (1892), 1 ff.
25 Ds., Frühchristliches aus Aachen und Umgegend, in: ZAGV 37 (1915), 337 ff.
26 Wilfried Maria Koch, Archäologischer Bericht für das Jahr 1987, in: ZAGV 94 / 95 (1987/88), 492 ff.
26a Ds., Aachen in römischer Zeit, in: ZAGV 98 / 99, Teil I (1992/93), 11 ff.
26b Ds., Führer zur römischen Abteilung des Museums Burg Frankenberg, Aachen 1986
27 Bernhard Kötting, Christentum und heidnische Opposition in Rom am Ende des 4. Jahrhunderts (Schriften der Gesellschaft zur Förderung der Westfälischen Wilhelms-Universität zu Münster, Heft 46), Münster 1961
28 Ds., Der Frühchristliche Reliquienkult und die Bestattung im Kirchengebäude (AGF, Bd. 1), Köln / Opladen 1965, 123 ff.
29 Friedrich Muthmann, Mutter und Quelle - Studien zur Quellenverehrung im Altertum und im Mittelalter, Basel 1975
30 Harald von Petricovits, Das römische Rheinland, Archäologische Forschungen seit 1945, AGF, Sitzung vom 18.3.1953
31 Ds. und Herbert Nesselkauf, Ein Weihaltar für Apollo aus Aachen-Burtscheid, in: BJ 167 (1967)
31a Ds., Urgeschichte und römische Epoche, in: II, 31, Bd. I, 1

II 32 Josef G. Rey, Aufdeckung einer ausgedehnten römischen Begräbnisstätte im Weichbild der Altstadt Aachens in Jahre 1906, in: AAV 20 (1907), 100 ff.
33 Walter Sage, Ausgrabungen und Funde der Jahre 1962 - 1965 im Stadtgebiet Aachen, in: ZAGV 77 (1965), 239 ff.
34 Ds., Die Ausgrabungen am "Hof", in: II, 2
35 Wilhelm Sieber, Die ersten Christengemeinden unter germanischen Völkern, in: Stimmen der Zeit 66 (1935/36), 551 ff.
36 Wolfgang Speyer, Der Ursprung warmer Quellen nach heidnischer und christlicher Deutung, in: Jahrbuch für Antike und Christentum 20 (1977), 39 ff.
37 Jacob Schneider, Römerstraßen in der Umgebung von Aachen, in ZAGV 7 (1884), 173 ff.
38 Eugen Stolz, Zur Geschichte des Terminus parochus, in: Tübinger Theologische Quartalsschrift 95 (1913), 193 ff.
39 Ds., Parochus, in: ebd. 107 (1926), 1 ff.
40 Ds., Paroikia, parochia und parochus, in: ebd. 89 (1907), 424 ff.
41 Eduard Stommel, Christliche Taufriten und antike Badesitten, in: II, 36, 2 (1959), 5 ff.
42 Ulrich Stutz, Artikel *parochus* (über die geschichtlichen Bezeichnungen für Pfarrer) in der Realenzyklopädie für protestantische Theologie und Kirche, hrsg. von A. Hauck, 3. Aufl., Leipzig 1896 ff., XV, 239 ff.
43 Hermann-Josef Vogt, Bilder der frühen Kirche - Bildworte der Bibel bei den Kirchenvätern - Kleine Geschichte des Credo, München 1993
44 Joseph Vogt, Constantin der Große und sein Jahrhundert, München 1949
45 E. aus 'm Weerth, Römische Inschriften des Aachener Münsters, in: BJ 73 (1882), 154 ff.

II	46	Hermann Hinz, Die Landwirtschaft im römischen Rheinland, in: RhVjbl 36 (1972), 1 ff.
	47	Hans Urs von Balthasar, Vorwort des Verlegers zu Felix Genn, Trinität und Amt nach Augustinus, Einsiedeln 1986
	48	Theodor Klauser, Die liturgischen Austauschbeziehungen zwischen der römischen und der fränkischen Kirche vom achten bis zum elften Jahrhundert, in: HJG 53 (1933), 169 ff.
	49	Albert Ehrhardt, Urkirche und Frühkatholizismus, Bonn 1935
	50	Bernhard Hanssler, Das Gottesvolk der Kirche, Freiburg i. B. 1960
	51	Hugo Rahner, Kirche und Staat im frühen Christentum, München 1961
	52	Axel Hausmann, Aachen zur Zeit der Römer. Der goldene Schnitt, Aachen 1994
	53	Johannes Straub, Kaiser Konstantin als ΕΠΙΣΚΟΠΟΣ ΤΩΝ ΕΚΤΟΣ, in: Ds., Regeneratio imperii, Bd. I, 119 ff.
III		**Von der fränkischen Eroberung bis zur Errichtung der romanischen Kirche St. Foillan**
	1	Erich Stephany, Die Jahre bis 1250, in: I, 38, 21 ff.
	2	Hans Hubert Anton, Verfassungspolitik und Liturgie - Studien zu Westfranken und Lotharingien im 9. und 10. Jahrhundert, in: III, 108
	3	Elmar Aretz, Die Stellung des Aachener Marienstifts im Lütticher Diözesanverband, Diss. Köln 1966
	4	Hermann Aubin, Kulturströmungen und Kulturprovinzen in den Rheinlanden, Bonn 1926

III 5 Ds., Maß und Bedeutung der römisch-germanischen Kulturzusammenhänge im Rheinlande (1922), in: Ds., Vom Altertum zum Mittelalter - Absterben, Fortleben und Erneuerung, München 1949, 1 ff.
 6 Heinz Löwe, Regino von Prüm und das historische Weltbild der Karolingerzeit, in: RhVjbl 17 (1952), Heft 1 / 2
 7 Ernst Badstübner, Emporenkirche und Doppelkapelle, in: AK 58 (1989/90)
 8 Günter Bandmann, Früh- und hochmittelalterliche Altaranordnung, in: II, 19
 9 Ds., Mittelalterliche Architektur als Bedeutungsträger, 5. Aufl., Berlin 1978
 10 Ds., Die Vorbilder der Aachener Pfalzkapelle, in: III, 38, Bd. III, 424 ff.
 11 Ignaz Beissel, Das Leichenfeld der Merowingerzeit vor dem Königstor, EdG 1.1.1882
 12 Walter Boekelmann, Von den Ursprüngen der Aachener Pfalzkapelle, in: Wallraf-Richartz-Jahrbuch 19 (1957), 9 ff.
 13 Egon Boshof, Untersuchungen zur Armenfürsorge im fränkischen Reich des 9. Jahrhunderts, in: AKG 58 (1976), 265
 14 Josef Buchkremer, Der Königsstuhl der Aachener Pfalzkapelle und seine Umgebung, in: ZAGV 21 (1899), 135 ff.
 15 Ds., Zur Baugeschichte des Aachener Münsters, in: ZAGV 22 (1900), 196 ff.
 16 Severin Corsten, Rheinische Adelsherrschaft im ersten Jahrtausend, in: RhVjbl 28 (1963), 84 ff.
 17 Alois Däntl, Walahfrid Strabos Widmungsgedicht an die Kaiserin Judith und die Theoderichstatue vor der Kaiserpfalz zu Aachen, in: ZAGV 52 (1930), 1 ff.

III	18	Das erste Jahrtausend. Kultur und Kunst im werdenden Abendland an Rhein und Ruhr, Red. Victor H. Elbern, 3 Bde., Düsseldorf 1962 f.
	19	Heinrich Dittmaier (Bearbeiter), Rheinische Flurnamen, Bonn 1962
	20	Eugen Ewig, Die Rheinlande in fränkischer Zeit, in: I, 14 / Bd. 1, 2
	21	Ds., Der Gebetsdienst der Kirchen in den Urkunden der späten Karolinger, in: III, 107
	22	Ludwig Falkenstein, Der "Lateran" der karolingischen Pfalz zu Aachen (Kölner Abhandlungen, Bd. 13), Köln 1966
	23	Ds., Zwischenbericht zur Pfalzenforschung, in: ZAGV 80 (1970), 1 ff.
	24	Ds. und Reiner Nolden, Von der königlichen Villa zur Stadtgemeinde Aachen, in: ZAGV 84 / 85 (1977/78), 947 ff.
	25	Ds., Karl der Große und die Entstehung des Aachener Marienstifts (Görres-Gesellschaft, Quellen und Forschungen aus dem Gebiet der Geschichte, NF 3), Paderborn 1981
	26	Ds., Die Kirche der hl. Maria zu Aachen und Saint-Corneille zu Compiègne. Ein Vergleich. in: III, 81
	27	Ds., Charlemagne et Aix-la-Chapelle, in: Byzantion 91 (1991), 231 ff.
	28	Karl Faymonville, Der Dom zu Aachen und seine liturgische Ausstattung vom 9. bis zum 20. Jahrhundert, München 1909
	29	Ds. (Bearbeiter), Die Kunstdenkmäler der Stadt Aachen, 2. Bd.: Die Kirchen der Stadt Aachen mit Ausnahme des Münsters, Düsseldorf 1922
	30	Heinrich Fichtenau, Das karolingische Imperium, Zürich 1949

III	31	Ds., Byzanz und die Pfalz zu Aachen, in: Mitteilungen des Instituts für Österreichische Geschichte, 59 (1951), 1 ff.
	32	Ds., Lebensordnungen des 10. Jahrhunderts, München 1992
	33	Josef Fleckenstein, Über das Aachener Marienstift als Pfalzkapelle Karls des Großen, in: Festschrift für Josef Quint, Bonn 1954
	34	Ds., Die Struktur des Hofes Karls des Großen im Spiegel von Hinkmars De ordine palatii, in: ZAGV 83 (1976), 5 ff.
	35	Ds., Die Hofkapelle der deutschen Könige (Schriften der MGH, Bd. 16/2), Stuttgart 1966
	36	Ds., Grundlagen und Beginn der deutschen Geschichte, 2. Aufl., 1980
	37	Ds., Über das Aachener Marienstift, zugleich als Besprechung einer neuen Untersuchung über die Entstehung des Marienstifts (L. Falkenstein s. III, 25), in: III, 107
	38	Wolfgang Braunfels (Hrsg.), Karl der Große. Lebenswerk und Nachleben, 4 Bde., Düsseldorf 1965 - 68
	39	Fosses-la-ville, Paroisse Saint Feuillen (Ed.), La collegiale Saint Feuillen, 1970
	40	Ida Friederike Görres, Nocturnen, Frankfurt a. M. 1948
	41	Ernst Günther Grimme, Sankt Foillan kam von Fosses - Eine kulturhistorische Betrachtung, in: AN 27.10.1956
	42	Ds., Zur ideengeschichtlichen Bedeutung des Aachener Domschatzes, in: ZAGV 98 / 99, Teil I (1992), 57 ff.
	43	Romano Guardini, Von heiligen Zeichen, Mainz 1935

III 44 Angelus A. Häussling, Alkuin und der Gottesdienst der Hofkapelle, in: Deutsches Archiv zur Erforschung des Mittelalters, Bd. 25 (1969), 223
45 W. Hartmann, Der rechtliche Zustand der Kirchen auf dem Lande. Die Eigenkirche in der fränkischen Gesetzgebung des 7. bis 9. Jahrhunderts, in: Settimano di Studio 28, 397 ff.
46 Albert Hauck, Kirchengeschichte Deutschlands, Bd. I, (1922), 8. Aufl. 1954
47 Friedrich Heer, Die Tragödie des heiligen Reiches, Stuttgart 1952
47a Ds., Karl der Große und seine Welt, Wien u.a. 1977
48 Hartmut Hoffmann, Die Aachener Theoderichstatue, in: III, 18 / 318 ff.
49 Walter Hoffmann, Toponyme als Geschichtsquellen? in: ZAGV 88 / 89, 1. Tl. (1992/93)
50 Jean Hubert, La place faite aux laics dans les églises monastiques et dans les cathedrales au XIe - XIIe siecles, in: Miscellanea del Centro di studi medievali, Bd. 5, Milano 1968, 470 ff.
51 Leo Hugot, Die Pfalz Karls des Großen, in: III, 38, Bd. III, 537 ff.
52 Ds., Der Westbau des Aachener Domes, in: AK 24/25, (1962/63), 108 ff.
53 Erwin Iserloh, Verwirklichung des Christlichen im Wandel der Geschichte, Würzburg 1975
54 Robert Jeuckens, Stift und Pfarre St. Adalbert in Aachen, Aachen 1951
55 Raimund Kottje, Einheit und Vielfalt des kirchlichen Lebens in der Karolingerzeit, in: ZGK 76 (1965)
56 Ds. und Bernd Mueller (Hrsg.), Ökumenische Kirchengeschichte, Mainz 1970
56a Ds., Geschichte der abendländischen Kirche im Frühen Mittelalter, in: III, 56

III	56b	Ds., Beiträge der frühmittelalterlichen Iren zum gemeinsamen europäischen Haus, in: HJG, 112. Jg. (1992)
	57	Felix Kreusch, Über Pfalzkapelle und Atrium zur Zeit Karls des Großen. (Der Dom zu Aachen, Beiträge zur Baugeschichte IV), Aachen 1958
	57a	Ds., Taufkapelle und Torbau des Atrium, in: Wiederherstellungsarbeiten und baugeschichtliche Beobachtungen am Dom 1973 - 31.3.1974 (= Bericht 1973/74 des Karlsvereins zur Wiederherstellung des Aachener Domes, 28 ff.)
	58	Wilhelm Levison, Die Iren und die fränkische Kirche, in: Ds., Aus rheinischer und fränkischer Frühzeit, Düsseldorf 1948
	58a	Heinz Löwe, Regino von Prüm und das historische Weltbild der Karolingerzeit, in: RhVjbl 17 (1952), 151 ff.
	59	Albert Mann, Vicus Aquensis - Der karolingische Ort Aachen (Bau- und kunstgeschichtliche Lehrstoffe 3, Fachgebiet Baugeschichte an der RWTH Aachen) Aachen 1984
	60	Ds., Renovatio Imperii - Gedanken zur karolingischen Antikenfortsetzung in der Aachener Palastarchitektur, in: III, 81 / 311 ff.
	61	Merian, Aachen, Hamburg 1949
	62	Reiner Nolden, Besitzungen und Einkünfte des Aachener Marienstifts von seinen Anfängen bis zum Ende des Ancien Regime, in: ZAGV 86/87 (1979/80)
	64	Christoph Pauli, Aachens Geschichte muß neu geschrieben werden - Sensationelle Funde bei Grabungen an der Kurhausstraße, in: AVZ 28.11.1992
	65	Richard Pick, Die kirchlichen Zustände Aachens in karolingischer Zeit, in: AAV 1 (1888), 1 ff.

III	66	Christian Quix, Historische Beschreibung der Münsterkirche, Aachen 1825
	66a	Ds., St. Stephanshof, in: AAV 5 (1892), Nr. 3, 33 ff. (= Beiträge zur Geschichte der Stadt Aachen 1837/38)
	66b	Ds., Das ehemalige Beghinen-Wesen in der Stadt Aachen, in: AAV 5 (1892), Nr. 1, 2 ff. (= wie III, 66a)
	67	Adolf Reinle, Die Ausstattung deutscher Kirchen im Mittelalter, Darmstadt 1888
	68	Kurt Rudzinski, Die wiedergefundene romanische Krutzenkirche bei Frankfurt, FAZ 20.6.1987
	69	Johann Sägmüller, Die Entwicklung des Archipresbyterats und Dekanats bis zum Ende der Karolingerzeit, Tübingen 1898
	70	Ds., Oblationes Fidelium in kirchenrechtlicher und moraltheologischer Sicht, in: H. Paarhammer (Hrsg.), Vermögensverwaltung in der Kirche, 2. Aufl., 1988
	71	Leo Scheffczyk, Das Mariengeheimnis in Frömmigkeit und Lehre der Karolingerzeit (Erfurter theologische Studien 5), Leipzig 1959
	72	Ds., Glaube in der Bewährung, in: Gesammelte Schriften zur Theologie III (EOS), St. Ottilien 1991
	73	Heinrich Schiffers, Der Name Aachens, Aachen 1923
	74	Rudolf Schieffer, Hofkapelle und Aachener Marienstift bis in die stauffische Zeit, in: RhVjbl 51 (1987), 1 ff.
	75	Walter Schlesinger, Beobachtungen zur Geschichte und Gestalt der Aachener Pfalz in der Zeit Karls des Großen, in: Günter Wolf (Hrsg.), Zum Kaisertum Karls des Großen (Wege der Forschung 38), Darmstadt 1972, Schnock s. III, 95

III 76 Wolfgang Schöne, Die künstlerische und liturgische Gestalt der Pfalzkirche Karls des Großen in Aachen, in: ZKW 15 (1961), 97 ff.
77 Alois Schrott, Seelsorge im Wandel der Zeiten, Graz und Wien 1949
78 Josef Semmler, Reichsidee und kirchliche Reform bei Ludwig dem Frommen, in: ZKG 71 (1960), 37 ff.
79 Ds., Die Beschlüsse des Aachener Konzils im Jahre 816, in: ZKG 74 (1963) 15 ff.
80 Ds., Mission und Pfarrorganisation in den rhein-, mosel- und maasländischen Bistümern, in: Settimane di Studio 28, 813 ff.
81 Clemens Bayer u.a. (Hrsg.), CELICA IHERVSALEM, Festschrift für Erich Stephany, Köln 1986
82 Ulrich Stutz, Die Eigenkirche als Element des mittelalterlichgermanischen Kirchenrechts, Darmstadt 1955
83 Eduard Teichmann, Zur Herleitung von Namen der Aachener Topographie, ZAGV 37 (1915), 250 ff.
84 Ds., Wo stand der karolingische Erlöser- und Kreuzaltar des Aachener Münsters? in: ZAGV 47 (1925), 276 ff.
85 Felix Thürlemann, Die Bedeutung der Aachener Theoderich-Statue für Karl den Großen (801) und bei Walahfried Strabo (829), in: AKG 59 (1977), 25 ff.
86 K. Weinhold, Die Verehrung der Quellen in Deutschland, Berlin 1898
87 Wilhelm Welter, Die Mundart des Aachener Landes im Spiegel der rheinischen Sprachgeschichte, in: V, 90 / 161 ff.
88 Werdendes Abendland an Rhein und Ruhr - Katalog der Ausstellung, Essen 1956

III	89	Albert Werminghoff, Die Beschlüsse des Aachener Konzils im Jahre 816, in: Neues Archiv der Gesellschaft für ältere deutsche Geschichtskunde 27 (1902), 605 ff.
	90	Matthias Werner, Der Lütticher Raum in frühkarolingischer Zeit - Untersuchung zur Geschichte einer karolingischen Stammlandschaft, Göttingen 1980
	91	Elisabeth Westphal, Flurnamen- und Kulturkreisforschung, in: RhVjbl 4 (1934), 129 ff.
	92	Harald Zimmermann, Die Kirche im Zeitalter der Karolinger und Ottonen, in: III, 56, Bd. II
	93	Walther Zimmermann, Romanische Taufsteine am Niederrhein, in: AHV 155 / 156 (1954), 472 ff.
	94	Stephan Zorell, Entwicklung des Parochialsystems bis zum Ende der Karolingerzeit, Diss. Mainz 1901
	95	Heinrich Schnock, Der Beginenkonvent "Stefanshof" AAV 3, S. 49 ff.
	95a	Arno Borst u.a. (Hrsg.), Tod im Mittelalter (= Konstanzer Bibliothek Bd. 20)
	96	R. Dyckhoff, Antiqui - Moderni. Zeitbewußtsein und Naturerfahrung im 14. Jahrhundert, in: Die Parler und der Schöne Stil 1350 - 1400, Ausstellung im Schnütgen-Museum, Köln 1978, Bd. 3, 67 ff.
	97	Paulus Grosjean, Notes d'hagiographie celtique: Chronologie de St. Feullien in: Analecta Bollandiana, 1957, 379 ff.
	98	Manfred Groten, Bürger und städtische Obrigkeit im Mittelalter. Beobachtungen am Beispiel Kölns im 15. Jahrhundert, Vortrag vor dem Aachener Geschichtsverein am 29.12.1995
	99	F. Holböck, Theologischer Hintergrund und theologische Aussage der *Schönen Madonnen* 1350 - 1450, in: Schöne Madonnen 1350 - 1450, Ausstellung des Domkapitels Salzburg 1965, 45 ff.

III	100	Albert Huyskens, Die Anfänge der Aachener Alexianer, in: ZAGV 48/49 (1926), 190 ff.
	101	Götz Landwehr, Die Verpfändung der deutschen Reichsstädte im Mittelalter, Köln und Graz 1967 (= Forschung zur deutschen Rechtsgeschichte Bd. 5)
	102	Anton Legner, Zur Oberflächengestalt der Muttergottes von St. Foillan zu Aachen, in: s. III, 96, 60 ff.
	103	Friedrich Prinz, Frühes Mönchtum im Frankenreich, München und Wien 1965
	104	Karl Studnik, Die Muttergottes von St. Foillan im Aachener Restaurierungsbericht, in: s. III, 96, Resultatband
	105	Horst Wenzel, Hören und Sehen - Kultur und Gedächtnis im Mittelalter, München 1995
	106	W. Weitz, Über den Namensursprung der Stadt Burtscheid, in: ZAGV 3 (1881), 332 ff.
	107	Helmut Mauer u.a. (Hrsg.), Festschrift für Berent Swineköper, Sigmaringen 1982
	108	Geschichtliche Landeskunde der Rheinlande - Regionale Befunde und raumübergreifende Perspektiven - Georg Droege zum Gedenken, Köln 1994
IV		**Hoch- und Spätmittelalter**
	0	Wilhelm Mummenhoff, Die Jahre 1251 bis 1530, in: I; 38 / 40 ff.
	1	Die Aachener Schanze, in: Annalen des Vereins für Nassauische Altertumskunde und Geschichtsforschung XIII (1873), 154 ff.
	2	Philippe Ariès, Le Purgatoire, in: IV, 181 / 93 ff.
	3	Annales Rodenses, hrsg. von Franz Heidbüchel und Hermann Kramer (Heimatblätter des Kreises Aachen, 45. Jg., 3 / 4, 1990 Beißel, s. IV, 173

IV
4 Alphons Bellesheim, Geschichte der katholischen Kirche in Irland, Bd. I, Mainz 1980
5 Joseph Biergans, Die Wohlfahrtspflege der Stadt Aachen in den letzten Jahrhunderten des Mittelalters, in: ZAGV 31 (1909), 74 ff.
6 Hans Bisegger, Das Krämviertel in Aachen, Aachen 1977
7 H. Boeckeler, Die Melodie des Aachener Weihnachtsliedes, in: ZAGV 11 (1889), 176 ff.
8 Max von Boehn, Der Tanz, Berlin 1925
9 Hendrik Bolkestein, Wohltätigkeit und Armenpflege im vorchristlichen Altertum - Ein Beitrag zum Problem Moral und Gesellschaft, Utrecht 1939
10 Arno Borst, Lebensformen im Mittelalter, Frankfurt a. M. 1989
11 Ds., Tod im Mittelalter, Konstanz 1993
12 P. Browe, Die Pflichtkommunion im Mittelalter, München 1940
13 Josef Buchkremer, Baugeschichte der St. Foillanskirche, in: ZAGV 41 (1920), 306 ff.
Coels s. IV, 164, Debacker s. IV, 163
14 Jean Delumeau, Offizielle Religion und Volksreligion in Frankreich zur Zeit der Reformation und Gegenreformation, in: Concilium 22 (1986), 248 ff.
15 Otto Dresemann (Hrsg.), Die Jakobskirche zu Aachen, Geschichtliche Nachrichten und Urkunden, Aachen 1888
16 Heinz Duchardt, Deutsche Verfassungsgeschichte 1495 - 1806, Stuttgart 1991
17 Ernst Ludwig Ehrlich, Geschichte der Juden in Deutschland, 3. Aufl., Düsseldorf 1960
18 Edith Ennen, Aachen im Mittelalter. Sitz des Reiches - Ziel der Wallfahrt - Werk der Bürger, in: ZAGV 86 / 87 (1979/80), 457 ff.

IV 19 Hans Erich Feine, Kirchliche Rechtsgeschichte, Bd. I, Köln 1964
20 Johann P. Ferdinand, Beschreibung der Pfarrkirche zum hl. Nikolaus in Aachen, Aachen 1905
21 Dietmar Flach, Untersuchungen zur Verfassung und Verwaltung des Reichsguts von der Karolingerzeit bis zur Mitte des Jahrhunderts, Göttingen 1976
22 Ds., Das Reichsgut im Aachener Raum: Versuch einer vergleichenden Übersicht, in: RhVjbl 51 (1987), 22 ff.
23 Ds., Pfalz, Fiskus und Stadt Aachen im Lichte der neuesten Pfalzenforschung, in: ZAGV 98 / 99 (1992/93), 31 ff.
24 Adolph Franz, Die Messe im deutschen Mittelalter, Freiburg i. B. 1902
25 Leonhard Frohn, Das Sendgericht zu Aachen bis Mitte des 17. Jahrhunderts, Aachen 1913
26 Joseph Gaspers, Die Sakramentsbruderschaft von St. Foillan in Aachen 1521 - 1921, Aachen 1921
27 Ds., Vom alten Bruderschaftsleben, in: I, 18 / 270 ff.
Hubert Gatzweiler, s. IV, 176, Odilo Gatzweiler, s. IV, 174 und 175
28 Hans Werner Goetz, Das Geschichtsbild Ottos von Freising - Ein Beitrag zur historischen Vorstellungswelt und zur Geschichte des 12. Jahrhunderts, Köln 1984
Gotteslob, s. IV, 172
29 Frantisek Graus (Hrsg.), Mentalitäten im Mittelalter - Methodische und inhaltliche Probleme (Konstanzer Arbeitskreis für mittelalterliche Geschichte, Vorträge und Forschungen, Bd. XXXV), Sigmaringen 1987
30 Josef Greven, Die Kölnfahrt Bernhards von Clairvaux, in: AHV 120 (1932), 29 ff.

IV 31 Manfred Groten, Studien zum Aachener Karlssiegel und zum gefälschten Dekret Karls des Großen, in: ZAGV 93 (1986), 5 ff., Grundmann, s. IV, 168

32 Karl Hampe, Blüte und Verfall des Mittelalters, in: K. A. von Müller u.a., (Hrsg.), Knaurs Weltgeschichte, Berlin 1935

33 Wilfried Hartmann, Die Synoden der Karolingerzeit in Frankreich und in Italien (Konziliengeschichte, Reihe A: Darstellungen), Paderborn 1989

34 Eduard Hegel, Die Entstehung des mittelalterlichen Pfarrsystems der Stadt Köln, in: Walther Zimmermann (Hrsg.), Kölner Untersuchungen, Festgabe zur 1900-Jahrfeier der Stadtgründung, Ratingen 1950

35 W. Hellinger, Die Pfarrvisitation nach Regino von Prüm, in: ZSSRG Bd. 79 (1962), 1 ff. und Bd. 80 (1963), 76 ff.

36 Edgar Hennecker, Patrozinienforschung, in: ZKG 38 (1920), 337 ff.

37 Alex Hermandung, Das Zunftwesen der Stadt Aachen bis zum Jahre 1681, Aachen 1908

38 Johannes Heß (Hrsg.), Festschrift zur 600jährigen Jubelfeier der Dominikaner- und Hauptpfarrkirche vom hl. Paulus in Aachen, Aachen 1893

39 Heinrich Hoeffler, Entwicklung der kommunalen Verfassung und Verwaltung der Stadt Aachen bis zum Jahre 1450, in: ZAGV 23 (1901)

40 Heribert Holzapfel, Handbuch der Geschichte des Franziskanerordens, Freiburg i. B. 1909

41 Albert Huyskens, Die Aachener Straßennamen und ihre geschichtliche Entwicklung, in: I, 18 / 284 ff.

42 Ds., Die Anfänge der Aachener Alexianer im Zusammenhang der Ordens- und Ortsgeschichte, in: ZAGV 48/49 (1926/27), 190 ff.

IV 42a Ds., Die Choraltäre des Aachener Münsters und ihr liturgischer Gebrauch im frühen Mittelalter, in: ZAGV 45 (1923), 296 ff.

42b Ds., Aachener Verfassungsleben bis zur Gewährung der Ratsverfassung, in: AHV 119 (1931), 54 ff.

42c Ds., Stadtbefestigung, Landgraben und Warten, in: ZAGV 61 (1941), 167 ff.

43 Wilhelm Janssen, Worringen 1288 - Geschichtlicher Markstein oder Wendepunkt? in: RhVjbl 53 (1989), 1 ff.

44 Ds., Die Differenzierung der Pfarrorganisation in der spätmittelalterlichen Erzdiözese Köln. Bemerkungen zum Verhältnis von *capella dotata*, *capella curata* und *ecclesia parochialis*, in RhVjbl 55 (1991), 58 ff.

44a Ds., Die Reichsstädte zwischen den Territorien, in: ZAGV 98/99 (1992/93), Tl. I, 145 ff.

45 Ds., Die Aachener Kirchengründungen Kaiser Heinrichs II. in ihrer rechtsgeschichtlichen und kirchenrechtlichen Bedeutung, in: ZAGV 42 (1921), 233 ff.

46 Peter St. Käntzeler, Meybom to Aken - Maibaum zu Aachen - Versuch zur Erklärung einer Stelle des *Reynke de vos*, in: EdG 16.12.1860

47 Ds., Zur Aachener Glockenkunde und zur Geschichte der St. Foillans-Pfarrkirche, in EdG 21.9.1869

48 Ds., Kleine Aachener Chronik, in: AHV 21 (1970), 91 ff.

49 Ds., Die Straf- und Schandinstrumente an der Morgenseite des Aachener Münsters, in: EdG 23.6.1870

50 Alexander Kaufmann (Hrsg.), Caesarius von Heisterbach, 2. Aufl., Köln 1862

51 Hermann Klauser, Der Erzpriester von Aachen - Eine kirchenrechtsgeschichtliche Studie, in: ZAGV 74/75 (1962/63), 163 ff.

IV	52	Wilfried Maria Koch, Neue Aspekte zur Baugeschichte des mittelalterlichen Aachen, in: ZAGV 88 / 89 (1992/93), 135 ff.
	53	Albert M. Koeniger, Die Sendgerichte in Deutschland, Bd. I, München 1907
	54	Ds., Die Sendgerichte - Eine Übersicht, in: Bonner Zs. für Theologie und Seelsorge, Bd. 8 (1931), 34 ff.
	55	Thomas R. Kraus, Jülich, Aachen und das Reich, Studien zur Entstehung der Landesherrschaft des Grafen von Jülich bis zum Jahre 1328 (VSA 5), Aachen 1987
	56	Werner Krebber, Die Beginen - Eine Frauenbewegung: einst und jetzt, in: CiG 42 (1991), 350
		Kreutzer, s. IV, 161
	57	Norbert Kühn, Die Reichsabtei Kornelimünster im Mittelalter - Geschichtliche Entwicklung, Konvent, Besitz (VSA 3), Aachen 1982
	58	Franz-Xaver Künstle, Die deutsche Pfarrei und ihr Recht zu Ausgang des Mittelalters, Stuttgart 1905
	59	Adalbero Kunzelmann, Geschichte der deutschen Augustiner-Eremiten, 6 Bde., Würzburg 1969 - 1975
	60	Erich Kuphal, Tetzel und seine Abrechnungen über Ablaßgelder für den Deutschen Orden in Aachen und Maastricht, in: ZAGV 48/49 (1926/27), 265 ff.
		Kurze, s. IV, 179
	61	Johannes Laurent, Aachener Zustände im 14. Jahrhundert aufgrund von Stadtrechnungen, Aachen 1876
	62	Jacques Le Goff, Die Geburt des Fegefeuers, Stuttgart 1984
	63	Matthäus Kaiser, Die applicatio missae pro populo in Geschichte und geltendem Recht, in: AkK 130 (1961), 58 ff.

IV 64 Herbert Lepper, Reichsstadt und Kirche im späten Mittelalter und in der frühen Neuzeit, in: Wilfried Ehebrecht, Voraussetzungen und Methoden geschichtlicher Städteforschung, Köln 1979

65 Ds., Reichsstadt und Kirche - Die Auseinandersetzung um die Verfassung des Aachener Sendgerichts im Zeitalter der Reformation und Gegenreformation, in: ZSSRG 97 (1980)

66 Ds., Zur historischen Physiognomie einer Reichsstadt - Vortrag auf dem 62. Deutschen Archivtag in Aachen am 6.10.1990

67 Bernhard M. Lersch, Die "Heiligen" des Jahres 1376 in Aachen, in: AAV 5 (1892), 6 ff.

68 Johann Lengering, Kirchenpatrone am Niederrhein, Kleve 1937

69 Wilhelm Levison u.a. (Hrsg.), Passiones vitaeque Sanctorum aevi Merovingii, Hannover und Leipzig 1913

70 Heinrich Lichius, Die Verfassung des Marienstifts zu Aachen bis zur französischen Zeit, in: ZAGV 37 (1915) / 58 ff.

71 Hugo Loersch, Dar hadde he werf alse Meibom to Aken, in: ZAGV 2 (1880) / 117 ff.

72 Ds., Stilübungen über die Erschlagung des Grafen Wilhelm IV. von Jülich in Aachen, in: ZAGV 5 (1883) / 129 ff.

73 Peter H. Loosen, Historische Skizzen oder Aachener Geschichte in Bildern, Aachen-Brand 1982
Macco s. IV, 180, Mannhardt s. IV, 181, 182

74 A. Mayer, Triebkräfte und Grundlinien des Meß-Stipendiums, in: Münchener Theologische Studien III, Kanonistische Abteilung, 34, St. Ottilien 1976
Menke s. IV, 171

IV	75	Karl Josef Merk, Die meßliturgische Totenehrung in der römischen Kirche, zugleich ein Beitrag zum mittelalterlichen Opferwesen, Stuttgart 1926
	76	Ds., Das Meß-Stipendium, in ThQu 136 (1956), 199 ff.
	77	Ds., Abriß einer liturgiegeschichtlichen Darstellung des Meß-Stipendiums, Stuttgart 1928
	78	Ds., Das Meß-Stipendium geschichtlich, dogmatisch und aszetisch erklärt, Stuttgart 1929
	79	Erich Meuthen, Nikolaus von Cues in Aachen, in: ZAGV 73 (1961), 5 ff.
	80	Ds., Geißelbrüder in Aachen, in: ZAGV 74/75 (1962/63), 440 ff.
	80a	Ds., Der gesellschaftliche Hintergrund der Aachener Verfassungskämpfe an der Wende vom Mittelalter zur Neuzeit, in: ZAGV 74 / 75 (1962/63), 299 ff.
	81	Ds., Nachträge zu "Nikolaus von Cues in Aachen", in IV, 80a / 445 ff.
	81a	Ds., Karl der Große - Barbarossa - Aachen. Zur Interpretation des Karlsprivilegs, in: III, 38 / IV, 54 ff.
	81b	Ds., Urkundliche Ergänzungen zur Ausgrabung des Gasthauses Am Hof (Blasiusspital), in: II, 2 / 111 ff.
	81c	Ds., Barbarossa und Aachen, in RhVjbl 39 (1975), 28 ff.
	82	Jürgen Miethke, Politische Theorie und die Mentalität der Bettelorden, in: IV, 29 / 157 ff.
	83	Dietz-Rüdiger Moser, Fastnacht und Fronleichnam als Gegenfeste, in: Detlev Altenburg (Hrsg.), Feste und Feiern im Mittelalter - Paderborner Symposion des Medievistenverbandes, Sigmaringen 1991, 359 ff.
	84	Wilhelm Mummenhoff, Das Aachener Sendgericht in St. Foillan - Bericht über einen Vortrag im AGV, in: ZAGV 41 (1920), 316 ff.

IV 84a Ds., Haus und Kapelle zum hl. Geist in der Krämerstraße, in EdG 1921, Nr. 88
85 Ds., Aachener Hospitäler und Wohltätigkeitsanstalten, in: AHG, 219 ff.
86 Ds., Die Gefangennahme und Befreiung des Kölner Dominikaners fr. Henricus de Treysa in Aachen am 8. Mai 1346, in: ZAGV 48/49 (1928), 257 ff.
87 Bernhard Neidinger, Armutsbegriff und Wirtschaftsverhalten der Franziskaner im 15. Jahrhundert, in: Kaspar Elm (Hrsg.), Erwerbspolitik und Wirtschaftsweise mittelalterlicher Orden und Klöster (Berliner historische Studien 17), Berlin 1992
Neidinger s. IV, 170
87a Ds., Die Bettelorden im spätmittelalterlichen Rheinland, in: RhVjbl 57 (1993)
88 Franz Neu, Zur Geschichte des Franziskanerklosters, der Kirche und Pfarre zum hl. Nikolaus in Aachen, Aachen 1881
89 August Nitschke, Naturerkenntnis und politisches Handeln im Mittelalter, Stuttgart 1967
90 Heinrich Nissen, Orientation - Studien zur Geschichte der Religion, 3 Bde., 1906, 1907, 1910
91 C. Nörrenberg, Ein Aachener Dichter des 14. Jahrhunderts, in: ZAGV 11 (1889), 50 ff.
92 Friedrich Wilhelm Oedinger, Über die Bildung der Geistlichen im späten Mittelalter, Freiburg i. B. 1953
93 Heinrich Oellers, Das Jülicher Herrscherhaus und die Reichsstadt Aachen im 13. und 14. Jahrhundert, Aachen 1912
94 Otto G. Oexle, Gruppenbindung und Gruppenverhalten bei Menschen und Tieren - Beobachtungen zur Geschichte der mittelalterlichen Gilden, in: Saeculum 36 (1985), 28 ff.

IV	95	Ds., Armut und Armenfürsorge um 1200 - Ein Beitrag zum Verständnis der freiwilligen Armut bei Elisabeth von Thüringen, in: Sankt Elisabeth - Fürstin, Dienerin, Heilige, hrsg. von der Philipps-Universität Marburg u. a., Sigmaringen 1981
	96	Norbert Ohler, Sterben, Tod und Grablege nach ausgewählten mittelalterlichen Quellen, in: IV, 181
	96a	Ds., Pilgerleben im Mittelalter. Zwischen Andacht und Abenteuer, Freiburg i. B. 1994
	97	E. von Oidtmann, Arnoldus Parvus, der Stammvater des Geschlechtes von Paland, in: ZAGV 15 (1893), 38 ff.
	98	Joseph Oppenhoff, Die Aachener Gerichte, in: I, 18 Ostendorf s. IV, 165, Otto von Freising s. IV, 166
	99	Emil Pauls, Syt willekomen heirre Kirst, in: ZAGV 4 (1882), 149 ff.
	100	Ds., Die Entsühnung des Aachener Münsters in den Jahren 1428 und 1467, in: ZAGV 22 (1990), 188 ff.
	101	Ds., Erinnerungen an den zu Aachen erschlagenen Grafen Wilhelm IV. von Jülich, in: ZAGV 25 (1903), 112 ff. Pauls s. IV, 160
	102	C. Paulus, Welt- und Ordensklerus beim Ausgang des XIII. Jahrhunderts im Kampf um die Pfarrechte, Diss. Göttingen, Essen 1900
	103	Eugène Peeters, La marche de Saint Feuillen à Fosses, in: Ds., Le folklore a Belgique, Ier vol., Bruxelles 1950
	104	S. von Pfeil, Der Augustus-Titel der Karolinger, in: Welt als Geschichte 19 (1959), 194 ff.
	105	Richard Pick, Zur Geschichte der Fronleichnamsprozession in Aachen, in: Oecher Platt 9 (1916), 58 ff.
	106	Ds., Die St. Foillanskirche, in: AAV 1895, 1 ff.

IV 107 Ds., Die Armenpflege in Aachen, in: Festschrift zur 72. Versammlung Deutscher Naturforscher und Ärzte, Aachen 1900

107a Ds., Ein verschollenes "uraltes" Lied aus Aachen, in: Oecher Platt 8 (1915), 148 ff.

107b Ds., Aus Aachens Vergangenheit, Aachen 1895

108 Matthias Plum, Geschichte des Volksschulwesens der freien Reichsstadt Aachen und des Aachener Reiches vom Mittelalter bis zur Zeit der französischen Herrschaft, Brand 1928

109 Bernhard Poll, Ein Plan von 1688 über das Gelände des heutigen Elisengartens, in: ZAGV 69 (1957), 71 ff.

110 J. Schmadt, Der "dialogus miraculorum" des Caesarius von Heisterbach in seinen Beziehungen zu Aachen, in: AAV 13 (1900), 4 ff.

111 Eberhard Quadflieg, Der Kirchenschatz von St. Foillan, in: KZBAC 22 (1961), 107 ff.

112 Ds., Das deutsche Haus zu St. Gilles in Aachen, in: ZAGV 78 (1967), 167 ff.

113 Ds., Die Immunität der Abtei Stavelot in Aachen und ihre Aldegundiskirche, in: ZAGV 84/85 (1977/78), 783 ff.

114 Christian Quix, Historische Beschreibung der Münsterkirche und der Heiligthums-Fahrt (Aachen 1925), Nachdruck Aachen 1976

115 Ds., Die Pfarre zum hl. Kreuz und die ehemalige Kanonie der Kreuzherren in Aachen (Aachen 1829), Nachdruck Aachen 1981

116 Ds., Die königliche Kapelle und das ehemalige adlige Nonnenkloster auf dem Salvatorberge, Aachen 1929

117 Ds., Geschichte der St. Peter-Pfarrkirche ..., Aachen 1836

IV	117a	Ds., Beiträge zur Geschichte der Stadt und des Reiches von Aachen, 3 Bde., Aachen 1837 - 1838
	118	Ds., Das ehemalige Spital zum hl. Jakob, Aachen 1836
	119	Ds., Geschichte der Stadt Aachen ... Mit einem Codex diplomaticus Aquensis, 2 Bde., Aachen 1840/41
	120	Ds., Biographie des Ritters Gerhard Chorus, Erbauer des Rathauses und des Chores an der Maria- und Münsterkirche, Aachen 1842

Rauh s. IV, 180

121 Otto R. Redlich, Herzog Johann von Jülich und die Aachener Revolution des Jahres 1513, in: ZAGV 23 (1901), 338 ff.

Rey s. IV, 177

122 Heinrich Schaefer, Das Alter der Parochie Klein S. Martin, Maria im Kapitol, und die Entstehung des Marienstifts auf dem Kapitol in Köln, in: AHV 74 (1902), 53 ff.

123 Wilhelm Rober, Die Beziehungen zwischen der Stadt Aachen und dem Marienstift bis zur französischen Zeit, in: ZAGV 47 (1925), 1 ff.

124 Werner Rösener, Zur Problematik des spätmittelalterlichen Raubrittertums, in: III, 107

125 Hellmuth Rößler, Ein König für Deutschland (Janus-Bücher 17), München 1960

126 Claudia Rotthoff-Kraus, Das Aachener Hospital am Radermarkt von seiner Gründung im Jahre 1336 bis zu seiner Übergabe an die Elisabethinnen im Jahre 1622. Ein Beitrag zur Sozialgeschichte der Stadt Aachen im späten Mittelalter, in: III, 108

127 Ds., Die politische Rolle der Landfriedenseinigungen zwischen Maas und Rhein in der zweiten Hälfte des 14. Jahrhunderts (3. Beiheft ZAGV), 1960

IV 128 Heinrich Savelsberg, Bericht über die Hauptversammlung des Aachener Geschichtsvereins vom 16.11.1919, in: ZAGV 41 (1920), 306 ff.
129 Ds., Bericht über altertümliche Funde in Aachen im Jahre 1907, in: AAV 20 (1907), 232
130 Paul Sartori, Art. *Maibaum* im Handwörterbuch des deutschen Aberglaubens, hrsg. von H. Bächtold-Stäubli, Berlin 1935 ff.
131 Heinz Simons, Wilhelm Hahn, St. Martinus Richterich, Eine Pfarre im Wandel der Zeit, Aachen 1991
132 Heinrich Schaefer, Pfarrkirche und Stift im deutschen Mittelalter. Eine kirchenrechtliche Untersuchung (Stuttgart 1903), Nachdruck Amsterdam 1962
133 Heinrich Schiffers, Studien zur Entstehungsgeschichte der Aachener Heiligtumsfahrt, Aachen 1925
134 Ds., Die Anfänge der Aachener Franziskaner-Niederlassung, in: AR 16.10.1926
135 Ds., Kulturgeschichte der Aachener Heiligtumsfahrt, Köln 1930
136 Ds., Begarden im mittelalterlichen Aachen, in: KZBAC 5.3.1933
136a Ds., Das Aachener Diözesangebiet im Wandel der Jahrhunderte, in: I, 52a
136b Ds., Das katholische Aachen im Wandel der Jahrhunderte, Aachen 1934
136c Ds., Vom Altaachener Pfingstfest, in: EdG 19.5.1934
136d Ds., Der Reliquienschatz Karls des Großen und die Anfänge der Aachen-Fahrt, Aachen 1951
137 Franz-Joseph Schmale, Kanonie, Seelsorge, Eigenkirche, in: HJG 78 (1959)
138 Jürgen Petersohn (Hrsg.), Politik und Heiligenverehrung im Hochmittelalter, Sigmaringen 1994

IV 139 Karl Schmid (Hrsg.), Memoria. Der geschichtliche Zeugniswert des liturgischen Gedenkens im Mittelalter (Münsterische Mittelalter-Schriften 48), München 1984
139a Ds., Gedächtnis, das Gemeinschaft stiftet (Schriftenreihe der Katholischen Akademie der Erzdiözese Freiburg), Freiburg i. B. 1987
140 Michael Schmitt, Die städtebauliche Entwicklung Aachens im Mittelalter mit Berücksichtigung der gestaltbildenden Faktoren, Diss. Aachen 1972
141 Egon Schmitz-Cliever, Die Ausgrabungen des mittelalterlichen Blasiusspitals in Aachen, in: Medizinhistorisches Journal 6 (1971), 78 ff.
142 Ds., Zur Frage der epidemischen Tanzkrankheit des Mittelalters, in: SAGMN 37 (1953), 149 ff.
143 Heinrich Schnock, Der Beguinenconvent "Stefanshof", in: AAV 3 (1890), 47 ff.
Scholten s. IV, 162
144 Georg Schreiber, Irland im deutschen und abendländischen Sakralraum, in: AGF 9, 22.10.1952
145 Klaus Schreiner, "Correctio principis". Gedankliche Begründung und geschichtliche Praxis der Herrscherkritik, in: IV, 29 / 203 ff.
145a Alfred Schulze, Stadtgemeinde und Kirche im Mittelalter, in: Festgabe für Rudolph Sohm, München 1914
145b Knut Schulz, Die Bedeutung der Stifter für die wirtschaftliche und soziale Entwicklung in niederrheinischen Städten, in: Erich Meuthen (Hrsg.), Stift und Stadt am Niederrhein, Kleve 1984
145c Alois Schulte, Der Adel und die deutsche Kirche im Mittelalter, 3. Aufl., Darmstadt 1958
Spoerl s. IV, 167

IV 146 Erich Stephany, Der Aachener Dom - Liturgie und Kirchenraum. Eine Studie, in: ZAGV 84/85 (1977/78)
Stercken s. IV, 178
147 Tilman Struve, Kaisertum und Romgedanke in salischer Zeit, in: Deutsches Archiv zur Erforschung des Mittelalters 44 (1988), 424 ff.
148 Ds., Pedes Rei Publicae - Die dienenden Stände im Verständnis des Mittelalters, in: HZ 236 (1983), 1 ff.
149 Hermann Tüchle, Die Kirche oder die Christenheit, in: Reiner Hausherr (Hrsg.), Die Zeit der Stauffer - Katalog der Ausstellung, 4. Aufl., 1977, Bd. III, 165 ff.
150 Eduard Teichmann, Das älteste Aachener Totenbuch, in: ZAGV 38 (1916), 1 ff.
151 Ds., Ein ehemaliger Aachener Pfingstbrauch, in: ZAGV 45 (1923), 190 ff.
151a Ds., Wo standen der karolingische Erlöser- und der Kreuzaltar des Aachener Münsters? in: ZAGV 47 (1925), 276 ff.
152 Jakob Torsy, Heilige an Maas und Rhein, in: Rhein und Maas - Kunst und Kultur 800 - 1400, 1. Bd., Köln 1972
153 Karl Vent, Die Entwicklung des Musik- und Theaterlebens in Aachen von der reichsstädtischen bis zur preußischen Zeit, in: V, 90 / 125 ff.
153a Otto Vossen, Das Irrenwesen in Aachen, in: Festschrift zur 72. Versammlung Deutscher Naturforscher und Ärzte, Aachen 1900
153b Ds., Die Armenpflege in Aachen, in: wie IV, 153a
154 K. Wieth, St. Gertrudens Minne, in: AAV 1 (1888), 163 ff.

IV 155 Klaus Winands, Das Aachener Münster - Geschichte und Architektur des Chores und der Kapellenbauten, Recklinghausen 1989

155a Hermann Wirtz, Die städtische Gerichtsbarkeit in der Reichsstadt Aachen, in: ZAGV 43 (1922), 47 ff.

156 Hans Wiswe, Meybom to Aken (Reynke de vos V.2781), in: Niederdeutsches Jahrbuch NF 138 (1964), 57 ff.

157 Dieter P. J. Wynands, Geschichte der Wallfahrten im Bistum Aachen, Aachen 1986

158 Walther Zimmermann, Das Münster zu Essen (Die Kunstdenkmäler des Rheinlands, hrsg. von ds., Beiheft 3), Essen 1956

159 Karl Zeumer, Zur Geschichte der Reichssteuern im früheren Mittelalter, (Libelli XXIII), Darmstadt 1955

160 Emil Pauls, Zur Geschichte des Klosters und der Kirche zur hl. Anna in Aachen, in: ZAGV 30 (1908), 62 ff.

161 Johann J. Kreutzer, Beschreibung und Geschichte der ehemaligen Stifts-, jetzigen Pfarrkirche zum hl. Adalbert, Aachen 1839

162 Uta Scholten, *Zu Ach hab ich gesehen die proportionirten seulen, die Carolus von Rom dahin hat bringen lassen* ... Die Aachener Marienkirche im Spiegel der Heiligtumsfahrten, in: Gottfried Kerscher (Hrsg.), Hagiographie und Kunst. Der Heiligenkult in Schrift, Bild und Architektur, Berlin 1993, 192 ff.

163 Emil Debacker, Le Roeulx, berceau de Hainaut, in: Hainaut Tourisme (Ed.), Le Roeulx, les Joyaux de notre Couronne, Mons (o. J.)

164 Luise von Coels von der Brügghen, Die St. Barbara-Bruderschaft auf dem Parvisch, in: ZAGV 52 (1931), 168 ff.

IV 165 Adolf Ostendorf, Das Salvator-Patrozinium, seine Anfänge und seine Ausbreitung im mittelalterlichen Deutschland, in: Westfälische Zeitschrift 100 (1950), 357 ff.

166 Otto von Freising, Chronica sive historica de duabus civitatibus (1146), in: Rudolf Buchner (Hrsg.), Ausgewählte Quellen zur deutschen Geschichte des Mittelalters, Bd. XVI, Darmstadt 1960

167 Johannes Spoerl, Wandel des Welt- und Geschichtsbildes im 12. Jahrhundert (1955), in: Walter Lammers (Hrsg.), Geschichtsdenken und Geschichtsbild im Mittelalter (Wege der Forschung XXI), Darmstadt 1961

168 Herbert Grundmann, Grundzüge der mittelalterlichen Geschichtsanschauungen, in: AKG 24 (1934), 326 ff.

169 Robert Spaemann, Weltgeschichte und Heilsglaube, in: HL 50 (1957/58), 297 ff.

170 Bernhard Neidinger, Die Bettelorden im spätmittelalterlichen Rheinland, in: RhVjbl 57 (1993), 50 ff.

171 Karl-Heinz Menke, Devotio moderna und Devotio postmoderna, in: IKZ 24, Januar 1995

172 Gotteslob - Katholisches Gebet- und Gesangbuch für das Bistum Aachen, Stuttgart und Mönchengladbach 1975

173 Stephan Beißel, Die Verehrung der Heiligen und ihrer Reliquien in Deutschland in der zweiten Hälfte des Mittelalters (Freiburg i. B. 1892), Neudruck Darmstadt 1976

174 Odilo Gatzweiler, Die Einführung des Fronleichnamsfestes in Aachen, in: ZAGV 46 (1926), 199 ff.

175 Ds., Die literarischen Handschriften des Aachener Marienstifts, in: ZAGV 46 (1926), 1 ff.

IV	176	Hubert Gatzweiler, Das St. Adalbertstift zu Aachen, in: ZAGV 51 (1929), 114 ff.
	177	Josef G. Rey, Beiträge zur Geschichte des Klosters der Windesheimer Chorherren in Aachen, in: ZAGV 32 (1910), 78 ff.
	178	Martina Stercken, Königtum und Territorialgewalten in rhein-maas-ländischen Landfrieden des 14. Jahrhunderts (Rheinisches Archiv 124), Köln und Wien 1989
	179	Alois Schrott, Seelsorge im Wandel der Zeiten - Formen und Organisation seit Begründung des Pfarrinstituts bis zur Gegenwart - Ein Beitrag zur Pastoralgeschichte, Graz o. J. (1949)
	180	Horst Dieter Rauh, Das Bild des Antichrist im Mittelalter - Von Tyconius zum deutschen Symbolismus (Beiträge zur Geschichte der Philosophie und Theologie des Mittelalters, NF, Bd. 9), Münster 1973
	181	Hansjakob Beckers u.a. (Hrsg.), Im Angesicht des Todes, Bd. I, St. Ottilien 1987, 593 ff.

V Katholische Reform und Protestantische Reformation

	1	Hugo Altmann, Die konfessionspolitischen Auseinandersetzungen in der Reichsstadt Aachen in den Jahren 1612 - 1617 im Lichte neuer Quellen, in: ZAGV 88/89 (1981/82), 153 ff.
	2	Hannah Arendt, Macht und Gewalt (Serie Piper Nr. 1), München 1969
	3	Franz Xaver Arnold, Grundsätzliches und Geschichtliches zur Theologie der Seelsorge, Freiburg i. B. 1949

IV 4 Herbert von Asten, Die religiöse Spaltung in der Reichsstadt Aachen und ihr Einfluß auf die industrielle Entwicklung in der Umgebung, in: ZAGV 68 (1956), 77 ff.

5 Ds., Religiöse und wirtschaftliche Antriebe im niederrheinischen Montangewerbe, in: RhVjbl 28 (1963), 62 ff.

6 Alfons Bellesheim, Der päpstliche Nuntius Bononi, Bischof von Vercelli, in Aachen, in: ZAGV 18 (1896); 361 ff.

7 Ds., Die Stadt Aachen in den Nuntiaturberichten Kaspar Groppers 1573 - 1576, in: ZAGV 21 (1899), 123 ff.

8 Georg von Below, Streitigkeiten zwischen Aachen und Jülich im Jahre 1558, in: ZAGV 16 (1894); 1 ff.

9 Hans-Kurt Boehlke, Kirchhof - Gottesacker - Friedhof. Wandlungen der Gesellschaft - Wandlungen der Pietät, in: IV, 181

10 August Brecher, Die kirchliche Reform in Stadt und Reich Aachen von der Mitte des 16. bis zum Anfang des 18. Jahrhunderts, Münster 1957

11 Friedrich Classen, Beiträge zur Geschichte der Reichsstadt Aachen unter Karl V., in: ZAGV 36 (1914), 1 ff.

12 Matthias Classen, Die konfessionelle und politische Bewegung in der Reichsstadt Aachen zu Anfang des 17. Jahrhunderts, in: ZAGV 28 (1906), 286 ff.

13 Luise von Coels von der Brügghen, Zur Geschichte Aachens im 16. Jahrhundert, Aachen 1905

14 Ds., Die Schöffen des königlichen Stuhls von Aachen von der frühesten Zeit bis zur endgültigen Aufhebung der reichsstädtischen Verfassung, in: ZAGV 50 (1928), 1 ff.

15 Paul J. Cordes, Luther und Ignatius, in: IKZ 1990/3, 271 ff.

IV	16	Fritz Dickmann, Der westfälische Frieden, 5. Aufl., Münster 1972
	17	Gisbert Kranz, Thomas von Kempen - Der stille Reformer vom Niederrhein, Moers 1993
	18	Bernhard Duhr, Geschichte der Jesuiten in den Ländern deutscher Zunge, 4 Bde., (Freiburg i. B. 1907 - 1913), Neudruck Regensburg 1928
	19	Kaspar Elm, Johannes Janssen. Der Geschichtsschreiber des deutschen Volkes, seiner Kultur und Frömmigkeit (1829 - 1891), in: JTB 1991
	20	Wilfried Enderle, Die katholischen Reichsstädte im Zeitalter der Reformation und der Konfessionsbildung, in: ZSSRG LXXV (100. Bd.), 1989, 228 ff.
	21	Johann Fey, Zur Geschichte Aachens im 16. Jahrhundert, Aachen 1905
V	22	Joseph Finken, Die Reichsstadt Aachen auf dem westfälischen Friedenskongreß, in: ZAGV 32 (1910)
	23	Elisabeth Fischer-Holz, Anruf und Antwort - Bedeutende Frauen aus dem Dreiländereck Aachen 1991
	23a	Ds., Apollonia Radermecher (1571 - 1626), in: V. 23 , Bd. I, 20 ff.
	24	Isnard W. Frank, Toleranz am Mittelrhein, Mainz 1984
	25	Alfons Fritz, Geschichte des Kaiser-Karls-Gymnasiums in Aachen - I. Das Aachener Jesuiten-Gymnasium, in: ZAGV 28 (1906), 211 ff.
	26	Hermann Ariovist Freiherr von Fürth, Beiträge und Material zur Geschichte der Aachener Patrizier-Familien, 3 Bde., Aachen 1882 - 1890
	26a	Ernst Günther Grimme, Der Kirchenschatz zu St. Foillan, in: AVZ 10.2.1972

V 26b Johann F. G. Goeters, Die Entstehung des rheinischen Protestantismus und seiner Eigenart, in: RhVjbl 58 (1994), 149 ff.
27 Joseph Hansen, Die Wiedertäufer in Aachen und in der Aachener Gegend, in: ZAGV 6 (1884), 295 ff.
28 Ds., Kriegsdrangsale Aachens in der zweiten Hälfte des 16. Jahrhunderts, in: ZAGV 7 (1885), 65 ff.
28a Ds., Die lutherische Gemeinde zu Aachen im Laufe des 16. Jahrhunderts - Beiträge zur Geschichte Aachens, Bonn 1886
29 Ds., Akten zur Geschichte des Jesuitenordens 1542 - 1582, (PGRhK XIV), Bonn 1896
30 Justus Hashagen, Der rheinische Protestantismus und die Entwicklung der rheinischen Kultur, Essen 1924
31 Heinrich Hoeffler, Entwicklung der kommunalen Verfassung und Verwaltung bis zum Jahre 1450, in: ZAGV 23 (1901), 171 ff.
32 Hans J. Hillerbrand, Ein täuferisches Missionszeugnis aus dem 16. Jahrhundert, in: ZGK 71 (1960), 324 ff.
33 J. Hohmeyer, Die Erneuerung des Pfarrgedankens - Eine bibliographische Übersicht, in: Hugo Rahner (Hrsg.), Die Pfarre - von der Theologie zur Praxis, Freiburg i. B. 1956, 125 ff.
34 Heinz Hürten, Katholizismus, in: Staatslexikon der Görres-Gesellschaft III, 373 ff.
Huyskens s. V, 77 und 78
35 Erwin Iserloh, Die Devotio moderna, in: V, 82a / Bd. III, 2, 536 ff.
Jedin s. V, 82
36 Peter St. Käntzeler, Die Niederlassung der Jesuiten in Aachen, in: AHV 17 (1866), 30 ff.
36a Ds., Die Aachener kolossale Figur Karls des Großen, in: EdG 1868, Nr. 159

37 Walter Kasper, Kirche und neuzeitliche Freiheitsprozesse, in: JTB 1987

38 Reiner von Kempen, Die Streitigkeiten zwischen dem Kurfürsten von der Pfalz als Herzog von Jülich und der Reichsstadt Aachen wegen der Vogtmeierei im 18. Jahrhundert, in: ZAGV 34 (1912), 1 ff. und 227 ff., Keussen s. V, 81

39 Herbert Kisch, Das Erbe des Mittelalters, ein Hemmnis wirtschaftlicher Entwicklung: Aachener Tuchgewerbe vor 1790, in: RhVjbl 30 (1965), 253 ff.

40 Heribert Kley, Geschichte und Verfassung des Aachener Wollenambachts wie überhaupt der Tuchindustrie der Reichsstadt Aachen, Siegburg 1916, Kranz s. V, 17

41 Felix Kuetgens, Überblick über die Entwicklung und Bedeutung der bildenden Kunst, in: I, 18 / 133 ff.

42 Horst Lademacher, Geschichte der Niederlande, Darmstadt 1983

43 Joseph Lortz, Die Reformation in Deutschland, 2 Bde., 3. Aufl., Freiburg i. B. 1940

44 Niklas Luhmann, Funktion der Religion, Frankfurt a. M. 1977

45 Hermann F. Macco, Die reformatorischen Bewegungen während des 16. Jahrhunderts in der Reichsstadt Aachen, Leipzig 1900

46 Ds., Zur Reformationsgeschichte Aachens während des 16. Jahrhunderts. Eine kritische Studie, Aachen 1907

47 Hans Mahlert, Adam von Zevels Verantwortung, dem Rat der Stadt Aachen überreicht am 13.5.1560, in: ZAGV 45 (1923), 224 ff.

V 48 Hans G. Molitor, Reformation und Gegenreformation in der Reichsstadt Aachen, in: ZAGV 98/99 (1992/93), Tl. 1, 185 ff.
49 Käthe Neuefeind (Mater Maria Consolata), Die Neugründung klösterlicher Erziehungsanstalten in Aachen im Zeitalter der Gegenreformation, in: ZAGV 56 (1934); 61 ff., und 58 (1936), 57 ff. Obermann s. V, 86
50 Karl Oppenhoff, Die Strafrechtspflege des Schöffenstuhls zu Aachen seit dem Jahre 1657, in: ZAGV 6 (1884), 1 ff.
51 Emil Pauls, Hexenverbrennungen zu Aachen in den Jahren 1630 und 1649, in: ZAGV 5 (1883), 295 ff.
52 Ds., Verurteilung eines Wiedertäufers durch das Schöffengericht zu der Strafe, mit einem leinenen Kleide bekleidet, barfuß in einer Prozession brennende Kerzen zu tragen, 1537, September 5, in: ZAGV 26 (1905), 4 ff.
52a Ds., Zur Geschichte der Vogtei Jülichs und der Obervogtei Brabants in Aachen, in: ZAGV 26 (1904), 355 ff.
53 N. Paulus, Matthias Sittardus, in: HPB 116 (1895), 237 ff., und 329 ff.
54 Heinrich Pennings, Die Religionsunruhen in Aachen und die beiden Städtetage zu Speyer und Heilbronn 1581 und 1582, in: ZAGV 27 (1905), 25 ff.
55 Rudolf A. Peltzer, Geschichte der Messingindustrie und der künstlerischen Arbeiten in Messing (Dinanderien) in Aachen und den Ländern zwischen Maas und Rhein von der Römerzeit bis zur Gegenwart, in: ZAGV 30 (1908), 235 ff.
56 Franz Petri, Im Zeitalter der Glaubenskämpfe (1500 - 1648), in: I, 14, Bd. 2, 1 ff.

V 57 Sebastian Th. Plancker, Der abtrünnige Mönch und Pfarrer von St. Peter zu Aachen, Heinrich Beyer von Capellen, in: AAV 1 (1888), 177 ff.
58 Rudolf Pohl, Johannes Mangon, Köln 1961
58a Ds., Musik im Dom zu Aachen - 1200 Jahre Chorschule im Hofe Karls des Großen, Aachen 1981
59 Helga Raue, Der Aachener Sakralbau im 19. Jahrhundert, in: ZAGV 94/95 (1987/88), 109 ff.
60 Otto R. Redlich, Jülich-Bergische Kirchenpolitik am Ausgang des Mittelalters und in der Reformationszeit, 3 Bde., 1907 - 1915 (= PGRhG, Bd. 2), Bonn 1915
61 Ludwig Remling, Bruderschaften als Forschungsgegenstand, in: Jahrbuch für Volkskunde der Görresgesellschaft 1980, 89 ff.
62 Konrad Repgen, Die römische Kurie und der westfälische Friede. Idee und Wirklichkeit des Papsttums im 16. und 17. Jahrhundert, Bd. 1: Papst, Kaiser und Reich 1521 - 1644, Tübingen 1962
63 Josef G. Rey, Geschichte des Hauses Annastraße 44, in ZAGV 47 (1925), 341 ff.
Samson s. V, 79
64 Martin Scheins, Die Jesuitenkirche zum hl. Michael in Aachen, in: ZAGV 5 (1883), 75 ff.
65 Heinz Schilling, Niederländische Exulanten im 16. Jahrhundert, ihre Stellung im Sozialgefüge und im religiösen Leben deutscher und englischer Städte (Schriften des Vereins für Reformationsgeschichte 187), Gütersloh 1972
66 Ds., Bürgerkämpfe in Aachen zu Beginn des 17. Jahrhunderts - Konflikte im Rahmen der alteuropäischen Stadtgesellschaft oder im Umkreis der frühbürgerlichen Revolution, ZHF 1 (1974), 175 ff.

V 67 Ds., Die niederländischen Exulanten des 16. Jahrhunderts. Ein Beitrag zum Typus der frühneuzeitlichen Konfessionsmigration, in: GWU 43 (1992), 67 ff.

Peter Schmitz s. V, 87

68 Walter Schmitz, Möglichkeiten und Grenzen der Toleranz im späten 16. Jahrhundert. Bonifatius Colin als katholischer Bürgermeister im protestantischen Rat der Reichsstadt Aachen (1582 - 1598), in: ZAGV 90/91 (1983/84), 149 ff.

69 Ds., Verfassung und Bekenntnis - Die Aachener Wirren im Spiegel der kaiserlichen Politik 1550 - 1616, (Europäische Hochschulschriften, Reihe III, Bd. 202), Frankfurt a. M. 1983

70 Ds., Der Konflikt der Reichsstadt Aachen mit dem Herzog von Jülich anläßlich einer Besichtigung der Heiligtümer im Jahre 1606, in: AHV 189 (1986)

71 Willibalda Schmitz-Dobbelstein (Hrsg.), Die Hospitalschwestern von St. Elisabeth in Aachen 1622 - 1922, Aachen 1922

Schoop s. V, 84; Trost s. V, 83

72 Aloys Wessling, Die konfessionellen Unruhen in der Reichsstadt Aachen zu Beginn des 16. Jahrhunderts - Beiträge zur Geschichte Aachens, Aachen 1905

73 Reinhard Wittram, Zukunft in der Geschichte - Zu Grenzfragen der Geschichtswissenschaft und Theologie, Göttingen 1966

74 Max Wohlhage, Aachen im Dreißigjährigen Krieg, in: ZAGV 33 (1911), 1 ff.

75 Walther Wolff, Beiträge zu einer Reformationsgeschichte der Stadt Aachen - Sonderdruck aus: Theologische Arbeiten aus dem rheinischen wissenschaftlichen Predigerseminar, NF 7, Tübingen 1903

V 76 Ernst W. Zeeden, Aspekte der katholischen Frömmigkeit in Deutschland im 16. Jahrhundert, in Reformata Reformanda, Festgabe für Hubert Jedin, hrsg. von Erwin Iserloh und Konrad Repgen zum 17.6.1965, Bd. II, 1 ff.
77 Albert Huyskens, Der Geschichtsschreiber Noppius, in: I, 18 / 322 ff.
78 Ds., Peter von Beeck, der Verfasser der ersten gedruckten Aachener Geschichte, in: I, 18 / 299 ff.
79 Heinrich Samson, Die Heiligen als Kirchenpatrone und ihre Auswahl für die Erzdiözese Köln ..., Paderborn 1892
80 N. N., Zur Reformationsgeschichte Aachens, in: HPB, Bd. 18 (1901)
81 Hermann Keussen, Eine Rechtfertigung der Aachener Jesuiten, in: ZAGV 29 (1907), 338 ff.
82 Hubert Jedin, Katholische Reformation oder Gegenreformation? Luzern 1946
82a Hubert Jedin (Hrsg.), Handbuch der Kirchengeschichte, 7 Bde., Freiburg i. B. 1962 / 1965 / 1985
83 P. H. Trost, Ursprung und Verbreitung der Marianischen Männer-Sodalität, in: Andachtsbuch für die Pfarrgemeinde zum hl. Michael in Aachen, Aachen 1845
84 Anton Schoop, Das Gymnasium 1601 - 1914, in: V, 90 / 26 ff.
85 Beate Plück, Der Kult des Katakombenheiligen Donatus von Münstereifel, in: JbVk NF 4 (1981), 112 ff.
86 Heiko Obermann, Erasmus von Rotterdam - Zwischen Humanismus und Reformation. Vortrag in der Tele-Akademie des Südwest-Funks am 3.11.1991
87 Peter Schmitz, 350 Jahre humanistisches Gymnasium in Aachen, in: V, 90 / 23 ff.

V 88 Der Römische Katechismus nach dem Beschlusse des Konzils von Trient für die Pfarrer auf Befehl des Papstes Pius des Fünften herausgegeben, Regensburg u.a., 4. Aufl. 1905
89 Hermine Kühn-Steinhausen, Nochmals der Jülich-Klevische Erbfolgestreit, in: Düsseldorfer Jahrbuch 48 (1956), 38 ff.
90 350 Jahre humanistisches Gymnasium in Aachen. 1601 - 1951. Festschrift des Kaiser-Karls-Gymnasiums, Aachen 1951

VI **Absolutismus**

1 Archivberatungsstelle Rheinland (Hrsg.), Kostbarkeiten aus rheinischen Archiven, Katalog der Ausstellung in Köln 28.3. - 27.4.1979, Köln 1979
2 Walter Baier, Genese, Stellung und Bedeutung der Lehre von der päpstlichen Unfehlbarkeit bei Eusebius Amort (1752), in: Weisheit Gottes - Weisheit der Welt, Festschrift für Kardinal Ratzinger zum 60. Geburtstag, hrsg. von Walter Baier u.a., St. Ottilien 1987, I, 997 ff.
2a Hans Urs von Balthasar, Der antirömische Affekt als Selbstzerstörung der katholischen Kirche, in: s. XII, 4 / 2. Bd., 173 ff.
3 Philomene Beckers, Parteien und Parteienkampf in der Reichsstadt Aachen im letzten Jahrhundert ihres Bestehens, in: ZAGV 55 (1935), 1 ff., und 56 (1936), 105 ff.

VI 4 Hans Bisegger, Das Krämviertel in Aachen nach dem großen Brand bis zur preußischen Zeit, 1656 bis nach 1815, eine architektonisch-historische Bearbeitung dieses Gebietes (Aachener Beiträge für Baugeschichte und Heimatkunst, Heft 1), Aachen 1920

5 Eugen Biser, Glaubensprognose - Orientierung in postsäkularistischer Zeit, Graz 1991

6 Max Braubach, Die erste Bonner Hochschule - Maxische Akademie und kurfürstliche Universität 1774 bis 1798, Bonn 1966

7 Ds., Vom Westfälischen Frieden bis zum Wiener Kongreß, in: I, 14 / Bd. 2, 219 ff.

7a Werner Braun, Die Musik des 17. Jahrhunderts (Neues Handbuch der Musikwissenschaft, hrsg. von Carl Dahlhaus, Bd. 4), Wiesbaden 1981

8 Die Bruderschaft Mariae Verkündigung oder die sogenannte "Erdbebenbruderschaft" in der Pfarrkirche zum hl. Foillan in Aachen, in: EdG 1.9.1878

9 Wilhelm Brüning, Ein Beitrag zur Würdigung des Bürgermeisters Dauven, in: ZAGV 20 (1898), II, 265

9a Ds., Zur Geschichte Aachens im Siebenjährigen Kriege, in: AAV 14 (1901), 34 ff.

10 Maria-Elisabeth Brunert, Die Aachener "Neue Partei" im Frühjahr 1787 - Werbekampagne und Selbstdarstellung unter Ausnutzung der Großmannschen Schauspielergesellschaft, in: ZAGV 98/99 (1992/93), 251 ff.

10a Paul L. Butzer, Heinrich Arbosch SJ (1726 - 1785) - Mathematiker am Jesuiten-Gymnasium zu Aachen; seine Rolle im Rahmen der großen Jesuiten-Mathematiker, in: ZAGV 96 (1989), 169 ff.

VI 11 Heinrich B. Capellmann, Erdbeben im Aachener Land, in: Heimatblätter des Landkreises Aachen 12 (1956), 103 ff.
12 Horst Carl, Die Aachener Mäkelei 1786 - 1792 - Konfliktregelungsmechanismen im alten Reich, in: ZAGV 92 (1985), 103 ff.
13 Luise Freiin von Coels von der Brügghen, Das Tagebuch des Gilles-Leonhard von Thimus-Goudenrath, 1772 - 1799, in: ZAGV 60 (1939), 133 ff.
13a Ds., Der Dahmengraben und die St. Donatikapelle, in: ZAGV 53 (1932), 118 ff.
14 Hans Combecher, Ein Niederländisches Gedicht zur Aachener Stadtgeschichte. Hs. im Stadtarchiv Aachen
15 Franz P. E. Cronenberg, Die Mäkelei oder Stadtratswahlgeschichten aus dem vorigen Jahrhundert. Ein Beitrag zur Geschichte der Verfassungskämpfe in Aachen, Aachen (1884)
15a Helmut Deutz, Orlando di Lasso, niederländischer Komponist, Leiter der Hofkapelle in München, in: KZBAC 26.12.1993, 17
16 Christian Wilhelm von Dohm, Entwurf einer verbesserten Constitution der Kayserlichen freyen Reichsstadt Aachen, Aachen 1790
17 Heinz Duchard, Das Zeitalter des Absolutismus, München 1989
18 Ds., Deutsche Verfassungsgeschichte 1495 - 1806 (Urban-Tb. 417), Stuttgart 1991
Feldkamp s. VI, 99
19 Alfons Fritz, Geschichte und Entwicklung des Musik- und Theaterlebens in Aachen, in: I, 18 / 251 ff.
20 Ds., Das Aachener Jesuiten-Gymnasium (Geschichte des Kaiser-Karls-Gymnasium in Aachen I), in ZAGV 28 (1906), 1 ff.

VI 21 Ds., Die Auflösung des Jesuitenkollegs und ihre Folgen, im besonderen der Streit um das Jesuitenvermögen bis zum Jahre 1813, in: ZAGV 29 (1907), 214 ff.
22 Ds., Das reichsstädtische Mariengymnasium oder das Marianische Lehrhaus, in: ZAGV 30 (1908), 75 ff.
23 Hans Martin Fröhlich, Ein Bildnis der Schwarzen Muttergottes von Brünn in Aachen (VBDA 26), Mönchengladbach 1967
24 Justus Hashagen, Der "Menschenfreund" des Freiherrn von der Trenck, in: ZAGV 29 (1907), 49 ff.
24a Paul Hasard, Die Krise des europäischen Geistes 1680 - 1715, Hamburg 1939
25 Will Hermanns, Journalist von der Trenck, in: Zeitungswissenschaft Jg. 1931, Nr. 6, 400 ff.
26 Ds., Die Ketschenburg, in: Aachener Leben 30.10.1938
27 Ds., Formen der Karlsverehrung in Alt-Aachen, in: Aachen zum Jahre 1951, Rheinischer Verein für Denkmalpflege und Heimatschutz
27a Ds., Die Aachener Journalistenjahre des Freiherrn Friedrich von der Trenck, in: ZAGV 55 (1933/34), 240 ff.
28 Urs Herzog, Geistliche Wohlredenheit. Die katholische Barockpredigt, München 1991
29 Reinhard Hildbrandt, Reich und Reichsstadt um die Mitte des 17. Jahrhunderts. Zur Bedeutung des Aachener Stadtbrandes von 1656, in: ZAGV 84 / 85 (1977/78), II, 459 ff.
29a Paul Hinschius, System des Katholischen Kirchenrechts mit besonderer Rücksicht auf Deutschland, 3 Bde., Berlin 1883
30 Albert Huyskens, Aachener Leben im Zeitalter des Barock und Rokoko. in: RhVjbl 8 (1929), 290 ff.

VI 31 J. F. Jacobi, Versuch eines Planes zur Errichtung eines Arbeitshauses in der freien Reichsstadt Aachen, Aachen 1791
32 Michael Jeismann, Tristesse und Orgiensaal. Besprechung von Peter Prange, Das Paradies im Boudoir. Glanz und Elend der erotischen Libertinage im Zeitalter der Aufklärung, Marburg 1990
33 Ernst Kaeber, Ein Bericht über das Badeleben in Aachen vom Jahre 1694, in: ZAGV 33 (1911), 100 ff.
33a Walter Kaemmerer, Die Jahre 1531 bis 1813, in: I, 38 / 60 ff.
34 Peter St. Käntzeler, Ein päpstliches Geschenk an die Stadt im Jahre 1657, in: EdG 1868, Nr. 327
34a Ds., Die Fronleichnamsprozession in der freien Reichsstadt Aachen, in: EdG 27.5.1869
34b Ds., Die Foillan-Pfarrkirche, in: EdG 1869, Nr. 213
34c Ds., Die Statue Karls des Großen auf dem Aachener Marktbrunnen, in: EdG 1868, Nr. 33
34d Ds., Die politischen Aufstände in Aachen im 15. und 16. Jahrhundert, in: EdG 1868, Nr. 239
34e Ds. (Eingesandt), Der Aachener Friedensschluß von 1668, in: EdG 25.5. bis 29.5.1869, Nr. 142 / 143 und 146
35 Johann H. Kessel, Das Gnadenbild unserer lieben Frau in der Stiftskirche zu Aachen, Aachen 1878
36 H. Keller, Das Grabdenkmal des Erzpriesters Tewis und die Kreuzkapelle, in: EdG 1860, Nr. 266
37 Hermann Keussen, Hilfe der Stadt Köln nach dem Stadtbrande 1656, in: ZAGV 51 (1929), 391 ff.
37a Hans Königs, Wiederaufgefundene Grabplatten und Denksteine in Aachen, in: ZAGV 68 (1956), 399 ff.
38 Panajotis Kondylis, Die Aufklärung im Rahmen des neuzeitlichen Rationalismus, Stuttgart 1981

VI 39 Josef Lob, Kirche und Pfarrei St. Michael in Aachen, Festschrift zum 300jährigen Jubiläum der Consekration der Kirche am 6.8.1928, Aachen 1928
40 Hermann Lübbe, Die Aufdringlichkeit der Geschichte, Graz 1989
41 Ds., Wissenschaft und Weltanschauung - Ideenpolitische Fronten im Streit ..., in: Gunter Mann (Hrsg.), Naturwissenschaft und Erkenntnis im 19. Jahrhundert. Emil Du Bois-Reymond, Hildesheim 1981
42 Franz Xaver Montz, Die Bruderschaft vom Allerheiligsten Altarssakrament in der Pfarrkirche zum hl. Foillan in Aachen, in: Pastoralblatt 43 (1909), 194 ff.
43 Dietz-Rüdiger Moser, Verkündigung und Volksgesang. Studien zur Liedpropaganda und -katechese der Gegenreformation, Berlin 1981
44 Franz August Müller, Das philosophisch-theologische Studium in Aachen 1794 - 1827 (1837). Zugleich ein Beitrag zur Vorgeschichte der Kölner Wirren, Theol. Diss. Bonn 1945, A, 25
45 Johannes Müller, Das Jesuitendrama in den Ländern deutscher Zunge vom Anfang (1555) bis zum Hochbarock (1665), 2 Bd., in: Schriften der Görres-Gesellschaft zur deutschen Literatur 7/8, 1930
46 Klaus Müller, Städtische Unruhen im Rheinland des späten 18. Jahrhunderts, in: RhVjbl 54 (1990), 164 ff.
46a Ds., Die Reichsstadt Aachen im 18. Jahrhundert, in: ZAGV 98/99 (1992/93), I, 205 ff.
46b Franz Xaver Münch, Philippus Hedderich iam quater Romae damnatus, in: AHV 91 (1911), 136 ff.
47 Wilhelm Mummenhoff, Die ehemalige Säule im Kreuzgarten des Aachener Münsters, in: ZAGV 52 (1930), 161 ff.

VI	48	Axel H. Murken, Zur Heilung und zum Vergnügen, in: ZAGV 98/99 (1992/93), 351 ff.
	48a	N. N., Aachen im Siebenjährigen Kriege, in: Aachener Leben 6.6.1937
	49	Friedrich Ohly, Metaphern für die Sündenstufen und die Gegenwirkung der Gnade, RhWAW G 302 (1990)
	50	August Pauls, Freiherr von der Trenck und der Aachener Advokat Dr. Carlier, in: ZAGV 33 (1911), 285 ff.
	51	Ds., Geschichte der Aachener Freimaurer, Clausthal-Zellerfeld 1928
	52	Emil Pauls, Eine Besichtigung des Reliquienschatzes des Aachener Münsters durch die Kurfürstinnen von Brandenburg und Hannover im Jahre 1700, in: AHV 75 (1903), 156 ff.
	52a	Ds., Ein in Aachen entstandenes Schauspiel und Siegeslied zur Feier der Befreiung Wiens von den Türken im September 1683, in: AAV 2 (1890), 10 ff.
	53	Ds., Zur Geschichte der Erdbeben des 17. und 18. Jahrhunderts in der Aachener Gegend, in: AHV 56 (1893), 91 ff.
	53a	Ds., Eine Aachener Rechtsgelehrtengesellschaft im 18. Jahrhundert, in: ZAGV 35 (1913), 318 ff.
	53b	Ds., Beiträge zur Geschichte der Buchdruckereien, des Buchhandels, der Censur und der Zeitungspresse in Aachen bis zum Jahre 1816, in: ZAGV 15 (1894), 97 ff.
	53c	Ds., Aus dem Tagebuch des Aachener Stadtsyndikus Dr. Peter Fell, in: AAV 1 (1888), 153 ff.
	54	Richard Pick, Zur Geschichte der Erdbebenbruderschaft in Aachen, in: EdG 1886, Nr. 76

55 Ds., Die letzte außerordentliche Zeigung der großen Heiligtümer in der reichsstädtischen Zeit (1780 für Gustav III. von Schweden), in: ZAGV 31 (1909), 175 ff.

56 Sebastian Th. Plancker, Zur Besoldung der Aachener Pfarrer im 17. Jahrhundert, in: ZAGV 7 (1885), 288 ff.

57 Ds., Sterbeglöcklein in den vier alten Pfarrkirchen Aachens, in: AAV 7 (1894), 110 ff.

58 Ds., Die Pfarrer von St. Peter in Aachen, in: AAV 2 (1898), 17 ff., 33 ff. und 49 ff.

59 Matthias Plum, Geschichte des Volksschulwesens der freien Reichsstadt Aachen und des Aachener Reiches vom Mittelalter bis zur Zeit der französischen Herrschaft, Brand 1928

60 Heribert Raab, Zur Geschichte und Bedeutung des Schlagwortes "Ultramontan" im 18. und frühen 19. Jahrhundert, in HJG 81 (1962), 159 ff.

61 Alfred von Reumont, Friedrich von der Trenck in Aachen (1765 - 1780), in: ZAGV 6 (1884), 199 ff.

61a Ds., Fabio Chigi - Papst Alexander VII. - in Deutschland 1639 - 1651, in: ZAGV 7 (1885), 1 ff.

62 Ds., König Gustav III. von Schweden in Aachen in den Jahren 1780 und 1791, in: ZAGV 2 (1880), 1 ff.

63 Carl Rhoen, Beitrag zur Baugeschichte Aachens im 17. Jahrhundert, in: AAV 3 (1890), 81 ff.

64 Ds., Der große Brand zu Aachen, Aachen 1896

64a Ds., Die adeligen Höfe und Patrizierhäuser in Aachen, Aachen 1919

65 Arthur Richel, Zur Geschichte des Puppentheaters in Deutschland im 18. Jahrhundert, in: ZAGV 19 (1897), 142 ff.

VI 66 Friedrich W. Riedel, Kirchenmusik als politische Manifestation - Zur Vertonung des Te Deum laudamus im 18. und 19. Jahrhundert, in: JTB 1988, 137 ff.
66a Johann Baptist Sägmüller, Wissenschaft und Glaube in der kirchlichen Aufklärung, Essen 1910
67 Heinrich Savelsberg, Aachener Gelehrte in älterer und neuerer Zeit, Aachen 1906
68 Heinrich Schiffers, St. Nikolaus in Aachen, in: EdG 5.12.1925
68a Ds., Aachener Volksschulwesen während des 17. und 18. Jahrhunderts, in: EdG 1921, Nr. 192
69 Anton Schoop, Das Gymnasium 1601 - 1914, in: V, 90 / 26 ff.
70 Eduard Simons, Die Gemeinde unter dem Kreuz, in: Preußische Jahrbücher 125 (1906), 289 ff.
71 Martin Scheins, Geschichte der Jesuitenkirche zum hl. Michael in Aachen, Aachen 1884
71a Joachim Schmiedl, Marianische Religiosität in Aachen. Frömmigkeitsformen einer katholischen Industriestadt des 19. Jahrhunderts (Münsteraner Theologische Abhandlungen 30), Altenberge 1994
72 Egon Schmitz-Cliever, Massenheilung psychogener Erkrankungen im Jahre 1681, in: SAGMN 42 (1958), 271 ff.
73 (Albertin Schott - anonym), hrsg. von F. A. Tewis, Der entlarvte Menschenfreund oder richtige Beleuchtung und wesentliche Entkräftung häufiger Irrsätze der in der kayserlichen Frey-Reichsstadt Aachen im Jahr 1772 ausgegebenen Wochenschriften durch eine ächten Menschen- und Wahrheitsfreunde, Düsseldorf 1775

VI 74   Ds., Richtige Beantwortung und wesentliche Entkräftung der sogenannten Vertheidigung des Menschenfreundes durch einen ächten Menschen- und Wahrheitsfreund, Düsseldorf 1775
74a Ds., Nachgedanken über die sogenannten starken Geister, besonders über die letzteren Schriften des angeblichen Menschenfreundes, Düsseldorf 1776
75   Sebastian Schröcker, Die Kirchenpflegschaft - Die Verwaltung des Niederkirchenvermögens durch Laien seit dem ausgehenden Mittelalter (VGS, Sektion für Rechts- und Staatswissenschaft 67), Paderborn 1934
76   Margret Schulz, Über das Drama religiös unterweisen - Geistliche Oper "Die Trauer des Weltalls" in der Münchener Michaelskirche aufgeführt, in: DT 31.7.1990
76a Eduard Teichmann, Linzenshäuschen, in: ZAGV 30 (1908)
77   Karl Teppe, Zur Charakterisierung der lokalen Unruhen in Aachen 1786 bis 1792, in: ZAGV 82 (1972), 35 ff.
78   Friedrich Freiherr von der Trenck, Der Menschenfreund, eine Wochenschrift. Geschrieben in der Freyen Reichsstadt Aachen für das Jahr 1772, Beilage der Kayserlichen Post- und Amtszeitung 1772 - 1775
78a Ernst Troelsch, Gesammelte Schriften, 4. Bd., Tübingen 1925
79   Karl Vent, Die Entwicklung des Musik- und Theaterlebens in Aachen von der reichsstädtischen bis zur preußischen Zeit, in: V, 90 / 153 ff.
80   K. Wacker, Das Erdbeben vom 19.2.1756 nach dem gleichzeitigen Bericht einer Chronik des Aachener Klarissinnenklosters, in: AAV 5 (1892), 16 ff.

VI 81 Franz K. Wehsarg, Bad Aachen-Burtscheid, Stuttgart 1979
82 Heinz Martin Werhahn, Friedrich von der Trenck und die Aachener Publizistik in den Jahren 1773 bis 1775, in: ZAGV 84/85 (1977/78), II, 853 ff.
83 K. Wieth, Das Tagebuch des Aachener Stadtsyndikus Melchior Klocker von 1602 bis 1608, in: AAV 3 (1890), 4 (1891) und 7 (1894)
84 Otto Zimmermann, Messen und Prozessionen gegen Gottes Strafgericht - Erdbeben in der Vergangenheit, in: KZBAC 3.5.1992
85 Eberhard Quadflieg, Untergegangene Aachener Grabschriften, in: ZAGV 62 (1949),103 ff.
86 Hans Königs, Wiederaufgefundene Grabplatten und Denksteine in Aachen, in: ZAGV 68 (1956), 399 ff.
87 N. N., Die Karfreitagsprozession in Aachen, in: EdG 1905, Nr. 256
88 Hugo Rahner, Die geistesgeschichtliche Bedeutung der Marianischen Kongregationen - Drei Referate 1951, hrsg. von der Arbeitsstelle des Nationalsekretariats SJ für Marianische Kongregationen, Augsburg, Frankfurt a. M. 1954
88a N. N., Altar zwischen Rathaus und Taufkapelle - Wiederaufstellung von *Maria vom guten Rat* - Denkmal der Stadtgeschichte, in: AVZ 26.4.1983
89 Fritz Valjavec, Geschichte der abendländischen Aufklärung, München 1961
90 Philipp Schäfer, Kirche und Vernunft in der theologischen Auseinandersetzung mit der Aufklärung, in: IV, 181 / 1. Bd.

VI 91 Kurzer Begriff der unter dem Titel der allerseligsten von den Engeln verkündeten Jungfrau Mariae und des heiligen Caroli Magni als sonderbaren Stadt-Patronen zu Ehren zur Abwendung des schrecklichen Erdbebens ... errichteten Bruderschaft, Aachen 1820

92 Karl L. Lampe, Zwei Briefe zum Lütticher Aufstand, in: AHV 171 (1969), 280 ff.

93 Karl Dienst, Der Geistliche Konsistorialrat Johann Gottfried Herder - Ein Beitrag zu seinem 250. Geburtstag, in: IBW 6 (1994), 3 ff.

94 Karl Josef Lesch, Die Bedeutung der Gesellschaft Jesu für das höhere Schulwesen im katholischen Deutschland, in: Handbuch Katholische Schule, Bd. 3, Köln 1992, 48 ff.

95 G. Simenon, Visitationes archidiaconales archidiaconatus Hasbaniae ab anno 1613 ad annum 1769, 2. vol., Liège 1939

96 J. Paquay, Visites archidiaconales et rescriptions des eglises du conciles de Tongres 1477 - 1763 (= Analecta ecclesiastica Leondiensa, fasc. III), Liège 1935

97 Compendium sive itinerarium continens actiones et gesta Reverendissimi et Illustrissimi Domini Joannis Baptistae Gillis, episcopi Amyzonensis, suffraganei Leondiensis nec non insignis ecclesiae collegiatae Divi Martini canonici et decani incipiendo ab anno millesimo septingentesimo vigesimo nono, Liège 1823

98 Ulrich Eisenhard (Hrsg.), Die kaiserlichen Privilegia De non appellando, Köln / Wien 1980

99 Michael F. Feldkamp, Studien und Texte zur Geschichte der Kölner Nuntiatur, 3 Bde., Città del Vaticano 1993

VII Das revolutionäre Frankreich

1 Briefe aus Aachen von einem Augenzeugen über die dasigen Vorfälle vom 25. Februar bis 3. März 1793, in: Staatsanzeiger des August Ludwig Schlözer, Heft 18 (1793), 197 ff.
2 Wilhelm Brüning, Aachen während der Franzosenherrschaft und der Befreiungskriege, in: ZAGV 19 (1897), 171 ff.
3 Ferdinand Brunot, Histoire de la langue Française des origines à nos jours, tome X - La Revolution, Paris 1967
4 Luise Freiin von Coels von der Brügghen, Das Tagebuch des Gilles-Leonhard von Thimus-Goudenrath, 1772 - 1799, in: ZAGV 60 (1939), 133 ff.
5 Curt Eder, Die Tätigkeit der Aachener Behörden während der ersten Jahre der französischen Fremdherrschaft, Diss., Marburg 1917
6 Alfons Fritz, Theater und Musik in Aachen zur Zeit der französischen Herrschaft, in: ZAGV 23 (1901), 31 ff.
6a Ds., Aus den ersten Jahren der Wirksamkeit des Aachener Wohltätigkeitsbureaus, in: ZAGV 25 (1903), 28 ff.
8 Paul Hartig, Die Französische Revolution, Stuttgart 1970
9 Justus Hashagen, Das Rheinland und die französische Herrschaft, Bonn 1908
10 Will Hermanns, Peter Joseph Dautzenberg, der Gründer der Aachener Stadtbibliothek, und seine Familie, AR 20.12.1922
11 Ds., P. J. Dautzenberg und sein Aachener Zuschauer (Politischer Merkur) 1790 - 1798, in: ZAGV 52 (1931), 39 ff.

VII 12 Albert Huyskens, Die Aachener Annalen aus der Zeit von 1770 bis 1803, in: ZAGV 59 (1939), 1 ff.
13 Hermann Hüffer, Alfred Reumont, in: AHV 77 (1904), 5 ff.
15 Hartmut Lehmann, Das Zeitalter des Absolutismus - Gottesgnadentum und Kriegsnot, in: Christentum und Gesellschaft, hrsg. von Henneck Gülzno u.a., Bd. 9
16 Herbert Lepper, Von der Stadtbibliothek zur Öffentlichen Bibliothek der Stadt Aachen 1831 - 1977, in: Aachen - Öffentliche Bibliothek 150 Jahre, Aachen 1981
17 Josef Leuchter, Das Aachener Schulwesen und die französische Herrschaft 1794 - 1814, mit besonderer Rücksicht auf die Primarschulen, in: ZAGV 53 (1931), 1 ff. und 54 (1932), 1 ff.
18 Hans Maier, Revolution und Kirche. Studien zur Frühgeschichte der christlichen Demokratie (1789 - 1850), Freiburg i. B. 1959
19 Ds., Die Französische Revolution und die Katholiken, in: KuG 161 (1989)
19a Ds., Revolutionäre Feste und christliche Zeitrechnung, in: IKZ 4 (1988), 348 ff.
20 Heinrich Milz, Die Kaiserstadt Aachen unter Französischer Herrschaft, in: Programmheft des Kgl. Gymnasiums in Aachen, 1870/71, 12 ff.
21 Alfred Minke, Das Bistum Lüttich in der Zeit der französischen Revolution, Vortrag vor dem AGV am 25.11.1988
22 Ds., Das heutige Belgien im Zeitalter der Revolutionen 1787 - 1799, in: GPD 18 (1990), Heft 1 / 2
23 Klaus Müller, Studien zum Übergang vom Ancien Régime zur Revolution im Rheinland. Bürgerkämpfe und Patriotenbewegung in Aachen und Köln, in: RhVjbl 46 (1982), 102 ff.

VII	24	Ds., Aachen im Zeitalter der Französischen Revolution und Napoleons. Umbruch und Kontinuität, in: ZAGV 97 (1991), 293 ff.
	25	Norbert Finzsch, Zur "Ökonomie des Strafens". Gefängniswesen im Roerdepartement nach 1794, in: RhVjbl 54 (1990), 188 ff.
	26	Wolfgang Müller, Kirchliche Wissenschaft im 18. Jahrhundert - Aufklärungstheologie und Pietismus, in: V, 82 a / 5. Bd., 571 ff.
	27	Alois Nießner, Zwanzig Jahre Franzosenherrschaft in Aachen (1794 - 1814), Aachen 1907
	28	August Pauls, Beiträge zur Haltung der Aachener Bevölkerung während der Fremdherrschaft, 1792 - 1814, in: ZAGV 63 (1950), 41 ff.
	29	Emil Pauls, Aus der Zeit der Fremdherrschaft, in: ZAGV 6 (1884), 227 ff., 10 (1888), 198 ff. und 11 (1889), 75 ff.
	30	Ds., Beiträge zur Geschichte der Buchdruckereien, des Buchhandels, der Censur und der Zeitungspresse in Aachen bis zum Jahre 1816, in: ZAGV 15 (1894), 97 ff.
	31	Ds., Zur Geschichte des Straßenkampfes in Aachen am 2.3.1793, in: ZAGV 21 (1899), 235 ff.
	32	Clemens Perthes, Politische Zustände und Personen in Deutschland z. Z. der französischen Herrschaft, Bd. I, Gotha 1862
	33	Richard Pick, Die Vernichtung der an das Lehnswesen, das Königtum und die Religion erinnernden Zeichen in Aachen zur Zeit der Fremdherrschaft, in: ZAGV 35 (1913), 340 ff.

VII 34 S. Papcke, Von der Moderne zur Postmoderne. Europa zwischen Aufklärung und Gegenaufklärung. Festvortrag anläßlich der Preisverleihung im Certamen Carolinum 1992/93, in: Mitteilungsblatt des Deutschen Altphilologenverbands, Landesverband NRW, 4 / 1993
35 Bernhard Plongeron, Das Ringen um eine *Theologie der Säkularisation* in Frankreich von 1789 bis 1801, in: Anton Rauscher (Hrsg.), Säkularisierung und Säkularisation vor 1800, Paderborn 1976, 69 ff.
36 Alfred von Reumont, Aachener Liederchronik, Aachen 1873
37 Franz Dumont, Befreiung oder Fremdherrschaft? Zur französischen Besatzungspolitik am Rhein im Zeitalter der Revolution, in: Peter Hüttenberger und Hansgeorg Molitor (Hrsg.), Franzosen und Deutsche am Rhein 1789 - 1918 - 1945, Essen 1989
38 Rüdiger Schütz, Die linksrheinischen Territorien in der Franzosenzeit 1792 - 1815, Vortrag vor dem AGV am 7.11.1990
39 Ernst Schulin, Die Französische Revolution, 2. Aufl., München 1989
40 Friedrich Sieburg, Robespierre, Napoleon, Chateaubriand, Stuttgart 1967
41 J. Spoelgen, Stimmung der Aachener Bürgerschaft zur Zeit der Fremdherrschaft, in: AAV 5 (1892), 26 ff.
42 K. Wacker, Zur Geschichte der Stadt Aachen im Jahre 1793, in: AAV 3 (1890), 54 ff.
43 Ds., Ein republikanisches Siegesfest in Aachen, in: AAV 3 (1890), 61 ff.
44 Ds., Spottgedicht auf die Franzosen aus dem Jahre 1793, in: AAV 8 (1895), 94 ff.
45 Ludwig Watzal, Romano Guardini und die Moderne, in: IBW 10 (1992), 14 ff.

VII	46	Heinrich Weinstock, Einleitung zu Jean Jacques Rousseau, der Gesellschaftsvertrag, Reclam UB 1769 / 70, Stuttgart 1958
	47	Dieter Wynands, Die Aachenfahrt während der französischen Herrschaft (1792/94 - 1814), Vortrag im August-Pieper-Haus in Aachen am 24.4.1993
	48	Jean Paul Bertrand, Alltagsleben während der Französischen Revolution, Freiburg i. B. und Würzburg 1989
	49	Georg Forster, Ansichten vom Niederrhein, von Brabant, Flandern, Holland, England und Frankreich im April, Mai und Juni 1790, hrsg. von Ulrich Schemmer, Stuttgart und Wien 1989
	50	Thomas R. Kraus, Auf dem Weg in die Moderne. Aachen in französischer Zeit 1792/93, 1794 - 1814, Aachen 1994 (Bd. 4 der Beihefte des ZAGV)

VIII		**Das erste Bistum Aachen**
	1	Alphons Bellesheim, Beiträge zur Geschichte Aachens, in: ZAGV 20 (1898), 105 ff.
	2	Martin Birmanns, Das napoleonische Staatsgehalt für katholische Pfarrstellen in den vormals preußischen Landesteilen westlich des Rheins, in: ZAGV 80 (1970), 127 ff.
	3	R. Capellmann, Die grundlegende Pfarrumschreibung von 1804, Aachen 1876
	4	Reiner Joseph Classen, Practisches Handbuch für Pfarrer und Kirchenverwalter vorzüglich für die neuvereinigten Departemente, Cöln 1811
	5	Adam Eismann, Umschreibung der Pfarreien des Bistums Aachen im Rhein-Mosel-Departement 1802 - 1808, Trier 1972

VIII 7   Klaus Friedrich, Marc Antoine Berdolet (1740 - 1809), VBDA 32, Mönchengladbach 1973
      8   Alfons Fritz, Ein merkwürdiger Aachener Theaterzettel aus dem Jahr 1810, in: ZAGV 35 (1907), 360 ff.
      9   Erwin Gatz, Zur Problematik der Sukkursalpfarreien in den linksrheinischen Gebieten des preußischen Staates (1802 - 1888), in: AHV 175 (1973), 208 ff.
      9a Ds., Die französische Pfarregulierung in den linksrheinischen Gebieten, in: Ds. (Hrsg.), Pfarr- und Gemeindeorganisation - Studien zu ihrer Entwicklung in Deutschland, Österreich und der Schweiz seit dem Ende des 18. Jahrhunderts, Paderborn u.a. 1987
      10 Hanna Barbara Gerl, Warum ich als Frau in der Kirche bleibe, in: IKZ 20 (1991), 278 ff.
      11 Viktor Gielen, Aachen unter Napoleon, Aachen 1977
      12 Markus Hänsel, Geistliche Restauration - Die nazarenische Bewegung in Deutschland zwischen 1800 und 1838, Frankfurt a. M. 1987
      13 Eduard Hegel, Die Katholische Kirche Deutschlands unter dem Einfluß der Aufklärung des 18. Jahrhunderts, in: RhWAW G 206, 15.1.1975
      14 Hansgeorg Molitor, Vom Untertan zum Administré. Studien zur französischen Herrschaft und zum Verhalten der Bevölkerung im Rhein-Mosel-Raum von den Revolutionskriegen bis zum Ende der napoleonischen Zeit (Veröffentlichungen des Instituts für Europäische Geschichte Mainz, Bd. 99, Abt. Universalgeschichte), Wiesbaden 1980
      15 Peter St. Käntzeler, Das Napoleonsfest in Aachen, in: EdG 1868, Nr. 228
      16 Ds., Ein paar religiöse Merkwürdigkeiten aus der französischen Zeit, in: EdG 27.8.1871

VIII 17 Ds., Die Rückführung der Heiligtümer 1804, in: EdG 1904, Nr. 410
18 Edmund Kahlenborn, Die Neuumschreibung der Pfarren im Roerdepartement unter der Herrschaft Napoleons I., in: AHV 21 (1911), 15 ff.
19 Ds., Tabellarische Übersicht über das Resultat der drei französischen Pfarrumschreibungen im Roerdepartement, in: AHV 22 (1912), 1 ff.
20 Paul Kaiser, Der kirchliche Besitz im Arrondissement Aachen gegen Ende des 18. Jahrhunderts und seine Schicksale in der Säkularisation durch die französische Herrschaft, Diss. Leipzig, Aachen 1906
21 Alfred Karll, Napoleonische Studien, Aachen 1907
22 Albert Lauscher, Die katholisch-theologische Fakultät der Friedrich Wilhelms-Universität zu Bonn (1818 - 1918), Düsseldorf 1920
23 Ursula Lewald, Vor 150 Jahren, in: Walter Först (Hrsg.), Das Rheinland in preußischer Zeit, Köln 1965
24 Alfred Minke, Die Kirchengesetzgebung während der Französischen Revolution in den Departements Ourthe und Roer, Vortrag vor dem AGV am 25.10.1990
25 O-Andacht, welche in der Hauptpfarrkirche St. Foillan zu Aachen an den neun Tagen vor Weihnachten gehalten wird, 6. Aufl., Aachen 1924
25a Helmut Deutz, Die O-Antiphonen in den letzten Tagen der Adventsliturgie, in: KZBAC 12.12.1992
26 August Pauls, Bischof Baron Le Camus und sein Gegensatz zu Generalvikar Fonck, in: ZAGV 61 (1946), 218 ff. und 63 (1951), 41 ff.
27 Paul Pick, Aachen als Bistum - 1802 bis 1826, Aachen 1893

VIII	28	Bernhard Poll, Aachener Bischöfe, in: Festgabe für Bischof Dr. Johannes Pohlschneider, Aachen 1974
	29	Christian Quix, Die Pfarre zum hl. Kreuz und die ehemalige Kanonie der Kreuzherren in Aachen (Aachen 1829), Nachdruck Aachen 1981
	30	Ds., Historisch-topographische Beschreibung der Stadt Aachen und ihrer Umgebung, Köln und Aachen 1829
	31	Zaccaria Giacometti, Quellen zur Geschichte der Trennung von Staat und Kirche (Tübingen 1926), 2. Neudruck, Aalen 1974
	33	Anton Salm, Historische Darstellung des Armen-Wesens der Stadt Aachen und der Wirksamkeit der Armen-Verwaltungskommission daselbst. Nach den amtlichen Quellen respective betreffenden Urkunden, Verfügungen und Rechnungsabschlüsse bearbeitet. Mitgeteilt in der Armen-Verwaltungs-Commission vom 23.5.1870. Nachtrag bis Ende 1887, Aachen 1888
	34	Klaus Schatz, Zwischen Säkularisation und zweitem Vatikanum, Frankfurt a. M. 1986
	35	Ludwig Schmitz, Das Pfarrsystem in der Stadt Aachen und seine rechtlichen Verhältnisse seit dem Anfang des 19. Jahrhunderts, dargestellt auf Grund der archivalischen Quellen des Diözesanarchivs Aachen, Diss. Köln 1953
	36	Roland Siegel, Geschichte der Evangelischen Gemeinde zu Aachen, in: VIII, 46
	37	Wilhelm Smeets, Napoleon in Aachen, in: EdG 5.11.1853
	38	Hermann J. Sträter, Aus dem Bistum Aachen, in: Karl Hoeber (Hrsg.), Volk und Kirche im deutschen Westen, Essen 1935

VIII 39 Carl de Syo, Das die Kirchenfabriken betreffende Decret vom 30.12.1809, 2. Aufl., Köln 1864
40 Egon Schmitz-Cliever, Über die Bestrebungen der französischen Medizinalverwaltung im rheinischen Roer-Departement (1812), in: Düsseldorfer Arbeiten zur Geschichte der Medizin, Beiheft, Düsseldorf 1868
41 Heinrich Schnock, Zur Geschichte Marc Antoine Berdolets, des ersten und einzigen Bischofs von Aachen, in: AAV 12 (1899), 1 ff.
44 Jakob Torsy, Geschichte des Bistums Aachen während der französischen Zeit (1802 - 1814), Bonn 1940
45 Norbert Trippen (Hrsg.), Das Kölner Priesterseminar im 19. und 20. Jahrhundert. Festschrift zur Feier des 250jährigen Bestehens am 29.6.1988 (Studien zur Kölner Kirchengeschichte 23), Siegburg 1988
46 Walther Woff, Festschrift zur Jahrhundertfeier der Bekenntnis-Freiheit und der Weihe des ersten Gotteshauses der Evangelischen Gemeinde zu Aachen am 17.7.1903, hrsg. im Auftrag des Presbyteriums der Evangelischen Gemeinde in Aachen, Aachen 1903
46a Festschrift zur 175-Jahr-Feier der Weihe des ersten Gotteshauses der Evangelischen Gemeinde in Aachen im Jahre 1978, Hrsg.: Bevollmächtigter Fachausschuß für Öffentlichkeitsarbeit, Aachen 1978
47 A. Thissen, Die Festlichkeiten bei der Feier der Taufe des Königs von Rom im Juni 1811 in Aachen, in: Oecher Platt 4 (1911) und 5 (1912)
48 Wolfgang Schieder (Hrsg.), Säkularisation und Mediatisierung in den vier rheinischen Departements 1803 - 1813, Teilbd. I und V, 1 und 2 - Roer-Departement (= Forschung zur Sozialgeschichte Bd. 5), Boppard 1992

VIII 50 Heinrich Savelsberg, Das Grab des Bischofs Berdolet. Bericht über die Hauptversammlung des AGV, in: ZAGV 53 (1931), 231 ff.
51 J. G. Rey, Ein Stück Aachener Chronik aus dem Ende des 18. und Anfang des 19. Jahrhunderts, in: AAV 2 (1907), 207 ff.
52 Peter Wirtz, Das französische Konkordat vom Jahre 1801, in: AkK 85 (1905), 85 ff. und 209 ff.
53 Roger Dufraisse, Das napoleonische Frankreich - Stand und Probleme der Forschung und besondere Berücksichtigung der linksrheinischen Gebiete, in: Geschichte und Gesellschaft, Heft 6 (1980), 467 ff.
54 Karl Georg Faber, Die Rheinländer und Napoleon, in: Francia, Bd. 1 (1973), 374 ff.
55 Konkordat zwischen der Französischen Regierung und dem Papste Pius VII. Organische Artikel des Katholischen und Protestantischen Gottesdienstes. Nebst einer Rede des Staatsrats Portalis, bey der Überreichung derselben in der gesetzgebenden Versammlung, o. J. (1802)
56 Durch welche Mittel läßt sich in den vier Departements am linken Rheinufer Anhänglichkeit an die Verfassung und Liebe zum Vaterland bewirken? Von einem katholischen Religionslehrer, Cöln 1801